上海立信会计学院
80 周年校志

上海立信会计学院校志编纂委员会

立信会计出版社

图书在版编目（CIP）数据

上海立信会计学院80周年校志/上海立信会计学院校志编纂委员会编. —上海:立信会计出版社,2008.10
ISBN 978-7-5429-2143-7

Ⅰ. 上… Ⅱ. 上… Ⅲ. 上海立信会计学院—校史 Ⅳ. F-40

中国版本图书馆CIP数据核字(2008)第166003号

责任编辑　方士华
封面设计　周崇文

上海立信会计学院80周年校志

出版发行　立信会计出版社
地　　址　上海市中山西路2230号　　邮政编码　200235
电　　话　(021)64411389　　传　　真　(021)64411325
网　　址　www.lixinaph.com　　E-mail　lxaph@sh163.net
网上书店　www.lixinbook.com　　Tel:(021)64411071
经　　销　各地新华书店

印　　刷　上海申松立信印刷厂
开　　本　787毫米×1092毫米　1/16
印　　张　44.5　　插　　页　5
字　　数　1090千字
版　　次　2008年10月第1版
印　　次　2008年10月第1次
书　　号　ISBN 978-7-5429-2143-7/F·1875
定　　价　108.00元

前言

《立信会计高等专科学校校志》曾于1998年出版。值此上海立信会计学院建校80周年之际，我们重修校志，以报盛世。

今日之立信，由“中国现代会计之父”潘序伦先生创始于1928年，汇聚着立信几代人团结奋斗的历史基业，传承着立信深厚的文化积淀。立信是国人自主创办的第一所以会计教育为主的财经类专科学校。立信人筚路篮缕，薪火相传，抗战时期，播迁重庆而弦歌不辍，先后成立了立信会计各类学校，学校与立信会计师事务所、立信会计图书用品社形成“三位一体”的办学模式。1952年全国院系调整中断办学后，立信会计高等专科学校于1980年复办。进入新世纪，特别是2003年升本设置为上海立信会计学院以来，学校各项事业步入了快车道。立信为我国财经人才的培养和现代会计知识的传播作出了突出贡献，在社会上享有相当的声誉。

《上海立信会计学院80周年校志》以整理和保存历史资料为基本任务，为今后编写校史奠定基础。此次编撰校志工作，高举中国特色社会主义伟大旗帜，以邓小平理论、“三个代表”重要思想和科学发展观为指导。坚持实事求是的原则，尊重历史、力求客观辩证地反映史实，体现学校不断发展的办学规律；坚持全面再现的原则，尽可能再现学校创办、复办、成长、发展、壮大的历程，准确、全面反映学校教学、科研、管理与服务各方面的沿革与发展状况；坚持突出重点的原则，充分关注师生，关注教学和科研，着重反映重大历史变迁、重要事件和人物、重要办学思想与决策、重大成果；坚持“详近略远”的原则，以十一届三中全会以后学校复办为主体，以本科教育为重点。

记事年限，起自1928年，迄至2007年12月底。在1998年出版的《立信会计高等专科学校校志》的基础上，充实、修订1997年前的内容，续写1998年至2007年特别是升本以来的办学历程。

编撰计划于2007年酝酿,2008年1月中旬启动。校志的编撰采取分别编写与集中编撰的方法,各部门、各单位指定采编人员,负责相关篇章的资料采集和编写,要求各部门、各单位应借此机会系统整理改革发展的举措,认真总结改革发展的经验与成果;对原校志记录不翔实、不充分之处,应借此重修校志之际加以补充,充分展现学校发生的新变化、新风貌;以事实为依据,以重大事件为主线,"述而不论",让事实说话。

校志是集体劳动的成果,体现了广大立信人爱校的深情。参与史料采集和编写、定稿的有近百人。大家克服种种困难,放弃节假日休息,默默耕耘;各部门、各单位主要负责人认真修改,精益求精;校领导认真审阅,严格把关。立信会计出版社派出得力编辑参与。在此,对参与校志史料采集、编写、审阅、编排和校印工作的同志们表示诚挚的感谢!

校志编撰工作量大面广,在有限的时间内尤难周全缜密,对于其中的不足或失当之处,希望大家指正和谅解。

建设有特色、有水平、有影响的财经类大学,是立信的发展目标。我们希冀通过回首总结80年的奋斗历程,激励全体立信人努力推进学校各项事业的发展,谱写立信新的篇章!

上海立信会计学院校志编纂委员会

2008年10月

凡 例

一、本志以马克思主义、毛泽东思想、邓小平理论、“三个代表”重要思想和科学发展观为指导，坚持实事求是的原则，系统记述立信办学的历史。

二、本志记事年限，起自 1928 年，迄至 2007 年 12 月底。

三、本志记载范围主要分为两部分，一是 1928 年起潘序伦创办的立信会计教育事业，二是 1980 年复校后办学的历程。

四、本志由前言、凡例、目录、大事记、正文和后记组成。正文共设十五篇。各篇下设章、节。有的章附有文献辑录。图表随文编列。

五、本志采用公元纪年，使用国家规定的标准计量单位。

六、本志采自上海立信会计学院档案，1998 年版《立信会计高等专科学校校志》，学校所属机构文档，有关报刊、著作、回忆录、访问记录等。

目 录

大　事　记

（1927～2007）

第一部分
(1927～1952)

1927 年

1月　潘序伦在上海爱多亚路(今延安东路)319 号创办潘序伦会计师事务所,后改名为立信会计师事务所,所址迁至江西路 452 号,后迁至宁波路 190 号,再迁至江西路 406 号。

1928 年

春　在会计师事务所内设立簿记训练班,立信会计教育事业由此发其端。以后随事务所的改名而正式定名为立信会计补习学校,校长潘序伦,校址后迁至河南路吉祥里 18 号。

1930 年

8月　簿记训练班扩招函授生。随后,立信会计函授学校设立。

1932 年

春　潘序伦开始主持编辑《立信会计丛书》。

7月　《立信会计季刊》创刊,内容有国内行业会计制度、政府财会法令介绍以及国外会计文献译文。1951 年停刊,共出 18 期。

1937 年

2月11日　潘序伦等筹备设立立信会计专科学校及校董事会。学校基金共 17 万元,其中 10 万元系立信会计师事务所将《立信会计丛书》全部版权所得捐充,6 万元为潘序伦自捐,其他 1 万元为立信同仁捐助。

4月15日　私立立信会计专科学校董事会举行第一次会议。参加者有宋汉章、潘序伦、李鸿寿、李文杰、钱迺澂以及王云五、江问渔、钱新之派出的代表。潘序伦报告设立专科学校的原因和经过。会议决定由陈其采任董事长,王云五任副董事长,李文杰为秘书,潘序伦为校长。

4月　潘序伦、李文杰、顾询、李鸿寿、钱迺澂以私立立信会计专科学校创办人名义致函陈其采(时任国民政府委员、主计长)、钱新之(时任交通银行董事长)、宋汉章(时任中国银行总经理)、王云五(时任商务印书馆总经理)、江问渔(时任中华职业教育社主任),聘请他们参加学校董事会。遂后收到复函,均表示同意参加。

5月　《立信月报》第 10 期发表由潘序伦代表立信会计师事务所撰写的《创办立信会计专科学校缘起》一文。

8月12日　国民政府教育部(以下称教育部)特发指令,准予私立立信会计专科学校开办。

9月22日　《私立立信会计专科学校董事会章程》(草案)订立。草案共13条，其中规定，“推选从事教育、会计及工商业富有经验声望，热心赞助本校之人士十五人担任校董，校董任期六年，每两年改选三分之一”。

1938年

5月4日　学校向教育部呈送组织大纲，并提出，拟于本年暑期内招生。6月14日，教育部复函学校，谓因时局之故，对招生事“暂从缓议”。

1939年

4月17日　学校再次向教育部呈请准予招生。

5月24日　教育部批准学校于本年暑期招收新生。

9月　学校招收第一届新生，暂就河南路吉祥里立信会计补习学校校址开学上课(以后于1940年、1941年、1943年又招收3届新生)。

11月10日　教育部对学校呈报专科3年制改为2年制的课程表以及校董事会选任校长的决议分别批复准予备案。批复指出：学校行政应由校董事会选任的校长负完全责任，董事会不得直接参与。

1940年

6月　学校动用基金9.4万余元购入徐家汇一带33亩土地，拟待抗日战争胜利以后，即兴建校舍。

7月　潘序伦经香港到重庆，在原北碚立信会计学校的基础上筹办专科，同时办理学校的迁川事宜。

10月7日　教育部发文对学校增设会计短训班准予备案，训练期满发给成绩证明书。

1941年

2月1日　私立立信会计专科学校经教育部正式核准立案。5月28日教育部致函学校，通知所报呈的“组织大纲”和“学则”等均告核准。

6月　立信会计图书用品社在重庆成立，潘序伦任社长。出版《立信会计丛书》，编辑《立信财经丛书》，印刷发行账簿表单等会计用品。

7月　学校第一届专科学生毕业，共25人。

7月12日　学校向教育部申请在重庆设立分校并开办会计短训班。

8月　陈立夫(时任国民政府教育部部长)分函陈其采、潘序伦，谓：教育部对学校在重庆设立分校开办会计短训班，准予备案，但不能用分校的名义。

1942年

3月28日　学校向教育部呈文，申请暂迁北碚开办。文中写道：抗战以来，本校苏州路1040号原址因近战区未便上课，暂租赁河南路吉祥里18号及江西路406号为临时校舍，又以基金 9.4 万余元购得虹桥路基地 33 亩,准备于抗战胜利之后自建校舍。1941 年 12 月 8 日租界全被日军占领,上海本校停办,改立信补校为明信会计补习学校,仍设专科班次继续授课,并经教育部 1941 年 3 月 17 日指令核准。无奈敌伪压迫过甚,本校遂拟迁川。

4 月 21 日　教育部指令,对立信拟迁川一事准予备案。

8 月 31 日　学校迁川后,召开第一次校务会议,会议听取了录取新生的报告,讨论通过了学生规则。

9 月 26 日　教育部对学校迁川开办的经过发文准予备案。

10 月 30 日　校务会议讨论了办学宗旨,提出了德育第一、体育第二、智育第三的教育方针。

10 月　学校向教育部呈送《私立立信会计专科学校附设会计职业训练班章程》。11 月 26 日教育部来文准予备案。

11 月 7 日　教育部颁发专科以上学校教员升等审查的规定,并通知各院校,现任教员资格审查应于年内送审,否则不得聘用。

1943 年

1 月 10 日　校务会议决定,从下学期起,专科与训练班的事务和经济各自独立。训练班主任由潘序伦校长兼任,潘序伦在渝期间由杨国树(学校首届专科毕业生,后曾任立信海外校友会顾问)代理。

3 月 25 日　学校就下学期招生办法及在重庆市区增开班级一事呈文教育部备案。

4 月 26 日　学校举办春季运动会。

6 月 22 日　教育部发文规定专科以上学校教务、总务两长(主任)一律呈荐,学校各推荐两人,由部核定 1 人。凡未经部核的教务、总务两长(主任)不得继续聘用。

7 月 22 日　学校向教育部呈报钱素君、李鸿寿为教务主任候聘人,张蕙生、陈文麟为总务主任候聘人。

8 月 16 日　教育部核定钱素君、张蕙生分任学校教务主任和总务主任。

9 月　重庆小什字筷子街“立信大楼”于年初建成,学校开始在此增开重庆市区班。

11 月 9 日　学校向教育部呈文,请审潘序伦教员资格。

11 月 20 日　学校报呈教育部本学年第一学期渝市专科夜班新生录取人数,正式生 109 人,试读生 13 人。

12 月 4 日　校务会议宣布教育部来令,表彰潘序伦培植人才、编印丛书、迁川复校。

1944 年

1 月 17 日　教育部通知学校,潘序伦教员资格已审查合格,定为教授,并于 3 月 24 日发来潘序伦教授资格证书。

2 月 19 日　校务会议讨论如何解决经费困难问题。许复(时任学校副校长)在报告中提出:为保障员工生活,拟自 5 月份起为教员加薪,资金来源,从学生中募集。会议决定,实行“学生自动捐款补助教员加薪”的办法,并在校内外广泛进行宣传和组织。

3 月 1 日　立信会计图书用品社向学校捐助学金 10 万元。

3 月 3 日　教育部通知学校,张蕙生、钱素君教员资格已审查合格,定为教授。

3月7日 学校报呈教育部，春季招生录取高中毕业生115名，同等学历学生29名。

3月23日 学校呈文教育部，拟自今年秋季实行分科学制，分设商业会计科、工业会计科、政府会计科，实施专业会计训练。4月22日，教育部发文回复："可酌加工业会计及政府会计科目，不必分科教学。"

4月6日 教育部指定学校下半年设会计职业训练班，学生按公费生待遇全部免费，核定办理经费8万元。

4月27日 教育部发文学校：职业训练班学生不得转入专科肄业。

5月16日 学校议定，迁川后第一届学生30人毕业，将隆重举行毕业典礼。

6月20日 校务会议决定，专科学校毕业生凡学籍未经核准的发给选科证明书，注明成绩及格。因缺课扣除学分而影响毕业的，差一二学分者，姑准其作读书报告，经查及格后再发文凭，差三学分者不得毕业。

10月19日 学校报呈教育部，秋季重庆市区班招生录取高中毕业生136名，同等学历学生34名。

10月30日 校务会议提请余肇池任副校长。11月7日，校务会议欢迎余肇池副校长到职，并宣布：在潘序伦因公离校时，由其主持校务。

11月20日 校务会议决定，由潘序伦、钱素君、张蕙生3人组成学校教员升等审查委员会。

1945年

2月24日 教育部向潘序伦、张蕙生、钱素君3位教授颁发"专科以上学校久任教员"，奖金各1500元。

3月6日 学校向教育部呈报学年度必修及选修科目表。

5月24日 教育部发文至学校，对陈文麟申请升等为副教授准予汇交审查。

6月28日 学校为附设高级会计职业科向教育部、四川省教育厅呈文：现抗战有胜利之象征，原有专科学校势难在川续办，创设立信高级会计职业学校不容再缓，可先附于立信会计专科学校内，称附设高级会计职业科。8月，教育部对此准予备案后，随即在重庆北碚招收了第一届新生95名。

10月19日 陈文麟向校务会议报告潘序伦提出的复员计划：① 以川校为基础，决不放弃北碚办高职科、市区办专科的计划，重庆的校址也积极觅定，上海校址拟接收同文学院，但一时尚不能解决，现以私人房屋5幢捐作校舍，已报部备案。② 专科分立，重庆仍用原名，上海拟改为立信商学院，内附设专科，但两地校董会需分开。

12月28日 潘序伦在校务会议上报告学校复员计划实施情况。他说："上海本校校舍拟于明年胜利之象征，三月动工兴建，预算费用约一亿五千万元，本学期上海招专科新生一班30人，下学期将扩大招生"；"北碚专科明年暑假迁往重庆，同市区班汇合，专科部寒假不拟招生，重庆专科部将来是否设立专科学校拟请校董事会决定。立信高职科及训练班校址决定在北碚，请民生公司总经理卢作孚任董事长，北碚管理局局长卢子英任常务董事、代董事长"。

1946年

1月14日 陈其采主持校董事会。研究立信复员计划。决定专科本期寒假在上海复校，招收日校及夜校新生各一班。北碚专科日校、重庆市区专科夜班本期寒假暂停招生，所有现在校开课各班仍就地继续办至毕业为止。北碚专科附设会计训练班及高级会计职业科本期寒假仍继续招生，暑期起独立办学，改名为北碚立信高级会计职业学校并附设会计职业训练班，由川籍暨留川校董12人组成新的校董事会，请卢作孚任董事长。

1月30日　学校发出代电，向教育局呈报在上海复校情况：校长已于日前飞沪主持复校事宜，目前家具已添置齐全，并在徐家汇筹建新校舍，估计今年秋季可完成第一期工程。

2月21日　教育部发来代电，批准学校在上海复校。

2月23日　学校向教育部呈报在上海复校的招生简章。

3月22日　著名学者马寅初来校演讲“今后中国之经济问题”。

3月25日　教育部核准立信1945年度必修及选修科目。必修课程有：国文、英文、数学、中国史地、物理、化学、商业概论、商业史、商业地理、经济学、民法概要、簿记、商法、货币银行、银行会计、成本会计、所得税会计、审计学、会计实习。选修科目有：会计制度、财政学、公司理财、铁道会计、保险学、会计问题、会计分析报告、主计制度、制图、工商组织和管理、统计学、商用数学、破产法、汇兑、会计师实务、决算表分析。

4月12日　校内宣布学生参加近期各项比赛的成绩：重庆市专科以上学校篮球赛，立信获第一名；专科以上学校国文、英文竞赛中，立信均获第三名。还决定在校内举办国文、英文、会计竞赛。

4月13日　在本校大礼堂举行创校10周年及立信会计补校创立20周年纪念典礼。

4月27日　学校向教育部报告：本校校务在7月底前仍在重庆办理，自8月1日起改在上海经办。

4月下旬　学校将北碚原址改为北碚立信高级会计职业学校并办理财产移交手续。

5月12日　上海市专科以上学校联合会举行第一次会议，立信和交通大学、大夏大学等校被推举为理事。

5月15日　陈其采主持召开校董会，刘攻芸(时任中央信托局局长)，江问渔、王云五等参加。潘序伦报告徐虹路校舍筹款情况：目前已募得法币2.7725亿元，其中半数是捐入的棉纱，其余已暂购成黄金美钞，极少数拆放收息。会议认可前已商议加聘中国通商银行董事长杜月笙、申新纺织公司总经理荣鸿元为校董一事。

5月30日　潘序伦出任国民党政府经济部次长，学校决定请校董兼训育主任李鸿寿代理校长职务并呈报教育部备案。

6月17日　学校徐虹路校舍奠基动工兴建。

8月26日　学校公布申请助学金暂行规则，规定各期各科成绩总平均在75分以上者可申请助学金。助学金标准是甲等25万元，乙等12.5万元，丙等8万元。

10月13日　校董事会召开，由潘序伦报告学校复校情况：上海专校现有学生275名，训练班学生90名；北碚及重庆方面上学期已停止招生，原有班级继续开课直到学生毕业为止。此次会议对李鸿寿代理校长职务一事予以追认，追认决议于10月21日呈报教育部。12月17日，教育部发来指令，对此事准予备案。

10月　为扩充图书馆，学校向师生发起捐募图书的活动，共收到师生捐献图书1 174册，另潘伯彦先生(系潘序伦之长兄)遗产中有5 000多册古籍，已捐存学校图书馆。

12月16日　著名学者梁漱溟来校作“今日之问题”的演讲。

1947年

2月15日　学校迁到徐虹路新址办公。3月8日，学校就迁址一事报教育部备案。

2月19日　学校公布经修正后的各项规章制度。

2月25日　校务会议决定添设医务室。

3月2日　校董事会听取关于徐虹路校舍建设情况：动工后，先建三层教学楼一座，长33米，宽18.3米，费用约13.5亿元，由纺织业及申新纺织公司荣鸿元等捐助，为表示纪念和感谢，命名为纺织楼、宗敬堂。饭厅为立信同学会捐助，命名为思源堂。会议还听取了蒲石路校舍收回及修理情况的报告。

3月14日　学校呈文教育部：自1947学年秋季起，拟改私立立信会计专科学校为私立立信商学院。

3月18日　校董事会召开，研究并同意李鸿寿辞去兼代校长职务的请求，决定请陈其采董事长兼代校长职务，李鸿寿改兼任副校长，并呈请教育部审核备案。6月24日，教育部发来代电同意准予备案。

3月30日　兼代校长陈其采就职典礼在学校举行，副董事长王云五参加并讲话。

4月13日　学校隆重集会，纪念专校创办10周年、补校创办20周年及举行徐虹路新校舍落成典礼。

4月22日　校务会议推荐李鸿寿出席京沪区教育文化界忠贞人士事迹审查委员会，并于次日将此决定函告教育部。

5月　校务会议通过了校旗图案和尺寸，校旗为绸底呢字。

6月24日　校务会议决定将本届毕业生列表各加评语，向机关、商号、银行等发函推荐。同时将下学期招生简章寄送本市各著名高中，请他们介绍毕业生前来投考。

6月26日　教育部发来代电，对学校改商学院的申请缓议。

8月17日　校董事会召开，陈其采、王云五、杜月笙、宋汉章、荣鸿元、吴羹梅（中国标准铅笔厂总经理）、李鸿寿、陈文麟、潘序伦等17位校董出席。陈其采报告：李鸿寿校董因体弱事冗已于7月起辞去副校长职务，本学期专任立信补习学校校长职务。他本人请求免去兼代校长职务，请潘序伦复职。潘序伦提议陈文麟兼任副校长。以上提议均获得通过。会议还讨论了"蔼士图书馆"筹备事宜。据《立信月报》第6卷第4期刊载，此时，学校董事会成员有：陈其采、王云五、钱新之、江问渔、宋汉章、刘攻芸、吴蕴初（时任全国工业协会理事长）、吴羹梅、杜月笙、荣鸿元、章剑慧（申新第四纺织厂经理）、查济民（大明染织厂经理）、苏汰余（裕华纺织公司董事长）、潘序伦、李文杰、钱迺澂、陈文麟、王逢辛（曾任重庆立信高级会计职业补习学校校长）、李鸿寿。

8月20日　校董事会写信给各位校董事，为清贫学生募集奖学金。

8月22日　学校向教育部呈文，潘序伦已辞去经济部次长的职务，可以返校任职，陈其采已辞去兼代校长职务，请予备案。9月20日，教育部批准陈其采辞去代校长职务，由潘序伦复任校长。

10月19日　学校举行乐群堂开工典礼。1948年4月，校董事会决定增建三层楼房一座，下层乐群堂，为师生联谊之所，上两层为教职员宿舍。

11月6日　抗战前所订学校董事会章程（草案）、学校组织大纲（草案）、学则（草案）经修改后报教育部审核备案。

12月13日　学校再次呈文教育部，改专科为商学院并仍设会计专修科。

1948年

1月22日　陈其采、王云五联名发电报给教育部，对改学校为商学院或会计学院"务请特予核准"。6月25日，朱家骅复函陈其采，称此事"暂缓办理"。

1月　由陈其采题写书名，陈其采、王云五、潘序伦作序的《立信会计学校概况》出版。书中有上海市及外地各类立信会计学校情况介绍，并收入校董会章程、学校组织大纲等。此书所列学校董事会成员为：陈其采、王云五、钱新之、江问渔、宋汉章、杜月笙、刘攻芸、吴羹梅、潘序伦、李文杰、李鸿寿、钱迺澂、陈文麟、王逢辛、徐永祚、奚玉书、顾谘博、叶朝钧、周仲千。

7月　立信高级会计职业学校成立。校址在蒲石路(今长乐路)。

8月31日　校务会议听取各项工作报告，其中言及体育馆已经动工兴建，预计需款3 400余亿元。

9月3日　图书馆向学校报告藏书数，各类中外文图书共3.6916万册，中外文杂志共1 615册。

9月6日　联合国教科文组织中国委员会秘书处通知学校，请提第二届委员候选人1名。9月17日，学校复函提名潘序伦为该委员会第二届委员候选人。

9月20日　校务会议及学校体育馆的建设尚缺资金3万元，准备请校董事会支援，并决定为蔼士图书馆征募基金5万元。

9月28日　学校公布学生竞试办法，规定每学期分别举行国文、英文、会计、珠算四项竞赛。学生参加竞赛成绩在80分以上者可优先领受奖学金，毕业时，学校为其优先介绍职业。复赛前3名学生，由学校发给奖品，列为荣誉学生，并在校刊上刊登其论文，无故不参赛或初赛不及格者皆以毕业总考不及格论。

9月下旬　学生自治会进行改组，学校工会组织成立。

10月17日　学校举行秋季运动会。

12月5日　校董事会开会，决定加聘曾任交通大学校长、本校教授黎照寰为校董，并组成由黎照寰为主任委员的校务委员会。会议同意潘序伦因赴四川处理渝、碚两校事务，来信请长假的请求。

12月8日　黎照寰就任校务委员会主任后首次主持校务会议，决定改善教职员工待遇。

12月31日　黎照寰主持校务会议。他在校务报告中说明，因潘序伦请长假，校董事会推举黎照寰、潘序伦、陈文麟、李鸿寿、钱迺澂、顾询、周仲千为校务委员，组成校务委员会代理校长职务，由黎照寰任主任委员，陈文麟、李鸿寿为常务委员，并由校务委员会主委、常委、各处组主任组成行政会议，处理研讨校内事务。

1949年

1月14日　校务会议研究学生收费标准约折合米价三石五斗至四石五斗。

2月14日　本学期第一次招生录取正取生67名，本日起举行第二次招生。

3月23日　学生自治会在校务会议上汇报了开展反对国民党炮兵进驻学校的宣传情况。

4月10日　举行校庆日庆祝仪式。

4月28日　黎照寰主持临时行政会议，议及学生缴费问题。黎照寰认为：如学生缴费不足一定人数，则不得不停课、退费。5月份，学生缴费未有实际表现，校方面临窘境。

5月16日　国民党军队2 000余人驻入学校纺织楼及宿舍，至18日撤离。

5月18日　学校停课。教职员家属及住校大部分学生已疏散至蒲石路（现长乐路）市区班校址内。留校的师生员工仅约150人。

5月27日　上海解放。

5月28～30日　学校召开校务会议，决定自5月31日起复课，并在解放、大公两报登载广告和消息。

春　立信会计编译社成立，潘序伦任社长。其后，他辞去学校校长之职，改任名誉校长。

6月1日　学校召开校务会议，由陈文麟传达市军管会文化教育委员会关于对私校不接管，仍由各校董事会和原行政组织主持的指示以及课程方面的意见。会议决定删除三民主义和伦理学课程，举办新文化讲座。

6月8日　黎照寰主持校务会议，传达了在文化教育界人士座谈会上陈毅市长的讲话要点。陈市长首先谈当前形势，接着，对诸如今后要加重党化教育、轻视课堂教育、摒弃师资与旧学术以及教育只求普及、不求提高等谣传作了纠正。陈市长指出，现在不要随便变更、轻言改革，需要全盘打算后再行决定，要用商量办法，集思广益。会议商讨了学校工作，决定同意解放军驻入校体育馆，同意学生自治会和工友派代表参加校务会议。

6月21日　学校截至当日已有50多名同学报名参加南下工作团。

6月24日　校董事会召开会议，决定加聘章乃器（曾任学校教授、著名民主人士）、顾准（学校校友、曾任学校教授，时任上海市财政局、税务局局长）为本校校董（章乃器、顾准以后分别来函，表示不能任立信校董并各说明理由）。因陈其采董事长早已离沪，决定请黎照寰任董事长。潘序伦提请辞去校长职务被挽留，决定准其告假1年，暂由李鸿寿代理校长职务。董事会认为，现在代理校长已推定，校务委员会可以撤销。

6月29日　黎照寰主持校务会议，宣布6月24日校董事会作出的决定。陈文麟提请辞去副校长职务被挽留，请他仍主要负责市区部校务。

7月11日　连日来有99位同学报名参加军事大学和革命大学。

7月15～16日　学校召集部分教授座谈，研究课程修订问题。

7月21日　市军管会高教处在各大专校长会议上明确：今后学校应以新民主主义为指导，推行行政民主化；经济公开，学费以大多数学生能负担为标准。

8月6日　市军管会高教处通知学校，要求报送校董、校长、校务委员名单及董事会、校务委员会章程。9月3日，学校按通知要求报送。

8月10日　在学校召开的行政会议上，同意钱素君辞去教务主任职务，由郭森麒继任；管锦康辞去总务主任职务，由余性元继任。

8月16日　学校有30名同学响应号召，志愿赴东北参加国家建设。

8月31日　学校向华东教育部报告：申请利用空余设施，开办会计职业训练班。

9月10日　教职员联谊会推荐讲师助教代表周本濂、职员代表周成位为校务委员。

9月24日　上海市人民政府高等教育处批文，批准学校“校务委员会组织章程”及校务委员名单。

10月5日　上海市财政局兼税务局局长顾准校友应邀回校作“会计学生今后的趋向”演讲。

10月11日　学校公布校务委员会成员名单。主任委员：李鸿寿；副主任委员：陈文麟；委员：教务主任郭森麒，教授代表周仲千、王思立、余性元、管锦康，讲师助教代表周本濂，职员代表周成位，学生代表盛柏规、王如山、蔡迎春(学生代表3人，由学生会推荐。以后喻宗仁、杨慎言、俞承德、吴知行、陈铭等曾经学生会推荐参加过校务委员会)。

10月19日　潘序伦在校作“二十年来会计基本观念之进展”演讲。

12月13日　在学校校务委员会下设立由郭森麒等人组成的教务委员会和由陈文麟等人组成的财务委员会。

12月16日　黎照寰董事长被高教联推选出席上海市第二届各界代表大会并任主席团成员。

12月17日　召开上海市各界代表大会。

12月21日　学校向高教处请示，拟改市区班5学期制为4学期制。

1950年

1月6日　校务委员会就精简课程问题组成会计、财经、法律、语文、政治、学制共6个小组，要求分别进行研究，提出方案。

1月　华东军政委员会教育部规定华东各大专院校自1950年第一学期起，均开设政治讲座。

1月12日　经学校课程精简研究小组研究，决定增设中国革命问题、新哲学等为必修课，增设俄文、财政学等为选修课。

2月4日　学校同意上海市货物税局暂借校本部部分校舍设备开设华东区税务分校。

2月20日　校董事会开会研究如何与立信会计图书用品社洽商立信丛书的版税以及设法在立信丛书版税项下拨款补助学校等问题。

3月2日　校董事会开会，听取李鸿寿关于学校财务收支预算的报告。由于收支不敷，校董事会决定在图书版税项下拨助1万折实单位。如仍不敷，再设法垫借。

5月17日　学校将校务委员会及各部门负责人名单报华东教育局备案。校务委员会主任：李鸿寿，副主任：陈文麟；委员：郭森麒、周仲千、余性元、管锦康、王思立、周本濂、黄竹坪、周成位、喻宗仁、高宗淮、吴知行。校长：潘序伦(请假)，代校长：李鸿寿，副校长：陈文麟；教务主任：郭森麒，副主任：周仲千；秘书兼总务主任：余性元，副主任：王庭桂；秘书兼注册组主任黄竹坪、钱仲炎；图书馆代主任：阳为龙；考助组代主任：薛进；体育组代主任：宋伯希；文书组主任：周本濂；会计组主任陈振祥；事务组主任朱峥，副主任华茂如。

5月22日　根据中央教育部关于学生学籍由各校自行验核的通知精神，学校组成学籍审核委员会。

5月31日　学校决定市区班学生自本学期一年级开始，改原5学期制为试行4学期制。

6月9日　校务委员会决定重新修订考试规则、缺旷课规则及学业成绩考核办法。

6月12日　学校公布中央教育部关于规定全国公私立大专院校本届毕业生由中央统筹分配，各校不得自行分配的紧急通知。

6月22日　学校成立李鸿寿等9人组成的招生委员会，筹备新学期的招生工作。

7月12日　华东教育部对学校申请举办会计训练班的计划草案批复同意。要求招生对象以高中毕业生为主。

7月14日　校董事会开会。黎照寰请辞董事长职务，被一致挽留。潘序伦请辞校长职务，会议决定准请，改推其为名誉校长。李鸿寿代理校长1年期满，函请辞职，会议决定挽留，并改推其为校长。

9月5日　华东教育部向各校转发中央人民政府教育部《关于高等学校领导关系的决定》、《关于高等学校实施课程改革的决定》、《高等学校暂行规程》、《专科学校暂行规程》、《私立高等学校管理暂行办法》等文件。

9月6日　学校向华东教育部报送董事会关于接受潘序伦辞职改推其为名誉校长和推李鸿寿为校长的决定。10月31日华东教育部发文通知学校，中央人民政府教育部1950年10月16日已批复同意李鸿寿任立信会计专科学校校长。

9月13日　学校公布修订后的《学生成绩考核办法》、《学生各科学程成绩计算之标准》。

9月22日　校务委员会开会，研究如何遵照已颁发的《高等学校暂行规程》，对立信校务委员会进行改组。决定委员名额为校长、副校长、教务正副主任、总务正副主任、图书馆主任、工会代表4～6人、学生代表3人。9月28日，华东教育部对此名额分配表示原则同意。

9月27日　校董事会开会商讨组织立信丛书编辑委员会，决定潘序伦、李鸿寿分任正副主任，顾询、陈文麟为委员。

10月16～24日　上海第二届各界代表大会工会第一次会议。

10月23日　华东区第一次高等教育会议召开，李鸿寿、陈文麟代表学校参加了这次会议。

11月8日　华东教育部召开各大专院校负责人座谈会。

11月11日　华东教育部向各校发出通知，指出自美国挑起侵朝战争以来，形势日趋严重，为配合形势发展，各高校目前应以时事学习为中心工作。

11月13日　校务委员会召开会议，传达华东高教会议及各大专院校负责人座谈会的精神。

12月13日　学校召开“学生参加军事干校动员大会”。

1951年

1月18日　学校将参加军事干校21名学生(空军干校11人，海军干校1人，公安干校9人)名册报送华东教育部。

2月12日　校务委员会研究结合学校实际，贯彻各大专院校负责人座谈会精神。会议认为，本校应从下列各方面加以努力：① 继续开展抗美援朝运动；② 加强政治学习；③ 课程改革；④ 注意同学健康；⑤ 加强民主秩序。

2月17日　学校决定设立会计和统计两个教研组。

3月3～4日　学生深入徐汇区里弄向居民进行深入开展抗美援朝运动及反对美帝重新武装日本的宣传。

3月16日　学校收到华东教育部通知，要求各校对教员在搞好教育工作之外所进行的科学技术研究给予鼓励和帮助。

4月6日　学校筹备召开第一次全体师生员工代表会议。出席会议的代表包括行政、政治教育委员会、会计、统计等部门的代表，中共党支部、团支部、工会、教职员工、学生会、学生等方面的代表，以及中苏友协、妇联、合作社等团体组织的代表和特邀代表共92人。

4月17日　立信第一次师生员工代表会议开幕。这次会议的中心内容是：第一，认清目前形势，消除麻痹思想，克服太平观念，协助政府镇压反革命。第二，在深入开展抗美援朝爱国运动的基础上，密切结合经常性的新民主主义教学，加强行政领导，提高教学质量，建立民主秩序，办好学校。第三，通过一个师生员工共同遵守的爱国公约。会议听取了李鸿寿校长的工作报告和党支部书记周成位的报告，经过分组讨论和代表发言之后闭幕。会议通过了《立信会计专科学校全体师生员工爱国公约(草案)》。

5月4日　学校提出本校实施课程改革计划，拟定课程改革分为三个阶段：

1949年度第一学期为第一阶段，删除“三民主义”和“伦理学”两门课程，增加“社会发展史”、“新哲学”、“政治经济学”三门课程。

1949年度第二学期为第二阶段，将课程分为五组：① 政治课程；② 语文课程；③ 财经课程；④ 会计课程；⑤ 法律课程。

1950年度第一学期为第三阶段，贯彻执行中央教育部颁布的“关于实施高等学校课程改革的决定”和“财经学院课程标准(草案)”，进一步调整课程，严格遵守50小时学习时间和不超过17学分的原则。

6月15日　学校成立毕业分配工作委员会。

7月17日　学校组成学生实习指导委员会。

9月7日　校董事会听取毕业生分配和新学期招生情况的报告，还讨论了扩充图书、修建校舍、改善教育条件等问题。

9月11日　华东教育部发布《华东高等学校的领导关系与行文补充规定》。按此规定，立信属华东教育部直接领导。

11月1～4日　学校向华东教育部分别报告暑期组织校本部及市区班学生共71人参加财经机关及银行企业等单位会计实习的情况。

11月28日　华东教育部批文，同意核发我校专案性补助费1亿元。

12月15日　学校呈报教育部：房屋有宗敬堂等12幢共179间，面积为4 360.5平方米，校园占地面积约34.45市亩。

1952年

1月9日　华东教育部就立信学校夜班毕业生分配问题发来通知，规定：凡夜班应届毕业生中未有工作者，应一律参加统一分配。

1月　学校将《学生休学规则》、《学生请假及缺旷课规则》、《校本部学生转入市区班肄业办法》(均系草案)报华东教育部备案。

3月9日　校董事会讨论了关于《立信会计丛书》的处理意见，并决定拨款帮助开设员工托儿所以及将校董事会基金内新中国成立前结存的黄金、银元向人民银行兑成人民币。

6月24日　校务委员会讨论院系调整问题。

7月19日　院系调整时，学校情况如下：

校本部、市区部共有学生288人，教授17人(其中兼职9人)，副教授10人，讲师5人，助教6人。

9月14日　奉教育部通知，在院系调整中，本校将转入上海财经学院。校董事会开会，推定黎照寰、李鸿寿、陈文麟3位校董负责院系调整的移交事宜。

9月27日　校务委员会听取了关于院系调整移交情况的报告，校本部的图书移交财经学院，房地产及家具移交交大，移交手续均已办理就绪。其他财产设备以及档案、文书卷宗均分别指定专人整理，等待移交，争取在10月6日基本结束。

第二部分
（1980～2007）

1980 年

7月　立信复校的初步规划，报送上海市人民政府教卫办并抄报上海市高教局、市教育局。商得育才中学校长段力佩的同意和支持，筹备立信复校的工作人员开始在育才中学办公。

8月25日　《关于复办立信会计专科学校的倡议书》及《办学规划》初稿拟就。倡议人有：

潘序伦（中国会计学会顾问，原立信会计专科学校创办人和校长）；

马一行（上海市计委副主任、出口办公室副主任）；

顾树桢（上海市财政局副局长、中国会计学会副会长）；

胡远声（上海市物价局副局长）；

段力佩（中共上海市静安区区委顾问、上海市育才中学校长）；

黄朝治（中国人民银行上海市分行副行长，上海市金融学会、会计学会副会长）；

陈敏之（上海社会科学院部门经济研究所副所长）；

顾濂溪（上海市投资信托公司副经理）；

陆修渊（上海市棉纺公司顾问、上海市会计学会秘书长）；

张更生（上海业余会计专科学校副校长、上海市会计学会副秘书长）；

顾福佑（上海市财政局企业财务处总会计师、上海市会计学会副秘书长）。

其中顾树桢、胡远声、段力佩、顾濂溪、陆修渊、顾福佑被确定为复校筹备组成员。①

经有关部门同意，学校开始录取复校后首届大专新生，先后共录取大专新生 360 人，会计专业 6 个班共 268 人，物价专业 2 个班共 92 人。

9月1日　复校倡议人在育才中学开会，上海市高教局代表胡瑞文与会共同研究了复校筹备工作的进展情况。

9月19日　复校筹备小组开会，听取招生及开学前教学安排等各项工作的情况汇报。

10月10日　上海市教育局、市高教局、市财政局联合向上海市委、市政府报送关于复办立信会计专科学校的请示，并附倡议人正式拟就的《关于复办立信会计专科学校的倡议书》。三局在请示报告中对学校性质提出的意见是：立信会计专科学校为地方政府举办的财经类专科学校。它的任务主要有三条：一是参加本市高等学校自费走读生的统一招生，为地方培养高级财会人才；二是接受有关部门委托，培训和提高工交、财贸系统在职财会人员的业务水平；三是附设会计职业学校，培养中级财会人才，并在条件成熟的时候增设会计函授学校，为待业青年和农村财会人员提供学习机会。附设的立信会计职业学校属自费走读中专性质，拟在每

① 倡议人职务均按当时原稿记录——编者注。

个区设分校一所，总校负责教学业务指导。

10月20日　上海市政府发出沪府[1980]135号文，同意立信会计专科学校复办。文中指出：立信会计专科学校系财经类大专院校，由上海市财贸办、市教卫办共同领导。人事、财务和规划由上海财政局负责，专科学校的教学行政业务由上海市高教局管理和指导，附设职业学校的教学行政业务由上海市教育局管理和指导。要求“复校工作，要依靠社会各方面的力量，挖掘潜力，以广开学路，培养急需的财会人才，适应四化建设的需要”。

同日　学校校务委员会召开会议，宣布经各方磋商产生的45名校务委员名单：潘序伦、马一行、顾树桢、胡远声、段力佩、黄朝治、陈敏之、顾濂溪、陆修渊、张更生、顾福佑(以上为学校复办倡议人)、王眉征、黄逸峰、黄凉尘、许毅、杨纪琬、郭森麒、龚清浩、娄尔行、姚惠泉、史景星、吕更、李贤达、吴羹梅、陈铭珊、诸尚一、陈穗九、王文彬(以上为财会主管部门、财经院校等方面人士)、李鸿寿、李文杰、张蕙生、钱素君、施仁夫、王澹如、黄浦、储启蒙、王庭桂、陆梓樵、徐日清、徐惠勇、丁苏民、李夑泉、蒋春牧、王成杰、施明璋(以上为立信同仁、校友)。① 与会者推选黄逸峰为校委会主任，马一行、王眉征、顾树桢、李鸿寿为副主任，并推举潘序伦为名誉校长，推选王眉征为校长，顾树桢、段力佩、胡远声、顾福佑为副校长。校务委员中的党员另行开会，推定由王眉征、马一行、顾树桢、段力佩、胡远声、陈敏之、陆修渊组成党组，王眉征为党组书记。②

10月25日　学校假黄浦区政府礼堂举行复校后首次开学典礼。王眉征致开幕词，潘序伦讲话。汪道涵市长发来书面贺词，祝愿“立信会计专科学校在我国社会主义现代化的进程中，源源不断地培养大量的会计人才，为提高经济管理水平作出新的贡献!”上海市有关领导舒文等参加了大会。财政部财政科学研究所、会计制度司等部门单位以及海内外校友发来贺电贺函。次日，《解放日报》、《文汇报》均作了报道。

10月26日　学校此时在校的工作人员为：陆修渊、顾福佑、李夑泉、王庭桂、蒋春牧、詹家忠、潘开乙、施明璋、朱仁镛、傅顺莲、夏慧娟、徐一尘、朱柏青、周以录、王成杰、刘龙珍、江麟年、许仁全、张凤仪、顾树桐。③

10月26～27日　学校在育才中学对首届大专新生进行入学教育，并开始上课。

11月25日　学校新印章正式启用，原筹备组印章停止使用。

12月1日　班主任对大专新生进行的家庭访问工作全部完成。

12月8日　学校向上海市高教局、市财政局申请拨发开办费。

1981年

1月　学校附设立信会计职业学校在应届高中毕业生中录取中专新生816名，2月16日正式上课，2月22日举行开学典礼。经上海市教育局与各区县教育行政部门研究商定，并取得有关学校的配合支持，立信会计职业学校在黄浦、杨浦、虹口、闸北、长宁、卢湾、南市、静安、徐汇9区，嘉定、上海、宝山、川沙4县先后设立了分校。

2月　立信会计编译所恢复成立，主任潘序伦，副主任王澹如、管锦康。9月，第一本图书《会计基础教材》由知识出版社出版。

---

① 名单的先后排列及括号中的文字均为当时原稿记录——编者注。

② 以上名单均曾向上级有关部门呈报过——编者注。

③ 名单及排列先后均按当天会议记录；另据一些当时在校工作的老同志回忆，尚有万陵西、李宝雄、乐爱丽也应在这一时期的工作人员之列——编者注。

7月13日　上海市财政局调派王乾德、金淑娟、马钟榆、汪迪生来校工作，当时包括肖家芳在内共有在编干部5人。

7月22日　中共上海市财政局委员会《关于成立立信会计专科学校党支部的通知》下达：决定由王乾德、马钟榆、金淑娟组成支部委员会，王乾德任书记，党的组织关系暂受局机关总支领导。

8月7日　上海市财政局致函上海市高教局：立信会计专科学校准备利用原由上海市会计学会主办的上海业余会计专科学校为基础，加以适当调整，作为学校的夜校部，招收具有相当于高中毕业文化程度的在职财会人员为培训对象，以适应建设事业的需要。

8月25日　学校录取第二届大专新生165人。

9月9日　学校向上海市财政局团委报送《关于建立立信会计专科学校团委的报告》。

9月　附属会计职业学校试招职工中专班，招生46人。

10月7日　学校决定采用分散办法，商借绍兴中学、东风中学等校的部分教室，逐步改晚间上课为白天上课。

10月8日　学校报告上海市财政局，拟先成立一室三处机构，人员编制暂定35人。

11月　学校召开复校后第一届学生代表大会。

11月　学校开始筹设图书馆。

12月　学校制订学生守则8条。

1982年

2月　上海市财政局、市会计学会、立信会计专科学校关于上海业余会计专科学校改为立信会计专科学校夜校部的协议签订。

3月18日　学校将夜校部申请批准立案的报告送呈上海市高教局。3月30日，市高教局《关于报请审批立信会计专科学校夜校部的报告》报呈上海市政府。

5月3日　上海市政府办公厅《关于市政府同意立信会计专科学校增设夜校部的通知》下达。

5月4日　学校向上海市财政局报告新学年招生意见：专科招生按上海市高教局核定名额，参加全市高校统一招生。会计职业学校各区分校不招生，数量规模都将作适当紧缩。郊县分校将由4所合并成2所，面向各县招生。

5月29日　学校团委、学生会举行复校后首次“立信之春”歌咏竞赛汇演。

7月19日　学校向上海市财政局报送关于财务体制问题的请示，即由原来的主管机关核定预算，年终结余收回财政的规定改为主管机关核定的年度预算包干使用，年终结余采用全部归学校结转下年度支配、超支不补的办法。8月27日市财政局发文同意学校从1982年起试行预算包干的办法并参照《上海市地方高等学校试行“预算包干”实施办法(试行稿)》执行。

8月23日　学校录取第三届大专新生160人。

9月3日　学校举行新学年开学典礼。

9月20日　学校关于增设函授进修部的报告报呈上海市高教局、市财政局。9月29日上海市财政局发文同意学校增设函授进修部，并同意报上海市教育局备案。

9月23日　学校向上海市财政局呈报关于组织机构设置及关于人员定编问题的两份请示报告：组织机构拟设办公室、教务处、人事处、总务处、财务处并附设夜校部、中专部、编译所，人员编制拟暂定350人（其中教师编制175人）。

11月20日　学校办公室编印的《立信简讯》第一期出刊。

12月2日　潘序伦致函汪道涵市长吁请解决学校校舍问题；汪道涵批示给上海市政府教卫办副主任舒文，要求提出处理意见。

1983年

2月　学校召开1982年年终总结大会，表彰校、部门先进个人共19名。其中，赵晔、郁国富被评为市优秀学生思想政治工作者。

3月9日　为贯彻国务院[1982]140号关于调整部分工作人员工资的决定，学校召开会议，作调资动员。

3月17日　学校向上海市财政局报告，申请建造1 000平方米校职工住房约需资金20万元。

3月28日　潘序伦、李鸿寿向上海市政协五届五次会议提出请求落实立信会计专科学校校舍的议案。

5月12日　学校会计专业毕业班264名学生分别到上海市纺织局等单位实习，物价专业毕业班学生93名也将下厂实习。

5月14日　学校成立由钟陵强等7人组成的工会筹备组。

5月27日　学校召开深入开展“五讲四美三热爱”活动的动员会，希望全校教职工都要争当建设精神文明的带头人。

同日　学校呈报上海市政府财贸办：关于组织机构的设置在前呈上海市财政局报告中所列者外，增设函授部，全校人员编制则拟暂定为400人。

5月28日　中共上海市委发文：市委同意建立中共立信会计专科学校委员会，由顾树桢、王乾德、孙庆元组成，顾树桢任书记。

5月30日　学校为适应教学用房的需要，经与长宁区教育局、体委商定，在定西中学教学楼加建房屋一层，建成后租用3年。

5月　学校举行第二届“立信之春”活动。

6月6日　上海市政府任命：顾树桢任立信会计专科学校校长，潘序伦为名誉校长，段力佩为顾问。

6月8日　上海市政府财贸办党组同意：王乾德、孙庆元任立信会计专科学校副校长。

7月　学校复办后首届大专生以及夜校部首届专科学生毕业。大专毕业生350名，除18名留校外，其余均顺利分配到49个单位。

8月8日　学校上报上海市财政局，申请将附设的“立信会计职业学校”改名为“立信会计学校”。市财政局于8月10日发文批复同意。

8月19日　上午，学校假上海市政府礼堂召开复办后首届学生毕业典礼暨庆祝建校55周年大会。市政府顾问忻元锡、财政部代表许毅等各界人士及校友代表到会祝贺。财政部部长王丙乾等发来贺函贺电。下午，250名校友举行茶话会，庆祝建校55周年。学校刊印纪念复办3周年、建校55周年的《立信特刊》。

9月30日　国家财政部就立信会计专科学校领导体制发文给国家计委、教育部：上海立信会计专科学校由上海市人民政府和财政部双重领导，以上海市为主。

9月　学校从本月份开始试行学生人民奖学金的新办法。

9月　学校录取复办后第四届新生271人。

10月　学校迁往定西中学。

10月　学校拟定贯彻上海市教育工会《关于评选高等院校先进集体、先进工作者和上海市劳动模范的报告》的计划，并组成评选小组。

学校拟定会计、物价专业教学计划。

11月4日　学校一二年级4个班151名学生参加上海市高教局组织的公共基础课的抽样考试。结果：哲学、语文、政治经济学的平均分数均超过专科学校抽考的平均水平；英语与抽考的平均分数持平。

12月6日　国家计委、教育部对财政部发文批复，同意立信会计专科学校由上海市人民政府和财政部双重领导，以上海市为主。财政部除在有关教学业务方面进行指导外，其他有关发展规模、专业设置、经费、投资等问题由上海市人民政府负责。此后于1984年1月17日财政部发文转告学校以上内容。

1984年

1月1日　上海市高教局批复学校，同意从1984年1月1日起开始试行浮动岗位津贴办法。

1月7日　上海市教育局转发上海市政府批文，同意立信会计职工中等专业学校建立。

1月　上海市财政局向上海市计委报告：立信会计专科学校按建校规模，共需建造24 000平方米校舍，总投资为人民币1 000万元，市财政局自筹安排。1月26日，市计委函复市财政局同意以上建造新校舍的计划安排。

1月19日　上海市财政局呈报上海市政府：在国家计委、教育部批准立信会计专科学校新的领导体制以后，今后学校以上海市政府财贸办管辖为宜，财务经费则仍由上海市财政局管理。经上海市政府征求有关方面意见后，于2月28日均表示同意市财政局报告。

1月24日　学校评出先进个人4名和先进集体(体育组)一个。并于2月22日召开会议，对先进个人、先进集体进行表彰发扬。学校决定1983～1984学年第二学期开始试行《教师工作量制度试行办法》，1984～1985学年正式实行。

1月25日　学校接受国家审计署委托代办审计干部培训班，发布了该培训班1984年春季招生简章。

3月22日　会计专业三年级一班被评为上海市高等学校文明班级。

4月8日　学校举办第三届“立信之春”活动。

4月23日　学校举行复办后首届运动会。

4月27日　学校传达中共上海市财贸党委关于学校党政关系均归属市财贸党委及市财贸办的意见。

5月10日　中共上海市财贸党委发文：任命魏人英为学校党委副书记；王乾德因调入上海大学工商管理学院，故免去其学校党委委员、副校长职务。

5月12日　学校向上海市高教局报送关于立信学生列入国家计划招生后实行的几项措施的报告。措施中包括继续实行走读收费制度、择优推荐酌收培养费制度以及对学生实行奖学金制度、半公费医疗制度和困难补助办法。5月28日，上海市高教局复文，同意报告中的各项措施。

5月22～6月8日　学校党委召开扩大会议，就学校今后的办学指导思想以及如何坚持改革等方面统一思想，取得共识。

6月3日　会计、物价两专业160名应届毕业生分别到10个局属68个基层单位实习完毕。

6月14日　学校向上海市编制委员会报送关于学校规模和编制的请示报告，要求在1985年底，教职员工编制由1983年底核定的200人增至300人。

6月26日　潘序伦捐赠人民币4.05万元，美元1 997.42元，加上校友杨国树、查济民等捐赠款项共人民币10万元作为潘序伦奖学金的基金。

7月14日　假上海社科院礼堂举行立信上海校友会成立大会。下午，上海校友会第一次理事会举行，推举潘序伦为名誉会长，顾树桢为会长。9月，《立信校友通讯》正式出版。

7月　学校拟定《关于制定本校各部门职责范围和教职员工岗位责任制的打算》，要求各部门认真组织讨论。

7月　81级大专学生毕业165人、结业1人。8月9日举行毕业典礼。

8月15日　国家审计署发文，委托学校举办审计干部师资培训班。班址由学校商借于中山南二路969号。

8月28日　学校参加上海市高教统一招生，录取复办后第五届新生241人。9月3日举行新生开学典礼。

9月1日　学校对全日制大专生即日起实行半公费医疗办法。

9月6日　中共上海市财贸工作委员会任命徐文彬为立信会计专科学校副校长。

9月7日　学校召开教职工大会，宣布中共上海市财贸工作委员会关于学校机构的设置以及校党委对学校处室负责人任命的决定。批复同意学校行政设：办公室、人事处、教务处、财务处、基建办公室、夜校部、中专部、函授部、编译所；党委设：办公室、组织处(与办公室合署办公)。

9月8日　学校向国家财政部人事教育司报送关于申请教工住宅造房计划指标的报告。10月19日，财政部批复同意学校建设教工住宅6 000平方米。

10月4日　学校传达财政部第四次部属院校会议精神。

10月19日　国家审计署介绍加拿大代表团一行3人参加审计干部师资班级教学工作。

11月8日　接上海市编委批复，同意学校编制在原定92名控制数的基础上增加181名，定为273名，属事业编制。

同日　学校报请上海市政府财贸办申请对我校实行的管理改革进行验收。

11月19日　学校增设审计、统计专业向上海市政府财贸办、市高教局报请审批。12月26日市高教局来文同意增设。

12月1日　上海市政府财贸办、市高教局对学校管理改革方案进行验收。12月27日、12月31日市财贸办、市高教局发文同意学校试行浮动岗位津贴办法。

12月13日　学校向上海市政府财贸办报送关于申请恢复“立信会计图书用品社”的请示报告。12月21日，市财贸办批复同意后学校向上海市出版局发出关于恢复“立信会计图书用品社”的报告。

12月27日　中共上海市委任命市财贸党委副书记褚后仁兼任立信会计专科学校党委书

记，免去顾树桢党委书记职务。

1985 年

1月12日　学校召开首次工会会员代表大会，选举产生中国教育工会立信会计专科学校委员会和经费审查委员会。

1月24日　学校成立学术委员会和业务技术职称评定委员会。

2月4日　中共上海市财贸党委决定：徐立元任立信会计专科学校党委副书记兼纪律检查委员会书记。

2月5日　学校工会和妇女联合会成立大会召开，中共上海市财贸党委副书记兼校党委书记褚后仁到会表示祝贺。

3月28日　学校向上海市高教局报送关于增设税务专业的申请报告。4月17日市高教局批复同意。

3月29日　学校召开共青团代表大会和学生代表大会，分别选举产生第二届团委会和新一届学生委员会。

4月3日　学校党委召开整党动员大会。

4月18日　学校向上海市教育局报送关于"立信会计学校"和"立信会计职工中等专业学校"不再归属上海市财政局领导而改划为立信会计专科学校领导的报告。

5月14日　学校党委召开党员大会，作整党第一阶段小结。

5月21～23日　由学校和上海市审计局共同召集华东六省一市审计局有关同志共同商讨联合举办审计学单科函授事宜。

6月7日　学校党委召开党员大会，作整党第二阶段小结。

6月11日　学校制定《教师工作量计算办法》、《教材管理暂行规定》等规章制度，通知遵照执行。

6月20日　学校成立工资改革办公室，报上海市人民政府财贸办备案。

7月2日　学校召开庆祝大会，纪念中国共产党成立64周年，会上有学校复办后首次入党的7名新党员举行入党宣誓。

7月5日　学校党委召开党员大会，作整党进入对照检查阶段的动员。

7月　150名82级大专生毕业。

8月　学校招收第六届大专新生445名。

8月　财政部召开第五次部属院校会议，我校派员与会。

9月7日　学校假黄浦区少年宫，庆祝首届教师节，对从事教育工作25年以上的19名教工颁发了"荣誉证书"，并对28名教书育人的积极分子颁发了奖状。

9月15日　学校与立信上海校友会共同组成筹备小组，负责筹备祝贺潘序伦从事会计事业60周年活动。

9月15日　学校与上海市审计局联合举办的华东六省一市单科审计函授班正式开学，学员2 557人。

9月22日　中共上海市财贸党委发文，任命张荃为立信会计专科学校教务长，任命张志敏为立信会计专科学校总务长。

10月23日　"美国华人退休专家考察团"团长何连生夫妇来校参观，何氏作了"美国联邦政府的预算制度”的学术报告。

10月25日　学校与上海立信校友会假锦江小礼堂集会庆祝潘序伦从事会计事业60周年，财政部副部长陈如龙代表财政部授予潘序伦荣誉证书，上海市副市长叶公琦代表市政府向潘序伦致贺词，潘序伦委托其女潘屺赡代致答谢词。学校还收到海内外向潘序伦致贺而发来的大量祝贺函电。

10月26日　学校举行中山西路新校舍奠基典礼，财政部副部长陈如龙亲临剪彩。

10月26～31日　各地立信会计学校第一次协作会议在上海召开，相互交流了办学经验。财政部副部长陈如龙到会作了重要讲话。

11月8日　学校名誉校长潘序伦因病医治无效，不幸逝世。

11月17日　下午，向潘序伦遗体告别仪式在龙华殡仪馆举行，参加告别仪式的有上海市人大常委会副主任舒文、副市长叶公琦、市委统战部和市财贸办领导以及各界人士，学校师生共1 200余人。全国人大常委会副委员长胡厥文、全国政协副主席刘靖基、上海市政府顾问汪道涵、财政部、审计署等部门以及海内外校友、外国友人相继发来唁电唁函。

12月30日　中共上海市财贸党委决定：任命杨君昌为立信会计专科学校党委委员、副校长。

1986年

1月4～11日　学校召开党政联席会议，讨论制订“七五”期间学校发展规划纲要。

1月16日　上海会计师事务所由上海市财政局划归学校管理，并于4月份分别经上海市编委、中共上海市财贸党委正式批准。

1月　学校聘请复办初期即来校帮助工作并一直坚守岗位的顾福佑、李燮泉、王庭桂、蒋春牧、施明璋、徐瑞洁、顾树桐等7人为学校咨询委员。

2月13日　中共上海市财贸党委批准学校党委增设宣传处。

3月3日　上海市财政局批准立信会计师事务所复业。

3月20日　学校党委召开党员大会，宣读了中共上海市财贸党委同意校党委关于整党工作结束的批复。

3月24日　上海市高教局批复学校同意将物价专业改为企业物价专业。

3月　学校发出通知，在86级学生中通过中期选拔，开设涉外会计班。

3月　学校决定设置保卫科。

3月　学校首批为教职工分配住房。

4月4～8日　学校首届教代会召开，会议议程主要是：审议学校工作报告和“七五”期间学校发展规划纲要，通过《立信会计专科学校教职工住房分配条例》。

4月16日　学校聘请全国政协委员、联合国秘书长预算顾问杨天全老校友为校务委员会委员。

4月23日　中共上海市财贸党委决定：任命金家富为立信会计专科学校党委副书记，免去魏人英立信会计专科学校党委副书记职务。

4月27日　学校与冶金部签订协议：自1986年9月至1995年8月，学校受冶金部委托培养10届会计专业大专毕业生，每届计划招生40名。

5月1日　学校试办的师资班开始报名，经考试选拔后，9月份举行开学典礼。学员共34

人，分别来自复校后历届留校毕业生和部分应届毕业生。

5月4日　学校受审计署委托，由中国、加拿大合办计算机审计培训班开学。

5月9日　学校首届二次工会会员代表大会召开，会议向全校教职工发出了《创建文明学校，为振兴立信添砖加瓦》的倡议书。

5月30日　学校举行第六届"立信之春"活动。

6月3日　学校召开建系工作会议，决定改变原教研室设置，建立5系（会计、审计、统计、管理、财政金融）、2部（马列主义教学部、基础教学部）。自9月新学年起，实行校、系两级管理的体制。

6月14日　上海市教育工会经验收，授予学校工会《教工之家》合格证书。

7月18日　中共上海市财贸党委批复：同意学校关于校务委员会进行调整充实的请示，顾树桢为校务委员会主任，褚后仁为副主任。

7月28日　上海市编委同意学校增加教职工编制87名，全额定为360人。

7月　253名83级大专生毕业。

8月　招收大专新生520名，其中包括冶金部委托培养的第一届新生。

9月　学校举行庆祝第二届教师节大会，表彰在1985～1986年度评选出的校先进工作者6名，记大功者18名，记功者25名。

9月　国家出版局批准立信会计图书用品社正式恢复，隶属于立信会计专科学校。

9月　潘序伦奖学金从1986～1987学年度开始实行。

9月　学校决定增设以成人教育为对象的机构——培训中心。

9月　学校决定：图书馆从教务处划出，由校长直接领导。

11月8～11日　各地立信会计学校第二次协作会议在昆明召开。

11月12日　学校假沪西体育场举行首届田径运动会，共有师生900人次参加了20个田径项目的角逐。

12月12日　学校举行首次学术论文报告会，有14名教工的论文分别获得一等奖、二等奖、三等奖和论文奖。

12月19日　学校组成教材评审委员会。

12月　学校经过招聘以及采取其他引进措施，截至年底为止，学校教师达153名，比上一年增加38%。

1987年

2月　学校成立经济研究所，筹办《立信学刊》。

3月6日　学校与上海对外贸易学院建立校际协作关系。

4月24日　上海市高教局批准：学校成立教师职务评审委员会，该评审委员会具有讲师任职资格的审定权。

4月28日　上海市编委同意学校教职工编制数增至500名。

5月4日　学校会计实验室即日起开始接纳学生实习。

5月9日　学校第二届团代会及第五届学代会召开，选举产生了新一届的团委会和学生委员会。学校召开首届"学术信息交流会"，印发了"立信学术信息交流集"第一辑。

5月12～15日　学校召开了学生思想工作研讨会，拟订《关于改进和加强学生工作的决定》,经校党委讨论后下达全校,贯彻实施。

5月23日至6月1日　学校召开首届二次教代会,会议中心议题是做好迁入新校舍的各项准备工作,动员全校教职工团结奋斗,迎接立信发展的新阶段。

6月3日　在新校舍教学大楼,学校接待了来访的加拿大审计长公署官员高达特先生,双方探讨了今后合作的打算。

6月4日　日本鹿儿岛赤塚学园商业专业学校理事赤塚一郎,校长赤塚晴彦一行4人访问参观了新校舍,并与学校就两校校际交流的问题交换了意见。

6月24日至7月1日　学校召开1987年321名大专毕业生分配的"供需见面会"。该会作为改革我校毕业分配办法的新尝试,效果甚好。

7月2日　学校邀请关心立信建设的各界人士以及立信老校友共40余人在新校舍教学大楼举行座谈,听取对今后学校发展的意见。忻元锡、马一行、王眉征、孟树模、卜中和、段力佩等出席会议。

8月　招收大专新生556名。

9月1日　学校迁入中山西路2230号新校区。

9月10日　学校召开加强校风建设、教书育人动员大会。

9月　会计系教师张维宾获1987年上海市高校教书育人成果发布二等奖。

9月24日　学校召开表彰大会,表彰张维宾以及1986～1987学年记大功者11名,记功者34名。

9月28日　在学校大礼堂,举行迁入新校舍后的首次开学典礼。顾树桢校长在会上讲话,回顾了复校的艰难历程,对全体学生提出了殷切希望。

10月5日　迁入新校舍后的第一学期正式开学上课。

10月12日　万能阁会计国际公司代表到校访问,并与我校进行协作会谈。在欢迎会上,对我校20名优秀学生颁发了奖学金。

10月30日　美国退役军人行政局统计学家、华盛顿华人协会会长邹作雄教授应顾树桢校长邀请,来校作学术报告。

11月6日　学校通知:自本学期开始,各专业均试行新的教学计划。

11月14日　学校举行记者招待会,介绍学校发展情况。新华社、中新社、《解放日报》、《文汇报》、《新民晚报》等记者参加,中共上海市委宣传部新闻出版处领导也莅临指导。

11月18日　学校隆重举行迁入新校舍暨潘序伦塑像揭幕仪式,财政部领导陈如龙、市人大常委会副主任舒文、副市长叶公琦出席并分别为学校悬挂新校牌和为潘序伦铜像揭幕。有关方面的领导、兄弟院校的代表、各地校友和学校师生员工近千人参加新校舍建成庆祝大会。会上,首次向10名优秀学生颁发了潘序伦奖学金。

11月21日　学生业余党校正式成立,举行了第一期开学典礼。

11月　学校成立计算计中心。

12月19日　学校校务委员会举行会议,共商立信发展大计。校委会名誉主任陈如龙、主任顾树桢、副主任褚后仁等均出席了会议,确定每年10月20日为校庆日。校务委员除上列者外,尚有(以姓氏笔画为序):丁苏民、马一行、马钟榆、王澹如、包从兴、许毅、孙庆元、李文杰、李鸿寿、李燮泉、陈敏之、吴传瑞、吴文、吴羹梅、余世钧、陆修渊、杨天全、杨春一、杨君昌、杨国树、杨纪琬、段力佩、赵洪元、徐惠勇、顾福佑、顾濂溪、褚尚一、黄浦、黄凉尘、黄菊波、鲍友德、管锦康、潘曾锡、魏人英。下午，上海立信校友会召开第二次会员大会，通过了修改后的章程，通过了聘请的顾问、名誉会长及理事名单，新一届的理事会推举顾树桢为会长、黄浦等6人为副会长。

12月26日　上海市高教局举行表彰大会，我校会计系教师张维宾、总务处处长部占勋被评为1989年市全日制高校先进教育工作者。在会上两位同志接受了奖励证书。

12月30～31日　学校工会第二届会员代表大会召开，选举产生了第二届工会委员会和经费审查委员会。

1988年

1月2日　中共上海市委发文批复：同意免去褚后仁兼任立信会计专科学校党委书记的职务。

1月27日至2月1日　国家教委召开全国高教工作会议，研究如何深化高教改革。学校副校长孙庆元与其他高校的代表共同出席了会议。

1月　学校党政领导分别邀请部分副教授、讲师以及中青年干部以“立信的改革与发展”为题，共同探讨座谈。学校决定自新学期起，每年举行一次学生学术论文竞赛，本校所有在读学生均可参加，优秀者可获“潘序伦奖学金”或“人民奖学金”。

2月5日　中共上海市财贸党委决定：成守文任立信会计专科学校党委副书记，主持党委工作。

2月6日　学校发布1987～1988学年初各项统计数字公报，其中包括系（部）和专业、在校学生人数、教职工人数以及财务、科研、基本建设、图书等有关情况。

2月　学校首次专业技术职务评聘工作结束，共评聘202人，加上原有84人，教职工中现有各类专业技术职务共286人。

2月　上海市编委批准学校增加编制120名，目前学校总编制为620名（其中包括上海立信会计师事务所60名，立信会计图书用品社40名）。

3月　万能阁国际会计公司（P. K. F.）赠送学校第一批该公司出版的新书。

4月　学校对人民奖学金、潘序伦奖学金、P. K. F. 会计公司奖学金的奖励方案进行修订。

4月　学校会计系教师张维宾当选为上海市第九届人代会代表。

4月　学校决定：成立学生处。

5月23～26日　由立信会计图书用品社组织的各地立信会计学校编写会计专业中专系列教材的研讨会在无锡召开。

5月29日　国务委员兼财政部长王丙乾为庆贺校庆60周年题词：“培养一流的会计专业人才”。

5月31日　美国林肯内布拉斯加大学会计学院系主任托马斯一行应邀来校参加学术讨论，介绍了美国会计审计学术的新发展。

6月3日　中共上海市财贸党委发文：同意免去徐立元、孙庆元、魏人英现任职务，办理退休手续。

6月11～16日　学校召开应届大专毕业生分配供需见面会。应届大专毕业生共330名（其中有结业生14名）。

6月14～18日　学校召开第二届教代会，会议主要议题为审议学校“七五”期间工作规划实施情况和校长工作报告。

6月　学校在各专业二年级学生中举行中期选拔考试，优秀者进入涉外会计班学习。

7月　学校为加强系的建设和改进学生管理，将会计系分为会计一系、会计二系两个系，并把审计系改为会计三系。

8月　学校招收大专新生457名（其中包括首次招收的自费生46名）。9月15日举行了新生入学典礼。

8月　由副校长徐文彬主编的教材《会计原理》获财政部颁发的优秀教材二等奖。

9月17日　中共上海市财贸党委副书记范家增在学校中层干部会议上宣读上海市政府8月19日关于免去顾树桢立信会计专科学校校长的发文和中共上海市财贸党委9月16日关于成守文兼任立信会计专科学校副校长并主持工作的决定。

10月12日　上海市高教局批准学校增设外贸专业。

10月11～17日　全国18所财经类专科学校第四次协作会议在西安召开。

10月25日　学校召开第二届田径运动会。

11月12～15日　各地立信会计学校第三次协作会议在学校召开，会议通过了《立信会计事业协作会议章程》。

11月15日　学校举行建校60周年庆祝大会，上海市副市长庄晓天到会祝贺。原上海市副市长忻元锡以及市有关部门领导、各界人士、历届校友代表、师生员工2 000多人参加了大会。会上，对在1987～1988学年度中记大功及记功的教职工进行了表彰，对获得"潘序伦奖学金"、"P. K. F. 奖学金"的学生进行了奖励。全国人大常委会副委员长荣毅仁、雷洁琼，全国政协副主席孙晓村，全国人大常委会法制委员会副主任张友渔，上海市政府顾问汪道涵等先后为校庆题词致贺。校庆期间，学校校史陈列室正式开放，珠算陈列室正式挂牌，以反映学校复校艰难历程为主题的录像片《足迹》举行首映仪式。

11月16日　专程前来参加学校校庆活动的日本赤塚学园商业专科学校校长赤塚晴彦一行3人与我校签订了两校交流协议书。

11月16日　学校对加强系部建设进行专题研究，将在12月份拟订正式文件下发试行。

12月4日　香港理工学院会计系两位高级讲师来校访问，与学校就开展会计学术交流、互派师资等问题作了意向性探讨。

12月26日　由学校工会、学生会共同开展的"教书育人先进事迹推荐活动"在学生中展开。

12月29日　国家教委副主任朱开轩在校务委员会副主任褚后仁陪同下来校参观。

1989年

1月27日　中共上海市财贸党委副书记范家增在学校教职工大会上宣读上海市政府1月6日关于张俊杰兼任立信会计专科学校校长的发文和中共上海市委1988年12月29日关于成守文任立信会计专科学校党委书记的发文，宣布市财贸党委关于金家富兼任立信会计专科学校副校长的决定。

2月4日　学校副校长杨君昌赴英国北伦敦理工学院商学院作为期一年的学术访问。

3月28日　国家教委高教司副司长蒋妙瑞等3人来校与学校领导及有关部门共同探讨高等专科教育的地位、作用问题。

3月 学校拟订《加强校风校纪整顿和建设的意见》，并召开教师大会动员贯彻执行。学校决定设立科研处，与经济研究所合署办公。

4月14日 国务院参事室赴上海考察高等教育组一行6人来校考察。

4月19～20日 国家教委高教教材调研组来校调查了解教学和教材建设情况。

4月 学校第三届团代会召开。

5月8～12日 华东地区财经类专科学校第一次协作会在我校召开。

5月 学校成立学术委员会，旨在加强学术指导，活跃学术空气。

5月17日 中共上海市财贸党委决定：戴子贤任立信会计专科学校副校长。

7月 学校首次系、部教学评估结束。此次评估的是会计一系和会计二系。

7月 学校制订《关于成人教育管理的若干意见》。9月决定设立成人教育处。

7月 424名应届大专生毕业，学校通过供需见面会，向用人单位作了认真推荐。

8月 学校招收大专新生495名，其中有首次招收的会计—外贸班30名。

9月9日 学校为庆祝第五届教师节，邀请部分教师进行座谈。

9月16日 日本名古屋学泉大学教授高桥岩、各务重则应邀来校分别作了《日本近代会计学》、《日本税制》的学术报告。

9月29日 学校举行庆祝建国40周年《祖国颂》歌咏大会。

9月 会计一系教师张维宾被光荣评为全国优秀教师。

9月 日本赤塚商业专科学校向学校赠送一批财经类书籍。在此之前，学校曾将立信会计图书用品社出版的数十册新书寄赠该校。

10月10日 学校就制订的《三年发展规划》邀请校外专家进行论证座谈。

10月20日 学校原第一至第六届校友返校，庆贺校庆61周年。校庆期间，学校为31名获得"潘序伦奖学金"、12名获得"P. K. F. 奖学金"的学生颁发了奖金。

10月27日 学校召开教职工大会，动员创建文明高校。

11月10日 学校假徐汇体育场举行第三届田径运动会。

11月21～25日 学校二届二次教代会召开，主题是审议学校三年工作规划。

11月 全国财经类专科学校第五次校际协作会在长沙举行。

11月 经上海市政府财贸办批准：学校函授部改为远距离教育部。

12月4日 京津沪财经院校第六次协作会议在学校召开。

12月15日 学校举行学术讨论会，共收到系部提交的论文29篇。上海市高教局、市财政局有关人员应邀出席并作专题发言。

1990年

1月 学校设立监察室、审计室，两室合署办公。

2月14～15日 学校召开思想政治工作会议，就拟订的有关文件如何贯彻实施，统一认识，确定措施。

2月19～26日 全国首届会计知识大赛第二赛程上海选拔团体赛及个人复赛分别在我校举行。

2月26日 上海市政府教卫办召开表彰大会。学校《会计室的筹建和完善》获优秀教学成果奖，《加强教研室质量管理》获市教学成果表扬奖。

3月2日　上海市高教局转发国家教委《普通高等学校学生管理规定第7号令》，要求各校结合实际情况制定具体实施细则。

3月24日　学校与三联公关事务所共同举行的由本市10多家新闻单位的记者参加的“立信1990年毕业生推荐工作新闻发布会”，为高等院校依靠公共关系与大众传播媒介推荐学校毕业生工作作了一次有益的尝试。

3月31日　学校第六届学代会召开，选举产生了新的学生委员会。

4月17日　学校有136名学生参加义务献血。

5月4日　学校第九届“立信之春”艺术节揭幕，各项活动历时1周。

5月5日　学校就新开设的外贸专业——工商企业涉外经营教学计划邀请校外专家来校进行论证。

5月7日　学校扩建学生公寓3 000平方米的计划经上海市有关部门批准立项，所需资金由学校自筹。

5月8～11日　学校三届一次工会会员代表大会召开，选举产生了新一届的工会委员会和经费审查委员会。

6月9日　学校开始对会计三系、财金系进行教学评估，至6月23日基本结束。

7月27日　立信—赤塚两校珠算交流友谊赛按协议举行，我校获得团体优胜。

7月　学校图书馆“会计样本书陈列室”开放。

7月　应届大专毕业生312人，学校除继续举行供需见面会做好毕业分配外，还召开新闻发布会，依托公共关系与传播媒介推荐毕业生。

7月　学校评出优秀毕业生12名，并报请上海市高教局审批同意。

8月19日　亚太地区珠算研讨会、中国台湾、韩国代表一行15人访问参观我校。

8月　招收大专新生370名(其中自费生30名)，9月20日举行了新生入学典礼。

8月　上海会计师事务所由学校划归交通银行，由交通银行上海市分行代管理。

9月3日～12月28日　校党委召开党员大会，部署党员重新登记和民主评议工作。12月28日经上级部门检查验收，党员重新登记工作顺利结束。

10月18日　中山西路大口径水管爆裂，学校39户职工家庭受灾，全校教工自愿捐款，帮助减轻受灾损失。经上海市财贸办批准，学校成立教师中级职务评审委员会。

10月19日　学校举行复校10周年暨建校62周年庆祝大会，上海市副市长庄晓天及忻元锡等有关人士出席了大会。会上向复校倡议人和在复校初期作出贡献者共25位同志颁发了荣誉证书，并对获得“潘序伦奖学金”的7名学生授奖。

10月20日　学校举行第四届学术研讨会，共收到论文44篇。

10月21日　学校原第七至第十四届校友返校，庆贺校庆62周年和复校10周年。

11月7日　学校假沪西体育场举行第四届田径运动会。

11月10日　日本珠算史研究学会会长、国士馆大学教授铃木久男一行3人访问我校，并向学校赠送了日本国有关珠算资料。

11月11日　学校首届“宿舍文化艺术节”开幕，至11月29日闭幕。

11月12～23日　学校8921学农试点班去青浦塔弯参加农业劳动。

11月30日　上海市财政局与学校建立学生校外实习基地联席会议在学校召开。会上举行了建立基地协议的签约换文仪式。

11月　学校评出市三好学生4名，市优秀学生干部2名及8931班为市三好先进集体，经报请上海市高教局批准同意。

11月　学校包亚钧、叶德勋两教师合撰的《私有化不应是经济体制改革的方向》一文获全国高等财经院校政治经济学研究会优秀科研成果奖。在此之前，财金系教师鲍杰所撰《对我国国民经济运行机制的思考》一文已获第五届全国财经院校研究生经济理论研讨会优秀论文奖。

12月5日　学校在1990年高校毕业分配工作总结会上以最高票数当选为上海市"毕业生分配与用人单位协作最好学校"。

12月　学校创始人潘序伦入选上海市地方志办公室着手编写的《上海名人传记》一书。

1991年

1月8日　学校第三届第一次教职工代表大会召开，审议校长工作报告及教工住宅分配工作报告。1月15日会议闭幕。

1月16日　香港理工学院学生访问团来校参观访问。

1月19日　学校与上海市财政局、市审计局先后签订学生校外实习基地协议书。两局每年都将接受我校在校学生参加实习，共同培养合格的财会人才。

2月　上海市高教局组织高校专业评估，学校会计专业在全市11个会计专科点中，评估总分列第二名。

3月8日　学校教师张维宾被市妇联授予1990年度市"三八"红旗手称号。

3月12日　学校召开"师资队伍建设研讨会"，会后，将各方面的意见、建议进行综合整理。4月，形成了学校师资队伍建设规划，下达各部门执行。

3月15～16日　学校"思想政治工作会议"召开。会上，对在教书育人、管理育人、服务育人工中成绩显著的19名教工进行了表彰。

3月23日　经反复筛选，学校评定1990年度教工优秀论文6篇，并分别给予奖励。

3月　原上海市副市长忻元锡、学校原校长顾树桢筹款20余万元捐助学校，作为"潘序伦会计事业基金"。

4月26日　学校工会组织"我的路"恳谈会。发言者感情真挚，内容生动，反应良好。

5月4日　学校举行1991年"立信之春"文化艺术节，兼有教工和学生两方面的系列活动。

6月1日　立信会计图书用品社纪念建社50周年。

6月8日　学校对基础教学部、马列教学部开始进行教学评估。

6月15日　学校邀请上海市财政局、市审计局等方面的专家和财务处长多人来校就修订后的教学计划进行论证。论证会所提意见，将由学校汇总整理，并对教学计划再作修改。

6月28日　学校隆重集会，纪念中国共产党成立70周年。会上，表彰了优秀共产党员和优秀党务工作者。

7月10日　学校教师钟义盛获得"市高校优秀思想工作者"的称号，受到中共上海市教卫党委的表彰。

7月　参加财政部组织的全国财经专科学校财务管理学科统考的本校学生，团体总分在参加统考的16所学校中列15名。学校领导决心从中吸取教训，改进教学，提高质量。

8月1日　学校校务委员会名誉主任、原财政部副部长陈如龙在北京逝世。6日，学校向财政部发去唁电，表示沉痛哀悼。

8月16日　日本赤塚商业专科学校学生排球队来校访问，与我校学生男女排球队进行了友谊比赛。9月，该校向学校赠送一批会计、财经类图书。

8月　学校学生处和团委共同组织20名优秀学生干部在暑期赴四川革命老根据地进行社会考察活动。

9月17日　学校召开“教书育人、为人师表”经验交流会及表彰会，10名教师和班主任获学校优秀奖，18名教师和班主任受到表扬。

9月25日　为支援华东洪灾地区，学校师生共捐款5800余元。

9月　学校招收大专新生328名。

9月　学校教师曹惠民被评为“市高校优秀青年教师”。

10月12日　学生授奖大会召开。学校对市三好学生、校先进集体和潘序伦奖学金、人民奖学金获得者以及暑期社会考察活动的优秀队员、积极分子给予奖励和表彰。

10月21～26日　京津沪地方财经院校会计电算化研讨会在学校召开。

10月22日至11月2日　学校一年级新生赴青浦参加农业生产劳动。

11月8日　学校举行第五届学术论文研讨会，专场活动13次，交流论文共60篇。

11月9日　学校与上海立信校友会联合召开祝贺老校长李鸿寿执教60周年茶话会。

11月15日　学校举行第五届田径运动会。

11月15日至12月4日　学校举行第二届宿舍文化艺术节。

11月19～23日　第四次立信会计事业协作会在无锡市召开，会议决定成立“潘序伦会计事业基金会”。

11月22日　学校召开大会，对1990～1991年度内在教工中评选出的记大功者5人、记功者31人、表扬者50人给予奖励和表彰，并宣布会计三系等4个处室为文明单位。

11月26日　学校常务副校长成守文应邀赴日本访问赤塚商业专科学校。

12月9日　学校各学生社团联合举行“12·9”立信大学生思想文化艺术节。

12月下旬　学校组织各系部主任认真讨论财政部下达的专科学校专业教学质量评估指标体系，要求把做好评估的各项准备工作纳入学校年度主要工作中去，以推动教学质量的提高。

12月　反映学校学生生活特点的《啊，走读生》电视片摄制完成，并经上海电视台播出。

1992年

1月9日　学校第三届二次教职工代表大会召开，审议通过了《教职工住房分配条例》，选举产生了新的分房委员会。

1月17日　教职工撰写的论著，经评定，有7篇论文列为1991年度优秀论文。

1月　学校会计一系8913班607寝室被评为“上海市高校文明寝室”。

2月27日　学校被评为1991年度公民义务献血上海市高教系统先进集体。

2月28日　学校党委召开党委工作会议，动员共产党员和教职员工在新的一年里，以稳定、鼓劲、团结、奋进的姿态努力开创学校工作的局面。

3月5日　在职称评审工作转入经常化后，学校要求上半年严谨、细致地做好这方面的工作。

3月17日　学校党委召开会议，传达邓小平同志南巡重要讲话，并作出学习贯彻的计划。

3月25日　学校召开系部主任会议，布置校内开展教学单项评估的工作，并要求做好充分准备，迎接财政部和上海市高教局的两次评估。

3月28日　上海市高校教材工作研究会成立，学校被推选为常务理事单位。

4月1日　国家教委核定第一批65所普通高等专科学校名单，我校列于其中。即日起，学校正式更名为"立信会计高等专科学校"。5月，国务委员、财政部长王丙乾为学校题写了新校名。7月11日，学校隆重举行了立信会计高等专科学校新校名挂牌仪式。

4月3日　学校教师陈杰与纺专教师俞惠康共同主编的《大学生成长思想修养》获上海市地方高校优秀教材荣誉奖。

4月15日　中共上海市财贸党委书记任徽典一行7人来校考察校级干部，历时1周。

4月28日　上海市高教局外贸专业评估专家组一行14人来校评估考察。6月，专家组在对学校外贸专业给予肯定的同时，也提出了积极改进提高的建议。

4月29日　学校副校长杨君昌通过博士论文答辩，成为学校第一位委托培养的博士。

4月　学校副校长徐文彬编写的《工业会计》、《会计原理》分别获第二届全国财政系统大专和中专教材一等奖、二等奖。

5月4日　学校团委为纪念共青团建团70周年，先后开展了一系列丰富多彩的活动。

5月30日　学校第四届团代会、第七届学代会召开，选举产生了新一届的团委会和学生委员会。

6月　应届大专毕业生263人，工作已落实分配，根据用人单位提出的录用名额，出现了供不应求的情况。

7月3日　中共上海市财贸党委书记任徽典在学校干部会上宣布上海市政府6月1日任免令：李海波任学校校长，免去张俊杰兼任的学校校长职务。同时宣读市财贸党委6月26日关于孙厚德任学校党委副书记、李海波兼任学校党委副书记的决定。

7月5日至8月12日　上海电视台教育频道两次播出学校摄制的《立信新貌》电视片。

7月24日　日本赤塚商业专门学校师生代表团一行17人访问我校。

8月　学校校长李海波当选为全国成人高校财会研究会会长。

9月1日　学校召开中层党政干部会议，部署新学年工作，要求解放思想，更新观念，加大改革力度，把学校工作推上一个新台阶。

9月9日　学校招收大专新生390名，比原计划330名(其中自费生20名)增招了自费生60名。学校举行新生入学典礼。

9月11日　学校举行第8届教师节庆祝会。

9月18日　台湾商业职业教育学会赴大陆考察团一行16人来校参观访问。

10月6日　学校培训中心浦东分部以及立信会计学校浦东分校分别举行挂牌仪式。

10月13日　学校召开学生表彰大会，对1名张磻溪奖学金获得者、1名宝钢奖学金获得者、5名市三好学生、1名市优秀干部以及潘序伦奖学金、人民奖学金的获得者、先进班级、先进团支部分别授奖。

10月19日　学校一年级新生赴青浦参加农业劳动，为期12天。

10月21日　为实施国家教委颁布的《大学生体育合格标准》，学校研究拟订了具体措施。

10月　原校长顾树桢被聘请为学校高级顾问。

11月3日　校党委召开党员大会，传达党的十四大主要精神，并作了学习、贯彻的具体部署。

11月11日　学校举行第六届田径运动会。

11月12日　校党委召开扩大会议，研究学校的综合改革方案。12月23日，方案初稿拟就，在发动全体教职工讨论后再作进一步修改。

11月17日　学校组织“会计学专业”建设研讨会。对会计教育如何适应社会主义市场经济发展的需要以及与国际接轨的问题，开展了广泛的研究。

11月17日至12月1日　学校举行第三届宿舍文化艺术节。

11月20～24日　学校举行第六届学术讨论会。

11月23日　立信会计事业协作会在天津召开。会议确定下一届协作会在我校举行。届时将共同参加老校长潘序伦百岁诞辰的纪念活动。

12月2日　日本东亚经理专门学校副校长中西义行访问我校，与学校就校际间的交流进行了会谈。

12月29日　中共上海市财贸党委批复学校，同意叶德勋任学校副校长、校党委委员，蔡建民任学校副校长；免去戴子贤学校副校长职务。

12月　学校教师张维宾当选为上海市第十届人大代表。

1993年

1月14日　学校工会主席钟陵强当选为全国教育工会第四届代表大会正式代表。

1月18日　学校成立经济开发总公司，举行首次年会，研讨发展“三产”的有关事宜。

2月23日　由理事长兼校长小岛义世、副校长中西义行率领的日本东亚经理专门学校师生一行180多人来校访问，与我校师生开展了多种交流联谊活动。

2月　经上海市高教局批准，1993～1994学年度学校将开始“会计—外贸双专科”的试点工作。学校在会计、审计专业学生中进行了选拔，对其中符合报名条件的41名学生，于5月29日进行了初试。

3月4日　中共上海市财贸党委同意接受杨君昌辞去学校党政职务的请求，免去杨君昌学校副校长、校党委委员职务。

3月21～28日　学校39名学生参加全市第二届高校非计算机专业计算机应用知识和能力等级考试。考试结果：一级的合格率与优秀率均高于全市平均水平。

3月24日　学校举行用人单位与学生的供需见面会，全年大专毕业生共274名，基本上均已分配落实工作。

3月29日　日本东海珠算学园学园长大矢野来校访问，与我校就珠算教学的经验作了相互交流。

3月31日　中国注册会计师协会、香港德勤会计师行一行3人来校访问，与学校就联合举办注册会计师培训中心一事作了商讨。

4月4日　校园内的学校创办人潘序伦铜像整修工程完工，骨灰由家属移撒于整修后的铜像底座下面。

4月17日　学校第6次学术讨论会评选出优秀论文6篇，分别给予奖励。

4月28日　立信会计图书用品社经国家新闻出版署批准，更名为立信会计出版社。

4月29日 学校召开校外实习基地恳谈会，上海市财政局、市审计局及有关人员共40多人出席会议，共同就加强校外实习、培养合格人才的问题进行了探讨。

4月下旬 上海市高教局同意学校将新学年招收大专生的计划调整为450名，其中自费生220名。

5月17日 学校邀请上海各报及电台记者来校恳谈，校长李海波就学校教学改革的进展及成果作了介绍。19日、20日上海电台和《新闻报》分别对此作了报道。

5月26日 上海市高教局组织的验收组来校对学校物资清理整顿工作进行了检查和评价。

5月28日 学校召开中层干部聘任大会，聘任各系部处室的负责人共52名，这表明学校综合改革已进入实质性的启动阶段。

5月 学校张伟丽等9名学生被评为1993年优秀毕业生。在此之前，有39名学生经潘序伦会计事业基金会管委会核定获1993年潘序伦奖学金。

6月2～6日 全国财经高等专科学校协作会议在广西南宁召开。会上，学校校长李海波就内部改革方案及实施情况作了交流发言。

6月 学校与香港关黄陈方·柏德豪国际会计师行联合举办英国公认会计师工会ACCA会员资格培训班。经报名后初选，有137人将于7月3日在我校参加入学考试。

7月7日 学校师生一行14人在暑假期间赴百色地区考察，受到了良好的革命传统教育。

9月1日 学校与香港关黄陈方·柏德豪国际会计师行联合举办会计师(ACCA)培训班，学员30人正式上课。

9月7日 学校召开干部大会，校长李海波在会上就学校今后发展提出了新的设想并对开学后的工作作了具体部署。

9月15日 学校招收大专新生495人，比原计划增加45人。大专新生入学典礼上午在立信会堂举行。

9月28日 学校与香港关黄陈方·柏德豪国际会计师行联合举办的ACCA培训班首届学员30人在立信会堂举行开学典礼。上海市政府财贸办主任张广生、上海市政府教委办主任王生洪及有关人士参加了开学典礼。

10月4～10日 学校新生军训在徐汇体育场进行，由驻沪武警三支队的7名教官执教。10日在学校举行军训演习，接受学校领导的检阅。

10月13日 上海市高教局卫生检查团一行14人来学校检查《学校卫生工作条例》的贯彻情况。通过检查对学校卫生工作作了较好的评价。

10月26日 学校举行1992年度学生授奖大会，学校领导为本年度得奖的集体和个人举行了颁奖仪式。

10月27～28日 上海市高教局图书馆专家评估组来校对学校图书馆工作开展评估。

10月29日 学校工会在工会活动日举行“继承传统开拓未来”的报告会，发动全体教工开展“知校、爱校、兴校”的活动。

10月 从1992年下半年至1993年10月，学校对教工高级职称的评定结果如下：正高级职称2人，副高级职称5人，中级职称14人(其中馆员2人，经济师1人，讲师11人)。

11月2日 学校举行第七届田径运动会。

11月20日 纪念立信会计事业创始人潘序伦诞生100周年暨立信会计高等专科学校建校65周年大会上午在立信会堂隆重举行。财政部会计事务管理司、中国会计学会、上海市政府财贸办、市高教局等有关方面的领导，各地立信协作会和立信校友会联席会议的代表、上海各高校代表、日本赤塚学园代表、中国台湾会计代表团，新老校友、学校师生1 000余人出席了大会。会上，校务委员会主任顾树桢全面介绍了潘序伦一生的业绩和立信所走过的65年历程，校长李海波介绍了立信的最新发展和开拓进取的蓝图。

党和国家领导人荣毅仁、李岚清、费孝通、孙起孟、雷洁琼、王丙乾以及财政部部长刘仲藜、副部长张佑才，各界知名人士汪道涵、黄凉尘、王艮仲、李文杰、李鸿寿、杨纪琬、王生洪、陶省隅、许毅、顾树桢、任徽典等为纪念活动题词，国家教委为纪念活动特发来贺电。对这次纪念活动，新闻界甚为重视，《光明日报》、《中国教育报》、《解放日报》、《文汇报》等多家报刊均对此活动有专门报道，电台也及时播发了学校活动的新闻。

11月20日 下午海峡两岸会计事业、会计教育交流会在学校演讲厅举行，两岸会计界专家学者各就有关专题作了交流发言，气氛友好热烈。

11月20日 全国各地立信校友会联席会议在学校召开，各地代表介绍了开展工作的经验体会以及与海外校友联络的情况，希望今后密切联系，更好地发展立信会计事业。

11月20～23日 第六次各地立信会计事业协作会在上海、宜兴两地进行。参加会议的有12个地区的17所立信会计学校以及立信会计出版社、立信会计师事务所、立信会计用品总公司等单位，共40名代表。会议交流了一年多来办学的新经验和进行改革的新设想，并确定下一次协作会议在广西桂林召开。

11月21日 英国剑桥大学商学院英语证书举行考试，设在学校的"3106考点"，其具体组织工作受到国家教委考试中心等有关方面的好评。

11月23日 浦东新区社会发展局批复学校，同意立信会计高等专科学校设立浦东分部。

11月30日 学校第三届第四次教代会召开。会议审议了1993年度教工分房报告，讨论修改并通过了新分房办法，选举产生了新一届分房委员会。

12月13日 上海市红十字会发文给学校，同意立信会计高等专科学校成立校红十字会。

12月 学校管理系郑奕彬同学经上海市高教局评定获张磻溪奖学金(全市高校学生获得1993年该项奖学金的共50名)。

12月 学校学生参加高校第三届非计算机专业应用能力考试，及格率和优秀率均高出全市平均水平。

1994年

1月6日 立信会计高等专科学校浦东新区分部在浦东汇文中学举行挂牌成立仪式。李海波校长在致词中表示要为浦东的开发添砖加瓦。

1月11日 校工会召开建设教工之家经验交流会，党委副书记孙厚德参加会议并讲话。

1月21～25日 学校治安综合治理领导小组对各部门进行检查考核。

1月 学校党的基层组织进行调整并改选支部。调整后共设1个党总支，17个党支部。

1月 根据上级的要求，学校进行工资制度改革工作。

2月1日 学校食堂改由上海昌盛食品有限公司承包经营。

2月25日 学校召开干部大会，确定学校全年工作重点，继续深化各项改革，推进学校工作上台阶、争一流。校长李海波就经济与教育形势、上半年工作和本年工作要点作了重要讲话。

3月19日　学校夜大学在上海教育学院举行的1994年度招生咨询中，成为全市成人高校“最热”的咨询点，上海教育电视台对此特作专题报道。

3月20日　第三届“立信之春”文化艺术节集邮评析会召开，金家富副书记到会讲话。

3月23日　校团委举办学邓选系列讲座，校党委副书记、副校长金家富作第一讲《学习邓小平同志关于发展才是硬道理的理论》。

3月26日　上海市新闻出版局和上海市出版工作者协会举行上海市优秀图书(1991～1993)颁奖大会，立信会计出版社出版的《西方经济学说史》荣获上海市优秀图书奖。

3月28日　沪港联办第二届“国际公认会计师”(ACCA)培训班新闻发布会在立信召开。它是由学校与世界七大会计师行之一的香港关黄陈方·柏德豪国际会计师行的合作项目。出席新闻发布会的单位有：新华社上海分社、《光明日报》、《解放日报》、《文汇报》、《新民晚报》、上海电台、上海电视台、东方电台、《上海教育报》、《青年报》、《生活周刊》、《新闻报》、教育电视台、《联合时报》、《上海侨报》、香港《文汇报》、香港《大公报》等17家。全国政协委员、国务院港事顾问、香港关黄陈方·柏德豪国院会计师行高级合伙人陈文裘先生、立信会计高等专科学校校长李海波在会上作了主题发言。参加会议的还有学校党政领导金家富、孙厚德、叶德勋、蔡建民及有关部门负责人。

3月下旬　学校收到上海市计划委员会批复，同意学校培训中心及学生公寓B楼建筑面积调整为1万平方米，B楼建筑总投资1 300万元。

3月　职工中专各分部所办会计上岗证培训班，接受财政主管部门检查，测试结果合格率达96%，成绩优良，受到表扬。

3月　学校终止与上海昌盛食品有限公司承包经营学校福利食堂的合同，学校食堂由总务处全面管理。

4月2日　学校召开中层干部会议，李海波校长等就基建加层、教学改革、教职工分房、学生工作、成人教育等作出全面部署。

4月5日　江苏财经高等专科学校党委副书记许协清率领该校校内改革方案起草小组来学校访问。

4月10～12日　学校召开第四届工会会员代表大会。会议通过了三届工会主席钟陵强所作的工会工作报告，通过了工会财务工作报告。选举了钟陵强等9人为新一届工会委员会，石吉茂等3人为新一届经审委员会。22日，工会委员会、经审委员会分别举行会议，钟陵强、赵群当选为校工会委员会正副主席，石吉茂当选为经审委员会主任。

4月19日　李海波校长应上海教育电视台之邀，专程前往该台接受采访。他就当前高校招生中应届高中毕业生关心的热点问题回答了记者的提问。

4月25日　全国中等财经职业教育协会第十届年会在学校结束。会议由党委书记成守文主持。会上，中共上海市财贸党委书记任徽典就上海社会经济发展对人才需求的形势、上海市教育局副局长俞恭庆就上海市职业教育发展情况、校长李海波就学校发展情况等作了讲话。

4月25日　第四届宿舍文化艺术节闭幕，金家富副书记出席了闭幕式。

4月　校党委会对立信会计师事务所领导班子作了调整充实。

5月1日　学校《教职工公费医疗管理办法改革方案》正式实施。

5月3日　第五届团代会暨第八届学代会闭幕，当选委员作了就职演讲。

5月11日　蔡建民副校长主持学校教学改革研讨会，对审计专业学制由3年改为2年后其课程教材等如何调整作了研讨。

上海市公安局一级警司赵卫国应邀到校作治安保卫讲座。

5月14日　第三届“立信之春”文化艺术节闭幕式暨纪念“五四”青年节立信大学生诗歌朗诵比赛举行。

5月15日　学校中专参加由浦东新区招办组织的浦东新区中等职业技术教育招生义务咨询，吸引近千名学生。

5月18日　本年度首批28名教职工住房分配方案，报校党委会预审通过后公布。

5月20日　孙厚德副书记主持校治安综合治理方案办公室会议，总结上半年学校治安综合治理情况。

5月21日　学校组织部分学生进行“大学生看上海”活动，参观上海重大市政建设工程和浦东新区。

5月　学校获上海市财政局“会计电算化”定点培训点资格。

6月4日　学校夜大学举行第二专科招生考试，叶德勋副校长到场巡视。

6月10～12日　李海波校长分别接受北京《中国时代》杂志社和上海《解放日报》记者的采访，向他们介绍了立信的变迁沿革，特别是深化改革、争创五个“一流”的情况，引起了记者的浓厚兴趣。

6月10日　学校召开会议，传达全国财专协作会精神并布置工作，李海波校长主持并作中心发言。

6月11日　93级学生体育课成绩按《大学生体育合格标准》评定完毕，其中优秀44人，良好298人。

6月中旬　著名美籍华人陈香梅女士为立信东方奇石展示厅题词：“弘扬东方奇石艺术，光亮中国千古文采。”

6月27日　学校开始放暑假。暑假期间社会各新闻传媒、领导机关刊物纷纷报道立信成果。据了解，《文汇报》内参《情况反映》7月15日第56期以《上海立信会计高等专科学校为改变教育经费不足状况，引进市场机制办学，以教促教进入良性循环》为题，多侧面地反映了立信培养的会计人才在社会上供不应求，在人才培养和输出方面形成强有力的“卖方”态势的情况。接着财政部《财政教育简讯》9月8日第16期，中共上海市财贸工委办公室、市政府财贸办秘书处《财贸动态》9月19日第16期也报道学校办学情况。《上海商报》9月9日第一版、《文汇报》9月12日以醒目位置发表有关消息，称赞立信办学有方。

9月5日　全校教职工来到学校演讲厅，欢聚一堂，热烈庆祝教师节10周年，中共上海市财贸工作委员会副书记甘忠泽专程到会，向辛勤的园丁致以良好的节日问候。庆祝大会由学校党委书记成守文主持，李海波校长发表讲话，教师代表周孟政和徐波分别发言。会上，还向学校30年教龄教师颁发了荣誉证书。会后，举行了电影招待会。

10月5日　全日制大专新生到校报到。计划招收580人，实际招生590人，比上年多105人，增长21.6%，生源质量也普遍上升。

夜大学录取第一专业新生892人，实际报到887人；第二专业录取新生106名，实际报到100人。

10月6日　金家富副书记一行去校外教学点看望新生，受到东方文化学院院长陈恭敏、纺织职大副校长吴仁俊的接待。

10月7日　天津财贸管理干部学院院长史广正一行3人专程到校参观交流，受到李海波校长及有关人员的热情接待。

10月13日　列入上海市政府“九十年代紧缺人才培训工程”的第二期高级财会培训班假座卢湾财贸职工中专举行开学典礼。上海市财贸人才培训中心副主任吴岚，校领导李海波、蔡建民、徐文彬出席。开学典礼由徐文彬主持。李校长和吴副主任先后致词。第二届高级财会班共有学员32名，他们将通过4个月时间系统学习《西方财务会计》、《公司理财》等八门程。

10月中旬　会计三系聘请号称国际“六大事务所”之一的毕马威会计师事务所的香港合伙人蔡廷基为该系客座教授。

10月21日　学校召开中层干部会议，李海波校长传达上海市教育工作会议精神并布置1994～1995学年度学校教学工作。

10月25日　学校召开“1993～1994学年度先进集体个人获奖、暑假社会实践考察汇报大会”。校领导金家富、孙厚德、叶德勋和有关系部负责人参加了大会。会上，学生代表贺波、施朝禺、钱芸、冯敏、范敏和教师代表张维宾分别作了发言。

同日　由上海大江集团股份有限公司在我校设立的“大江奖学金”首次颁奖。在颁奖仪式上，该公司人事部总经理姜万山对“大江奖学金”的由来及“大江”的发展历史作了介绍，并欢迎立信学生到“大江”去干一番事业。

10月26日　黄浦区教育局以黄教成职社[94]字第11号批复同意成立立信会计高级进修学校，开展非学历教育。该校由立信会计师事务所主办。

10月31日　会计一系召开先进学生思想恳谈会。

11月8日　校党委会在16楼演讲厅召开全体党员大会，传达党的十四届四中全会精神，成守文书记主持会议。

11月9日　吉林财税专科学校校长宋富来校访问考察，受到李海波校长、金家富副书记的欢迎。

11月10日　李海波校长、金家富副书记出席第八期业余党校开学典礼，并作了重要讲话。本期党校共招收学员123名。

11月上旬　校工会举办第二届立信教工硬笔书法交流赛。

11月15日　由团委、学生会举办的“94立信校园文艺汇演”结束。

11月21日　学校召开会议布置人均不足4平方米住房户解困工作，孙厚德在会上传达有关精神。

11月中旬　学校计算机统考列全市高校前茅，继参加1993年非计算机专业一级考核合格率达97%后，计算机应用能力中级1994年一级考试合格率又达50%以上，名列全市第二名。

11月25日　学生处召开1993～1994学年度和1994～1995学年度全体班主任会议，交流、研讨如何加强班主任工作。

12月2日　学校召开市郊六县二区辅导站站长及浦东等地五个乡教学点负责人会议，会议总结交流1994年工作，商讨1995年工作打算，李海波校长出席并介绍了我校办学形势。

12月7日　日本神户东亚经理专门学校理事长兼校长小岛义世率师生代表团来校，与立信学生举行联谊活动。李海波校长在联谊活动中首先致欢迎词，他在讲话中介绍学校66年的光辉历程和学校的发展状况，并对立信、东亚两校的交流作了展望。东亚经理专门学校小岛校长即席致答词，他对立信的建设与发展成就作了高度评价。在两校领导分别讲话以后，举行了学生文艺节目汇演。

12月13日 学校召开应届毕业生分配工作会议。李海波校长对学生毕业分配工作提出了新的指导思想。

12月16日 学校召开中层干部、支部书记、高职称教师会议，离退休中层干部也参加会议。会议由李海波校长主持。中共上海市财贸党委副书记甘忠泽参加了会议，并代表市财贸党委宣读了上海市委的通知，根据沪委发[1994]256号文件，成守文不再担任中共立信会计高等专科学校委员会书记职务。立信党委的日常工作由金家富主持。

12月23日 国家教委党组副书记、副主任张孝文在上海高教局副局长魏润柏陪同下，莅临学校视察指导工作。张副主任听取了李海波校长有关学校改革、发展的情况汇报，他称赞立信办学是高教改革的方向。

12月28日 毕马威会计公司香港合伙人蔡廷基来校主讲《注册会计师业务和操作》讲座。讲座前，拜访了蔡建民副校长。

1995年

1月3～5日 中共上海市财贸党委按照市委的统一部署和要求，对学校党政领导班子进行了考核。市财贸党委副书记甘忠泽主持了考核会议，校领导李海波、金家富、孙厚德、蔡建民、石吉茂等作了述职报告，李海波校长代表学校党政领导班子作集体述职。

1月6日 学校召开1995年用人单位座谈会，有近50家单位参加，李海波校长介绍了学校情况。

1月8日 学校职工中专邀请上海市教育局成教处负责同志来校指导工作，商讨1995年工作方针。

1月23日 李海波校长主持召开全校党员干部大会，金家富副书记在会上传达了中共上海市委、上海市政府有关会议的精神，并布置了党委工作。

3月1日 学校立信会计出版社董事会成立，校长李海波兼任董事长，社长詹文锦任常务副董事长。

3月初 学校ACCA班学员1994年12月考试结果揭晓：成绩优异。

3月8日 校工会召开庆祝国际“三八”妇女节座谈会。校领导李海波、金家富、孙厚德在会上向获得1993～1994年上海市“三八”红旗手荣誉称号的张维宾和1995年被评为上海教育系统女能手的杜秀娟颁发荣誉证书。

3月上旬 学校正式成为中国会计学会会员单位。

3月16日 李海波校长主持召开校务会议，专门研究了成人非学历办班分成暂行规定、1995年添置固定资产计划、1995年分配方案补充问题以及设立学生帮困、教工解困基金等问题。

3月18日 学校夜大学参加上海市成招办在上海教育学院举办的“上海市成人高校招生考试咨询”活动。现场人群川流不息，学校招生简章供不应求。李海波校长和夜大学工作人员提前到场接待咨询者。

3月20日　上海市财政局有关领导来校听取《会计准则》实施后的意见。

3月21日　学校举行治安防范责任协议书签约仪式，治安具体责任人孙厚德副书记与26个部门签约。

3月22日　上海市教委成教办负责人应邀对职工中专1995年发展规模进行研讨，李海波校长出席会议并作讲话。

3月29日　学校召开红十字会会议，金家富副书记主持会议并布置了今年学校红十字会工作。

3月底　上海市教委以沪教成字038号文正式批准，立信会计成人教育进修学院成立。该学院由立信会计职工中等专业学校主管。

4月初　根据教学改革的要求，学校全日制大专1995年11个专业的教学计划修订完毕。

4月19日　学校召开中层干部、党总支书记会议，由李海波校长主持，会议通报领导分管工作情况。

4月22～25日　立信会计高等专科学校四届一次教职工代表大会在16楼演讲厅举行。其议程是听取和审议李海波校长作的题为《深化教育改革，发展教育事业，开创立信会计教育的新局面》的校长工作报告、1994年度学校分房工作小结、选举产生新一届分房委员会等。上海市教育工会副主席吴采兰到会致词。

4月25日　澳大利亚政府教育评估代表团访问学校，受到李海波校长、蔡建民副校长以及有关部门负责人的接待。该团在交流中详细询问了学校办校情况、专业课程设置、学制、中专教育、成人教育等问题，对学校多层次、多方位办学留下深刻印象，并对学校的学历教育给予了高度评价。

5月3日　在上海影城召开的上海市跨世纪青年群英会上，立信学生钟苏梦获得“上海市新长征突击手”称号。

5月4日　上海市教委、市高校图书馆工作委员会组织专家小组对学校图书馆评估后回访。专家小组对评估后整改情况，特别是对情报检索服务、读者服务等方面予以肯定。

5月4日　李海波校长和校友会副会长黄浦、马钟榆会见北京立信校友会兼秘书长端木和。

5月5日　华东政法学院国际法系党支部书记邹绍文来校介绍凝聚力工程的经验，受到党员干部的热烈欢迎。

5月上旬　学校工会被上海市教育工会命名为本市高校“合格教工之家”。

5月9日　学生举行纪念抗日战争暨世界反法西斯战争胜利50周年歌咏比赛。

5月17日　’95立信教工趣味运动会圆满结束。本次运动会共设11项男女个人和团体项目，前后共有470人参加，为历届之最。

5月18日　上海市教委组织高校卫生检查队来校检查爱卫工作。检查队成员在严格检查后，对学校卫生状况给予肯定，评分为96.92分。

学校党委会召开全校支部(总支)书记会议，会议由金家富副书记主持，会议研究并部署了开展“凝聚力工程”等事项。

5月22日　由全国立信会计事业协作会牵头的第二届立信校际学生技能竞赛在校隆重举行，李海波校长和金家富副书记出席了开幕式。竞赛共设珠算加减乘除、珠算传票、珠算账表、点钞、书法、英文、打字、微机基础知识及操作等7个项目。学校中专获得4项团体优胜奖。

5月26日　立信第五届宿舍文化艺术节闭幕，孙厚德副书记到会致词。

5月30日　学校举行纪念抗日战争胜利50周年歌咏大会。校领导与全校教职工参加了歌咏大会并登台齐声高歌抗日战歌。

6月6日　学校召开干部大会，全校副科级以上干部、中级职称以上人员参加大会。校长助理、胡厚麟传达全校财经专科学校第十次校际协作会精神；校长李海波作访台报告。

6月初　学校与上海市财政局（国税局、地税局）、市审计局举行新一轮为期5年的校外实习基地签约仪式。学校李海波校长、蔡建民副校长和上海市财政局副局长吴云飞、市审计局副局长靳曾德出席并讲话。签约双方表示，这一轮协议将持续到2000年，这是一项跨世纪工程，一定要共同努力，完成好这项工程。

6月14日　澳大利亚第二大保险集团国卫公司行政总裁柯艾柏先生访问学校，受到李海波校长、金家富副书记的接待。柯艾柏先生与学校领导商讨该公司在校设立奖励基金事宜。

6月15日　日本大荣综合体系中国视察团一行21人，来校参观访问，并与校领导李海波、孙厚德、蔡建民及有关部门负责人座谈交流办学规模、专业设置、师资培训、教材编写等问题。

6月17日　学校中专学生参加上海市中专学生写作比赛，取得集体一等奖。

6月22日　学校与澳大利亚国卫保险公司协商达成意向：该集团在校设立师生奖励基金。

6月26日　上海市教委高教办副主任李进来学校检查考试工作，受到李海波校长、蔡建民副校长的接待。

8月8日　“国卫—立信师生奖励基金”备忘录签字仪式举行。学校校长李海波和国务院港事顾问、澳大利亚国卫保险集团亚洲有限公司董事局主任钟逸杰爵士分别代表双方在备忘录上签字。澳大利亚驻沪总领事任格瑞和上海市政府财贸办主任张广生、市教委国际交流处处长姜海山等到场致词。

9月11日　学校召开中层干部会议，布置新学期工作。

9月13日　第三期上海市高级财会人才培训班开学典礼举行。中共上海市财贸党委副书记甘忠泽、徐汇区副区长王亮祖和学校校长李海波出席并讲话。

9月14日　学校纪委根据上级党委的要求，组织党员参加“严格党的纪律，维护和坚持民主集中制”的考试。

9月中旬　职工中专会计模拟实验室全面完工。

9月21日　上海市教委批复同意学校设立“国卫—立信奖励基金”。

9月　夜大学实行新的教学计划。

10月12日　上海国际战略问题研究会副会长吕蓬教授来校作形势报告。

10月17日　上海市教委高教办副主任金同康、市教卫党委办公室副主任朱坚强等专程到校召开座谈会，了解管理体制、党务工作、教学管理、师资建设、基建财务等情况。

10月20日　学校管理体制划转签字仪式在上海市政府会议室举行。上海市副市长谢丽娟、市教委副主任张伟江、市财贸党委副书记甘忠泽等出席仪式并讲话。谢副市长在讲话中高度赞扬了学校多年来，在办学实践中，继承和发扬传统，培养了众多人才，办出了特色，办出了水平。

10月下旬　学校开始对中层干部进行考核。

11月8日　中共上海市财贸党委、市财贸办领导与学校党政领导座谈，亲切话别。

同日　校领导李海波、金家富等来到潘序伦铜像前祭奠，敬献花篮，纪念潘序伦逝世10周年。

11月上旬　校长李海波主编的《新编财政与金融》一书在南京召开的华东地区大学出版社研究会第二届优秀教材学术专著评奖大会上获二等奖。

12月12日　学校与日本东亚经理专门学校签订友好协议书，两校学生同时举行第三届联谊活动。

12月25日　学校召开用人单位座谈会，李海波校长到会介绍学校情况。

12月28日　由学校自筹资金兴建的"立信大厦"奠基仪式举行。该大厦建筑面积1万多平方米，高度66.9米，将于1997年7月建成。

1996年

1月5日　学校开设的"全国会计专业技术职称统考考前辅导班"开学，所设三个教学基地，采用集中报名设点、统一课时、集体备课等方法进行教学。

1月7日　为检阅1995年度教育成果、弘扬先进事迹，职工中专举办各类先进表彰大会暨文艺演出，李海波校长、胡厚麟校长助理和校工会副主席赵群出席，李海波讲话。

1月上旬　学校帮困基金获得捐赠，除行政、工会各拨款5万元外，并收到18个集体及120多位个人捐款9 184元。

1月12日　上海市90年代紧缺人才培训工程高级商务经理、高级财会、高级金融培训班首次发证仪式在学校举行。中共上海市财贸党委副书记甘忠泽、市成人教育委员会副主任郭伯农、市财贸人才培训中心副主任吴岚和学校党委副书记金家富出席。《文汇报》对这一活动作了报道。

1月14日　李海波校长应聘担任全国高等工程专科学校教学指导委员会委员。

1月18日　上海市教委高教办在上海电视大学召开高等教育事业"九五"发展规划报告会。李海波校长在会上介绍了学校制定"九五"规划的基本思路。

1月24日　学校召开统战工作新春恳谈会。

1月25日　校工会假座《解放日报》社多功能厅举行校优秀工会积极分子、教工诤友评比表彰大会。李海波校长等党政领导参加了活动，《解放日报》总编辑秦绍德应邀出席并致贺词。

1月下旬　《解放日报》、《文汇报》分别以《走进算盘大观园——立信珠算陈列室堪称全国一绝》和《"算盘大观园"——立信会计高专算盘陈列馆见闻》为题，报道了学校珠算陈列室。1月25日，美国纽约中文报纸《世界日报》也报道了这一新闻，称"上海有'算盘大观园'"。

2月28日　中共上海市教卫党委书记王荣华到校指导工作，了解新学期开学情况。李海波校长汇报了学校发展的基本情况、学校发展目标、"九五"规划和本学期工作要点，受到王荣华的首肯。

3月1日　学校召开中层干部会议，校领导李海波、金家富、孙厚德、蔡建民、石吉茂、校长助理胡厚麟等和各处室系部负责人、各党支部书记等近80人出席了会议。其议题是通报中层干部考核结果，并布置新学期工作。

3月7日　上海市教育委员会授予15家单位"'95上海市教育系统信息工作先进集体"光荣称号，其中有6所高校、立信校长办公室榜上有名，为全市专科学校唯一一家获奖学校。

3月15日　来自香港的东方海外货柜航运（中国）有限公司向学校优秀学生颁发奖学金签约仪式在学校举行。王靖宇总经理和李海波校长分别代表双方签字。该奖学金一等奖每学年5名，每名奖励人民币4 000元。

3月18日　校党委会召开党员大会，传达中纪委第六次全会精神。

3月中旬　旅居加拿大的立信老校友王季昌向"潘序伦奖学金基金"捐赠5万港元。

3月20日　学校被上海市教委列为教师资格认定试点单位，李海波校长在系部主任例会和成教工作例会联席会议上进行动员。

3月29日　学校在"1994～1995年度上海市校办产业经验交流暨表彰大会"上获奖。

4月2日　校党政领导李海波、金家富、孙厚德率领千余名师生前往上海市龙华烈士陵园祭扫先烈，接受革命传统教育。师生们向立信校友吴志诚、周宝训、黄秉乾、吕飞巡烈士敬献花篮。

4月5日　举行中共立信会计高等专科学校党校成立仪式暨首期积极分子学习班开学典礼。组织处副处长袁经瑞主持仪式，李海波校长到场致词。

4月8日　立信教工开展活动的多功能厅竣工验收。

4月10日　第四届教代会主席团扩大会议审议通过《立信教职工住房分配条例96年度实施细则》。

在1995年度上海市大专院校先进集体、三好学生和优秀学生干部表彰大会上，立信高专学生任智磊被评为市三好学生，胡敢新被评为市优秀学生干部。

4月上旬　图书馆调整扩充会计样本书库，使之面积扩大1倍，并同时在原教师阅览室开设工具书阅览室。

4月18日　上海市教委体育卫生处负责人王礼康带队组成高校卫生检查团来校检查卫生工作。检查团对学校卫生工作进步快表示满意，并给予总评分98.65分，名列西南片第二名。

学校承办的"高级财会培训班"第四期开学典礼在学校举行。普陀区政府领导和李海波校长会讲话。

4月19日　1995年上海市高校工会"合格教工之家"实地考核团对学校的建家工作进行为期一天的实地考核。上海市教育工会副主席吴采兰主持了这一活动。

4月22日　南京市立信会计职业学校校长朱志高来校访问交流，李海波、蔡建民等校领导接待。

4月24日　由职工中专主办的"立信会计成人教育进修学院"通过上海市教委资质审查，获得办学许可证。

4月30日　学校举行爱国主义教育报告会，陶行知纪念馆研究员叶良骏作《爱国与做人》的报告。

学校召开精神文明领导小组扩大会议，小结前一时期校风校纪检查工作，对今后如何加强这方面的工作进行了研究。

5月3日　为纪念五四青年节，学校举行"'96立信之春校园文化艺术节"开幕式，党委副书记孙厚德致开幕词。

5月7日　校分房委召开全校分房联络员会议，李海波校长提出"认真投入、坚持原则、公平合理、圆满完成"的要求。

5月8日　立信会计出版社召开会议，回顾上半年工作，并部署下一阶段的任务，李海波校长兼董事长发表重要讲话。

5月9日　捐资1万美元设立立信教师奖励基金的台湾华屋建设股份有限公司董事长陈英俊莅校访问，受到校领导李海波、金家富等人的热情接待。

5月17日　校长办公室主办的学校信息刊物《情况交流》，更名为《立信简报》。

5月22日　安盛/国卫·立信师生奖励金1995年度颁奖仪式在学校演讲厅举行。校党委副书记金家富主持仪式并宣布获奖名单，校长李海波、国卫保险（亚洲）有限公司行政总裁柯艾伯和公司总经理冼伟超先后致词。

5月23日　李海波校长主持召开全校中层干部会议，其内容为通报情况和布置工作。

5月25日　第三届全国立信会计学校基本技能校际比赛在宜兴立信会计学校进行。学校全日制中专学生参加比赛，并取得了较好成绩。

5月27日　校领导李海波、金家富率上海4所立信学校代表一行赴宁参加南京立信职业学校挂牌仪式。

5月30日　第六届宿舍文化艺术节闭幕。

5月31日　李海波、金家富等校领导出席党校结业典礼并讲话。

5月　上海市教委批复同意学校增设“会计—金融”双专科新专业。

6月6日　西南片高校工会专职干部联谊会在学校举行。

6月7～10日　上海市教委普通高校函授、夜大学教育评估专家组第一组对学校夜大学进行评估。市教委副主任薛喜民、巡视员俞恭庆出席评估会议。夜大学顺利通过了这一评估。

6月上旬　校红十字会发起人道主义募捐活动。

6月19日　列入上海职业技术教育委员会与德国技术合作公司受中德两国政府委托的政府间合作项目的首期“中德跨企业合作项目——会计与成本核算培训班”在学校开学。

6月27日　学校召开中层干部会议，其内容为保持学校稳定，通报学校近期工作并布置假期事项。

6月　学校开展“禁烟月”活动。

6月28日　学校举行建党75周年纪念大会，会上放映了《为党旗增光辉》的校内录像片。

7月2日　学校《跨世纪财会人才培养思路研究》在上海高教学会1996年会上荣获优秀成果奖第一名。

9月1～2日　学校假座南汇东海农场召开党政工作会议，布置新学期工作并通报有关情况。出席会议的校领导有李海波、金家富、孙厚德、石吉茂、校长助理胡厚麟等和全体中层干部，共80余人。

9月9日　学校举行庆祝教师节暨表彰大会，由金家富副书记主持，李海波校长致词。会上宣读了会计学科带头人、优秀中青年骨干教师、优秀党员、先进党务工作者、先进党员、先进党支部、学生最敬重的教师、学生最敬重的班主任的名单。

9月10日　举行新生开学典礼，全日制大专招收的830名新生全部参加。

9月12日　学校于上海市高教所合作申报的《建设与上海一流城市相匹配的一流教育》分课题——《建立与社会主义市场经济相适应的教育体制问题——民办及民办公助研究》在课题招标时中标，分课题组组长李海波校长收到了中标通知书。

9月27～30日　全国立信会计事业第八次协作会在重庆市举行，会议由重庆市立信会计学校和重庆市立信会计职业中学承办，李海波校长等一行出席这次会议并作了主报告。会议对协作会章程作了修改，与会者一致赞同设立“立信会计事业协作会基金”。

10月6日　李海波校长在中国会计学会第五次全国会员代表大会上当选为理事会理事。

10月7日　上海市教委在学校召开师资工作研讨会。

10月8日　上海教育系统工会三产现场工作会议在学校举行。市教育工会副主席季学玉和校党委副书记孙厚德等出席并讲话。

10月15日　由台湾彰化师范大学校长陈倬民和台湾商业教育学会理事长田余秀率领，台湾商业职教界一行7人访问学校，受到李海波、金家富等校领导的热情接待。

10月18日　党员“双学”培训班开学典礼举行，校党委副书记兼党校校长金家富主持并讲话。

10月22日　全日制大专生1996年度表彰大会暨1996年暑期社会考察汇报和96级新生文艺汇演举行。

10月24日　本市高教(西片)工会财务工作会议在学校举行。

10月29日　第十期学生业余党校举行开学典礼，校领导李海波、金家富参加并致词。本届党校共有380名学员参加，为历届之最。

11月5日　上海市教委后勤保卫处、市公安局文保总队、市高校保卫工作研究会在学校召开中片会议。李海波校长致欢迎词。

11月9日　立信会计高等专科学校第九届田径运动会暨夜大学首届田径运动会、立信会计学校1996年度田径运动会、立信会计职工中专第二届田径运动会同时举行。本届运动会集四所大、中专学校于一体，共有4 000多人参加。

11月上旬　“立信大厦”荣获本市“文明工地”称号。

11月上旬　应香港关黄陈方·柏德豪会计师行邀请，由学校单独组团的8名ACCA培训班学员顺利结束为期5个月的赴港实习。

11月22日　上海市教委主任郑令德来校召开座谈会，进行高校综合改革跟踪调查。李海波校长首先在会上进行情况汇报，介绍了立信近70年的发展沿革、教育改革的概况。郑主任在讲话中称赞“立信具有悠久的历史，有扎实的质量、可靠的信誉，这是值得骄傲的”。

12月3日　由日本神户东亚经理专门学校校长小岛义世和副校长中西义行率领师生代表团一行200余人来学校进行第四届中国立信—日本东亚校际交流大会。代表团受到校领导及广大师生的热烈欢迎。

12月5日　上海市公安局文保总队支队长高志强等3人来校对“创安全合格单位”进行验收，李海波校长向来宾介绍学校基本情况。

12月7日　上海《解放日报》在第一版刊登了《为宋芳蓉“圆梦”——上海各界捐钱捐物支持三坪小学扩建》的报道，文中报道了我校会计二系的师生开展的义卖活动，学生们将义卖所得的2 018元全部捐献出来，委托记者转交三坪小学。

12月9日　李海波校长给全体党员和中层干部作“学习三中全会精神，搞好两个文明建设”的辅导报告。

12月13日　立信资产评估事务所邀请国际融资专家来校就当前我国企业界普遍关心的国际融资与风险问题，作了专题报告。

12月20日　校长李海波主持召开总务处干部会议，提出“六化”工作目标，即学校园林化、改革力度化、工作制度化、岗位责任化、品种多样化、服务规范化。

12月20～27日　学校四届二次教职工代表大会召开。李海波校长就制定学校“九五”发展规划作了说明，金家富副书记在会上作了“关于创建文明高校的阶段性总结”。会议审议并肯定了学校“九五”规划。

12月25日　学校团委邀请校党委原副书记徐立元为学生干部作革命传统报告。

12月29日　学校中专举行首届联谊技能比赛和文艺汇演活动，校领导李海波、金家富到会祝贺。

12月31日　学校业余党校举行成立10周年庆典。校领导及党校学员代表参加。校长李海波在会上对党校取得的丰硕成果给予高度评价。党委副书记金家富对党校10年历程作了回顾与总结。

1997年

1月7日　学校党委召开主题为“总结九六，展望九七”的党(总)支部书记工作例会，校长李海波、党委副书记金家富出席会议并讲话，要求按照党建三年规划，不断探索工作新思路。

1月8日　夜大学教学工作会议召开，李海波、金家富、蔡建民、胡厚麟等出席。李校长提出了今后夜大工作的八字方针：“改革、质量、特色、市场。”

1月10日　东方海外奖学金颁发仪式举行。东方海外货柜航运(中国)有限公司总经理王靖宇和李海波校长向15位获奖学生颁奖。

1月12日　李海波校长收到香港特别行政区首任行政长官董建华的答谢函。李校长在董建华当选特首后，曾致电祝贺。

1月13日　学校评出1995～1996年校级文明单位，共有党委办、校办等20个部门榜上有名。

1月14日　安盛/国卫—立信师生奖励金颁奖。校领导金家富、蔡建民、石吉茂及校长助理胡厚麟等和澳大利亚国卫保险亚洲有限公司行政总裁柯艾柏出席。

1月16日　全国高等专科学校管理专业教学指导委员会与管理财会专业协会联席会议在立信举行。李海波校长在开幕式上向代表们介绍了学校情况。

2月12日　国家外国专家局向立信颁发“聘请外国文教专家单位资格认可证书”。

2月20日　李海波校长分别主持召开校领导和中层干部会议，传达了中共上海市委和市教卫党委的有关精神，对邓小平同志逝世悼念期间的学校工作作了安排。

2月25日　学校中心组成员认真学习《告全党全军全国各族人民书》，深切缅怀邓小平同志，李海波校长作了主题发言。

2月28日　学校在演讲厅召开中层干部会议，校领导李海波、蔡建民及校长助理胡厚麟等和全体中层干部、各党总支书记等80余人出席。李海波校长布置新学期工作。

3月8日　上海市教委批准学校开办“国际会计资格培训班”。

3月11日　学校办公室荣获“96上海市教育系统信息工作先进集体”称号。

3月19日　国家教委计划建设司司长纪宝成、院校设置处副处长戴井冈、国内贸易部教育司高教处副处长沈荣等莅临学校指导工作，受到李海波、金家富等校领导的热情接待。

3月21日　上海市普通高校师资建设座谈会在学校举行。校长李海波教授及部分系主任、中青年教师参加座谈，市教委有关负责同志听取了意见。

同日　上海市成人中专财经协作组1997年度首次教学研究会在学校召开。参加会议的共有54个职工中专的近60名负责人。李海波校长和市教委成人中专教研室主任蔡德辉出席并讲话。

3月27日　全国政协委员、联合国教科文组织预算局前局长、立信校务委员杨天全在学校老领导顾树桢、褚后仁陪同下，回母校访问，受到李海波校长、金家富副书记的热情接待。

同日　第三期高级财会班举行结业典礼，李海波校长和徐汇区区长姜斯宪到会祝贺。

3月28日　立信会计出版社召开第二届董事会。会上，党委副书记金家富宣布关于调整出版社董事会成员的通知，校长兼董事长李海波在会上发表讲话。

4月3日　上海市高教学会下达通知，学校《潘序伦教育思想及办学实践研究》被确定为该学会1997年研究课题。

4月8日　李海波校长在学校精神文明领导小组会议上宣布，对学校现有的高校勤工助学基金和教职工帮困基金两项基金均增资至20万元。

4月15日　学校与上海市教委计划处联合举办的"教育系统统计干部培训班开学"。

4月16日　首届英国国际会计师协会(ALA)主办的国际会计培训班开学，校长李海波及校长助理胡厚麟等出席开学典礼。

4月17日　国家教委批准学校试办"高职班"。

4月22日　学校卫生工作经上海市教委评定，名列AA级。

5月4日　学校召开中层干部会议，中共上海市教卫党委副书记项伯龙和组织处处长桑秀藩到会。会议由李海波校长主持。项伯龙在会上首先宣读中共上海市委[97]174号文件：市委决定，胡慧芳任中共立信会计高等专科学校委员会书记。随后项副书记、胡慧芳书记、李海波校长先后讲话。

5月5日　李海波校长出席退休教工聚会。

同日　学校召开青年教师座谈会。李海波校长、金家富副书记、蔡建民副校长勉励青年教师。

5月8日　学校举行首届预备党员培训班开学典礼。党委副书记兼党校校长金家富在会上讲话。

5月14日　《立信校友通讯》编委会召开座谈会，学校校长李海波教授出席并讲话。校办主任纪剑鸣主持并宣读了校党委关于成立《立信校友通讯》编辑委员会的通知，李海波校长兼主任，马钟榆、纪剑鸣、周崇文、罗银胜任副主任。李校长在讲话中对多年来广大校友、作者、通讯员对母校建设以及校友通讯的关心支持表示衷心感谢，并简要介绍了母校发展、改革的情况以及《立信校友通讯》改版的情况。

5月19日　国家教委副主任周远清在上海市教委主任郑令德陪同下，到校视察工作。周副主任首先观看了电视片《迈向二十一世纪的立信人》，参观了校史陈列室和珠算陈列室。在陈列室，周副主任面对琳琅满目的算盘、算具和大量的珠算资料表示极大兴趣，对这全国高校中唯一的珠算陈列室给予充分的肯定，并欣然提笔签名留念。随后，周副主任听取了校长李海波的工作汇报。在汇报中详细介绍了立信的历史、改革新貌、工作思路和"九五"发展目标，周副主任不时予以肯定，对由中国杰出的会计专家、教育家潘序伦倡导的立信优良的办学传统以及近年来立信坚持方向、狠抓质量、保持特色、深化改革、不断进取、争创一流，在教学管理、学生管理、行政后勤管理上所取得的丰硕成果给予了高度评价；对学校形成的“中国特色、上海特点、时代特征、财会特性、立信特长”的以教促教办学特色表示赞赏。周远清副主任在谈话中表示将对学校的发展规划和今后的发展给予支持。学校党委书记胡慧芳，副书记金家富、孙厚德，副校长蔡建民及校长助理胡厚麟等参加了这一活动。

5月26日　中共上海市教卫纪委副书记带队到校调研《上海市高校干部党风廉政建设的若干规定》执行情况。校领导李海波、金家富、孙厚德等向调查组汇报工作。

5月27日　中共立信党校举办第二次党课学习班，由学校校长李海波主持，校领导胡慧芳、金家富分别讲话和作报告。

5月30～31日　“上海、宜兴、南京、无锡立信校际技能竞赛研讨会”在锡山市召开，李海波校长到场指导。

5月　上海市精神文明建设委员会审议通过，上海市委、市政府批准，命名学校为“1995～1996年度高校系统委级文明单位”。

6月10～11日　首次全国立信会计师、审计师、资产评估事务所协作研讨会在学校举行。李海波校长在开幕式上发表讲话。

6月13日　李海波校长向大学生作“思想与纪律”报告。

6月25日　全日制大专为申报“经济信息管理与计算机应用专业”召开专家论证会。校领导李海波、蔡建民及校长助理胡厚麟等参加。

6～7月　学校举行各种座谈会、演讲赛、歌咏会、讲座等系列活动，迎接香港回归祖国。

7月3日《文汇报》第三版以《加快会计教育与香港及海内外联系，“立信”师生喜庆香港回归》为题发表报道，文章写道：“日前，在立信会计高等专科学校，记者采访了校长李海波教授，他告诉记者：连日来，立信校园洋溢着喜庆香港回归的节日气氛，以座谈会、讲座、歌咏比赛等多种形式表达了立信师生喜庆香港回归的激动心情。”

8月15～18日　全国立信会计事业协作会第九次会议在昆明举行。上海、北京、天津、重庆、广州、南京、南宁、成都、昆明、桂林、宜兴、无锡、南充等地20多家成员单位的40余名代表出席。会议选举新一届理事会成员。

9月4日　学校召开新学年班主任工作会议，由校长李海波主持。上海师范大学杨德广校长莅会作报告，党委副书记金家富等出席。

9月9日　学校举行全日制大专开学典礼，校长李海波到会向全体新生致欢迎词。校领导胡慧芳、孙厚德等出席。本学年共招收新生1 040人。

9月12日　学校召开中层干部大会，校党政领导和各处、室、系、部、培训中心、社、所负责人，各党支部、支部书记出席。其主题是传达上海市高校党建工作会议精神，通报有关学校情况，部署新学期学校工作。

9月18日　学校召开系部主任和成教负责人会议，宣布中共上海市教卫党委的通知：“胡厚麟任上海立信会计高等专科学校副校长、校党委委员。”

9月19日　“我的讲台，我的爱”演讲暨1997年度校先进表彰会举行。李海波校长对这次演讲给予高度评价。

学校举办教师备课笔记展览。

9月26日　举行迎新教师座谈会。李海波校长希望来自全国各高校的青年教师多向老教师学习取经，把自己的才能融入立信事业中去。

中共十五大代表、《解放日报》总编辑秦绍德应邀到校为全校党员、中层以上干部200余人作报告。

9月 中共十五大胜利召开，全校师生满怀喜悦，决心认真学习江泽民同志报告，贯彻十五大精神，高举邓小平理论的伟大旗帜，把建设有中国特色的社会主义事业全面推向21世纪。

10月5日 校党委会召开全校党员大会，选举出席中共上海市第七次代表大会代表，胡厚麟当选。

10月9日 学校召开敬老节茶话会。会上，20位新老同志在掌声中互相握手结成10对互帮互助对子。

10月16日 安盛/国卫—立信师生奖励金1997年度颁奖仪式举行，由副校长胡厚麟主持，国卫保险（亚洲）有限公司中国部经理廖纪圣宣布获奖名单，校长李海波、国卫保险（亚洲）有限公司经理冼伟超先后致词。

10月28日 学校召开优秀学生表彰大会。会上表彰了学校的三好学生、优秀学生干部、文明班级、优秀团支部、军训先进集体、暑假考察积极分子，并宣读了市三好学生、优秀学生干部、宝钢奖推荐名单。胡厚麟副校长到会讲话。

11月4日 业余党校第十一期开学。校党委书记胡慧芳、副书记金家富出席。

11月6日 立信资产评估事务所与上海资产评估协作会在学校联合召开上海郊县资产评估机构的培训研讨会。

11月17日 澳大利亚教育代表团到校访问交流，受到校党政领导的热情接待，双方进行亲切交谈。李海波校长向客人介绍了学校70年的发展历程以及近期开展多层次办学、合作办学的情况。

11月19日 由学校自筹资金兴建的“立信大厦”通过竣工验收。校长李海波和沪城建设工程公司总经理史宝根在竣工仪式上分别讲话。同日，还举行了新教学综合楼的奠基仪式。

11月25日 上海市教委副主任魏润柏到校研讨座谈，先后听取党委书记胡慧芳、校长李海波有关学校近期工作、改革思路的汇报，魏副主任在讲话中对学校探索体制改革的方向予以充分肯定。

11月28日 第五届中国立信—日本东亚校际交流活动举行。由日本神户东亚经理专门学校校长小岛义世率师生代表团共120多人到校访问交流。李海波校长致欢迎词。

12月5日 学校公布中层干部选任名单。

12月9日 党委副书记金家富在第七届业余团校结业典礼暨纪念“一二·九”运动专题报告会上作报告。

同日 上海市教委档案专家组对学校的档案管理工作进行检查评估，给予总评97分的评分结果。

12月17日 学校主持的上海市中等职业技术教育课程教材体系改革财经专业课程改革方案通过上海市教委专家组审定。

同日 学校召开用人单位恳谈会。各用人单位的代表们对立信毕业生深表满意。

12月19日 安盛/国卫保险集团到校召开信息发布会。

12月20日 学校工会获上海市教育系统’97送温暖工程最佳工作成果奖。

12月 学校组织两次公开课，共有60多人次教师到场观摩。

12月31日 中华人民共和国副主席荣毅仁为学校校庆70周年题词：“发展立信事业，培育财会人才。”

同日　夜大学召开教学工作会议。李海波校长肯定了夜大学的办学成绩。

1998 年

1月6日　全国人大常委会副委员长、中国民主建国会中央主席成思危为学校校庆 70 周年题词：“收支并立，借贷互信。”

1月7日　学校举行“一日捐”活动，捐款额 3 万余元。

1月8日　中共中央政治局常委、国务院副总理李岚清为学校校庆 70 周年题词：“发扬立信的优良传统，为培养跨世纪的财经管理人才作贡献。”

1月9日　学校召开党员大会，上海市第七次党代会代表胡厚麟副校长在会上传达会议精神。上海市教卫系统党校工作研讨会在我校举行，学校党政领导到会祝贺。

1月19日　上海立信校友会第三次会员大会召开。会议通过了会务工作报告和修改后的章程，选举产生了新一届的理事会。

1月上旬　上海市教委向学校下达项目通知书，《股份合作制发展中有关财务问题的探讨与对策》、《大企业集团财务功能向金融方向拓展的探讨与对策》已通过市教委的评审。

1月　民建中央原常务副主席、中国和平统一促进会会长、第九届全国政协副主席万国权为学校校庆 70 周年题词：“发展立信事业，培养财会人才。”

2月12日　第九届全国政协副主席、全国工商联主席、中国民生银行董事长经叔平为学校校庆 70 周年题词：“发扬优良传统，培育财会人才。”

2月26日　立信—东方海外 1997 年度奖学金颁奖仪式在我校举行。校长李海波和东方海外货柜航运(中国)有限公司财务总经理张元昌分别致词。

同日　上海市“九十年代紧缺人才培训工程”之一的高级财会班第五期开学典礼在学校举行。徐汇区副区长孙飞忠、市商委人才培训中心副主任钱中强和校长李海波出席开学典礼。

2月27日　学校召开中层干部会议，党委书记胡慧芳、校长李海波部署学校党政工作。

3月4日　国家教委副主任周远清在河北省高教体制改革会议上作报告时赞扬立信近几年办学成就：“学校要办出特色，如立信会计就很有特色，在全国影响比较大，这几年办得很好，办得很有起色。”

3月4日　李海波当选为徐汇区第十二届人民代表大会代表。

3月6日　学校召开共青团工作会议。结合传达团市委十届七次全会精神，安排了本学期共青团的工作。校党委副书记金家富就上海经济形势向与会者作了专题报告。

3月8日　学校原校务委员、中国民主建国会中央委员会顾问李文杰同志遗体告别仪式在京举行。李海波校长专程赴京吊唁。

3月10日　李海波教授主编的《会计学原理》、金家富副教授主编的《财会职业道德》分别获上海市普通高校优秀教材二等、三等奖。

3月13日　立信—佛氏奖励金颁发仪式在校举行。金家富副书记代表学校感谢香港佛氏电脑软件公司对教育事业的支持。

3月20日　学校党委召开全体党员大会。党委书记胡慧芳在会上提出了今年党委工作的总体要求，并作了具体部署。纪委副书记乐子利传达了中纪委关于纪检工作的意见，并结合实际谈了学校纪委工作的要点。

3月21日　学校在1997年上海市高校档案管理检查中，与复旦、交大、华东理工、中医大并列获得优等。

同日　学校《上海市跨世纪财会人才培养研究》课题获中国高教学会第四次优秀高教科研成果三等奖。

4月8日　校党委召开双月座谈会，无党派高级知识分子、民主党派人士和侨眷代表参加会议，党委书记胡慧芳通报了学校工作情况，并听取了与会人员对学校工作的意见和建议。

4月10日　学校党校第三期积极分子培训班举行了开学典礼。党委书记胡慧芳、副书记金家富出席开学典礼并讲话。

同日　校党委研究决定，对学校精神文明建设领导小组进行调整，成员共14人，校党委书记胡慧芳任组长。

5月5日　学校第六届团员代表大会召开。大会总结了过去4年的团委工作，选举产生了新一届团委会。党委书记胡慧芳和校长李海波参加大会，并分别讲话。

5月8日　'98立信之春校园文化艺术节系列活动开幕。

5月11～14日　学校召开五届一次教代会、工代会。金家富当选为工会主席。

5月15日　学校第六届团委会举行第一次常委会，选举费莉为团委书记、徐鹏为副书记。

5月16日　学校获得"上海市高校帮困助学工作表扬单位"。

5月29日　学校前校长、校务委员，原中国民主同盟中央委员李鸿寿遗体告别仪式在沪举行。李海波校长一行前往吊唁。

6月5日　党校第二期预备党员培训班举行开学典礼，胡慧芳书记、金家富副书记出席并讲话。

6月8日　校党委召开扩大会议，研究贯彻落实财政部45号文件，上海立信会计师事务所改制及与学校脱钩问题。按照上级的要求，会计师事务所在6月10日前，人员、机构、经费、职能要做到四脱钩，人员转到行业协会，机构是实行董事会领导下的主任会计师负责制，在6月30日前改组为股份有限公司，成为独立的法人。会议决定，要按照上级的要求处理好有关脱钩事宜，首任主任会计师由学校推荐产生。上海立信会计师事务所创建于1927年，历史悠久，是中国最早的会计师事务所，是潘序伦开创的"三位一体"的立信教育事业的重要组成部分。会议认为上海立信会计师事务所脱钩后仍然是立信事业的一部分，继续使用中文名称"立信"和英文"序伦潘"。

6月10日　校党委召开双月座谈会，参加者有民主党派成员和部分教职工。

6月15日　举行首届教职工普通话比赛。

6月20日　学校党校第二期预备党员培训班结业典礼，在龙华烈士陵园举行，45名预备党员面对党旗作了入党宣誓。校党委书记胡慧芳出席并讲话。

6月30日　上海市职业教育课程改革财经专业委员会在我校举行会议，校长李海波任该委员会的主任。

7月6日　学校党校举行第三期积极分子培训班结业典礼。党委书记胡慧芳、副书记金家富分别讲话，并向学员颁发了结业证书。

8月29日　财政部部长项怀诚同志到学校视察并题词："继往开来，发扬特色，不断改革，争创一流。"

9月8日　接市教卫党委下发沪教党[98]53号文，朱坚强任学校党委副书记兼副校长。

同日　在上海市教育界捐款赈灾会上，校长李海波代表学校将立信22万元捐款资助给受灾较重的黑龙江吉林甸县四合乡第三中学，帮助其重建校园。

9月9日　学校召开中层干部扩大会议，校党委书记胡慧芳、李海波校长布置了新学期工作。

9月10日　学校会计一系主任张维宾获"全国模范教师"称号。

9月中旬　学校全日制大专秋季招生工作完成。今年共招收新生1 122人(其中"三校生"80人)，全日制大专在校生规模超过3 000人。

9月13日　教育部高教司副司长刘志鹏来到我校调研。刘志鹏要求学校在全国财经类高专起示范作用，并在专业建设、教材改革等方面作出努力。

9月24日　校党委对6月份开展的民主评议党员的活动进行了总结，计有18个党支部186名党员参加评议。

10月14日　学校召开1997～1998学年度全日制大专学生表彰大会，校党委副书记朱坚强宣布近500人次的市级、校级三好学生、文明班级及各类奖学金表彰名单。

10月下旬　经上海市新闻出版局、国家新闻出版署批准，学校主办的《立信学刊》于1999年更名为《立信会计高等专科学校学报》公开出版发行，国内统一刊号CN31－1783/F。

10月26日　安盛/国卫—立信师生奖励金1998年度颁奖仪式举行，校长李海波和安盛上海合资人寿保险公司行政总裁冼伟超先后致词，校党政领导出席并为48名获奖者颁奖。

11月3日　学校业余党校第十二期培训班举行开学典礼，校领导李海波、金家富、朱坚强出席。本期共有学员490名。

11月4日　校团委举办"学小平理论，解身边难事"征文活动结束。976161班吕晓云《一点真实的体会》获得一等奖。

11月19日　市公安局文保总队队长朱延钊带队对学校创建"安全合格"单位复验进行检查、指导。

11月中旬　教育部社会科学研究与思想政治工作司根据《高等学校出版社评估暂行办法》和《关于全面开展出版社评估工作的通知》文件要求，对立信会计出版社进行评估验收，高校出版社评估验收领导小组的评语指出：立信会计出版社坚持正确的办社方向，出版了一批较高水平的教材和学术专著，为高校的教材建设作出了应有的贡献。

11月下旬　校团委表彰先进大会召开，校党委书记胡慧芳、副书记朱坚强出席会议并颁奖。本年度共有108名优秀学生干部、11个先进团支部受到表彰。

11月下旬　学校秋季非学历辅导班报名人数超过1万人次。

11月27日　学校召开第六届中国立信—日本东亚师生联谊会。

12月2日　第七期高级财会班举行开学典礼。

12月3日　学校接受上海市教委对立信会计学校的教育评估，并获"教育评估A级证书"。

12月8日　学校获"上海市百万市民法律知识竞赛"优秀组织奖。

同日　学校与上海巴士四汽股份有限公司举行共建精神文明协议签约仪式。校党委领导胡慧芳、朱坚强出席签字仪式。

12月10日　校党委书记胡慧芳召开有民主党派成员和部分知识分子参加的双月座谈会，通报学校统战工作和其他方面工作情况。

12月上旬　李海波主编的《新编会计学原理》被中国大学出版社协会评为优秀奖。

12月11日　以“党风党性”教育为主题的中层干部学习班开课。

12月16日　市教育系统市级文明单位检查组一行10人来我校进行检查。检查组认为，我校创建工作的指导思想明确，注重硬件改造和投入，师生精神面貌焕然一新。

12月18日　学校通过体育评估工作预检。

同日　学校大学生邓小平理论研究会成立。

12月22日　学校第十二期业余党校举行结业典礼。

12月23日　学校被授予徐汇区“爱国卫生先进集体”称号。

12月24日　校长办公室评为1997～1998年度上海市教委系统信息工作先进集体。这是学校自1995年以来连续第三次获此殊荣。

12月29日　市教委组织专家组对学校进行贯彻《学校体育工作条例》的评估。

同日　校团委举办改革开放20周年纪念活动。

12月30日　上海市语言文字工作检查组到学校检查语言文字规范化工作。

1999年

1月8日　接上海市教委沪教委科[1998]35号文《关于下达1998年度上海高校第二批重点项目的通知》，校长李海波主持、财金系与经济研究所教师参加的课题《基础设施运作研究》被列入。

1月8日　立信会计出版社响应上海市出版界号召，向去年遭受洪灾的5省希望小学捐图书112 754册，价值133 700元。

1月9日　在市教委举办的首届上海市高校“校长杯”保龄球赛中，校领导李海波、金家富、朱坚强、胡厚麟组成的参赛队获三等奖。

1月12日　校党委书记胡慧芳主持召开双月座谈会，部分民主党派成员和教师代表参加了会议。年内，这样的座谈会又于4月14日、6月29日、10月19日、12月15日召开过多次。

1月20日　学校创建“安全合格”单位通过验收，市公安局授予“安全单位”铜牌。

2月6日　学校原校务委员、著名会计学家杨纪琬教授因病医治无效，在北京逝世，享年82岁。杨纪琬是第六、第七、第八届全国政协常委，中国国民党革命委员会原中央常委，财政部会计司原司长、顾问，中国注册会计师协会首任会长，博士生导师。校长李海波代表全体师生及上海立信校友会发出唁电表示深切哀悼。

2月21日　《光明日报》发表《毋忘立信，当必有成——访立信会计高等专科学校校长李海波教授》的文章。

2月24日　学校召开中层干部会议。胡慧芳书记作形势报告及布置1999年党务工作思路；校长李海波作学校1998年工作回顾和1999年学校工作思路的报告；金家富副书记传达中纪委三次全会精神。

3月8日　学校女性高级知识分子和处级以上干部为主体的女教授、女干部联谊会成立。

3月16日　学校邀请“钢铁战士”刘琦来校作题为《和大学生朋友谈人生》的报告，校长李海波出席报告会并向他颁发了“荣誉教师”证书。

3月19日　学校邀请上海市人民政府外事办公室主任周明伟来校作国际形势报告。

3月25日　学校与徐汇区财政局联合举办的“国有企业财务总监、行政事业单位主管财务委派”培训班举行开学典礼，校长李海波，徐汇区人民政府副区长费海滨、区组织部、财政局、人事局等有关负责人出席并先后讲话。首期学员 126 人。

3 月 30 日　校党委书记胡慧芳为以“三讲”为主要内容的党性党风学习班作《提高认识，抓紧落实，积极推进党风廉政建设》专题辅导报告。

4 月　经上海市教委批准，学校可以招收港、澳、台学生。

同月　教师黄疆新获第三届上海高校“两课”优秀教师称号。

4 月 5 日　学校党政领导及有关部门负责人在潘序伦先生纪念铜像前敬献花圈，深切缅怀敬爱的老校长。

4 月 6 日　学校获“徐汇区卫生先进单位”。

4 月 8 日　学校党校第四期邓小平理论学习研讨班举行开学典礼。

4 月 14 日　学校“精神文明建设领导小组”召开会议，研究部署精神文明建设工作。

4 月 15 日　高级财会班第五、第六期结业，上海市商委培训中心副主任钱中强、校长李海波出席并讲话。

4 月 20 日　学校中心学习组成员赴上海通用汽车公司和上海证券交易所等参观学习，中层以上干部、党支部书记及政工教师参加。

4 月 23 日　’99 立信之春校园文化艺术节以上海芭蕾舞团的芭蕾精品演出拉开序幕。

4 月 27 日　举行立信—佛氏师生奖励金 1999 年度颁奖仪式，校长李海波和佛氏电脑有限公司总经理谭永元分别致词，胡厚麟副校长宣读获奖名单，会议由党委副书记朱坚强主持。

4 月　根据教育部教高厅函[99]1 号文，校长李海波当选教育部的专科教育人才培养工作委员会副主任。

4 月 30 日　校纪委、组织处、学校党校联合举办以“三讲”为主要内容的党性党风教育学习报告会。校党委副书记、校长李海波作《认清形势、抓准机遇、深化改革、发展立信》为主题的辅导报告。报告会后，校党委书记胡慧芳就学校新一轮干部聘任前的准备工作作了部署。

5 月 4 日　在教育部召开的“全国专科教育人才培养工作委员成立大会上”，教育部副部长周远清肯定了学校办学特色，并向校长李海波颁发工作委员会副主任证书。

5 月 4 日　校青年教工联谊会成立。

5 月 10 日　学校召开座谈会，与会者对北约悍然用导弹袭击我驻南使馆造成人员重大伤亡的野蛮暴行表示极大的愤慨和强烈的谴责。

5 月 18 日　学校与上海交大、上海水产大学、上海农学院等兄弟院校共同召开的大学生学习邓小平理论的经验交流会在立信举行。

5 月 27 日　上海解放 50 周年纪念日，学校举行升旗仪式，缅怀先烈，校党政领导出席了仪式。

5 月 28 日　日中实业网络协会会长牧内操一行 5 人到学校与出版社、会计师事务所磋商合作事宜。

5 月　经过一年多的充分研究、协调，新一轮的教学计划修订完成，公布实施。

同月　学校设立高职部。

6 月 1 日　举行立信大学生学习邓小平理论交流会，校领导李海波、金家富、朱坚强出席。

6 月 3 日　学校召开安全生产、抗震救灾及防汛防台防雷领导小组会议。会议由党委副书记、副校长朱坚强主持，李海波校长出席。

6月5~6日　学校组织人员参加1999年上海市第十五届普通高校招生填报志愿大型咨询活动，校长李海波、副校长胡厚麟亲临现场指导。

6月16日　学校承担的市教委特色学科科研项目《股份合作制发展中有关财务问题的探讨与对策》，经市教委科研处专家评审，通过评审和鉴定。

6月17日　上海市成人中专第十届数学竞赛颁奖仪式举行，学校职工中专三支参赛队分获一等、二等、三等奖及鼓励奖，实现数学竞赛“六连冠”。

6月24日　校党委召开“七一”表彰会，对先进集体和优秀个人给予表彰。

6月　学校被授予“1997～1998年度上海市教育系统委级文明单位”。

同月　学校今年扩大招生引起媒体关注，《光明日报》、《文汇报》等新闻单位纷纷以“立信今年招生增五成”为题刊登消息，对学校今年招生数增长及学校办学特色给予肯定。

7月1日　学校260余名党员和部分要求入党的积极分子赴中共“一大”会址参观学习。

7月3日　第三期预备党员培训班结业。

7月9日　经市教委审定，学校体育工作被评为“上海市高等学校贯彻《学校体育工作条例》优秀学校”。

7月13～25日　全国财经类专科学校教学工作研讨班在学校举行，教育部高教司副司长刘志鹏、市教委副主任魏润柏出席开幕会并致贺词。

9月2日　学校承接的市教委特色学科课题——《大企业集团财务功能向金融方向拓展的探讨与对策》通过专家评审。

9月10日　学校举行庆祝第十五届教师节座谈会，校领导向荣获市育才奖、园丁奖、市优秀青年教师、市优秀两课教师荣誉称号的教师颁奖。

9月11日　学校召开中层干部大会，党委书记胡慧芳、校长李海波部署工作。

9月中旬　学校今年共招收高专高职新生1 713人，其中全日制普通大专生1 122人，三校生及高职591人，圆满完成1999年秋季高职、高专招生任务。至此，学校全日制在校生4 194人。

9月17日　学校召开揭批“法轮功”座谈会。

9月23日　校党委召开扩大会议，研究上海立信资产评估事务所与学校脱钩事宜。

10月上旬　立信会计出版社有10种图书列入“上海出版界50年500种精品图书”。李海波主编的《会计学原理——基础会计》和《财务报告编制与分析指南》入选。

同月上旬　学校以“我与共和国同龄”为主题举办50周岁集体生日活动。

同月下旬　学校青年教师公寓入住工作顺利结束。

11月2日　学校召开全日制大专学生1999学年表彰大会，校党政领导胡慧芳、李海波、朱坚强出席大会并为获奖学生颁奖。

11月6日　学校召开第十一届田径运动会。

11月上旬　学校新建的十六层教学综合楼被评为“优良工程”。

11月　李海波校长在全国高职高专工作会议上作交流发言。

11月13～14日　学校举行建校70周年庆典。党和国家领导人发来题词、贺信23份，祝贺单位130多家；16家新闻媒体发表、播报了校庆新闻；校庆期间接待各地校友近3 000人次，开展了新闻、发布会、恳谈会、学术研讨会、书画展等活动30余场次；正式出版和发行《校志》、《学术论文集》、《潘序伦教育思想和办学实践研究》、画册、学校介绍画页，《立信学报》、《立信

报》、《立信校友通讯》均出版校庆特刊：重新整理和布置了校史陈列室、珠算陈列室；校庆标志性雕塑落成，制作校庆纪念银盘；举办全校性师生文艺汇演；校庆系列活动进行得热烈有序。

11 月 13～16 日　第十次全国立信会计事业协作会在学校召开，共有来自全国各地的 40 多位代表及潘序伦会计事业基金会、各地校友代表参加。

11 月 18 日　市教育党委副书记于信汇来学校开展调研。

11 月 24 日　学校举行与上海大众三汽公交有限公司共建精神文明签约仪式，校领导胡慧芳、李海波、朱坚强与上海大众三汽公司总经理陈茂华出席仪式。

11 月 25 日　市教委高教办来学校高职部检查工作，并希望学校明年招收更多的高职生。

12 月 1 日　第七届中国立信—日本东亚师生联谊活动举行。

12 月 10 日　学校召开中层干部会议，校党委书记胡慧芳对干部考核和聘任工作作了总结，校长李海波对学校有关行政工作作了总结和部署。

12 月 14 日　市教委办副主任张智强出席学校召开的 2000 届大专毕业生家长会。

12 月 16 日　接市教委党委沪教党[99]196 号文：金家富不再担任立信会计高等专科学校党委委员、党委副书记、副校长职务。

12 月中旬　全市共有 8 所高校参加了春季招生的试点。学校获准参加 2000 年春季招生试点工作。

12 月 24 日　学校召集有关职能部门就认真做好上海市计算机 2000 问题“零点”应急行动计划实施方案工作进行磋商布置。

12 月 28 日　市教委审计处一行 7 人来学校进行检查评估。

2000 年

1 月 7 日　学校被市教委授予“贯彻《学校体育工作条例》优秀学校”。

1 月 14 日　学校业余党校第十三期举行结业典礼，结业学员共 530 名。

1 月 19 日　学校综合治理领导小组开会，总结 1999 年度工作并对治安先进集体及个人进行了表彰。校党委书记胡慧芳、副书记朱坚强出席会议。

2 月 15～17 日　日本千叶商科大学副校长加藤宽、政治经济学教授高桥正率访学团来校访问交流。

2 月　学校为上海高校春季招生 8 所试点校之一，圆满完成首次高校春季招生工作，律师事务、英语(商务英语)两个专业计划招生 90 人，实际招收 94 人。

2 月 24 日　校党委召开会议，学习江泽民总书记《关于教育问题的谈话》，对全面实施素质教育进行了认真的讨论。

3 月 3 日　校党委召开党总支、党支部书记及中层以上干部会议，校党委书记胡慧芳总结了 1999 年工作并部署了今年工作。

3 月 9 日　校团委举行“盼祖国早日统一”签名活动。校领导胡慧芳、朱坚强、胡厚麟等共有师生 4 000 余人参加签名。

3 月 24 日　学校召开教师大会，党委书记胡慧芳、副书记朱坚强就学习贯彻江泽民总书记《关于教育问题的谈话》，加强师德建设推进素质教育作了专题讲话，对开展“今天怎样做老师”为主题的 2000 年上海师德建设系列活动作了部署。

3 月 28 日　香港专业教育学院(李惠利分院)谢颂坚院长一行 11 人到学校访问。

3月30日　学校获“上海市教育系统1997～1999年度社会综合治理先进集体”。

3月31日　上海市教委专家组对学校高职教育办学条件进行检查评估，专家组对学校的高职办学给予肯定。

4月11日　佛氏—立信2000年度师生奖励金颁奖仪式举行，校领导胡慧芳、胡厚麟和佛氏公司总经理谭永元分别讲话。

4月20日　学校承办的徐汇区企业(集团)公司财务主管委派培训班开学，徐汇区人事局、财政局领导出席并讲话，副校长胡厚麟到会。

4月21日　学校首次举行消防和学生疏散演练。

4月25日　全国著名的钢铁战士，学校的“荣誉教师”刘琦再次应邀来校以“追寻那条永恒的路”为主题，为师生作报告。

4月　校党委部署，在教师中开展“今天怎样做教师”的讨论。

5月4日　学校召开青年教师座谈会，校党政领导胡慧芳、李海波等参加。

5月5日　学校党校第五期积极分子培训班举行开学典礼。校党委书记胡慧芳为学员作了“坚定信念，为共产主义理想而奋斗”的专题报告。

5月9日　2000年“立信之春”校园文化艺术节开幕。

5月12日　经过两个多月师德建设系列活动的开展，评出“我喜爱的好老师”10名，“今天怎样做老师”征文获奖者8名。

5月19日　颁发安盛/国卫—立信师生奖励金，会议由党委书记胡慧芳主持，校长李海波、安盛集团上海公司总裁冼伟超先后致辞，副校长胡厚麟宣读获奖名单。

5月21日　上海市发展行业博物馆座谈会召开。中共上海市委副书记龚学平在讲话中称赞立信珠算资料陈列室极具行业特色，列为全市100家行业博物馆之一。

5月31日　为支持学校拓展办学规模，市委、市府、市教育党委，市教委决定将“松江大学城”的数百亩土地无偿拨给立信建新校区。上午，学校领导及有关部门人员在市教委基建处副处长陪同下前往松江大学城实地考察，受到松江区委副书记、区府副区长及新区开发办主任的热情接待。下午，市教委副主任薛沛建来校就立信进入“松江大学城”有关事宜与学校党政领导座谈。

5月　经批准，自本月起学校可招收外国留学生。

同月　校工会举行两级建职工之家现场交流会暨优秀工会积极分子表彰会。

6月6日　英雄陈瑞生事迹报告会暨预备党员培训班开学典礼举行。校党委书记胡慧芳主持报告会。

6月9日　学校召开了全体教师大会，校长李海波就“松江大学城”新建立信校区作了通报。

6月13日　学校党校第五期积极分子培训班举行结业典礼，党委书记胡慧芳出席并讲话。

同日　学校学习中心组成员赴上海工商外国语学校，上海大学新址学习考察。

6月20日　全校230余名党员在建党79周年来临之际，义务劳动、清洁校园、整治环境。

6月　学校举办首次教师著作回顾展。

9月1日　学校召开全体中层干部会议，对新学期工作进行布置。

9月6日　完成秋季招生工作。共招高专新生1 122人，高职新生586人，加上招收的“三校生”及春季招收的人数，全年共招新生 2 215 人。在校高专、高职的学生数首次超过 5 000 人的规模，达 5 007 人。

9 月 8 日　举行庆祝第十六届教师节暨先进表彰会。会议由校长李海波主持，校党委书记胡慧芳作“弘扬师德风范，推进素质教育”的主题报告。10 名获得“我喜爱的好老师”称号的教师及 8 名“今日怎样做老师”征文的获奖者在会上受到表彰。

9 月 20 日　学校召开会议，校长李海波传达了徐匡迪市长 9 月 14 日赴松江大学城基地调研时的讲话、市教委副主任薛沛建 9 月 15 日在松江大学城筹建工作会议上的讲话。校党委要求要把抓好进入松江大学城的相关工作与即将开始的“三讲”教育统筹安排，做到两不误。

9 月 25 日　根据市委和市教育党委的统一部署，立信列入本市高校第三批“三讲”教育单位。上午以汤亚栋、孙龙为正副组长的市委“三讲”教育巡视组一行 5 人进驻学校。同时，学校成立校“三讲”教育领导小组及办公室。

同日　学校召开会议，校长李海波、副校长胡厚麟与部门负责人共同就师资队伍建设、专业设置扩展等如何与本科院校相匹配的问题进行了认真的研究，要求有关方面该落实的抓紧落实，该完善的尽力完善。

9 月 29 日　学校召开“三讲”教育动员大会。校党委书记胡慧芳作动员报告，市委巡视组组长汤亚栋讲话。学校“三讲”教育进入“思想发动、学习提高”的第一阶段。

9 月　李海波教授为总负责人的市教委特色课题报告——《大企业集团财务功能向金融方向拓展的探讨与对策》获上海第五届哲学社会科学优秀成果论文三等奖。

10 月 7 日　中共市教育党委书记王荣华来校作“讲学习”辅导报告。

10 月 13 日　学校举行“讲学习”，专题学习交流会。

上海市教育基建管理中心主任顾建生一行 5 人来学校，与学校领导和有关部门负责人就松江新校区管理服务社会化工作进行了磋商，双方签订了《上海松江大学城与立信会计高等专科学校校区工程建设全过程委托管理合同》。

10 月 20 日　学校举行“讲政治”专题学习交流会。

10 月 24 日　市教委文明办一行 4 人来校了解和检查争创市级文明单位的各项基础工作。

10 月 26 日　市委“三讲”教育巡视组通过向教职工调查访谈，向校党委班子成员反馈所收集的意见。

10 月 27 日　学校举行“讲正气”专题学习交流会。

10 月 28 日　学校举行“三讲”教育转入“自我剖析，听取意见”的第二阶段动员大会。校党委书记胡慧芳作了转段动员报告，市委巡视组组长汤亚栋讲话。

11 月 1 日　学校业余党校第十四期举行开学典礼，参加学习的学员共 212 人。

11 月 6 日　学校与澳大利亚查理·斯窦大学合作举办“财务会计”、“电子商务”本科课程班举行开学典礼。胡厚麟副校长代表立信致词，查理·斯窦大学首席代表戴文清先生代表澳方向同学们详细介绍了查理·斯窦大学、澳大利亚及国际教育发展情况。

11 月 8 日　上海市教委人文社会科学课题“高校德育工作规律和创新的研究”在学校举行开题仪式。市教育党委副书记于信汇到会并作具体指导。校党委副书记、副校长、课题组负责人之一朱坚强主持了会议。

11 月 11 日　立信会计高等专科学校第十二届田径运动会假座延安高级中学运动场举

行，立信会计学校第十二届运动会、立信会计职工中专第五届运动会也同时举行。

11月14日　首届大学生学术节开幕。校党政领导胡慧芳、朱坚强、胡厚麟出席参加了开幕式。大学生学术节主要内容有大学生经济论文大赛、邓小平理论学习讲座、金融财政学术讲座等。

11月21日　学校召开大会，表彰、奖励1999～2000学年度学生中评出的先进集体和先进个人。校党政领导为获奖者颁了奖。

11月22日　学校召开各部门党政和工会负责人会议，传达上海市有关医疗保险制度改革的精神和主要内容。

11月25日　学校举行"三讲"教育第二阶段小结和转入第三阶段动员大会。校党委书记胡慧芳作动员和部署。市委巡视组组长汤亚栋在会上讲话。动员大会后，与会的100多人分六个小组认真仔细地阅读了校级领导班子和领导成员集体及个人的《自我剖析材料》，分别填写了"民主测评表"。

11月30日　学校承办的徐汇区企业(集团)公司财务主管委派培训班举行结业典礼，徐汇区财政、人事局领导和校长李海波、副校长胡厚麟到会并讲话。

12月3日　在华东理工大学体育馆举行的第二届上海市高校"校长杯"乒乓球比赛中，校领导们经过一天的6场比赛，获得了优胜奖。

12月4～8日　为继续贯彻市教育党委"今天怎样做老师"为主题的2000年上海师德建设系列活动，学校组织公开课，校领导、各系部主任、教务、师资、工会、宣传和教师数百人次参加了这次活动。

12月7日　校党委副书记，副校长朱坚强主持召开学校综合治理领导小组和安全生产领导小组会议。

12月12日　学校业余党校第十四期培训班举行结业典礼。

12月14日　大学生学术节举行了闭幕式。

同日　学校召开后勤社会化改革专题会议，校党委书记胡慧芳宣读了党委关于成立后勤社会化改革领导小组的通知及领导小组成员名单，校长李海波主持会议。

12月16日　学校"三讲"教育开展处以上党员干部民主测评。与会人员认真阅读了处级党员干部各自的《自我剖析材料》，并进行了民主测评和民主评议。

12月19日　校党委书记胡慧芳主持召开了学校精神文明建设领导小组会议。

同日　学校启动国家级会计专业教学改革试点申报工作。学校进行申报国家级高职高专会计专业教学改革试点动员。副校长胡厚麟主持会议并作了动员和布置，校长李海波要求各部门共同努力，把申报工作切实做好。党委书记胡慧芳出席会议。为贯彻落实《教育部关于加强高职高专教育人才培养工作的意见》，教育部高教司决定从2000年起，经过5年的努力，力争在全国建成300个左右特色鲜明、在全国同类教育中具有带头作用的示范专业，推动高职高专教育的改革和发展。

12月20日　经校党委研究决定，成立由党委副书记、副校长朱坚强牵头的立信松江新校区工作小组。

12月22日　学校"三讲"教育举行处级以上干部民主生活会。校领导胡慧芳、李海波、朱坚强、胡厚麟分别参加各组民主生活会。

12月26日　校后勤社会化改革领导小组开会，研究后勤社会化改革工作。

12月28日　上午，校党委领导与市委巡视组共同参加"三讲"教育座谈会。下午举行"三讲"教育总结大会。校党委书记胡慧芳作"三讲"教育总结报告。市委巡视组组长汤亚栋讲话，肯定了立信"三讲"教育取得的成绩，对"三讲"集中教育基本结束之后需要继续努力的方面作了明确的说明。

12月29日　学校举行"跨越千年——2000年师生文艺汇演"联欢活动。

2001年

1月11日　经市教委专家组考察指导，学校的国家级会计专业教学改革试点申请材料报市教委初审。

1月14日　上海市高校2000年体育科研论文报会举行，立信与交通大学、同济大学等8所高校获得"上海市高校体育科研先进集体"称号。

1月　学校行政全额出资为在职职工投入补助医疗互助保障。

1～2月　寒假期间，学校组织中层干部信息技术培训。

2月13日　学校召开中层以上干部和支部书记大会，对新学期工作进行了部署。

2月19日　新学期开始正式上课。

2月26日　2001年春季招生录取工作顺利完成，共录取律师事务、商务英语专业新生91名。新生将于3月12日正式上课。

2月　根据市委、市府、市教育党委、市教委统一部署，松江大学城立信新校区建设工程全面展开。

3月2日　校党委举行报告会，邀请上海对外贸易学院院长王新奎教授来校作题为"WTO与中国高等教育"的演讲。

3月19日　市教育党委下达沪教党[2001]41号文《上海市高等学校实行党委领导下的校长负责制的若干意见》，校党委经过认真学习讨论，决定把文件精神的贯彻和落实"三讲"教育整改方案结合起来。

3月22日　党委会讨论决定成立松江大学城立信校区工作领导小组，并以立信党办[2001]6号文下发各部门。

3月27日　第二届立信体育节开幕，本次活动历时两个月。

3月30日　市教委主任张伟江教授来校作题为《素质教育与高教改革》的报告。

3月　学校创作选送的节目获"上海市学生戏剧节"多个奖项，其中，《回眸千年》获诗歌朗诵专场比赛表演一等奖。

3月中旬至5月　开展"教育思想大讨论"，为学校进入松江大学城做好思想上的准备。

同期　《住房制度改革实施办法(讨论稿)》发放至各部门提请全校教职工讨论。

4月5日　校领导向潘序伦铜像敬献花篮，缅怀老校长。

4月12日　学校党校第六期入党积极分子培训班开班，校党委书记胡慧芳为学员作专题报告。培训历时1个月。

4月13日　经中国教育工会上海市委员会审定，确认学校工会为上海市教育工会2000年度合格"教工之家"。

4月19日　立信会计高等专科学校后勤服务中心正式成立，市教委副主任薛沛建、校长李海波为服务中心揭牌，立信后勤转制签字仪式也同时举行。经公开竞聘，赵安娣出任校后勤服务中心总经理。

4月22日　第十一次全国立信会计事业协作会在北京召开，来自全国22个单位的40余位代表出席。协作会理事长李海波在会上作主报告，各单位代表汇报各自发展状况，并就如何进一步加强合作，发展立信事业达成共识。会议得到了新闻界的广泛关注，中央电视台、北京电视台、北京教育报、北京青年报等媒体相继进行了报道。

5月4日　校长李海波主持召开以“敬业、奉献、爱岗”为主题的大型青年教师恳谈会，校党政领导出席，60多位中青年教师参加。

5月16日　党委会研究同意，将高职部改为经济二系。

5月18日　2001“立信之春”校园文化艺术节开幕，6月8日落下帷幕。

同日　新组建的校安全生产办公室召开会议，校党委副书记、副校长朱坚强出席。

5月21日　第十五次全国财政(经)高等专科学校校际协作会在学校隆重举行，来自全国14所院校的校领导、财政部人教司、干部教育中心、中国高教学会等单位的有关负责同志60余人参加了会议，上海市教委副主任薛喜民出席了开幕式。会议于25日结束。

5月23日　市教委检查组对学校进行2001年高职高专教学检查，检查组重点抽查了学校教学管理工作规范和教学质量监控体系并给予肯定。

5月　学校被授予“1999～2000年度上海市教育系统委级文明单位”。

6月5日　中共中央政治局常委、国务院副总理李岚清在上海市委、市府、市教委及有关部门的陪同下赴松江大学园区，来到立信工地考察，询问了学校建设、发展等情况。

6月13日　教育部专家组对学校申报的国家及会计专业教学改革试点进行现场考察，对学校会计专业取得的成绩表示肯定。

6月21日　立信获“上海市高校帮困助学工作表扬学校”，校“学生百帮实践基地”获“上海市高校勤工助学优秀项目”。

6月　学校五届二次教代会、工代会举行，审议通过了《住房制度改革实施办法》。

同月　立信会计学校569名中专毕业生参加“三校生”高考，492人达到录取分数线，合格率达到87%。

同月　经市教委同意报教育部批准，学校于2001年秋季起恢复全国招生，外省市计划招生为55人。

同月　学校组织全体预备党员在嘉兴南湖举行了庄严的入党宣誓仪式。

7～8月　暑假期间，学校举办“多媒体课件制作培训班”。

同期　暑假期间，校党委组织中层干部、党支部书记研讨班，研讨工作并赴井冈山考察。

9月7日　召开会议布置新学期工作，校党委书记胡慧芳、校长李海波先后在会上讲话。

9月11日　学校举行庆祝第十七届教师节暨表彰大会。大会向获得各类奖项的教职工颁发了荣誉证书。会后，全体与会成员冒雨前往松江新校区参观。

9月24日　学校“中澳合作本科班”正式开学，注册学生共计67名。

9月28日　学校五届二次教代会召开主席团会议，专题讨论并通过了《2001年校内分配调整方案实施细则》。

9月29日　全国教师资格认定工作正式启动，本校该项工作亦按照上级要求全面开展。

9月　2001年招生工作圆满结束：全年共录取高专、高职新生2 293名，其中，春季招生录取91名、夏季招生录取“三校生”601名、秋季招生录取新生1 601名。

同月　学校五届二次教代会召开主席团会议，专题讨论并通过了《2001年校内分配调整方案实施细则》。

同月　学校参赛节目《我的中国心》获上海市大学生艺术歌曲演唱比赛一等奖，还有两个节目获三等奖。

10月11日　召开离退休老同志参加的敬老节茶话会。会后，老同志前往松江新校区参观。

同日　学校举办50岁集体生日活动，党委书记胡慧芳代表校领导向年届50岁的教职工表示问候。

10月15日　学校松江新校区如期开学，迎来首批新生。

10月16日　2001级新生开学典礼在松江新校区隆重举行，市教育党委副书记项伯龙、市教委基建管理中心主任顾建生等和学校领导出席。

同日　学校第十五期业余党校开学。

10月20日　教育部部长陈至立、上海市委副书记龚学平、市教育党委书记王荣华到学校松江新校区考察，听取了学校领导的汇报。

10月24日　校长李海波等在松江校区接待参观访问的全市中职校校长。

10月　学校在2001年上海大学生暑期社会实践中获得四个奖项。

11月8日　立信和松江大学园区管理委员会、上海外国语大学、上海对外贸易学院共同主办联欢晚会，上海市委副书记龚学平、市教委主任张伟江及有关领导出席。

11月9日　市教育党委副书记项伯龙到校在中层干部会议上宣读了中共上海市委决定，桑秀藩任中共立信会计高等专科学校委员会书记，免去胡慧芳中共立信会计高等专科学校委员会书记职务。

11月16日　校学生会、校团委、宣传处、经济研究所联合举办的第二届立信校园学术节开幕。

11月19日　中共中央政治局委员、上海市委书记黄菊到学校松江校区视察，市府副秘书长、市教育党委书记王荣华，市教委主任张伟江陪同视察，听取学校党委书记桑秀藩的工作汇报。

11月28日　市教育党委和市教委文明办率团来校进行对口检查并指导工作。

11月29日　学校召开2001年毕业生就业指导总结会，校党委书记桑秀藩、校长李海波分别讲话。

11月30日　校党委书记桑秀藩作学校"三讲"教育"回头看"活动动员报告。

同日　会计二系主任曹惠民获"宝钢教育奖"。

11月　教育部教高司[2001]195号文批准学校会计专业为高职高专教学改革试点专业。

同月　原国家教委主任朱开轩、副主任张孝文先后到松江校区考察。

同月　副校长胡厚麟当选上海市高教学会第七届常务理事会副会长。

12月4日　上海市副市长周慕尧在立信松江校区召开松江大学园区三校师生座谈会，市府副秘书长、市教育党委书记王荣华，市教委主任张伟江出席。

同日　日本千叶商科大学校长加藤宽率团到校访问。校长李海波与加藤宽签署了两校合作办学基本原则协议书。

12月14日　学校五届二次教代会召开主席团会议，增补校党委书记桑秀藩为主席团成员，并一致通过《2001年校内分配调整方案》。

12月17日　校长李海波主持召开教师资格认定工作审核会。

12月18日　2002届毕业生家长会召开，市高校毕业生就业指导中心常务副主任汪歙萍应邀出席。

12月20日　立信首届“读书节”落下帷幕，该活动自11月26日起在松江新校区举行，内容包括：讲座与报告、书评征文、推荐好书三部分。

12月23日　立信会计学校举办第六届校际技能比赛。

12月26日　立信松江校区综合管理办公室成立，校党委副书记朱坚强主持成立会议，校党委书记桑秀藩、校长李海波出席并讲话。

12月28日　根据市委、市教育党委的部署，学校开展了为期一个月的“三讲”教育“回头看”活动。

12月　经上海市教委审核，沪教委高[2001]58号文批复，同意学校设置高职高专投资经济管理专业，自2002年秋季起招生。

同月　举行1999～2001年度校“先进教工之家”考评会，校领导桑秀藩、朱坚强、胡厚麟参加并分别讲话。

2002年

1月8日　松江校区举行学术报告会，会计一系主任张维宾主讲《加入WTO后我国注册会计师事业发展》。

1月11日　学校召开了师资引进工作协调会议，为适应学校发展需要及松江校区的教学新环境，会议认为今后将有计划有比例引进高职称、高学历教师。

1月11日　由上海市高校思想理论教育研讨会、中小学德育研究会、《思想·理论·教育》编辑部联合主办的“学校诚信道德教育”研讨会在松江校区举行。党委书记桑秀藩出席会议，校党委副书记、副校长朱坚强作了题为《以“信”立校，以“信”育人》的专题发言。

1月16日　学校组织招聘教师会。

1月　学校制定《申办本科院校工作方案》。

同月　业余党校第十五期入党积极分子培训班举行结业典礼。校党委书记桑秀藩围绕“为什么要入党，怎样争取入党”提出三点要求：政治上严格要求、精神上饱满向上、学习上态度端正。

同月　学校徐汇、松江两校区校园网接入Internet实现互联。

2月27日　学校召开学生工作会议，校领导桑秀藩、朱坚强参加会议并讲话。

2月　学校松江校区保卫监控中心第一期工程竣工并通过验收。

3月8日　学校召开中层干部(扩大)会议，上海市教育党委副书记项伯龙宣布上级决定：楼军江为校党委副书记、纪委书记，李延臣为副校长、校党委委员。

3月12日　学校成立申本办公室。

3月20日　学校召开毕业生就业指导工作会议，校长李海波、党委副书记楼军江出席，各系部负责学生工作的主任、毕业班辅导员参加了会议。

3月21日　市高职高专校职称工作研讨会在学校举行，全市部分高专校长、人事处长参加。校领导桑秀藩、李海波、楼军江出席会议。

3月26日　第三届立信校园体育节开幕式在松江校区举行。

3月27日　上海市教育委员会以沪教党[2002]54号文下发《关于表彰2000～2001年度上海高校"两课"优秀教师和优秀学生政治辅导员的决定》，杜秀娟老师荣获上海高校"两课"优秀教师，何佩莉老师荣获上海高校优秀学生政治辅导员。

3月　学校成为上海市教师教育网团体会员。

同月　由学校任主持单位，校长李海波教授为主持人的"高职高专教育财政类专业人才培养规格和课程体系改革与建设的研究与实践"，经国家教育部批准立项。

4月2日　学校召开申本工作动员会。学校向上海市教育委员会呈送设置立信会计学院的请示。

4月5日　校党委召开党员大会，选举桑秀藩为中共上海市第八次党代会代表。

4月11日　校党委副书记朱坚强主持召开会议，总结2001年学校综合治理工作并与各部门签订2002年安全生产工作责任书。

4月16日　市教委和高校服务中心来学校检查安全、卫生、综合治理工作，检查组对学校后勤服务中心工作给予了肯定。

4月16日　学校第十一期业余团校于松江校区开班，校党委副书记朱坚强作了题为《理想与责任》首场报告。本次团校历时一个半月，内容涉及社会科学、青年工作、团务知识等方面。2001级所有班长、团支书、系团总支书记、系学生会主席及校学生会、团委的主要学生干部120余人参加。

4月23日　首届立信青年学者讲坛开幕。这次讲坛由校团委、宣传处、师资处、人事处、校工会联合举办。

4月29日　由学校承办的松江大学园区学生工作研讨会在松江校区召开，松江大学园区管委会常务副主任斯福明、校党委书记桑秀藩、党委副书记朱坚强、上海外国语大学副书记曹德明、上海外贸学院党委书记陈伟利等出席了会议。

4月　学校取得上海教育网络图书馆书刊全文数据库使用权。

5月16日　学校获2000～2001年度上海市教育系统社会治安综合治理先进集体，学校保卫处处长倪银锡获上海市社会治安综合治理先进个人。

5月21日　学校中心组学习(扩大)报告会在立信演讲厅举行，市教委人事处长黄晞建应邀来校作了题为"高校改革与师资队伍建设"的报告。校党委书记桑秀藩主持报告会。

5月22日　学校在徐汇校区举行纪念中国共产主义青年团成立80周年座谈会。校党委书记桑秀藩，副书记朱坚强，校党政部门负责人，各系部分管学生工作的副主任，校团委，学生会干部等120余人参加了座谈会。

同日　上海市教委高职高专院校教学检查调研组一行7人来学校检查。

5月29日　学校党委副书记、副校长朱坚强与本市各高校领导共同签署了共建"大学生信用档案"联名书。

5月30日　市教育党委副书记项伯龙在校党委扩大会议上宣布，经上海市委同意，研究决定，李海波停职检查，学校行政工作由校党委书记桑秀藩负责。市教育党委纪工委书记阮显忠、市纪委两名负责干部、学校各职能部门负责人参加了会议。

5月　学校开展为西部学生捐款11 219.75元。

6月15日　学校举行机关改革动员会。

6月19日　上海市人大副主任龚学平率市人大代表50余人考察松江大学园区，校党委书记桑秀藩向市人大代表汇报了学校工作。

6月　学校心理协会——畅想社在由团市委、市教委主办的“2002年上海市大学生社团节”中经过考核，获“上海市高校特色社团”称号。

6月19日　校党委副书记朱坚强应邀出席在上海交通大学举行的由团市委、上海市教育党委、上海市学生联合会主办的“上海大学生学习宣传实践‘三个代表’重要思想经验交流会”，市委宣传部长王仲伟出席会议并作重要讲话。学校团委组织学习宣传实践“三个代表”重要思想的工作受到团市委、市教育党委及其他院校的肯定，成为全市参加展览和经验交流的10所高校之一。

6月20日　学校向上海市教育委员会呈送“立信会计高等专科学校关于申请设置本科院校的可行性报告”。

7月8日　学校校部机关改革第一阶段工作总结暨第二阶段工作部署会议在徐汇校区举行。校党委书记桑秀藩主持会议并讲话。

7月15日　由校纪委、组织部、宣传部联合举办的校部机关干部岗前培训班在徐汇校区举行。

7月17～21日　全国财经院校语文研究会第二十届学术会年会暨学会20周年庆祝大会在学校召开，校党委书记桑秀藩、副校长胡厚麟出席并致词。

7月18日　学校机关改革历时1个多月，撤销了原有的21个部门，重新设置了12个机关职能部门。在编职数由118名精减为77名。部门正、副干部人数由28名精减为22名。

7月　自今年5月启动的2002年教师和其他专业技术职务首次聘任工作结束。

8月1日　市高校专家组一行7人对学校申本工作进行考察评议。校党委书记桑秀藩作关于立信申本工作情况的汇报。

8月21日　市教委有关部门负责人和高教所部分研究人员应邀来校，就申本的各项准备工作进行具体指导。

8月30日　学校举行中层干部扩大会议，校领导唐海燕就以学科建设为核心、提高办学质量、营造更好的外部环境等方面工作作具体部署。

9月2日　学校徐汇、松江两校区正式开学，在校00、01级及99级双专科共计5 000多名学生，开学第一天按时注册报到率达98.55%，学生按时上课率为99.8%，共有7人未按时到课。教材按时到位率为100%。

9月10日　学校举行庆祝第十八届教师节大会。

同日　国家图书馆党委书记、常务副馆长杨炳延视察学校新落成的松江校区图书馆新馆。上海图书馆党委书记王世伟、松江图书馆馆长于慎忠陪同视察。

9月14日　市教委副主任王奇视察学校。

9月16日　2002级新生开学典礼在松江校区举行。

9月25日　日本千叶商科大学代表团来校作为期5天的访问，校党委书记桑秀藩等校领导出席交流。

9月　会计三系陈力生副教授的《审计风险的成因与量化分析》、会计四系李惟莊副教授的《国家财务监督体系和会计专业人员管理机制》两课题申报市教委人文社会科学研究项目，经上海市教委评审获准立项。

同月　夜大学获市教育系统“文明组室”称号。

同月 学校与上海财经大学联合举办研究生课程进修班，为学校在职专任教师提供深造的机会。

同月 《立信会计高等专科学校学报》在中国人文社科学报学会第二届评优活动中荣获“栏目策划奖”。

10月 会计一系副教授张维宾的论文《合并报表范围变动引发的会计处理问题》(发表于《立信会计高等专科学校学报》2001年第4期)，获中国会计学会2001年度优秀论文二等奖。

同月 学校向上海市教委申报的特许注册会计师(ACCA)、注册金融分析师(CFA)、特许市场营销师(CIM)三个项目获得审核批准，同意学校举办。

11月1日 在松江校区举行第十三届田径运动会。

11月5日 第十六期业余党校在松江校区正式开班，近900名学生和部分教职工参加了业余党校的学习。

11月12日 校党委在徐汇校区16楼演讲厅举行中心组学习扩大会，盛情邀请市教委副主任王奇教授莅校作了《与时俱进，推进教育创新》的主题报告。报告会由校党委书记桑秀藩主持。

11月17日 AIA副董事长、市场发展部主任来沪，向在学校学习完成AIA全部16门课程的36位学员颁发毕业证书，向160人颁发了12门课程的阶段证书。

11月20日 校学术委员会召开会议，校领导桑秀藩、朱坚强、楼军江出席会议。会议审议了《科研工作管理办法(试行)》。

11月25日 日本赤塚学园理事长赤塚晴彦、副校长濑户正明等一行3人到校访问。

11月26日 2002年学生表彰大会在松江校区报告厅举行。

同日 参加“全国高校电子文献资源服务学术研讨会”的高校图书馆专家参观学校松江校区校园及图书馆。

11月 校党委在松江校区召开“推进校务公开工作”的专题研讨会。

12月4日 学校中澳合作本科课程班首届毕业典礼在徐汇校区演讲厅举行，校党委书记桑秀藩和澳大利亚查理·斯窦大学商学院(CSU)院长Mr. John Hicks到会祝贺。

2002年毕业生就业指导工作总结会在徐汇校区举行。

12月6日 学校五届三次教代会、工代会在松江校园举行。与会代表审议了《立信会计高等专科学校关于学科建设与系部设置的基本构想》。校党委书记桑秀藩指出，系部改革是学校党委继上半年机关改革之后又一项改革举措，它的出发点和立足点在于促进学校的学科建设。

同日 学校举行松江校区第二教学楼开工典礼。第二教学楼将于2003年8月底交付使用。

12月12日 市教委检查调研专家组一行9人，对学校成人教育工作进行检查。

12月20日 校党委在徐汇校区举行系部改革动员大会。校党委书记桑秀藩主持会议并讲话。

12月24日 2003届学生家长会在徐汇校区举行，邀请上海市高校就业指导中心常务副主任汪歙萍通报最新就业形势。

12月30日 学生中专校长赵一平主持召开由各联办学校校长参加的年度工作总结会，立信高专党委副书记、副校长朱坚强对新一年的工作作了部署，与会的各联办校负责人在会上发言。

同日　第七届立信(学生中专)校际技能比赛,在嘉定区工艺美校隆重举行。朱坚强亲临现场指导。总校及所属八个联办校的参赛。

12月31日　副校长李延臣主持召开校货币化分房领导小组会议,讨论通过了《关于校内余留房出售方案》。

12月　校党委统战部召开了以学习党的十六大报告为主题的双月座谈会。

同月　广西商业高等专科学校、镇江高等专科学校、厦门鹭江职业大学等学校先后来学校交流考察。

2003年

1月2日　市教委批复,同意学校设置日语(商务日语)专业,2003年秋季招收全日制学制3年的学生。

1月3日　校党委书记桑秀藩当选为上海市高校毕业生就业工作促进会常务理事。毕业生就业工作促进会在复旦大学成立,上海市教委副主任王奇任会长,任常务理事还有兄弟高校的6位校领导。

同日　上海市教育委员会批复,同意学校与日本千叶商科大学合作开设信息技术与信息管理专业(学历教育);学校与境外瓦努阿图美都教育公司合作申报信都商务培训学院(非学历教育)的英国会计师公会资格考试、工商会考试局资格考试、金融分析师和营销协会专业资格考试等。

1月13日　团中央学校部副部长周扬帆来校考察,就大学生素质拓展工作提出指导意见。

1月15日　2003届春季班毕业典礼在徐汇校区举行。

1月7日　学校教学系部调整后设置为六系、五部。

1月　张维宾当选为上海市第十二届人民代表大会代表。

同月　上海市教育委员会批复,同意学校申请设置工商管理专业(房地产经营管理方向),于今年秋季招生。

2月13日　学校召开系部的新任党政领导班子学习会。

2月28日　参加"全国大学生素质拓展"会议的团中央领导及全国兄弟院校团委书记一行100多人到松江大学园区考察。

2月　学校被授予市属文化系统"安全合格单位"称号,学校保卫处被市公安局评为2001～2002年度上海市治安保卫先进集体,周晓彤被评为治安保卫先进个人。

3月4日　学校在松江校区举行"AIA—立信奖学金"签约仪式暨颁奖大会。会议由副校长胡厚麟主持,校党委书记桑秀藩致词。美都有限公司主席邓广坚先生和首席执行官Lain Young先生出席了会议。

3月6日　学校分别于松江、徐汇两校区召开所在区人大代表选举大会。桑秀藩同志被选为上海市松江区第二届人民代表大会代表,楼军江同志被选为上海市徐汇区第十三届人民代表大会代表。

3月11日　学校成立十六大精神宣讲团,校党委书记桑秀藩任团长,校领导朱坚强、楼军江、胡厚麟、李延臣等为副团长。

3月19日　学校召开关工委工作会议。以离退休老同志为主体的关心下一代工作委员会成员10多人出席。

3月26日　在松江校区召开立信会计高等专科学校国家奖学金颁奖大会。

3月28日　李延臣副校长主持召开有关职能部门负责人会议，研究部署与贯彻市教委防治“非典型性肺炎”工作会议精神。

3月29日　学校召开六届一次教代会暨工代会。

3月　学校图书馆参加上海市文献资源共建共享协作网，该网是上海地区公共、高校、科研系统图书馆信息之间的联网，主要成员有上海图书馆及20余所高校图书馆，各成员馆可实现馆际互阅等资源共享活动。

同月　黄汉江、张介明分别任松江区政协、黄浦区政协委员会委员。

同月　学校团委和松江区团委签订了共建协议，为今后学校广大团员青年开展校外实践提供了更为广阔的舞台。

4月3日　学校召开信息工作会议。

4月4日　校领导桑秀藩、朱坚强、胡厚麟、李延臣等向我国杰出的教育家、会计专家、立信创始人潘序伦先生的铜像敬献鲜花，缅怀老校长。

4月8日　校党委书记桑秀藩主持召开党风廉政建设工作会议。

4月15日　校党委书记桑秀藩主持召开双月座谈会。出席会议的有党外高级知识分子、各民主党派的代表。

4月16日　学校召开了预防“非典”工作会议。校党委书记桑秀藩传达了市委有关会议精神，指出要把预防“非典”工作提到一个政治的高度来加以重视，要积极预防，确保学校的稳定。

4月22日　学校在松江校区举行“弘扬立信精神，做新时代立信人”活动总结展示交流会。校党委书记桑秀藩、党委副书记、副校长朱坚强出席了会议。“弘扬立信精神，做新时代立信人”活动持续一个半月。

4月29日　学校召开综合治理和安全生产工作总结表彰暨责任签约大会，表彰了两个综合治理先进集体、15名先进个人和5名安全生产先进个人。

4月　上海市教育委员会高教处决定修订2000年颁布的《上海高等学校高职高专指导性专业目录和专业介绍》，学校工商管理(投资经济管理)、财政学(税务代理)和律师事务等三个专业作为新兴专业列入指导性专业目录。

5月3日　上海市副市长严隽琪、杨晓渡，市政府副秘书长姜樑、薛沛建，市教育党委书记李宣海，市教委主任张伟江、副主任王奇、副局级巡视员李骏修等，先后与3日和5日各分两批来学校松江校区视察学校检查预防“非典”工作。校领导桑秀藩、朱坚强、楼军江、李延臣、胡厚麟等及相关职能部门负责人向市领导汇报防非典工作，并陪同参加了检查。

5月4日　校党委副书记、副校长朱坚强主持召开学校“五四”运动84周年座谈会。

5月7日　校党委书记桑秀藩主持召开学校预防“非典”工作紧急会议，部署学校预防“非典”工作。

5月16日　学校召开共青团第七次代表大会。共青团上海市委员会副书记徐枫、校领导桑秀藩、朱坚强、楼军江等出席了会议，校团委书记费莉作工作报告，选举并产生了第七届共青团委员会委员。

5月20日，校第七届团委召开第一次全体委员会议，选举产生了新一届校团委书记、副书记。

5月21日　学校召开申本工作会议，校领导楼军江、胡厚麟及相关部门负责人参加会议。会议传达了市教委召开的“关于立信等三所学校申本工作会议”精神，传达了校党委对学校申本工作的要求：申本是学校工作的生命线，全力以赴做好申本，以优良的成绩接受专家组的评估。会上，就申本工作向各部门进行了明确分工和具体部署。

5月23日　学校党校第七期入党积极分子培训班在松江校区正式开班，180多名学生和部分教职工参加了培训班的学习。党委书记桑秀藩为学员作了学习贯彻十六大精神的专题报告。

5月28日　经校党委同意，校货币化分房领导小组将讨论修改后的第四稿《学校住房制度改革实施细则》正式提交大会主席团审议。大会主席团对修改的条款逐条进行了讨论和审议，在取得一致意见的基础上进行了无记名投票表决，并以一致赞成票通过了《细则》。

5月29日　立信会计高等专科学校第十次学生代表大会召开。校党委副书记、副校长朱坚强到会讲话。党委学生工作部和校团委出席会议。第九届学生会作了《诚信为本、学习实践、奋斗创新、与时俱进、做新时代立信人》的工作报告。为来自各系部的201名学生代表(其中共青团员191名)分成7个代表团审议通过了第九届学生会的工作报告，选举产生了新一届学生会主席团。

5月　学校各职能部门陆续从徐汇校区向松江校区进行了搬迁，至月底校部机关整体搬迁工作结束。

6月6日　学校召开首次科研工作会议。党委书记桑秀藩讲话，将这次大会的目的归纳为“明方向、打基础、上轨道”。会议宣布了1997～2001年学校著作、论文评选获奖名单，共有17人分获一等、二等、三等奖。孙桂芳、杨家亲、曹中副教授分别作了交流发言。

6月10日　在学校党委召开扩大会议，市教育党委副书记项伯龙宣读了关于唐海燕任命的通知：唐海燕任中共立信会计高等专科学校委员会委员、立信会计高等专科学校副校长(主持行政工作)。

6月17日　学校召开成教系统全体教职工大会。校党委书记桑秀藩在宣布成教院班子组成人员名单后强调：整合后的成教院着力点应是做强做大，这是这次组建成教院的基本出发点。无论是升本后的成教院面临的机遇与挑战，人力资源、办学资源的通盘考虑，还是节编增效，都要通过改革有所体现。同时，桑书记对新组成的成教院班子提出希望。副校长胡厚麟布置了成教院干部选任和非领导职务聘任工作的步骤、要求和方法。党委副书记楼军江主持了会议并作总结讲话。

6月19日　共青团上海市委员会通知：李颖琦任共青团立信会计高等专科学校第七届委员会书记，周静、李强任副书记。

6月26日　市教育党委副书记翁铁慧一行到松江大学城进行工作调研，听取学校宣传思想政治工作的专题汇报。

6月30日　学校召开各部门党政负责人会议。校党委书记桑秀藩传达了市委组织部下发的《关于副校长唐海燕同志拟任校长的公示通知》，会议总结了本学期学校的工作。

6月　经上海市教委批准，学校与美都教育有限公司合作举办的“AIA国际会计培训班”，升格为中外合作信都商务培训学院。

7月15日　上海市高等学校设置评议委员会以白同朔、胡启迪为首的专家组对学校申本工作进行检查与评审。

7 月 17 日　上海市人民政府发“关于唐海燕等同志职务任免的通知”[沪府(2003)158 号]。市人民政府决定，任命唐海燕为立信会计高等专科学校校长；免去李海波的立信会计高等专科学校校长职务。

8 月 11 日　上海市教育党委书记李宣海、秘书长董金平等一行 7 人到校检查指导工作。李宣海肯定了学校发展成绩的同时，要求立信升本要更多考虑和解决存在的问题和不足，并对立信的今后发展提出了要求。

8 月 29 日　上海市教育党委发“关于唐海燕等同志职务任免的通知”[沪教党(2003)169 号]：经研究，决定唐海燕同志任中共立信会计高等专科学校委员会副书记；免去李海波同志的中共立信会计高等专科学校委员会副书记职务。

9 月 1 日　新学期开学，松江校区新建的教学楼(4、5、6、7 号楼)正式启用。

9 月 2 日　市教育党委副书记项伯龙在学校中层干部大会上宣读关于唐海燕任命的沪府(2003)158 号及沪教党(2003)169 号文：唐海燕任立信会计高等专科学校校长、中共立信会计高等专科学校委员会副书记，要求调整后的校党政领导班子与时俱进，推动学校各项工作再上新台阶。

9 月 3 日　国家图书馆党委副书记、副馆长张雅芳一行 4 人视察学校松江校区图书馆。

9 月 4 日　澳大利亚科廷科技大学科廷商学院副教授、国际规划处处长罗威克博士与该校国际规划处亚洲地区策略顾问莫成锐博士来学校访问。

9 月 6 日　香港职业训练局培训中心主任方光怡来学校访问。

9 月 9 日　学校举行庆祝第十九届教师节大会，校领导向首次获得高级专业技术职务的教师颁发了聘书，向获得校内“名师奖”的教师和“立信—长江”奖教金的优秀青年教师颁发了证书和奖品。

9 月 10 日　上海市人民政府发《关于同意建立上海立信会计学院的批复》，上海市教育委员会于 9 月 22 日行文沪教委发(2003)178 号文件《上海市教育委员会关于同意建立上海立信会计学院的批复》。文件说：“经上海市高等学校设置评议委员会专家组考察评议并报市政府批准，同意在立信会计高等专科学校的基础上建立‘上海立信会计学院’，同时撤销立信会计高等专科学校建制。学院系本科层次的普通高校，以实施本科教育为主，也可举办专科层次的高等职业教育。本科学历教育在校生规模暂定为 6 400 人(2008 年达到)，从 2004 年起列入本市普通高校本科招生计划，参加春季高考招生。”

9 月 13 日　2003 级新生报到。当天报到的新生有 2 205 人，报到率为 97%。

同日　上海市人民政府办公厅副秘书长薛沛建来校检查工作。

9 月 15 日　2003 级新生开学典礼在松江校区举行。

9 月 19 日　日本千叶商科大学熊冈洋一副校长一行 5 人访问学校，并参加中日合作的信息技术与信息管理专业新生座谈会。

9 月 26 日　学校党委举行中心组学习扩大会议，邀请市社联党组书记、主席潘世伟教授作学习贯彻“三个代表”重要思想的专题报告。

9 月　学校工会获得 2001～2002 年度上海高教“先进教工之家”。

同月　学校被授予“2001～2002 年度上海市教育系统委级文明单位”。

同月　在团市委召开的暑期社会实践表彰大会上，学校的“会计理论在实践中的应用”(会计学系)、"走进杂志社"(财务管理系)、"学习义工、奉献社会"(工商管理系)、"Green 小组"(财务管理系)和"蓝天下的至爱"(会计大专部)五个项目荣获市级优秀项目奖;王佳昀(财务管理系)和顾蓉雯(工商管理系)荣获市级先进个人;财务管理系、工商管理系辅导员闻雅和陈虹霖获优秀指导老师,校团委荣获组织奖。

同月 校内科研项目"攀登计划"与"阳光计划"正式启动并开始接受申报。"攀登计划"是为充分发挥高职称人员在学校科研中的作用,繁荣学校的学术研究而设立的;"阳光计划"是为鼓励学校中青年教师积极投身科研而设立的。

10月17日 党委书记桑秀藩主持召开党委扩大会议。会议主要就学校当前要抓的两级管理、学科建设和人事分配制度改革等问题进行研讨。

10月21日 学校召开语言文字委员会工作会议。

10月24日 上海市教育系统关心下一代工作委员会在市教育会堂召开表彰会,学校原副校长叶德勋获先进个人。

10月27日 学校举行"大学生发展与心理咨询周"的系列宣传教育活动。

10月31日 召开第十四届田径运动会。

11月4日 唐海燕校长主持召开各系部40岁以下的青年骨干教师座谈会。

11月6日 澳大利亚查理·斯窦大学商学院院长一行4人来学校交流访问。

11月8日 学校召开发展战略研讨会。学校党政领导、正高级职称教师、各系部处室负责人在一道共商学校发展大计。

11月10日 信都商务培训学院举行2003年AIA(英国国际会计师公会)培训班毕业典礼。副校长胡厚麟出席,并与AIA全球总裁罗伯特·欧文一道向获得证书的37名中国学员表示祝贺。

11月11日 学校党委副书记楼军江主持召开双高(即高学历、高职称)教师座谈会。

11月18日 全国人大教科文卫委、教育部、国家语委来松江大学园区调研宣传贯彻《国家通用语言文字法》的情况。副校长兼校语委主任胡厚麟作了专题汇报。调研组通过实地调查,对学校在宣传语言文字方面充分发挥主阵地作用、推动各项工作的开展等给予充分的肯定。

11月19日 学校召开2003年毕业生就业工作总结交流会。

同日 学校文献信息工作的咨询、协调机构——图书馆工作委员会召开第一次全体会议。副校长、校图书馆工作委员主任胡厚麟主持会议。

11月20日 法国工程师学院一行2人在上海市科委有关人员的陪同下来学校访问。

11月24日 上海歌剧院交响乐团应邀在学校松江校区举行了一场专场交响音乐会。

11月28日 学校在松江校区诚信广场举行校庆文艺演出,庆祝学校建校75周年和学校申本成功。上海市教育党委秘书长董金平、教育工会主席夏玲英和校党政班子全体成员与师生员工一起观看了演出。

11月 会计学系主任张维宾教授获"上海高校教学名师"。

12月3日 澳大利亚科廷大学会计学院院长John Neison等一行3人到学校松江校区访问。

12月5日 学校党委在松江校区召开党外人士座谈会。

12月6日 在徐汇校区召开了2004届毕业生家长会。校党委副书记、副校长朱坚强,学生处处长、各系部主任和党总支副书记出席了会议，2 000 余名毕业生的家长参加。

12月8日　“上海立信会计学院大学生素质拓展计划”启动仪式在松江校区举行。

12月9日　财政部会计司司长、博士生导师刘玉廷教授应邀到学校作了题为“中国会计改革”的专题学术报告。

同日　湖南省高校党工委副书记时章时率考察组一行 5 人来学校参观访问。

12月10日　学校在松江校区举行 2003 年学生先进集体、先进个人表彰大会。

12月12日　学校在松江校区体育馆举行了首次“2004 届毕业生校园招聘会”。

12月15日　学校精神文明建设委员会全体成员召开了迎评工作动员和部署会。校党委书记、精神文明建设委员会主任桑秀藩主持会议，校党委副书记、副校长、精神文明建设委员会副主任朱坚强对本次中期检查的迎评工作作了总体部署。

12月18日　日本亚东经济国际学会访问团一行 10 余人在会长苗不二男的带领下到校进行学术交流。访问团 4 位专家分别作了《经营策略与智慧财产价值之关系研究》、《日本中小企业的经营战略》等四个专题报告，并同与会的学校教师进行了互动交流，气氛热烈。

12月23日　2003 年度机关处长干部述职考评会在松江校区图书馆二楼影视厅举行，会议为期 1 天。校党政领导桑秀藩、唐海燕、朱坚强、楼军江、胡厚麟、李延臣出席会议，会议由校党委书记桑秀藩主持，系部总支书列席会议并参加考评。

12月26日　立信会计出版社社长、工商管理系教授黄汉江被聘为世界科教文卫组织专家，并受该组织邀请参与国际间的学术交流与合作。

12月　学校承担的全国教育科学“十五”规划重点课题子课题被列入中期优秀成果。

同月　校心理咨询室获上海市首届高校心理情景剧优胜奖。

2004年

1月8日　作为 75 周年校庆系列活动之一的“沪上书画名家贺校庆、迎新春”联谊活动在松江校区图书馆举行。国画大师王克文等 13 位知名书画家来校出席了此次活动。他们共同挥毫泼墨，创作作品，纪念潘序伦老校长诞辰 110 周年，并祝学校升本。

1月　《上海立信会计学院学报》被上海市文科学报学会评为“上海市优秀文科学报”，程肖芬同志被评为“优秀编辑”。

2月6日　中共上海市委[沪委发(2004)83 号]通知：市委决定建立中共上海立信会计学院委员会。桑秀藩同志任中共上海立信会计学院委员会书记；楼军江同志任中共上海立信会计学院委员会副书记、中共上海立信会计学院纪律检查委员会书记；朱坚强同志任中共上海立信会计学院委员会副书记。

2月17日　学校在松江校区举行 2004 级春季本科新生开学典礼。此次在本市春季录取本科新生 484 名。

2月28日　上海市人民政府[沪府任(2004)27 号]通知：市人民政府决定任命唐海燕为上海立信会计学院副院长(主持工作)；朱坚强、邵瑞庆、李延臣为上海立信会计学院副院长。

2月　《上海立信会计学院毕业生就业工作早启动》[载《上海市教育委员会简报(2004 年第 7 期)》]受到市政府领导的关注，严隽琪副市长作出批示：“希望松江大学园区管委会与园内各高校领导及时研究总结立信的经验，在就业工作上均能早行动，发挥资源集聚的优势，克服地处郊区的困难，积累毕业生就业工作的经验。”

同月　学校办公室获"2001～2003年上海市教育系统信息工作先进集体"。

3月2日　接上海市教育委员会通知，转发严隽琪副市长2月24日在《上海立信会计学院毕业生就业工作早启动》[载《上海市教育委员会简报(2004年第7期)》]上的批示："希望松江大学园区管委会与园内各高校领导及时研究总结立信的经验，在就业工作上均能早行动，发挥资源集聚的优势，克服地处郊区的困难，积累毕业生就业工作的经验。"

3月5日　校领导唐海燕、李延臣、胡厚麟接待来校访问的上海商界领导一行40余人。他们来自华联集团、新华联商厦、二百永新、汇联商厦以及曹杨商城的老总，由上海商界同仁协会会长、上海商业职业技术学院党委书记方名山带队。

3月6日　第八届立信会计学校校际技能竞赛在徐汇校区举行。

3月9日　学校升本后，中央和有关部门领导、上海市领导发来贺信、题词表示祝贺。他们是：国务委员陈至立发来贺信，希望学院以"三个代表"重要思想为指导，以升本为契机，加强学科建设，弘扬立信特色，坚持教育创新，深化教育改革，提高教育质量，为上海新一轮发展和全面建设小康社会作出新的贡献。教育部副部长吴启迪发来了贺信，希望学校继往开来，以诚立信，与时俱进。上海市人大常委会主任龚学平给学院题词"发扬立信精神，推进教育创新"；上海市政协主席蒋以任题词"诚为立人之本，信为会计之责"。社会各界友好人士、各地立信校友会、中国人民大学等单位和个人也发来了贺信、贺电或贺词。

上海立信会计学院成立揭牌仪式暨校庆75周年大会在松江校区隆重举行。中共上海市委副书记殷一璀出席成立大会并为学院揭牌。出席大会并在主席台就座的领导还有中共上海市委副秘书长姜樑、市教育党委书记李宣海、市教委主任张伟江、市教育党委副书记项伯龙、翁铁慧，以及董金平、黄也放等。李宣海代表殷一璀副书记和严隽琪副市长对学院的成立和今天的大会表示祝贺。

3月10日　加拿大南阿尔伯特理工学院中国项目部经理来学校就合作举办学历教育和培训项目与学校进行商谈。

3月18日　唐海燕副校长(主持工作)主持召开学校2003年度专业技术职务聘任委员会会议。

3月19日　学校党委召开大学生党建工作会议。

3月26日　学校召开精神文明建设工作会议，提出了学校创建市级精神文明单位的目标。

同日　校领导唐海燕、朱坚强会见了来访的加拿大国际教育基金会总裁。

3月29日　日本管理会计学会会长，东京理科大学、目白大学会计学教授片冈洋一教授一行5人专程到校考察。

4月2日　学校召开校系两级管理与后备干部队伍建设工作会议。党委书记桑秀藩主持会议并就会议的主题、校系两级管理工作和后备干部队伍建设工作作了阐述。唐海燕副校长(主持工作)就推进校系两级管理，结合学校下发的《关于推进和实施两级管理的若干意见》作工作部署。党委副书记楼军江就后备干部队伍建设作动员。学校领导邵瑞庆、李延臣、胡厚麟、曹惠民出席。各职能部门、各系部负责人90余人参加了会议。

4月6日　校党委书记桑秀藩同志主持召开学校统战工作会议。

4月9日　学校学科建设委员会召开第一次全体会议。

4月13日　副校长邵瑞庆主持召开学校教学委员会会议。评选出《财务会计》、《财务管理》、《商业银行经营管理》、《商务英语》和《马克思主义哲学原理》五门课程为学校2004年度精品课程建设项目。

4月19日　由学校承办的市教委系统、市财政局六分局下辖部分税管企业2004年度会计人员继续教育工作会议于在徐汇校区举行，有近百家单位负责人参加。

4月19日　学校召开现代教育技术中心成立暨工作会议。会议由邵瑞庆副校长主持，划归中心的原网络中心、电教室、外语教学语音室、多媒体教室技服室全体工作人员参加了会议。

4月21日　学校召开国家奖学金、立信长江奖学金、AIA立信奖学金颁奖大会。党委副书记、副校长朱坚强，立信长江会计师事务所董事长朱建弟，AIA亚太区发展经理彭子坚出席颁奖大会并作热情洋溢的讲话。17名同学分获国家奖学金一等、二等奖，15名学生获立信长江奖学金，3名学生获AIA立信奖学金。

4月27日　校党委书记桑秀藩主持召开学校"防非"领导小组扩大会议。副校长李延臣传达了市教委防非紧急会议的精神。会议要求各部门高度重视、各尽其职，沉着应对，措施落实，工作到位。

4月28日　在由市教委、市劳动和社会保障局召开的上海市百所中等职业学校重点建设总结大会上，立信会计学校被市教委、市劳动保障局认定为首批75所评估验收合格单位之一并获铜牌。

4月　华东地区高校出版社工作研究会第六届优秀教材学术专著奖评奖于日前揭晓。立信会计出版社有五种图书获奖，其中有唐海燕编著的《国际贸易学》和《中国对外贸易概论》。

同月　学校自筹资金1 000多万元，在松江校区第一食堂的北侧兴建一座6 200余平方米，设有2 000多个座位的新食堂，将于年底前竣工，明年1月投入使用，改善学生用餐条件。

5月15日　学校在松江校区举行六届二次教代会暨工代会。

5月19日　学校召开市优秀团支部、优秀团干、优秀团员，校优秀团支部、优秀团干、优秀团员表彰大会。

5月21日　澳大利亚科廷科技大学商学院院长一行来学校访问。校领导唐海燕、邵瑞庆、曹惠民等与他们进行了会谈。

同日　学校青年教师联谊会举行成立大会。80多位联谊会成员出席了会议。楼军江任青年教师联谊会会长，桑秀藩、唐海燕任名誉会长。

5月24日　国际会计师公会(AIA)英国总会会长谭学林、亚太区推广经理彭子坚到学校考察。学校领导唐海燕、朱坚强及会计学系主任张维宾等会见了谭会长一行。

同日　市教委高校卫生检查组一行6人来学校检查，对学院卫生管理评分为95.4分。

同日　校党委举办了为期10天的"第一期处级干部学习班"。学习班由校党委书记桑秀藩主持。校领导桑秀藩、唐海燕、楼军江分别作专题辅导报告。

5月27日　学校被评为上海市教育系统社会治安综合治理先进集体。保卫处陈杰被上海市社会治安综合治理委员会和上海市人事局评为上海市社会治安综合治理先进个人。

同日　加拿大滑铁卢大学Renison College院长John Crossley到学校访问。

5月　接市教委沪教委高(2004)17号文，成教院的会计学(高起本、专升本)、金融学(高起本、专升本)、国际经济与贸易(高起本、专升本)3个专业获批准。

同月　学校党委成立由桑秀藩为组长，朱坚强、李延臣、曹惠民为副组长的校军训工作领导班子，决定对2004年招生的本、专科生进行军训，计2个学分纳入教学计划。

6月2日　学校在松江校区开展辅导员培训活动。

6月3日　党委书记、学校精神文明建设委员会主任桑秀藩主持召开精神文明建设工作委员会会议。

6月7日　校党委在松江校区召开统战工作会议。

6月10日　学校召开精神文明督导团组团会议，桑秀藩主持会议并讲话。副校长、精神文明建设委员会第一副主任唐海燕出席会议并宣布督导团成员名单。

同日　校党委副书记、学校艺术教育委员会主任朱坚强主持召开艺术教育委员会工作会议。

6月14日　校领导桑秀藩、朱坚强到人文社科部就"两课"教学进行调研。

同日　学校与高校后勤服务总公司签订后勤服务管理协议。校领导唐海燕、李延臣，高校后勤服务总公司董事长林炳华、总经理成冠润等出席了签字仪式。

同日　校党委副书记朱坚强主持召开学校军训工作会议。

同日　校党委副书记楼军江同志主持新任专兼职组织员培训班。培训班为期两天。

7月1～2日　在松江校区举行2004届毕业生毕业典礼。

7月2日　学校在松江校区召开"上海立信会计学院2004年志愿者服务西部大学生欢送会"。校党委书记桑秀藩向4位志愿者——会计学系的胡晓菁、财政金融系的朱晓婷、经贸法律系的邹纯铭和财务管理系的戴子毅颁发了证书和奖品。

7月13日　学校六届二次教代会主席团召开第三次会议，讨论通过了学校《人事分配制度改革方案(修改稿)》及2004年《人事分配制度改革方案实施细则》。

同日　市纪委在学校宣布沪纪(2004)48号和沪监(2004)19号文件，对李海波同志作出党政处分的决定。

7月　上海市教育委员会组织开展了2003年优秀教材评审工作，张维宾主编的《财务会计》获优秀教材一等奖，孙桂芳主编的《银行货币学》获优秀教材二等奖。

8月4日　校工会组织青年教师联谊会部分党员青年教师赴井冈山、韶山、长沙等地，进行了为期一周的"红色之旅"学习考察。学校党委书记桑秀藩带队，组织部、工会的负责同志参加了学习考察活动。

8月　韩国20多所大专院校代表组成的韩国大专教育代表团来学校访问。校领导邵瑞庆、胡厚麟及办公室、教务处、科研处、国际交流处负责人接待了到访的韩国客人。

同月　学校第一期院级重点学科评审工作圆满结束。根据学校《关于申报院级重点学科试行办法》，有6个学科参与申报校重点建设学科和重点扶持学科，最终确定会计学和国际贸易学两个学科为校重点建设学科，金融学和财务管理两个学科为校重点扶持学科。

同月　图书馆在暑期进行了布局结构调整，新增场所3 700平方米。

同月　在2004年专升本考试中，学校毕业生取得了较好的成绩。到8月31日止，有145名应考大专毕业生收到本科院校的录取通知书，超过了去年的129人。

9月1日　学校升本后第一年招收本科生，全年共录取新生2 367名，为计划数的103.63%。其中春季录取本科生484名，"三校生"录取297名，秋季录取本科新生1 027名，其中本市819名，外省208名，录取本市专科生559名。

同日　2004级新生开始军训。学校党政领导和海军上海基地承训官兵参加了军训授旗仪式。

9月6日　日本千叶商科大学副校长熊冈洋一一行10人来校访问。校党委书记桑秀藩会见了日本客人。

9月7日　校工会、青年教师联谊会共同组织了主题为“坚持教育创新、立志成才、发展教育事业”的师德标兵与青年教师恳谈会。校领导桑秀藩、唐海燕、楼军江、邵瑞庆、曹惠民等出席了会议，6位师德标兵以及部分教师参加了会议。

9月8日　市教委召开国家助学贷款座谈会，学校助学贷款工作受市教委的充分肯定和表扬。从1997年至今，学校学生助学贷款为“零违约”，银行方面统计为“零风险”。市教委指出，这与学院的诚信教育、学生的素质教育及一系列配套措施是分不开的。

同日　日本千叶商科大学副校长熊冈洋一一行4人到学校图书馆，现场考察捐赠学校中日合作班教学参考用书的管理工作。日本千叶商科大学捐赠学校的第一批日文原版图书共计562册，价值695 878日元。

同日　学校召开大学生心理健康教育专题研究会议。

9月10日　学校在松江校区信息楼报告厅举行第二十届教师节庆祝大会。

同日　工会、人事处联合组织举办了主题为“忆难忘岁月，话立信未来”的“我在立信20年”教职工座谈会。校领导桑秀藩、唐海燕、楼军江、朱坚强、李延臣、胡厚麟、曹惠民等出席会议，近50位1984年以前进校的教职工参加了座谈会。

9月17日　2004级新生开学典礼在松江校区体育场举行。

同日　2004级2 300多名新生完成了预定的军事技能、军事理论等军训项目，在松江校区体育场举行阅兵式。

9月21日　学校领导会见英国AIA（国际会计师公会）会长谭学林，并举行聘任颁证仪式，聘香港特区政府太平绅士谭学林为学院客座教授。谭学林表示将把AIA事业与立信的教学相结合，力争取得双赢。

9月23日　学校召开综合治理工作会议。

同日　学校就业指导办公室召开“走访百家用人单位”座谈会，各系部的教师代表和学生代表分别对“走访百家用人单位”活动作了总结、交流。

9月28日　学校召开党委中心组学习（扩大）会议。主持工作的唐海燕副校长主持会议。市科教党委文明办副主任张伯安同志应邀作题为“如何提升精神文明创建水平”的报告。

9月30日　学校召开精神文明建设委员会工作会议，并对精神文明督导团近期督导重点进行审议。

9月　在中华人民共和国第七届大学生运动会科学论文报告会评选中，学校汤伟康、宋灵燚、刘国荣、都菊英、王镇海的论文《高校体育正全新面对数字e时代》获一等奖。

同日　学校又有9项科研项目获上海市教委立项。其中，唐海燕教授的《全球化条件下的国际贸易秩序变迁与中国对外贸易制度创新》为上海市教委重点科研项目。

同日　学校今年申报10个本科专业，另有7个专业方向，向政府有关部门报送了申报材料。

10月8日　校教学委员会召开会议，评选出2004年校级教学成果奖。会计学系的“会计实践教学平台的构建”、财政金融系的“金融实验教学”等九项教学成果分获一等、二等、三等奖。其中，“会计实践教学平台的构建”、“金融实验教学”、“高等学校课程课堂教学网上评估研究与实践”、“信息技术与教育的整合是教学改革的最大资源——信息技术与国际贸易课程的整合研究”四项教学成果被推荐参加上海市教学成果奖的评选。

同日　加拿大南阿尔伯特理工学院(Sait)会计学系主任、该院驻中国代表、加拿大注册会计师(CGA)项目负责人等一行4人来校访问，商讨拟定了合作框架。

10月12日　学校召开“敬业爱生，教书育人”师德宣讲团组团会议，宣传部根据会议精神制定了宣讲活动安排计划，于近日开始宣讲。

10月14日　学校召开2004年大学生暑期社会实践总结表彰会。

10月19日　学校召开党总支书记专题会议，学习《中共中央、国务院关于进一步加强和改进大学生思想政治教育的意见》、《中共中央关于加强党的执政能力建设的决定》，并结合两个文件的学习，就学校正在开展的“办学特色大讨论”工作作了部署。

同日　邵瑞庆副校长主持召开青年教师科研工作座谈会。

10月22日　教育部高教司综合处张庆国副处长莅临学校调研学校状况和本科新专业设置情况，受到党委书记桑秀藩等校领导的热情接待。

同日　学校举行以“敬业爱生、教书育人”为主题的师德建设交流会，6位师德标兵在会上作交流发言。

10月26日　唐海燕副校长(主持工作)率有关处室同志，对财政金融系、会计学系、财务管理系、经贸与法律系的重点学科建设和图书馆、现代教育技术中心等单位进行调研。

10月27日　由中央政法委、中央社会治安综合治理委员会、共青团中央、教育部联合举办的“树立报国之志，争做忠诚卫士——中国杰出青年卫士”高校巡回报告活动，在松江校区举行。校党委副书记楼军江等参加报告会。报告会由团市委副书记李跃旗主持。

同日　民盟上海立信会计学院直属支部成立，张介明任主任委员。校党委书记桑秀藩、民盟上海市委专职副主委鲍敏中、市科教党委统战处处长张癸、民盟上海市委组织部部长方荣等，出席了民盟立信学院支部成立会议并表示祝贺。

10月29日　学校第十五届田径运动会在松江校区田径运动场举行。本届运动会新增了大型广播体操表演项目。

10月　学校下发《关于开展“如何把立信办成一所特色大学”讨论的通知》，决定在全校开展办学特色的大讨论活动。

同月　校党委召开党总支书记会议，对党风廉政责任签约工作进行了部署。校党委书记桑秀藩强调，党风廉政建设以党总支、党支部为单位，坚持谁主管、谁负责，一级抓一级，层层抓落实；形成党委统一领导，党政齐抓共管，纪委组织协调，部门各负其责，依靠教职工的支持和参与的工作格局。全校共有16个党总支、直属党支部、24个党支部、34个行政部门签约。

同月　立信会计出版社出版的《新编统计学》(作者张梅琳、责任编辑洪梅春)一书获上海市高校优秀教材奖，《会计学》(作者周晓苏、美术编辑周崇文)一书获第五届中国大学装帧艺术封面设计银奖。

同月　学生中专申报的会计专业通过了市教委关于“上海市中等职业学校第二批第二段重点专业”的评估和认定。

同月　中国高等教育学会保卫学专业委员会授予陈杰“优秀学会工作者”称号，表彰他“在2003～2004年保卫科学研究和各项会务活动中成绩显著”。

11月1日　心理咨询室举行第三届立信大学生发展与心理咨询周活动。

11月4日　唐海燕副校长(主持工作)主持召开首期校级重点学科建设工作会议，副校长邵瑞庆、校长助理曹惠民等出席。

11月5日　保卫处组织学校教工及学生义务消防员300多人开展消防安全专题培训。观看录像片《生命无价，责任如山》后，与会者在信息楼前的空地进行了消防演练。

11月12日　学校在松江校区举行大学生素质拓展人才学院第二期培训班开学典礼。

11月15日　2004届毕业生就业率达96.5%。学校召开就业工作总结会，对就业指导工作的先进系部及个人进行表彰。

11月16日　由高校后勤服务中心、交大、华政、水产、音乐学院及立信后勤领导组成的消防安全工作互查组，到学校徐汇校区进行检查。

11月17日　党委中心组邀请教育部社政司司长冯刚作学习和深刻领会中央16号文件精神的辅导报告。

同日　学校举行2003～2004学年优秀学生表彰大会。

11月18日　学校召开2004年度档案工作会议。校党委书记桑秀藩出席会议并讲话。

11月20日　由上海市高校毕业生就业指导中心主办、松江大学园区六校联合承办的“2005上海高校毕业生就业市场(松江大学园区专场)”在学校举办。市教委副主任张民选、市高校就业指导中心主任汪歙萍及大学园区六所院校的校领导亲临会场。学校领导桑秀藩、唐海燕、朱坚强出席了开幕式。

11月24日　学校首届学生公寓文化艺术节在松江校区开幕。本次学生公寓文化艺术节的主题是“与文明同行　扬青春风采”。

11月26日　学校召开关于人事分配制度改革的全校教职工大会。

11月30日　校长助理、图工委主任曹惠民主持召开学校图书馆工作委员会会议。

11月　经过专家组评审，会计学系的“财务会计”课程被评为2004年度上海高等学校“市级精品课程”。

12月1日　校党委书记桑秀藩主持召开学校大学生思想政治教育调研工作领导小组工作会议。

12月4日　上海立信校友会第四次会员代表大会在徐汇校区召开。桑秀藩、唐海燕、孙庆元、顾树桢、郁云龙、马钟榆，市教委冯静波，以及280多位校友代表参加了会议。

12月6日　学校精神文明建设委员会召开全体委员会议，审议和评选校级文明单位。

12月12日　由AIA(英国国际会计师公会)在上海市各高校范围内组织举办的“2004年AIA金融财务案例分析大赛”总决赛中，学校参赛队伍与来自复旦大学、上海交通大学、上海财经大学和上海外国语大学的4支队伍同台竞技，在比赛中充分发挥了自身特长，通过35分钟的全英文陈述和答辩，取得总决赛第四名的成绩。

12月16日　学校欢送2004年新兵。11名学生经批准光荣入伍。他们于12月23日起程至中国人民解放军第十二集团军地炮旅服役。

12月17日　市科教党委系统文明创建工作检查组一行18人来到学校，检查和指导学校精神文明创建工作。学校的文明创建工作受到检查组的好评。

同日　学校召开《WTO后过渡期中国经济开放与发展》学术研讨会，上海社科院和复旦大学、华东师范大学、上海财经大学等沪上高校20多位学者、教授出席了研讨会。

同日　2003～2004学年上海立信会计学院“三好学生标兵”先进事迹报告会在松江校区图书馆召开。

12月22日　校党委举行“加强党的执政能力建设”学习报告会。校党委书记桑秀藩同志作专题报告。

同日　学校首届学生公寓文化艺术节落幕。校党委副书记、副校长朱坚强在闭幕式上对在活动中表现突出的系部和寝室进行了表扬。

12月22日　学校举办了为期3天的“学习贯彻十六号文件辅导员学习班”。校党委书记桑秀藩、主持工作的副校长唐海燕在学习班上作专题报告。

12月23日　校综合治理领导小组副组长李延臣副校长主持召开综合治理暨安全工作会议。

12月　上海市教委组织开展了2004年度上海市成人高校精品课程申报和评选工作。学校申报的“成本会计”课程被评为2004年度上海市成人高校精品课程。

本年度　成教院各类非学历培训人数全年首次突破2万人次。

同年　在新引进录用的教师中，教授、副教授占41.7%；具有博士、硕士学位的占83.3%。

同年　学校投入图书馆建设资金202万元，增加纸质图书6.99万册，增加电子图书2万册。

2005年

1月3日　全校学生为受印度洋地震、海啸影响的灾区捐款，至14日共捐款2.6万余元。

1月11日　学校召开调研工作会议，进一步贯彻落实《中共中央国务院关于进一步加强和改进大学生思想政治教育的意见》文件精神，党委副书记、副校长朱坚强主持会议，各调研课题的责任部门负责人出席会议。

1月13日　副校长邵瑞庆主持的课题通过交通部科技教育司《交通行业（水路）物流企业成本核算与费用归集研究》课题评审会的评审，并受到评审委员会专家的高度评价。

1月19～20日　学校举办“实施科研强校、人才强校战略，推动立信教育事业持续、快速发展”的博士座谈会。校党委书记桑秀藩、主持工作的副校长唐海燕、副书记楼军江、副校长邵瑞庆及部分职能部门领导出席座谈会。桑书记和唐副校长分别发表讲话。

1月24日　学校在松江校区召开学习胡锦涛总书记重要讲话及贯彻中央16号文件精神研讨会，就加强和改进学校大学生思想政治调研工作进行交流研讨。7个牵头调研单位的负责人进行了交流发言后，校党委书记桑秀藩作总结讲话。

1月　学校“会计实验教学的实施及成果”等3项获市级教学成果奖：“会计实验教学的实施及成果”（一等奖），“高等学校课程课堂教学网上评估研究与实践”（三等奖），“金融实验教学体系的构建”（三等奖）。

同月　全国高校校报好新闻与上海高校校报好新闻评选结果揭晓，学校有5件作品获奖。

同月　《上海立信会计学院学报》2005年改版。

同月　日本千叶商科大学捐赠学校的第二批日文图书安排上架，有心理学、法律等各类图书，共计2 213册，价值500余万日元。

2月24～25日　学校召开党政负责干部会议，部署2005年学校的工作。

3月9日　校工会召开第六届工会委员会扩大会议，传达了上海市科技教育工会成立大会的有关精神，讨论和部署了校工会2005年度主要工作。

3月15日　李延臣副校长主持召开教师活动中心改建专题会议。

3月16日　日本千叶商科大学理事长原田嘉中率该校事务局局长高柳实、国际交流课课长桥本芳武以及合作项目主管等一行5人到学校访问。

3月17日　朱坚强主持召开学校综合治理和安全生产工作会议，综合治理、安全生产领导小组全体成员参加了会议。会议还听取了副校长李延臣关于2003～2004年度综合治理、安全生产总结报告的框架和思路，并审议了《院治安综合治理工作条例》(修订稿)，评选了校综合治理、安全生产先进单位以及先进个人。

3月23日　校党委书记桑秀藩主持召开学校系部机构调整教师动员大会。

3月25日　在松江校区学校与AIA英国总会举行立信—AIA(国际会计师公会)课程豁免协议签约仪式。副校长邵瑞庆与AIA英国总会会长谭学林签署协议。

3月30日　学校召开系部党政领导干部人选民主推荐会。

3月　人文社科部教授黄家瑶获2003～2004年度上海市"三八红旗手"；财政金融系教授孙桂芳同志获2003～2004年度上海市教育系统"三八红旗手"。

同月　财务管理系曹中教授当选为上海市科教工会经费审查委员会委员。

同月　财务管理系党总支副书记袁亚珍荣获"上海市高校优秀辅导员荣誉奖"，人文社科部党总支书记黄疆新、副主任杜秀娟荣获"上海市高校优秀思想政治理论课教师提名奖"。

在由上海市精神文明建设委员会办公室、共青团上海市委员会和上海文化广播影视集团主办，上海文广新闻传媒集团承办的"青春的节日——'让青少年走近经典'2004年度上海青年文艺巡演活动"中，学校与复旦大学、上海交通大学、同济大学等7所高校获优秀组织奖。

4月2日"上海高校现代教育技术应用交流会"在学校召开。上海37所高校的教育技术机构的负责人、专家学者共60余人参加了会议。

4月4日　学校思想政治理论课建设指导委员会召开工作会议，学校党委书记、思想政治理论课建设指导委员会主任桑秀藩主持会议并讲话。

4月6日　学校召开上海市重点学科(第二期)组织申报工作会议，并就近期申报工作进行了部署。

4月13日　学校召开六届三次教职工代表大会暨六届三次工会会员代表大会。

4月27日　学校与上海市"百老"德育讲师团共建仪式在信息楼报告厅隆重举行。校党委书记桑秀藩与"百老"德育讲师团团长戚泉木共同为德育共建基地揭牌。学校由此成为沪上首家与"百老"德育讲师团共建德育基地的高校。校党委书记桑秀藩和主持工作的副校长唐海燕为部分"百老"德育讲师团成员颁发了"德育顾问"聘书。校党委副书记、副校长朱坚强致欢迎词。共建仪式上，原中国人民解放军南京军区空军副司令员、战斗英雄韩德彩中将，全国劳模杨怀远同志，新中国第一架喷气式飞机总设计师程不时同志，中国工程院院士魏敦山教授结合他们的人生经历作了精彩发言。

4月　学校申报的经济学、税务、信用管理、法学、统计学、信息管理与信息统计、市场营销、审计学8个本科专业通过了审批和备案，将于2005年秋季列入招生计划。

同月　学校启动高端学术论坛，邀请两名在国内外有影响的知名学者余永定教授、张志超教授来学校作学术报告。

同月　"2005立信伯乐汇"校企联谊活动，共有近60家知名企业的领导、财务部经理、人事部经理以及招聘主管出席。

5月18日　学校召开会议宣布新调整的系部班子。

同日　学校德育工作会议在松江校区召开。会议由唐海燕主持，桑秀藩作主题报告。近500名教师和干部及部分学生代表参加了会议。大会学习传达了中央16号文件、胡锦涛同志的重要讲话和中央各部委有关文件，下发了学校贯彻中央16号文件制定的《上海立信会计学院关于进一步加强和改进师德建设工作的意见》等七个配套文件的征求意见稿。

5月21日　学校举行第十一次学生代表大会。

5月25日　市教委检查组一行来校对毕业论文（实习报告）工作进行检查。

5月31日　校党委书记、信息化工作领导小组组长桑秀藩主持召开学院信息化工作领导小组召开首次会议。

6月1日　学校举办了新一届系部党政负责人学习班。校党委书记桑秀藩为学习班作了动员，并作了《加强能力建设，提高工作水平》的辅导报告，主持工作的副校长唐海燕为干部们作了《特色乃立校之本》的辅导报告。学习班为期3天。

同日　在上海大学生纪念中国电影百年知识竞赛中，学校代表队在决赛中获第三名。学校还获得优秀组织奖，1名学生获得最具个人风采奖。

6月6日　英国伦敦REGENTS商学院代表专程来学校访问。

6月8日　学校举办首期思想政治理论课改革研修班。

6月10日　市综治委检查验收小组来学校检查指导。经过评议，学校以89分列为上海市创建安全文明校园候选单位。

6月15日　学校举行国家奖学金、立信长江奖学金、AIA—立信奖学金颁奖大会。学校党委副书记、副校长朱坚强，副校长邵瑞庆，立信长江会计师事务所副总经理周琪，AIA亚太区发展经理彭子坚先生和美都教育CEO Mr. Iain Young出席颁奖典礼并为获奖学生颁发荣誉证书。

6月20日　学校先进性教育活动领导小组办公室从20～29日先后召开部分党员学生、党员教师、党员干部、群众的座谈会，征询意见。校党委书记、校先进性教育领导小组组长桑秀藩参加了座谈。

6月29日　学校召开市重点学科“开放经济与贸易”学科建设第一次学科组成员会议，主持工作的副校长、学科带头人唐海燕主持会议并作了部署。为期3年的重点学科建设正式启动。

6月　学校被授予“上海市第十二届（2003～2004年度）文明单位”。

6月　学校国际贸易与经济系的“开放经济与贸易”学科，由会计学系牵头，财务管理系、审计系协作的“会计学”专业，分别入选市重点学科和教育高地建设。

同月　学校成为首批“上海市职业发展教育实训基地”成员，已开始着手安排培训班学员的带教工作。

7月　经团市委组织部审核，财务管理系、金融学系团总支被确定为上海市“五四特色团组织”创建单位。

同月　2005年高等教育国家级教学成果奖评审委员会评审和教育部高等教育国家级教学成果奖励领导小组审定，会计学系教师姚津、张维宾、沈亚香、汪慧华、周陈莲合作完成的《会计实验教学的实施及成果》，获“2005年高等教育国家级教学成果二等奖”。

7月5日　根据上级的统一部署，学校召开保持共产党员先进性教育活动动员大会。校党委书记桑秀藩作动员报告，市科教党委先进性教育活动第九督导组组长毛杏云讲话。全校

600多名党员参加了会议。桑秀藩在报告中对学院的教育活动作部署。学校的集中的先进性教育活动分学习动员、分析评议、整改提高三个阶段。

7月7日　校党委副书记楼军江在徐汇校区主持召开毕业生党员党性分析思想交流会，11位毕业生党员结合个人学习、工作实践，围绕"我入党为什么，我为党做了什么，今后为党还要做什么"这一主题进行交流发言。

7月13日　学校领导班子成员赴浙江嘉兴南湖，学习革命传统。

7月18日　校党委书记桑秀藩与援藏党员同学、国际贸易与经济系毕业生邹杰结成帮学对子。

7月22日　大专部党员学生在党总支的带领下，赴安徽泾县景范第24希望小学支教，开展扶贫助学活动。他们与希望小学贫困学生联欢，向他们赠送图书，开设国情课，补习外语和辅导电脑课程，并与当地学校团组织签订了"手拉手"协议。活动至27日告一段落。

8月15日　法律系党总支深入开展先进性教育活动，把安徽省五河县朱顶镇石巷村希望小学作为"结对子"活动的基地，开展支教帮扶活动。该系师生与石巷村希望小学的17名贫困生结成对子，开展帮困助学活动。

8月30日　学校先进性教育活动进入第二阶段(分析评议)，学校召开第二阶段转段动员大会。校党委书记桑秀藩、市科教党委第九督导组组长毛杏云在大会上讲话。

9月5日　学校投资80万元的会计文献资源中心正式开放。

9月7日　在松江校区举行2005级新生开学典礼。

同日　2005级新生军训动员大会在松江校区举行，校党政领导和承训部队官兵及全体随训教师和参训学生参加了动员大会。

9月9日　学校举行师德论坛暨教师节表彰大会，对教学名师奖和长江奖的获得者们进行了表彰。

9月13日　学校召开党政负责干部大会，部署2005年下半年工作。

同日　学校召开"三项学习教育"活动动员大会。

9月16日　学校开放经济与贸易研究中心(筹)与日本亚东经济国际学会、中国台湾中华工商研究院共同举办的"经济全球化与企业战略"国际学术研讨会在学校举行。来自日本和中国台湾的15名经济学与管理学专家和学校开放经济与贸易学科组的3位成员代表分别作了专题发言。

9月23日　在分析评议阶段，学校党委召开了覆盖10个层面对象的7个座谈会，向全校教职工发放意见征询表600份，个别征求意见与谈心171人次，梳理归纳群众意见175条。系(处)级班子召开座谈会89场，发放意见征询表800余份，参加谈心活动达5 300人次。各级党组织梳理出"不符合、不适应"的意见建议共298条，党员个人查摆出的问题和不足共2 000余条。党员共撰写党性分析材料492篇。

同日　市委先进性教育活动第二巡回检查组组长张瑞宝来学校检查指导工作。巡回检查组认为，学校对先进性教育活动长效机制的思考是超前的，党建工作富有创新精神。

9月27日　学校召开"十一五"规划编制工作会议。学校主持工作的副校长、"十一五"规划编制工作领导小组组长唐海燕，校党委副书记、领导小组副组长楼军江，副校长、领导小组副组长李延臣出席了会议。

9月　为推进落实"教育质量年"的工作，学校举办以"课堂就是我的阵地，教书是我一生的挚爱”为主题的学校首届青年教师讲课比赛。经过评委的评选，评出一等奖1名，二等奖3名，三等奖6名。

同月　学校首次组队参加“2005高教社杯全国大学生数学建模竞赛”，四个参赛队中两个分获上海赛区一等奖和三等奖的好成绩。

10月12日　学校首届大学生职业生涯规划及就业指导活动月开幕。

10月14日　学校召开增强共青团员意识主题教育活动动员大会。

10月22日　学校召开首次本科教学工作会议。主持工作的副校长唐海燕作了题为《明确教学中心地位，深化教学改革，全面提高教学质量》的主题报告，强调教学质量是学校生存和发展的生命线，教学工作是高校各项工作的中心。桑书记作总结讲话，充分肯定了此次本科教学工作会议在学校建设史上的重要意义，强调培养人才在于教育，振兴品牌在于质量，实现目标在于合力。

10月26日　学校召开先进性教育活动第三阶段动员大会，校党委书记桑秀藩作转段动员报告，市科教党委第九督导组副组长杨祥玉在大会上讲话。

同日　在第三阶段（整改提高），校系两级领导班子以1周的时间，制定整改方案和整改措施。按照学校的要求，整改方案围绕“四突出”的问题予以制定，即自身存在的突出问题，群众反映的突出问题，涉及群众切身利益的突出问题，影响改革发展稳定的突出问题。

同日　学校被评为徐汇区征兵工作先进单位之一，受到徐汇区政府和武装部表彰。

11月1日　在松江校区举行学校档案工作会议。胡厚麟总结了近年来学校档案工作。校党委书记桑秀藩强调，档案工作非常重要，必须增强责任感和使命感；树立全局意识，全面加强档案管理。

11月2日　学校在松江大学园区举行消防疏散逃生演习。

11月5日　按照学校先进性教育活动的统一部署，用13天左右的时间，在边学边改、边议边改的基础上，校系两级班子将整改任务进行分解，明确责任部门和完成时间，落实到具体责任人，认真进行整改。

11月8日　市教委领导与专家一行7人来学校，对创建“健康校园”工作进行验收与考核，学校得到95.5分。

11月9日　学校召开2005年毕业生就业工作总结会。校党委书记桑秀藩、主持工作的副校长唐海燕出席会议并讲话。

11月11日　在2005年上海市大学生暑期社会实践活动中，学校获得了组织奖。

11月18日　先进性教育领导小组向群众公布整改情况。

同日　由上海市高校毕业生就业指导中心主办、松江大学园区六校联合承办的“2006年上海高校毕业生就业供需交流会（松江大学园区专场）”在学校、上海外国语大学和上海对外贸易学院同时举行。共有350家用人单位进入3所高校设摊招聘，推出了近万个就业岗位供毕业生选择。

同日　美国妇女会计师学会主席 Debbie L. Michael 任团长的“美国民间大使交流项目——美国会计界妇女代表团”专程到学校访问，与学校“女教授女干部联谊会”部分成员进行了交流。

11月23日　学校召开先进性教育测评会。经书面征询结果统计，群众总体评价满意率为100%。

11月24日　上海市档案局政策法规处处长孙兆伟、上海市教委办公室副主任许波等有关领导及专家一行5人莅临学校进行档案执法检查。校长助理、校档案工作领导小组副组长胡厚麟同志作了学校档案工作自查情况汇报。检查组认真查看了有关台账资料，对学校档案工作给予了充分的肯定和高度的评价。

11月30日　学校召开保持共产党员先进性教育活动总结大会。党委书记桑秀藩作总结报告，市科教党委第九督导组组长毛杏云在大会上讲话。会计学系党总支书记胡启鸿、人文社科部党总支书记杨林林、信息科学系系主任刘念祖、学生党员代表周侃等分别在大会上作交流发言。

11月　由校长助理胡厚麟任课题组组长，吴新亚、王镇海、汪雪兴、李颖琦、忻瑞婵、吴涛、沈晓欢为课题组成员的全国教育科学"十五"规划重点课题《信息化进程中的教育技术发展研究》子课题《会计专业网络教育资源开发与研究》，通过教育部专家组鉴定，被评定为优秀子课题，并在2005年中国教育技术协会年会上被授予荣誉证书。

同月　教师活动中心竣工并举行了落成剪彩仪式，校党委书记桑秀藩、主持工作的副校长唐海燕应邀出席并为新的教师活动中心剪彩揭牌。

同月　上海市教委和上海市人事局正式公布了2005年高等教育上海市级教学成果奖获奖名单，学校4项教学成果榜上有名。

同月　学校开展"十一五"发展规划制定工作。校党委书记桑秀藩、主持工作的副校长唐海燕会同相关职能部门负责人到各系部展开学科建设、专业建设调研。

12月1日　学校军训工作领导小组召开2005年军训工作总结大会。

同日　上海教育视频会议系统上海立信会计学院分会场通过验收投入使用。该分会场的建设是按照上海市教委建设上海教育视频会议系统的要求，建设标准完全达到了主管部门提出的各项技术指标。

12月2日　学校与宝钢集团上海浦东钢铁有限公司确立产学研教育合作伙伴关系，并举行了签字仪式。

12月19日　学校与上海沪港审计咨询中心产学研合作签字仪式于静安宾馆举行，校党委书记桑秀藩、党委副书记楼军江，上海沪港审计咨询中心董事长兼总经理郭康玺、副总经理叶素鸣出席了签字仪式。

12月28日　学校高等职业技术学院成立大会在徐汇校区举行。高等职业技术学院是以原大专部为构建主体的二级学院，以多学科多专业的高等职业教育为基本办学方向。

同日　学校新版主页和信息门户投入试运行，实现了统一身份认证、学院信息发布和浏览内外有别。

12月　学校主持工作的副校长唐海燕被上海市社会科学界第三届学术年会邀请担任青年学者专场评论人，为题目《外商在华直接投资与中美双边贸易平衡》的报告作评论。唐海燕的论文与金融学系的贾德奎博士、国贸系的程新章博士的论文都被年会公开出版的论文集所收录。

同月　学校通过档案行政执法检查。

同月　由教育部社政司、中国人民大学和全国高校社科信息资料研究会联合召开的全国高校校园文化建设研讨会在京举行。校党委副书记、副校长朱坚强在会上就学校校园文化建设的思路、举措及取得的成效作了交流发言，特别是学校诚信教育的特色得到了与会同志的充分肯定。

2006年

1月2日 各党总支、党支部小结开展“双结对”活动。从即日起，各基层党组织、党员个人陆续签订“双结对”协议近500份，党员“双结对”的覆盖率达到92%，签订服务联系基层、受基层欢迎的长期结对协议有50个，建立加强党员教育管理和大学生社会实践的基地30个。

1月4日 学校开展“一日捐”活动，捐款17 705元。

1月7日 学校后勤服务中心召开首届职工代表大会，校党委副书记、工会主席楼军江，副校长李延臣，上海市高校后勤服务公司总经理成冠润出席大会。

1月12日 校党委副书记、副校长朱坚强率武装部、学生处、文明办负责人前往海军91472部队(佘山防化营)，签订军民共建社会主义精神文明协议书。

1月18日 校党委书记桑秀藩，副书记楼军江，校长助理、高职领导小组组长胡厚麟出席高等职业技术学院党组织与上海市人民政府办公厅文印中心结对共建签约仪式。市府办公厅文印中心主任张志清、党支部书记张惠琳出席。

1月19日 学校在松江校区举行以“走进新时代”为主题的文艺联欢。

1月20日 应香港AIA会计师公会的邀请，副校长邵瑞庆率访学团赴香港，会计学系20名学生参加了访学活动。访学团一行为期6天，对香港几所著名大学进行了访问，对香港一些上市公司进行了考察，同时还走访和参观了香港的几家会计师事务所，参加了AIA国际会计师公会组织的研讨会。

1月23日 校党政领导开展春节慰问活动，陆续走访了校内生病和贫困职工32户，共发放慰问帮困金5万余元。

1月 学校“中国立信风险管理研究院”(筹)作为上海市高校高水平特色发展项目获得市教委批准立项建设，并给予500万元启动经费。

2月15日 国家教育部副部长李卫红、思政司司长杨振斌等一行，在市科教党委书记李宣海、副书记翁铁慧等陪同下到学校检查指导工作。校党委书记桑秀藩向李部长一行作工作汇报。李卫红部长对学校学习贯彻中央十六号文件、认真开展思想政治教育工作给予了充分肯定，认为，学校德育工作思路抓住了重点，并要求学校在今后的工作实践中不断加以充实、提高。

2月22日 学校办公用品网上领用系统进入试运行，率先实现了办公无纸化，提高了工作效率。

2月24日 学校召开2006年党政负责干部大会，部署今年的工作。校党委书记桑秀藩作了主题为“弘扬立信精神，建设有特色、有水平、有影响的大学”的讲话。主持工作的副校长唐海燕作了主题为“切实加强内涵建设，着力提升学科水平”的讲话。会议同时部署先进性教育活动“回头看”自查工作，进一步落实“整改方案”。

2月27日 学校图书馆“开放经济与贸易”文献资源中心对全校师生开放。

2月 在“第二届上海高校学生辅导员论坛”上，由学校老师撰写的《民族精神在大学生群体的传承状况及教育途径调研报告》和《大众文化对高校艺术教育的挑战及对策》分获一等、二等奖。

3月1日 学校召开先进性教育活动“回头看”自查工作座谈会。

3月3日　上海高校后勤服务中心召开2005年度“争当文明窗口，争当服务明星”总结表彰大会，学校后勤服务中心饮食服务部学寓餐厅、物业维修部会务组获“文明窗口”称号，饮食服务部董海滨同志和保洁部周学红同志获“服务明星”称号。

3月8日　学校召开思想政治理论课指导委员会工作会议。校党委书记桑秀藩强调当前要着力抓好几项重点工作。

3月15日　校党委副书记、副校长朱坚强出席学院与陈云故居暨青浦革命历史纪念馆德育教育基地共建签字仪式和揭牌仪式。

3月17日　学校召开2005年度“先进班集体”、“优良学风班”表彰大会，党委副书记、副校长朱坚强，校长助理曹惠民出席。

3月23日　上海市委督导组苏忠伟一行10人，对学校保持共产党员先进性教育“回头看”工作进行检查和指导，对学校先进性教育活动以及“回头看”工作给予了充分的肯定。

3月24日　上海市高等教育学会校园网络专业委员会召开成立大会，学校为15个理事单位之一。

3月29日　教育部检查组一行6人，对学校贯彻实施教育部《普通高等学校学生管理规定》的工作进行了检查。检查组对学校以“信”立校、以“诚”办学的理念给予积极评价。

3月29日　学校大学生邓小平理论和“三个代表”重要思想研究会召开2006年年会，校党委书记桑秀藩、副书记朱坚强出席。

3月31日　党委中心组（扩大）全体成员赴洋山深水港学习考察。

4月5日　学校召开形势与政策教育讲师团组团会议，校党委书记桑秀藩向讲师团聘任的第一批31名教师颁发了聘书。

4月5日　学校召开2006年度档案工作会议，回顾总结2005年的档案工作，部署2006年度工作，并进行业务培训。校党委书记桑秀藩、校长助理胡厚麟到会并讲话。

4月12日　学校六届四次教职工代表大会暨工会会员代表大会于松江校区教师活动中心举行。学校党政领导桑秀藩、楼军江、朱坚强、李延臣、胡厚麟、曹惠民出席大会并在主席台就座。大会由工会主席楼军江主持。正式代表、列席代表100余人组成六个代表团出席会议。大会听取了李延臣副校长代表学校作的《学院2006年度教育经费预算报告》，审议并通过《节能管理办法》、《2005年工会工作报告》、《工会经费审查报告》，讨论了《2006年度教育经费预算》和《十一五规划（讨论稿）》。大会还通过了《节能倡议书》。校党委书记桑秀藩在会议上发表了总结讲话。

4月14日　学校召开大学生党建工作会议。校党委副书记楼军江出席会议并讲话。会议学习了中央16号文件以及第十四次全国高校党建工作会议有关精神，重温了校党委书记桑秀藩同志2006年初对学校大学生党建工作提出的“四个进一步”的目标要求，对建立健全学生党建“四进”工程等长效机制进行了研讨。

4月19日　校党委召开首次党代会动员大会，校党委书记桑秀藩作了题为《坚持党的领导，加强党的建设，发展党内民主》的动员报告。

4月21日　学校召开2006年精神文明建设工作会议，就开展的“精神文明创建优秀项目”评比和“感动立信”人物评选活动作了部署。

4月25日　学校在松江校区举行大学生活动中心揭牌仪式，校党委书记桑秀藩、党委副书记兼副校长朱坚强为活动中心揭牌。

4月28日　学校举办首届“创新杯”创业计划大赛，六支团队分别荣获一、二、三等奖。

同日　校党委副书记楼军江出席学校与上海市龙华烈士陵园(纪念馆)共建党的建设基地签约、揭牌仪式。

4月　学校与市教委签订了市教育系统2006年安全生产责任书(一级签约)。

5月8日　学校召开辅导员工作会议，党委书记桑秀藩传达了全国高校辅导员工作会议精神，并就进一步学习贯彻会议精神进行部署。

5月10日　学校党校2006年度预备党员培训班结业典礼在松江校区举行。结业的183名学员中有16名学员评为“优秀学员”。

5月24日　学校第三届大学生社团文化节闭幕式暨明星社团、社长颁奖晚会在松江校区举行，校党委副书记、副校长朱坚强为获奖人员颁奖。

5月26日　上海市人民政府任命唐海燕同志为上海立信会计学院院长。市科教党委书记李宣海在学校的党政干部会议上，宣读了上海市人民政府对唐海燕同志的任命通知，并作重要讲话。

同日　校党委召开了由学校各单位(部门)党政正职领导干部参加的学习贯彻《实施纲要》动员及党风廉政建设责任签约大会。校党委书记桑秀藩同志作了《深入学习贯彻〈实施纲要〉，构建学院惩治和预防腐败体系》的重要报告。党委副书记、纪委书记楼军江同志就党风廉政建设责任签约工作作了部署。

同日　党委书记桑秀藩出席2006级本科教学计划审定会并讲话。会议由邵瑞庆副校长主持，对学校20个本科专业(专业方向)的教学计划进行了审定。

同日　学校举行增强共青团员意识主题教育活动总结暨纪念五四运动87周年表彰大会。

6月8日　市教委安全检查组一行3人来校检查消防、交通和食品卫生安全工作。

6月11日　学校在松江校区举行第十二次学生代表大会。

6月22日　在上海市高等教育学会召开的第八次会员代表大会上，学校党委书记桑秀藩被选举为常务理事、副会长。

6月23日　上海市科教党委表彰一批先进基层党组织和优秀个人。学校受到表彰的有：金融学系教师党支部获“上海市科教党委系统先进基层党组织”，姚镜明获“优秀共产党员”，邬敏懿获“优秀党务工作者”，张玉英获“先进性教育活动优秀组织者”。

6月30日　校党委在松江校区教师活动中心举行文艺晚会，纪念建党85周年。

6月30日　市科教党委副书记李铭俊来学校主持召开中共上海立信会计学院首届委员会书记、副书记及纪委书记候选人的推荐会。

6月　青年教师龙英锋的《世界贸易组织协定中的国内税问题》获得2006年度国家社会科学基金青年项目立项。

7月5日　学校为2006年度西部计划志愿者郁莺同学举行欢送会。

7月10日　校党委副书记楼军江主持召开学校治理商业贿赂专项工作动员会议。

7月　校党委组织开展的“我为党旗添光彩，我为学校作贡献”主题征文活动共收到征文304篇，经评选，评出优秀组织奖2名，征文一等奖1名、二等奖7名、三等奖12名以及鼓励奖30名。

8月29~31日　学校召开党政负责干部研讨会。部署下半年的工作。

9月4日　受市科教党委委托，校党委书记桑秀藩在校行政楼一楼会议室会见来松江大学城学习考察的河南省高校代表团一行4人。

9月11日　民进上海立信会计学院支部举行换届大会，唐庆银当选为民进上海立信会计学院新一届支部委员会主委。校党委副书记楼军江、民进上海市委秘书长陈强努到会祝贺。

9月12日　学校举行教师节表彰暨座谈会。校党委书记桑秀藩、副书记楼军江、副校长邵瑞庆，沪港审计咨询中心董事长兼总经理郭康玺、立信长江会计师事务所副主任周琪出席会议。

9月13日　上海市高校教育高地建设项目检查专家组一行4人来学校检查工作，对学校“会计学教育高地”建设取得的阶段性成果表示充分肯定。

同日　上海市教委专家组来学校徐汇校区，对高职学院《会计职业技术实训基地》项目建设工作进行中期检查和指导，对项目建设工作给予充分肯定。

9月18日　学校举行2004～2006学年优秀学生辅导员表彰大会。校领导桑秀藩、唐海燕、楼军江、朱坚强出席表彰大会。7位辅导员获学校授予的“优秀学生辅导员”称号。学校召开“思想道德修养与法律基础”课开课动员暨第三次集体备课，党委书记桑秀藩出席会议并作了动员讲话。

9月21日　校党委书记桑秀藩同志接受《组织人事报》专访，就学校如何“加强内涵建设，培养创新人才”的思路和举措作全面介绍。《组织人事报》21日第四版头条刊登了对“构筑四项工程培养创新人才”的专题报道。该报道被上海市科教人才网等多家媒体全文转载。

9月22日　中国共产党上海立信会计学院第一次代表大会隆重举行。108名代表齐聚一堂，总结进入新世纪以来学校发展和党的建设的成绩和经验，规划今后5年的宏伟蓝图。市科教党委副书记李铭俊，市委组织部和市科教党委等负责同志出席了大会。桑秀藩代表中共上海立信会计学院委员会作工作报告。楼军江代表学校纪律检查委员会作工作报告。大会选举产生第一届党委委员和第一届纪委委员，通过了关于党委工作报告的决议和关于纪委工作报告的决议。列席大会有部分系、处负责人、部分教授、老党员、老领导等，学校民主党派负责人和无党派人士代表应邀列席了大会。

9月23日　学校第一次党代会选举产生的第一届党委会和纪律检查委员会。党委会的委员是：桑秀藩、唐海燕、楼军江、朱坚强、李延臣、胡厚麟、邬敏懿。学院党委举行一届一次会议，选举桑秀藩为书记，楼军江、朱坚强为副书记。学校纪委委员是：楼军江、郑国芬、白玉、胡启鸿、张彦，选举楼军江为纪委书记。

9月27日　举行第一期立信会计论坛，邀请中国会计准则委员会委员、上海财经大学兼职教授、博士生导师汤云为作了“新会计准则体系制定的理论与实务基础”的报告。

9月　全国人文社科学报学会开展的第三届学报评优，《上海立信会计学院学报》被评为全国优秀社科学报。

同月　学校荣获“上海市大学生学习党章网络知识竞赛优胜奖”。

10月11日　学校首期青年教师教育教学能力开发研修班举行开班典礼。校党委书记桑秀藩作了题为《推动立信发展的力量是教师，立信发展的未来在青年》的报告。

10月12日　学校召开十二届学生会主席团第七次全体会议，经差额选举产生了学校参加上海市学生联合会第十四次代表大会的正式代表，分别是校学生会主席徐超同学和优秀学生代表应华羚同学。

10月16日　美国波士顿地区的Suffolk大学副校长以及加拿大Malaspina大学学院的

国际学院院长与会计系主任分别到学校访问。校长唐海燕分别会见了两所大学的来访人员。副校长邵瑞庆与 Suffolk 大学副校长会谈。校长助理胡厚麟与加拿大 Malaspina 学院的来访人员就合作办学进行了探讨。

10月23日　校长唐海燕会见上海市税收科学研究所所长许沛一行，双方就财税学科的发展进行了交流，并聘请许沛为学校客座教授。

10月24、25日　英国 South Bank 大学副校长以及美国 St. Mary 大学的商学院院长与研究生院院长等分别来访。校长唐海燕分别会见了两所大学的人员。

10月25日　国务院国资委研究中心宏观战略研究部副部长程伟博士应邀来院作《国有企业全面风险管理框架》的学术报告。

同日　上海市职业发展教育研究会成员——上海市各高校就业指导专家一行10人，来校进行工作指导、交流与调研。

11月3日　学校在松江校区体育场举行第十六届田径运动会。

同日　校长唐海燕在松江校区会见了北京科技大学博士生导师赵晓教授，并与他就风险管理研究院的建设情况进行了交流。

11月8日　市教委财务处、科技处和高校专家检查组一行8人，来学校进行"2006年度市教委专项项目建设与绩效中期检查"。检查组对学校三个专项项目建设工作给予了很高评价。

11月10日　学校举行2006年大学生社会实践总结表彰大会。

同日　以"立信·税协相约"为主题的上海市注册税务师协会校园行活动在松江校区行政楼报告厅举行。

11月15日　长春税务学院党委副书记、副院长郝中华教授一行来校访问。校长唐海燕和党委副书记、副校长朱坚强会见了来访客人，聘请郝中华教授为学校客座教授。

同日　校长唐海燕教授主持召开"财经类学术期刊规范与创新"学术研讨会。来自《会计研究》、《中国人文社科学报》、《中央财经大学学报》、《华东师范大学学报》等20余位财经类学术期刊的主编、副主编汇聚学校松江校区，共同探索财经类学术期刊规范创新之道，促进思想交流、学术创新与期刊规范互动多赢格局的形成。

11月22日　学校2005～2006学年优秀学生表彰大会在松江校区召开。会议共表彰先进班集体11个，优良学风班14个；表彰了三好学生标兵10名，三好学生164名，单项荣誉称号学生486名；还表彰了2006年潘序伦奖学金获奖学生30名，上一学期奖学金获得者1 743名。

同日　首届"IMA—高才杯"校园管理会计师大奖赛颁奖典礼在学校行政楼演讲厅举行。校领导朱坚强，上海财经大学、上海对外贸易学院的领导，美国注册会计师协会中国代表处，美国高才(中国)商务咨询有限公司的代表出席了颁奖典礼。会计系学生应华羚获得了大奖赛的个人一等奖。

11月27日　上海市绿化管理局组织专家评审组对学校绿化养护、管理工作进行了检查、评审和指导，对学校绿化工作给予了高度评价。

11月28日　学校在徐汇校区举行立信会计出版社建社65周年暨复社20周年庆典会。上海市委宣传部、市教委、市新闻出版局的领导，作者、读者代表，《光明日报》、《解放日报》、《文汇报》、《新民晚报》、《中国图书商报》、上海教育电视台、《文汇读书周报》等新闻单位的记者应邀出席。学校党委书记桑秀藩、市教委副主任王奇、市新闻出版局副局长李新立、上海市委宣传部新闻出版处处长虞仰超、上海高校出版社协会会长庄智象等在会议上讲话。校长唐海燕宣读了出版社建社65周年暨复社20周年会计知识竞赛的获奖者名单。会议由李延臣副校长主持。校领导,各系部、处室的主要负责人,出版社全体同志参加了庆典会。

11月　王双成教授的《面向风险管理的贝叶斯网络与集成研究》项目获得2006年度国家自然科学基金立项。

12月4日　学校召开2006年度"感动立信"人物与"精神文明创建优秀项目"推介答辩会,校党委书记桑秀藩,党委副书记、副校长朱坚强,相关职能部门负责人以及党总支书记、系主任代表组成评委会。经过研究讨论,投票选出本年度"感动立信"人物5人,"精神文明创建优秀项目"10项,"精神文明创建优秀项目"提名6项。

同日　学校2006年度档案工作总结表彰会在徐汇校区举行。校党委书记、档案工作领导小组组长桑秀藩同志,校长助理、档案工作领导小组副组长胡厚麟同志出席会议并讲话。在本次档案检查评比活动中,共有25位档案员受到表彰,评出一等奖8名,二等奖7名,三等奖10名。

12月8日　校长唐海燕在松江校区会见中国人民大学教授、博导,我国著名财税专家安体富,并向他颁发了学校客座教授的聘书。

12月11～12日　学校松江校区、徐汇校区区人大代表的选举日,经选民无记名投票差额选举,唐海燕当选为松江区人大代表,胡厚麟当选为徐汇区人大代表。

12月13日　学校举行首期青年教师教育教学能力开发研修班结业典礼。

同日　学校召开欢迎2004年退伍学生、欢送2006年参军学生大会。大会由校征兵工作领导小组副组长李延臣主持,校征兵领导小组组长、校党委副书记、副校长朱坚强总结讲话。

12月14～15日　市科教党委系统高校文明单位检查组莅临学校检查2005～2006年度市级文明单位创建工作,对学校文明创建工作给予了较高评价。

12月15日　学校组织学生参加"2006年上海市大学生跳绳比赛",获得男子短绳、女子短绳、长绳赛一等奖。

12月19日　上海市教委学位办主任田蔚风和专家组组长陈启杰等专家来校对"学士学位授予单位"进行预评估,就发展定位与特色、人才培养、学科建设、师资引进与管理等方面进行评审。

12月25～27日　市教委副主任王奇、市教委领导黄也放和市教委、市语委专家组一行9人,来学校进行语言文字工作的合格评估。学校工作受到了专家组的充分肯定。

12月27日　学校举行党的建设与思想政治工作研究会成立大会,并举行《重托与使命——高校新时期党建工作研究》一书的首发式。

12月　黄家瑶教授申报的国家教育部人文社会科学研究2006年规划课题,经专家评审立项。

2007年

1月5日　学校召开班主任工作会议,校长唐海燕,党委副书记、副校长朱坚强参加了会议。会上,校长唐海燕充分肯定了学校试行班主任工作制度1年来所取得的成效,向全体班主任老师和支持班主任工作的各系部领导表示感谢,并对今后的工作提出希望。会上对评选出的5位优秀班主任进行了表彰。

1月6日 校党委书记桑秀藩主持召开学校首次学科建设工作会议并作重要讲话。上海市教委副主任王奇出席了会议并讲话。桑秀藩在会上提出，要进一步在全校强化学科建设的意识，进一步确立学校学科建设的龙头地位的要遵循龙头牵引、普遍推进、突出特色、超前规划、重点建设、结合队伍建设、形成合力、择优竞争滚动八大原则，进一步加强学科建设，为实现“有特色、有水平、有影响”的大学目标而努力奋斗。校长唐海燕作了题为《以学科建设为龙头，全面提升我校办学水平》的主题报告。唐校长的主题报告回顾总结了2003年升本以来学校学科建设的总体工作，分析了学校学科建设工作中存在的问题和不足，重新梳理了学校的学科发展定位、布局和思路，确立了学科建设的龙头地位，明确了今后一段时期的建设目标，对今后的学科建设进行了部署，提出了十项重要措施。学校学科建设的基本思路是：以分级建设为引导，以方向凝炼为基础，以队伍建设为核心，以基地建设为抓手，以机制创新为保障，全面提升学校的学科建设水平。

1月10日 学校举行《潘序伦文集》筹备工作会议。校党委书记、编委会主任桑秀藩，校长、编委会副主任唐海燕出席会议并讲话。

1月23日 学校与上海市注册税务师协会合作签约暨上海普东税务师事务所实习基地挂牌仪式，在上海普东税务师事务所举行，副校长邵瑞庆，教务处、学生处负责人及财政与税务系的有关人员参加了活动。

1月 上海市科技教育工会决定，授予学校工会“2003～2005年度上海市科教系统先进‘教(职)工之家’”称号。

2月 春节期间，学校党政领导桑秀藩、唐海燕等率有关职能部门负责人，分别探望和慰问了部分离退休老同志、生活困难的教职员工40余人，共发放各类慰问金和帮困金26 000余元。

2月 全校有625位教职工参加“一日捐”献爱心活动，共捐款20 760元。

3月9日 学校召开党政负责干部(扩大)会议。党委书记桑秀藩指出，学校今年工作的重要目标和主题是构建和谐校园，构建和谐校园要抓住育人这个中心。校长唐海燕对学校2007年的行政工作作了部署。他说，2007年是学校的人才建设年，学校的行政工作将在党委领导下，突出人才建设年的工作重点，以学科建设为龙头，以教育教学、人才培养为中心，努力建设一支理论水平高、科研能力强、创新意识浓的高水平人才队伍，大力提高学科科研水平，深入实施教育质量工程，切实提高学校的综合实力。

3月14日 学校举行2006年学生公寓“文明寝室”表彰会。校党委副书记、副校长朱坚强出席会议并讲话。会议共表彰“五星文明寝室”19个，“三星文明寝室”185个。

3月15日 校工会召开本学期第一次工会工作会议，讨论和部署2007年工会工作。党委书记桑秀藩对工会工作及新一届教代会(工代会)代表及工会两委会委员的选举工作提了要求。

同日 副校长李延臣主持召开了学校综合治理委员会工作会议，对今后的综合治理工作进行了部署。

3月21日 学校信息化工作领导小组召开会议。校党委书记、信息化工作领导小组组长桑秀藩主持会议，副校长、领导小组副组长邵瑞庆，副校长李延臣以及领导小组全体成员参加会议。

3月28日 学校举行精神文明创建表彰大会暨“感动立信”人物颁奖仪式。校党委书记桑秀藩在会上作重要讲话。校长唐海燕宣布了命名2005～2006年度校级文明单位、文明组室、文明岗的决定和2005～2006年度精神文明创建优秀项目评选结果。张维宾(教师)、袁亚珍(辅导员)、徐德茂(校工)、冯晓楠(学生)、陈正明(学生)被评为"感动立信"人物,校领导向他们颁发了奖杯和证书。

同日　主题为"知识改变命运,学习完善人生"的立信大学生论坛在行政楼二楼报告厅举行。学校党委副书记、副校长朱坚强出席了论坛。

3月30日　学校举行"首届中国立信风险论坛"。校长唐海燕、副校长邵瑞庆、校长助理曹惠民出席了论坛开幕式,副校长邵瑞庆代表学校向与会代表致欢迎词。来自北京大学、清华大学、上海交通大学、中国人民大学、天津财经大学、中国社会科学院、国家税务总局等单位的20多名专家学者和学校30多名教师参加了为期两天的学术研讨与交流。

3月　张奇峰等14位青年教师申请的科研项目,获2006年"上海高校选拔培养优秀青年教师科研专项基金"资助,资助期为两年,资助经费总额为25万元。

同月　校团委荣获2006年上海市大学生暑期社会实践活动组织奖,周杰、王煜华同志获得优秀指导教师,王颖等4名同学荣获社会实践先进个人,大学生职业探索俱乐部暑期训练营、华东地区部分农村经济文化调查、赴安徽新农村建设调研三个项目荣获优秀项目奖;校财务管理系04027202班级荣获2005～2006学年上海市高等学校先进集体称号,赵震等3名同学荣获优秀学生干部称号,施一秀等10名同学获得优秀学生称号。

同月　学校副校长邵瑞庆教授入选中华人民共和国交通部财会专家咨询委员会。

同月　学校图书馆接收加拿大南阿尔伯达省理工学院赠送的英文原版图书420册。获赠图书所涉专业包括会计、财务、经济管理等,另有辞典和英语教学用书。

4月1日　第六届全国AIA"求职王"语文比赛全国决赛在香港浸会大学举行,外语系宋佳珍同学获比赛杰出表现金奖。

4月5日　学校党政领导唐海燕、朱坚强等在松江校区向潘序伦铜像敬献花圈,深切缅怀立信事业的创始人潘序伦。

同日　学校召开大学生党建工作联席会。校党委副书记楼军江出席会议并讲话,党委副书记朱坚强主持会议。

4月上旬　学校获"上海市平安单位"。

4月12日　上海高校档案专业委员会西片协作组会议在学校召开,来自29所高校的40多位档案工作人员参加了会议。

4月18日　学校召开第二次本科教学工作会议,校党委书记桑秀藩、校长唐海燕在会上作了重要讲话。桑秀藩书记在会上提出了两点要求:第一,要充分认识这次本科教学工作会议召开的背景和形势;第二,要积极贯彻落实好会议精神。校长唐海燕在会上以《实践教学、教学质量与创新型人才培养》为题,谈了四方面的内容:第一,实践教学是大学教学过程中的一个重要环节;第二,立信实践教学传统的继承与创新;第三,实践教学与创新型人才培养;第四,实践教学的质量保证是提高教学质量的关键之一。副校长邵瑞庆作了题为《实施质量工程,加强实践教学,提高本科教学质量》的主题报告,对学校自2005年第一次本科教学工作会议以来,在教学方面取得的主要成绩进行了总结,分析了目前教学工作中存在的问题,并对提高本科教学质量进行了具体部署。

4月20日　学校召开了2005～2006年度平安建设总结表彰暨2007～2008年度综合治

理、安全生产责任签约大会。校党委书记桑秀藩、校长唐海燕、党委副书记兼副校长朱坚强、副校长李延臣出席了会议。校长唐海燕宣布了学校关于命名32个平安单位、5个先进集体、10名先进个人的决定。

4月25日　学校首届党代会的代表们选举学校出席中国共产党上海市第九次代表大会代表。以差额无记名投票方式,选举桑秀藩同志为中国共产党上海市第九次代表大会代表。

同日　国务院国有资产监督管理委员会研究中心副主任李保民博士一行访问学校。校党委书记桑秀藩、校长唐海燕会见了李保民一行。校长唐海燕教授与李保民博士签署了《国务院国有资产监督管理委员会研究中心—上海立信会计学院中国立信风险管理研究院共同开展“国有企业体制改革与全面风险管理”研究战略合作协议书》。根据协议,双方共同出资设立专项研究经费,推出“国有企业体制改革与全面风险管理”系列研究课题,面向全国公开招标。

同日　学校举行2006年度国家助学奖学金、上海市政府助学奖学金颁奖大会。大会共表彰了国家助学奖学金获奖学生12名,国家助学金获奖学生230名,上海市政府助学奖学金获奖学生11名,上海市政府助学金获奖学生110名。

4月27日　学校召开七届一次教代会、工代会。133名代表齐聚一堂,共商学校改革发展大计。党委书记桑秀藩作了重要讲话。大会选举产生了新一届工会委员会委员和经费审查委员会委员。楼军江、邬敏懿、赵一平、宋灵燚、倪燕、费莉、钟陵强、解丹阳、张介明当选为第七届工会委员会委员,郑国芬、马建刚、朱为华当选为第七届经费审查委员会委员。学校第七届工会委员会召开第一次会议,楼军江当选为第七届工会委员会主席、赵一平为副主席。

4月28日　学校“大学生周末俱乐部”成立仪式在行政楼二楼报告厅举行。首批俱乐部成员以2006级外地学生为主,到目前为止,已有248人报名参加了俱乐部。

4月30日　学校党委副书记、副校长朱坚强,学工部部长,立信慈善工作站站长,学生处学生资助管理中心负责同志及学生代表,参加了在东华大学松江校区举行的松江大学园区各校慈善工作站成立大会。上海市慈善基金会理事长陈铁迪、上海市科教党委副书记翁铁慧、上海市松江区区委书记盛亚飞等相关领导出席了会议,学校将以慈善工作站的成立为契机,积极开展更多的帮困救助工作。

4月　上海市教育委员会、上海市语言文字工作委员会下发《关于上海立信会计学院语言文字工作评估结论的通知》,学校语言文字工作通过合格评估。

5月9日　学校大学生心理健康三级网络启动会议于松江校区召开,校党委副书记、副校长朱坚强强调了对大学生进行危机干预的重要性,会上向学校4名心理咨询室兼职教师颁发了聘书。心理辅导员代表和心理委员代表进行了交流发言。

同日　学校召开校级重点学科(第一期)中期检查会议。

5月10日　学校纪念建团85周年暨五四运动88周年表彰大会在松江校区隆重举行。校党委书记桑秀藩,党委副书记、副校长朱坚强出席表彰大会并为获奖者颁奖。会议表彰了过去1年中在团的自身建设、校园文化活动、课外学术科技活动、创建优良校风活动、志愿服务、勤工助学和社会实践等方面发挥积极作用的先进集体、先进个人。对在上海市、国内外重大比赛和文体活动中取得优异成绩的集体和个人,特设立“年度突出表现奖”,在会上也进行了表彰。

同日　学校与上海市松江区救助站举行了人文社科系社会工作专业教学实践基地签约仪式。校党委副书记、副校长朱坚强,人文社科系主任、学生处和教务处领导及松江区民政局副局长、救助站站长出席了签约仪式。

5月上旬　在第十二个世界读书日到来之际，学校图书馆主办了以“读万卷书、行万里路”为主题的为期1周的世界读书日系列纪念活动。

5月13～18日　学校举行以“和谐·健康·发展”为主题的第七届大学生心理健康教育宣传周活动。在此期间，心理咨询室开展了“和谐·健康·发展”签名仪式、心理健康教育宣传资料的分发、校园心理剧比赛、心理健康教育讲座、心理题材电影免费放映、心理辅导员和心理委员的培训等。

5月17日　校党委书记桑秀藩、校长唐海燕在松江校区会见了国家税务总局政策法规司副司长李万甫教授，并向他颁发了客座教授聘书。李万甫教授在学校作了《中国税收制度变迁与改革展望》的学术报告。

5月18～19日　由市教委、松江区管事会主办，学校承办的第二届松江大学园区运动会学生排球比赛举行。学校同学取得男排第一名、女排第三名的好成绩。

5月25日　中国科学院李大潜院士应邀来学校指导数学学科专业建设。校长唐海燕会见了李大潜院士。在数学统计系专门召开的座谈会上，李大潜院士对学校的学科专业特点，数学与应用数学专业的专业定位、培养方案和形成特色等各方面作了精辟的阐述，提出了切实的指导意见。

5月29日　校党委副书记、工会主席楼军江主持召开第七届工会干部培训会议。校党委书记桑秀藩出席会议并发表了讲话。

5月30日　根据上海市教育委员会的安排，学校举行国际经济与贸易、工商管理、金融学、英语(商务英语)四个本科专业检查会。经过市教委专家组的评议，学校四个本科专业顺利通过专家检查。

5月　学校被授予“2005～2006年度上海市文明单位”。

同月　上海会计学会评出“2006年度潘序伦中青年会计、审计优秀论文”奖，共有10篇论文获奖，其中审计学系袁敏老师和财务管理系柴庆孚老师获奖。

6月1日　校党委书记桑秀藩、副书记楼军江在松江校区会见了来访的民盟市委主委、市信息化委员会副主任郑惠强、民盟市委秘书长方荣等一行，就学校民盟的组织建设等方面进行了交流。

同日　学校举行上海市会计学教育高地、立信会计研究院工作研讨会。校领导、高地建设领导小组成员、高地项目执行小组成员、相关职能部门负责人、会计研究院学术委员会成员以及会计学科的相关专家出席了会议。会议由副校长邵瑞庆主持。校党委书记桑秀藩在会上作了重要讲话。

6月6日　学校召开学习贯彻市第九次党代会精神报告会，上海市第九次党代会代表、校党委书记桑秀藩传达了会议精神。

6月16日　共青团上海立信会计学院第八次代表大会于松江校区举行，校党委书记桑秀藩，共青团上海市委党组成员、上海青少年社区办公室主任蔡忠，校党委副书记、副校长朱坚强，兄弟单位团干部应邀出席大会。全校178名正式代表和38名列席代表参加了大会。大会差额选举产生了共青团上海立信会计学院第八届委员会。

6月18日　学校第二届学生社区文化节在松江校区圆满结束。校领导桑秀藩、楼军江、朱坚强出席了闭幕会。

6月19日　校党委召开会议，部署进一步贯彻落实中央纪委《中共中央纪委关于严格禁止利用职务上的便利谋取不正当利益的若干规定》(以下简称《若干规定》)的精神。截至6月21日，各单位都填写了《落实中央纪委〈若干规定〉报告表》。

6月21日　校党委书记桑秀藩在松江校区主持召开统战工作会议，学校民主党派成员代表人士和无党派高级知识分子参加了会议。

“立信会计师事务所助学奖学金”设立签字仪式在立信会计师事务所有限公司举行。校党委副书记、副校长朱坚强与立信会计师事务所董事周琪出席了签字仪式并在协议书上签字。

6月22日　校党委中心组(扩大)全体成员赴上海世博局、上海孙桥现代农业开发区学习考察。

6月29日　校党委举行大会庆祝建党86周年。校党委书记桑秀藩同志作重要讲话，要求全校党员要认真学习、深入贯彻6月25日胡锦涛同志在中央党校的讲话精神，要把“四个坚定不移”的要求落实在学校的各项工作中。会上，校党委授予5个党支部为“先进基层党组织”、19人为“优秀共产党员”、7人为“优秀党务工作者”，校党委委员向受到表彰的单位和个人颁发了荣誉证书。

6月30日　立信会计出版社召开首届职工大会。校党委书记桑秀藩，校党委副书记、纪委书记、工会主席楼军江，副校长李延臣，工会副主席及相关职能部门负责人出席了会议。

7月2日　学校社会工作专业学生与香港城市大学联合实习计划在上海市第四福利院正式启动，活动为期两周。

7月4日　学校与华东师范大学正式签署联合培养硕士研究生协议，开展硕士研究生的联合培养工作。协议明确从2007年秋季开始在国际贸易学和金融学两个专业展开试点，2008年适当增加联合培养的专业数量和学生规模。

7月6日　市教委检查组一行10人来学校，开展2007年度市教委专项经费检查及重点专项建设经费使用绩效评价工作。会上，校长唐海燕首先感谢上级部门对学校专项建设的投入，欢迎专家组提出宝贵意见，促进学校今后更好更快地发展。副校长邵瑞庆代表学校从学校发展目标、财务管理状况、专项经费总体执行情况、重点专项经费执行情况、2006年学校各项事业所取的发展等五个方面作了汇报，并总结了近两年专项经费使用的经验和今后努力的方向。检查组成员分成四组对学校一般专项和三个重点专项项目进行了检查。专家们认为：学校专项经费使用合理，各项事业尤其是三个重点专项的建设工作有很大进展，建设思路十分清晰，在内涵建设方面的变化尤其明显。

同日　学校2007届毕业生毕业典礼在信息楼报告厅隆重举行。

7月8日　市科教党委书记李宣海等领导一行9人来学校调研，校党政领导参加了座谈会。座谈会上，校党委书记桑秀藩、校长唐海燕等校领导汇报了学校改革的总体思路以及学校在教学科研、人事管理、后勤社会化改革的成效和思考。科教党委书记李宣海对学校近几年的工作和取得的成绩表示了充分肯定，认为学校的发展思路非常好，在教育理念、教学方法、学科建设、人才建设等方面都实现了从专科到本科的根本转变，是党政班子解放思想、锐意改革的结果。他同时对学校今后的发展提出了四点要求：第一，解放思想，创新观念，确立先进的教育理念。第二，实事求是，在改革的突破过程中找准发展的瓶颈和主要矛盾，认真研判。第三，不断创新，把握改革的着力点，形成改革的突破点，以点带面。第四，和谐发展。一要关心民生，关心各类群体的利益需求，关注各类群体的诉求，维护各类群体的权益；二要关注民主，拓宽民主渠道，发挥教授民主治教的作用，发挥教代会的作用，改革要考虑职工的承受程度；三要维护稳定的大局。

7月9日　2007年暑期社会实践出征仪式在松江校区行政楼二楼报告厅举行。

7月20日　学校就业指导中心在徐汇校区举办了2008春季本科毕业生专场招聘会，上海医药股份公司、中外运华东有限公司、外高桥进出口贸易公司、豫园商城等30多家用人单位来校或委托学校进行招聘，提供了近100个岗位。校领导朱坚强亲临会场了解招聘情况。

7月22日　学生海外短期学习项目于今年暑期进行，16名来自全校的学生今日启程赴美国波士顿的SUFFOLK大学访学。访学于8月11日结束。

8月4日　由风险管理研究院与安泰环球风险管理技术（北京）有限公司共同举办的2007年上海市首期"注册企业风险管理师师资培训会"在学校举行。50多位来自全国各地高校的教师和企业高层管理人士参加此次师资培训。通过为期10多天的师资培训和评审选拔，学校洪玫教授等4位老师取得了"注册企业风险管理师师资培训资格"，成为上海首批获得此资格的培训师。

8月8日　校党委书记桑秀藩率领"结对帮扶"一行10余人，赴崇明县庙镇庙西村开展"双结对"活动，并为学校社会实践基地揭牌，为结对村送去了电脑、书籍等，并为困难群众送去帮困金。崇明县委常委、组织部长宋宝儒，市科教党委委员、组织干部处处长蔡桂其，校党委副书记楼军江等参加了这项活动。

8月10日　由风险管理研究院和安泰环球风险管理技术（北京）有限公司联合主办的"上海首届企业全面风险与危机管理研讨会"在学校召开，来自上海市国有企业、银行、政府部门、高校等理论界和实务界的专家学者参加了此次研讨会。

8月26～28日　学校召开了2007年度党政负责干部研讨会，总结上半年的工作，全面部署下学期的工作。校党委书记桑秀藩、校长唐海燕在会上作了重要讲话。学校各系部、各部门以及各直属单位的党政负责人参加了会议。校党委书记桑秀藩在讲话中要求，校、系（处）两级主要领导要带头学好胡锦涛总书记6·25讲话的精神，要把思想统一到中央的要求上来，用"四个坚定不移"的思想指导我们的工作。他还阐释了学校定位、办学特色、干部人事制度改革、校内组织制度改革、教育教学改革等几项改革，部署了党建及有关工作。

8月29日　2007年秋季招生的新生今日来校报到。学校共招收新生2 814名，其中本科生2 043名，专科生609名。

8月　由风险管理研究院和国务院国有资产管理监督管理委员会研究中心主办的"国有企业改革与全面风险管理"系列研究课题立项发布会最近在学校召开。国务院国资委研究中心党委书记、副主任李保民，国务院国资委研究中心宏观战略部部长程伟，校长唐海燕出席会议并讲话。来自清华大学、武汉大学、中央财经大学、国电电力发展股份有限公司、机械工业经济管理研究院等单位的20多位专家、学者出席了此次立项会。

9月3日　新学期开学的第一天。当日教师到课率100%，学生出勤率99.9%，教材到位率99.9%，教学状况总体良好。

9月4日　校党委召开后备干部推荐动员大会，校党委书记桑秀藩同志主持会议并讲话。桑书记在讲话中阐述了推荐选拔工作的重要意义，明确了四个层面（正局级、副局级、正处级、副处级）后备干部选拔的基本条件、能力条件和经历要求等，以及民主推荐、差额考察、组织遴选等有关工作及程序，对学校的推荐选拔工作进行了部署。

同日　校领导和各单位(部门)正副职领导干部参加了学校党委召开的警示教育会。

9月7日　学校于教师活动中心举行了第二十三届教师节座谈会。党委书记桑秀藩、校长唐海燕、党委副书记楼军江,立信会计师事务所董事长朱建弟、沪港审计咨询中心总会计师郑喜雅出席会议。2007年度上海市育才奖、立信长江奖教金、立信沪港奖教金获得者及全体教授、有关部门负责人参加了会议。校领导为获奖者颁奖。校党委书记桑秀藩代表学院党政发表了讲话。

9月12日　学校与松江区人民政府产学研合作及大学生社会实践示范性基地签约暨揭牌仪式在立信松江校区举行。松江区委常委、副区长王军,松江大学园区管委会专职常务副主任皮耐安,区人事局、发改委、经委、财政局、税务局、统计局等负责人,校领导桑秀藩、邵瑞庆、李延臣和教务处等职能处室、有关系部负责人及100余名师生参加了签约仪式。

9月14日　学校于松江校区体育场隆重举行2007级新生军训阅兵式暨总结大会。校党政领导和军训工作领导小组成员及各系部负责人出席了大会。上海海军基地副参谋长汪立平上校、松江区武装部部长庄尧清大校、上海警备区司令部军训办蒋蓁参谋、市教委军训办谢俊、防化营营长侯志学少校等应邀出席并在主席台就座。全体军训新生接受了校党委书记、军训工作领导小组组长桑秀藩的检阅。

同日　学校2007级新生开学典礼在松江校区田径场隆重举行。校领导桑秀藩、楼军江、朱坚强、邵瑞庆、李延臣、胡厚麟等出席了开学典礼。

9月18日　校党委副书记楼军江主持召开学校人事工作会议。楼军江对9月份正式启动的选拔培养学科带头人、学术带头人、优秀青年教师后备人选工作进行了组织动员,并对具体的日程安排和注意事项作了布置。

同日　校学生工作系统中秋联谊活动于晚上在教师活动中心举行。校党委书记桑秀藩,党委副书记、副校长朱坚强等80余人参加了联谊活动。

9月19日　校党委书记桑秀藩在松江校区主持召开统战工作会议。

同日　学校2007年暑期社会实践经验总结交流会在松江校区举行。党委副书记、副校长朱坚强出席会议并作讲话。

9月20日　学校召开大学生党建工作联席会。校党委副书记楼军江同志出席会议并讲话。

9月21日　市科教党委党建研究会发布了2006年度优秀成果奖和获奖单位名单。学校党委书记桑秀藩同志主持的党建研究课题《高校贯彻党委领导下的校长负责制的理论思考与实践探索》荣获2006年度市科教系统党建课题成果二等奖。

9月27日　学校党的建设与思想政治工作研究会在松江校区召开秘书处工作会议。会议由校党委书记、研究会会长桑秀藩同志主持。由研究会常务理事组成的评审小组对申报课题进行了讨论与审议,同意38个课题立项。

9月28日　校党委在松江校区召开校机关新一轮正、副部(处)长的推荐选拔大会。校党委书记桑秀藩就选任工作的指导思想和工作原则,校部机关职能部门的设置,干部的任职条件,选任工作的程序及方法,有关问题的说明,以及民主推荐投票的要求等六方面的工作进行了具体的部署。出席会议的有校领导,各单位、各部门党政正、副职干部,工会、共青团组织负责干部,教授,各民主党派负责人等100余人。

同日　学校第十三次学生代表大会在松江校区举行。大会听取、审议通过了《上海立信会计学院第十二届学生会工作报告》，差额选举产生了上海立信会计学院第十三届学生会主席团。大会向全校学生发出了“勤奋学习、善于思考、勇于创新、乐于奉献，以一流的学风铸就立信新的辉煌”的倡议，动员广大青年学生积极行动起来，贯彻落实大会精神，完成大会提出的任务，争创一流的校风和学风。

9月　校长唐海燕率工商管理系、法律系、数学与统计系等部门领导和教授一行7人访问美国圣玛丽大学，并与该校签署校际全面合作备忘录和师生交流协议。两校的学生交流、课程引进和职业证书课程培训等项目开始进入实质性合作阶段。

10月6～11日　2007年世界夏季特殊奥林匹克运动会在学校松江校区体育场举行多场足球赛。校党委对此高度重视，精心组织师生为赛事提供了热情周到的后勤、保卫、志愿者等服务工作，圆满完成了预定的各项任务。

同日　中共十七大召开前夕，学校党委组织开展了“党史知识竞赛”、“学生党员演讲比赛”等形式多样的活动，深入学习胡锦涛总书记6·25讲话，迎接党的十七大喜庆气氛洋溢在立信校园。

10月15日　中国共产党第十七次全国代表大会上午在北京隆重召开。立信的广大党员干部群众备受鼓舞，纷纷集中起来收听收看转播实况，认真聆听胡锦涛总书记在大会上作的《高举中国特色社会主义伟大旗帜　为夺取全面建设小康社会新胜利而奋斗》的报告。

10月中旬　由中国立信风险管理研究院组织策划、唐海燕教授主编的《中国经济运行风险研究报告(2007)》，作为立信会计出版社2007年重点图书正式出版发行。《中国经济运行风险研究报告(2007)》为政府、企事业单位把握和管理中国经济运行风险提供一定的启示和借鉴，为我国经济运行风险管理研究提供一个学术交流的平台。《中国经济运行风险研究报告(2007)》由1篇总报告和11篇分报告组成，共49万字，运用规范分析方法和实证分析方法，以风险识别、风险计量、风险预测和风险管理为基本框架，对2006年以来我国经济运行中的风险因素作出了分析，对相关风险的影响后果及发展趋势作出了初步判断和预测。报告内容涉及就业、能源、税收、财政分权、汇率、外汇储备等宏观层面以及上市公司财务、审计、企业税务等微观层面的风险因素，是国内第一本较为全面和系统探讨中国经济运行风险的研究报告，风险管理研究院组织学校19位教授和博士，成立了研究报告编写组，借鉴、学习国内外风险管理理论和实务经验，在面向全国公开招标设立的21项开放课题和校内34项风险管理课题研究成果的基础上，潜心研究，历时一年半时间完成了该研究报告。研究报告凝聚了校内外诸多专家、学者的辛勤劳动，汇集了他们在风险管理方面的学术研究成果和重要学术观点，是集体智慧的结晶，是研究院的重要标志性成果。

10月22日　市科教党委副书记翁铁慧率督查组一行来到松江大学园区，对学校和其他兄弟院校的辅导员队伍建设情况开展督查。校党委书记桑秀藩向督察组汇报了工作。通过检查，督查组认为学校的工作扎实有效，作为观察点的19个一级指标和8个观察指标全部覆盖到位。

10月24日　学校大学生邓小平理论和“三个代表”重要思想研究会举行十七大会议精神学习交流会。

10月31日　学校党委举行“传达学习党的十七大精神大会”，校党委书记桑秀藩作传达学习报告。党委书记桑秀藩介绍了十七大的会议概况，从九个方面传达了十七大报告的主要精神，要求大家要原原本本地学习十七大的报告和党章，有计划、分专题学习，党员干部带头学，进一步联系实际，真正把全校党员干部和教职工的思想、行动统一到党的十七大精神上来，推进学校又好又快的发展。会议还部署了全校师生学习贯彻党的十七大精神的工作。

同日　第七期立信讲坛松江校区举行，上海建工股份有限公司财务负责人丁钢作了题为《项目融资的概念及实践》的报告。

10月　美国Suffolk大学和加拿大Malaspina大学学院的校长代表团分别来访学校，学校领导唐海燕、楼军江、朱坚强分别会见了两位国外合作院校的校长及其随行人员，商讨合作事宜。

同月　第十二届世界夏季特殊奥林匹克运动会上，立信有近400名志愿者奔赴市区参与特奥会服务。他们良好的表现受到了赛事组织者和特奥运动员的好评。中央电视台国际频道《中国新闻》等媒体采访报道了立信的志愿者为特奥会服务的情况。

11月3日　市科教党委、市科教工会举办了首届科教工作者运动会在上海大学举行，学校工会组织学校教师代表团参加了开幕式的广播操、健美操比赛，获健美操比赛的第三名。

11月7日　校党委书记桑秀藩在人文社科系举行十七大精神学习会上作专题报告，强调人文社科系是学校思想政治理论研究的基地，学习宣传贯彻好十七大精神，对思想政治理论课教师来说是政治责任和时代使命。

11月12日　由对外经济贸易大学中国WTO研究院等主办，学校开放经济贸易研究中心等协办的"全球贸易发展论坛暨第六届WTO与中国国际学术年会"于11月12日在北京闭幕。学校开放经济与贸易研究中心唐海燕教授作为此次年会副主席出席了会议，主持第三场题为"贸易与发展的热点问题"的报告会，并就中国社会科学院财贸研究所所长裴长洪博士的"实现开放战略转折提高开放经济水平"的演讲发表了精彩的讲评。本次论坛邀请了博鳌亚洲论坛秘书长龙永图先生担任大会主席。联合国贸发会议秘书长首席顾问Kobsak Chutikul先生、加拿大多伦多大学教授兼八国集团顾问John J. Kirton先生、美国纽约理工大学商学院院长刘贤方、中国社会科学院财政与贸易经济研究所所长裴长洪博士等海内外专家学者共300多人出席了年会。年会为期两天，与会代表就"应对全球贸易不平衡：合作与发展"的会议主题及分议题"全球贸易中的中国"、"贸易的全球化和区域一体化"、"贸易与发展的热点问题"、"中国入世与对外开放"等进行了广泛而深入的研讨。学校陈志友教授应邀作为大会评论专家，毕玉江博士就"人民币汇率变动对中国进出口商品价格的影响：分析框架及一些研究结论"一题发表演讲，获得了与会专家的高度评价。

11月12日　学校召开学习党的十七大精神宣讲团组团会议，校党委书记桑秀藩担任宣讲团团长，宣讲团成员由校党委成员、相关职能部门负责人、"两课"教师等组成。

11月13日　会计学系曹秉杰同学在上海华山医院成功捐献出了自己的骨髓，成为学校在读大学生中造血干细胞配对成功并捐献骨髓的第一人。在曹秉杰同学捐献骨髓住院期间，校系领导、老师、同学多次到医院探望，表示慰问。

11月14日　学校新一任机关部处长选拔聘任工作结束。学校举行新一任机关部处长就任前集体谈话会，党委书记桑秀藩、校长唐海燕、党委副书记楼军江出席会议并讲话。

11月16～18日　第二届立信会计学术研讨会——"会计教育改革与发展"于在学校召开。研讨会由学校主办，来自全国各地的近40所高等院校、研究机构以及近10家学术期刊编辑单位等共130多人参加。校长助理曹惠民教授主持研讨会，副校长邵瑞庆教授致开幕词。研讨会得到了高校、实务界以及政府相关部门的积极响应与大力支持，共收到论文100余篇，入选71篇。研讨会分主题报告与分场报告两大部分，是一次规模较大的全国性学术研讨会。

11月16日　学校举行2006～2007学年学生先进集体、先进个人表彰大会，校领导朱坚强、邵瑞庆出席。大会共表彰先进班集体16个、优良学风班27个，占全校参评班级总数的28%；表彰三好学生标兵9名、潘序伦奖学金获奖学生30名、三好学生224名、单项荣誉称号获奖学生610名，占参评学生总数的13%。

11月19日　校长唐海燕会见了应邀来访的国家税务总局税收科学研究所副所长、研究员、经济学博士靳东升，并向他颁发了客座教授聘书。

11月22日　上海市科教党委召开"学习贯彻党的十七大精神，推进市科教党委系统人才工作"会议，表彰上海市科教系统人才工作先进个人。校党委书记桑秀藩成为"伯乐奖"6位获奖者之一，在会上受到表彰并作了交流发言。

11月22日　校团委主办的"党的光辉照我心"大学生学习贯彻十七大主题演讲比赛在松江校区举行。

11月28日　学校与松江大学园区高校联合举办"2008年毕业生供需交流会松江大学园区专场"。供需交流招聘会在东华大学体育馆举行。学校2008届2 000多名毕业生前来应聘。

11月29日　学校会计学学科列入上海市教委重点学科(第五期)建设计划，建设期5年。

11月　张奇峰副教授入选第二期全国学术类会计领军(后备)人才培训班。全国学术类会计领军(后备)人才的选拔和培养是财政部为落实国家人才发展战略而实施的"高级会计人才工程"的重要组成部分，此次全国共有24人入选。第二批全国学术类会计领军(后备)人才培养将于2008年启动，培养期为6年，分为集中培训和跟踪培训两个部分。培训班学员将接受由中国会计学会组织的集中培训、课题研究、专题研讨等活动。培养结束后，对于成绩合格的学员，将颁发相关证书。

同日　学校贾德奎的"流动性过剩条件下货币政策操作风险研究"项目，入选上海教育发展基金会设立的"晨光计划"，成为"晨光计划"首届资助培养的高校优秀青年教师之一。

同日　学校5个科研项目入选2008年度"上海市教育委员会科研创新项目"。两个重点项目是：邵军的"公司治理与系族企业内部资本市场研究"，邓小洋的"独立董事制度与盈余管理问题研究"。三个一般项目是，赵大平的"人民币升值与中国贸易顺差持续扩大之谜——汇率传递视角"，贾德奎的"流动性过剩条件下货币政策操作风险研究"，毕玉江的"人民币汇率变动与中国进出口商品价格调整"。

12月4日　校长唐海燕会见了来学校访问的厦门国家会计学院院长、厦门大学邓力平教授，并向他颁发了客座教授聘书。邓力平教授为学校师生作了题为《新时期财税发展的几点基本看法》的报告。

同日　学校在松江校区召开2007年毕业生就业工作总结会。校长唐海燕出席会议并讲话。他肯定了学校2007年的就业工作，并就如何进一步做好2008年乃至今后的就业工作提出了要求。党委副书记、副校长朱坚强主持会议。

同日　校党委召开党总支(直属党支部)书记会议，部署"关于做好2007年度系处级单位党政领导班子民主生活会"的专项工作。校党委书记桑秀藩同志主持会议并作重要讲话。

同日　学校客座教授、国家税务总局政策法规司副司长、经济学博士李万甫教授来校作报告。

12月5日　学校志愿者总队在行政楼报告厅召开了2006～2007学年表彰大会。校党委副书记、副校长朱坚强出席大会并讲话。

12月6日　2007年宝钢教育奖颁奖典礼在上海宝钢人才开发院大礼堂隆重举行。宝钢教育基金理事会成员和评审工作委员会委员以及来自全国各地的嘉宾共340多人到会。全国82所高校及中科院18个研究所的师生分获2007年宝钢优秀学生奖、优秀学生特等奖、优秀教师奖和优秀教师特等奖。经宝钢教育奖评审工作会议评审和确认，学校外语系2004级商务英语一班宋佳珍同学荣获2007年宝钢优秀学生奖。

12月5～12日　学校无偿献血活动在松江与徐汇两校区进行，许多教职工和学生慷慨捋袖无偿献血，学校超额完成市教委规定的献血指标。

12月12日　学校国际经济与贸易、金融学、工商管理和英语（商务英语）四个专业接受了市教委的学士学位预评估，总体情况得到专家组的肯定。

同日　校学风建设宣讲团成立仪式暨学习与成才交流会在松江校区举行。

12月17日　学校召开2007年度档案工作会议。校党委书记、档案工作领导小组组长桑秀藩出席会议并作重要讲话。

12月19日　校党委书记桑秀藩为校机关党总支与会计学系、后勤服务中心等单位教师、干部、职工作学习党的十七大精神宣讲报告。报告会由校党委副书记楼军江同志主持。

12月19日　风险管理研究院、金融学系邀请上海交通大学经济管理学院刘海龙教授、博士生导师来学校作学术讲座。

同日　保卫处会同后保处、后勤服务中心、学生处负责人和管理干部，对松江、徐汇两校区进行了为期两天的冬季防火安全大检查。

12月22日　学校人文社科系和上海市社会工作者协会联合举办的“新建城区社区社会工作研讨会”在学校松江校区召开。校党委副书记楼军江、上海社工协会秘书长何明宝出席研讨会并致词。来自香港、美国、浙江、江苏等高校，本市兄弟院校、社会工作机构的专家和学者60余人出席了研讨会。本次研讨会主要内容是，在党的十七大“把城乡社区建设成为管理有序、服务完善、文明祥和的社会生活共同体”的精神指引下，探讨新建城区社区社会工作。

12月24～25日　中共中央组织部、中共中央宣传部、中共教育部党组在北京联合召开第十六次全国高等学校党的建设工作会议。校党委书记桑秀藩同志作为会议代表出席大会，并作了题为《积极推进党内民主，为学校事业发展提供保证》的交流发言。

中共中央政治局常委、中央书记处书记习近平在会前亲切接见了出席会议的代表，并代表党中央、国务院对加强高校党建工作提出了明确要求。中共中央政治局委员、中央书记处书记、中央组织部部长李源潮出席会议并作重要讲话。国务委员陈至立主持了会议。中共教育部党组书记、教育部部长周济在大会闭幕式上作了总结讲话。

会上，中共新疆维吾尔自治区委员会、中共江苏省委教育工委、北京大学、清华大学等作了交流发言。桑秀藩的发言紧扣以改革创新精神加强党内民主建设的主题，紧紧围绕校党委注重民主建设、拓宽民主渠道、营造民主氛围、实行民主决策的核心思想，从扩大决策民主、扩大干部工作民主、扩大基层民主等三个方面进行了详细阐述。桑秀藩的发言得到了在大会主席台就座的中组部、中宣部、中共教育部党组领导同志的高度重视与充分肯定。会后，周济同志与桑秀藩同志亲切握手，并赞扬说：“你的发言讲得好，你们的学校很不错。”

12月29日　市教委学位办组织专家对学校进行学士学位授予单位正式评估，同时对学校会计学和财务管理两个专业进行学士学位授予点正式评估。专家组全面评估了学校教学各方面的工作开展情况，对学校教学的总体工作和两个专业的建设给予了充分肯定，认为学校的教育教学工作已达到学士学位授予的要求。

12月 学校学报被评为“2007年上海市精品学报”，入选《中国人文社科学报核心期刊》，获“全国地方高校优秀学报一等奖”。

同月 青年教师张奇峰博士的研究项目《后股改时代的证券审计市场结构：成因、后果与监管》近日获上海市“曙光计划”项目资助，实现了学校在该项目上零的突破。

第一篇

立信会计教育事业的创建与早期办学

第一章　学校初创
（1928～1942）

第一节　学 校 的 缘 起

1. 创办立信会计师事务所

20 世纪 20 年代初，潘序伦留学美国，先后获得哈佛大学企业管理硕士和哥伦比亚大学经济学博士学位。1924 年秋，潘序伦回到祖国，先后担任上海商科大学教务主任兼会计系主任和上海国立暨南大学商学院院长，着力引进和传授西方先进的会计知识和技术。

1927 年 1 月，潘序伦辞去大学的教职，在上海爱多亚路（今延安东路）租房，开设"潘序伦会计师事务所"。事务所在成立之初，仅聘用了一位计核员作为助理，承接一些查账、登记等案件。后来随着事务所业务的发展，人员增加了，所址不断扩大。因为原址不敷使用，便迁到江西路（现江西中路）452 号正义银行 2 楼，有办公室 4 间，开始设主任会计师室、会计师室、稽核科、文书科等。

此时正值我国民族工商业有所发展时期，一些经济组织在经济往来时需要社会第三方处于公正地位的会计师经过查账，出具证明，取信社会。以后，政府陆续颁布了《会计师章程》等法规，对会计师的业务范围有了明确的规定，社会上对会计师的业务活动有了更多的了解，促进了会计师业务的发展。

1928 年，潘序伦取了《论语》中"民无信不立"之意，将"潘序伦会计师事务所"改名为"立信会计师事务所"，把"立信"作为会计师开展业务活动的训条，与立信会计同仁共勉。

事务所以"立信"为准则，认真负责地开展业务活动，在社会上逐渐树立起良好的信誉。在这期间，国民政府相继颁发了《公司法》、《会计法》、《营业税施行细则》等一些经济法规，社会上对会计师业务的需求量增加。立信会计师事务所的业务有了发展，事务所乃迁到宁波路 190 号的华东银行 3 楼，共有办公室 9 间。在原有科室的基础上，增设了编辑《立信会计丛书》的编辑科，会计业务涉及法律诉讼的法律科。事务所人员达 30 多人，达到一定的规模，业务活动扩大了，担任了不少大中企业的查账工作和会计顾问。事务所的业务单位有：著名民族工商企业的南洋兄弟烟草公司、永安纱厂、申新纱厂、天厨味精厂、大中华火柴厂、信谊药厂、茂昌冷气公司等；金融业有中国银行、邮政储金汇业总局、国货银行等；社会团体有中国红十字总会、中英庚款委员会董事会、黄河水灾救济委员会等；外商企业有北极冰箱公司、派拉蒙影片公司等。上海公共租界的上海工部局和所属的中小学也委托了查账业务。

1936 年 2 月，事务所再迁江西路（现江西中路）406 号新建的浙江兴业银行大楼 4 楼。事务所共有办公室 10 间，内设机构有主任会计师室、计核室、文书科、法律科、信托科、总务科、编辑科、学校部等。不久，国民政府开征所得税，事务所于是新增会计顾问，办理所得税申报业务。事务所业务活动进一步发展，工作人员有70多人。

在开展会计师业务的同时，潘序伦深感到革新会计制度非训练现代会计人员不可。20世纪20年代，新式会计虽渐渐推行，可是熟习新式簿记的会计人才非常紧缺，推进非常缓慢。于是，潘序伦与立信会计师事务所的同仁兴办会计补习学校，以大力推广新式会计。

2. 立信会计补习学校(一)

1927年，潘序伦在事务所内开办了一个簿记训练班，招收青年职员和练习生，利用夜晚空闲时间授课。

簿记训练班受到社会的欢迎。1928年春，潘序伦和立信会计师事务所的同事钱乃澂、顾询、陈文麟等正式创办立信会计补习学校。学校设在河南路吉祥里18号的一栋两层楼房内，起初只是会计师事务所的一个附属单位。夜间授课两个小时，每期科目专修半年。由于讲究实效，注重实用，适合了社会需求，招生人数逐年增加，班级与科目也随之扩大，除原设的簿记班外，还陆续添设了英文簿记、会计学、银行会计、政府会计、公司会计、成本会计、税务会计和审计等课程，由学生选修。学员不但有在业青年，还有不少失学失业青年。他们为了取得一技之长，勤奋好学，成绩大多优良，普遍受到工作单位的好评。

1930年，潘序伦又创办了立信会计函授学校，以满足外埠青年学习现代会计知识的愿望。函授学校为通讯教学，学生对课业容易自流。为此，学校对函授学生解答疑问力求迅速，批卷力求详尽，并发行函授刊物作为补充教材。规定修业期限为半年，可以请假延期。规定学生至少每天阅读讲义1小时，练习及解答问题1小时，使学生能按时学完课程。对中途停学的学生，经常函催其复学，尽量使学生能学完全部课程。学校规定70分及格，以保证毕业生的学习质量。学校办学取得很好的声誉，函授学员遍布全国，远至港澳及南洋一带。

学校尽力适应社会对现代会计知识的渴求，办学授课时间上灵活多样，适应在职或待业青年的需要。1934年，学校增设了“晨校”，在夏季早晨上班前上学。1935年，设“星期日校”，利用休息日上课。1936年设“日校”，又称“速成科”，招收文化程度相当于初中毕业的学生入学，在1年内修习完毕会计系列的多门课程。

随着入学人数的增加，为便于学员就近入学，1935年学校曾在南市老西门租用民立中学教室在晚间授课，是为立信补校最早设立的一所分校。抗日战争爆发后，南市上课不便，学校于1941年在爱文义路(今北京西路)道中女中、福煦路(今延安中路)致远中学等处租用教室设立过分校。河南路吉祥里18号由此称为“总校”。以后立信补校在黄浦、静安、提篮桥、南市、虹口各区，租借其他学校教室开办夜校。

立信补校艰苦创业，取得了良好的社会效益，学校扩大了影响，学员从最初的仅22人到1937年春季，招收的学员达到782人，10年间20个届次学员人数累计达4 783人次。具体如表1-1-1所示。

表1-1-1 立信补习学校1928年春至1937年秋(1～20届)就学的学员人数

届　次	学　期	学生人数	届　次	学　期	学生人数
1	1928年春	22	3	1929年春	85
2	秋	48	4	秋	82

（续表）

届　次	学　期	学生人数	届　次	学　期	学生人数
5	1930 年春	65	13	1934 年春	276
6	秋	154	14	秋	346
7	1931 年春	176	15	1935 年春	303
8	秋	274	16	秋	449
9	1932 年春	55	17	1936 年春	377
10	秋	198	18	秋	564
11	1933 年春	216	19	1937 年春	782
12	秋	250	20	秋	61

在这 10 年间，潘序伦任校长，顾询、钱迺澂从创办起就共同参与筹划。李鸿寿、陈文麟、顾准等人都是学有所成的会计师，陆续加入了办校的行列，兼学校的教学或管理。甘允寿加盟后任教务主任，驻校负责办学的日常事务。

10 年的办学积累了丰富的办学经验，为创办高等会计教育打下了基础。

3. 事务所编辑科与立信会计丛书

办学需要教材问题。潘序伦在归国初期，著有《公司财政》和《簿记及会计学》两本书，着力引进了一些西方新式会计科学知识。在会计师事务所业务实践中，他深感中国会计业务水平太低，难以适应和促进民族工商业发展。那时我国大学里研习会计学科者还较少，教科书大都采用外文原版；少数译著亦以簿记居多，缺乏高深之作。

为解决会计教材，潘序伦在会计师事务所内设置了一个编辑科，配备了一批专职人员，编撰翻译簿记、会计、审计等书籍，出版了一套立信会计丛书。潘序伦对会计教材的编撰提出了四条原则：

第一，书的内容必须符合实际需要，有关理论和实务的论述，都要从实际出发，以满足社会需要为原则，对引进的国外先进学术，不是照搬照抄，而是结合我国的国情，在现行法规和工商惯例的基础上，适当采用。

第二，文字尽可能通俗易懂，举例做到不厌其详，使读者能够无师自通。

第三，译文力求统一，含义力求确切。

第四，编制注重合理，分高、中、初三种程度，分别编写。

立信编辑出版的会计教科书分为初级、中级和高级三种课程。每书结合实际需要，章节后都附有思考题和习题，供学生复习参考。书稿先作为讲义在立信试讲，经二三学期试讲后，根据师生们的意见进行修改，然后由事务所编辑科审定编排，成为正式教科书，交给商务印书馆出版发行。

在翻译方面，译稿多经潘序伦审阅，几番修正润色，力求译文统一，含义确切。我国当时会计名词极不统一，各种书刊的译法都不一样，给编译工作、读者和实务工作者都带来不少麻烦。于是，潘序伦主持编译《会计名词汇译》一书，组织同仁探讨，收集了会计名词 2 400 余条。他们先把国内会计书刊原有的翻译名词每条开列出来，然后从中选定一个适当的译名或暂定一个统一的译名，加以注释，用词力求言简意赅，适合我国习惯用语。《会计名词汇译》出版后，修订过两次，对统一我国会计名词起到了积极作用。

至1936年底，立信编译的各类簿记、会计和审计书籍共有50余种。其中主要的是潘序伦的《会计学》，它除论述普通会计所应包括的内容以外，还涉及公司会计、成本会计、解散清算及破产会计、遗产及信托会计等。1965 年，还有人在香港冒以最新修订本翻印出版《会计名词汇译》。潘序伦主编《高级商业簿记教科书》，各章内容由浅入深，由简到繁，循序渐进，每隔若干章，设一章复习，务求学生熟练掌握所学内容。结业前，还要布置一整套模拟式实务实习题，以求参加工作后能很快胜任。所以，该书为各商业企业、会计学校广泛采用，修订过四五次，再版几十次，畅销国内外，直到 20 世纪七八十年代，我国台湾、香港等地还有人在翻印发行。

随着社会经济的发展，既需要能够记账做账、精打细算的中、初级会计人员，也需要精通业务、具有管理能力的高级会计、审计人才。潘序伦与立信会计师事务所同仁决定筹办创建一所以培养高级会计人才的高等学校。

第二节　专科学校的创立

1. 专科学校董事会的设立

潘序伦等筹备创建立信会计专科学校的倡议提出后，迅速得到了积极响应，共筹集到建校资金法币 17 万元。其中，潘序伦拿出现款 6 万元，立信会计师事务所将价值 10 万元之《立信会计丛书》全部版权补充学校基金；事务所同仁捐助设备基金 5 000 元，各种图书估值 5 000 元。1937 年 2 月 11 日，潘序伦等具名呈报上海市社会局，提出了申办立信会计专科学校："为应时势需要，教授高深会计学术，养成专门会计人才。"

潘序伦延聘社会知名人士组织学校董事会。1937 年 4 月 20 日，在上海香港路银行俱乐部召开立信会计专科学校第一次校董事会，讨论通过《学校组织大纲》及其他章程，推定董事长、副董事长与校长的人选。具体如表 1－1－2 所示。

表 1－1－2　学校第一届董事会组成人员

董事长	陈其采	国民政府委员兼主计长
副董事长	王云五	商务印书馆总经理
董　事	宋汉章	中国银行总经理
	钱新之	交通银行董事长
	江恒源	中国职业教育社总干事

（续表）

董　事	潘序伦	立信会计专科学校校长
	钱乃澂	立信会计师事务所会计师
	李文杰	立信会计师事务所会计师
	李鸿寿	立信会计师事务所会计师

5月，学校校董事会呈报国民政府教育部（以下称教育部）备案。7月15日，校董事会备齐建校有关文件，董事长陈其采签署呈文报请上海社会局转呈教育部，要求准许学校开办。8月12日，上海市社会局发文："奉教育部指令，私立立信会计专科学校准予建立。"

《私立立信会计专科学校董事会章程（草案）》共十三条。章程规定，推选从事教育会计及工商业富有经验声望，热心赞助本校之人士十五人担任校董，校董任期六年，每两年改选三分之一，校董会定期会议于每年春秋季举行一次，必要时可举行临时会议。草案还规定，董事长职权主要是：筹划本校经费及基金基产，审核本校预算决算，监察本校财政，保管本校财产。

2. 初期的办学

立信会计专科学校的筹备工作有条不紊地进行。学校在机构人事安排上，聘请钱乃澂为教务主任，李文杰为训导主任，章钦贤为总务主任，李鸿寿为秘书；黄逸峰为教授兼教务副主任；聘请李权时、金国宝、唐庆增、潘仰尧、周仲平等专家以及立信会计师事务所同仁为教师。租赁北苏州路中国银行仓库四楼为校舍，屋顶平台为操场，同时办理第一期招生。学校在《新闻报》出了一个整版的"特刊"广告，将办学宗旨、办学方针、校董会组织、教职员名单以及校舍平面图一一列入。7月初，报名投考的学生非常踊跃。

日本帝国主义发动了侵华战争。"七·七"卢沟桥事变后，日军又在上海挑起事端，"八·一三"淞沪抗战爆发。学校位于上海苏州河北，靠近战火纷飞的战场，专科学校的各项工作受阻，校舍建造也暂停。

1938年5月4日，学校向教育部提出，学校开办既经核准有案，拟于本年暑期内招生，以便开学。6月14日。教育部高教司司长吴俊升致函潘序伦校长，谓因时局之故，未便增设新校，要求学校对招生事"暂从缓议"。

3. 招生与首届毕业生就业

上海租界沦为"孤岛"。1939年4月，学校向教育部呈请准予招生。5月24日，教育部批复同意学校于暑期招生。9月，学校招收第一期专科新生38名。原租借的北苏州路校舍被日寇占领，学校只有暂时在河南路吉祥里立信会计补习学校设班施教。在非常困难的情况下，潘序伦与立信同仁齐心协力，艰苦办学。

1939年11月10日，教育部对学校呈报专科三年制改为二年制的课程表、校董事会选任校长的决议分别批复准予备案。教育部的批复指出：学校行政应由校董事会选任的校长负完全责任，董事会不得直接参与。

1941 年 7 月，学校的首届专科生修业期满，潘序伦校长向有关用人单位写推荐信，亲自介绍学生就业。毕业生就业工作进展顺利，他们分别被银行、报馆、工厂等录用，也有留在立信会计师事务所工作的。例如，钱学钧到浙江兴业银行、孙家博到信谊药厂、顾福佑到新闻报馆工作，杨国树留在立信会计师事务所工作。用人单位对立信毕业生的表现普遍反映良好。

1940 年、1941 年和 1943 年又续招三期新生，在上海当时艰苦的条件下，前后共招收四期学生。

1942 年夏，学校暂停招生；1943 年夏，继续招生；1945 年夏，学生毕业，当时有毕业考试，要考国文、英文及各门会计专业课。

4. 校训与校歌

学校、事务所冠名“立信”，在事务所业务和学校办学过程中，取得了较好的社会效益，产生了良好的社会影响，“立信”成为会计师事务所和会计教育的著名品牌，形成了以诚信教育与会计实务紧密结合为特色的会计人才教育体系。立信专科学校的办学方针是：“管教务期严格，学生学验并重，出路必予保障。”“管教务期严格”，就是首先十分注重对学生的职业道德的教育，把培养会计职业道德放在第一位。立信，是学校办学培养会计人才并始终坚持的信条。1937 年 7 月，潘序伦将“立信”作为校训，并引申为：

信以立志，信以守身，信以处事，信以待人，毋忘立信，当必有成。

1941 年，学校第一届学生即将毕业，潘序伦请词曲作家潘佰彦、丁善德谱写了立信校歌：

美哉，校之名；大哉，校之训。立信，立信，正其本，学万千，此则一。“会计，当而已”，今古应无异。

百业兴兮裕民生，万商集兮衡重轻；财物兮充盈，平准兮无争。

愿吾同学努力迈前程，矢艰贞，翊赞建国大功成，昭其信，正其名。

校歌文白相间，骈散并用，文随意走，催人奋进。

5. 易名“明信会计学校”

1940 年，潘序伦离开上海赴渝，将上海立信会计师事务所和学校的工作委托李文杰、钱迺澂、李鸿寿、陈文麟、叶朝钧 4 人负责维持。李鸿寿主要负责学校工作。

1941 年太平洋战争爆发，日军进入上海租界。在及其恶劣的环境下，李文杰、李鸿寿等与重庆的潘序伦始终保持联系。为维护“立信”声誉，他们拒绝以“立信”之名向日伪政权登记，商定将学校改名为“明信”，事务所则改名为“上海文件代办所”。为了维持立信同仁生活，又组织一个“通达企业公司”，商请留沪的立信同仁入股，经营商业、证券、保险业务。“通达”有双重意义：一为“生意兴隆通四海，财源茂盛达三江”；二为“通权达变”，不得已而经商。“明信会计学校”向学生说明，中国人民的抗战一定会取得胜利，等到打败侵略者立信恢复时，所发的“明信”的文凭和证件一律调换。

立信的事业在孤岛得到了延续，并积累了资金，购进河南路吉祥里的房产，购置徐虹路柿子湾土地 33 亩，为学校复员上海的发展准备了一定的条件。

附　文献辑录

一、创办立信会计专科学校缘起①

潘序伦

昔者，我国工商各界，对于会计一项，向不重视。因此本所创立之初，即深觉各公司商号及工厂之会计制度，简陋残缺，实有改进之必要。然欲改良各业会计制度，自必先从造就相当之会计人才入手。乃于民国十七年春，在本埠开设会计夜校，俾会计职员及职业学生，均得利用业余时间，补习会计学识技能。惟是远道学生，每不能舍职来沪入学肄业，因之于十九年八月，增设函授学校，嗣应环境需要，又设立晨校、日校、星期日校。更于川、滇、黔、康各省中心地之四川重庆设立分校。以上乃本所办理会计补习学校之经过情形。九载以还，入学者为数已达七千余人，毕业学生之服务于社会者，亦幸得一般工商家之信任，藉使展其所学。是本所对于养成普通会计人才之目标，可谓已得相当之成就。惟查社会之进演，无时或已，企业之组织，亦愈形繁复。处现时代的立场，欲负改进会计之使命，盖非创办会计专科学校以造就高等专门人才不可。本所数年以来会集中同人心力编著立信会计丛书，迄今已出版者计有三十余种，关于会计学术之书籍，种类略备，以之作为会计专科学校之教本，亦勉可适用。会计专校一旦建立，则所有丛书可藉学子研求之力，而时加修订，俾切实用，一方并可将丛书版税，充作学校基金。此项版税，嗣后每年可收两万元，用以补助专科学校经费，已无虞不足。序伦复出执业十年所积余之现金六万元尽数捐作本校建筑基金，本所各会计师，又共同捐助图书数千册，再由本所于本期业务收入项下，捐拨本校设备费五千元。总计基金一项包括现金及财产，总值有十七万元之巨，以之办理一会计专科学校暂时不致竭蹶。今岁正值本所创业十周，故决于本年起，创设立信会计专科学校，以资纪念。学校一切章则，均按照教育部所颁法规办理，期于最短期内，呈部立案，俾卒业同学，可应政府高等考试，或充任会计师。兹者，校董会业已呈请立案，校舍亦已觅定。所有本所附设之补习学校，拟即改为专科学校之补习科，并于两年间，在本埠中区地带，自建校舍，以垂永久，至于今后，校务之进展，则全赖于工商各界及全校同学之赐协助也。

二、私立立信会计专科学校董事会章程②

第一条　本会依照私立学校规程第二条规定组织之，定名为私立立信会计专科学校董事会。

第二条　本校校董人数定为十五人，第一任校董由本会设立者从事教育会计及工商事业富有声望并热心赞助本校之人士聘任之，以后由董事会改选之。

第三条　校董互推董事长一人，副董事长一人，对外代表本会；又互推基金保管校董三人，

① 载《立信月报》1937年第十期。
② 载1948年出版的《立信会计学校概况》。

负责保管本校基金之责。

第四条　校董任期六年，每二年改选三分之一，连选得连任；但第一任董事长任期分为二年、四年、六年三种，以抽签法决定之。

第五条　本会以全体董事组织之，开会时以董事长为主席，董事长缺席时以副董事长为主席。

第六条　本会分定期会及临时会两种：

1. 定期会：每年两次，在春、秋季举行，董事长定期召集之。

2. 临时会：在董事长认为必要时或有校董五人以上之请求时，由董事长随时召集之。

第七条　本会须有全体校董过半数之出席才得开议，其决议以出席校董过半数之同意行之。

校董因事不能亲自出席本会时，得委托其他校董出席。

第八条　本会之职权如下：

1. 改选本校校董。

2. 选任并罢免本校校长。

3. 筹集本校经费及基金。

4. 决议本校经费及基金每期收支预算。

5. 审核本校经费及基金每期收支决算。

6. 保管本校财产。

7. 监督本校财务。

第九条　校董为名誉职，惟以开会出席时事实上之需要，得支车马费或旅费。

第十条　本会设秘书一人，秉承董事长处理本会日常事务。

第十一条　本章程由本会决议并呈请教育部核准后施行，以后修改时亦同。

第二章　迁川办学
（1942～1946）

第一节　战时的学校

1. 学校董事会

1940年7月，潘序伦离开上海经香港到四川重庆。不久，潘序伦担任四川最大轮船公司民生轮船公司的会计顾问，与民生公司总经理卢作孚结交，成为亲密的朋友。

这时潘序伦已将刘芷休等人在北碚所设的立信会计补习学校改组扩建成专科学校。潘序伦任校长，许复、余肇池先后担任过副校长。迁川后，学校董事人数增多，新增在校任教的王逢辛、陈文麟、刘芷休3位学有专长的专家任校董。迁川办学时期学校董事会的显著特点是，增加了迁川企业的实业巨子、四川省的名望之士出任校董。具体如表1-2-1所示。

表1-2-1　学校董事会组成人员

董事长	陈其采	国民政府委员兼主计长
副董事长	王云五	商务印书馆总经理
副董事长	卢作孚	民生轮船公司总经理
董　事	宋汉章	中国银行总经理
	钱新之	交通银行董事长
	江恒源	中国职业教育社总干事
	潘序伦	立信会计专科学校校长
	钱廼澂	立信会计师事务所会计师
	李文杰	立信会计师事务所会计师
	李鸿寿	立信会计师事务所会计师
	王逢辛	立信会计专科学校教授
	陈文麟	立信会计专科学校教授
	刘芷休	立信会计专科学校教授
	顾翊群	四联总处秘书长

（续表）

董　事	康心如	四川美丰银行总经理
	刘航琛	川盐银行董事长
	苏汰馀	裕华纱厂董事长
	潘仰山	裕丰纱厂经理
	杜梅和	重庆中国农民银行经理
	庞怀陵	四川省银行经理
	查济民	大明染织厂经理
	黄凉尘	宝元通号副总经理
	吴羹梅	天原化工厂经理
	卢子英	北碚管理局局长

1940 年 10 月 7 日，教育部发文，对学校增设会计短训班准予备案，并提出要求：训练期满应发成绩证明书。

1941 年 2 月 1 日，重庆立信会计专科学校经教育部正式核准立案。同日，教育部发来指令，认为学校“所进经费表除学费外，其他各项收入总数尚合部定标准，唯专任教员是否占全数三分之二以上，应即申复”。“指令”对学校学则中入学资格的有关条数提出了修改意见，嘱将学则中所有“训育”字样一律改为“训导”。

2. 北碚校舍建设

北碚距离重庆市区 80 公里，为了使市区的职业青年能有业余深造的机会，学校决定在市区添设专科班，这样需要在市区解决房子问题。同时，事务所和会计图书用品社也需要办公用房。日本侵略者的空中优势逐渐消退，中国的防空能力增强，日寇轰炸重庆的次数逐渐减少。所以，潘序伦准备在重庆市中心区建筑一幢大楼，作为立信会计专科学校市区班的校舍，又可以扩大会计师事务所的业务。建造这座建筑冠名“立信大楼”，实际只有建筑面积 3 000 平方米左右，但在当时抗战艰苦岁月是一件不容易的事。承包商开价是 40 万元，分 4 期交付，并要有店铺作保。

由于建校资金不足，潘序伦为资金缺口着急，许多跟他去重庆的学生也着急。于是有人想出个办法，建议以庆贺潘序伦 50 岁生日为名，向社会进行募捐。潘序伦自己平生从不搞庆祝寿辰之类活动，但为了筹集建校资金也只得同意。祝寿筹集到了部分资金，不足部分靠大明纱厂的资助，立信大楼才得以如期动工。学校向教育部的报告中称：“惟以本校原系私立，经费向感拮据，购地建校力有未逮，爰经校董会之商议自三十二年六月始发起募捐校舍建筑经费，迄至本年二月止，历时 8 个月有余，辱承社会各界人士及本校诸校董暨历届新旧同学热烈赞助慨捐巨款，共募集建筑费国币 121.92 万元。”

立信大楼如期于 1943 年在重庆市内筷子街竣工。

3. 师资队伍建设和学生工作

(1) 教师队伍。早在1940年10月，教育部高教司就下发了《大学及独立学院教员资格审查暂行规程施行细则》。《细则》规定，全国各专科以上大学各级教员均需报教育部进行教员资格审查，并对教授、副教授、讲师、助教的资格审查、证书的发放，以及副教授以下教师的升等审查办法作了规定。按照教育部的规定，专任教员应占全数的2/3以上。1941年2月，学校教职员有潘序伦、李文杰、李鸿寿、钱廼澂、张更生、王逢辛、陈文麟、刘芷休等20人。

1943年11月，教育部通知学校，陈文麟、陈学文、王成杰、陈永林、杨国树的教员资格经审查合格。其中，陈文麟原为教授，现改为讲师，陈文麟即可依"教员申请升等办法"之规定请作升等为副教授审查；陈学文、王成杰原为讲师，现改为助教，他们可到1946年8月申请作升等审查。1944年3月，经教育部审查合格，学校张蕙生、钱素君、潘序伦定为教授。次年2月24日，教育部向立信会计专科学校潘序伦、钱素君、张蕙生3位教授颁发"专科以上学校久任教员"及奖金。

1943年1月，校务会议决定，自下学期始，立信会计专科学校与训练班的事务与经济各自独立。专科由夏炎德兼教务主任，程如兼训导主任，毛蔚彬兼事务主任。训练班主任由校长兼任，校长在渝期间由杨国树代理，王成杰、陈俊修分任正副教务主任，杨国树、李泳频分兼正副训导主任，陈永淋兼会计主任，朱震兼事务主任。1943年8月16日，教育部核定钱素君、张蕙生分别任立信会计专科学校教务主任、总务主任。

(2) 向教育部呈报的学校基本情况。战时办学，学校定期向教育部呈报学校办学的基本情况(具体如表1-2-2所示)，开设的必修课与选修课，学校要将课程的科目表送教育部审批。录取新生的原学籍证件须报教育部查验，以核准高校的学籍。每年的审核中，都会或多或少地查出伪造、涂改学历证件者。如1943年12月24日，教育部通知学校，在对重庆市区夜班新生学籍证件进行审查时发现，2人伪造证件，应即开除；4人原毕业学校未经教育部备案，故其入学资格不能认可。1945年9月1日，在学校送教育部审核的新生入学资格材料中，1人的毕业证书经查明系伪造。教育部为此来文，指示学校"应开除学籍，并移送法院依法究办"。

表1-2-2 1942～1946向教育部呈报学校在川办学的基本情况

呈报时间 学期或内容	教员人数	职员人数	班 级 数	专科学生人数	会计训练班学生人数
1942年10月 第一学期	35	31	7	70	408
1943年4月 1942年第二学期	49(含职员数)		10	670(含训练班人数)	
1943年10月 第一学期	22	23	5	301	
1943年11月 重庆专科夜班新生				122(其中13人为试读生)	
1944年3月7日 重庆市区班春季招生				134	
1944年3月21日 1943年第二学期	38	28	一年级5个班 二年级2个班		

（续表）

呈报时间 学期或内容	教员人数	职员 人数	班 级 数	专科学生人数	会计训练班 学生人数
1944 年 3 月 24 日 会计职业班师生名册	16				50
1944 年 10 月 19 日 重庆市区班秋季招生				170	
1944 年 10 月 21 日 1944 年第一学期	22	10	4	222	
1945 年 1 月 1942 年度会计训练班三学期制结业人数					男生：31 女生：26
1945 年 4 月 7 日 1944 年第二学期	44	38		448	
1945 年 11 月 30 日 1945 年第一学期	57	14	5	197	41(其中女生 5)
1946 年 3 月　重庆市区班 1945 年第二学期	25			150(其中女生 37 人)	

(3) 英文、国语比赛。1944 年春天，迁渝的大学联合举办大学生英文、国文比赛，复旦、中央政治大学等校参加，因立信等属私立学校不让参加。潘序伦认为这是歧视私立大学，对这种做法不服，他立即联络了乡村建设学校校长梁漱溟、江苏医学院等私立大学，另行组织了比赛。

立信选拔了优秀选手参赛。赛前，潘序伦亲自修改润色讲稿，亲临指导赛前训练，鼓励参赛选手说，你们要好好地干，“让他们瞧瞧我们的实力”。比赛如期举行，立信的学生王阿瑛、潘亚南分别荣获英文、国语比赛的冠军，显示出立信的实力。

4. 立信师生的抗日爱国行动

在四川重庆大后方，立信的师生在践行“教育救国”时，不忘在前方浴血奋勇抗敌将士，不忘颠沛流离到后方急需救助的难民。师生们通过演出、演讲宣传抗日、唤起民众，在自身生活困难的情形下慷慨解囊捐助，并踊跃报名从军上战场。

1943 年，学生李恢扬等 9 人志愿投笔从戎，上前线杀敌。12 月，教育部向学校发来传令嘉奖，全国从军指导委员会还给学校汇来 5 000 元。1944 年 2 月，学校组织了“女青年服务队”，直接为抗战服务。

1944 年，国民政府提出了“一寸山河一寸血、十万青年十万军”，发动知识青年从军。同年 11 月，学校设立“学生从军征集委员会”，20 多名学生报名参加远征军，但其中女同学报名人数多。11 月中旬，经体检合格只有 3 人从军。1945 年 1 月，又有 5 名学生从军，应召进入军令部通讯总所。

抗战时期，独山失守以后，湘桂吃紧。为了慰劳军队，冯玉祥将军发起募集活动。北碚的立信同学闻讯后，以极大的爱国热情捐款捐物，以实际行动支援前线抗敌将士。有的同学将钱款积蓄，生活用品悉数捐献；不少同学置严寒而不顾，连过冬棉衣都捐了出来。收到捐物后，学校夤夜发运，副校长余肇池、教师管锦康和同学李宗光等当夜将大批慰劳品护送至筷子街立信大楼。1944年12月，学校教职员工把一日所得捐献慰劳守卫黔边的将士及重庆的难民。

抗战胜利消息传来，学校师生踊跃参加“胜利劳军募捐”活动，至1945年9月28日，共捐“胜利献金”119 200元。

第二节　立信会计图书用品社与事务所

1. 立信会计图书用品社的创立

立信的教材原由商务印书馆印刷出版。抗战后，商务印书馆迁到了香港，内地用书就发生了困难。日本帝国主义发动太平洋战争，商务印书馆损失惨重，无力继续为立信出书。立信在重庆招收了大批学生，亟需教材。学校教材无法解决，潘序伦不得不另谋出路。

在“生活书店”总经理徐伯昕的支持下，潘序伦从商务印书馆收回了《立信会计丛书》的版权和纸型，由立信与生活书店合作组成一个出版机构出版《立信会计丛书》，并印制发行会计账册报表。发起人有潘序伦、徐味冰等人，于1941年6月成立了“立信会计图书用品社”。用品社额定资本为10万元，先收6万元，立信和生活书店各出资3万元，并组成董事会，推潘序伦为社长，徐伯昕为总经理。潘序伦设计和题写了篆体“立信”的圆形图案，向国民政府商标局申请为图书和会计账册的注册商标。用品社成立不久，徐伯昕离渝去香港，生活书店委派诸度凝任经理，主持业务。为了适应高中商科及职业学校教材的需要，潘序伦又自任主编，于1941年编辑出版了一套立信会计教科书，计有：商业簿记、初级会计学、会计学、成本会计、银行会计、政府会计和审计学等七种。抗战期间，各地大专院校和自修会计的学生，大多采用立信出版的教科书；中专学校则几乎都采用《立信会计丛书》作教材。不久，潘序伦又主持编印了一套内容包括财政、金融、保险、贸易、统计、计算技术、企业管理等的《立信财经丛书》。用品社印刷账簿报表，满足了工商企业会计工作之急需。以后，用品社在桂林设立了分社，成都、贵阳、昆明、西安等城市设立了特约经销处。

用品社设有印刷厂，有对开印刷机、四开印刷机、圆盘印刷机和排字浇版等设备。重庆电力供应十分紧张，经常停电造成机器不能运转。停电时印刷厂只能雇佣人工摇动印刷机，生产缓慢致使印刷跟不上市场需求，只好再委托其他印刷厂帮助印刷以应急需。林森路中大街有被日机轰炸炸毁的一块废墟，随着业务量的不断扩大，用品社在这块废墟上平整土地，自建了一间半式的三层楼门面房1栋，将保安路营业部迁到此营业。1944年，日寇发起湘桂会战，桂林分社全部财产遭毁，损失甚重，以后未能复业。

立信会计图书用品社的图书出版经营，适应了战时大后方的需要，同时自身也获得了一定盈利，为办学提供了教材供应和经济上的保证。

2. 立信会计师重庆事务所

抗战时期，东南沿海及其他地方的工商企业纷纷迁往西南大后方，在四川成立了“迁川工厂联合会”、“纱厂联谊会”等组织，共谋发展生产，为抗战出力。他们经常和潘序伦商讨有关改善企业管理、缴纳税收、工商登记、培训会计人才等问题，希望得到潘序伦的帮助和指导。为此，潘序伦设立信会计师重庆事务所，所址在林森路南洋兄弟烟草公司办公大楼内，由先期在川的王逢辛(原立信会计师事务所重庆分所主任)襄助工作，并电召上海的陈文麟、蒋春牧、王庭桂、黄子仁调渝共同办理会计师业务。潘序伦任主任会计师，张蕙生到重庆后协助潘序伦管理事务所的工作。

事务所不断拓展业务，人员从10多人增至30多人，办公室不敷使用，于是迁往千厮门行街22号。1943年筷子街立信大楼建成，事务所迁入立信大楼。

重庆事务所初设有稽核、文书、总务三组，后来承办外商业务，增设了外商组，接受的业务主要是查账及办理企业的注册登记。就承接案件数量和委托人的广泛性来看，几乎可与上海事务所相媲美。客户中有原在上海迁往重庆的天厨味精厂、南洋兄弟烟草公司等企业，也有昆明的云南欧亚航空公司、贵州贵阳的江南汽车公司、湖南辰溪的华中水泥厂等。

1945年抗战胜利后，潘序伦返回上海，重庆事务所由王逢辛负责，至1952年上半年结束。

附　文献辑录

一、私立立信会计专科学校学则

第一章　总　　则

第一条　本学则依照本校组织大纲第四条之规定订定之。

第二条　本校以应国家社会之需要教授高深会计学术，养成专门会计人才，使切于实际应用为宗旨。

第三条　本校采学年兼学分制。学生修业年限定为二年制及五年制两种。二年制学生至少应修习八十学分，五年制学生至少应修习二百二十学分方可卒业。

第四条　本校二年制班级之必修及选修课程规定如下。

第二章　学制及课程

第一学年　必修课程

上学期	小　时	学　分	下学期	小　时	学　分
三民主义		2	三民主义		2
体　育		不计学分	体　育		不计学分
伦理学		1	伦理学		1
国　文		3	国　文		3
英　文		3	英　文		3

（续表）

上学期	小时	学分	下学期	小时	学分
会计实习		1	高等会计		4
会计学		4	会计实习		1
经济学		3	银行会计		3
商业通论		3	货币银金		3
珠　算		1			
共　计		21	共　计		20

第二学年　必修课程

上学期	小时	学分	下学期	小时	学分
体　育		不计学分	体　育		不计学分
商　法		4	商　法		4
统计学		3	统计学		3
公司会计		3	审计学		3
成本会计		4	会计制度		3
政府会计		4	所得税会计		2
共　计		18	共　计		15

各学年进修课程　两年内至多选修

课程名称	学分	课程名称	学分
法学通论	3	工商组织与管理	4
财政学	3	国外汇兑	3
商用数学	2	金融市场	2
公司理财	3	保险学	2
破产法	2	铁道会计	3
会计问题	3	决算表之分析解释	2
会计师实务	3	市场学	3

第五条　本校五年制班级之必修及选修课程规定如下：

第一学年　必修课程

上学期	周课时	学分	下学期	周课时	学分
三民主义	1	1	三民主义	1	1
体育	2		体育	2	
国文	7	7	国文	7	7
英文	6	6	英文	6	6
数学	5	5	数学	5	5
本国史地	3	3	本国史地	3	3
物理	3	3	物理	3	3
共计	27	25	共计	27	25

注：五个学年的体育均不计学分。

第二学年　必修课程

上学期	周课时	学分	下学期	周课时	学分
三民主义	1	1	三民主义	1	1
体育	2		体育	2	
国文	6	7	国文	6	7
英文	6	6	英文	6	6
数学	4	5	数学	4	5
本国史地	3	3	本国史地	3	3
化学	3	3	化学	3	3
商业概论	2	2	商业概论	2	2
共计	27	25	共计	27	25

第三学年　必修课程

上学期	周课时	学分	下学期	周课时	学分
伦理学	1	1	伦理学	1	1
体育	2		体育	2	

（续表）

上学期	周课时	学分	下学期	周课时	学分
国文	5	5	国文	5	5
英文	5	5	英文	5	5
数学	3	3	数学	3	3
外国史地	2	2	外国史地	2	2
民法概要	2	2	民法概要	2	2
簿记会计	3	3	簿记会计	3	3
簿记会计实习	2	2	簿记会计实习	2	2
共计	25	23	共计	25	23

第四学年　必修课程

上学期	周课时	学分	下学期	周课时	学分
体育			体育		
国文	3	3	国文	3	3
英文	3	3	英文	5	5
外国史地	2	2	外国史地	5	5
商业史	2	2	商业地理	3	3
经济学	4	4	银行会计	2	2
簿记会计	3	3	簿记会计	2	2
簿记会计实习	2	1	簿记会计实习	3	3
商法	2	2	商法	2	2
共计	23	20	共计	25	23

第五学年　必修课程

上学期	周课时	学分	下学期	周课时	学分
体育	2		体育	2	
商法	2	2	商法	2	2

（续表）

上 学 期	周课时	学 分	下 学 期	周课时	学 分
统计学	3	3	统计学	3	3
成本会计	4	4	审计学	4	4
政府会计	4	4	论 文	2	2
共 计	15	13	共 计	13	11

五年制选修课程　第三学年以后选习，最多不得超过30学分

科 目	学 分	科 目	学 分
会计制度	3	货币银行	3
公司理财	2	铁道会计	2
保险学	3	会计问题	2
会计分析报告	3	主计制度	2
制 图	2	商用数学	3
破产法	3	汇 兑	2
会计师实务	2	工商组织与管理	4
财政学	3	决算表之分析解释	2

第三章　学年、学期及假期

第六条　每学期分为二学期。自八月一日起至翌年一月三十一日为第一学期，二月一日起至七月三十一日为第二学期。暑假、寒假、休业日及其他纪念日均按照部之规定。

第七条　本校定暑假休业期内得举行学生课外实习或举办补习学分特别班，其办法另订之。

第四章　新 生 入 学

第八条　新生入学资格，凡曾在公立或已立案之私立高级中学校或同等学校毕业，或具有高级中学毕业同等学力，经入学实验及格者，得入二年制班级肄业。凡曾在公立或已立案之私立初级中学校或同等学校毕业，或具有初级中学毕业同等学力，经入学实验及格者，得入五年制班级肄业。本校每次入学实验录取同等学力之学生，最多不得超过录取总名额十分之一。

第九条　凡志愿入学者须先具备下列各项手续，向本校招生委员会报名。

1. 填写报名单2份。

2. 呈验毕业证书或其他证明文件。

3. 缴具最近2寸半身照片2张。

4. 缴纳报名费(报名费数额于每次招生时酌量规定,不论录取与否概不退还)。

第十条　本校二年制一年级下学期得招收他校相当于本校科系之学生为转学生。转学生除具备前条各项手续外,并须缴验其原肄业学校转学证书及历届成绩单由本校招生委员会审查。

第十一条　新生入学须经入学实验。

二年制新生入学实验科目如下:

1. 公民
2. 国文
3. 英文
4. 数学(高等代数、平面几何及三角)
5. 中外历史地理
6. 理化
7. 口试
8. 体格检查

五年制新生入学实验科目如下:

1. 公民
2. 国文
3. 英文
4. 数学(算术代数)
5. 常识
6. 口试
7. 体格检查

转学生并须抽试其已修习之科目。

第十二条　新生及转学生入学实验及格,经录取后应觅保证人一人,填具入学志愿书、保证书送请本校认可,并按照本校所规定之时期注册缴费后方得入学。

前项保证人须现住上海有相当职业者,对于该生在校一切行动应负完全责任。

第五章　学生学业试验及成绩

第十三条　学生学业试验分为下列三种:

一、临时试验　由各科教师随时于上课时举行,或由学校于学期中指定日举行。

二、学期试验　于每学期终结时举行。

三、卒业试验　于学生修习之最后一学期终举行。

第十四条　学生学业成绩,应由担任各科目之教师根据各生平日习题及答案之成绩及临时试验之成绩,核计其积分作为平时成绩。

第十五条　学生平时成绩与学期试验成绩合并,核计作为其学期成绩。

第十六条　学生各学期成绩与毕业试验成绩、毕业论文成绩合并核计作为毕业成绩。

第十七条　学生学业成绩以百分数衡定之,分为下列五等:

一、80分以上至100分为甲等。

二、70分以上至80分为乙等。

三、60分以上至70分为丙等，系及格分数。

四、50分以上至60分为丁等，所习学科应予补考一次。

五、不及50分者为戊等，不得补考必须重读。

第十八条　学生学期成绩不及格科目之学分，总数不满该学期修习学分总数三分之一，其不及格科目在50分以上者，得予补考一次。补考成绩及格者概以60分计算，不及格者应令重读。

第十九条　学生学期成绩不及格科目之学分数，达该学期修习学分总数三分之一以上者，不得补考。次学期修习学分应较通常可能修习之学分数减少四分之一。

前项学生次学期成绩不及格科目之学分数仍达该学期修习学分总数三分之一者，应令其退学。

第二十条　学生学期成绩不及格科目之学分数，达该学期修习学分总数二分之一以上者，不得补考应令退学。

第二十一条　学生因事或因病请假获准而未参加临时试验者，以其该科目之学期成绩八折计算与其平日积分合并核计，如仍满60分者，其学期成绩即作为及格；如不满60分而在50分以上者，准其在次学期开始补考一次。

第二十二条　学生于学期实验或毕业试验时因病或重大事故请假获准，不克参加试验者得准其补考。

前项补考成绩不及格但在50分以上者，仍得准其补考一次。

第二十三条　学生对于各项试验未经请假获准而不参加，该科目该次试验成绩即为零分并不得补考。

第二十四条　学生不论因何项是由缺课，在一学期内逾某一科目全学期授课时间三分之一者，不得参加该科目之学期试验，应令重读。

学生上课迟到或早退，每三次作缺课一次论。如无正当理由而迟到或早退者，每三次作旷课一次论。

第六章　学生之休学、复学、退学

第二十五条　学生因故申请休学者，由学校核准后得休学一学期或一学年，必要时得申请延长但总共不得超过两学年。

学生有家长或监护人者，前项申请应由家长或监护人径向本校为之。

第二十六条　休学生在其核准休学之期限内得向本校申请复学，经核准后仍编在与原年级相衔接之年级肄业。但该生在休学时学期成绩尚未结束者，复学时仍编入原级。

第二十七条　休学逾期之学生请求复学时，应与转学生同受编级试验。

第二十八条　学生因不得已事故得向本校申请退学或转入他校肄业。

学生有家长或监护人者，前项申请应由家长或监护人径向本校为之。

第二十九条　学生申请退学，经本校核准者由本校发给修学证明书。

第三十条　学生申请转学，经本校核准者由本校发给转学证明书。学生学籍未经教育部核准者，不得发给前项转学证明书。

第三十一条　学生未经请假或请假未经核准，在一学期中旷课而至两星期以上者，或旷课时数达一学期上课总数十分之一以上者，本校应令其退学。学生于参加各项考试时若有舞弊或不守考试规则事情，本校得立即令其退学。

学生除本学则有规定者外，凡违反本校校规情节重大者，本校得随时令其退学。

第七章　附　　则

第三十二条　本学则由校务会议决议施行，并呈请教育部备案。修改时亦同。

第三章　返沪办学

（1946 至 1949.5）

第一节　上海、北碚、重庆三地办学

抗日战争胜利，9 月中旬，校长潘序伦从渝飞沪，主持专校工作，并聘任李鸿寿、陈文麟为副校长，钱素君为教务主任，张蕙生为总务主任，开展各项工作。1946 年，学校在上海、北碚、重庆三地办学。

1946 年 1 月 4 日，陈其采主持召开学校董事会议，研究立信复员计划。会议决定，本期寒假在上海复校，招收日班及夜校新生各一班；北碚专科日校、重庆市区专科夜校本期寒假暂停招生，所有现有各班依然继续开课，直至学生毕业为止；北碚专科附设会计训练班和高级会计职业科本期寒假继续招生，至暑假起独立办理，改名为立信高级会计职业学校附设会计职业训练班，由川籍暨留川校董 12 人组成新的董事会，请卢作孚任董事长。董事会议的第二天，学校在重庆向教育部呈文，详细说明立信复员计划。2 月 21 日，教育部批准立信在上海复校。5 月 30 日，李鸿寿代理校长。

到 1946 年 11 月，立信在上海、北碚、重庆三地办学。据学校呈报教育部的资料，各校基本情况如表 1－3－1 所示。

表 1－3－1　1946 年上海、北碚、重庆三地办学师生数

	教 师 数	学 生 数	毕业生人数
上　海	45	254	
重　庆	39	71	63
北　碚	18	133	

同年 12 月 11 日，教育部发来指令，重申：私立学校不得设立分校，因此，上海、重庆、北碚三处应速归并。李鸿寿代校长写信给教育部，就学校三地办学问题进行说明：由于北碚、重庆两校学生大都是川籍，不能复员来沪，已奉准不招新生，就地办至毕业为止。

第二节　徐家汇柿子湾新校区

1. 校区建设

早在 1940 年 6 月，潘序伦动用基金 94 000 余元，在上海徐家汇徐虹路柿子湾沿铁路附近，购得土地33亩，以待战事平息之后兴建校舍。

徐家汇校区建设需要时日，而学校上课场所必须立即解决。潘序伦把自己在长乐路的一栋住宅腾出来，作为临时校舍。

徐家汇柿子湾校区的建设出现了出乎意料的难题。学校所购柿子湾土地，一部分被当时一个慈善团体"同仁辅元堂"占用，掩埋许多无主棺木。1946年6月7日，学校新校区只有先在未占用的一半空地上开始动工兴建。

建造新校区需要大笔资金。校长潘序伦将自己的历年积蓄全部捐出，还动员立信同仁合力在上海工商界募捐。学校陆续收到申新纺织总公司、永安纺织股份有限公司、大中华火柴公司、大中华橡胶厂、金城银行、中国标准铅笔厂等近百家企业捐款捐物，不少个人也纷纷捐款。按当时币值计，约6亿元。号称"火柴大王"和"橡胶大王"的刘鸿生、"面粉大王"的荣鸿元等人都捐款资助。荣鸿元以申新纺织总公司和荣氏兄弟的名义，认捐法币1.8亿元，兴建一所礼堂，并以其父荣宗敬之名命名为"宗敬堂"。

新校区有一幢"纺织楼"，是上海纺织工业同仁捐助。一座可供800名学生同时就餐的饭厅(食堂)，是立信毕业的校友们自愿捐资8 000万元法币兴建的，潘序伦冠其名为"思源堂"。此外，以潘序伦的私人存款以及本校历年经费的节余款，建起男生宿舍和女生宿舍，以及一座专职教职员的宿舍，潘序伦和他的夫人张蕙生也同住在这座宿舍中。以上建校花费法币共10.25亿元。以后，潘序伦还用他的存款美金3万元，不足部分由校董捐资，建造起一座体育馆。

校舍建筑虽已初具规模，但全校职工和学生们却面对的是累累荒冢，收回这块地以修建操场和足球场，合理合法。然而，这块土地被沪上闻人杜月笙占有，他是"同仁辅元堂"的董事长。潘序伦据理力争，要他负责搬迁这些棺木。经过几个月的周折，潘序伦聘请杜月笙出任立信的校董，才收回了这块土地，学校操场总算建起来了。

徐虹路柿子湾校区于1947年春季基本建成，2月15日学校进入新址办学。柿子湾校区内的主要建筑如表1-3-2所示。

表1-3-2　柿子湾校区内的主要建筑

名　　称	功　　用	经费来源
纺织楼 (宗敬堂)(注)	教学楼、图书馆礼堂、办公室	由上海纺织界及申新纺织总公司荣鸿元等捐助所建
思源堂	饭厅	立信校友捐资8 000万元法币
东　斋	男生宿舍	学校自筹
西　斋	女生宿舍	学校自筹
乐群堂	教职工宿舍	学校自筹
体育场	室外体育运动场	学校自筹
序伦体育馆	室内体育馆	潘序伦捐资3万美金，校董捐款不足部分

注：由前门进入为教学楼，是为"纺织楼"；由后门进入为礼堂，是为"宗敬堂"。

2. 学校图书馆与蔼士图书馆

早在1937年学校创办之时，事务所的各会计师共同捐图书数千册，成为学校图书馆的第一批藏书。抗日战争时期，学校办学备尝艰辛。到1945年底的统计，学校图书馆藏书只有3 469册。

抗战胜利后，学校把筹建图书馆列入学校建设的重要内容。1946年10月，学校向全体师生发起募捐5本书的活动。学校师生积极响应，共捐献图书1 174册。潘序伦的胞兄潘伯彦先生遗产中有6 000多册古籍，捐给了立信图书馆。潘序伦捐赠存书两千数百册。

学校为争取更多的社会支持和帮助，利用陈其采的地位和影响，向有关方面赐赠图书，慨捐资金。学校董事会副董事长王云五关心学校的图书馆建设，捐赠了18 000多册图书，是最大的图书捐赠人。1947年8月，决定把筹备建设的柿子湾校区（校本部）的校图书馆定名"蔼士图书馆"，定于次年陈其采70寿辰之际正式举行"蔼士图书馆"的揭幕典礼。图书馆设在新建的教学楼内。学校董事长陈其采，字蔼士，是陈立夫、陈果夫的三叔，是1898年被选派中国第一批赴日本学习军事的留学生，毕业于日本士官学校，曾在国民政府任主计长，是蒋介石手下的理财专家。

学校加强图书馆的管理，1947年9月设立"图书委员会"，制定"图书委员会规程"、"图书馆馆组织规程"、"馆务会议简则"、"普通阅览室规则"、"杂志阅览室规则"、"研究室规则"、"教职员借还图书规则"、"学生借还图书规则"等图书馆管理的规章制度，有的并摘录公布。

1948年9月，校务会议决定为"蔼士图书馆"征募基金5万元。同月，学校图书馆藏书为图书类36 916册，杂志类1 615册，报纸类84册。其中，图书类分为：普通中文书6 696册，外文书2 823册，线装书2 100册，伯彦特藏6 571册，王云五送存18 546册。杂志类分为：中文1 232册，外文383册。报纸类分为：中文8种64册，外文2种21册。

3. 办学的基本情况

徐家汇校区以高中毕业生为主要招生对象，全日制上课，被称为"校本部"或"一院"。蒲石路校区招生对象以具有高中毕业程度的在职青年为主，晚间上课，被称为"市区部"或"二院"。学校每学年两次向教育部（上海市教育局）呈报学校办学的基本情况。学校1947年至1949年4月的基本情况如表1-3-3所示。

表1-3-3 立信会计专科学校1947年至1949年4月的基本情况

呈报时间	教职工人数	新生人数	老生人数	毕业人数
1947年3月27日	51	含老生9个班，共380人		23
1947年10月2日	78	6个班343人	357	
1948年4月6日	79（其中教员52人）		836	30
1948年10月26日	110	302	589（注1）	89
1949年4月11日			537（注2）	

注1：1948年第一学期其中校本部有学生599人，共20个班。
注2：其中校本部245人，二院学生292人。

1948年7月，立信高级会计职业学校（简称高职校）开始设立，招收初中毕业生，学制3年（相当于中等专业学校），校址在蒲石路。立信高级职校的设立，弥补了立信补校创办以来还没有一所培养中等会计专业人才的正规学校之不足，使在上海的立信会计教育事业得以形成包括立信会计补习学校、立信会计函授学校、立信高级会计职业学校、立信会计专科学校在内的兼备大专、中专、补习教育、函授教育等多层次、多形式自身较为完备的专业教育体系。

4. 学校董事会和学校办事机构

立信会计专科学校复员返沪之后，学校董事会经过数次调整，增加了校董。1946年5月15日，学校加聘杜月笙（中国通商银行董事长）、荣鸿元（申新纺织公司总经理）为董事会董事。1947年11月10日，学校董事会聘请徐永祚、奚玉书、顾谘博、叶朝钧、周仲千（5人均为注册会计师）任校董事会董事。至1948年上半年，出任校董的有刘攻芸（中央信托局局长）、吴蕴初（全国工业协会理事长）、吴羹梅（中国标准铅笔厂经理）、章剑慧（申新第四纺织厂经理）。1948年12月5日，学校聘请原交通大学校长黎照寰为校董，并组成黎照寰为主任委员的校务委员会，在潘序伦校长外出请长假处理渝、碚两校事务之时，黎照寰全权处理校务。12月8日，黎照寰就任校务委员会主任委员以后首次主持了校务会议，会议决定改善教职员待遇，提高薪金标准。

按照学校1947年11月修改的《学校组织大纲（草案）》规定，学校行政组织及系统的编制如表1-3-4所示。

表1-3-4　学校行政组织及系统

校务委员会	校长 副校长	教务处	注册组　编辑出版组　图书馆
		训导处	生活指导组　课外活动组　体育卫生组
		总务处	文书组　事务组　会计组
		秘书室	

学校由校务委员会主任委员、常务委员、各处组主任组成行政会议，处理研讨校内事务。1948年12月的学校校务委员会组成人员如表1-3-5所示。

表1-3-5　1948年12月的学校校务委员会组成人员

主任委员（代理校长）	黎照寰
常务委员	陈文麟　李鸿寿
委　员	黎照寰　潘序伦　陈文麟　李鸿寿　钱迺澂　顾　询　周仲千

学校设立招生委员会、训导委员会、财务委员会、预算决算审核委员会、体育委员会、员工福利委员会、学生助学金审核委员会及其他委员会，在校务委员会及校长、副校长领导下开展工作。1949年2月，训导委员会改名为生活指导委员会。3月，学校决定对本校所订的各种章程进行全面审查修正，设立章程审查委员会，吴渭川任主任。4月，潘序伦任命张英阁为校务委员会秘书长，常驻专科学校办公。

5. 教学与课程

学校要求学生毕业后能胜任会计实务工作，坚持严格要求和实用的培训方针。首先，在学习时间上，保证每学期授课20个星期，上课时一体点名，规定在一学期内学生缺课1/3以上，不能参加期终考试，迟到早退3次作旷课1次。其次，在考核学习成绩方面，各类学校都严格实行考试，学校规定70分为及格，不及格者不准毕业。

1946年3月，经教育部核准，立信专科学校的必修课、选修课目。如表1-3-6所示。

表1-3-6 教育部核准的必修课、选修课程

必修课	国文 英文 数学 中国史地 外国史地 物理 化学 商业概论 商业史 商业地理 经济学 民法概要 簿记 商法 货币银行 银行会计 成本会计 所得税 会计 审计学 会计实习
选修课	会计制度 财政学 公司理财 铁道会计 保险学 会计问题 会计分析报告 主计制度 制图 工商组织和管理 统计学 商用数学 破产法 汇兑 会计师实务 决算表分析

除讲授课文外，学校特别重视练习题。高级商业簿记等课程平时加强练习题最后并有实习题，印成"实习题应用文件"，使学生通过实习，对整个簿记过程有一个模拟实践的机会。同时实行助教改卷制度，对各项习题编有详解，由助教掌握，认真改卷，以利学生比较学习。此外，还用簿记会计竞赛、增加习字课程、加强珠算练习等办法，使基础技能训练得到可靠保证。为了训练学生阅读英文书籍和担任英文会计工作或外贸会计工作的能力，学校曾设英文簿记会计课，参用英文习题。设英文课程的班级，按程度分班教学，以便加强教学效果。

事务所业务与学校教育有着密不可分的天然联系。在立信会计师事务所和同学会的配合下，经常组织学生去工商企业和政府机关参观、实习。委派成绩优良的学生参加查账实习，学校还组织学生参加立信会计师事务所附设"会计职业咨询所"工作。通过这些实践活动，使学生加深了对课本知识的理解，增强实际才干，而且为他们毕业扩大了就业的机会。不少学生在实习和查账时就被机关、企业等用人单位看中而被录用。

6. 立信会计补习学校(二)

抗战爆发后，上海成为"孤岛"，立信补校仍然保持了一定的办学规模。抗战胜利，立信补校恢复原名继续办学，潘序伦任董事长兼校长。

1946年6月15日，立信补校启用"立信高级会计职业补习学校"的新校名(简称依然为"立信补校")。学校董事会由潘序伦、顾询、钱迺澂、李鸿寿、韩曼涛5人组成，潘序伦为董事长兼校长，甘允寿为教务主任。抗战胜利后，入学者比较踊跃，学校除继续办好夜校、晨校和星期日班，速成班全部恢复外，还多处商借教室设立分校。1938～1949年春招收学员人数如表1-3-7所示。

表1-3-7 上海立信补习学校1938年至1949年春的21～43届招收学员人数统计

届　次	学　期	学生人数	届　次	学　期	学生人数
21	1938年春	635	24	秋	797
22	秋	762	25	1940年春	1 246
23	1939年春	1 060	26	秋	1 615

（续表）

届　次	学　期	学生人数	届　次	学　期	学生人数
27	1941年春	1 940	36	秋	844
28	秋	2 016	37	1946年春	1 650
29	1942年春	1 060	38	秋	1 912
30	秋	1 395	39	1947年春	2 104
31	1943年春	1 762	40	秋	2 495
32	秋	2 003	41	1948年春	2 488
33	1944年春	2 494	42	秋	2 086
34	秋	1 901	43	1949年春	1 857
35	1945年春	1 055			

7. 事务所业务的拓展

1945年9月，潘序伦返沪，主持立信会计师事务所的工作。

抗战胜利后，国民政府规定，所有的中外工商企业都要重新注册登记。由此，事务所承接这方面的业务数量颇为可观。由于外商业务的增加，事务所设立外商科，承办外商企业及其分支机构的相关业务。事务所接受委托的在华外商企业有百家之多，如美国的联合航空公司、可口可乐公司、华纳兄弟影片公司、加利福尼亚德士古石油公司等；英国的怡和洋行、太古轮船公司等，此外还有法国、丹麦、加拿大等外商企业。

立信会计师事务所内部机构设置如表1－3－8所示。

表1－3－8　立信会计师事务所内部机构设置

科（部）	业务项目及范围	附　注
1. 稽查科	1. 常年会计顾问　2. 常年临时查账 3. 设计会计制度　4. 破产清理	在江西路452号时设立
2. 文书科	1. 公司登记　2. 商标注册 3. 申请专利　4. 代拟会计及其他商业文件	在江西路452号时设立
3. 法律科	1. 常年法律顾问 2. 工商企业、个人法律诉讼 3. 破产债权、债务诉讼	在宁波路190号时设立
4. 信托科	1. 担任公司清算人、和解监督辅助人、破产管理人 2. 担任遗嘱执行人	在江西路406号时设立

（续表）

科（部）	业务项目及范围	附 注
5. 外商科	承办外商企业或分支机构登记、商标注册、申请专利等服务	抗战胜利后在江西路406号设立
6. 总务科	办理人事、会计、档案和后勤供应等	在江西路452号时设立
7. 学校部	办理补习学校的教学、教务工作	在江西路452号时设立函授部，迁入宁波路190号时改称学校部，学校分立独立办学后撤销
8. 编辑科	1. 编写立信会计丛书 2. 编辑《立信月刊》、《立信会计季刊》	在宁波路190号时设立，1940年潘序伦去重庆后结束

1946年、1947年，潘序伦先后两次到南京，担任经济部、善后委员会的官职，无暇兼理事务所的业务。在此期间，陈文麟为主任会计师，主持事务所日常工作。在这30年中，不少学有所长的专家先后加盟立信会计师事务所，会计师有：钱廼澂、顾询、顾准、许敦楷、李鸿寿、郭驹、张蕙生、钱素君、王澹如、蔡经济、王逢辛、唐文瑞、陈文麟、施仁夫、管锦康、王桂庭、詹家忠等；律师有储开祜、叶朝俊、鲍昌勋、褚宏、周鲲等；李文杰是会计师兼律师。

立信会计师事务所在其他地方设立事务所的情况如表1-3-9所示。

表1-3-9　立信会计师事务所在其他地方设立事务所的情况

城　市	主持人	开业至结束时间
杭州立信会计师事务所	于怀仁	约1930～1932
桂林立信会计师事务所	蔡经济	约1939～1944
立信会计师重庆事务所	王逢辛	约1938～1952上半年
南京立信会计师事务所	张蕙生	约1946～1949
广州立信会计师事务所	蔡经济	约1946～1949
天津立信会计师事务所	管锦康	约1948～1952

8. 立信会计图书用品社的规模扩大

抗战胜利后，立信会计图书用品社在上海租用河南中路339号为社址。该房为五开间的三层楼，一楼为营业部，二楼、三楼为办公室。由顾咨博为代理社长，诸度凝、蒋春牧从重庆调上海，先后为总经理。原重庆立信会计图书用品社改为重庆分社，负责西南、西北地区的业务。

用品社适应了社会的需求，产品适销对路，业务发展较快。从创办到这时的七八年间，每年一般要增资两次。立信方面每次增资投入都大大超过了生活书店，数年下来与原来的各半投资的比例有了很大的变化。1947年底，生活书店退出立信会计图书用品社，其所有的股份全部作价让出。这样，用品社成为立信拥有的全资企业。

用品社利用上海经济大都市的有利条件，向外地辐射，先后在南京、广州、天津、北京等大城市设立分社，在其他大城市设立特约经销处，在香港、澳门及南洋一带推销《立信会计丛书》和立信账册报表等。由于交通不便等诸多因素，蔡经济于1949年在香港组建了立信会计图书公司，出版会计丛书等20余种。

办学规模的扩大，上海立信会计师事务所和上海立信会计图书用品社的业务拓展，使“三位一体”的立信会计事业取得了长足的发展。

9. 外地的立信学校(一)

除重庆、北碚外，从1940年起，立信适应战时培养会计人才的需要，还先后在桂林、柳州、衡阳、梧州、兰州办理分校，1946年又在广州、南京、天津、北京、香港等地办学。1949年及其之前停办的分校简况如表1-3-10所示。

表1-3-10　外地的立信学校简况(一)

校　名	起止时间	负责人	学校类型	累计毕业、结业人数
上海立信会计专科学校附设桂林会计学校	1940.5～1945.6	蔡经济	一年制专修课，每周18课时	毕业：初级52个班、高级25个班
立信会计学校柳州分校	1941.6～1944.5		一年制专修课，每周18课时	毕业：初级7个班、高级4个班
立信会计学校衡阳分校	1942.10～1944.3		一年制专修课，每周18课时	毕业：初级3个班、高级1个班
立信会计学校梧州分校	1943.1～1943.12		一年制专修课，每周18课时	毕业3个班
立信高级会计职业补习学校兰州分校	1941.2～1945.7	校长潘序伦 分校校长先后为陈学文、许作人 教务主任周四新	选科制会计补习学校 开办5期，入学2088人	修满5科，毕业84人
广州私立立信会计职业学校	1946.2～?	董事长潘序伦 校长蔡经济 副校长李超凡	初为选科制补习学校，同年9月改为三年制职业高中	每学期在学人数在两千人以上
桂林立信会计补习学校	1947～1949.11	立信校友会主办 校长黄以法	共开班40个	累计单科结业约2000人
南京立信高级会计职业补习学校	1947.1～1949.4	董事长陈其采 校长潘序伦	选科制补习学校及一年制速成科	共开设50多个班，结业三千人以上

第三节　筹备改办立信商学院或立信会计学院

抗日战争胜利，学校复员上海之时，潘序伦推出以会计人才培养为主的多学科、专科与本科并举办学的立信商学院的计划，并组织人员积极筹划。学校把改办商学院的事宜列入重要议事日程。1945年10月19日，学校召开第七次校务会议，陈文麟副校长向会议报告了潘序伦的复员计划。复员计划提出实行专科分立，重庆办学仍用原名，上海拟改为上海商学院，学院内附设专科。上海、重庆两地的学校董事会需分立，重庆的董事会已请卢作孚、康心如为董事长。

学校董事会决定，于1947学年秋季由立信会计专科学校改名商学院，定名为“私立立信商学院”。同日，学校收到教育部关于招生的训令：增加招收新加坡、曼谷、巴达维亚、西贡等处的考生，同意对这些地区的考生适当从宽录取。为有利于学校申办商学院，代校长李鸿寿致信陈其采：“学校规模日就宏大，且有改设商学院之议，校长一职，势非年高德昭者，不足孚众望”，提请陈其采担任校长。3月19日，学校公布董事会决议，即日起由陈其采兼代校长，李鸿寿改任副校长。次日，兼代校长陈其采就职典礼在本校礼堂举行，王云五出席会议并讲话。

4月18日，学校收到教育部关于立信要求改名商学院的批复电文：“俟派员视察后再议。”不久，教育部派出人员到校考察。6月26日，教育部回复学校，改商学院的申请“应暂缓议”。

1947年8月，潘序伦辞去了南京政府的职务返校。陈其采便辞去代校长一职，潘序伦恢复任校长。

学校徐家汇柿子湾新校区建成后，办学形成了一定规模。1947年12月13日，学校为申办商学院并仍设会计专修科一事，再次向教育部呈文。国民政府颁布的《大学组织法》已经修正，对于可以设立的学院及其名称的条件适当放宽了尺度。而且，美国高等教育制度中没有“会计专科学校”。学校正副董事长陈其采、王云五抓住这些有利条件，于1948年1月23日致电教育部，“祈请”将学校改为商学院或会计学院。电文从办学规模、学术成就、办学设备、经费等几个方面阐述了立信办商学院的有利条件：一是，自初创至今，20年来造就各级会计人才总数将近10万人，为我国会计的进步培养了大批人才。二是，有利于我国会计学术的进步，符合美国等发达国家办学惯例。本校职教员及学生从事于会计学术之研究，就国内会计学术之贡献而言，显非现有各大学商学院所及。学校先后编著译过各种专门会计书籍30余种，大、中学校运用之会计教科书20余种，每年印行之会计书籍平均在一二十万册之间，国内各级学校凡选用中文会计教科书，几乎都出自本校所出版之立信会计丛书。三是，本校各项设备及经费方面，在上海公私立专科以上学校30余校中，“除国立之交通、复旦两大学及教会创办之沪江、约翰、震旦之三大学外，实无有能超过本校者”。关于本校经费之来源，发行立信会计丛书之版税收入，“三十六年下半年之版税收入即达6亿元左右，另以基金投资于立信会计图书用品社股份公司，其资产之现值亦已达150亿元以上，以之维持一会计学院或商学院实不成问题。”

1948年6月25日，教育部部长朱家骅致信陈其采，就学校要求改商学院一事答复称："目前教育界情形极度不安，如立信改院将引起其他专科学校援例请求，故已由部饬校暂缓办理。"1949年1月，杭立武出任教育部部长。教育部部长易人之后，陈其采、王云五于1949年4月8日又一次联名致电教育部"伏祈垂鉴"，请教育部部长杭立武"鉴核赐准"。十几天后，"百万雄师过大江"，改办"立信商学院"或"立信会计学院"在国民党统治时期没有实现。

附　文献辑录

一、校董事会为改名立信商学院给教育部部长朱家骅的电文

呈　教育部

事由　为呈请于三十六学年度起由会计专科学校改为商学院

（中华民国三十六年三月十八日）

发文　总公字第一八七号

案查本校自民国二十六年在上海创办迄今，已历十载，毕业学生服务于政府机关及各地工商界者无虑数百人。忆当三十年冬太平洋战争爆发之后，沪市沦陷。三十一年秋，因迫于环境由沪迁川，在北碚自建校舍，继续办理，三十二年又在重庆建造立信大楼，增设市区班。一切行政设施悉遵钧部规程办理，时则校务还渐扩展，规模固已粗具。迨三十四年抗战胜利，本校奉令复员返沪。鉴于战后复兴，工商业与会计人才之需要，更力谋扩充。俾助国家战后建设，在此一年半中，致力复员扩充，巩固学校基础，提高学生程度，罗织名教授，兴建新校舍，迄今已渐可观，前途更应发展。

校董会议决议："本校新校舍范围宽大，学校已容发展，为适应时代需求，决于三十六学年度秋季由会计专科学校改办商学院，定名为私立立信商学院"等语。查本校新校舍已于本年二月落成，占地三十余亩，费资十余亿元，时值约在三四十亿元。计有三层大教楼一座，长二三一尺，宽五二尺，内教室二十间，办公室十间，藏书室、阅览室各两大间，以及大礼堂、会客室、会议室等；三层楼男女生宿舍两座，各长九二尺八寸，阔四八尺，均为水泥钢骨钢窗之新型建筑；膳厅一座，长一〇〇尺，阔五五尺。其他有运动场，浴室室、盥洗室、厨房、仆役室等，更有上海长乐路四六六弄五开间三层楼房一栋，可作市区班校舍。

业于三十五年十一月二十一日总公字第九五号呈报并呈送建筑计划在案，以之办理商学院实甚充裕，矧今适抗战胜利之后，教育亟须发展，早经国策订明。本校既负有教育之使命，自应力谋进步。理合据案陈辞。祈请准予改为商学院。俾令本校发展计划并恳请速核示，实为公便。

谨呈

教育部部长朱

立信会计专科学校董事长

二、董事长陈其采、副董事长王云五致教育部部长朱家骅电文

呈 教育部

事由 为详陈本校从事会计学术之经过及现在设备情形，重申前请特准改设商学院或会计学院以资核准

（中华民国三十七年一月廿三日）

教育部部长朱钧鉴：

查本校请求改组商学院以适应需要一案，顷奉钧部本年一月九日中字第一三八八号代电，呈请将该校改为商学院一节未便照准，仍应遵照前令办理等。因窃维本校自最初创设至今已逾廿载，初设会计补习学校，旋增设会计训练班，自民国二十六年起为提高学生程度起见，呈准设立会计专科学校。抗战期间移川续办，又复添设高级会计职业学校。二十年来，造就各级会计人才总数将及十万人，国内各地各机关无不有本校学生服务其间。兹为再度提高程度俾获对于我国会计界作出更大之贡献计，迭经呈钧部准予该设学院迄未邀准。奉电前因，特再重申前请，并将请求改院之必要理由从会计学术及本校设备两方面详陈如下，敬祈鉴察。

（一）从我国会计学术之进展方面言之，本校实有改院之必要。本校职教员及学生从事于会计学术之研究，先后曾编著译过各种专门会计书籍三十余种，大、中学校运用之会计教科书二十余种，每年历年印行之会计书籍平均查常在一二十万册之间，国内各级学校，上至各国立私立大学，下至各中级、初级职业补习学校，凡选用中文会计教本者，几无非本校所出版之立信会计丛书也。故以本校对于国内会计学术之贡献而言，显非现有各大学商学院所及。此决非本校自诩之辞，而均有事实可证。本校复固吾国在过去十年之间学术界对于会计学术之研究甚少进步，故不惮引为己任。并已于立信会计师事务所及立信会计图书用品社股份有限公司担任每年拨付经费五亿元（照生活指数按期调整）作为本校研究会计学术之经费，已由美国购到最新出版之会计书籍六百余册，费去美金三千数百元。拟在本年度起在本校设立会计研究编译所，敦聘会计专家五人到十人主持其事，期能提高本校学生之程度，且期对于本国会计学术作更多之贡献。惟以专科学校而论，学生在校肄业期间只有二年，本校师生无论如何认真努力，无论如何延长学期上课时间（国内各大学每学期上课时间每不足四个月，且往往有不足三个半月者。本校每学期上课时间一定扣足四个月零二十天），增加授课时数总不能使学生获得会计上高深之研究，故实有增为四年制学院之必要。本校原期专精会计一科而不涉广泛之商科，故初意原期能改为会计学院，附设会计研究所及会计专修科。

俾会计教育得臻完备，但因大学组织法对于学院之种类及名称原有硬性规定，只得依法请求改为商学院。现在大学组织法已经修正，对于可以设立之学院及其名称似已放宽尺度。如能准本校改组为“会计学院”，则本校仍当一本专精于会计之旨，以从事会计一科。再查中外公私各大学商科，几无不有会计系科之设置。在美国且无会计专科学校之制度，凡研究会计学术者非在大学商学院肄业四年，或在大学卒业后再入研究所肄业两年不可。若谓会计一科无设（学）院之必要似非事实。

（二）从本校各项设备及经费而论，确有改院之资格。盖本校自复员返沪以来，建有广大

之校舍,全部系钢骨水泥钢窗而建,设有规模相当伟大之图书馆,现有藏书四万册,设有座位三百余,并有广大之运动场、大会堂、餐厅、男女宿舍、教职员住宅,及师生交谊室、印刷所等,不日将兴建体育馆。就设备一点而论,现值约国币四五百亿。在上海公私立专科以上学校三十余校中,除国立之交通、复旦两大学及教会创办之沪江、约翰、震旦之三大学外,实无有能超过本校者。故本校在设备一方面而言,似不能谓无改院之资格。至于本校经费之来源,一为发行立信会计丛书之版税收入,三十六年下半年之版税收入即达六亿元左右,且此后将逐渐增加,无虞短绌;另以基金投资于立信会计图书用品社股份公司,其资产之现值亦已达一百五十亿元以上,以之维持一单纯之会计学院或商学院实不成问题。

总之,本校努力于会计学术之推进已有二十年之历史,一向循序逐渐发展,此实为自然之趋势。现请改为商学院或会计学院,系求推进其二十年来所从事之工作,似与他校呈请改学院改大学藉以扩充科系而于实际无补之情形确有不同。务请特予核准,俾我国会计学术之研究得因本校之改院而更获进步。诚不胜祈祷之至。谨此电陈,伏祈垂鉴。

私立立信会计专科学校董事会　董事长陈其采

副董事长王云五

三、私立立信会计专科学校教职员服务规程

(一) 本校教员分教授、副教授、讲师、助教四级。

(二) 教授、副教授、讲师分专任与兼任二种,专任教授、副教授、讲师于任课以外须担任学术研究及导师工作。助教均为专任,其义务为协助研究及教学工作。

(三) 专任教员之薪给,概以十二个月计算,每月致送。其薪俸及授课时间,概于聘请时约定之。

专任教员之膳费由本校按照其在校实际服务时间支给之,其数额另行规定。

(四) 本校之行政事务得由专任教员兼任,于聘请时约定之。

(五) 专任教授、副教授、讲师不得在校外兼课,但商得学校之同意者不在其限。

(六) 助教在办公时间必须在校工作。

(七) 兼课教员薪金按授课时,专科每小时致送薪金国币二十元及米二升,训练班每小时十五元及米一升。兼任教员来校之舟车费,经学校聘约同意之后,得由学校支付之。其支付标准另定之。

(八) 教员所任选修学程,如遇选习学生不满五人得不开班,兼任教员已送聘约者,关于该学程之部分作为解约。

(九) 教员须按照学校规定时间举行各项考试,并将成绩单按时送交教务处,招考新生、旧生、旧生补考,及其他考试经学校通知,教员亦须负责协助。

(十) 教员因病或特别事故不能到校授课者,须预向教务处请假另定日期补授。逾两星期者须商得教务主任或训练班主任之同意请人代课。代课人之报酬由缺课教员支付之。

(十一) 教员无故连续缺课至每月所授学程时数二分之一者,致半月薪;连续缺课致每月所授学程全部者,得予解聘。

（十二）教员接到聘书后应于两星期内将应聘书送交学校存执，否则视作不应聘。

（十三）遇有特殊原因必须中断解聘者，如由校方提出，在解约时致送本月份全薪；如由教员提出，薪金送至解约时止。

（十四）职员之薪俸标准另定之。

（十五）职员及助教之薪金，均自报到之日起支。

（十六）职员办公时间规定为每日上午八时至十二时，下午一时半至四时半。如有特殊情形，得由校务会议议决，酌量变更之。

（十七）职员须于上午八时及下午四时半签到，但办公不限办公室内之职员，须经校长特许者不在此限。

职员连续无故五天不签到者，予以停薪或解职。

（十八）星期日及例假停止办公，但教务处、训导处、总务处须轮流各派一人或二人值日。

（十九）寒暑假内，职员及助教仍须照常到校工作。

（二十）职员因事或因病离校均须请假，每年请假日期不得逾一个月。请假规则另定之。

（二十一）各处组职员以专任为原则，非经校长允许不得兼其他职务。

（二十二）职员经校长核准，得在学校修读学分。其详细办法另定之。

（二十三）教职员继续在校服务三年以上者，得送亲生子女一人，经入学试验及格来校肄业，免缴学课费用；继续服务六年者得送二人；余类推。此项免费生每学期所习各门学科平均成绩须在七十分以上，始得免费。

（二十四）职员去职时非将经手事项交代清楚不得离校。

（二十五）本规程如有未尽事宜，得由校务会议议决修改之。

第四章 爱国民主运动与学校早期的中共组织

第一节 立信同学会

在顾准的推动下，立信同学会成立于1931年，李建模担任同学会第一届执委会主席。顾准在立信会计师事务所工作，曾任立信会计师事务所编译科副主任、立信会计补习学校夜校部主任兼函授部主任、立信会计专科学校教授。1934年初，在立信同学会的基础上，顾准发起组织了一个秘密的学习马列主义小组——进社，出版刊物《前卫》。参加"进社"的第一批8名成员中有6人均为立信校友、同学。他们是顾准、李燮泉、沈尉平、李建模、童志培、李少甫。"进社"组织逐步发展，成员增多到近30人，多数也是立信校友、同学。"进社"以阅读进步报刊为主，接受了中共的外围组织"远东反帝同盟"和"中国民族武装自卫委员会"（武卫会）的领导后，积极开展进步活动。1934年下半年，"进社"解散，"进社"的大部分成员转入武卫会。① 由此，立信同学会直接在中共影响下进行活动。1934年8月，顾准在武卫会沪东区委工作，9月任上海市分会主席、总会宣传部副部长。中共党员以立信工作为掩护从事革命活动，影响和带动其他师生员工投身于革命。1935年2月，顾准加入中国共产党。1936年初，上海职业救国会成立，顾准任该会的党团书记、职员支部书记。他对立信同学会非常关心，经常和同学会的陆修渊、高云樵、吴履绥等共同研究如何开展同学会工作。1937年11月，中共江苏省委恢复重建，按不同产业和职业建立上海党的各级组织，实行垂直领导。先后建立军事运动委员会（军委）、工人运动委员会（工委）、职员运动委员会（职委）、学生运动委员会（学委）、基督教学校学生运动委员会（教会学委）等12个委员会。② 顾准任省委职员运动委员会书记，后改任文化界运动委员会副书记，参与领导上海职业界和文化界抗日救亡运动。顾准在职业界倡导建立联谊会，组成银钱业业余联谊会（银联）、华联同乐会（华联）等。1938年，立信同学会选举陆修渊为主席，高云樵、吴履绥、唐根才、江爱纯等为执委，并组织恢复了读书会和立信话剧社，立信同学会在顾准的领导和帮助下，与"银联"、"华联"等进步组织建立了密切的联系，开展抗日救国宣传。1940年，同学会扩大到300多人。1940年5月，根据党的决定，顾准离开立信，离开上海进入苏南抗日根据地。③

对顾准的革命活动，国民党上海市党部有所觉察并向潘序伦发出警告。潘序伦对顾准的革命活动采取了比较开明、宽容的态度，对顾准和其家属在工作和薪金发放上比较照顾，使顾准及家人有一个比较宽裕的生活。在重庆时，潘序伦收到顾准从延安寄来的信，立即寄去顾准所需的钱款。

---

① 黄浦、高云樵：立信会计学校同学会（校友会）的革命活动简史，载《立信校友通讯》第30～34期。
② 《上海通志·第四卷·中国共产党》，上海人民出版社、上海社会科学院出版社2005年版，第760页。
③ 《上海通志·第四十四卷·人物·顾准》，上海人民出版社、上海社会科学出版社2005年版，第6723页。

第二节　学校的党组织

解放战争时期，中国共产党领导上海城市斗争和学生运动，1947年建立立信会计专科学校"校本部"（一院）党支部和立信补校党支部，1949年4月建立"市区部"（二院）党支部。"校本部"、"市区部"的两个党支部隶属上海地下党学生运动委员会专科学校区委，立信补校党支部隶属上海地下党职员运动委员会。

一、上海地下党学委专科学校区委领导下的学校党支部

1. "校本部"党支部

1947年秋，上海地下党学生运动委员会（学委）专科学校区委（分区委）调派祝幼婉等4名中共党员学生入立信就读，建立党支部。1947年秋校本部党支部情况如表1－4－1所示。

表1－4－1　1947年秋的校本部党支部

党支部书记	党　员
祝幼婉	祝幼婉　叶文静（叶铮）　杨爱娟　马问池

资料来源：陆方、朱象贤：激起革命的浪花——立信会计专科学校（一院、二院）地下党斗争史。载中共上海市党史委主编《战斗到黎明》，上海翻译出版公司1989年版，第522～530页。

祝幼婉团结带领同学们开展斗争，遭到校方"停学一学期"的处分，于1948年春被迫离校，转入中华工商专校就读。同时，孙铭等党员转入立信就读，党支部进行了调整。党支部不久又发展了徐远昭等加入党组织，学校党的力量有所增强，工作有了新的进展。1948年春校本部党支部情况如表1－4－2所示。

表1－4－2　1948年春的校本部党支部

党支部书记	党　员
孙　铭	叶文静（叶铮）　杨爱娟　马问池　金声远　施智君　朱象贤　严锡勤　徐远昭　陆蕴华（陆方）　董斐云

资料来源：陆方、朱象贤：激起革命的浪花——立信会计专科学校（一院、二院）地下党斗争史。载中共上海市党史委主编《战斗到黎明》，上海翻译出版公司1989年版，第522～530页。

1948年7月学期结束时，党支部鉴于孙铭、叶文静（叶铮）、徐远昭、陆蕴华（陆方）、董斐云已列入国民党反动派的黑名单，为了避免革命力量遭到损失，经上级党组织的安排，上述同学离校赴皖西革命根据地。1948年秋季开学，学校党支部又进行了调整，金声远任党支部书记。同年12月，发展范镇华加入党组织。1949年2、3月，经历政治斗争锻炼、思想觉悟迅速提高的积极分子王钟麟等加入了中国共产党。1948年秋至1949年3月校本部党支部情况如表1－4－3所示。

表 1-4-3　1948 年秋至 1949 年 3 月的校本部党支部

党支部书记	党　员
金声远	杨爱娟　马问池　施智君　朱象贤　严锡勤　范镇华　王钟麟　丁永迈　刘正荣　冯佩璜　任宗昉　房南生　陈慰祖　周成位　汪光容　郭涵东　王震春　陈　好

资料来源：陆方、朱象贤：激起革命的浪花——立信会计专科学校(一院、二院)地下党斗争史。载中共上海市党史委主编《战斗到黎明》，上海翻译出版公司 1989 年版，第 522～530 页。

2. 学校“市区部”党支部

上级党组织在重视“校本部”学生工作的同时，对“市区部”的学生工作加强了领导。学校时分为两个校区，徐虹路柿子湾校区以招收高中毕业生为主要对象，全日制上课，被称为“校本部”或“一院”；蒲石路校区招生对象以招收高中毕业程度的在职青年为主，夜间上课，称之为“市区部”或“二院”。根据党组织的指示，“校本部”的施智君、朱象贤两名党员于 1949 年 2 月转入“市区部”就读，开辟“市区部”党的工作。

起初，市区部的这两名党员与其他三所专科学校组成校际党支部，施智君任书记。党支部的主要任务是积极开展群众工作，培养积极分子，组织他们学习党的方针政策，提高认识，鼓舞斗志，壮大革命力量，迅速发展党员，迎接上海解放。经过近两个月的工作，市区部的积极分子很快涌现和成长起来，数人加入了中国共产党，“市区部”由此单独成立党支部。施智君从事校外工作，党支部书记由朱象贤担任。学校“市区部”党支部情况如表 1-4-4 所示。

表 1-4-4　学校“市区部”党支部

党支部书记	党　员
朱象贤	高蕴真　屠秀菊　谢世斌　富志权

资料来源：陆方、朱象贤：激起革命的浪花——立信会计专科学校(一院、二院)地下党斗争史。载中共上海市党史委主编《战斗到黎明》，上海翻译出版公司 1989 年版，第 522～530 页。

3. 党支部在解放前夕的主要活动

党支部争取和团结进步师生，培养了一批积极分子，打开学生工作的局面。党组织配合解放战争，揭露国民党反动派内战的真实面目，发动和组织同学进行了一系列轰轰烈烈的斗争。全国处于革命胜利前夜，上海学生运动进入迎接解放的新阶段。学校党支部积极发展力量，巩固和扩大核心，团结师生员工，为迎接上海的解放而斗争，为顺利接管大上海作出了应有贡献。

1947 年，党支部执行上海学联的号召，领导师生投入到“反饥饿、反内战、反迫害”运动中去。他们与立信学生自治会一道，发动同学抗议签名活动，抗议国民党特务杀害浙江大学学生自治会主席于子三的暴行。这年冬，他们募捐寒衣和善款，到徐家汇等一带的棚户区走贫问苦，救助困难户。

1948 年 6 月，党支部响应上海学联号召，与其他兄弟院校一道，动员和组织进步学生反对美帝国主义扶植日本侵略势力，投入到为挽救民族危机而斗争的运动中。

党支部积极开展对教师和学生的宣传和团结工作。他们把来自解放区的革命与进步书刊分送给一些教师和同学阅读。1949 年，毛泽东主席的新年献词《将革命进行到底》发表。党支部及时把《将革命进行到底》寄给潘序伦校长，宣传党的政策，团结、争取校长。他们为在即将到来的迎接解放、接管城市中保护学校，防止破坏做了不少工作。

1949年3月中旬，党员郭涵东在大夏大学（现华东师大校址）被捕。党支部积极开展营救。党员房南生与学校训导长交涉，争取学校给予帮助。经多方设法营救，在学校的配合下，郭涵东同学于4月18日获释。

1949年三四月间，国民党军队企图在立信校园设置军事据点，安置炮位负隅顽抗，阻止解放军进入上海。党支部闻讯后，立即组织同学坚决反对。他们组织护校队，日夜轮流值班，不准反动军警进校。党支部书记金远声带领同学去交通大学求援。近百位交通大学同学来到立信校园，与立信的同学们一起护校，显示了团结战斗的力量。同时，党支部及时争取校方的支持和配合。在党支部的领导下，加上校方的配合，斗争取得成功，炮位被迫安置在校外，保护了学校的安全。

1949年4月，党支部按照上级党组织的指示，建立党的外围组织“新民主主义青年联合会”（新青联）的校内组织。这项工作由党员范镇华负责，通过党员个别联系发展成员，共发展20多人。党支部对他们进行革命宗旨、遵守组织纪律等教育，上海解放前夕组织他们参加了“人民保安队”。5月24日，人民解放军进入上海市区。第二天，他们便以“人民保安队”、“人民宣传队”成员的身份配合解放军进行接管工作，5月27日迎来了上海的全部解放。新青联的成员在解放后均第一批转为新民主主义青年团团员。

二、上海地下党职员运动委员会领导下的补习学校党支部

上海市私立立信高级会计职业补习学校（立信补校）校址处设于江西路，后迁河南路吉祥里18号，校长为潘序伦。为便利同学就近上课开设分校多处。补校为工商企业及政府职员和各校学生利用业余或课余时间学习会计课程而设，培养簿记会计职员。

1. 立信补校党支部及革命活动

抗日战争胜利后，学校从四川迁回上海。立信同学会经过改选，党员高云樵被推选为主席。立信校友会成立，党员陆修渊任校友会副主席，具体负责会务的周信、吴履绥系共产党员。同学会、校友会的活动骨干梁汝瑚、徐正凡、黄浦、任锦、上官牛耳、杨成德均系共产党员。在国统区，党员虽然分属地下党职员运动委员会的不同行业的党组织，有的单线联系，相互之间还并不了解彼此的政治身份，但他们按照党的“勤学习、广交友”的指示精神，热心会务公益，为同学、校友服务，关心同学、校友的生活、思想，宣传党的政策和主张，赢得了广大同学、校友的爱戴和拥护。建立新校舍亟须资金，他们开展了协助潘序伦校长筹募资金等公益活动。

1947年，在上海地下党职员运动委员会（职委）之店员工作委员会的直接领导下，立信同学会、校友会建立了党小组，成员有周信、高云樵、吴履绥等。1947年下半年，立信同学会改选，高云樵、周信、黄浦被推选为同学会正副主席。同年，地下党为加强上海各补习学校党的工作，成立了党的补习学校委员会。在补习学校委员会的领导下，立信补习学校建立了党支部，梁润担任支部书记。随着立信补习学校党员增多，党组织派周宝训来到立信补习学校任教。以后，支部又增加了转来的党员。

表 1-4-5　1948 年的立信补习学校党支部

党支部书记	党　员
周宝钏	高云樵　周　信　吴履绥　梁　润　卢栋华　吴天钧　吕飞巡　黄秉乾　周　衍　方善昌　罗　宾　周士谋　司徒金康　郑熏琪　上官牛耳等

资料来源：黄浦、高云樵："立信会计学校同学会(校友会)的革命活动简史"，《立信校友通讯》第 30～34 期。

在党支部的直接领导和支持下，立信同学会、校友会的工作更加丰富而充满朝气。他们举办读书会、报告会、文艺讲座，编印《友讯》、《火炬》、《交流》等油印刊物；恢复了立信歌咏团的活动，定期组织演唱进步歌曲，编印《歌讯》；成立立信话剧团，排练演出进步话剧。他们通过这些活动，团结壮大进步力量，揭露旧社会的黑暗，扩大进步、民主的影响。参加立信同学会、校友会的越来越多，1948 年同学会、校友会拥有会员 3 000 多人。立信同学会、校友会的活动十分活跃、富有成效，在社会上产生了较大的影响。

1948 年 10 月，国民党特务制造了"利群书报社案"，以查缴从香港寄来的进步书报为由，查封了利群书店、黄河书店和海燕书店，并抓捕书店的全部职工。大肆抓捕进步学生，白色恐怖笼罩上海。立信补校党支部书记周宝训被国民党特务抓走，接着黄浦等 14 名校友、同学被捕，以后又有一些同学、校友被捕。校友吕飞巡、黄秉乾在执行任务、保护同学会积极分子撤离时，被潜伏的特务抓住。不久，党员高云樵也被敌人抓捕。在狱中，周宝训、吕飞巡、黄秉乾遭敌人的严刑拷打。他们不屈不挠，严守党的秘密，保护了其他党员的安全。黄浦在狱中表现英勇，遭受各种酷刑时，始终没有暴露身份。

由于立信补校的党组织遭到了破坏，经党组织决定，卢栋华等及时转移，前往苏北解放区；周信、吴履绥、上官牛耳等党员坚持在立信补校开展斗争。留校的党员争取各方的支持和配合，开展营救被捕师生、募捐救济受难家属、揭露国民党法西斯暴行等活动。他们在校方的支持下，召开被捕师生家属座谈会，公布案情真相，揭露国民党特务的法西斯暴行，组织被捕家属后援会，向社会发出呼吁，开展要求释放政治犯的请愿斗争。

学校负责人对本校学生参加进步活动采取比较开明、宽容的态度。早在 1947 年 5 月 27 日，代校长李鸿寿在校务会议上提出："目前各校学潮层出不穷，学校应持中立态度，尊重学生自由意志，惟需切实劝导学生以学业为重，互相尊重，切勿干涉他人。"周宝训、吕飞巡、黄秉乾等遭到国民党特务的逮捕后，在我地下党的指挥下，被捕人员家属很快组织起来，并争取到校长潘序伦和教务主任甘允寿的支持，学校冒着风险出面营救。立信补校教务主任甘允寿代表校方，率被捕师生家属代表一行前往国民党市政府和警备司令部交涉。当交涉遭到拒绝时，甘允寿在市府休息室向记者们揭露迫害立信师生的情况，呼吁各界给予关注。次日，上海各主要报纸都作了报道。

2. 上海解放前夕牺牲的三烈士①

1949 年 5 月 7 日深夜，周宝训、吕飞巡、黄秉乾等 12 名志士被国民党反动派在浦东秘密杀害。周宝训、吕飞巡、黄秉乾分别是立信补习学校的师生，立信补习学校党支部的共产党员。

① 黄浦、高云樵："立信会计学校同学会(校友会)的革命活动简史"，《立信校友通讯》第 30～34 期。黄浦："狱中纪实——怀念解放前夕英勇就义的立信烈士们"，《立信校友通讯》第 25 期(1991/7/10)。

他们为中国人民的解放事业献出了宝贵的年轻生命。

周宝训烈士(1923～1949),上海市北新泾人,在通汇小学毕业后,考取中华职业学校商科。他读书勤奋,刻苦钻研,阅读进步书籍,思想觉悟有提高。1941年,周宝训加入中国共产党。商科毕业后在上海大学继续求学2年,他进入中华书局会计科任职。为更好地联系和团结职业青年,他遵照党组织安排,先后担任了知行夜校、益友补习学校等校的教师。1948年10月,经组织安排,他来到立信补习学校任教,担任党支部书记。1948年10月,国民党特务制造了“利群书报社案”,以查缴从香港寄来的进步书报为由,查封了利群书店、黄河书店和海燕书店,并抓捕书店的全部职工。周宝训恰好经过黄河书店,被守候的国民党特务抓捕,关押到淞沪警备司令部稽查大队,连夜受到刑讯逼供。他身上带有立信同学会有关“新青联”组织的活动情况和党员周士谋写的有关积极分子情况的书面材料。这些材料不幸落入敌人手中,国民党特务立即对立信补校的进步师生实施了大抓捕。

周宝训时刻担心敌人会搜查到在家中记在账簿上的支部党员名单。他在狱中买通一名看守人员,请他带出一封信送交在菜场工作的父亲,嘱父亲将家中账册烧毁。在狱中,敌人利用种种手段威胁利诱或严刑拷打,周宝训被敌人折磨得几次昏厥过去,始终没有吐露一丝党的机密。敌人看硬的不行,又实施了软招:把周宝训的父母、妻子、女儿带到狱中,要亲属劝说周宝训写一份自白书。周宝训见到亲人,知道是最后一次的见面,他安静地劝慰父母和妻子:“我在这里,不会发生什么事,你们可以放心回去。”周宝训不为所诱,坚守党的秘密,始终没有暴露党的组织。

吕飞巡烈士,浙江镇海人,牺牲时26岁。16岁进瑞丰进出口贸易公司做练习生,后任会计。工作后深感知识不足,进入立信会计学校读书。他积极参加革命活动,加入了中国共产党。他团结进步同学,在同学中组织了一个交流社,编辑出版《交流月刊》。1948年10月25日清晨,国民党特务窜入立信,大肆搜捕进步学生,吕飞巡遭到特务逮捕。在狱中,他遭受各种酷刑,身受重伤,但始终坚守党的秘密,用生命保护了同一党小组的党员梁润、郑熏琪的安全。

黄秉乾烈士(1926～1949),广东南海人。小学毕业后,就读于中华职业学校,粤东中学,后因交不起学费,被迫辍学,随叔父至温州经商。几经波折,于1946年又回到上海。白天在一家呢绒商店当店员,晚上到立信求学。在中共上海立信地下党组织的帮助教育下投身革命事业,1947年加入中国共产党。

他积极参加党的工作,参与了立信同学会业余剧社、歌咏团、交流社等多种活动。1948年10月25日,国民党特务窜入立信,大肆搜捕进步学生,黄秉乾等遭特务逮捕。这次大逮捕,黄秉乾等29人被关押在淞沪警备司令部在北四川路的监狱,其中有中共地下学联《学生报》发行人严庚初、立信夜校教师黄浦等共产党员。黄秉乾始终坚持共产主义信念,坚守党的秘密,绝不屈服。

因为立信被捕的人数较多,严庚初与黄浦商定,利用立信这块园地把被捕同志的家属组织起来,揭露敌人的陷害阴谋,把敌人逮捕进步师生的罪恶活动公之于众。严庚初起草了行动要求,通过黄秉乾接见家属时,把行动意见放在饭盒底层传递出去,转交给立信校友会负责人、地下党的周信和学联的有关同志。在我地下党的指挥下,被捕人员家属很快组织起来,并争取到校长潘序伦和教务主任甘允寿的支持。黄秉乾是广东人,当弟妹来探监时,他用看守听不懂的广东话,把狱中难友们对外界的要求和意见:如何组织营救,如何与立信校方联系,如何动员社会舆论等等告诉了他们转告组织。他的弟妹也用广东话将外界消息带进来,使狱中斗争与狱外斗争紧密配合起来。

黄秉乾对革命胜利充满信心。弟妹来探监，他对弟弟说："天快亮了，你要挺着腰杆子做人。"黄秉乾、吕飞巡分别写了决心书交给家属，嘱咐他们的弟弟要沿着革命道路走下去。

黄秉乾遭敌人杀害，烈士遗体遭敌人毁灭。

1949 年 6 月 19 日，立信同学会、立信校友会和上海市学联等十几个团体联合组织了周宝训、吕飞巡、黄秉乾等 7 位烈士的追悼大会，到会的有 1 800 多人。原上海地下党市委书记张承宗在会上讲话，号召大家向烈士学习。①

1949 年 2 月，为迎接解放，接管上海，中共上海市委决定，除市政、交通、文化、警察、妇女系统党委和人民团体总党组直属市委外，撤销了学生运动委员会和职员运动委员会等按产业、职业系统党委，按地区建立区委统一领导党的工作。立信的党组织由区委领导开展工作。

三、新中国成立后的党支部

1. 立信会计专科学校党支部

新中国成立后，立信会计专科学校建立了党支部。在党支部的领导下，学校先后建立了工会、团支部和学生会。1949 年 9 月 10 日，学校教职员联谊会召开临时会议，决定推荐讲师助教代表周本濂，职员代表周成位为校务委员。周成位是学校党支部书记，以职员代表的身份进入校务委员会，在学校民主管理中发挥积极作用。

在党支部的领导下，同学们纷纷参军、参干，积极投身于国家社会主义建设。

1951 年 6 月，学校成立肃反委员会，学校党支部书记周成位、团支部书记、工会主席、学生会代表等为委员。

2. 立信补校党支部

上海市私立立信高级会计职业补习学校（立信补校）党支部成立于 1952 年秋季开学时。上级有关部门派来 3 名党员来立信补校建立党支部，杨柏和任党支部书记兼副校长。

① 《上海通志·第四卷·中国共产党》，上海人民出版社、上海社会科学院出版社 2005 年版，第 761 页。

第五章　解放初期的办学与立信会计事业

第一节　立信会计专科学校
(1949.5 至 1952.10)

一、学校领导班子与工作机构

1. 军管会决定不接管私立学校

1949 年 5 月 27 日，上海解放。上海市军管会文化教育委员会决定，不接管私立学校，私立学校仍由各校董事会和原行政组织主持。军管会文化教育委员会指示：(1) 私立学校照常收费，惟对清贫学生应适当救济；(2) 取消训导委员会，改为生活指导处；(3) 课程方面，删除公民、党义，增加新民主主义课程。6 月 1 日起，副校长陈文麟在校务委员会上传达了军管会文化教育委员会的决定。

6 月 7 日，上海市军管会文化教育委员会高教处召开私立学校负责人暨教授学生代表座谈会。学校派郭森麒参加会议。高教处负责人在会上重申了现阶段军管会对私立高校的政策和要求：文教委员会对各私立专科以上学校采取协助态度，不取干涉态度；私立学校应维持现状，逐步改进，不作激变，但也不能停滞不前。

在中国人民解放军军事管制委员会的领导下，上海市很快恢复正常的生活、生产秩序。学校召开校务会议，决定 5 月 31 日起各班按原定课表复课，并在《大公报》、《解放报》刊登复课的广告与消息。学校师生整理校舍，如期重返课堂，成为上海市高等学校率先复课的学校之一。

2. 组成新的董事会、校务委员会

1949 年 6 月 24 日，学校董事会召开会议，董事徐永祚、钱迺澂、李鸿寿、顾咨博、叶朝钧、周仲千、陈文麟、李文杰、黎照寰、潘序伦等出席会议。因董事长陈其采早已离沪，会议决定请黎照寰任董事长；准校长潘序伦告假，暂由李鸿寿代理校长；决定副校长陈文麟仍主要负责市区部的校务。

1950 年 7 月 14 日，学校董事会决定，照准潘序伦请辞校长职务，改推为名誉校长。李鸿寿代理校长一年期满，推为校长。9 月，华东教育部发文批准李鸿寿为校长，并报中央人民政府教育部备案。10 月 16 日，中央人民政府教育部批复，同意李鸿寿任上海立信会计专科学校校长。11 月，华东教育部召开华东区第一次高等教育会议，校长李鸿寿代表学校“校本部”、副校长陈文麟代表学校“市区部”出席会议。

学校组建新的校务委员会。1949年9月10日，学校教职员联谊会推荐讲师助教代表、职员代表各1人参加校务委员会。同年10月11日，学校公布新的校务委员会组成人员名单(见表1-5-1)。

不久，学生代表盛柏规、王如山提出辞去校务委员会的请求。10月25日，校务委员会决定同意两同学的辞职请求，同意学生会推荐的喻宗仁、杨慎言(市区部)为校务委员会委员。1950年5月，学生代表杨慎言不再担任委员，改由高宗准、吴知行继任。1个多月后，学生代表喻宗仁将毕业，学生会改推陈铭出席校务委员会。

表1-5-1　新中国成立之初的学校校务委员会组成人员

主任委员	李鸿寿
副主任委员	陈文麟
委　员	教务主任：郭森麒 教授代表：周仲千　王思立　余性元　管锦康 讲师助教代表：周本濂 职员代表：周成位 学生代表：盛柏规　王如山　蔡迎春

1950年9月22日，校务委员会召开常委会，研究贯彻执行中央人民政府教育部颁发的“高等学校暂行规程”，对立信校务委员会进行改组。决定组成人员为，校长、副校长，教务正副主任、总务正副主任、图书馆主任，工会代表4～6人，学生代表3人。

3. 董事会成员参与国是

1949年9月，举世瞩目的中国人民政治协商会议第一届全体会议在北京举行。学校董事、上海徐永祚会计事务所主任会计师徐永祚为“自由职业界民主人士”界别的10名正式代表之一，出席了全国政协第一届全体会议，并应邀参加开国大典。

上海解放后，人民当家做主。上海市各界人民代表会议为市军事管制委员会和上海市人民政府在军管初期传达政策、联系群众的协议机关。① 学校董事长黎照寰、校长李鸿寿被推为出席上海市各界人民代表会议。在1949年12月的市一届二次各界人民代表会议上，黎照寰被推选为大会主席团成员。

4. 教务委员会、财务委员会和学习委员会

1949年12月13日，学校分别推选出教务委员会和财务委员会组成人员：教务委员会组成人员是郭森麒、周仲千、黄竹坪、钱仲炎、钱素君、李鸿寿、陈文麟、王庭桂、王思立、张蕙生、余性元、祝百英、蔡士标、高文华、王昌畴、吴知行、戴新民；财务委员会组成人员是陈文麟、孙蕙珍、黄竹坪、周永宝、李家培、许衡之、冯铁岭、余誉倡、余性元。1950年8月，根据中央颁布的“高等学校暂行规程”的规定，学校教务委员会改称“教务会议”。

1950年9月，校务委员会决定，撤销员工薪给运用委员会，其负责对员工薪给发薪情况的查核工作移交财务委员会一并处理。

新中国建立后，教职工及学生思想改造是当前的一项重要任务。学校于1950年1月成立学习委员会，4月召开第一次会议，选举李崇厚为主任委员，徐秉璞、黄竹坪为副主任委员，中共立信支部代表袁维华，学生会代表杜水芳，青年团立信支部代表董亚苹，班级代表罗国梁、范

① 《上海通志·第七卷·第一章　上海市各界人民代表会议》，上海人民出版社、上海社会科学院出版社2005年版，第918页。

玉德、吴知行，教师代表凌彦、陈文麟等 9 人为委员。学校校务委员会召开会议，号召教职员积极参加政治学习。开展新民主主义学习运动。1951 年 2 月 12 日，校务委员会决定，为提高教职员的政治水平，每天的办公时间里规定 1 小时为政治学习时间。学习内容有党的土地改革政策、抗美援朝、知识分子改造政策和国内外大事，思想政治学习方法包括自学（自修）、开展座谈、交流心得体会、听讲座或报告等多种形式。学校按照华东教育部的要求，政治教师"除积极参加教师思想改造的学习外，应把工作的重点放在协助领导学生进行思想改造的方面"。要求通过两年多的学习，1952 年 9 月 14 日，校长李鸿寿向董事会报告学校情况时说，教职工及学生思想改造学习已经结束。

5. "镇反"与肃反委员会

1951 年 6 月，学校肃反委员会组成。委员会成员是：校长李鸿寿，学生会主席戴新民、李苏生，党支部书记周成位，团支部书记陈大育，工会主席郭森麒，职员王彬，学生程万里、杨毓华、华家琳、陈文蕙、吴振华、华奇琛。

学校坚决贯彻党的"镇反"方针，彻底清查隐藏在学校的反革命分子。校本部学生王世良被榆林区公安局逮捕。他原名王威章，1944 年参加军统，1945 年进入特务机构"诚达公司"，专门搜集刺探我党情报和革命活动，致使数百名革命同志被捕被杀，解放军渡江战役后逃亡台湾，1950 年 3 月潜返大陆，与国民党军统浙江站站长等联络。他化名王世良入我校，在学校攻击党的土地改革和抗美援朝，寒假中先后两次去我空军学校、一次去南京军大刺探情报，与杭州等地特务进行联络。徐汇区公安分局收审学校一年级学生李维伦，其原名李德伦，系国民党后勤部逃员。市区部学生文华，因登记不实、隐藏敌产而被捕。

6. 立信会计专科学校的机构及部门负责人

1949 年 8 月 10 日行政会议决定：同意钱素君辞去教务主任，由郭森麒继任；同意管锦康辞去总务主任，由余性元继任。

1950 年 5 月 19 日，学校将校务委员会及各部门负责人名单报华东教育部。学校机构设置与负责人如表 1－5－2 所示。

表 1－5－2　学校机构设置与负责人（1950 年 5 月）

部门名称	正　职	副　职	部门名称	正　职	副　职
教务处	教务主任　郭森麒	周仲千	体育组	代主任　宋伯希	
总务处	总务主任　余性元	王庭桂	文书组	主任　周本濂	
注册组	主任　黄竹坪	钱仲炎	会计组	主任　陈振祥	
图书馆	代主任　阳为龙		事务组	主任　朱　峥	华茂如
考勤组	代主任　薛　进				

1951 年 3 月 20 日，学校设立会计教研组、统计教研组，王澹如（教授、中央大学会计系毕业后，两度加盟立信会计师事务所，1934～1941 年先后任广州、香港的交通银行会计主任、襄

理，1948～1949年为广西大学教授）、桂世祚分别任主任。周成位（国立社会教育学院图书博物馆学专业毕业）任图书馆主任。学校设立校医室，严蕊珠（上海同德医学院毕业）、俞慎修（民国时期的国防医学院毕业）为校医。

二、教学管理与课程改革

1. 课程改革

课程改革分为三个阶段。1949年度第一学期为第一阶段。学校按照军管会文化教育委员会的指示，删除三民主义、党义、公民和伦理课程，增设了“新民主主义论”、“社会发展史”、“政治经济学”、“中国革命问题”等课程。学校召集部分教授座谈，研究修订课程的问题。会议认为，修订课程，一要配合党的政策，二要顾及学生的要求，三要顾及经济状况。

1949年度第二学期为第二阶段。学校召开政治课程研究小组会议，经商讨决定，政治课程由每周2小时增加到3小时，定为3学分。学校将课程分为政治课程、语文课程、财经课程、会计课程和法律课程五组，校务委员会领导课程精简研究小组，分别组成会计、财经、法律、语文、政治和学制6个小组，就课程精简问题进行研究。1950年1月18日，学校课程精简研究小组决定，增设中国革命问题、新哲学等为必修课，增设俄文、财政学等为选修课。

1950年度第一学期为第三阶段。学校贯彻执行中央教育部颁布的“关于实施高等学校课程改革的决定”和“财经学院课程标准（草案）”。1950年1月11日，华东教育部向各校发出通知，指出自美国挑起侵朝战争以来，形势日趋严重，为配合形势发展，各高校目前应以时事学习为中心工作，并严格执行中央关于每周学习时间不得超过50小时的课改决定。学校进一步调整课程，严格遵守50小时学习时间和不超过17学分的原则。学校对课程作调整，还组织同学们到税务部门查账和参观工厂，增加同学们的实际知识。

学校还积极邀请校外的知名专家、学者来校演讲，提高师生的思想认识，进一步提高了师生的政治觉悟，扩大师生的视野。如邀请《解放日报》社编辑主任来校演讲“目前的国际形势”，邀请交通大学的教授来校演讲“保卫世界和平，庆祝人民政协”，邀请《经济周报》主编来校演讲“共同纲领中的中心政策”，邀请知名专家作“鲁迅先生的生平和思想”、“十月革命和中国革命”等讲演。

学校切实遵照上级有关课程改革的决定。增设的新课程引起了政治教师缺乏，可精简了的课程造成有的教师却无课可授。一年级的语文课均删除，语文教师中有4人却面临失业之虞。他们靠教薪收入为生活来源，短期内转业尚有困难，学校经济状况也无法对他们给予帮助。为此，学校于1951年2月3日向华东教育部发出公函陈述，并希望对他们给予适当照顾。

2. 教学与学籍管理

（1）教学管理。1949年6月15日，在学校召开的校务会议上，学生自治会代表提出，学生因参加学联号召的宣传游行，希望学校将期终考试日期推延3天。校务会议决定同意。

1950年9月，教务处公布重新修订的“学生成绩考核办法”和“学生各学科学习成绩计算之标准”。

1952年6月，经华东教育部批准，学校“校本部”与“市区部”暂予使用“学生请假及旷课规则”，学校制定“学生学业成绩考核规则”。

(2) 学籍管理。1950年5月，华东教育部向各高校转发中央教育部关于高等学校学生学籍问题的批复，内容主要有：解放前敌伪及国民党反动统治时期的毕业证书概不验印颁发；解放后新生入学其证件由各校自行验核，学校只需将新生名册报部备案。并对学生改姓名、籍贯等事项作出了相应的规定。22日，根据中央教育部关于学生学籍由各校自行验核的通知精神，学校设立学籍审核委员会，加强对学籍的管理。1950年11月，学籍管理委员会研究对解放前毕业的学生的学籍处理办法、议决：解放前毕业生其有关学籍证件已交国民党当局教育部而无法取回者，准予通过其学籍；解放前毕业生以同等学历投考，已缴肄业证书或成绩单之一者，经查明落实后，准予通过其学籍。12月，学校对情况特殊的学生学籍问题作出补充规定：曾在大学肄业过的学生，其高中毕业证书已由肄业学校报送教育部，而仅交来证书收据证明者，应向其原毕业之中学查询后，才予以审核；曾在汪伪时期毕业的学生，其学籍既未验印，又未甄审，而原校已停办者，应请示教育部再行审核。

通过对学生学籍的清查，学校查出4名同学冒以同等学历资格入学。学校为此请示教育部如何处理。1950年10月17日，教育部批复：“原则上应令其退学，现该生等既能坦白认错，故准从宽处理，予以继续学习”，但今后“一律不得再援引为例”。50届毕业生1人，51届毕业生4人因伪造高中毕业证书入学，分别向学校写出坦白检讨。

(3) 学制改革。1950年5月，学校决定，市区部学生毕业期限自本学期一下开始，改原五学期制为试行四学期制。学校要求，市区部的学习质量应于校本部维持统一标准，对成绩差的学生和体格差的学生在修读时应视情况加以限制。

3. 师资队伍

学校在办学中，十分注意充分利用上海的地缘优势，聘请大学教师和有学术背景且有丰富实践经验的会计实务工作者来校兼职。根据1951年的资料，聘请的36名兼职教师，多者每周授课为13课时，少者每周授课为1课时，除其中两人没有标示所授的课程与每周授课课时外，34人平均每周授课为4个课时有余。学校聘请了华东教育部工作的在延安时期参加革命的干部兼职授课，以历史唯物主义和辩证唯物主义讲授“社会发展史”等课程。新中国向苏联学习，会计学科亦学习苏联会计制度。1950年起，学校聘请1名前苏联籍的会计专家来校兼职，教授俄文与会计。他1918年毕业于海参崴高级商业学校会计专业，1930年起来到上海，先后在银行和公司工作，为一家公司的会计主任，熟悉前苏联的会计实务。学校1951年兼职教师的基本情况如表1-5-3所示。

表1-5-3　学校1951年的兼职教师的基本情况

序号	姓　名	年龄	先后工作单位及职务	毕业学校	担任课程　周课时
1	陈文麟	40	立信会计专科学校讲师、副教授、教授、教务主任、副校长。沪江大学、光华大学教授(1946年至今)	上海光华大学会计系	成本会计(3)
2	严家聪	34	东吴大学法学院教师	东吴大学	珠算(5)

（续表）

序号	姓　名	年龄	先后工作单位及职务	毕业学校	担任课程　周课时
3	钱学钧	33	会计师 上海浙江兴业银行总行稽查员	立信会计专科学校(第一届)	银行会计(3)
4	孙家芬	46	新加坡新亚南洋总发行所总稽查 华东合作总社财务科长	沪江大学银行系	合作会计(2)
5	王庭桂	38	副教授　立信会计师事务所会计师	中华职业学校商科	初级会计(5)
6	周仲千	51	东吴大学会计学系主任教授 立信会计师事务所外商科主任兼学校市区部教务副主任教授	美国哥伦比亚大学	
7	朱懋庸	30	副教授　四川大学、成华大学教师 上海中华工商学校教师 上海教育工会组织部科长	西南联大经济系	政治经济学(9)
8	詹天觉	53	教授　中英庚款董事会会计 浙江省财政厅科长(抗战时期) 沪江大学商学院教授	美国哥伦比亚大学	政府会计(4)
9	汤心仪	49	光华大学副教授 华东财政部科长	上海圣约翰大学研究院	货币银行(3)
10	黄圭笙	40	副教授　四川内江银行经理 上海市货物税务局会计主任	公立江苏商业专门学校	珠算(1)
11	陈学文	34	会计师　大同银行会计主任兼立信 立信兰州分校校长　淮南煤矿局会计科长 上海大华厂会计主任	立信会计专科学校	珠算(1)
12	许作人	50	教授 立信会计学校兰州分校校长(1943～1945)淮南铁路公司会计主任	国立上海商科大学会计系	高级会计 铁道会计(共9)
13	蒋应杓	48	副教授　高中语文教师	浙江大学	国文(6)
14	应汉光	57	东吴大学英文教授	东吴大学法学院	英文(6)

（续表）

序号	姓　名	年龄	先后工作单位及职务	毕 业 学 校	担任课程　周课时
15	罗君惕	46	英士大学、交通大学教授	上海中国公学大学部	国文(6)
16	朱海元	48	沪江大学、国立商学院会计教授 救济总署广州分署会计主任	上海圣约翰大学文学士	成本会计(3)
17	朱志泰	34	圣约翰大学、沪江大学教授	美国密歇根大学经济系	货币银行(3)
18	莫启欧	40	复旦大学、立信会计学校教授 中美石油公司会计主任	复旦大学会计系	成本会计(3) 会计报告分析(2)
19	俞文青	25	立信会计研究编译所编辑	南开大学会计系	成本会计(3)
20	王逢辛	41	同时为立信会计专科学校、光华大学教授	国立上海商学院会计系	初级会计(共13) 会计报告分析 会计制度
21	赵友良	40	讲师　国民政府审计部审计师 审计部驻江苏省审计室主任 会计师	中央政治大学高等科	高级会计(6) 会计制度(4) 会计实习(2)
22	邬洪林	32	副教授（重庆　上海）国民政府中央银行，建国后在人民银行工作	中央政治大学经济系	货币管理(2)
23	杨昌毅	34	联合国亚洲及远东经济委员会咨议 美援运用委员会上海办事处主任 兼东吴大学、沪江商学院和立信教授	哈佛大学经济学博士	工业管理(3)
24	凌　彦	31	华东教育部秘书处处长	中共中央马列学院	社会发展史(6) 政治讲座(2)
25	董振模	28	华东教育部高教处		政治课
26	李振南	56	国际贸易协会输出入管理委员会顾问 圣约翰大学、东吴大学教授	美国耶鲁大学经济学博士	货币信用(3)
27	张忠亮	39	教授　金城银行总行会计处处长 上海市人民政府税务局会计处处长	复旦大学会计系	财政政策法令(2)

（续表）

序号	姓　名	年龄	先后工作单位及职务	毕业学校	担任课程　周课时
28	龚懋德	42	公信会计师事务所会计师 东吴大学、复旦大学、沪江大学兼职教授，公信会计用品社经理	大夏大学商学院	会计制度(3)
29	王成杰	34	副教授　立信会计师事务所会计师 立信高级会计职业学校教师	立信会计专科学校	政府会计(4)
30	詹家忠	35	副教授　立信会计师事务所会计师	大夏大学会计系	中级会计(4)
31	纪洪天	29	中国纺织建设公司统制室成本科 华东纺织管理局成本会计科	立信会计专科学校	初级会计实习(2)
32	诸尚一	41	东吴大学会计系教授 震旦机器印染公司经理	国立上海商学院国际贸易系	财政政策法令(2)
33	吴君实	44	教授　重庆国民政府交通部科长 新中国成立后的上海铁路局财务处处长	国立暨南大学会计学系	经济核算制(3)
34	夏高波	36	中华工商专科学校、诚明文学院教授	复旦大学会计系	审计学(3)
35	毕多信 （苏联籍）	59	教授　上海一家银行的会计 上海百利有限公司会计主任	海参崴高级商业学校	俄文　会计(2)
36	王文彬	27	副教授　会计师　大丰工业原料公司总厂会计主任、副总厂长	民国高等考试会计科考试及格	企业组织与管理(6)

1951年5月，学校向华东教育部报送本校师资配备情况表（见表1－5－4）。

表1－5－4　1951年5月学校师资配备情况

	教　授	副教授	讲　师	助　教	经培养可称教授之职
校本部	11人	4人	1人	4人	2人
市区部	9人	7人	3人	1人	1人

三、学生工作与毕业分配

1. 报名参加工作团和军队干校

1949 年 5 月 27 日上海解放。6 月 16 日，上海市学联召开各大、中学校学生组织的代表大会，动员上海青年参加南下服务团和西南服务团。全市分别有 2 400 人和 3 300 名青年学生随人民解放军进入福建和西南，参加新解放区建立人民政权、组织工会、建团、剿匪肃特、土地改革。[①] 到 6 月 21 日止，有 50 多名同学报名参加南下工作团。8 月 16 日，学校有 49 名同学志愿赴东北参加国家建设，其中专科 30 人，补校 19 人。

1950 年 12 月，华东教育部、中央教育部发出通知，指示要求各地成立"军事干部学校招生委员会"，各校成立"军事干部学校学生保送委员会"，在同学中深入开展教育活动，广泛宣传，掀起青年学生爱国主义的新高潮，争取迅速完成报送任务。12 月 13 日。学校召开"学生参加军事干校动员大会"，动员符合条件的同学积极报名，参加国防建设。同学们积极响应党的号召，纷纷报名。学校有 21 名同学经检查合格，参加军事干部学校学习，其中空军干校 11 人，海军干校 1 人，公安干校 9 人。1951 年 1 月 18 日，学校将他们的名单报华东教育部。

2. 毕业生的分配

1950 年 6 月 9 日，华东教育部转发中央教育部关于毕业生分配问题的紧急通知。通知规定，全国各公私立大专院校本届毕业生由中央统筹分配工作，各校不得自行分配。

华东教育部发出"关于对毕业生进行短期集训的通知"。通知指出，在毕业生分配工作之前，为弥补在校时思想政治工作之不足，决定于毕业考试后集中短期学习，使毕业生确立为人民服务的革命人生观，服从政府的统一分配，保证分配工作的顺利进行。通知强调，集中学习是政治课的一部分，毕业生必须参加，否则不得毕业。学校贯彻落实上级的指示，立即组织毕业班的同学进行集中学习。7 月 12 日，华东教育部发来通令，拨来学校当年暑期毕业生分配名额，校务委员会随即研究毕业生分配。校本部应届毕业生 127 人，经华东教育部分配到东北工作有 31 人，有 37 人由团市委分配。有 42 人分配到华东局所属机构：上海市委 2 人，华东工业部 1 人，防空政治部 3 人，华东合作局 3 人，华东财政部 1 人，华东贸易部 6 人，华东地区 15 人。此外，有 11 名毕业生已就业。

为加速培养国家急需的财会人才，学校拟利用徐虹路本校空余校舍设备举办会计训练班，名额 80 人，修业两学期，男女兼收。1950 年 7 月 12 日，华东教育部发文，对学校举办一年制会计训练班、财经训练班的计划草案作出批复，同意立信设立训练班，对报考资格修改为"以高中毕业为主，初中毕业服务满二年为次"。训练班如期招生、开学。1950 年 12 月，学校向华东教育部书面汇报 1950 年寒假毕业生志愿分配去向及名册：志愿分配中央有关部门者 15 人；志愿分配华东工作者 23 人；因病暂不分配者 1 人；参干及自行就业者 11 人。另外，有 2 人志愿分配中央有关部门工作，但尚缺《统计学》的学分，能否参加分配请华东教育部指示。

1951 年 2 月初，训练班全体同学书面向校方提出要求"与专科毕业同学同样统一分配工

---

① 《上海通志·第八卷·党派群团·第三章·群众团体》，上海人民出版社、上海社会科学院出版社 2005 年版，第 1050 页。

作”。为此，学校加紧向有关业务部门联系，并于1951年3月9日向华东教育部呈专题请示，要求这批学生特准参加统一分配。

不久，华东教育部作出批复：(1)中央统一分配工作之指示，系专指大学、专门学院及专科学校毕业生，如短期训练班同样参加统一分配，与中央规定不符，况各业务部门是否需要此种程度人员，目前尚无统计。(2)为照顾青年学生起见，你校可径向业务部门联系，如果需要我部可予以介绍。

1951年12月，1名同学违反纪律，不参加毕业生集中政治学习。经学校请示，华东教育部批复“不予毕业”。

1952年1月9日，华东教育部就我校夜班毕业生分配问题发出通知。通知规定：(1)为照顾原部门工作需要，夜班应届毕业生中有工作者可不参加统一分配，如有要求者，须取得原工作单位离职证明，交学校审查签具意见后转部核批。(2)夜班应届毕业生中未有工作者，应一律参加统一分配，凡已有工作不愿参加统一分配者，须报工作部门及工会证明文件，经部审核批准。(3)日班毕业生应一律参加统一分配(已有工作在内)。

学校先后印行《私立立信会计专科学校十六届毕业生纪念刊》和《私立立信会计专科学校十七届毕业生纪念刊》。李鸿寿、陈文麟分别为《纪念刊》作序，《纪念刊》登载了校史、级史、题词、毕业生通讯录、同学留影等。

四、学校第一次师生员工代表会议

1. 会议的筹备

1951年4月6日，学校召开第一次全校师生员工代表会议筹备会议。会议确定代表会议的中心内容为：(1)密切结合经常性的新民主主义教学，深入开展爱国主义运动。(2)签订爱国公约，把爱国主义的精神贯彻到实际行动中去。(3)消除麻痹思想，坚决协助政府镇压反革命分子。

会议筹备组公布了出席会议的代表名单：行政、政治教育委员会、会计、统计等部门的代表，党支部、团支部、工会、教职员工、学生会、学生等方面的代表，中苏友协、妇联、合作社等团体组织的代表，特邀代表，共92人。会议主席团由18人组成，李鸿寿召集。会议提案审查委员会由18人组成，刘昶召集。

会议秘书长为余性元，总务主任朱峥，文书主任周本濂，宣传主任董颂。

2. 会议的召开

4月17日，立信第一次师生员工代表会议开幕。李鸿寿向会议作题为“半年工作总结和今后工作方针”的报告。立信学校党支部书记周成位在会议上作报告，各小组代表在大会上发言。

李鸿寿的报告分三个部分：一是抗美援朝运动开展以来的工作情况，二是目前学校存在的几个问题，三是今后工作的方针和任务。在谈到学校半年来的工作时，李鸿寿在报告中的一部分说，学习了周总理的国庆文告后，大家基本上明确了抗美爱国运动的伟大意义。去年11月9日召开了动员大会，通过宣言，保证做好具体爱国工作，随时响应祖国号召。12月初，本校师生员工响应世界和平上海分会发出的倡议，共捐献手榴弹30颗，子弹2 500多发，毛巾30

多条，慰问袋 23 个，以及牙膏、肥皂、香烟等。李鸿寿说，学校举行了反特斗争大会，本校有 4 名教员和 1 名学生因参加反动党团特务组织，解放后办理了自首登记手续。

会议收到提案 29 件。经过下午、晚上的两次全体会议及分组讨论后，会议通过了“立信会计专科学校全体师生员工爱国公约”，完成了预定议程后闭幕。

五、院系调整下的学校停办

1952 年，全国高等教育开始进行大调整。6 月 24 日，校务委员会召集常务会，就院系调整问题进行了专门研究。院系调整之前，学校师生人数如表 1－5－5 所示。

表 1－5－5　院系调整之前，学校师生人数

	学生数	教授数	副教授数	讲师数	助教数
校本部	137	专职 6	3	2	5
		兼职 4	2	1	
市区部	151	专职 2	1		
		兼职 5	4	2	1

1952 年 8 月，中央人民政府任命李鸿寿为上海财经学院副院长。9 月，教育部通知，上海立信会计专科学校与复旦大学商学院等其他高等学校的财经院系合并组成新的上海财经学院。鉴于毕业生统一分配工作已经结束，学校董事会于 9 月 14 日召开会议，推定黎照寰、李鸿寿、陈文麟 3 位董事负责学校移交事宜。

师生员工一并转入新组建的上海财经学院。校本部校园占地面积 34.45 亩，房屋 12 栋，建筑面积 4 360.5 平方米。校本部的图书，市区部家具、图书移交财经学院。校本部房地产及家具移交上海交通大学。徐虹路校舍移交上海政法学院。

根据国家的统一部署，学校以国家的社会主义建设为重，服从上级决定。10 月 6 日，一切移交事项办理完毕，私立上海立信会计专科学校至此停办。

第二节　事务所、会计图书的编译与出版(1949.5 至 1956.2)

一、立信会计师事务所

1949 年办理结束的事务所有：南京立信会计师事务所(张蕙生教授主持，1946 年开业)，广州立信会计师事务所(蔡经济教授主持，1946 年开业)。1952 年办理结束的有天津立信会计师事务所(管锦康教授主持)。

上海解放后，立信会计师事务所继续开展业务。1951 年，经上海市税务局批准，事务所为特约查账员，查核1950年度工商企业纳税事宜，一度业务骤增，但以后业务逐渐减少。立信会计师事务所为节省开支减少了租用的办公用房，迁至江西中路391号，部分人员被另外安排工作。1956年，国家对资本主义工商业进行社会主义改造，经济结构发生了巨大变化，作为服务性质的会计师没有了业务，无存在的必要。因此，上海各会计师事务所联名向上海市主管部门申请办理结束。经批准，会计师和其他工作人员由有关方面作了相应的安排，立信会计师事务所宣布结束。

二、立信会计图书的编译与出版①

1. 编译出版的领导机构与经营单位

1949年春，创办立信编译社，潘序伦任社长。

1950年9月27日，学校董事会决定，成立立信丛书编辑委员会，潘序伦、李鸿寿分任正副主任，顾询、陈文麟为委员。立信会计用品社依然为编辑出版、印刷、发行的经营单位。

2. 立信会计用品社的出版经营

解放后，用品社积极编写适应社会主义会计制度的各种新的会计丛书，翻译出版苏联会计核算书籍，为新中国经济建设和培养会计人才提供了教材和参考书籍。用品社的出版事业得到了发展，仅1951年全年出版图书110种，其中初版50种、再版60种，总印数达122万余册，创历史新高。

1951年3月1日，国家主管商标的机构重新核准立信会计图书用品社股份有限公司沿用的"立信"圆形图案为注册商标，继续在用品社的书籍和账册上使用。

由于编撰者的时代局限，解放前编撰出版的立信会计丛书中有的图书内容与新社会不符。1952年3月，校董事会讨论同意立信会计用品社关于立信丛书46种图书的处理意见：《商业簿记》等18种图书停售；《英文高级商业簿记》等14种图书暂时继续发售至存书销售完，相当时期不再重印；《簿记初阶》等31种图书销售完，不再重印。《初级商业簿记》的版税减为5%，《会计数学》、《会计数学用表》的版税税率改为10%。

在发行销售方面，用品社的经营业务活动逐渐纳入国家计划的轨道。1951年8月，参加了中国科技图书联合发行所的联营；1953年3月，与中国图书发行公司建立了总经销关系；1954年1月，用品社出版的图书转入新华书店总经销。印行的立信会计账册先后有同行业的联合版本及中百批发站的定购包销等。

3. 用品社经营机构及负责人

新中国建立后，立信会计图书用品社加强编辑力量，成立了编辑部等部门，进一步加强内部管理。同时继续保持了在北京、天津、南京、广州、重庆等地分社（办事处）的经营活动。立信会计图书用品社负责人、机构及负责人情况如表1-5-6、表1-5-7所示。

① 本节资料主要根据立信老同仁蒋春牧撰写的《立信会计图书用品社简史（1941～1956）》。

表 1-5-6 立信会计图书用品社负责人

代理社长	顾咨博(1945 至 1953 年秋逝世) 王逢辛(1953 年秋至 1956 年)
副社长	王逢辛(1951 年秋至 1953 年秋)
经　理	蒋春牧(1945 年至 1952 年春患病休假) (1954 年 7 月至 1956 年) 潘逊伯(1952 年春至 1954 年 7 月)
副经理	顾　今 潘保墀(1951 年秋至 1952 年) 钱荣照(1951 年秋至 1952 年) 陆树孝(1951 年秋至 1952 年)

表 1-5-7 立信会计图书用品社机构及负责人

编辑部	主任　顾咨博(兼)(1949 年至 1953 年秋逝世) 潘保墀(1953 年秋至 1956 年) 副主任　潘保墀(1949 年至 1953 年秋)
业务部	主任　钱荣照
会计处	主任　陆树孝
总务处	主任　顾　今
北京分社	
天津分社	经理　潘逊伯
南京分社	
广州办事处	
重庆分社	1956 年 10 月并入重庆市印刷五厂
香港立信会计图书公司	主持人　蔡经济

4. 用品社的结束

1956 年 2 月,在对资本主义工商业的社会主义改造中,立信会计图书用品社的编辑出版部分并入新知识出版社,账表部分的印刷厂,经过公私合营成为中心厂,以后裁并改组与老合营厂公信账簿印刷厂、公私合营寰信会计用品中心厂合并,定名为公私合营公信会计账簿印刷厂。

立信会计用品社在合营前账面的股本总额为 18 万元,另有公积金 26 万余元。经过合营清产核资的财产净值为 56 万元,其中出版部分划入新知识出版社的财产为 28 万余元,账表部分的印刷厂等划入公私合营公信会计账簿印刷厂的财产 27 万余元。

合营前，各地分社（办事处）为收缩业务，先后相继撤销，人员除可以就地安排者外，其余都调来上海总社工作。只有重庆分社例外，一直到1956年10月在当地接受社会主义改造，并入重庆印刷五厂。

立信会计用品社自1941年6月在重庆创办至1956年2月结束，经营了15年，共出版《立信会计丛书》和《立信财会丛书》195种。这些丛书，成为我国当时最完整的成套财会丛书，对提高我国会计学术水平，促进会计教育事业的发展和普及现代会计知识作出了积极贡献。同时，立信设计、印刷、发行立信会计账册报表近百种，具有设计科学、格式完备、印刷精良的特点。"立信"账册报表成为全国知名的品牌，行销数十年而久盛不衰。

第三节　补习学校与会计职业学校（1949.5至1969）

一、上海立信高级会计补习学校

1. 董事会、校务委员会与学校机构

根据1950年3月10日上海市私立立信高级会计职业补习学校（立信补校）编印的《立信校刊》载，董事会由潘序伦、顾询、钱迺澂、李鸿寿、韩曼涛5人组成，潘序伦任董事长。1951年5月，增加了陈文麟、甘允寿两人为董事。1952年，韩曼涛调北京工作，李鸿寿调入新组建的上海财经学院，两人均辞去董事职务。

潘序伦任校长，陈文麟任副校长。

学校设置校务委员会，由校长、副校长、教务正副主任、总务正副主任、部分分校主任、教师助教代表、学生会代表等11人组成。他们是潘序伦、周以篆、陈文麟、赵友良、甘允寿、张英阁、金文鳌、张斌、顾今、周希尧、朱德华。校务委员会设有关委员会和财务组、教务组、纠察组。学校还设立教职工联谊会，下设监察委员会和执行委员会；执行委员会设5个组，分别是文娱组、联络组、学术组、福利组和总务组。

1952年秋季开学时，上级有关部门派来3名党员来校建立党支部，杨柏和任党支部书记兼副校长。不久，潘序伦辞去校长职务，由陈文麟任校长。学校的工作机构及负责人如表1-5-8所示。

表1-5-8　学校的工作机构及负责人

部门　正职	副　职
教导主任　甘允寿	张英阁　金文鳌
总务主任　张　斌 1952年秋：钱江候	顾　今
秘书　蒋应杓	

2. 招生人数不断创新高

新中国建立后，进入了国民经济的恢复和发展时期。政府要求私营工商业健全会计制度，加强税收管理。同时，外地有关单位纷纷来沪招聘会计人员。待业青年、家庭妇女和社会待业人员迫切希望学习一技之长以自食其力，积极要求投身到新中国的火热建设中去。于是，来到立信补校报名要求学习的人数猛增，入学就读的人数被不断创新高。招收学员人数具体见表1-5-9。

表1-5-9　1949年秋至1952年春的44～49届招收学员人数统计

届　次	学　　期	学生人数	届　次	学　　期	学生人数
44	1949年秋	1 488	47	1951年春	9 366
45	1950年春	2 475	48	秋	约12 000
46	1950年秋	5 507	49	1952年春	约15 000

注：50～54届学生人数待查考。

3. 办学规模扩大

(1) 校舍的扩大。立信补校在充分发挥河南路吉祥里18号校舍功能的同时，租用了中小学校舍，以便教师开设夜班，并适时购进校舍。立信补校购进房产情况见表1-5-10。

表1-5-10　补习学校购进的房产

购入时间	座　　落	购置金额	房屋结构及面积
1950年10月	淡水路46号	5.75万元	五开间二层楼房
1951年秋	金陵中路102～110号	10万元	五开间五层楼房1 237平方米

金陵中路校舍于1952年春季投入使用，定为立信补校的“总部”，原吉祥里总部改称“总部东部”，淡水路校舍称“总部西部”。补校还在全市设立了8处分校，这样办学有11处(见表1-5-11)，教职工达200多人。

表1-5-11　1952年补习学校总分校情况简表

	春季(校址　负责人)	秋季(校址　负责人)
总　部	金陵中路108号　甘允寿	潘可群
总部东部	河南中路531弄　张英阁	张英阁
总部西部	淡水路46号　金文鳌	金文鳌
一分校	西藏中路480号　李鉴非	陶　休
二分校	四川中路549号　周四新	周四新
三分校	南京西路重华里　朱渭宾	北京西路970号　孙庆元
四分校	南京东路470号　顾福佑	华山路5号　韩明珠
五分校	长阳路37号　陆伯良	南浔路281号　李鉴非
六分校	南市丹凤路163号　冯　刚	冯　刚
七分校	南浔路281号　赵友良	(秋季改为五分校)
八分校	华山路5号　韩明珠	(秋季改为四分校)

注：秋季校址未标出的与春季同。

(2) 1952年秋季开班达242个之多。立信补校办学科别实行班级制和选课制两种方式。1952年秋季，开班达到242个之多，立信补校可谓进入全盛时期。开设课程分为班级制和选科制两种(见表1－5－12、表1－5－13)。

表1－5－12　1952年春、秋季开设课程及设班(班级制)

科　别	春季的教学班数	秋季的教学班数	科　别	春季的教学班数	秋季的教学班数
高级速成科上期	1	1	中级速成科上期	4	4
高级速成科下期	1	1	中级速成科下期	2	3
小　计				8	9

表1－5－13　1952年春、秋季开设课程及设班(选科制)

	春季的教学班数	秋季的教学班数		春季的教学班数	秋季的教学班数
通用簿记	3	(初级簿记)10	成本会计	14	40
商业簿记	9		银行会计	8	12
高级簿记	51	75	政府会计	2	4
基本会计	9	6	审计学	4	15
初级会计		5	决算表分析	1	1
会计学	27	55	珠　算	1	2
高级会计		6	合作会计	1	1
统计学	1	1	小　计	131	233

4. 格局的调整与成为公办中学

1952年秋季，学习会计的热潮开始降温。在上海市教育局的统一规划下，1953年暑期起第一次招收全日制初级中学11个教学班，分别在金陵中路立信补校的“总部”、吉祥里“总部东部”、淡水路“总部西部”上课。至1955年，补校已连续招收三届初中学生，初中教学形成了齐全的规模。校舍里，初中生白天上课，晚间是学习会计的班级。1955年暑假，学校对办学格局作了以下调整。

金陵中路立信补校的“总部”，改组为“私立建信初级中学”，晚间的会计选科班改组为“私立建信补习学校”(以后与其他业余中学合并，先后易名为第55业余中学、第19业余中学，最后并入南市区业余工大)。

河南路吉祥里“总部东部”及四川中路的二分校，改组为“私立文建初级文化补习学校”(后并入浦江中学)。

淡水路“总部西部”改组为“私立和建初中文化补习学校”(后并入东风中学)。

虹口的五分校等改组为“私立培建初中文化补习学校”(后并入建江、建安初级中学)。

1956年春，上海掀起社会主义改造的高潮，原有的私立学校均改为公办。至此，上海立信补校完全结束。

二、立信高级会计职业学校

立信高级会计职业学校(立信高职)成立于1948年。校址位于长乐路434弄24号，即立信会计专科学校的市区部(二院)。校董事会由潘序伦、顾询、陈文麟、钱素君、周仲千、叶朝钧、甘允寿7人组成，潘序伦任董事长兼校长，陈文麟兼校长，向江南任教务主任，主持处理日常工作。校董事会于1948年7月1日举行第一次会议，于1949年4月20日正式立案。

1948年秋招收第一届140名初中毕业的新生。立信高职校共招收五届学生，每届2～3个班，相当于解放后的中等专业学校。学制方面，第一、第二届为3年，1950年、1952年入学的第三届、第五届为两年半，1951年入学的第四届为两年。培养目标是使学生既学高中文化知识以便今后再考大学，又使毕业生能够成为中等会计专业人才。因此，课程设置兼顾培养目标这两方面。高中文化课程设有国文(语文)、英文、数学、理化、史地、体育、音乐等；财会专业课程设有珠算、商业算术、统计、簿记、会计、商业概论、财会经济、成本经济、成本会计、银行会计、政府会计、合作会计、审计学等。1949年秋季增设“政治”为必修科。

立信高职的建立，标志着以高等专科教育为龙头，拥有中专、补习、函授教育的多层次、多形式办学模式，形成了立信会计教育体系，适应经济发展需要。从1951年第一届学生毕业开始，国家统一分配毕业生工作。

1952年暑期，沪新中学商科班53人并入。同年秋，上海市税务局派人来校，加强领导。1953年5月11日，上海市教育局下达文件，将立信高职改名为“上海市会计学校”，由市税务局领导。市税务局副局长朱如言兼校长，高树槐任副校长，教务主任仍由向江南担任。1954年8月30日，学校改名为“上海财政学校”，为中央财政部直属学校。1956年2月，上海财政学校与地质部正定干部学校合并，迁往河北省正定县。

三、外地的立信学校(二)

立信先后在桂林、天津、北京、香港等地办学。桂林、天津、北京的为会计补习学校，香港立信会计专科学校既有2年学制的专科和1年学制的训练班，又有3个月学制的选修科。1952年起，内地各校陆续办理结束，香港的学校办至1969年结束。这一时期分校简况如表1-5-14所示。

表1-5-14　外地的立信学校简况(二)

校　名	起止时间	负　责　人	累计入学人数	累计毕业、结业人数
桂林立信会计补习学校	1950～1954	校董事会王全国等5人　校长黄以法	约80个班	约4 000人
天津立信会计学校	1948～1954	校长潘序伦 解放后副校长管锦康	平均每年约1 000人	每年平均约200余人
北京立信会计学校	约1946～1952	校长潘序伦 副校长管锦康	先后约3 000人，有总校及分校一所	约700人

四、香港立信会计专科学校(1949～1969)

1. 从广州到香港

蔡经济(1906～2001)是潘序伦的学生,1929年毕业于上海暨南大学商学院,曾任立信会计师事务所会计师等职。他曾任国立广西大学教授,抗战胜利后为广东省立商学院教授兼会计系主任。在广州任教期间,他依然不忘立信会计教育事业,办起了广州立信会计学校(任校长),后更名为广州立信会计职业学校,学生人数900多。在广州立信学校读书的人员中,有不少来自香港。他们学成后回香港工作,受到香港工商界的好评,扩大了立信会计教育在香港的影响。香港有不少企业家来函,要求蔡经济到香港办学,就地培养香港急需的会计人才。1949年,蔡经济与好友关启瑞、倪希明、高永康、冯圣广一行5人来到香港,决定合办一所立信会计学校。同年秋,经香港教育司核准,定名香港立信会计专科学校。

2. 办学经过

学校初期招生200余人,租一所小学的教室夜间上课。为适应白天上课的需要,在湾仔庄士敦道找到一间有四个教室的大屋,同时又在九龙租到一栋两层楼的房子,这样,学校就有了较好的办学场所。

蔡经济致信上海潘序伦,函告香港办学情况,并请潘序伦担任校长。潘序伦回函表示不就,要蔡经济担任。① 蔡经济任香港立信会计专科学校校长,倪希明任香港湾仔庄士敦道的教务主任,关启瑞任九龙的教务主任,主持各处的教学事务。高永康任学校稽核,冯圣广任学校总务主任。20世纪50年代,上海的立信校友有数人去香港发展,蔡经济邀请他们到香港立信会计专科学校指导。

学校办学分为2年制专科、1年制训练班、3个月制的选修科三种。专科班定为2年毕业,由于晚间学习时间有限,一般要修读3年才能修完规定的课程。

香港立信会计专科学校创办始采用上海立信会计图书用品社出版的教科书。几年后,上海的立信会计教育事业中止,香港图书市场见不到立信会计图书和内地出版的其他会计书籍。香港立信会计专科学校只有自编教科书。他们编有簿记、会计学、银行会计、政府会计、审计学、成本会计等,书名前冠以“立信会计”,以别于“立信会计丛书”。高级会计、高级成本会计,学校还是使用潘序伦著的《高级会计》和《劳氏成本会计》,因数量不多,便油印装订成册供教学之需。

香港办学期间,学校编印《立信会计月刊》,刊载课外的会计知识,以拓宽学生的视野。《立信会计月刊》每月一期,免费送学生,并赠送工商界需要的单位,出版了19年,共编印了228期。

1969年,学校办学近20年,5名创办者因年高,各有自己打算,有的拟移民海外,有的因年迈拟退休休息,商议决定结束办学。经呈请香港教育司核准,香港立信会计专科学校宣布全部结束。蔡经济移居加拿大。

香港立信会计专科学校培养了许多学生,不仅遍布港、澳,还有的去海外发展,美国、加拿大有不少立信同学。

---

① 蔡经济:“我所知道的‘立信’”,《立信校友通讯》第13期,1988年8月28日。

第二篇

学校的复办与发展

第一章　学校的复办

第一节　复 校 经 过

一、酝 酿 与 筹 备

1977年，邓小平在全国科学和教育工作座谈会上提出，“我们国家要赶上世界先进水平，从何着手呢？我想，要从科学和教育着手”，“不抓科学、教育，四个现代化就没有希望，就成为一句空话”。这年冬天，恢复了全国统一高考。

在党中央重视科学、教育的情形下，潘序伦首先提出了复校的设想和动议。他深感会计人才在社会主义现代化建设中的重要作用，目睹当前现代会计人才匮乏的现状，便与立信的一些老同仁酝酿，多次商讨立信复校。立信的不少老同仁、老校友也经常在一起讨论研究立信复校的种种具体方案和实施办法。1978年初夏，当年立信的教师周以篆、丁苏民、王成杰一块看望潘序伦。在潘序伦家中，潘序伦提到了立信复校的事情，并修书一封，请周以篆面交徐汇区政协副主席朱保洪，希望他通过政协系统对立信复校予以支持。①

1978年12月，中国共产党十一届三中全会召开。党中央明确把科教发展作为发展经济、建设现代化强国的先导，摆在我国发展战略的首位，为科学、教育的发展注入了强大的动力，也给大家为立信复校奔走提供了强大的精神支持。

在立信老校友和会计同仁的共同努力下，1979年1月18日，上海市会计学会成立，为大家聚在一起商讨立信复校之事提供了场所等有利条件。由于前段时间复校事宜进展不大，1979年9月23日，潘序伦对凌廷熙说，可以考虑由立信同学用立信的名义办学。10月7日，10多位已退休的立信老校友在人民公园喝茶聚会，大家纷纷表示，“只要恢复立信校名和校风，愿拼上老命”。11月4日，在上海社会科学院的会议室，王成杰、周四新、徐一尘、凌廷熙、李燮泉、丁苏民、陆修渊、陈敏之、黄子仁、施仁夫、王桂庭、施明璋、江麟年、周豫康、王文彬、詹家忠、姚爱珠、杨其昌、周以篆等在一起讨论立信复校问题。根据大家的意见，会议由陈敏之总结：一是申请报批，二是建立领导班子，三是组织工作班子。参与商讨复校事宜的还有陆梓樵、蒋春牧、吴履绥等。

通过学习中央对教育工作提出的“广开学路”、“各方办学”指示精神，大家备受鼓舞，对立信复校充满信心，提出复校后的办学模式，有民办、民办公助、公办民助等多种设想，并得到了中国会计学会、上海会计学会的赞助。

二、市委、市政府重视立信复校工作

上海市委、上海市政府高度关注立信会计专科学校的复校及其相关事宜。

---

① 周以篆：“我与立信50年”，《立信校友通讯》第25期第3版，1991年7月10日。

复校的有关事宜有条不紊地进行。顾福佑请上海市财政局支持立信复校,得到了上海市政府的批准。同时,上海市高教局、市教育局和市高教局领导胡瑞文给予多方面的指导、帮助。

1980年春,在上海社会科学院举办的纪念顾准的大会上,顾福佑对与会者说:“立信会计专科学校要复办了。”大家听到这个信息,都喜出望外。1980年7月,立信老校友等将一份公办民助的复校规划递交上海市人民政府教育卫生办公室。8月25日,潘序伦等11人(见表2-1-1)联名发出《关于复办立信会计专科学校的倡议书》,倡议书提出,在上海市人民政府有关部门的领导下,于当年下半年复办立信会计专科学校。

表2-1-1　复办立信会计专科学校倡议书11人的姓名和职务

	姓　名	职　　　务
1	潘序伦	中国会计学会顾问、原立信会计专科学校创办人和校长
2	马一行	上海市计委副主任、出口办公室副主任
3	顾树桢	上海市财政局副局长、中国会计学会副会长
4	胡远声	上海市物价局副局长
5	段力佩	中共上海市静安区区委顾问、上海育才中学校长
6	黄朝治	中国人民银行上海市分行副行长,上海金融学会、会计学会副会长
7	陈敏之	上海社会科学院部门经济研究所副所长
8	顾濂溪	上海市投资信托公司副经理
9	陆修渊	上海市棉麻公司顾问、上海市会计学会秘书长
10	张更生	上海业余会计专科学校副校长、上海市会计学会副秘书长
11	顾福佑	上海市财政局企业财务处总会计师、上海市会计学会副秘书长

注:按照《倡议书》署名的先后为序。

倡议书是复校初期办学的一个过渡性的纲领性文件。它就办学宗旨,学校的校名、办学性质和校址,学校的组织领导,学制、课程和教学管理、招生对象和名额,师资和教材,经费收支等作了必要阐述或规定。倡议书提出,学制为3年专科为主,附设中专性质的立信会计职业学校,以后再考虑附设立信会计函授学校;由顾树桢、胡远声、段力佩、顾濂溪、陆修渊、顾福佑6人组成学校筹备小组。筹备小组在育才中学办公,着手筹备复校的各项工作。

一年一度的新生录取工作在7月份的高考后进行。为不错过当年的大学招生,上海市高教局领导对立信的招生工作十分关心。经市高教局领导胡瑞文批准,对立信复校招生给予协助,学校于8月份开始录取新生。

10月10日,上海市教育局、上海市高教局、上海市财政局联合向中共上海市委、上海市人民政府呈送《关于复办立信会计专科学校问题的请示》。

10月20日，上海市人民政府发出文件，批准上海立信会计专科学校复办。批文确定立信会计专科学校系财经类大专院校，批文要求学校，复校后，要依靠社会各方面的力量，挖掘潜力，广开学路，培养急需的财会人才，适应四化建设的需要。

学校当年招收8个班360人。10月25日，学校假黄浦区政府礼堂举行复校后的首届开学典礼。上海市市长汪道涵题写贺词：勉励"立信会计专科学校在我国社会主义现代化的进程中，源源不断地培养大量的会计人才，为提高经济管理水平作出新的贡献"。财政部财政科学研究所、会计制度司等部门和有关单位，海内外校友纷纷发来贺电。第二天，上海《解放日报》、《文汇报》等新闻媒体对学校复办及开学典礼作了报道。

专科学制为三年。学校招生对象为市区有走读条件的高考学生，借育才中学教室上课，学生实行走读。学生费用全部学生自理，学校不发助学金，还规定每学期交学费20元。学生毕业后学校不负责工作分配，但由学校推荐、用人单位择优选择录用。立信复校后，打破了一上大学一切费用都由国家包下来的习惯和"铁饭碗"思想，促使学生提高学习的自觉性。同时，学校又与有关单位签订用人合同，做到人才培养与用人单位实际需要挂钩。这样，学校可以得到用人单位的经济资助，学生的就业也有了保障。学校艰苦创业，广开学路，被誉为"闯出多快好省培养人才新路子"。①

第二节 隶属关系与校名的变化

在1952年全国高校院系调整之前，学校属私立。1980年复办，立信会计专科学校是上海市属公办的高校。按照上海市人民政府1980年10月20日的批文规定，学校由市财贸办、教卫办共同领导，人事、财务和规划由市财政局负责，专科学校的教学行政业务由市高教局管理和指导，附设职业学校的教学行政业务由市教育局管理和指导。

1983年，国家财政部与国家计划委员会、教育部、上海市人民政府反复协商，于是年9月30日向国家计划委员会、教育部发文，提出了"立信会计专科学校改由上海市人民政府和财政部双重领导、以上海市为主"的意见。12月6日，国家计委、教育部复文财政部，同意上述意见。复文中明确："财政部除在有关教学业务方面进行指导外，其他有关发展规模、专业设置、经费、投资等问题由上海市人民政府负责。"

1984年1月，国家财政部人事教育司发文给学校，通知上述隶属关系的变化。通知中说明："今后在教学业务方面的指导活动，视同部属其他院校。"是年2月，上海市人民政府同意市财政局在"请示"中提出的意见：在隶属关系变动之后，立信会计专科学校的人事、发展规划应同其他大专院校一样，单独设置，归上海市政府财贸办公室管辖，财务经费仍由上海市财政局管理。

1992年4月1日，国家教委下发《关于调整北京电力专科学校等普通高等专科学校校名的通知》，经审核批准，全国"第一批65所普通高等专科学校予以公布，从本通知下发之日起正式启用。"立信会计专科学校名列其中，学校校名调整为"立信会计高等专科学校"。同年5月，国务委员、财政部部长王丙乾为学校题写新校名。7月，学校举行立信会计高等专科学校新校

① "立信会计专科学校艰苦创业广开学路"，《解放日报》，1982年9月21日。

名挂牌仪式。

1995年11月，上海市政府决定，立信会计高等专科学校由上海市财贸办公室划归上海市教委管辖，财务经费也归上海市教委统一安排。在上海市政府会议室举行立信会计高等专科学校管理体制划转签字仪式，上海市副市长谢丽娟、市教委副主任张伟江、市财贸党委副书记甘忠泽等出席仪式。

2003年9月10日　上海市人民政府发《关于同意建立上海立信会计学院的批复》。9月22日，上海市教育委员会发出《关于同意建立上海立信会计学院的批复》(2003)178号文件。文件说，“经上海市高等学校设置评议委员会专家组考察评议并报市政府批准，同意在立信会计高等专科学校的基础上建立‘上海立信会计学院’，同时撤销立信会计高等专科学校建制”。学校为上海市属高等院校。

附　文献辑录

一、关于复办立信会计专科学校的倡议书

为适应四化建设的需要，培养急需的财会人才，满足更多青年的升学愿望，我们根据党中央对教育工作提出的“广开学路”、“各方办学”的精神，经过反复酝酿，并获得中国会计学会、上海会计学会的赞助和原立信同仁、校友的支持，倡议在上海市人民政府有关部门领导下，于今年下半年复办立信会计专科学校。

一、校名、性质和校址

校名定为立信会计专科学校，属于大学专科性质，以培养“助理会计师”人才为主，并接受有关部门委托，培训与财务会计专业有联系的计划、统计、物价和企业管理等专门人才。附设立信会计职业学校，属于中等专业性质，以培养“会计员”人才为主，分别呈请市高教局、市教育局批准和领导。以后根据需要和可能，再考虑附设立信会计函授学校。当前，立信会计专科学校和附设的立信会计职业学校先招收应届高中毕业生，以满足升学的要求。今后，根据形势发展，兼搞在职干部培训。

立信会计专科学校校址设在上海市山海关路育才中学内。附设的立信会计职业学校设总校一所，校址也设在育才中学内；另设分校若干所，在市内各区租用各中学校舍，以便学生就近入学。

二、组织领导

由热心会计教育的有关部门领导，会计界知名人士，原立信同仁、校友中有声望的同志及办学负责人员组织“立信会计专科学校校务委员会”为学校的领导决策机构，选主任一人，副主任若干人，呈请市人民政府有关部门批准。并由校务委员会主任、副主任、校长、副校长中的党员同志组成学校党组，加强党的领导。目前先成立筹备小组，由顾树帧、胡远声、段力佩、顾濂溪、陆修渊、顾福佑同志参加。办公地点设在育才中学。

校务委员会的职权：决定教育方针，发展规划；专业设置和招生规模；按照市高教局、市教育局规定，推荐专科学校和职业学校的正副校长人选，报市人民政府有关部门审批后任命；定

期听取总结汇报,检查教学工作;筹备办学基金,审批经费收支预算和决算;研究决定其他重大校务。

专科学校正副校长负责专科学校日常教学行政工作,任免教师、助教和职员,职业学校总校正副校长负责职业学校日常教学行政工作。

学校行政人员编制,本着精简原则,专科学校和职业学校总校定为35至40人。其余都聘请退休人员和在编人员兼任。教师原则上都由退休人员和在职人员兼任。

三、学制、设课和教学管理

(一)学制

专科学校学制为三年,每周上课16至18小时,每学期上课20周,职业学校学制2年,每周上课时数和每学期上课周数与专科学校相同。

(二)设课

专科学校第一期除政治、语文、数学、外语四种基础课程外,还增设珠算、书法课。第二学期起学习专业课。

专科学校先设会计和物价专修两科。会计专修科的课程,包括:政治经济学、商用英语、会计原理、企业组织与管理、工业会计、商业会计、统计原理、企业财务、管理会计、会计数学、审计学、会计报表分析和会计制度设计;物价专修科,除选读会计专业课程外,增加物价专业课程,课程另定。

(三)教学管理

教学管理坚持高标准、严要求。专科学校的教学管理、学生毕业后的去向及待遇与今年高校自费走读生的办法相同。职业学校的教学管理、学生毕业后去向及待遇,参照其他中等专科学校有关规定。

四、招收对象和名额

招生对象。今年均为应届高中毕业生,凡高校统招未录取的考生可以自愿报名,择优录取,不另考试。

招收名额。专科学校350名,其中:会计专修科250名,物价专修科100名,设8个班级;职业学校1 500名至2 000名,设30至40个班级。每个班级平均50人。

五、师资和教材

(一)文化基础课的师资,从有关高等院校和育才中学选聘。珠算、书法课另聘珠算、书法专家执教。

(二)专科学校的会计、物价专业课师资,聘请大专院校财经会计教师,原立信会计专科学校教师和市财政局及工业、商业系统的会计师与上海市会计学会中有资望的会计专家担任。职业学校会计专业课师资,聘请大专、中专财经会计教师和市财政局及工业、商业系统的会计师与上海市会计学会的会计专家担任。

专业课要求在开课前一个学期组织备课和试讲,开展教研活动,以保证教学质量。

(三)专业课教材,一般采用中国人民大学、上海财经学院和其他省、市财经学院编写的教科书,结合现行财务会计制度编写补充教材和实习题及习题解答。

六、经费收支

(一)教学经费,属于编制内人员的工资、兼职教职员的津贴。校舍租赁和必要的教学设备购置费用,每年编制经费预算,由地方财政教育经费中支付。其他办学费用,从学费收入中开支。

（二）学费标准，专科学校按高校自费走读生标准每人每学期收费20元；职业学校每人每学期收费15元。

（三）教职员待遇

1. 教师：按讲课课时计算，致送讲课费。一般教师每课时1.2元；讲师级每课时1.5元，副教授以上教师每课时2元。助教（改卷）参加听课的，每课时1元，不参加听课的每课时0.6元。讲课费每学期按5个月计算。专业课教师在开课前集中备课，比照讲课时数发给津贴；参加编写教材、实习题及习题解答的，酌发稿费，每千字按3至5元计算。

2. 职员：专职的，按编制、级别计发；退休的以补差为原则，另发交通费津贴；在职的或已在外单位领取补差的，按职务每月酌送津贴10元至30元；每学期按6个月计算。

倡议人：潘序伦　马一行　顾树桢　胡远声　段力佩　黄朝治
陈敏之　顾濂溪　陆修渊　张更生　顾福佑

1980年10月10日

二、上海市教育局、市高教局、市财政局关于复办立信会计专科学校问题的请示

市委、市人民政府：

为了发展本市的财经教育事业，培养更多的财会人才，以适应四化建设的需要，最近，中国会计学会顾问、原立信会计专科学校创办人和校长潘序伦和马一行、顾树桢、胡远声、段力佩、黄朝治、陈敏之、顾濂溪、陆修渊、张更生、顾福佑等十一位同志联合倡议：在市人民政府有关部门领导下，迅速复办立信会计专科学校，于今年下半年开设会计和物价两个专修科，招收350名自费走读生入校学习，并附设立信会计职业学校，于今年下半年招收学生1 500名至2 000名入学。我们认为这个倡议是必要的，可行的，应给予积极支持。

立信会计学校是我国历史上创办最早、办学规模最大的一所财经类院校，从1928年至1953年，它培养了十多万会计人才，在国内、外均有一定影响。现在，潘序伦同志和原来立信的一些同人倡议复办立信会计专科学校，对发展本市的财经教育事业是很有好处的。这些老同志有高度的办学热情，有丰富的办学经验，又有中国会计学会、上海市会计学会和社会各方面的支持，经过一段时间的筹备，应该说复办的条件已基本具备。根据上述情况和党中央对教育工作提出的"广开学路"、"各方办学"的精神，我们建议市人民政府批准复办立信会计专科学校，并将有关意见报告如下：

（一）该校为地方政府举办的财经类专科学校。它的任务，主要有三条：一是参加本市高等学校自费走读生的统一招生，为地方培养高级财会人才；二是接受有关部门委托，培训和提高工交、财贸系统在职财会人员的业务水平；三是附设会计职业学校培养中级财会人才，并在条件成熟的时候增设会计函授学校，为待业青年和农村财会人员提供学习机会。

（二）该校受市财贸办、教卫办双重领导，党、政关系隶属于市财政局。人事、财务和事业规划的制定由市财政局负责；专科学校的教学行政由市高教局管理，职业学校的教学行政由市教育局管理。

（三）学校体制力求精干。专科学校的行政人员编制暂定为20至25人；职业学校总校的行政人员编制为15人（其中10人兼任各分校的教学行政工作）。教师均为兼职。

以上编制内人员的工资，兼职教职员津贴、房屋租赁费和必要的图书、设备购置费用，从地方财政经费中拨付。其他办学费用，从学费收入中开支。

（四）附设立信会计职业学校，属自费走读中专性质。拟在每个区设分校一所。总校负责教学业务指导（如教学计划、专业教材编写、专业师资培训、统一考试等）和财务管理；分校的党政关系和人事、后勤等工作，由所在区的教育局领导。

以上报告，当否，请批示。

附件：潘序伦等11位同志"关于复办立信会计专科学校的倡议书"

上海市教育局
上海市高教局
上海市财政局
1980年10月10日

抄报：市教卫办、财贸办公室、市计委

抄送：市人事局、劳动局、物价局、人行市分行、静安区人民政府

三、上海市人民政府关于同意立信会计专科学校复办的批文

沪府[1980]135号

市教育局、高教局、财政局：

市人民政府原则同意市教育局、高教局、财政局《关于复办立信会计专科学校问题的请示报告》。

立信会计专科学校系财经类大专院校，由市财贸办、教卫办共同领导，人事、财务和规划由市财政局负责，专科学校的教学行政业务由市高教局管理和指导，附设职业学校的教学行政业务由市教育局管理和指导。

复校工作，要依靠社会各方面的力量，挖掘潜力，以广开学路，培养急需的财会人才，适应四化建设的需要。

上海市人民政府
1980年10月20日

四、国家计划委员会　教育部关于上海立信会计专科学校领导体制问题的复函

计文[1983]1843号

财政部：

你部一九八三年九月三十日（83）财人字第188号来函收悉。

关于上海立信会计专科学校的领导体制，经研究，同意该校由上海市人民政府和财政部双重领导，以上海市为主。财政部除在有关教学业务方面进行指导外，其他有关发展规模、专业设置、经费、投资等问题仍由上海市人民政府负责。

中华人民共和国国家计划委员会

中华人民共和国教育部

一九八三年十二月六日

抄送：上海市人民政府，上海市计划委员会，上海立信会计专科学校

第二章　学校的升本

第一节　升本工作的启动与过程

一、升本的历史机遇

新世纪，随着上海乃至全国的社会经济发展，对经济管理人才包括会计人才提出了更高的要求，我国高等教育正在从精英教育向大众化教育的转变。学校申请设置立信会计学院，是适应21世纪中国经济社会发展的需要，适应上海建设国际经济中心城市的需要，适应上海高等教育结构调整与学校内在发展的需要。

2001年9月，学校在松江大学园区建设新校区，办学条件得到极大的改善。在松江大学园区，学校与上海外国语大学、上海外贸学院、东华大学、上海工程技术大学等本科院校相邻，实行"资源共享"。学校如果仍停留在专科办学层次，明显存在发展后劲不足的问题，不利于立信的品牌优势的发挥，不利于高层次人才的培养，也不利于园区内学校之间、学生(教师)之间在相同平台上双向交流、共享资源。

根据《教育法》、《高等教育法》、《普通高等学校设置暂行条例》和《上海市本科院校设置暂行标准》等法律规定与文件要求，学校主动适应现代化建设对人才的需求，抓住发展的历史机遇，积极创造本科办学条件，及时向上海市教委提出设置上海立信会计学院的请示。

二、成立申本办公室与制订方案

2002年1月，学校制订《申办本科院校工作方案》。3月12日，学校成立申本办公室。4月2日，学校召开申本工作动员会。同日，正式向上级主管单位上海市教育委员会提出设置立信会计学院的请示。

学校自身也已具备了举办本科教育的软硬件基础，设有会计等专科专业(方向)16个，覆盖管理学、经济学、理学、法学、文学等5个学科门类，建立了21个产学研合作基地。会计专业是国家专业教学改革试点专业。2003年，学校全日制高职高专在校生6 472人。拥有稳定的师资队伍和管理人员，共有教职员工591人。专任教师292人，其中具有高级专业技术职务的教师99人(教授26人)，占专任教师数的33.90%。专任教师中研究生95人，占专任教师的32.5%，另有外聘教师60人(其中教授13人、副教授20人)。学校基本形成具有立信特色的教育教学模式，并在应用性科学研究方面积累了较多成果。学校有松江和徐汇两个校区，固定资产总值4.3亿元，其中教学科研仪器设备价值3 100万元。学校财政投入及其他各项经费来源稳定，具有长期发展的资金保证。学校的办学条件符合国家教育部关于本科院校设置条件规定，能基本满足本科层次人才培养的要求。

学校提出，申报设置本科学院，并根据学校学科专长设置2个本科学科及6个本科专业：管理学(会计学、工商管理、财务管理)；经济学(国际经济与贸易、财政学、金融学)。

2002年6月13日，学校申办本科的两大学科门类6个专业的教学计划经专家评审获得通过。同年7月，学校召开申本工作会议，按照设置本科院校的要求，确立与时俱进创新立信会计教育传统品牌的办学思想；立信为本，实践为衡，求是务实，报效社会的办学理念；立足上海，面向华东，服务全国的办学定位；建设位居国内先进水平的应用型的经济、管理类高等院校的发展目标；培养"厚基础、宽口径、重应用"的高级应用型专门人才的培养目标；构建以会计学为核心，管理学、经济学为主体，法学、理学、文学为支撑，新兴及边缘学科适度发展的学科建设目标。

8月1日，由郑令德教授带队的上海市高校设置评议委员会专家组一行七人对学校申本工作进行考察，听取了学校党委书记桑秀藩关于立信申本工作情况的汇报。专家组通过实地考察，肯定了学校申本工作并予以通过。

同年9月下旬，上海市人民政府向国家教育部行文，请予批准将立信会计高等专科学校设置为本科院校。

三、提出"诚信、奋斗、创新"的新时代立信精神

2003年1月，学校党委提出"诚信、奋斗、创新"的新时代立信精神，要求学校全体教职员工与时俱进，传承立信的优良办学传统，以迎接申办本科院校评估工作为动力，积极稳妥地做好申本的各项准备工作。

5月，学校办学重心由徐汇校区向松江校区转移，校部机关和教学系部完成搬迁工作。接着，学校召开申本工作会议，传达市教委召开的"关于立信等三所学校申本工作会议"精神，校党委部署了申本工作并提出了要求：申本是学校工作的生命线，全力以赴做好申本，以优良的成绩接受专家组的评估。会议提出，要把申本工作作为推进学校发展的契机，提高工作水平的契机。

学校对申本和新专业教学检查等工作也进行了部署。为迎接上海市对学校申本条件的最后评估和审查，贯彻上海市教委2003年《关于开展高校新专业教学检查通知》的文件精神，学校要求各系部结合"上海高校本科和高职高专专业指标体系"要求，进一步建立和完善各项基础工作，积极做好教学管理和教学质量监控、资料归档等工作；有关系部应进一步修订和制订各专业建设规划和各专业培养方案；"两课"、体育课、高等数学课应加强教学改革，拿出相应方案。学校按照本科院校标准修订申报材料。

2003年7月15日，以白同朔、胡启迪为首的上海市高校设置评议委员会专家评审组，到校对学校申本工作进行检查与评审。专家组听取了校长唐海燕的汇报，观看了介绍学校情况的录像和展版资料，检查相关的教学文件，考察了相关系科教学实验室。在评审会上，专家就立信升本前后学校的办学特色、培养人才的定位等相关问题与校领导进行交流。专家组对学校的各项申本准备工作给予了充分肯定的同时，白同朔、胡启迪希望学校能在升本后完善本科院校的共性，保持自身的特性，提高质量，因材施教，充分利用大学园区的资源优势加强学科建设，进一步准确定位，确立目标，提升办学内涵，把立信办成深厚文化底蕴和时代创新精神相结合，培养一流的应用型财会、经济管理人才的本科院校。学校党委书记桑秀藩代表学校向专家组表示衷心感谢，表示将在今后进一步学习、领会专家的意见并融化到工作中，进一步研讨办学理念、办学思想、人才培养模式、育人机制、因材施教等问题，不断提高办学水平与教育质量。

第二节　批准更名为上海立信会计学院

2003年9月，经上海市人民政府正式批准，立信会计高等专科学校更名为上海立信会计学院。学校将以本科教育为主，本科学历教育暂定为6 400人，于2004年春季招生，列入普通高校本科招生计划。

9月和10月间，学校领导对基层部门进行了大规模调研。10月20日，制定《上海立信会计学院发展战略规划》，11月5日，制定《上海立信会计学院学科和师资队伍建设发展规划》、《上海立信会计学院校园建设规划》，为合格本科院校的检查评估作准备。

11月8日，学校召开发展战略研讨会。学校党政领导、正高级职称教师、各系部处室负责人在一道共商学校发展大计。唐海燕校长在讲话中指出，立信升本成功，凝聚了立信几代人的心血，是立信人长期不懈努力的结果。学校面临新一轮发展机遇，同时又将在更深层次上参与高校竞争。如何抓住机遇，迎接挑战，是值得立信人深思的问题。他说，科学决策来自于系统思考，学校改革发展战略应该基于对环境、机遇、挑战的辨识，对内外部优劣势的把握，关键是学校准确定位，在制定发展战略的过程中要与其他高校进行横向比较，与社会经济发展紧密联系，充分尊重教育发展规律。在交流发言中，唐海燕提出了三点要求：一是要深入调研，吸收其他高校的精华，与学校的特性相结合，制定具有立信特色的战略发展规划；二是尽快制定“规划”的实施方案，重在落实；三是在实施规划中逐步完善。在分组讨论中，与会人员围绕学科建设、师资队伍建设、教育教学改革、科研工作展开讨论。与会者通过充分酝酿和探讨，就学校办好合格本科院校的一系列重大问题，包括如何进一步推进学校学科建设，如何进一步改革人事、分配制度、完善激励机制、优化师资队伍，逐步建设一支水平较高、能力较强、结构较合理的学术梯队，如何加大科研投入，切实提高学校科研水平等问题达成共识。

学校党委书记桑秀藩对研讨会予以充分肯定。他说，学校按照市教委的要求制定了发展战略规划、师资建设规划和校园建设规划，规划的制定意义重大。经过研讨，大家解放思想，开阔思路，明确目标，每一位立信人所肩负的责任更清楚了。他在会上对学校下一步工作作了整体部署并提出指导性意见。桑秀藩在讲话中指出，制定学校中长期发展规划既是今天立信人的一种责任，同时又是对立信传统的继承与发扬，要求大家统一思想、统一认识，一定要按客观规律办事，遵循教学规律、学术规律、科研规律、人才成长规律，脚踏实地做好本职工作，努力实现学校跨越式、超常规发展。

第三节　上海立信会计学院的成立

一、各级领导为上海立信会计学院成立题词

中央和有关部门领导、上海市领导发来贺信、题词，对上海立信会计学院的成立表示祝贺。国务委员陈至立发来贺信，希望上海立信会计学院以“三个代表”重要思想为指导，以升本为契机，加强学科建设，弘扬立信特色，坚持教育创新，深化教育改革，提高教育质量，为上海新一轮

发展和全面建设小康社会作出新的贡献。教育部副部长吴启迪发来了贺信，勉励学校继往开来，以诚立信，与时俱进。上海市人大常委会主任龚学平的题词："发扬立信精神，推进教育创新"；上海市政协主席蒋以任的题词："诚为立人之本，信为会计之责"。社会各界友好人士、各地立信校友会、中国人民大学等单位和个人也发来了贺信、贺电或贺词。

二、上海立信会计学院成立揭牌仪式

2004年3月9日，学校在松江校区举行了上海立信会计学院成立揭牌仪式暨校庆75周年大会。上海市委副书记殷一璀出席大会并为学院揭牌。

出席大会并在主席台就座的领导有中共上海市委副书记殷一璀、市委副秘书长姜樑、市教育党委书记李宣海、市教委主任张伟江、市教育党委副书记项伯龙、翁铁慧。会议由张伟江主任主持。他首先宣读了上海市人民政府关于同意建立上海立信会计学院的批文。市教育党委书记李宣海宣读了上海市委、上海市政府对上海立信会计学院首届党政领导班子的任命。接着，李宣海代表殷一璀副书记和严隽琪副市长对学校的成立表示祝贺，向学校师生员工及党政领导班子提出要认真思考和回答三个课题：第一，学校的发展如何全面融入上海城市的现代化建设。立信的办学应该紧紧围绕科教兴市主战略的要求，始终面向经济建设和社会发展的主战场，使学校的学科专业设置、人才培养模式和城市的经济社会发展要求相吻合；第二，学校如何形成自己鲜明的办学特色。升入本科以后，学校应该在新的坐标系上重新审定自己的定位，深入思考学校的发展战略规划、学科建设和师资队伍建设规划。学校应该以学科建设为龙头，以人才为基础，加强师资队伍的建设，加强精品课程的建设，加强科学研究，提升学校的办学水平，形成学校的办学特色；第三，学校如何进一步加强党的建设，坚持正确的办学方向。立信会计学院的党政领导班子要进一步加强思想政治建设，坚持以"三个代表"的重要思想武装头脑，牢固树立科学发展观和正确的政绩观，要贯彻民主集中制原则，在实践中坚持和完善党委领导下的校长负责制。最后，他希望学校党政齐心协力、干群齐心协力、师生齐心协力，为建设高水平的上海立信会计学院而努力奋斗！

学校党委书记桑秀藩代表学校党政领导班子在大会上发言。桑秀藩表示，学校将以上海立信会计学院成立为契机，按照"三步走"的总体发展思路，结合学校五年规划，以学科建设为主线，以本科教育为重点，以队伍建设为核心，以改革创新为动力，全面推进教育内涵建设，全面推进人才资源开发与建设，全面推进党的建设，促进学校的全面、协调和可持续发展，努力将学校建成有特色、有影响、位居国内先进水平的，以应用型为主的教学科研型经济、管理类高等院校；学校新的党政领导班子，将以"三个代表"重要思想为指导，加强学习，加强自身的政治思想作风建设，强化与时俱进的发展观念，强化坚强的党性观念，强化提高"五种能力"的观念，以新的工作思路、新的精神状态、新的工作举措，保证党的路线、方针、政策以及上级党委和上级机关的各项决策和决定全面贯彻落实，力求各项工作取得新的进展。

会计学系主任、全国模范教师张维宾教授代表全校师生员工发言。她表示，在学校党委的领导下，紧紧围绕学校发展的中心工作和重点工作，加快学科建设，转变观念、苦练内功，深化教育改革，提高教学质量，培养更多的具有自主学习能力、具有创新精神和实践能力、为社会所欢迎的高级财经人才，为立信在新世纪的腾飞和我国社会经济的发展作出更大的贡献。

附 文献辑录

一、立信会计高等专科学校关于申请设置为本科院校的请示

(2002年4月2日)

上海市教育委员会:

由我国著名的会计专家和教育家潘序伦先生于1928年创办的立信会计高等专科学校,秉承"立信为本,实践为衡,求是务实,报效社会"的办学理念,"立足上海,面向华东,服务全国",已为上海乃至全国培养了20余万财经管理人才。为主动适应中国加入WTO和将上海建成国际经济中心城市的时代需要,与时俱进地创新立信会计教育品牌,学校在全面总结、系统规划的基础上,正式向你委提出设置立信会计学院的请示。

学校申请设置立信会计学院的必要性是,适应21世纪中国经济社会发展的需要;适应上海建设国际经济中心城市的需要;适应上海高等教育结构调整与学校内在发展的需要;上海和全国需要大批包括高级应用型会计人才在内的高级经营管理人才,立信在培养应用型会计人才方面有自身的优势和潜力,而上海设有会计专业的重点本科院校培养目标均非应用型会计人才。

学校现有会计等专科专业(方向)16个,设有管理学、经济学、理学、法学、文学等5个学科门类,建立了20个产学研合作基地。会计专业是国家专业教学改革试点专业。学校拥有稳定的师资队伍和管理队伍。学校全日制高专在校生5 949人,全校教职员工516人。专任教师253人,其中具有高级专业技术职务的教师70人(教授15人),占专任教师数的27.67%。专任教师中研究生学历者80人。外聘教师60人(其中教授13人、副教授20人)。学校基本形成有立信特色的教育教学模式,并在应用性科学研究方面积累了较多成果。

学校现有松江和徐汇两个校区,总占地面积479亩(尚不包括松江校区的学生宿舍、综合图书馆、国际体育馆、国际学术交流会堂、电影院等),总建筑面积19.7万平方米。全校固定资产总值4.3亿元,其中教学科研仪器设备价值3.1千万元。学校财政投入及其他各项经费来源稳定,具有长期发展的资金保证。学校结合办学条件符合国家教育部关于本科院校设置条件规定,基本能满足本科层次人才培养的要求。

学校拟在原有基础上申报设置本科学院,并根据学校学科专长设置2个本科学科及6个本科专业,它们是:管理学(会计学、工商管理、财务管理);经济学(国际经济与贸易、财政学、金融学)。以后视情况,逐步增设本科学科和专业。

学校将按照学校发展规划和章程,加强学科专业建设,加大教学改革力度,加强师资队伍建设,不断提高科研水平,推进产学研发展,建设富有特色的校园文化,向建设有特色的本科学院方向努力。

按照《中华人民共和国教育法》、《中华人民共和国高等教育法》以及《普通高等学校设置暂行条例》规定,学校综合办学条件符合申办本科学院的条件,基本能满足本科层次人才培养的要求。我们建议,立信会计学院经批准后,能在2003年4月正式成立,并参加当年的本科招生。

二、立信会计高等专科学校关于申请设置为本科院校的可行性报告

(2003年6月30日)

立信会计高等专科学校是由著名会计学家和教育家,享有"中国现代会计之父"的潘序伦先生于1928年创办的。学校秉承"立信为本,实践为衡,求是务实,报效社会"的办学理念,弘扬"诚信、奋斗、创新"的立信精神,立足上海,面向华东,服务全国,培养了20余万经济管理人才。2001年9月,经上海市人民政府规划,学校迁入松江大学园区,与上海外国语大学、上海对外贸易学院等大学毗邻办学,为学校提升层次,共享资源创造了优越的物质条件。

为主动适应中国加入WTO和把上海建成国际经济中心城市的时代需求,与时俱进地创新立信会计教育品牌,学校在全面总结、系统规划的基础上,并于2003年6月30日以立信办(2003)50号文呈请上海市教育委员会申办设置本科学院。为积极贯彻十六大精神,努力实践"三个代表"重要思想,进一步响应教育部"关于对上海实施教育综合改革实验有关问题的意见",现将学校申请设置立信会计学院情况报告如下。

一、设置立信会计学院之必要性

鉴于学校的历史和发展现状,我们认为,设置立信会计学院,是21世纪中国经济社会发展的需要,是上海建设国际经济中心城市的需要,更是上海市调整高等教育结构布局、实施教育综合改革实验和学校内在发展的需要。

1. 设置立信会计学院是21世纪中国经济社会发展的需要

人类迈入21世纪,迎来了以高新技术产业化为基础的知识经济时代。经济发展决定着会计未来发展方向与水平,知识经济在推动经济全球化的同时,也为会计改革带来了新的机遇和更为严峻的挑战。

经济全球化,国际性的经济竞争将更为复杂、激烈,同时也促使国与国之间、地区与地区之间经济的相互依存。在此情况下,企业的变化在国与国之间、地区与地区之间的分分合合将更为频繁。包括会计、审计在内的国际规范之协调、调整、重建已成为经济管理中至关重要的内容。经济全球化将促进会计信息系统不断完善、创新,给中国会计高等教育事业提供了更为广阔的发展空间。

特别是随着加入WTO和社会主义市场经济的发展,社会对高新技术人才及懂得国际经济规则的会计、金融、管理、贸易、法律等方面的高级人才需求将大大增加。熟练掌握外语,精通涉外业务的高级专门人才将供不应求。但目前我国高级财经管理人才还远远适应不了我国经济社会发展状况,其中,高层次会计人才缺口明显。据国家财政部统计,我国2001年共有财会人员1 300万人,会计人员学历层次不高,本科及其以上学历者仅占0.8%;据上海市财政局统计,截至2001年12月,上海市会计人员共有32万,其学历比例为:研究生0.3%,大学本科5.1%,大专及以下者94.6%;其职称比例为:高级0.5%,中级10.7%;具有高级职称及大学本科学历以上的高层次财会人才比例偏低。

2001年4月26日,朱镕基总理在视察上海国家会计学院时指示:"实行社会主义市场经济,不能没有与之相适应的'游戏规则',不按'游戏规则'办事经济秩序就会大乱,现代化事业就不可能实现。要按'游戏规则'办事,就必须培养大批高素质会计人才。"培养造就大批适应

新世纪我国在更大范围和更深程度上参与国际经济合作与国际竞争的高级专门人才，是我们在新一轮国际竞争中赢得主动的关键。会计高等教育必将面临巨大教育和培训需求，而这种教育和培训之重任，又必然会主要落在与之层次相匹配的专门从事会计教育的高等本科院校，设置立信会计学院无疑顺应了这一时代需要。因此，调整和转变高等教育的招生规模和结构，加大高层次人才培养力度与设置立信会计学院是一项合二为一的事业。

2. 设置立信会计学院是上海建设国际经济中心城市的需要

面对中国加入WTO的历史机遇，上海发展战略目标是建设国际经济中心城市，并采取产业结构、城市功能和区域布局"三位一体"的战略对策，以期在全球贸易和经济活动中为中国和上海赢得良机。

为加快建设国际经济中心城市包括国际经济、金融、贸易、航运中心的步伐，上海正坚持"三、二、一"产业发展方针，在2001年第三产业比重达到50.7%的基础上，重点发展商贸、航运、旅游、中介、会展、房地产等服务业，大力发展审计、会计、资产评估、法律等市场中介组织（黄菊：2002年5月24日《在中国共产党上海市第八次代表大会上的报告》）。据上海市"2001年和2002年专业人才开发目录"，金融、中介咨询服务、运输与现代物流等行业均急需本科以上学历的会计、财务管理专门人才。又据2002年上海市出台的《上海国际大都市人才市场构建研究》预测：到2010年上海需要各类人才219.9万，比1990年增加60.70%，尤其是包括财会人员在内的高级经济管理人才将十分紧缺；又据上海市2001年《统计年鉴》统计，国有经济单位和其他经济单位包括财会、经济、统计等经济管理人员为22.69万，其中高级职称为4 574人，比例为2%（会计仅为0.43%），人才供求矛盾非常突出。要实现上海发展战略，必须建设人才高地，培养和吸引大批高级人才。

设置立信会计学院，培养更多高级经济管理人才，是上海市产业结构调整的需要，也是实现上海城市新功能的需要。

3. 设置立信会计学院是上海高等教育结构调整的需要

上海要实现国际经济、金融、贸易和航运"四大中心"目标，需要不断调整高等教育结构，加大培养本科以上高级人才，这已成为上海高等教育改革迫在眉睫的任务。据有关部门统计显示，我国高等教育中普通高校本、专科招生比例自1993年起不断提高，由1993年1∶1.39到1998年1∶0.66，顺应了社会经济发展对高层次人才需求。然而自1999年起，由于高校扩招部分计划主要用于高职高专层次，这种趋势发生了变化，2000年全国本、专科招生比例为1∶0.90（据教育部1999～2000年《全国普通高等教育事业发展统计公报》等）。上海市普通高校本、专科招生比例更低，2001年为1∶1.14，2002年仅为1∶1.28。教育部官方网站2003年1月公布，上海普通高校中本科院校24所，占普通高校比例为48%，而北京市本科院校54所，占87.10%，江苏省本科院校42所，占67.74%，上海本科院校数量及其比例亟待提高。事实证明，专科培养的学生及其知识、能力和素质结构受学科限制，存在一定欠缺，在人才市场上缺乏必要竞争力。上海高等教育结构和层次，与上海发达的经济和社会发展不尽相符，也与上海市"重点发展商贸、航运、旅游、中介、会展、房地产等服务业，大力发展审计、会计、资产评估、法律等市场中介组织"的产业发展战略不相适应。发挥立信自身优势和潜力，培养更多应用型高级人才是上海市产业发展战略的需要，也可填补上海现有会计及相关专业的主要本科院校培养目标均非应用型人才的教育格局。

设置立信会计学院，可在一定程度上缓解供需矛盾，优化上海高等教育层次结构，适度调整上海市普通高校会计教育定位格局，有利于形成高校错位竞争，推动上海会计高等教育发展，促进实施上海市教育综合改革实验。

4. 设置立信会计学院是学校内在发展的客观需要

“立信会计”，一个具有七十五年历史的教育品牌，早在1947年，建校十九年的立信会计专科学校就曾呈文当时教育部，拟办本科学院，并拟改名为立信商学院。五十五年沧桑巨变，社会主义现代化建设已全面推进。而今，随着新世纪到来，现代社会经济不断发展，上海乃至全国都要求学校培养的会计人才不再是传统的记账、算账、报账，而应向培养参与经营决策的高级管理人才方向发展。这一切都需要立信会计教育有相应创新，立信会计教育层次有相应提升。立信传统品牌长期停留在专科层次，现已是“有品牌而没有多少优势了”，提升学校层次，才能确保立信品牌与时俱进。立信培养的学生非常强调操作性、技术性和应用性，通常要求重点掌握本专业领域实际工作的基本技能，具备较快适应第一线岗位需要的实际工作能力，并具有“上手快，操作能力强”的特点。但基于专科教育特点，教学上较多强调技术性和操作性，理论上则只求“够用”、“必须”，教学和研究的学术性不强，所授知识面不宽。不少学生工作一段时间后，感到后劲不足，缺乏可持续发展能力，不得不再行深造。大家普遍认为，为了符合各行各业对经营管理人才包括会计人才越来越高的要求，迫切需要学校上台阶、上层次。

世纪之初，学校进入松江大学园区，与上海外国语大学、上海外贸学院，以及即将入驻的东华大学、华东政法学院、上海工程技术大学等本科院校相邻办学，实行大学园区“资源共享”。但立信作为专科学校，在园区实施学生跨校选课、跨校互聘教师、学分制管理等“资源共享”方案时造成了许多困难。如果学校仍滞留在专科办学层次，必然影响大学园区内校际之间、学生之间、教师之间在相同平台上双向交流、共享资源的积极性，进而不仅会影响立信发展，也会影响松江大学园区的发展。

可见，设置立信会计学院，既是我国社会经济发展的时代需要，也是松江大学园区建设和发展需要，更是学校在新世纪大展宏图、奋发有为的需要，它是学校长期发展和积累之必然选择。另外，设置学院后，通过全国立信会计事业协作会，学校能为在广西、重庆、广州、北京、四川、云南、天津等十个省、自治区、直辖市的近20家立信会计学校或立信会计师事务所，提供层次更高，质量更好的服务，推动全国立信会计事业进一步发展，从而达到“立足上海、面向华东、服务全国”之目的。

二、设置立信会计学院之可行性

申办本科是立信几代人的夙愿，进入松江大学园区更为最终升本奠定了物质基础。具有悠久培养会计人才历史的立信会计高等专科学校，不管从满足时代要求，还是从办学条件和教育水平等方面衡量，都基本具备了申办本科的实力。

1. 深厚的文化底蕴，鲜明的办学特色

立信为本的教育理念。诚信，从古至今，源远流长。孔子曰：“信则人任焉”、“民以诚而立”、“民无信不立”（《论语》）；又曰：“会计当而已矣”，当者，正也！1928年学校创始人潘序伦先生由此将校名命之为“立信”，其寓意深远。立信24字校训“信以立志、信以守身、信以处世、信以待人、毋忘‘立信’、当必有成”，蕴涵了丰厚文化底蕴。七十五年来，诚信成为每一位立信人，乃至每一个会计工作者必备的首要品质，也使“会计”在立信不仅仅是一门专业或一种职业，而是成为学校一种特有的会计教育文化。“立信”、“会计”以及潘老题写的校训，都已成为校园文化重要组成部分，成为学校发展的宝贵精神财富。

敢为人先的创新精神。创校之初，潘序伦先生开创“实业救国与教育救国相结合”之路，在中国会计教育中首先推行现代西方会计方法体系，潘老由此被誉为“中国现代会计之父”。其精神在学校办学过程中不断发扬光大。

三位一体的办学模式。独树一帜的会计教育、会计师事务所、会计图书账册出版社等“三位一体”办学模式，开创立信“产、学、研”结合之先河，强调学生培养应“学验并重，讲究实效”，这对学校办学实践、会计教育有着深远影响。

求实敬业的创业精神。立信人兢兢业业，脚踏实地，艰苦创业，勇于进取。发扬“有条件要上，没有条件，创造条件也要上”的创业精神，勤俭办学，实现了学校“跨越式、超常规”发展。

2. 培养人才数以万计，立信品牌声誉卓著

早在20世纪三四十年代，立信就聘请了顾准、马寅初等名师任教，其中著名经济学家顾准先生在立信工作了14年。至50年代，学校已向社会输送了数以万计会计人才，当时人们交口赞道：“立信，立天下之信；潘序伦全力办学，十万弟子，桃李芬芳”；80年代后，立信又在社会上赢得了“学会计、到立信，要会计、找立信”的美名。如今立信已培养了二十余万经济管理人才，成为活跃在各条经济战线上的生力军，立信品牌也由此成为会计教育的代名词。下表1是不同年代立信部分毕业生的简况。

表1 部分立信毕业学生情况表

毕业年代	毕业年份	姓　名	工作单位及任职情况
20世纪40年代	1941	顾福佑	曾任上海建信会计师事务所主任会计师，大厦大学商学院兼职教授，上海市财政局总会计师，上海会计师事务所主任会计师
	1949	钟礼华	曾任中华人民共和国冶金部财务司副司长、冶金部审计局局长
	1949	周梦熊	曾任中国银行上海分行副行长、法国兴业银行中国代表处高级顾问
20世纪50年代	1950	李家培	曾任沈阳市财政局局长
	1951	吴明瑜	曾任国务院社会发展研究中心副总干事（副部级）
	1951	张世尧	曾任国家商业部财务司司长，商业部副部长
	1952	郁云龙	曾任上海市审计局局长，上海万隆审计事务所董事长
20世纪80年代	1983	刘红薇	现任上海市财政局局长、高级会计师
	1983	薛庆瑜	浦东发展银行上海分行副行长
	1984	叶建平	东方海外货柜航运（中国）有限公司上海地区副总经理
	1984	胡兰芳	现任上海市财政局局长助理兼会计处处长、高级会计师
	1986	朱建弟	立信长江会计师事务所有限公司董事长、总经理
	1988	张国文	上海上会会计师事务所副所长

（续表）

毕业年代	毕业年份	姓　名	工作单位及任职情况
20世纪90年代	1990	邬曙芹	美国INTEL公司高级财务经理
	1993	郑海燕	加拿大皇家银行上海分行行长助理
	1994	陈　莹	东京三菱银行财务部经理
	1998	史良华	东方海外货柜有限公司财务经理

据统计，1995～2002年学校历届毕业生就业率持续保持90%以上。上海市烟草专卖局曾评价我校毕业生"适应性强、责任心强、敬业爱岗意识强，具有一定的工作能力"。全国和上海市最大内资会计师事务所——上海立信长江会计师事务所，就有我校毕业生120人，占其执业人员的1/3，成为事务所的中坚力量。此外，86届毕业生孙伟同学还是中华骨髓库捐献骨髓第一人。

3. 领导班子总揽全局，管理人员工作到位，师资力量不断加强

领导班子。校党政领导，尤其是现任班子，以邓小平理论和"三个代表"重要思想为指导，忠诚党和国家教育事业，坚持社会主义办学方向，表现出执著的共产主义信念，坚定的政治立场。在工作中，坚持"集体领导、民主集中、个别酝酿、会议决定"的组织原则和领导方法，保证了决策的科学性、民主性，充分调动了学校各方面的积极性、主动性、创造性，极大地增强了凝聚力，表现出较高的执政能力和领导水平。现任班子本着"解放思想、实事求是、与时俱进、开拓创新"的精神，围绕办学宗旨、学校定位和培养目标，在办学规模、学科布局及发展思路等方方面面，进行科学而系统的筹划。从校领导力量的充实，到校部原21个机关职能部门精简为11个的机构改革；从按学科设置教学系部的改革，到基层党政组织配齐配强；从"一个主题——发展，一个前提——申本，一条主线——学科建设"的工作思路，到"诚信、奋斗、创新"立信精神的弘扬……，无不表现出现任班子高瞻远瞩的战略眼光、总揽全局的胆识魄力、协调各方的组织能力，从而为学校申本、改革、发展提供了决策和领导保障。

管理队伍。学校现有校部机关职能部门和教学系部各11个，另有成教学院、图书馆、网络中心等基本单位。通过精简机构、优化结构、明确责任，提高了效率，增强了服务意识。在校党委、校行政统一领导下，各部门的党总支及负责人，各司其职、共同负责，带领本部人员积极投入到学校申本、改革与发展之中。各部门负责人都具有长期从事高等教育管理经验，事业心强，能够适应高等教育发展的要求。管理队伍中，会计学系主任张维宾教授是全国优秀教师、全国模范教师、国务院政府津贴获得者；另有多人获得上海市劳动模范、上海市优秀教育工作者、上海市三八红旗手等数十项荣誉称号。

师资队伍。学校现有专任教师292名。教师中35岁以下115人，占39.4%，36～55岁153人，占52.4%；具有副高以上职务的教师99人，占33.9%，其中正高职务的教师26人，占8.9%；中级职务的教师121人，占41.4%；研究生以上学历的专任教师95人，占32.5%。近年来，教师队伍不断加强，师资结构逐渐改善。在学校，教书育人已蔚然成风，有多人获得上海市优秀中青年教师、上海市两课优秀教师等各级各类荣誉称号和其他奖项。学校还聘请了校外兼职教师60人，其中教授13人，副教授20人。

4. 教学管理日趋完善,教学质量不断提高

复校以来,尤其是近十年,学校不断加强教学管理和教学研究,建立和完善教学管理制度,初步形成了适合社会需求、产学研结合与质量评估等运行机制。

积极开展专业和课程建设。学校持续开展人才需求状况调查,根据社会经济发展需要,学校陆续设置了会计、审计、工商管理、财务管理、财政学、金融学、国际金融、律师事务、商务英语、商务日语、信息技术与信息管理(中日合作)等二十余个专业(方向),覆盖管理学、经济学、法学、理学、文学等五个学科门类。会计专业是国家教育部高职高专教育教学改革试点专业,《会计学基础》和《管理会计》两门课程被列为上海市教委重点建设课程,会计教育继续保持自身特点和一定优势。学校积极开展国际合作与交流,与日本千叶商科大学联合举办"信息技术与信息管理"专业学历教育,与澳大利亚查理·斯窦大学(CSU)实行合作办学,另外还举办了英国伦敦工商考试局资格证书(LCCI)、英国会计师公会国际会计资格证书(AIA)、英国特许会计师公会注册会计师资格证书(ACCA)、英国特许市场营销师资格证书(CIM)、美国特许金融分析师资格证书(CFA)等国际职业资格培训班。建立了21个产学研合作基地,其中包括上海市财政局、上海市国税局、上海市地税局、上海市审计局、中国银行上海分行、立信长江会计师事务所、上海上会会计师事务所、大华会计师事务所、上海建工集团等。推动了学校产学研合作,培养的学生"学验并重、讲究实效",基本形成了有立信特色的教育教学模式,并在应用型人才培养与应用性学科教育研究方面积累了一些经验和成果。

学校积极推进教学管理现代化。2003年投资25万元建立教学管理软件系统,基本实现了排课、选课、调课、排考、学籍管理、教学质量评估等教学管理计算机化,有效地保证了教学运行秩序,促进了教学质量提高。学校经常开展教学信息反馈和评教评学活动,据2002年教学质量评估显示,学生对教学质量评价均值为82.8分,其中90分以上教师占总人课次比例为16.74%,总体评价为优良。2000年3月、2001年5月和2002年5月,学校分别接受了上海市教委组织的"高职教育办学条件检查评估"、"高职高专教学质量检查"、"高职高专师德教风学风检查",学校以评促建、重在建设,均获得市教委专家组好评。我校学生近四届获得国家大学英语四、六级证书的比例稳中有升(见表2)。

表2 1998～2001届学生大学英语四、六级通过率一览表

届 别	大学英语四级通过率(%)	大学英语六级通过率(%)	届 别	大学英语四级通过率(%)	大学英语六级通过率(%)
1998	63.57	14.51	2000	62.46	18.38
1999	57.77	14.87	2001	72.19	18.45

5. 优良的办学条件,充裕的教学资源

多年来,在财政部、上海市政府重视和支持下,学校缜密思考,系统规划,合理安排,大力投资。如今的立信已建设成为一所设施齐全、场地宽敞、环境优美的现代化高等学校。

学校现有松江和徐汇两个校区:松江校区位于松江大学园区文翔路2800号,徐汇校区位于上海中山西路2230号;总占地面积479亩(尚不包括300亩的松江校区学生公寓和大学园区公共设施),总建筑面积20.23万平方米,全校固定资产总值4.3亿元,其中教学设备价值

3 151 万元。

为加强实践性教学环节，改善实验、实训设施条件，学校近几年筹集 300 余万元资金，用于教学设施改造，学校现建有计算机中心、语言实验室等基础实验室，会计模拟实验室、外贸模拟实验室、模拟法庭、金融税务模拟实验室等专业实验室，拥有多媒体教室 38 间共计 5 520 座。

学校共有藏书 64.8 万册(其中：中外文藏书 32.8 万册、中文电子图书 32 万册)，中外文报刊 1 250 种，音像资料 2 900 片(盘)。学校加强电子文献资料建设，建立 1.7 万余平方米信息中心。现已购买 VIP“维普”1.2 万种中文期刊、“超星”32 万种中文电子图书、清华同方 CNKI 数据库 5 300 余种及“万方”万余种期刊全文数据库。

松江大学园区建设受到上海市政府高度重视，立信松江新校区总投资 3.09 亿元人民币，目前三期工程完工在即，学校财政投入及其他各项经费来源稳定，具有可靠的长期资金保证。松江大学园区实行资源共享，学校与上海外国语大学、上海外贸学院共同组成上海松江大学园区教学协作组，研究并实施松江大学园区教学资源共享方案。其中包括：学分制管理，各校互相承认学生跨校选修所取得的学分，保证园区教学资源实现共享；优化学分制教学计划，注重人才素质培养；确定选课原则与运行机制，扩大学生跨校选课自主权；开放各校讲座，有效促进园区内学术交流；跨校互聘教师，充分挖掘各校师资潜力等。上述项目已全面组织实施，截止到 2003 年 6 月立信与上海外国语大学、上海外贸学院等实行跨校选课总数为 2 022 人次。

6. 科研水平逐步提高，国际合作方兴未艾

科研水平是提升办学层次的重要条件。学校经过建章立制，加强了科研管理；通过建立科研基金，加大了科研投入，科研经费明显增加。教师积极开展科研和学术活动，不断将科研最新成果、学科前沿知识融于教学之中，占领知识制高点，提高人才培养质量。

据不完全统计，学校教师主持或参加了包括国家级、省部级等各类各级课题 70 多项，如：国家社科基金项目“国际贸易创新”、人文社科基金项目“当代国际贸易环境与我国外贸发展的对策”、全国教育科学“十五”规划重点课题《信息化进程中的教育技术发展研究》子课题“会计教育网络资源的开发与研究”等，教育部项目《高职高专教育财经类专业人才培养规格和课程体系改革与建设的研究与实践》、财政部八五规划重点课题“股份制企业财务与会计问题研究”以及山西省社科规划课题《现代企业理论技巧研究》、浙江省社科规划课题等；在包括国家级、核心期刊在内的各类期刊上公开发表论文 900 余篇，其中有的发表在《会计研究》、《财务与会计》、《经济研究》、《统计研究》等权威杂志上，有的被中国人大报刊复印资料全文转载；编写教材或专著近 300 本。近年来，学校科研成果的数量和水平已逐步提高。

学校积极开展国际合作与交流，与日本千叶商科大学联合举办“信息技术与信息管理”专业学历教育，与澳大利亚查理·斯宾大学(CSU)实行合作办学，另外还举办了英国伦敦工商考试局资格证书(LCCI)、英国会计师公会国际会计资格证书(AIA)、英国特许会计师公会注册会计师资格证书(ACCA)、英国特许市场营销师资格证书(CIM)、美国特许金融分析师资格证书(CFA)等国际职业资格培训班。中澳合作办学班全部采用澳方大学原版教材，全英语授课，现已招收三届学生，已有一届学生毕业；AIA 国际会计资格培训在中国仅立信一家，现有 91 人获英国会计资格证。学校定期选派教师出国进修，不断加强国际间师资交流，目前已聘任 13 名外籍专任教师，通过国际交流与合作进一步扩大了立信在国际上的影响。

三、立信会计学院之建设与发展思路

学校校名定为立信会计学院，它反映了广大立信人共同心声，表明立信会计已成为无可替代的

品牌，表达了学校在升本之后，继续诚信办学，光大立信会计品牌，与时俱进，再创辉煌的誓言。

1. 学校定位与奋斗目标

针对21世纪中国高等教育发展的特点和趋势，以及上海高等教育发展的新形势和新特点，为了适应中国加入WTO以及适应上海建设国际经济、金融、贸易、航运中心的时代要求，根据全国及上海高等院校发展格局和学校实际情况，确定学校总体发展目标与人才培养目标。

学校发展目标——以学科建设为龙头，以队伍建设和教育质量为重点，通过深化改革提高学校竞争实力和可持续发展能力，弘扬立信特色，提升学校层次，创新办学实践，将学校建设成为有特色、有影响，位居国内先进水平的以应用型为主的，教学研究型经济、管理类高等院校。

人才培养目标——坚持"教育面向现代化，面向世界，面向未来"的方向，为上海经济建设和社会发展培养更多能主动适应社会主义市场经济需要的德智体美全面发展的，"厚基础、宽口径、重应用"，具有创新精神、实践能力和适应性强的高级专门人才。

学校发展规模——在办学规模上，目前每年招收全日制普通高等教育在校学生为2 000人左右；升本后，年计划招收全日制普通高等教育在校学生仍保持2 000人左右，四年内在校学生总规模8 000人，其中本科学生比例为80%。

战略发展步骤——为了实现学校奋斗目标，在战略发展规划上，学校初步拟定四步走的总体发展思路(即实施"2＋2"四步走发展战略)：

第一步　以申办本科学院为前提，全面改革，整体推进，到2003年，实现由高等专科学校向本科院校转变的历史性突破；

第二步　以本科合格评估为前提，用五年左右时间，通过调整结构，夯实基础，提高内涵，确保本科教育质量，真正实现由高等专科教育向本科教育的根本转变；

第三步　重点突破，跨越发展，再用十年时间，力争会计学、金融学等学科能跻身于国内先进水平的，以应用型为主的教学研究型经济、管理类高等院校行列；

第四步　全面推进，整体提高，继续用二十年左右时间，以管理学、经济学为主体，法学、理学、文学等协调发展，努力在总体上达到以应用型为主的，教学研究型经济、管理类高等院校全国先进水平。

上述战略发展步骤可以简称为"2＋2"发展战略，即：经过前两步努力，首先实现两个转变；并以此为基础，再经过后两步奋斗，力争达到两种水平，从而实现学校战略发展目标。

2. 以学科建设为龙头，加强重点专业建设

学校坚持以学科建设为龙头，把专业建设作为学科建设支撑，并以此全面推动师资、课程、教材、实验室、实践基地、教风学风以及管理等各项工程建设，促进学校整体发展。

根据学校定位与人才培养目标，按照"有所为、有所不为"学科建设方针，确立学科建设目标为：立足于上海经济社会发展背景，构建以会计学为核心，管理学、经济学为主体，法学、理学、文学为支撑，新兴及边缘学科适度的学科专业结构；逐步形成结构合理、特色显著、水平较高的学科群。努力把学校建设成为国内先进水平的以应用型为主的，教学研究型经济、管理类高等院校。

目前拟在原有基础上首批设置财经类和文科类共7个本科专业(如表3所示)。以后再根据学科专业布局要求，逐步增设本科专业。

表3 首批设置的本科专业

本科专业设置	相应专科专业设置
会计学	会计、审计
工商管理(投资经济管理方向)	工商管理(投资经济管理)
财务管理	财务管理
国际经济与贸易	国际经济与贸易,国际贸易
财政学(税务方向)	财政学(税务方向)、税务
金融学	金融、国际金融
英语(商务英语)	英语(商务英语)

在此基础上形成的学科建设思路是:

突出重点学科建设　以重点学科建设为核心,构筑重点学科分级建设体系。学校计划在近年内建立会计学和金融学2个按市级标准建设的重点学科,力争进入市级重点学科行列;其次计划重点建设6个左右的校级重点学科,促使其部分或全部达到相当于市级学科水平。学校计划设立重点学科专项基金,将在政策、经费、人才引进上给予重点建设学科全方位支持,创造条件使其尽快上水平,上台阶。各学科应明确学科建设目标、凝炼学科方向、汇聚学科队伍、构筑学科基地,力争在五年内有两个达到市级重点学科标准,为今后实现市级乃至国家级重点学科零突破打下坚实基础。突出重点学科"以点带面",注意学科群渗透"以透求新",进而带动各学科全面建设和整体推进。

注重学科群建设　当今学科发展,决不能各守畛域,单科偏行,学校将积极组建由带头学科、支撑学科、相关学科构成的学科群。学校计划通过集中建设已有的会计学、金融学等优势学科,带动提高相关学科发展,在此基础上,扩大学科群及其内部各个相关学科之间的交叉与融合,并努力寻求新生长点。从而达到通过学科群建设,强化优势学科,带动相关学科,促进学科交叉,形成学科新生长点的目的。

加强重点专业建设　学科建设应以专业建设为支撑,学校将按照"突出重点,以点带面;强化特色,以特促优;注意渗透,以透求新;提高内涵,以内养外"的学科专业发展思路,加强重点专业建设。学校计划分级、分批建设和扶持一批学术水平高、师资力量强、教学质量好、专业特色强的重点专业,争取五年内建成8个校级重点专业,并将会计学、金融学按市级重点专业标准进行建设,力争进入市级重点专业行列。重视发展应用性专业,更新传统专业,适度发展新兴、交叉及边缘学科专业;学校将十分关注学科专业动向与社会经济发展态势,并依据人才需求、办学条件和就业形势等状况,适时调整专业布局,变更专业方向,改进专业培养方案,逐步形成良性的重点专业建设机制。

切实开展学位点建设　依据学校"2+2"四步走的战略步骤,按照学科专业目标及其规划要求,计划2008年前应获得会计学、财务管理、工商管理、国际经济与贸易、财政学、金融学、英语(商务英语)等7个专业的学士学位授权点,2009年前新增市场营销、信息管理与信息系统、统计学、法学等4个专业的学士学位授权点,2010年前再增加日语(商务日语)专业的学士学位授权点，从而使学校在2010年前获得12个本科专业所属的管理学、经济学、法学、理学和文学等五个学士学位授权点；在办好学士学位授权点基础上，积极申办硕士学位授权点，计划先通过参与其他大学硕士研究生联合培养，用5～8年左右时间，力争获得会计学、金融学和国际经济与贸易等3～6个硕士学位授权点；进而再用10年左右时间，向博士学位授权点奋斗。逐步形成以学士点为主、硕士点为辅、兼有博士点的学位发展格局。从而通过学位点建设，不断争取更高一级学位授予权，增强高层次人才培养能力，提高本科和研究生等高级人才培养质量，大力促进学科上台阶、上水平。

3. 以构建特色课程体系为突破口，加大教学改革力度

为培养“厚基础、宽口径、重应用，具有创新精神、实践能力和适应性强的高级专门人才”，按照《上海高校面向21世纪教学内容与课程体系改革计划》要求，努力构建富有立信特色的课程结构体系。依据教育部《关于启动高等学校教学质量与教学改革工程精品课程建设工作的通知》文件精神，积极开展以精品课程和优秀课程为核心的重点课程建设，计划每年评选8门左右课程纳入学校重点建设课程。建立课程建设评价体系，积极推广现代教育技术，课程教学中多媒体技术和CIA课件的开发使用达到开设必修课程的15%以上。

学校通过设置“五大基础课”公共课子模块以及设置“跨学科课程”、“跨专业课程”、“园区跨校选修课”等课程，打破学科之间、专业之间、课程之间的壁垒，以体现知识渗透性以及“厚基础、宽口径”的要求；通过跨学科、跨专业地设置必修和选修会计课程，来体现立信会计特点，使立信毕业的学生无论就学于何种专业，都能掌握基本的会计学知识与方法，使会计学成为学校学生学习的基础知识。同时，大力加强教材建设，鼓励会计、审计、金融、法学等专业采用“案例教学法”；加快推行计算机和多媒体等现代化教学手段，不断建立和完善计算机校园网、电子图书馆、多媒体教室等数字化教学环境，提高学校整体教育水平；推进双语教学，会计学、金融学、国际贸易等专业双语教学课程力争三年内达到所开课程的5%～10%。

4. 以充实学科带头人为重点，加强师资队伍建设

围绕学科建设，优化师资结构，改革人事制度，完善激励机制，加大力度引进和培养学科带头人，逐步建立一支水平高、能力强、结构合理的学科梯队，形成由学科带头人牵动、中青年骨干传递、优秀青年教师继起的队伍发展态势。

(1) 引进和培养学科带头人，加强学科梯队建设。加速引进学科带头人，计划五年内引进和培养10名左右精通专业理论、有较高学术水平、能把握本学科发展方向、具有较强组织协调能力、年龄在50岁左右的学科带头人，努力培养出一些在学术界有较大影响的中青年学术带头人，确保管理学和经济学的学科队伍建设。同时，建立学科带头人领衔的学科梯队。选拔一批中青年骨干教师作为学科梯队后备力量进行分批重点培养，对青年教师制定相应培养计划，并严格考核，滚动式发展。通过引进和培养等方式，力争五年内使专任教师的高级职务教师比例不低于35%，研究生学历的教师比例不低于40%，博士研究生学历的比例不低于8%(其中会计学、金融学等重点学科具有博士学位的教师比例不低于15%)。

(2) 补充和分流相结合，不断优化师资结构。按照“一个核心、二个主体、三个支撑”的学科结构要求，有重点地合理配置资源，通过引进与培养、分流与转岗等手段，不断优化师资队伍结构。鼓励和支持优秀教师攻读硕士、博士学位，并为他们创造条件，制定专门培养计划，促使其尽快成长；对于分流转岗人员，应制定相应措施，妥善安置。不断完善教师培训制度和激励

机制，鼓励优秀中青年教师脱颖而出，成为各学科的骨干教师；注意发挥老教授“传、帮、带”作用，促进中青年教师更快成长。

(3) 深化人事制度改革，逐步形成人员能进能出、岗位与职务能上能下的“双向流动”竞争机制。学校将以办学规模为基础，以学科发展为依据，按照“科学理顺、平稳操作、渐进完善”原则，合理设岗，科学定编，逐步实施教师岗位聘任制和教师职务聘任制。通过建立和完善岗位聘任考核体系，采取高聘、续聘、缓聘、低聘、不聘等方式，形成择优录用、竞聘上岗的竞争机制；通过建立和完善教师职务聘任评价体系，改革技术职务评审制，打破教师职务终身制，采取低职高聘、高职低聘等方式，形成教师职务能上能下的竞争激励机制，从而使教师“引得进、留得住、流得出”。加大分配制度改革力度，实施教师岗位津贴制，按照绩效优先、优劳优得的分配原则，拉开差距，实行高津贴制。设置特聘岗位，聘请数名学术造诣高的国家重点学科的知名专家学者作为学校特聘教授，“不求拥有、但求为我所用”，带动和指导学校的学科专业建设，切实提高学术和科研水平。奖励作出突出贡献的学科带头人和骨干教师，吸引和稳定优秀人才，做到“事业留人、感情留人、待遇留人”。

5. 以加大科研投入为动力，切实提高学校科研水平

学校以学科建设为龙头，而学科建设应以科学研究为先导，科研水平上去了，学校发展才有后劲。学校将建立和完善科研激励与约束机制，全面实行“科研工作量考核制度”和“科研奖励办法”，对承担省市部级以上的科研项目、在核心刊物发表的学术论文、获重要学术奖项的教师进行奖励。

继续加大科研投入的力度，确保科研经费以年均25%的增长速度递增，计划四年后年均科研经费达到200万元。近年内学校将每年投入30万元，为学校具有高级职称或博士学位的教师设立“攀登计划”；为中青年教师设立“阳光计划”；逐步建立教授基金、博士基金、学科带头人基金、资助基金等“四项基金”，努力提高整体科研能力。

鼓励和支持教师积极开展科学研究。对重点学科的科研实行倾斜政策，注意优势和特色研究方向的形成，发挥重点学科的示范、带头作用，制订科研计划，组织学术攻关队伍，主动争取承担横向和纵向的研究课题。积极举办各类学术研讨会，构建开放式学术交流平台，从2003年起，学校将投入一定经费，邀请校内外专家举办各类学术研讨会、报告会和专题讲座，定期举办“学术沙龙”。鼓励教师携带论文参加国内外学术会议，促进交流，开拓眼界，提高学术水平，逐步使学校科研数量、获奖成果在上海高校排序中有显著提高。

6. 以“三位一体”办学传统为基础，促进产学研一体化

学校在“三位一体”传统办学模式的基础上，积极推动形成具有立信特色的产学研模式。发挥学校“双师”优势、人才优势，加强与相关行业协会、事务所、企业等合作，实现科研成果与实践成果相互转化；加强各学科理论与实践的联系，拓展实习基地，重视实践环节、应用能力的培养，推动学校参与经济社会课题的研究，为上海建设提供智力支持。继续发挥立信会计出版社的作用，通过立信系列教材、特色书籍、各类专著等的出版，使之成为学校教学科研成果展示的重要阵地。学校计划建立会计等研究所，及时分析和掌握国内外最新成果，对经济理论与实务进行深入研究，使之成为学校重要的产学研究基地。学校将不断推进产学研一体化进程，努力探索并形成立信会计学院新时代“三位一体”的办学特色。

7. 以国际化教育为目的，拓展中外合作办学

学校积极开展国际合作与交流，与日本千叶商科大学联合举办“信息技术与信息管理”

专业学历教育，与澳大利亚查理·斯窦大学(CSU)实行合作办学。通过国际合作，聘请外教、引进原版教材、采用全英文授课，拓宽了视野，提高了外语听说读写能力，收到了良好的效果。

在总结经验的基础上，学校将进一步探索研究升本后的中外合作办学发展方向。从有利于学科建设和人才培养角度，确定合作领域，选择合作项目，按步骤，分层次地开拓新的合作办学渠道。积极与国内外院校或研究机构建立合作关系，申请举办包括各种学历和非学历教育等多种形式的办学。建立和完善中外合作办学管理体制，继续聘请外国专家担任英语和专业课教师，邀请外国专家来校进行短期讲学和合作研究，定期选派教师出国进修、讲学、交流或学习。

学校还将进一步探索与国外学校或机构合作进行国际会计资格证书培训。不断扩大举办英国伦敦工商考试局资格证书(LCCI)、英国会计师公会国际会计资格证书(AIA)等国际职业资格培训班，积极举办英国特许会计师公会注册会计师(ACCA)资格证书培训。经过努力，与国际知名会计师事务所合办会计专业。利用学校在港、澳、台招生的机会，努力挖掘与港、澳、台学校或机构合作办学与交流的潜力，走出一条开放式和国际化合作办学的新路。

8. 以弘扬“立信精神”为核心，建设富有特色的校园文化

学校将不断改善办学条件，优化硬环境和软环境，营造良好校园氛围。计划五年内，在硬环境上完全达到或超过本科院校的合格标准，各重点学科专业基本达到市级重点建设标准。与此同时，学校还要更加关注软环境建设，努力营造奋发向上的校园文化氛围，秉承“信以立志、信以守身、信以处世、信以待人、毋忘‘立信’、当必有成”的立信传统，弘扬“诚信、奋斗、创新”的立信精神，积极探索会计教育文化，恪守“诚信为本，操守为重，坚持准则，不做假账”的行业道德规范，使会计文化和立信精神成为立信富有特色的一种校园文化。坚持以“三个代表”重要思想为指导，发扬“百花齐放、百家争鸣、兼容并蓄、有容乃大”的求知精神，倡导求真务实、勇于创新、思想解放、学术自由的科学态度，形成尊重知识、尊重人才、尊重创造的和谐校园环境。

学校将增加投入，扩大绿化面积，布置校园雕塑，提高文化品位，美化校园环境。开展丰富多彩、健康向上的校园文化艺术体育活动，发挥校园文化的育人功能。注重“学生艺术团、学术社团”的建设；开展形式多样的人文科学、自然科学等知识的普及和爱国主义、科学精神的教育；组织学生参与各项社会实践活动，提高学生综合素质水平，使立信的校园文化不断增添新内容，开拓新形式，拓展新载体。

综上所述，根据《中华人民共和国教育法》、《中华人民共和国高等教育法》、《普通高等学校设置暂行条例》以及《上海市本科院校暂行设置标准》等规定，我们认为，学校符合申办本科学院的条件，能够满足本科教育要求。

遵照上海市教委“关于本科院校的设置标准及审批程序的方案”要求，学校现已完成“申报登记表”、“申办报告”、“可行性论证报告”、“学校章程”以及“拟聘专任教师名单、办学经费、建校用地、毕业生合格率、就业率”等相关证明材料的所有准备工作。我们相信，在上级领导关心支持下，经过全体立信党员干部、教职员工不懈努力，“诚信、奋斗、创新”，立信会计学院一定能办出特色、办出水平，为社会主义现代化建设事业，培养更多更好的经济、管理高级人才，为上海、为中国的经济与社会发展作出应有贡献。

三、上海立信会计学院章程

第一章　总　则

第一条　根据《中华人民共和国教育法》、《中华人民共和国高等教育法》，以及相关法律、法规，制定本章程。

第二条　学院名称：上海立信会计学院。学院地址：松江大学园区文翔路2800号。注册地：上海市。管理体制：隶属上海市人民政府管理。主管单位是上海市教育委员会。

第三条　上海立信会计学院（以下简称学院）系由中华人民共和国教育部批准，独立设置的全日制普通高等学校。

第四条　学院坚持以马克思列宁主义、毛泽东思想、邓小平理论为指导，遵循国家法律确定的基本原则，发展社会主义的高等教育事业。

第五条　学院的教育贯彻党和国家的教育方针，为社会主义现代化建设服务，与生产劳动相结合，使受教育者成为德、智、体、美等方面全面发展的社会主义事业的建设者和接班人。

第六条　学院的任务是深化教育改革，全面推进以德育为核心、以创新精神和实践能力为重点的素质教育，培养适合社会发展需要的经济、管理高级专门人才。

第七条　学院面向社会，依法自主办学，实行民主管理，校务公开。

第八条　学院实施高等教育的学历教育。招收通过统一考试的应届、历届高中毕业生；并按照国家规定择优招收通过文化基础、实践能力统一考试的应届中专、中职、中技毕业生，为受教育者提供多种成才渠道。

第九条　经教育主管部门批准，学院面向港、澳、台地区招生；与国内外同类院校联合办学，推动校际、国际的文化交流和合作。

第二章　办学宗旨

第十条　学院构建以德育为核心的高素质人才的培养体系和育人环境，培养德、智、体、美等方面全面发展，"厚基础、宽口径、重应用"，具有创新精神、实践能力和适应性强的应用型高级专门人才，为上海以及华东地区乃至全国的经济建设和社会发展与高等教育事业的发展作出贡献。

第三章　办学规模

第十一条　学院的全日制普通高等学历教育在校生规模为6 000人左右。

第十二条　学院兼办高等教育阶段的非学历教育和短期职业培训。在校非学历教育学生规模根据社会需要和办学条件由学院自主决定。

第十三条　学院执行国家的高等院校教师配备标准。各类课程配备具有讲师职务以上的足额专任教师。具有副教授职务以上高级职称的专任教师人数占专任教师总数的40%以上。

第十四条　学院具有符合国家规定的、与学校的学科门类和规模相适应的土地、校舍，以及教学、生活、体育锻炼等设施，并能适应长远发展的需要。

第四章　学科门类的设置

第十五条　学院是一所以会计学为核心，管理学和经济学为主体，法学、理学和文学为支撑的多学科应用型全日制高等院校。

第十六条　根据经济和社会发展的需要，按照保证重点学科建设的原则，学院设置以下四个学科门类：管理学、经济学、理学和文学。在这些学科中设置相关专业。学院可以根据社会需要及办学条件对设置的学科和专业进行增加或削减。

第十七条　学院的本科学历教育应当使学生比较系统地掌握本学科、专业必需的基础理论、基本知识，掌握本专业必要的基本技能、方法和相关知识，具有从事本专业实际工作和研究工作的初步能力。

第五章　教育形式

第十八条　学院设有本科教育、专科教育；学历教育、非学历教育；全日制和非全日制教育形式。学院以全日制本科学历教育为主，以全日制专科学历教育和非全日制本科和专科学历教育为辅，兼办短期职业技术培训，形成多层次、多类型、多学科的办学模式，实现学历教育与非学历教育的结合，职前教育与职后继续教育的衔接。

第十九条　学院实行弹性学制。全日制本科学历教育的基本学制为四年，全日制专科学历教育的基本学制为三年。学生根据学业情况，经批准，允许适当缩短或延长学习年限。非全日制学历教育和非学历教育的学制按需要设定。

第二十条　学院重视产学研结合。加强校内外实训实习基地建设，强调教学内容与工作实务相统一，课堂教育与社会实际相结合；促进企业与学校的联系，建立就读与就业的衔接。

第二十一条　学院实行学位制度。学生完成学院规定的学习内容，并符合要求者，准予毕业并发给相应的学历证书。本科毕业生的学业水平达到国家规定的标准，经审查合格，授予学士学位，并颁发学位证书。

第二十二条　学院构建全方位的思想教育体系，加强思想政治工作。将政治理论课和德育课作为实施素质教育和政治思想教育的主渠道，发挥共青团、学生会等组织的功能。

第二十三条　学院倡导按教学规律进行教学内容和教学方法的改革。

第二十四条　学院保证完成国家下达的科研任务，同时面向社会开展科技服务和咨询。根据需要和条件，单独设立或合办科研机构或教学、科研、生产联合体。

第二十五条　学院重视高校之间开展教学协作，实行优势互补，提高教育资源的使用效益。

第六章　内部管理体制

第二十六条　学院实行党委领导下的院长负责制。党委是学院的领导核心，总揽全局，协调各方，统一领导学院的工作，支持院长独立负责地行使职权，其领导职责主要是：执行中国共产党的路线、方针、政策，坚持社会主义办学方向，领导学校的思想政治工作和德育工作，讨论决定学校内部组织机构的设置和内部组织机构负责人的人选，讨论决定学校的改革、发展和基本管理制度等重大事项，保证以培养人才为中心的各项任务的完成。

一、院　　长

第二十七条　学院设院长一名，由上海市人民政府任命。院长为学院的法定代表人。

学院设副院长若干名，由上海市人民政府任命。副院长协助院长工作。

第二十八条　院长是学院行政的主要负责人，全面负责学院的教育教学、科学研究和其他

行政管理工作,行使下列职权:

(一)贯彻落实党和国家的教育方针、政策,执行学院党委的决议;

(二)根据办学宗旨,拟订学院总体发展规划,制定具体规章制度和年度工作计划,并组织实施;

(三)根据社会需求,依照国家有关专业设置和教学等方面规定,组织教学活动、科学研究和思想品德教育;

(四)拟订学校内部行政组织机构的设置方案,按规定和程序,推荐副院长人选,任免内部行政组织机构的负责人;

(五)根据国家和学校的有关规定,聘任与解聘教师以及其他工作人员并实施奖励或处分;对学生进行学籍管理并实施奖励或处分;

(六)拟订和执行年度经费预算方案,保护和管理学校资产,筹措办学经费,维护学校的合法权益;

(七)拟订学科建设和师资队伍建设方案。代表学校对外开展交流与合作;

(八)履行上海市人民政府及学院党委授予的其他职权。

二、院长办公会

第二十九条　院长办公会是研究处理行政日常工作的会议。研究确定由院长负责的行政管理工作,研究决定落实学院党委决议的有关工作的实施意见和措施,酝酿需要提交党委会讨论的行政工作中重大问题和重要事项的方案。

第三十条　院长办公会由院长召集并主持,副院长参加。有关列席人员由院长确定。

三、学术委员会

第三十一条　学院设立学术委员会。学术委员会是学院审议、评定重大学术事项的权威机构。学术委员会由院长聘请知名教授、副教授或学科带头人若干名组成。院长兼任学术委员会主任。

第三十二条　学术委员会审议学院的学科和专业设置、学科建设、教学大纲、教学计划、科研方案,评定教学和科研成果等有关学术事项。

四、学院管理体制

第三十三条　学院实行院、系两级管理。

学院对学校的宏观发展方向、规划等重大事项作出决策,保证学院的体制和机制的有效运作,指导系部工作。系部贯彻学院决定,在学院统一规划下自主组织实施教育、科研和管理等活动。

第三十四条　学院推行人事制度改革。完善编制管理,强化部门自我调控机制;实行教师聘任制和教育职员聘任制。学院按照“优化结构,转换机制,按岗聘任,减员增效”的原则,实现人事和干部管理的合理运行机制。

第三十五条　学院按“效率优先,兼顾公平”的原则,实行以岗位实绩工资为主的收入分配制度。对在教学、科研、学科建设以及管理岗位上的教师、教育职员和干部,实行岗位聘任和岗位津贴制度。

第三十六条　学院通过以教师为主体的教职工代表大会等组织形式,依法保障教职工参与民主管理和监督,维护教职工合法权益。

第三十七条　建立以学分制为基础的教学管理模式。

第三十八条 学院举办的企业与学院规范分离，实施现代企业管理制度。

第三十九条 学院总务后勤实行社会化管理。

第四十条 加强制度建设。建立和健全学院的各项管理制度，完善教育、管理和监督机制，明确责、权、利，使学院的整体运作有法可依，有章可循。

第七章 经费来源、财产和财务制度

第四十一条 学院是上海市的市属高等院校，教育事业经费由上海市人民政府核拨。学院也积极筹措教育经费和发展基金。

第四十二条 学院基本建设投资由上海市人民政府拨款、贷款、社会集资、学院自筹资金和国外高等教育援款、贷款等组成，以保证学院长期发展的需要。

第四十三条 学院严格遵守和维护财经纪律，每年认真编制财务预算计划，经院长办公会批准执行。加强财务预算管理、决算审核和审计，加强会计内部监督制度，合理使用、严格管理教育经费，保证提高资金的使用效益。

第四十四条 学院根据《中华人民共和国会计法》和国家有关部门的财经法规制定学院财务管理制度，认真做好会计基础工作。

第四十五条 学院财产受法律保护，任何单位和个人不得侵占。学院严格实行统配物资设备的管理制度，不得将教学和科学研究活动的财产挪作他用，保障学院财产的安全、完整和有效使用。

第八章 权利与义务

第四十六条 学院以培养人才为中心，以市场需求为导向，开展教育教学、科学研究和社会服务。

第四十七条 学院致力于建设结构优化、素质良好、精干高效、富有活力的师资队伍和干部队伍。加强师资队伍和干部队伍的内涵建设和梯队建设。实现人才的校内流动机制。

第四十八条 学院完成上海市教育委员会下达的全日制学历教育的招生任务和其他各类培训任务，并保证教育质量达到国家规定的标准。学院为毕业生提供就业指导和服务，向用人单位推荐毕业生。

第四十九条 学院根据社会需求、办公条件和教育部核定的办学规模，制定招生方案，自主调节系科招生比例。

第五十条 学院依法自主设置和调整学科、专业。

第五十一条 学院根据教学需要，自主制定教学大纲、教学计划、选编教材、组织实施教学活动。

第五十二条 学院自主开展科学研究、技术开发和社会服务；同企事业组织、社会团体及其他社会组织在科学研究、技术开发和推广等方面进行多种形式的合作。

第五十三条 学院按照国家外事政策和有关规定，自主开展与境外高等院校之间的文化交流，借鉴国际财经教育经验，组织人员互访、留学、研究或讲学。

第五十四条 学院的办学水平、教育质量，接受教育行政部门的监督和由其组织的评估。

第九章　章程修改程序

第五十五条　本章程解释权属立信会计学院。

第五十六条　本章程修改程序：

（一）院长办公室提出修正案；

（二）提交院长办公会讨论，党委审定，院长签署结论性意见。

第十章　其　　他

第五十七条　本章程自发布之日起生效。

四、上海立信会计学院发展战略规划

（2003年10月20日）

为了加强上海立信会计学院的建设，提高本科教育水平和学校竞争能力，按照“发展要有新思路、改革要有新突破、开放要有新局面、各项工作要有新举措”的要求，认真贯彻国务院批转的教育部《面向21世纪教育振兴行动计划》、教育部《关于加强高等学校本科教学工作，提高教学质量的若干意见》和《普通高等学校本科教学工作水平评估方案（试行）》等文件精神，加强宏观思考和战略研究，努力把握高等院校发展的特点和规律，并结合上海、中国经济社会建设与发展的需要以及学校发展的实际，更好地促进学校快速、健康、可持续地发展，特制定本发展战略规划。

一、战略指导思想

认真学习和实践“三个代表”的重要思想，在上海新一轮发展的大背景下，抓住学校升本、松江大学园区建设、上海教育综合改革试验和上海世博会的机遇，以学科建设为龙头，全面推进学校改革与发展。在新的历史条件下，不断提升立信会计教育品牌，主动适应中国加入WTO和上海建设国际经济、金融、贸易、航运中心对人才培养提出的新要求，明确任务、锐意改革、开拓创新、与时俱进，确立新目标，形成立信特色，在努力为上海城市建设服务的过程中实现立信的品牌价值。

二、战略奋斗目标

针对21世纪中国高等教育发展的特点和趋势，以及上海高等教育发展的新形势和新特点，进一步适应上海建设国际大都市的要求，根据全国及上海高校发展格局和学校实际情况，确定学院办学思路与奋斗目标。

1. 战略发展目标。以学科建设为龙头，以队伍建设和教育质量为重点，通过深化改革提高学院竞争实力和可持续发展能力，弘扬立信特色，提升学院层次，创新办学实践，将学院建设成为有特色、有影响位居国内先进水平的，以应用型为主的教学研究型经济、管理类高等院校。

2. 人才培养目标。坚持“教育面向现代化，面向世界，面向未来”的方向，为上海经济建设和社会发展培养更多能主动适应社会主义市场经济需要的德智体美全面发展的，“厚基础、宽口径、重应用”，具有创新精神、实践能力和适应性强的高级专门人才。

3. 学院发展规模。在办学规模上，目前每年招收全日制普通高等教育在校学生为2 000人左右；升本后，年计划招收全日制普通高等教育在校学生仍为约2 000人，四年内在校学生总规模8 000人，其中本科学生比例为80%；今后在保证本科发展规模的基础上，争取发展一定的研究生规模。

4. 发展战略步骤。为了实现学校奋斗目标，在战略部署上，学校初步拟定四步走的总体发展思路：

第一步　以申办本科学院为前提，全面改革，整体推进，到2003年，实现由高等专科学校向本科院校转变的历史性突破；

第二步　以本科合格评估为契机，用五年左右时间，通过调整结构，夯实基础，提高内涵，确保本科教育质量，真正实现由高等专科教育向本科教育的根本转变；

第三步　重点突破，跨越发展，再用十年时间，使会计学、金融学等学科率先获得硕士学位授予权，力争若干学科能跻身于国内先进水平的经济、管理类高等院校行列；

第四步　全面推进，整体提高，继续用二十年左右时间，以管理学、经济学为主体，促进法学、理学、文学等多学科协调发展，力争实现博士学位授予权的突破，努力在总体上达到以应用型为主的，教学研究型经济、管理类高等院校之全国先进水平。

5. 学院现有办学条件及四年规划：

项　　目	现有情况	4年规划
占地面积(亩)	479+300*	679+300*
校舍建筑面积(m^2)	202 300	240 300
生均教学行政用房(m^2)	31.26	30.04
教学设备仪器总值(万元)	3 151	5 151
生均适用图书(册)	100.12	102
学科门类(个)	5	5
本科专业数(个)	6～8(待批准)	12个以上
专科专业数(个)	13	4个左右
本科以上在校生数(人)	1 000～1 200(待批准)	6 400
专科在校生数(人)	6 472	1 600
专任教师数(人)	292	400
专任教师中高职称比(%)	33.9	35
专任教师中研究生学历比(%)	32.5	35
兼任教师数(人)	60	60

（续表）

项　　　目	现有情况	4年规划
科研项目和课题数(个)	27	50
年均办学经费(万元)	11 904.10(2002年度)	14 700
年均科研经费(万元)	48.16	200
实训基地(个)	21	25
其他办学条件	会计专业是教育部高职高专教育教学改革试点专业	

注：300亩为松江校区学生公寓和其他公共设施等松江大学园区共享面积。

三、主要目标和基本措施

为实现既定的奋斗目标，按照“四步走”的总体发展思路，结合学院四年规划，学校将突出重点，强化特色，提高内涵，不断挖掘和充分利用各种资源，制定并实施各项保障措施。

（一）以学科建设为龙头，加强重点专业建设

学科建设是学校发展的“重中之重”，它是提高学校综合实力的保证。学校坚持以学科建设为龙头，加强学校的建设，一方面加强重点学科建设，凝炼学科方向、汇聚学科队伍、构筑学科基地，创造条件使其尽快上水平，上台阶；另一方面把专业建设作为学科建设支撑，并以此全面推动师资、课程、教材、实验室、实践基地、教风学风以及管理等各项建设，促进学校整体发展。

根据学院定位与人才培养目标，按照“有所为、有所不为”方针，确立学科建设的目标是：

立足于上海经济社会发展需要，构建以会计学为核心，管理学、经济学为主体，法学、理学、文学为支撑，新兴及边缘学科适度的学科专业结构；逐步形成结构合理、特色显著、水平较高的学科群。

升本后，计划首批设置覆盖管理学、经济学、理学和文学等四大学科门类，共计8个本科专业，即：管理学所属的会计学、工商管理(投资经济管理)、财务管理等3个专业；经济学所属的国际经济与贸易、财政学(税务)、金融学等3个专业；理学所属的统计学专业和文学所属的英语(商务英语)专业。以后再按照学科建设目标及学科专业布局要求，并根据社会经济发展需要，逐步增设法学等本科专业，升本后计划4年内设置五大学科门类、共12个以上本科专业，在校生总规模8 000人，其中本科学生6 400人、专科生1 600人。专业建设应在新的条件下，不断充实、提升、修订和调整，对某些拟设本科专业可进行结构性调整，适当增加些目录外的新专业。

在此基础上形成的学科建设思路是：

1. 构筑重点学科分级建设体系。学校将按照“突出重点，以点带面；强化特色，以特促优；注意渗透，以透求新；提高内涵，以内养外”的学科专业发展思路，加强重点专业建设。以重点学科建设为核心，构筑重点学科分级建设体系。学校计划在近年内建立会计学和金融学2个按市级标准建设的重点学科，建设6个左右的校级重点学科。学校计划设立重点学科专项基金，创造条件使重点学科尽快上水平、上台阶，力争五年内拥有2个市教委级或市级重点学科。

2. 建立以会计学为核心，管理学、经济学为支撑的学科群。当今学科发展，决不能各守畛域，单科偏行，学校将积极组建由核心学科，支撑学科，相关学科构成的学科群。学校计划通过

集中建设已有的会计学、金融学等优势学科，带动提高相关学科发展，建立由会计学为核心学科，管理学、经济学为支撑学科，法、理、文等相关学科构成的学科群。在此基础上，扩大学科群及其内部各个相关学科之间的交叉与融合，凝炼学科方向，努力寻求新生长点。从而通过学科群建设，强化优势学科，带动相关学科，促进学科发展。

学校还要重视应用性学科和应用性专业的发展和研究，适度发展新兴、交叉及边缘学科专业；并十分关注学科专业动向与社会经济发展态势，依据人才需求、办学条件和就业形势等状况，适时调整专业布局，变更专业方向，改进专业培养方案，逐步形成良性的专业建设机制。

3. 逐步形成以学士点为主、硕士点为辅、兼有博士点的学位发展格局。依据学校四步走的战略发展步骤，按照学科专业目标及其规划要求，计划2008年前应获得会计学等8个专业的学士学位授予权，2009年前新增市场营销等3个专业的学士学位授予权，2010年前再增加日语(商务日语)专业的学士学位授予权，从而使学校在2010年前获得12个本科专业所属的管理学、经济学、法学、理学和文学等五个学士学位授予权；在申请学士学位授予权的基础上，积极申请硕士学位授予权，计划先通过参与其他大学硕士研究生联合培养，用5～8年左右时间，力争获得会计学、金融学和国际经济与贸易等3～6个硕士学位授予权；进而再用10年左右时间，向博士学位授予权奋斗。逐步形成以学士点为主、硕士点为辅、兼有博士点的学位发展格局，不断增强高层次人才培养能力。

(二) 以本科教育质量为重点，加大教学改革力度

培养人才是高等学校的根本任务，学校将始终把教学工作作为全校的中心工作，以本科教育为工作重点，高度重视人才培养质量。

1. 建立和完善教学质量保障体系。学校拟建立以退休专家、教师和管理干部为主体的教学督导队伍，形成多层次、多侧面、多环节、多形式督导体系；不断完善“立信网上教学质量评估系统”；围绕教育部和市教委有关《普通高等学校本科教学工作水平评估方案》的要求，制订并实施学校本科教学工作评估方案；全面推进学分制管理，按人才培养的要求，深化教学管理制度改革，不断改进和提高学校人才培养活动的质量。

2. 构建具有立信特色的课程结构体系。根据人才培养的知识结构要求，学校将努力构建富有立信特色的课程结构体系，以体现“厚基础、宽口径、重应用”的人才培养目标要求。学校通过设置“五大基础课”公共必修模块以及设置“跨学科专业课程”打破学科之间、专业之间、课程之间的壁垒，以体现知识渗透性以及“厚基础、宽口径”的要求；通过在公共必修课和选修课中设置一定的会计课程，来体现立信“会计”特点，使立信学生无论就学于何种专业，都能应用会计这门“国际商业语言”；通过设置园区跨校选修课、跨校辅修专业、吸收优秀教师、建立园区教学协作组等方法，加强大学园区校际间交流与合作，共享教学资源；积极开展以精品课程和优秀课程为核心的重点课程建设，计划每年评选8门左右课程纳入学校重点建设课程。

3. 大力加强教材建设，鼓励采用案例教学法。学校大力提倡编写、引进、使用先进教材，鼓励使用“面向21世纪课程教材”、“九五”国家重点教材和教学指导委员会推荐教材，同时有计划地组织编写和出版立信系列教材、特色书籍和各类专著等，确保各专业使用近3年出版新教材的比例达到90%以上。推进教学内容及方法改革，鼓励会计、金融、法学、国际贸易等专业采用“案例教学法”。

4. 加快使用英语等外语教学手段，积极推行教学现代化。按照“教育面向现代化、面向世界人、面向未来”的要求，为适应经济全球化和科技革命的挑战，本科教育要创造条件使用英语

等外语进行公共课和专业课教学，保证本科外语四年不断线；积极推进双语教学，各学科专业应根据其特点提出2～3门课程使用原版教材，会计学、金融学、国际经济贸易等专业双语教学课程力争三年内达到所开课程的5%～10%，其他专业的部分课程可先实行外语教材、中文授课，分步到位。加快推行计算机和多媒体现代化教学手段，不断建立和完善计算机校园网、电子图书馆、多媒体教室等数字化教学环境，力争使多媒体授课的课时比例达到所开设必修课的20%以上，毕业学生达到上海市高校非计算机专业能力等级考试一级以上水平。

5. 加强实践教学，注重创新精神、实践能力和应用型人才的培养。学校要重视本科教学的实验环节，保证学生有半年左右的实践时间；学校将开设足够的语言实验室、计算机实验室等基础实验室以及各专业实验室，以保证学生进行专业实验的要求；各专业都要建立校外实习基地，高度重视毕业实习，提高实践能力培养，要求本科学生参加社会实践、社会调查、科学研究，并设立大学生科研基金，鼓励有能力的学生参与教师科研课题研究，提高学生创新能力；各类实验室、图书馆都要向学生开放，打破"学科壁垒"，实现资源共享，提高使用效率；建立青年教师到事务所和企业锻炼培训制度，以获得实践性经历，鼓励教师参加注册会计师等专业资格证考试，聘请有关事务所和企业专家来校讲学，不断提高教师实践带教能力。从而为培养具有创新精神和实践能力的应用型人才打下坚实的基础。

6. 发挥徐汇校区"3+1"功能，促进学科建设、人才培养和发展继续教育。学校将充分利用徐汇校区地理优势和资源优势，继续发挥徐汇校区在中专、成教学院、立信出版社的作用(即"3"的功能)，努力发掘徐汇校区在教学、科研、社会服务等方面的协调服务作用(即"1"的功能)，使徐汇校区成为构筑学科基地的"桥头堡"、学生实习和人才培训的"中转站"、科学研究和社会服务的"加油站"、发展继续教育的"根据地"。

(三) 以充实学科带头人为重点，加强师资队伍建设

"大学者，非大楼之谓也，实乃大师之谓也！"师资队伍是高等院校发展的关键。学校将围绕学科建设，不断优化师资结构，改革人事制度，完善激励机制，加大力度引进和培养学科带头人，逐步建立一支水平高、能力强、结构合理的学科梯队，形成由学科带头人牵动、中青年骨干传递、优秀青年教师继起的队伍发展态势。

1. 引进和培养学科带头人，加强学科梯队建设。计划五年内再引进和培养若干名学科带头人，努力培养出一些中青年学术带头人，选拔一批中青年骨干教师作为学科梯队后备力量进行分批重点培养，从而建立由学科带头人领衔的学科梯队。

2. 合理配置人力资源，不断优化师资结构。按照"一个核心、二个主体、三个支撑"的学科结构要求，有重点地合理配置资源；通过引进、培养、转岗等各种手段，不断优化师资队伍结构。鼓励和支持在职教师攻读硕士、博士学位，并为他们创造条件，制定专门培养计划，促使其尽快成长；对于转岗人员，应制定相应措施，妥善安置。力争五年内使专任教师的比例中：高级职务不低于35%，硕士研究生学历大于35%，博士研究生学历不低于8%(其中会计学、金融学等重点学科具有博士学位的教师比例不低于15%)。

3. 深化人事制度改革，逐步形成人员能进能出、岗位与职务能上能下的"双向流动"竞争机制。学校将以办学规模为基础，以学科发展为依据，按照"科学理顺、平稳操作、渐进完善"原则，合理设岗，科学定编，逐步实施岗位聘任制和教师职务聘任制。在岗位聘任制上，通过建立和完善岗位聘任考核体系，采取高聘、续聘、缓聘、低聘、不聘等方式，形成择优录用、竞聘上岗的竞争机制；在技术职务聘任制上，通过建立和完善教师职务聘任评价体系，改革技术职务评审制，打破

教师职务终身制，形成教师职务能上能下的竞争激励机制，从而使教师“引得进、留得住、流得出”。设置特聘岗位，聘请数名学术造诣高的国家重点学科的知名专家学者作为学校特聘教授。

4. 强化两级管理，进一步完善机构设置。学校决定设立国际交流处，作为立信升本后开展对外交流的重要职能部门，承担起立信对境外的学术交流、师资互派等工作；在专业研究机构方面，学校决定成立高教研究所；今后还要根据条件成熟与否原则，设立各专业研究所，鼓励教师从校外争取科研经费，在政府机关、企业、其他机构的支持下，共建研究中心，进一步完善机构设置。学校要逐步推出两级管理，并强化第二级管理，做到定位科学、职责明确、结构合理，正确处理好责、权、利的关系，充分发挥各系部和各职能部门能动性、创造性。

（四）以加大科研投入为动力，切实提高学校科研水平

“育人为本，教学、科研、社会服务协调发展”是高等学校的基本职能，而科研在其中占据了极其重要的地位。教学是育人的一个主渠道，但仅凭教学育人是不足以实现培养“具有创新精神、实践能力和适应性强的高级专门人才”目标的。科学研究和社会服务，也是高校育人的重要渠道，而且必将起到越来越重要的作用。

学校以学科建设为龙头，就必须高度重视科学研究，因为科研是加强学科建设、增强学术实力的根本措施，也是培养、锻炼学科队伍的必由之路，科研水平上去了，发展才有后劲。学校将建立和完善科研激励与约束机制，全面实行“科研工作量考核制度”和“科研奖励办法”。

继续加大科研投入的力度，确保科研经费以年均25%的速度递增，计划四年后年均科研经费达到200万元。近年内学校将每年投入30万元，为学校具有高级职称或博士学位的教师设立“攀登计划”；为中青年教师设立“阳光计划”。学校要整合原有的科研基金，坚持“有所为，有所不为”，集中力量实施重点突破。学校逐步建立人才基金、科研基金、教学基金，出版基金、专业研究基金、大学生科研基金等各项基金，通过设立基金，鼓励教师和有能力的大学生积极参与科研工作。要支持有条件，有能力的教授出版一批代表立信水平的本科教材，要支持立信的教授，专家、学者出版高水平的学术专著。积极举办各类学术研讨会，构建开放式学术交流平台，鼓励教师携带论文参加国内外学术会议。提高整体科研实力，使学校的科研成果在数量和质量上都有较大幅度的提高，努力实现教学、科研、社会服务协调发展。

（五）以“三位一体”办学传统为基础，促进产学研一体化

学校在“三位一体”传统办学模式的基础上，积极推动形成具有立信特色的产学研模式。发挥学校人才优势，以会计等行业为依托，加强与相关行业协会、立信长江会计师事务所等各种事务所、各类企业等合作，实现科研成果与实践成果相互转化；加强各学科理论与实践的联系，适时建立专业研究所，完善专业实验室建设，拓展校外实习基地，重视实践能力培养；积极开展应用性科学研究，加强应用能力培养。充分发挥徐汇校区“3+1”功能作用，利用徐汇校区地理优势，凝聚人气、商气，并作为连接松江校区与上海市城区的纽带，以此构建学科研究基地。继续更好地发挥立信会计出版社的作用，通过立信系列教材、特色书籍、各类专著等的出版，使之成为学校教学科研成果展示的重要阵地。学校计划建立会计等研究所，及时分析和掌握国内外最新成果，对经济理论与实务进行深入研究，使之成为学校重要的产与学研究基地。学校将不断推进产学研合作进程，努力探索并形成立信会计学院新时代“产学研一体化”的“三位一体”特色，为上海经济建设提供智力支持。

（六）以教育扩大开放为契机，拓展中外合作办学的路子

学校将积极开展国际合作与交流，进一步探索和研究升本后合作办学发展方向。从有利

于学科建设和人才培养角度，确定合作领域，选择合作项目，按步骤，分层次地开拓新的合作办学渠道。充分发挥松江大学园区资源优势，提倡学校与学校之间、院系与院系之间、专业与专业之间的教学资源共享。积极与国内外院校或研究机构建立协作关系，申请举办包括学历和非学历教育等多形式、多层次的合作办学。努力探索与国内外院校合作举办本科或研究生教育，拓宽合作办学路子，吸收高水平院校的办学理念（办学思想）、培养方案、课程内容及教材教案等。不断完善中外合作办学管理体制，继续聘请外国专家担任英语和专业课教师，定期选派教师出国进修、讲学、交流。学校还将充分利用徐汇校区地理优势，扩大举办各类国际职业资格培训班，利用学校在港澳台招生的机会，努力挖掘与港澳台合作与交流的潜力，走出一条开放式和国际化合作办学的新路。

（七）以弘扬“立信精神”为核心，加强校园硬环境和软环境的建设

学校认真执行党委领导下的校长负责制，坚持“集体领导、民主集中、个别酝酿、会议决定”的组织原则和领导方法，通过党的三大建设、党风廉政建设和“凝聚力工程”建设等环节，加强党的建设、增强党的领导核心地位。通过建立和健全权力制约机制和监督机制，保证广大教职员工充分行使民主选举、决策、管理和监督等四项权利，尤其是在干部选拔任用过程中，落实群众应该拥有的“四权”，不断加强民主政治制度建设，实现社会主义民主政治的制度化、规范化、程序化，进一步发展社会主义民主政治，建设社会主义政治文明。以努力学习和实践“三个代表”重要思想为主线，以创建市级文明单位为抓手，以教书育人、管理育人、服务育人为理念，全面推进学校精神文明建设和物质文明建设。

学校将不断改善办学条件，继续优化硬环境和软环境建设，努力营造良好的校园氛围。

在校园硬环境建设上，学校将增加经费投入，扩大占地面积、增加绿化面积，布置校园雕塑，提高文化品位，美化和净化校园环境。学校计划新增土地200亩，使校园占地面积达到本科学院合格评估标准，以满足教学、科研等活动设施用地需要；计划一年内新建学生食堂6 000平方米，弥补松江大学园区校园食堂先天规划不足的缺陷，尽快解决师生用餐困难的矛盾；将原临时改用的食堂重新改建为教职工活动中心；学校还将根据自身能力和需要建设其他必要的附属用房。学校将充分利用松江校区和徐汇校区的教育资源，在基础建设暂告一段落后，认真研究如何进行资源有效管理和有效使用、如何保养和维护好教学设施等重大课题；要通过调研，进一步优化资源结构、合理配置资源，提高使用效率，把学校的各种资源转化为一流的教学、科研力量。

与此同时，学校还要更加关注校园软环境的建设。以“诚信、奋斗、创新”的立信精神为核心，建设具有立信特色的校园文化。学校要积极营造“奋发向上”的校园氛围；秉承优良传统，弘扬立信精神；积极探索会计教育文化，恪守“诚信为本、操守为重、坚持准则、不做假账”的会计行业道德规范；发扬“百花齐放、百家争鸣、兼收并蓄、有容乃大”的求知精神；倡导“求真务实、勇于创新、思想解放、学术自由”的科学态度；形成“尊重知识、尊重人才、尊重创造”的和谐校园环境，从而形成以立信精神为核心的富有特色的立信校园文化。

立信的改革与发展，尤其是本科建设工作，是一项任重而道远的系统工程。机遇与挑战同在，希望与困难并存。我院将坚决贯彻“发展要有新思路、改革要有新突破、开放要有新局面、各项工作要有新举措”的思想，统筹规划，突出重点，强化特色，提高内涵。在上级领导关心和支持下，经过全校教职员工共同努力，上海立信会计学院一定能办出特色、办出水平，为社会主义现代化建设事业，培养更多更好的经济、管理高级人才，为上海、为中国的经济与社会发展作出积极贡献。

第三章　校区建设

一、商 借 教 室

1980年10月，立信会计专科学校复办时，没有自身的校舍，在育才中学校长段力佩的大力支持下，学校得以在该校办学，并在教育部门和社会各界的协助下，学校先后商借大通、东风、绍兴、长新等多所中学的教室上课，夜大学、中专、函授各教学部分别设于新群、瑞金、陕西中学内。1983年5月，学校与长宁区教育局、长宁区体委签订在定西中学校舍加层和租用教室的协议书(加层面积为615平方米，租用期为3年，期满后归还定西中学)。该年10月，学校迁入定西中学办学。

二、徐 汇 校 区

为建设学校自己的校区，学校名誉校长潘序伦、校长顾树桢多方尽力争取，有关领导和部门也一直相当重视。1984年，经国家财政部、上海市人民政府同意，将立信校舍的建造正式列项，选址确定在上海中山西路2230号，占地面积24.84亩。

1985年10月，学校举行奠基开工典礼，财政部副部长陈如龙亲临剪彩。徐汇校区由上海市教育建设设计院负责设计，上海市第七建筑工程公司承建。徐汇校区于1987年8月竣工交付使用。9月，学校迁入新址办公、教学。新校舍包括综合办公大楼11 682平方米，图书馆、阅览室、阶梯教室2 432.26平方米，教学楼5 346平方米，会场、食堂3 557平方米，厨房、浴室1 084平方米，宿舍、车库2 418.6平方米等建筑群体，共计26 518.86平方米，投资1 567万元，比原计划投资1 845万元节约278万元。

1994年7月，对原六层的教学楼加建一层，增加教学用房1 634平方米。同年，新建学生公寓6 000平方米。1995年初，学校在学生公寓毗邻处建造22层的“立信大厦”，1997年7月竣工交付使用。该大楼为商住两用楼，部分为教师公寓，立信宾馆、立信出版社曾设在该大楼。16层的多功能教学综合楼于1997年开工兴建，1999年建成，建筑面积为9 749.58平方米。

三、松 江 校 区

1. 第一、第二期校舍工程

2000年，经市教委批准学校进入松江大学园区办学。松江校区规划占地面积333 335平方米，校舍采取分期建设、逐步交付使用。松江校区由上海市教育建设设计院设计，同年10月新校区建设举行奠基开工典礼，2001年10月松江新校区一期工程建成并交付使用，该期工程包括第一教学楼建筑面积21 670平方米、信息楼建筑面积17 010平方米、行政楼建筑面积8 974平方米、教师学生共用餐厅3 370平方米和水泵房100平方米，变电所和中心景观广场主体建筑和建筑面积达48 000平方米。2002年，松江校区二期建设工程在第三季度如期竣工，建成6 700平方米的图书馆(包括4个书库，6个阅览室，共1 400个座位)，6 100平方米的体育馆(包括室内篮球场2片、乒乓房、健身房、健美操房、武术房等)，以及占地33 700平方米的运动场地(包括400米塑胶跑道，篮球场12片，排球场12片，网球场6片)。建成绿地83 300平方米。

2. 第三期校舍工程

三期工程于2002年12月6日开工，主体建筑由4、5、6、7号楼联体组成的第二教学楼于2003年8月竣工，共计建筑面积21 170平方米。

3. 其他工程的建设

2004年4月，学校自筹资金1 000多万元，兴建一座6 634.1平方米的学生食堂。该食堂为三层建筑，共有2 000多个座位，功能、设施齐全，于2005年1月启用。

为改善教职工就餐及教职工娱乐环境，2005年3月15日召开教师餐厅和教师活动中心改建方案专题会，同年施工和启用。

随着学校的快速发展及合格本科院校评估要求，原图书馆已不能满足发展需要，学校决定新建一座图书馆(图文中心)，2007年5月动工建设，建面约为18 600平方米(含地下人防)。预计2008年6月竣工，9月投入使用。

学校现有松江和徐汇两个校区，总占地面积828亩(含大学园区共享面积)，总建筑面积243 024.86平方米(含松江学生公寓面积)，其中教学行政用房面积113 064.28平方米，学生宿舍面积101 355.44平方米，生均校园面积59.20平方米，生均学生宿舍面积10.87平方米。

第四章　学校领导体制与管理机构

第一节　领导体制沿革

1. 1980年10月至1983年6月

立信会计专科学校复校之初，没有自身校舍，没有专职管理人员，没有专职教师，可说是“白手起家”，艰苦办学。学校的教学行政事务完全由立信的老同仁、老校友多人义务承担。学校克服了重重困难，才得以顺利地开学上课。在这种人员编制、机构设置未定的情况下，为有利于各项工作有秩序地进行，经过复校倡议人和有关方面的多次研究，决定聘请社会各界知名人士组成校务委员会作为学校的领导决策机构，并由校务委员会推荐校长、副校长负责学校日常的教学行政工作。

校务委员会的职权是：决定教学方针、发展规划、专业设置和招生规模；推举校长、副校长人选，报请有关部门审批后任命；定期听取总结汇报、检查教学工作；筹集办学基金、审批经费收支的预算和决算；研究决定其他重大校务。

2. 1983年6月至1989年8月

立信会计专科学校经过复校后一段时间的工作，专职的办学人员逐步增加，各方面建设需要统筹规划抓紧落实，以利于学校今后的稳定发展。为此，中共上海市委决定建立中共立信会计专科学校委员会。1983年6月，上海市人民政府和市政府财贸办公室分别任命了学校校长和副校长。根据教育部1978年制定的高等学校的工作条例，原来由校务委员会作为学校领导决策机构的体制便从这时开始向学校党委会领导下的校长分工负责制过渡。

在此期间，学校校务委员会进行了调整，其职能由领导决策改为以咨询为主。

3. 1989年8月至2001年10月

1989年8月，中共中央国务院转发了国家教委《关于高等学校工作中几个问题的意见》，强调实行党委领导下的校长负责制，以有利于保证学校的社会主义办学方向和培养目标的全面实现。据此，学校的领导体制确定为党委会领导下校长负责制。

校党委会贯彻民主集中制原则，对学校建设和发展的重大问题，经过校党委（或党政一齐参加的校党委扩大会）集体讨论、统一思想认识后，作出决定。校长在校党委的领导下，对外代表学校，对内全面主持行政工作。通过校务会议（副校长和有关人员参加），执行党委会决定，研究确定推进各项工作的具体方案，并负责加以组织实施。

1992年后，在邓小平南巡重要讲话精神的指导和鼓舞下，学校的领导体制进一步完善和健全，有力地推动学校的全面改革。学校办学规模不断扩大，教育质量明显提高，立信会计的整体事业呈现出良好的发展势头。

4. 2001年10月至今

2001年10月以来,根据《中华人民共和国高等教育法》、《中国共产党普通高等学校基层组织工作条例》、《上海市高等学校实行党委领导下的校长负责制的若干意见》的规定,党委领导下的校长负责制的领导体制在学校得到进一步加强和贯彻落实。

校党委集体领导学校工作,决策学校建设发展工作中的重大问题。支持校长积极主动、独立负责地依法行使职权,保证学校教学、科研和其他行政管理等各项任务的完成。

第二节 学校领导

一、专科办学阶段的学校领导

1. 1980年10月至1997年4月办学时期

(1) 名誉校长、校长、副校长(见表2-4-1)

表2-4-1 1980年10月~1997年4月名誉校长、校长、副校长

职务	姓名	备注
名誉校长	潘序伦	1980.10~1985.11 市政府1983.06任命
校长	王眉征	1980.10~1983.6,兼任,校务委员会推选
	顾树桢	1983.6~1988.6,兼任
	张俊杰	1989.1~1992.6,兼任
	李海波	1992.6~1997.4
副校长	顾树桢	1980.10~1983.6,兼任,校务委员会推选
	段力佩	1980.10~1983.6,兼任,校务委员会推选
	胡远声	1980.10~1983.6,兼任,校务委员会推选
	顾福佑	1980.10~1983.6,兼任,校务委员会推选
	王乾德	1983.6~1984.5
	孙庆元	1983.6~1988.6
	徐文彬	1984.9~1993.12
	杨君昌	1985.12~1993.3
	成守文	1988.9~1995.1
	金家富	1989.1~1997.4
	戴子贤	1989.6~1992.12
	叶德勋	1992.12~1994.12
	蔡建民	1992.12~1997.8
校长助理	胡厚麟	1995年3月起
	陈惠丽	1995年3月起

(2) 校务委员会正、副主任(见表2-4-2)

表 2－4－2　校务委员会正、副主任

职　　务	姓　　名	任 职 时 间	备　　　注
主　任	黄逸峰	1980.10～1986.7	兼任，校务委员会推选
副主任	马一行 王眉征 顾树桢 李鸿寿	1980.10～1986.7 1980.10～1986.7 1980.10～1986.7 1980.10～1986.7	兼任，校务委员会推选 兼任，校务委员会推选 兼任，校务委员会推选 兼任，校务委员会推选
名誉主任	陈如龙	1987.11～1991.8	校务委员会推选
主　任	顾树桢	1986.7～	兼任
副主任	褚后仁	1986.7～	兼任

(3) 学校顾问(见表 2－4－3)

表 2－4－3　学 校 顾 问

职　　务	姓　　名	任 命 时 间	备　　　注
顾　问	段力佩	1983.6	上海市人民政府
高级顾问	顾树桢	1992.10	上海市人民政府财贸办公室

(4) 教务长、总务长(见表 2－4－4)

表 2－4－4　学校教务长、总务长任职情况

职　　务	姓　　名	任 命 时 间	备　　　注
教务长	张　荃	1985.9～1989.3	协助分管教学的副校长工作
总务长	张志敏	1985.9～1992.4	协助分管后勤的副校长工作

2. 1997 年 4 月至 2004 年 2 月的学校领导

(1) 1997 年 4 月至 2001 年 10 月的校长、副校长(见表 2－4－5)

表 2－4－5　1997 年 4 月～2001 年 10 月的校长、副校长

职　　务	姓　　名	备　　　注
校　长	李海波	1997.4～2002.5
副校长	金家富 朱坚强 胡厚麟	1997.4～1999.12 1998.9 起 1997.9 起

(2) 2001年10月至2004年2月学校党政领导(见表2-4-6)

表2-4-6　2001年10月～2004年2月学校党政领导

职　务	姓　名	备　注
党委书记	桑秀藩	其中2002.5～2003.6主持学校行政工作
校　长	唐海燕	2003.7起。其中2003.6起为副校长主持工作
副书记	朱坚强 楼军江	
副校长	朱坚强 胡厚麟 李延臣	 2002.3起

二、2004年2月起本科办学后的学校党政领导班子成员(见表2-4-7)

表2-4-7　本科办学后的学校党政领导

职　务	姓　名	备　注
党委书记	桑秀藩	
校　长	唐海燕	2006.5起。其中2004.2～2006.5为副校长主持工作
副书记	朱坚强 楼军江	
副校长	朱坚强 邵瑞庆 李延臣	
校长助理	胡厚麟 曹惠民	

第三节　管理机构设置与干部任职

1. 1984～1997年(见表2-4-8)

表2-4-8　1984～1997年管理机构设置与部门负责人

机构名称	职　务	姓　名	任职时间
党委办公室 (1992年9月前与组织处合署办公)	主　任 副主任 主　任 副主任 主　任	汪溢中 姚镜明 王德泰 姚镜明 姚镜明	1984.9～1989.1 1984.9～1986.2 1989.1～1992.6 1989.2～1992.7 1992.7～

（续表）

机构名称	职　务	姓　名	任职时间
党委组织处	处　长	石吉茂	1992.9～1995.2
	副处长	吴洁英	1993.2～1995.2
	副处长	袁经瑞	1995.2～
党委宣传处	副处长	姚镜明	1986.2～1991.9
	副处长	陈　杰	1986.2～1988.4
	处　长	姚镜明	1991.9～1995.2
	副处长	何佩莉	1993.6～1995.2
	处　长	陆宝恒	1995.2～
	处长助理	阙伟民	1995.2～
校长办公室	主　任	陈顺沐	1985.1～1986.12
		钟陵强	1986.12～1990.8
		纪剑鸣	1995.2起
	副主任	陈顺沐	1984.9～1985.1
		季宝根	1991.9～1993.5
		纪剑鸣	1993.2～1995.2
		洪韶华	1993.7～1995.2
		王更新	1995.2～1996.3
		周崇文	1996.9起
人事处	处长(主任)	金淑娟	1985.1～1989.1
		张瑞芳	1989.1～1992.4
		陆宝恒	1993.4～1995.2
		吴洁英	1995.2起
	副处长(副主任)	金淑娟	1984.9～1985.1
		王美鸿	1984.9～1993.5
		沈雨敏	1995.2起
教务处	处长(主任)	马钟榆	1985.1～1986.10
		潘华恭	1989.9～1990.8
		蔡建民	1990.9～1992.12
		许有强	1993.2起
	副处长(副主任)	马钟榆	1984.9～1985.1
		王惠政	1984.9～1986.1
		许有强	1986.1～1986.10， 1992.11～1993.2
		林　鑫	1986.1～1993.6
		潘华恭	1986.10～1989.9
		关为池	1989.9～1993.6
		范　怡	1993.6起
		周钧明	1995.2～1997.12

（续表）

机构名称	职务	姓名	任职时间
学生处	处长	陈　杰	1991.9起
	副处长	陈　杰	1988.4～1991.9
		何佩莉	1989.2～1990.2
		杜秀娟	1991.2起
财务处	处长(主任)	潘华恭	1990.9～1992.11
	副处长(副主任)	石吉茂	1984.9～1988.7
		马　骏	1987.9～1990.9
		孙景龙	1992.11起
		李立新	1995.2起
监察室、审计室	主任	石吉茂(兼)	1990.1～1996.12
	副主任	郑国芬	1995.2起
科研处	处长	施洽民	1989.2～1993.6
成人教育处	处长	季宝根	1995.2起
	副处长	季宝根	1993.6～1995.2
		林　鑫	1995.2起
总务处	处长	邵占勋	1985.7～1991.7
		姚金生	1991.7～1993.6
		孙建翔	1993.6～1995.2
		洪韶华	1995.2起
	副处长	姚金生	1984.9～1991.9
		汪迪生	1984.9～1984.10
		钟陵强	1984.12～1986.3
		孙建翔	1991.9～1993.6
		杨宝成	1991.9～1995.2
		张正国	1995.2起
		杨惠珍	1995.2～1995.4
		赵安娣	1996.12起
基建处 (基建办公室)	处长	陈惠丽	1993.12起
	副主任	黄子昭	1984.9～1987.4
		李永年	1984.9～1992.6
		姚树新	1987.2～1989.2
		陆天真	1987.2～1989.4
保卫科	科长	朱家声	1986.3～1988.6
		刘立功	1991.9～1996.11
	副科长	刘立功	1986.2～1991.9
		周声富	1993.6起

2. 1997年9月至1999年9月(见表2-4-9)

表2-4-9　1997年9月至1999年9月管理机构设置与部门负责人

机构名称	职务	姓名	备注
党委办公室	主任 副主任	姚镜明 于　蓉	
党委组织处	常务副处长 副处长	袁经瑞 邬敏懿	 1998年5月起
党委宣传处	处长	陆宝恒	
校长办公室	主任 副主任	纪剑鸣 周崇文	
人事处	处长 副处长	吴洁英 沈雨敏	
审计监察室	主任 副主任	乐子利 郑国芬	
教务处	处长 副处长	许有强 汪雪兴 范　怡	 1997.3起
学生处	处长	陈　杰	
科研处	处长	范春林	
财务处	常务副处长 副处长	李立新 孙景龙	
成教处	处长	季宝根	
总务处	处长 副处长	洪韶华 赵安娣　张正国	
基建处	处长	陈惠丽(兼)	
保卫处	处长 副处长	倪银锡 周声富	1999.2起 1999.2起。1999年2月前设置为保卫科,科长周声富
调研处	处长	钟陵强	1998.6～1999.11

3. 1999年9月至2002年7月(见表2－4－10)

表2－4－10　1999年9月至2002年7月管理机构设置与部门负责人

机构名称	职　务	姓　名	备　注
党委办公室	主任 副主任	姚镜明 于　蓉	
党委组织处	处长 副处长	袁经瑞 楼军江(兼) 邬敏懿	1999年2月～2002年2月 2002年3月起
党委宣传处	处长 副处长	陆宝恒 阙伟民	
校长办公室	主任 副主任	纪剑鸣 周崇文	
人事处	处长 副处长	吴洁英 张国强	
师资处	处长	沈雨敏	
审计监察室	主任 副主任	乐子利 郑国芬	
教务处	处长 副处长	许有强 汪雪兴　范　怡	
学生处	处长 副处长	陈　杰 张乐敏	
财务处	常务副处长 副处长	李立新 孙景龙	
科研处	处长	方士华	
成教处	处长	季宝根	
总务处	处长 副处长	洪韶华 赵安娣　张正国	2001.4,撤销总务处,设后勤保障处
后勤保障处	处长 副处长	洪韶华 张正国	2001.4起
基建处	处长	陈惠丽	1999.9～2002.3
保卫处	处长 副处长	倪银锡 周声富	

4. 2002年7月至2004年7月(见表2-4-11)

表2-4-11　2002年7月至2004年7月管理机构设置与部门负责人

名　称	职　务	姓　名
党委(校长)办公室	主任 副主任	姚镜明 李祖新　于　蓉
党委组织部	部长 副部长	楼军江(兼) 邬敏懿
党委宣传部	部长 副部长	何佩莉 阙伟民
党委统战部	部长	邬敏懿
党委学生工作部、学生处	部(处)长 副部(处)长	郁顺华 张乐敏　解丹阳(2004.3起)
监察处、审计处	处长	郑国芬
人事处	处长 副处长	沈雨敏 刘永琴
教务处	处长 副处长	郑　忠 胡启鸿(2003.11调离)　范　怡
科研处	处长	方士华(2002.7～2002.11) 唐庆银(2003.1起)
财务处	处长 副处长	李立新 朱为华
保卫处、武装部	处(部)长 副处长	陈　杰 周晓彤
后勤保障处	处长 副处长	钟陵强 邹黎明　顾喜云(2003.4起)
国际交流处(2003.11组建)	副处长(主持工作)	陈旭如
高教研究所、学科办公室(2003.11组建)	所长(主任) 副所长(副主任)	胡启鸿 张志谦

5. 2004年7月至2007年11月(见表2-4-12)

表2-4-12 2004年7月至2007年11月管理机构设置与部门负责人

名称	职务	姓名
党委(校长)办公室	主任 副主任	姚镜明 于 蓉
党委组织部	部长	邬敏懿
党委宣传部	部长	何佩莉
党委统战部	部长	邬敏懿
党委学生工作部、学生处	部(处)长 副部(处)长	郁顺华 张乐敏 解丹阳
监察处、审计处	处长 副处长	郑国芬 白 玉(2005.5起)
人事处	处长 副处长	沈雨敏 刘永琴 王 婧(2005.12起)
教务处	处长 副处长	郑 忠 郭大伟(2005.12起) 顾德华
科研处	处长	唐庆银
财务处	处长 副处长	李立新 朱为华
国际交流处(注1)	副处长(主持工作)	陈旭如
高教研究所、学科办公室(注2)	所长(主任) 副所长(副主任)	胡启鸿(2004.7～2005.5) 张志谦(2005.5起主持工作)
武装部、保卫处	部(处)长 副处长	钟陵强 周晓彤
后勤保障处	处长 副处长	陈 捍 邹黎明 顾喜云

注1：2005年12月，成立港澳台事务办公室，与国际交流处合署办公。港澳台事务办公室副主任(主持工作)：陈旭如。

注2：2007年3月，成立研究生工作办公室，与高教研究所、学科办公室合署办公。副主任(主持工作)：张志谦。

6. 2007 年 11 月起(见表 2－4－13)

表 2－4－13　2007 年 11 月起的管理机构设置与部门负责人

名　称	职　务	姓　名
党委(校长)办公室	主任 副主任	姚镜明 于　蓉
党委组织部	部长 副部长	邬敏懿 吴明华
党委宣传部	部长	何佩莉
党委统战部	部长 副部长	邬敏懿 吴明华
党委学生工作部、学生处	部(处)长 副部(处)长	刘福窑 张乐敏　解丹阳
监察处、审计处	处长 副处长	郑国芬 白　玉
人事处	处长 副处长	郁顺华 刘永琴　王　婧
教务处	处长 副处长	郑　忠 郭大伟　顾德华
科研处	处长 副处长	唐庆银 张丕强
财务处	处长 副处长	李立新 朱为华
国际交流处、港澳台事务办公室	处长(主任)	陈旭如
高教研究所、学科办公室、研究生工作办公室	所长(主任)	张志谦
武装部、保卫处	部(处)长 副部(处)长	钟陵强 周晓彤
后勤保障处	处长 副处长	陈　捍 顾喜云　王新华

第五章　教学系部的设置与负责人

1. 1986～1997年

1986年6月，学校召开建系工作会议，决定在原教研室的基础上，建立5系（会计系、审计系、统计系、管理系、财政金融系）、2部（马列主义教学部、基础课教学部）。系、部主任、副主任由校长聘任，由校长直接领导。

建立教学系部后，系部的结构先后有所变化。1988年，会计系划分为会计一系、会计二系，审计系改为会计三系。1995年2月，统计系改为会计四系；新设经济系和外语教学部。至1996年，学校共设7系3部（见表2-5-1）。

表2-5-1　1986～1997年教学系、部设置与负责人

系部名称	职务	姓名	任期	备注
会计系	主任 副主任	徐文彬 何和平	1986.9～1988.8 1986.9～1988.8	副校长兼任
会计一系	副主任 主任 副主任	周正云 沈国安 张维宾 张维宾 叶　敏 张凤仪	1988.9～1993.5 1988.9～1990.8 1993.6～1995.2 1995.2～ 1993.6～ 1995.2～	
会计二系	副主任 常务副主任	蔡建民 曹惠民 曹惠民 徐　波	1988.9～1990.8 1990.9～1995.2 1995.2～ 1993.6～1995.2	
审计系	主任 副主任	徐惠勇 陈力生	1986.9～1988.8 1986.9～1988.8	聘请兼任
会计三系	副主任 常务副主任 副主任 主任助理 副主任	陈力生 陈力生 陈继炜 钟义盛 钟义盛	1988.9～1995.1 1995.2～ 1988.9～1993.5 1993.6～1995.1 1995.2～	
统计系	主任 副主任	张　荃 王令炯 吴川生	1986.9～1989.3 1987.9～1993.5 1995.2～	教务长兼任

（续表）

系部名称	职务	姓名	任期	备注
会计四系	主任 常务副主任 副主任	忻佩妮 吴川生 王崇毅	1995.2～12 1995.2～ 1996.2～	
管理系	副主任	赵一平 邓雪兰 尤丕基 陈志友	1986.9～1989.8 1988.10～1993.5 1993.6～ 1995.2～	
财政金融系	主任 副主任	虞觉翔 何忠卿 何佩莉 何和平 汪爱莉 乐子利 孙桂芳	1986.9～1987.8 1987.9～1992.8 1990.2～1992.2 1995.2～ 1991.9～1993.5 1993.6～12 1993.6～12 1995.2～	
马列主义教学部	副主任 主任 副主任	叶德勋 叶德勋 邓雪兰 蒋惠英 黄江新 郭冬生	1986.9～1987.8 1987.9～1995.1 1986.9～1988.9 1988.10～1993.12 1993.6～ 1995.2～	1992年12月，叶德勋任副校长后兼任
基础课教学部	副主任 主任 副主任	许有强 李润昌 杨力人 丁文遂 胡仪君 盛明华	1986.9～1992.12 1987.9～1993.12 1987.9～1990 1991.9～ 1993.6～ 1993.6～	
外语教学部	副主任	陈雪翎	1995.2～	
经济系	副主任	徐　波	1995.2～	

2. 1997年9月至1999年9月(见表2-5-2)

表2-5-2　1997年9月至1999年9月教学系、部设置与负责人

名称	职务	姓名
会计一系	主任 副主任	张维宾 叶　敏　张凤仪
会计二系	主任 副主任	曹惠民 曹　中

（续表）

名　称	职　务	姓　名
会计三系	常务副主任 副主任	陈力生 钟义盛　李惟荘(1997.12～1998.1)
会计四系	常务副主任 副主任(主持工作) 副主任	徐　波(1997.4～1998.1) 李惟荘(1998.1起) 王崇毅
财金系	主任 副主任	孙桂芳 何佩莉
管理系	常务副主任 副主任	陈志友 邓雪兰
经济系	常务副主任 副主任	吴川生(1997.4起) 张　彦(1998.1起)
基础教学部	常务副主任 副主任	胡仪君 盛明华　丁文逐
马列教学部	主任	黄疆新
外语教学部	常务副主任	陈雪翎
计算中心	常务副主任 副主任	余扬岳 忻瑞婵(1997.4起)
德育教研室	主任 副主任	杜秀娟 陈　杰(兼)
高职部	主任 副主任 主任助理	季宝根(1999.5起) 凌慧义(1999.5起) 解丹阳(1999.5起)

3. 1999年9月至2003年1月(见表2-5-3)

表2-5-3　1999年9月至2003年1月教学系、部设置与负责人

名　称	职　务	姓　名
会计一系	主任 副主任	张维宾 叶　敏　张凤仪　马建钢
会计二系	主任 副主任	曹惠民 曹　中　袁亚珍
会计三系	主任 副主任	陈力生 钟义盛　卢　超

（续表）

名　　称	职　　务	姓　　　　名
会计四系	主任 副主任	李惟莊 王崇毅　沈学桢
管理系	主任 副主任	陈志友 邓雪兰　龙英锋
财金系	主任 副主任	孙桂芳 何佩莉　郑　忠
经济系	常务副主任 副主任	张　彦 唐庆银
经济二系（2001年5月前名称为高职部）	主任 副主任	季宝根（兼） 凌慧义
基础部	主任 副主任	胡仪君 盛明华　丁文遂　赵斯泓
外语部	主任 副主任	陈雪翎 汪　俭　陈旭如
体育部	主任	宋灵荧
马列部	主任	黄疆新
德育教研室	主任 副主任	杜秀娟 陈　杰（兼）
计算中心	常务副主任 副主任	忻瑞婵 王令炯

4. 2003年1月至2005年5月（见表2－5－4）

表2－5－4　2003年1月至2005年5月教学系、部设置与负责人

系 部 名 称	职　务　与　姓　名
会计学系	党总支书记：黄　明　主任：张维宾　党总支副书记、副主任：荣　绿　副主任：马建钢
财务管理系	党总支书记：张玉英　主任：曹惠民（2003.1～2004.7）　曹　中（2004.7起）　党总支副书记、副主任：袁亚珍　副主任：曹　中（2003.1～2004.7）　郭大伟（2004.7起）
工商管理系	党总支书记：张　彦　主任：陈力生　党总支副书记、副主任：孙亚斌　副主任：朱亚兵

（续表）

系 部 名 称	职 务 与 姓 名
财政金融系	党总支书记：孙桂芳　主任：胡云祥　党总支副书记、副主任：凌慧义　副主任：鲍　杰(2003.1～2004.5)
经贸与法律系	党总支书记：邓雪兰　主任：陈志友　党总支副书记、副主任：刘　燚　副主任：刘　雯
外语系	党总支书记：陆美芳　主任：陈雪翎　党总支副书记、副主任：白　玉　副主任：汪　俭
会计大专部	党总支书记：费　莉　主任：李惟荘(2003.1～2004.12)　党总支副书记、副主任：张展飞(2003.1～2005.1)　郭慧君(2005.1起)　副主任：卢　超
信息科学系(2003年3月前为计算机教学部)	直属党支部书记：邢传鼎　主任：余扬岳(2003.1～2005.1)　刘念祖(2005.1起任代理主任)　直属党支部副书记：忻瑞婵(2003.10起)　副主任：忻瑞婵　曾　峣(2003.10起)
数学与统计教学部	直属党支部书记：刘志石　主任：赵斯泓　副主任：沈学桢
人文社会科学教学部	党总支书记：黄疆新　主任：黄家瑶 副主任：杜秀娟　盛明华
体育教学部	直属党支部书记：都菊英　主任：宋灵羡　副主任：刘国荣

5. 2005年5月至2007年12月(见表2-5-5)

表2-5-5　2005年5月至2007年12月教学系、部设置与负责人

系 部 名 称	职 务 与 姓 名
会计学系	党总支书记：胡启鸿　主任：张维宾　第一副主任：邓小洋(2007.6起)　党总支副书记、副主任：汪慧华　副主任：陈　云(2005.5～2006.12)　李江萍　张奇峰(2006.12起)
财务管理系	党总支书记：张玉英　主任：曹　中　副主任：郭大伟(2005.5～2005.12)　杨克泉(2005.12～2007.6)　邵　军(2007.6起)　党总支副书记：张海琼(2007.6起)
审计学系	党总支书记：张　彦　主任：陈力生　党总支副书记、副主任：孙亚斌　副主任：高前善
工商管理系	党总支书记：朱亚兵　主任：黄汉江　党总支副书记、副主任：张颖香　副主任：马永生(2007.6起)
信息科学系	党总支书记：俞时权　主任：刘念祖　党总支副书记、副主任：周　静　副主任：忻瑞婵
国际贸易与经济系	党总支书记：赵立辉　主任：陈志友　党总支副书记、副主任：杨子敬　副主任：张红玉(2005.5～2006.11)　裴　瑱(2006.11起)

（续表）

系部名称	职务与姓名
金融学系	党总支书记：孙桂芳　行政负责人：王楚明(2006.9起)　党总支副书记、副主任：陈　兵　副主任：张丕强(2005.5～2007.11)
财政与税务系	党总支负责人：崔文秀(2005.5～2007.6)　主任：赵迎春(2006.1起)(其中,2005.5～2006.1为系行政负责人)　党总支副书记、副主任：凌慧义(2007.6起主持系党的工作)　副主任：罗　秦
法律系	党总支书记：邓雪兰　主任：洪莉萍(2005.5～2006.7)　副主任：龙英锋(2006.7起主持系行政工作)　党总支副书记：徐利民(2007起)　副主任：金慧华(2006.11起)
数学与统计系	党总支书记：刘志石　主任：赵斯泓　党总支副书记：刘福窑(2005.12起)　副主任：沈学桢 注：2007年6月由直属党支部升格为党总支
外语系	党总支书记：陈雪翎　主任：严　筠　第一副主任：郭晓燕(2007.9起)　党总支副书记、副主任：卫志红　副主任：丁大勇　贺　哲
高职学院	院长：胡厚麟(兼)　党总支书记：费　莉　副院长：黄疆新　党总支副书记、副院长：郭慧君　副院长：马建钢　纪剑鸣(2007.11起)　副主任：卢超(2005.5～2006.5为大专部副主任)
人文社会科学系(2006年7月前为人文社会科学教学部)	党总支书记：杨林林　主任：黄家瑶　副主任：杜秀娟(2005.5～2007.9)　盛明华(2005.5～2006.7)　吴红燕(2007.9起)　党总支副书记、副主任：李强(2006.11～2007.6)
体育教学部	直属党支部书记：都菊英(2005.5～2007.7)　宋灵煐(2007.7起)　主任：宋灵煐(2005.5～2007.7)　副主任：刘国荣(2007.7起副主任主持行政工作)

第三篇

中国共产党

第一章　党委会

第一节　沿　　革

1983年5月，中共上海市委员会复文同意建立中国共产党立信会计专科学校委员会。迨学校的隶属关系确定为由上海市人民政府和财政部双重领导，以上海市为主以及1984年2月市政府明确学校行政工作归市财贸办公室管辖之后，4月，中共上海市委组织部相应作出决定，学校党的工作也由中共上海财贸工作委员会领导。1995年10月，经上海市人民政府确定，学校划归上海市教育委员会管辖，校党委会工作由此同时隶属市教育党委领导。

2003年9月，上海市人民政府批准，在立信会计高等专科学校基础上建立上海立信会计学院。2004年2月，经中共上海市委员会、中共上海市教育工作委员会批准，成立中共上海立信会计学院委员会。

自1983年5月至2007年12月，学校党的委员会组成及委员任职情况如下。

1. 1983年5月至1984年12月

书　记：顾树桢　副书记：魏人英

委　员：王乾德(1984年5月调离)　孙庆元

2. 1984年12月至1988年1月

书　记：褚后仁　副书记：魏人英(1986年12月退休)　徐立元　金家富(1986年4月起)

委　员：孙庆元　杨君昌(1985年12月起)

3. 1988年2月至12月

副书记：成守文　徐立元　金家富

委　员：孙庆元(1988年6月退休)　杨君昌

4. 1988年12月至1994年11月

书　记：成守文　副书记：金家富　李海波(1992年6月起)　孙厚德(1992年6月起)

委　员：杨君昌(1993年3月调离)　王德泰(1989年1月至1992年6月)　蒋惠英(1989年1月至1992年6月)　石吉茂(1992年6月起)　叶德勋(1992年12月起)

5. 1994年11月至1997年3月

副书记：金家富(主持工作)　李海波　孙厚德

委　员：成守文(1995年1月离休)　石吉茂　叶德勋(1995年1月退休)

6. 1997年4月至2001年10月

书　记：胡慧芳　副书记：金家富(1999年11月退休)　李海波　朱坚强(1998年9月起)

委　员：胡厚麟(1997年9月起)

7. 2001年11月至2004年2月

书　记：桑秀藩　副书记：唐海燕(2003年8月起)　朱坚强　楼军江(2002年2月起)

委　员：胡厚麟　李延臣(2002年2月起)

8. 2004年2月至2006年8月(中共上海立信会计学院委员会)

书　记：桑秀藩　副书记：楼军江　朱坚强

委　员：唐海燕　李延臣

9. 2006年9月至今

书　记：桑秀藩　副书记：楼军江　朱坚强

委　员：唐海燕　李延臣　胡厚麟　邬敏懿

第二节　首次党代会

从2006年2月起，学校党委筹备学校第一次党代会，把代表的选举等组织、宣传工作，作为进一步学习党章、提高全体党员的责任和义务意识的过程。

2006年9月22日至23日，学校召开了首次党代会。108名党代表齐聚一堂，总结进入新世纪以来学校发展和党的建设的成绩和经验，规划今后五年的宏伟蓝图。市科教党委副书记李铭俊，市委组织部和市科教党委等负责同志出席了大会。部分系、处党政负责人、教授，部分老党员、老领导等列席了大会，学校各民主党派负责人和无党派人士代表也应邀出席了大会。

市科教党委副书记李铭俊代表市科教党委向大会的胜利召开表示热烈祝贺。他在讲话中高度评价了立信党委的工作和立信"十五"期间取得的成绩，希望新一届党委能够继续发挥总揽全局的领导核心作用，进一步维护好、发展好"立信"这个上海高等教育的知名品牌，努力做好"四篇大文章"。第一，要做好"特色"这篇大文章。要有准确的办学定位，做强做大自己的优势和特色学科，发挥优势服务社会，不断强化、不断彰显"立信"的办学特色。第二，做好"育人"这篇大文章。要把"立德树人"作为办学的根本任务，把培养学生的创新实践能力作为学校育人的重点工作，按照社会主义市场经济和现代化国际大都市建设对人才规格的要求，精心培育人才，培育优秀人才。第三，要做好"改革"这篇大文章。要把改革聚焦在构筑人才高地上，聚焦在构建现代大学管理制度上，既要有决心，不回避矛盾，敢于触及阻碍学校科学发展的深层次矛盾；又要有智慧，突出重点，循序渐进，维护大局的稳定。第四，要做好"党建"这篇大文章。要紧紧围绕党的执政能力建设和先进性建设来推进学校党建工作，继续坚持并在实践中不断完善党委领导下的校长负责制，加强基层党组织建设，增强学校党组织的创造力、凝聚力和战斗力。

桑秀藩代表中共上海立信会计学院委员会作了题为《弘扬"诚信、奋斗、创新"的立信精神，为建设有特色、有水平、有影响的大学而努力奋斗》的工作报告。报告分为三个部分。报告回顾了立信党组织发展的历程，从以转变观念、解放思想为引领，以体制机制改革为突破口，构建现代大学的基本框架等八个方面，总结了过去几年特别是进入新世纪以来学校的工作，概括取得成绩的主要经验是：第一，发挥党委领导核心作用；第二，把握历史机遇，深化改革，实现学校跨越式发展；第三，处理好传承与光大的关系，做到与时俱进、开拓创新；第四，确立依靠广大教职工办学的思想，营造宽松民主的办学氛围。报告明确了学校“十一五”期间“建设有特色、有水平、有影响大学”的奋斗目标，提出加大学科建设力度、体现学科特色、完善学科布局等八项主要任务，指出建设有特色、有水平、有影响大学最重要的就是不断加强党的建设，充分发挥各级党组织和党员的作用，为学校改革发展提供强有力的政治、思想和组织保障。报告要求广大党员和全体教职员工要增强忧患意识、责任意识、大局意识和创新意识，以开拓创新的革命气魄，奋发有为的精神状态，求真务实的工作作风，做好学校“十一五”规划的各项落实工作。

楼军江代表中共上海立信会计学院纪律检查委员会作了题为《深入推进党风廉政建设和反腐败工作，为建设有特色、有水平、有影响大学提供有力保证》的工作报告。报告分为两个部分。报告从五个方面回顾了近五年来学校党风廉政建设和反腐败工作取得的成绩，总结得出四点经验。报告提出要全面履行党章赋予的职责，立足学校工作全局，进一步理清思路，深入推进学校党风廉政建设和反腐败工作，努力形成良好的党风、政风、校风，为构建和谐校园，实现本次党代会确定的学校事业发展目标提供强有力的政治保证。

代表们分为 6 个小组进行分组讨论，审议党委和纪委的工作报告，讨论学校“十一五”发展规划。代表们畅所欲言，对学校党委这几年的工作给予了充分肯定，认为建设“三有”大学的奋斗目标定位准确、切实可行，鼓舞人心、催人奋进，并提出了一些中肯的意见和建议。

9 月 23 日下午，大会执行主席桑秀藩主持了会议。会议采取无记名投票、差额的方式选举产生新一届党委委员和纪委委员。桑秀藩、唐海燕、楼军江、朱坚强、李延臣、胡厚麟、邬敏懿当选为第一届党委委员，楼军江、郑国芬、白玉、胡启鸿、张彦当选为纪委委员。大会通过了关于党委工作报告的决议和关于纪委工作报告的决议。决议号召，全校各级党组织，全体党员和广大师生员工，在新一届党委的领导下，进一步解放思想，振奋精神，求真务实，深刻领会大会的精神，认真落实大会提出的工作任务，按照市科教党委提出的要求，做好特色、育人、改革和党建四篇大文章，弘扬“诚信、奋斗、创新”的立信精神，共同为建设有特色、有水平、有影响的大学而努力奋斗。

接着，桑秀藩致闭幕词。他说，各位代表充分行使了党员的权利，履行了党代表的职责，共商发展大计，共绘发展蓝图；代表们进行了广泛、深入、热烈的讨论，为学校的改革发展积极出谋划策、集思广益。希望代表们回去后积极宣传会议精神，认真贯彻会议的各项决议。在市委和市科教党委的正确领导下，全校共产党员和师生员工一定会以这次党代会为新的起点，高举邓小平理论伟大旗帜，全面贯彻“三个代表”重要思想，树立落实科学发展观，认真落实党的教育方针，发扬“诚信、奋斗、创新”的立信精神，与时俱进，开拓创新，求真务实，励精图治，以新的思路、新的举措，全面推进学校各项工作在新时期的改革和发展，为把我校建设成为有特色、有水平、有影响的大学，贡献我们的全部力量。

学校第一次党代会完成了各项议程，取得了预期成果。

在召开的一届一次党委全委会上，桑秀藩以全票当选为书记，楼军江、朱坚强以全票当选为副书记。在召开的纪委全委会上，楼军江以全票当选为书记，郑国芬以全票当选为副书记。

第二章 纪律检查委员会

第一节 沿革与工作职责

1985年2月,中共上海市财贸党委决定,徐立元任党委副书记兼任纪律检查委员会书记。1986年3月,中共上海市财贸党委批复同意,由徐立元、王德泰等5人组成校纪律检查委员会。

2006年9月22日至23日,学校召开中国共产党上海立信会计学院第一次代表大会,选举产生了上海立信会计学院第一届纪委委员。

学校纪律检查委员会组成人员如表3-2-1所示。

表3-2-1 学校纪律检查委员会组成人员

书记	副书记	委员
徐立元(1985.2～1986.3)		
徐立元(1986.3～1988.8)	王德泰(1986.3～1992.6)	徐立元 王德泰等5人
石吉茂(1993.11～1997.9)	乐子利(1996.12～1997.9)	石吉茂 陈继炜 詹文锦 杜秀娟 赵一平
	乐子利(1997.9～2002.7)	
楼军江(2002.2～2006.9)	郑国芬(2002.8～2006.9)	
楼军江(2006.9～)	郑国芬(2006.9～)	楼军江 郑国芬 白 玉 胡启鸿 张 彦

按照中国共产党章程的规定,校纪委的主要任务是:维护党的章程和其他党内法规,检查党的路线、方针、政策和决议的执行情况,协助党的委员会加强党风建设和组织协调反腐败工作。

在校党委会和上级纪委的领导下,校纪委的工作职责范围是:

(1) 在学校党委统一领导下,以党章、党纪条规为依据,以邓小平理论、"三个代表"重要思想为指导,贯彻落实中共中央《建立健全教育、制度、监督并重的惩治和预防腐败体系实施纲要》(以下简称《实施纲要》),坚持"标本兼治、综合治理、惩防并举,注重预防"的方针,认真执行"党委统一领导,党政齐抓共管,纪委组织协调,部门各负其责,依靠群众的支持和参与"的领导体制和工作机制,协助党委抓好党风廉政建设和反腐败工作,为学校的改革、发展、稳定服务。

(2) 认真履行纪委工作的"保护、惩处、监督、教育"四项职能,坚持教育、制度、监督并重,坚持抓好领导干部廉洁自律、查处大案要案、纠正部门和行业不正之风三项工作。

(3) 配合党委与有关职能部门一起加强对党员干部、监察对象进行遵纪守法、为政清廉的教育。宣传贯彻党的路线方针政策，开展形式多样的党风党纪教育，提高广大党员干部、监察对象遵纪守法的自觉性。

(4) 加强党风廉政制度建设，修订完善党风廉政建设工作方面的各项制度，健全各项具体机制，推进构建惩治和预防腐败体系工作，形成规范有序的管理机制，完善的权力运行监督机制，强化惩处和责任追究机制。

(5) 监督检查党员干部、监察对象贯彻执行国家法律、法规、政策和学校决议、决定、规章制度和党风廉政建设责任制的情况，督促检查党的路线、方针、政策和决议以及有关党风廉政建设条规、制度在我校的落实、执行情况，调查处理党员干部、监察对象违反国家法律、法规、政策和政纪的行为，纠正行业不正之风，做到关口前移，从源头上预防和治理腐败。

(6) 接待办理和查处来信来访，受理党员干部、监察对象的控告和申诉；受理教职工对党员干部、监察对象的检举和控告；调查处理党员干部、监察对象的违纪、违法行为。

(7) 开展党风党纪调研和纪检监察信息工作。承办上级纪委、监察部门和学校党委交办的其他各项工作。

第二节　工作机构与主要工作

1. 办事机构

1986 年 3 月，徐立元等 5 人组成校纪委，学校纪委开始设置办事机构。

1990 年 1 月，学校设立监察室与审计室，两室合署办公。2002 年 6 月，根据《立信会计高等专科学校校部机关改革方案》，校纪委与监察处、审计处合署办公。

2. 宣传教育

党风廉政宣传教育是校纪委、监察处的重要职责。自校纪委、监察处成立后，校纪委、监察处不断加强廉政教育，将预防不廉洁行为和违纪违法行为的发生作为党风廉政教育的重点，积极引导党员干部牢固树立正确的世界观、人生观、价值观，做好对党员干部的党性党风党纪教育工作。

校纪委成立后，当年 3 月 8 日，学校组织了各处室负责人和党支部书记以上的干部共 20 余人认真学习《令必行禁必止》(中纪委 1985[7])文件。此后，学校经常利用会议形式传达贯彻上级党风廉政建设方面的文件精神，对领导干部开展廉政宣传教育。

2002 年 6 月，校党委对学校的人事制度进行改革，对机关领导干部进行调整后，学校的党风廉政宣传教育工作取得了新的进展。

2003 年，为了做好党员、干部提醒诫勉工作，校纪委、监察处组织中层以上干部观看了《噩梦醒来迟》等警示教育片，对通过竞聘上岗的系部干部进行了集体岗前廉政教育，并向每一位新上任干部发放了由校纪委、监察处自己编写的《党风廉政文件选编(一)》。在全校党员干部中进行了党风廉政知识测试。

2004 年 6 月，学校纪委、监察处与立信会计出版社共同设计了一套以求真、务实、高效、清廉为主题的，以革命领导人廉洁自律、克己奉公的警示警句为主要内容的名为《与您共勉》的廉政书签，发给每一位共产党员。

2005年4月，学校纪委、监察处将2004年至2005年的上级和学校下发的党风廉政建设、党员干部廉洁自律方面的文件进行归纳、整理，汇编成《党风廉政制度选编（二）》发给党员干部学习。

2005年5月，经校党委同意，学校纪委、监察处编辑出版《党风廉政建设宣传教育资料》第一期，藉此加强我校党风廉政建设宣传教育，创新教育形式，推动学校廉政文化建设。截止到2007年12月，已经编辑出版了11期，共向学校领导、机关职能部门、各系（部）党总支、直属党支部发放了700余份。

2006年6月，学校纪委、监察处组织处以上党员领导干部参加了“红船杯”党章知识竞答活动。学校党员领导干部认真学习，积极答题，共有107名党员干部参加，有42名处级干部参加答题。

2007年9月，学校纪委、监察处组织学校处级以上干部观看了以“社保资金案”为主要内容的警示教育片《贪欲之害》，同时向大家发放了《上海市党员干部警示教育学习材料》。

2007年12月，学校纪委、监察处发出通知，要求学校各党总支、直属党支部组织党员参观《上海市加强作风建设，推进反腐倡廉档案文献图片展》。

3. 制度建设

学校纪委、监察处历来重视党风廉政制度和监管制度建设工作，特别是近年来，学校制定贯彻落实中央《建立健全教育、制度、监督并重的惩治和预防腐败体系实施纲要》的具体办法后，按照建设学校惩治和预防腐败体系的要求，进一步加大了制度建设力度。

2002年10月，制定了《关于党风廉政建设责任制的实施意见》、《关于新任干部接受廉政谈话的工作意见》及《关于党风廉政建设提醒诫勉谈话教育制度的实施办法》，加强了领导干部党风廉政建设责任制的贯彻落实。

2003年4月，制定了《关于党风廉政建设责任追究制度的实施办法》，对领导干部党风廉政建设责任追究的对象、方法和原则进行了细化。

2004年，为了进一步规范基建（维修）、物资采购等制度，制定颁发了《关于进一步加强学院基建维修、改扩建等项目的管理办法（试行）》、《关于加强基建（修缮）、物资采购监管工作的规定》等相关操作文件和规范。

2005年1月，制定了《关于贯彻、落实中央纪委、国家监察部〈关于2005年元旦、春节期间严格遵守廉洁自律规定坚决禁止奢侈浪费行为的通知〉的通知》，4月制定了《关于上海立信会计学院党政领导班子成员党风廉政建设和反腐败工作责任分工的通知》。

2006年3月，为贯彻中共中央颁布的《建立健全教育、制度、监督并重的惩治和预防腐败体系实施纲要》，制定了《关于贯彻落实〈建立健全教育、制度、监督并重的惩治和预防腐败体系实施纲要〉的具体办法》，对具体办法中的六个部分十九条内容一一作了细化分解，以任务分解表的形式落实到各相关职能部门和单位（系部）。10月，制定了《关于进一步加强学院基建（修缮）、物资采购监管工作的补充规定》。

2007年6月，为加强对处级领导干部的监管力度，制定了《关于进一步加强学院处级党政领导干部党风廉政建设责任制的规定》;《上海立信会计学院领导干部任期经济责任审计暂行办法》。

2007年11月,在校党委2004年《院党委会、院党委书记办公会、院长办公会的若干规定》的基础上,为完善学校"三重一大"事项的议事规则和决策程序,制定了《关于党委落实"三重一大"制度的实施办法》。

4. 监督与检查工作

监督工作是党风廉政建设工作中的重要一环,加强对领导干部权力的制约和监督是惩治和预防腐败的关键。校纪委、监察处自成立后,一直重视党风廉政监督和监察工作。

学校党委决定,为进一步搞好学校的党风廉政建设和党员干部的廉洁自律工作,认真履行纪委"保护、惩处、监督、教育"的四项职能,2002年11月建立了校廉政监察员队伍。2003年又组织校兼职廉政监察员和兼职审计员参加上海市教育系统"形势与任务"讲座学习和业务知识的培训。

2002年起,学校为了加强招生监察工作,在校监察处设立了阳光招生的举报投诉电子邮箱,向社会公布招生监察接待地点和举报投诉电话,将招生工作作为学校政务公开、校务公开的一项重要内容,自觉接受社会各界和广大考生的监督。建立了招生监察信访接待工作机制和对招生重点项目、重点环节等的督察监管工作机制;着重加强对招生章程制订和执行的监督、对招生考试工作的监督、对招生过程的监督和对教育收费工作的监督。2002年至2007年期间在招生过程中未发现有违反招生纪律的招生行为。

2004年,在全校范围内完成了《党风廉政建设责任签约书》的签约工作,除离退休党总支外的所有党总支和行政部门的党政责任人,分管校领导均参加签约。

2005年7月,学校制定了《上海立信会计学院招生录取工作细则》和《上海立信会计学院招生工作人员纪律》等制度,在招生工作中全面实施"阳光工程",严格执行"六公开"等相关制度。

2006年3月,学校制定了《关于加强招生监察工作的若干规定》,对招生监察工作的工作目的,领导体制、工作机制、具体职责作了详细规定。规定招生监察工作应当遵循"参与中监督,监督中服务"、"全程参与,重点监督"的原则,切实保证国家招生政策、法规、计划、制度的贯彻实施。

2006年5月26日,学校党委召开党风廉政建设责任签约大会,全校共有36家单位(部门)、18个党总支(直属党支部)、55名党政领导干部签订了党风廉政建设责任签约书,进一步明确了学校各级党政负责人的党风廉政建设责任,再次重申了责任内容。会上,校党委书记桑秀藩同志作了《深入学习贯彻〈实施纲要〉,构建学院惩治和预防腐败体系》的重要报告。

2006年7月至12月,根据市科教党委的统一安排和部署,在学校范围内开展了治理商业贿赂专项工作,成立了领导小组,办公室设在校纪委、监察处。按照党委的研究部署,学校纪委、监察处积极协助学院治理商业贿赂领导小组做好各项具体工作,制定了《关于开展治理商业贿赂专项工作的实施办法》,明确了治理商业贿赂专项工作的治理重点,协助完成了各项工作任务。

2007年11月至12月,学校开展了系(处)级单位党风廉政建设工作自查。检查内容主要有认真贯彻上级和学院党委关于党风廉政建设的各项规章制度，组织落实《具体办法》任务分解的情况；分析研究职责范围内的党风廉政状况，制订相关的工作制度和计划以及组织实施的情况；加强党员廉洁教育的情况等。学校共有18个党总支(直属党支部)向校纪委报送了党风廉政建设自查报告。

第三章　党委的工作机构和党的基层组织建设

第一节　党委的工作机构

1. 设置沿革

经上级党委批准，校党委会的工作机构于 1984 年 9 月开始设置。最初设党委办公室、组织处（与党委办公室合署办公），实际由党委办公室统管组织、宣传工作。1986 年 2 月，中共上海市财贸党委同意设置宣传处。至此校党委会有党委办公室、组织处（两者仍然合署办公）、宣传处三个职能部门。1989 年 2 月，校党委会决定将党委办公室、组织处、宣传处三个职能部门合一统称党委办公室（或称合署办公，三块牌子一套班子）。

1999 年起，党委办公室、组织处、宣传处重新分设，各司其职。2002 年 6 月，根据学校党的工作的一般规律，结合学校改革与发展需要的实际，从坚持精简、统一、高效的原则出发，撤销原 3 个党委职能部门，重新设置 6 个党委职能部门：党委办公室（与校长办公室合署办公），党委组织部、党委统战部（两部合署办公），党委宣传部，党委学生工作部（与学生处合署办公），党委武装部（与保卫处合署办公）。如图 3－3－1 所示。

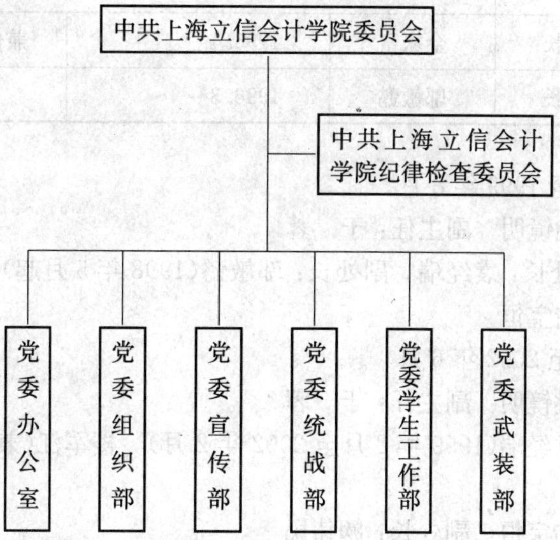

图 3－3－1　学校党委的工作机构

2. 机构负责人更迭情况

（1）1984～1997 年（见表 3－3－1）

表3-3-1 1984~1997年学校党委会工作机构负责人更迭情况

部门	职务	姓名	任期	备注
党委办公室	主任	汪溢中	1984.9~1989.1	党委办公室与组织处合署办公
	副主任	姚镜明	1984.9~1986.2	
	主任	王德泰	1989.1~1992.6	
	副主任	姚镜明	1989.2~1992.7	
	主任	姚镜明	1992.7~	
组织处	处长	石吉茂	1992.9~1995.2	
	副处长	吴洁英	1993.2~1995.2	
	副处长	袁经瑞	1995.2~	
宣传处	副处长	姚镜明	1986.2~1991.9	
	副处长	陈杰	1986.2~1988.4	
	处长	姚镜明	1991.9~1995.2	
	副处长	何佩莉	1993.6~1995.2	
	处长	陆宝恒	1995.2~	
	处长助理	阙伟民	1995.2~	1997年12月任《立信》报副总编辑
党校	校长	金家富	1996.4~	兼任
	副校长	邬敏懿	1996.3~	

(2) 1997年9月至1999年8月

办公室　主任：姚镜明　副主任：于　蓉

组织处　常务副处长：袁经瑞　副处长：邬敏懿(1998年5月起)

宣传处　处长：陆宝恒

(3) 1999年9月至2002年6月

办公室　主任：姚镜明　副主任：于　蓉

组织处　处长：袁经瑞(1999年2月至2002年2月)　楼军江(兼)(2002年3月起)　副处长：邬敏懿

宣传处　处长：陆宝恒　副处长：阙伟民

(4) 2002年7月至2004年6月

办公室　主任：姚镜明　副主任：李祖新　于　蓉

组织部　部长：楼军江(兼)　副部长：邬敏懿

宣传部　部长：何佩莉　副部长：阙伟民

统战部　部长：邬敏懿

学生工作部　部长：郁顺华　副部长：张乐敏　解丹阳(2004 年 3 月起)

武装部　部长：陈　杰

(5) 2004 年 7 月至 2007 年 11 月

办公室　主任：姚镜明　副主任：于　蓉

组织部　部长：邬敏懿

宣传部　部长：何佩莉

统战部　部长：邬敏懿

学生工作部　部长：郁顺华　副部长：张乐敏　解丹阳

武装部　部长：钟陵强

(6) 2007 年 11 月至今

办公室　主任：姚镜明　副主任：于　蓉

组织部　部长：邬敏懿　副部长：吴明华

宣传部　部长：何佩莉

统战部　部长：邬敏懿　副部长：吴明华

学生工作部　部长：刘福窑　副部长：张乐敏　解丹阳

武装部　部长：钟陵强　副部长：周晓彤

第二节　党的基层组织建设

一、历年基层党组织和党员数的变化情况

学校于 1981 年建立党支部。1983 年校党委会建立时，下设 3 个支部。随着党员人数的陆续增加，行政机构的正式设置，1984 年 2 月，校党委会根据各行政部门和教学机构所在党员的人数，设立了 8 个支部，其中 5 个是教职工支部，2 个是专修班学员支部，1 个是学生工作支部。1986 年 2 月，校党委会决定将原有支部调整为 10 个支部，主要是加强各教研室党的基层建设。1986 年 6 月，学校改变原教研室的设置，建立 5 系 2 部，校党委会于 1987 年为之相应撤销各教研室支部，改设系、部支部，加上行政处室支部，共有 16 个。各支部又有过几次调整，并增设了立信会计师事务所、立信会计图书用品社支部(1988 年 5 月至 1993 年 12 月，改为党总支)、上海会计师事务所支部、离退休人员支部。以后，又陆续有调整。至 1996 年底，历年基层支部(总支)数及党员人数如表 3－3－2。

表 3－3－2　1981～1996 年基层支部(总支)数与党员人数

年　度	支部数	党员数	年　度	支部数	党员数
1981	1	5	1985	8	83
1983	3	49	1986	10	127
1984	8	54	1987	16	165

（续表）

年　度	支　部　数	党员数	年　度	支　部　数	党员数
1988	16(含总支部 1)	163	1993	18(含总支部 1)	164
1989	16(含总支部 1)	158	1994	17(含总支部 1)	164
1990	20(含总支部 1)	152	1995	17(含总支部 6)	186
1991	20(含总支部 1)	164	1996	17(含总支部 6)	231
1992	20(含总支部 1)	162			

近年来，党的基层组织建设不断加强，基层党组织数和党员人数逐年增加(见表 3－3－3)。

表 3－3－3　1997～2007 年党总支、党支部数与党员人数

年　　度	党总支数 (直属党支部数)	党 支 部 数	党　员　数
1997	6(12)	9	244
1998	7(1)	25	252
1999	7(1)	26	287
2000	6(3)	22	301
2001	6(2)	22	321
2002	6(2)	22	359
2003	13(5)	31	449
2004	13(5)	31	534
2005	18(4)	44	622
2006	18(4)	45	808
2007	19(3)	79	1 093

根据“坚持标准、保证质量、改善结构、适度均衡”的十六字方针，学校党委大力发展大学生党员和高级知识分子、优秀青年教师党员。1997 年以来，每年发展党员人数如表 3－3－4。

表 3－3－4　1997～2007 年每年发展党员人数

年　度	发展党员数 (学生党员数)	转正党员	年　度	发展党员数 (学生党员数)	转正党员
1997	55(43)	27	1999	67(60)	22
1998	40(33)	26	2000	45(32)	21

（续表）

年　度	发展党员数（学生党员数）	转正党员	年　度	发展党员数（学生党员数）	转正党员
2001	41(36)	21	2005	215(204)	86
2002	62(55)	31	2006	288(283)	106
2003	125(114)	25	2007	288(284)	178
2004	209(206)	38			

近些年，校党委高度重视在知识分子中发展党员工作。郭大伟、曹中、陈力生等教授在党组织的教育培养下，先后加入中国共产党。

二、基层党组织负责人任职情况

1. 1998 年 5 月至 2002 年 12 月（见表 3－3－5）

表 3－3－5　各党总支（直属党支部）负责人任职情况（一）

序　号	单　　位	职　位	姓　名	备　　注
1	教学系党总支	书　记	孙桂芳	
2	公共课部党总支	书　记	黄疆新	
3	成教系统党总支	书　记 副书记	陈继炜 陈　捍	
4	机关党总支	书　记	袁经瑞 吴洁英	2002.2（退休） 2002.7 起
5	中专党总支	书　记	张菊英 赵一平	1999.4～2002.6 2002.7 起
6	出版社党总支	副书记	孙时平	
7	事务所党总支（2000 年 5 月起改为直属党支部）	书　记 副书记	忻佩妮 朱建弟 张菊英 王德霞	1998.5～2000.4 2000.5 起 1998.5～1999.4 2000.5 起
8	评估所直属党支部（2000 年 5～11 月）	书　记	张美灵	
9	离退休直属党支部	书　记 副书记	汪溢中 蔡莉莉	

2. 2003年1月至2005年4月(见表3-3-6)

表3-3-6　各党总支(直属党支部)负责人任职情况(二)

序号	单位	职位	姓名	备注
1	机关党总支	书记	吴洁英	2003.7～2004.12
		书记	邬敏懿	2005.3～
2	会计学系党总支	书记	黄明	
		副书记	荣绿	
3	财务管理系党总支	书记	张玉英	
		副书记	袁亚珍	
4	工商管理系党总支	书记	张彦	
		副书记	孙亚斌	
5	财政金融系党总支	书记	孙桂芳	
		副书记	凌慧义	
6	经贸与法律系党总支	书记	邓雪兰	
		副书记	刘燚	
7	外语系党总支	书记	陆美芳	
		副书记	白玉	
8	会计大专部党总支	书记	费莉	
		副书记	张展飞	2003.1～2004.12
		副书记	郭慧君	2005.1～
9	计算机教学部(2003年3月更名为信息科学系)直属党支部	书记	邢传鼎	
		副书记	忻瑞婵	2003.10～
10	数学与统计教学部直属党支部	书记	刘志石	
11	人文社会科学教学部党总支	书记	黄疆新	
12	体育教学部直属党支部	书记	都菊英	
13	成教院党总支	书记	季宝根	2003.6～
		副书记	郭冬生	2003.6～

（续表）

序　号	单　　位	职　位	姓　名	备　　注
14	中专党总支	书　记	赵一平	2002.7～2004.5
15	出版社党总支	书　记	孙时平	2002.12～2005.12
		副书记	王美鸿	2002.12～2005.12
16	图书馆直属党支部	书　记	汪雪兴	2002.7～
17	离退休党总支	书　记	胡慧芳	2003.12～
		副书记	吴洁英	2003.12～2004.12
18	会计师事务所直属党支部	书　记	朱建弟	2000.5～2005.5
		副书记	王德霞	2000.5～2005.5

3. 2005年5月至2007年12月(见表3-3-7)

表3-3-7　各党总支(直属党支部)负责人任职情况(三)

序　号	单　　位	职　位	姓　名	备　　注
1	机关党总支	书　记	邬敏懿	
2	会计学系党总支	书　记	胡启鸿	
		副书记	汪慧华	
3	财务管理系党总支	书　记	张玉英	
		书记助理	张海琼	2005.5～2007.6
		副书记	张海琼	2007.6～
4	审计学系党总支	书　记	张　彦	
		副书记	孙亚斌	
5	工商管理系党总支	书　记	朱亚兵	
		副书记	张颖香	
6	信息科学系党总支	书　记	俞时权	
		副书记	周　静	
7	国际贸易与经济系党总支	书　记	赵立辉	
		副书记	杨子敬	

（续表）

序 号	单 位	职 位	姓 名	备 注
8	金融学系党总支	书 记	孙桂芳	
		副书记	陈 兵	
9	财政与税务系党总支	负责人	崔文秀	2005.5～2007.6
		副书记	凌慧义	2005.5～2007.6
		副书记（主持工作）	凌慧义	2007.6～
10	法律系党总支	书 记	邓雪兰	
		书记助理	徐利民	2005.5～2007.6
		副书记	徐利民	2007.6～
11	数学与统计系直属党支部（2007年6月升格为党总支）	书 记	刘志石	2005.5～2007.6
		副书记	刘福窑	2005.12～2007.11
12	外语系党总支	书 记	陈雪翎	
		副书记	卫志红	
13	大专部党总支	书 记	费 莉	2005.5～2006.5
		副书记	郭慧君	2005.5～2006.5
	高等职业技术学院党总支	书 记	费 莉	2006.5～
		副书记	郭慧君	2006.5～
14	人文社会科学教学部（2006年7月更名为人文社会科学系）党总支	书 记	杨林林	
		副书记	李 强	2006.11～2007.6
		书记助理	王煜华	2007.6～
15	体育教学部直属党支部	书 记	都菊英	2005.5～2007.7
		书 记	宋灵赟	2007.7～
16	成教院党总支	书 记	季宝根	2003.6～
		副书记	郭冬生	2003.6～
17	中专党总支	书 记	赵一平	2004.5～2006.12
		书 记	费 莉	2007.1～

（续表）

序　号	单　　位	职　位	姓　名	备　　注
18	出版社党总支	书　记	窦瀚修	2006.1～
19	图书馆与现代教育技术中心直属党支部	书　记	汪雪兴	
20	后勤服务中心直属党支部	书　记	张展飞	2006.1～
21	离退休党总支	书　记	胡慧芳	
22	会计师事务所党总支	书　记	朱建弟	2005.6～

2007年6月，学校各系（院）基层党组织开展换届选举，会计学系、财务管理系、审计学系、工商管理系、信息科学系、国际贸易与经济系、金融学系、财政与税务系、法律系、数学与统计系、外语系、人文社科系、高职学院、体育教学部、成教院等15个单位的党总支（直属党支部）书记全部由党员“公推直选”产生。

第四章 党员的学习与教育

一、学习与教育的创新

校党委高度重视党员的学习、教育，紧紧抓住理想信念这个核心和为人民服务这个宗旨，建立健全党员学习、教育制度，着力于党员先锋模范作用的充分发挥，促进广大党员教职工忠诚党的教育事业，不断提高党员的思想政治素质。具体体现在以下几个方面：

第一，创新制度建设，推进党员学习教育规范化。

校党委制定了《三会一课》、《党员教育培训》、《党支部工作考核办法》等制度，对学习内容、学习时间、学习方式和考核测评办法作了详细规定，突出了抓好党员学习教育的职能。同时，还统一印发了《党总支书记工作记录册》、《党支部书记工作记录册》等，对党总支和党支部的基础工作进行规范化管理，要求达到基础资料规范齐全，学习记录详细完整，形成了完善的学习教育机制。

第二，创新学习载体，构建全员参与的学习体系。

各党总支、党支部围绕校党委中心工作，坚持“三会一课”制度及“书记讲党课”制度，通过每月一次的组织生活会、两周一次的学习会、专题讨论会或结合实地参观考察等形式，使党组织的学习教育活动更富有时代感和吸引力，更贴近党员的思想、学习和生活的实际。在党员先进性教育活动和学习贯彻党章活动中取得良好效果，实现了横向到边、纵向到底、全员覆盖的目标。

第三，强化监督管理，保证党员学习教育质量。

党委组织部定期组织检查，采取听汇报、看资料、检查学习笔记、召开座谈会、工作经验交流会等形式，对党员学习教育工作进行全面检查，并结合“两优一先”评比活动，作为党支部年度考核以及评选先进党支部和优秀共产党员的重要条件和依据。同时，加大学习教育经费的投入，为基层党支部订购书籍、报刊、光盘等学习资料，为党员提供日常学习的便利条件。

进入新世纪以来，除经常性的学习与教育外，学校党委按照上级的统一部署，先后开展了“三讲”教育和“先进性教育活动”。

二、“三讲”教育

2000年，根据上海市委和市教育党委的统一部署，立信列入本市高校第三批“三讲”教育单位。学校成立校“三讲”教育领导小组及办公室。9月25日，以汤亚栋、孙龙为正副组长的市委“三讲”教育巡视组一行5人进驻学校。

9月29日，学校召开“三讲”教育动员大会，校党委书记胡慧芳作动员报告，市委巡视组组长汤亚栋讲话。在“思想发动、学习提高”的第一阶段，学校党委先后组织召开“讲学习”、“讲政治”、“讲正气”为专题的学习交流会，邀请了中共市教育党委书记王荣华等来校作“讲学习”辅导报告，进一步提高大家对“三讲”教育的认识。同时，市委“三讲”教育巡视组向教职工调查访谈，向校党委班子成员反馈所收集的意见。10月27日，学校举行专题学习交流会。第二天，“三讲”教育转入“自我剖析、听取意见”的第二阶段。11月25日，学校召开“三讲”教育第二阶段小结和转入第三阶段动员大会。校党委书记胡慧芳动员和部署。市委巡视组组长汤亚栋在会上讲话。动员大会后，与会的100多人分6个小组认真仔细地阅读了校级领导班子和领导成员集体及个人的《自我剖析材料》，分别填写了“民主测评表”。12月16日，学校开展处以上党员干部民主测评、评议，党委书记胡慧芳作动员报告。动员会后，与会人员认真阅读了处级党员干部各自的《自我剖析材料》，并进行了民主测评和民主评议。12月22日，学校“三讲”教育举行处级以上干部民主生活会，校领导胡慧芳、李海波、朱坚强、胡厚麟分别参加各组民主生活会。

12月28日下午，学校举行“三讲”教育总结大会，校党委书记胡慧芳作“三讲”教育总结报告。她在总结报告中肯定了“三讲”教育基本达到了预期的要求，对认真搞好整改、进一步巩固“三讲”教育的成果提出了具体意见。市委巡视组组长汤亚栋在会上讲话。他肯定了立信“三讲”教育取得的成绩，对“三讲”集中教育基本结束之后需要继续努力的方面提出了明确的要求。

2001年，学校党委认真落实“三讲”教育整改措施，进行了十多次的专题讨论；在五个方面37项整改措施中，27项已有完整的书面文字材料，其中有的已经定稿下发；10项没有书面文字材料，其中进入松江新校区的工作已经如期顺利地完成。

根据中央的要求和市委、市教育党委的部署，学校从11月30日至12月28日，在学校党政领导班子和处级以上领导干部中进行了“三讲”教育“回头看”活动。这次“回头看”活动分为思想发动、学习提高，听取意见、自查自看，落实整改、巩固成果三个阶段进行。在市教育党委领导下和市委检查组的督促帮助下，在全校广大干部群众关心支持下，学校领导班子和处级以上领导干部在“回头看”活动中坚持高标准、严要求、重实效，“回头看”活动扎实推进，取得成效。通过对一年来整改情况的回顾和总结，肯定了成绩，找出了不足，明确了今后努力的方向，达到了思想上有收获、认识上有提高、行动上有落实的目标，并制定了新的整改方案。

三、保持共产党员先进性教育活动

1. 集中进行的先进性教育活动

根据上级的统一部署，学校于2005年7月5日召开保持共产党员先进性教育活动动员大会。全校600多名党员参加了会议。在大会上，党委书记桑秀藩作动员报告，市科教党委先进性教育活动第九督导组组长毛杏云讲话。

集中进行的先进性教育活动分为学习动员、分析评议、整改提高三个阶段。学校党委提出，必须坚持以学习实践“三个代表”重要思想为主线，紧紧抓住“取得实效”这个关键，始终围绕“提高党员素质、加强基层组织、服务人民群众、促进各项工作”和“真正成为群众满意工程”的目标要求开展活动。严格按照三个阶段的工作原则、程序以及要求，确保学习人数与投入精力，确保学习时间与落到实处，做到“两不误、两促进”。

针对升本后学校处于发展的关键时期，学校党委在活动一开始就确立了“关键时期抓关键工程”的工作定位，提出了“三个增强、三个坚持、三个落实”的具体目标：增强党的意识，坚持党的教育方针，把握正确方向，办人民满意的教育；增强宗旨意识，坚持科学发展观，构建和谐校园，服务师生员工；增强执政意识，坚持育人根本任务，培养合格建设者和可靠接班人。

在分析评议阶段，学校党委召开了覆盖10个层面对象的7个座谈会，向全校教职工发放意见征询表600份，个别征求意见与谈心171人次，梳理归纳群众意见175条。系(处)级班子召开座谈会89场，发放意见征询表800余份，参加谈心活动达5 300人次。各级党组织梳理出“不符合、不适应”的意见建议共298条，党员个人查摆出的问题和不足共2 000余条。党员共撰写党性分析材料492篇。9月23日，市委先进性教育活动第二巡回检查组组长张瑞宝来学校检查指导工作。巡回检查组认为，立信对先进性教育活动长效机制的思考是超前的，党建工作富有创新精神。

通过先进性教育活动，学校广大党员普遍接受了一次生动的马克思主义教育和党性锻炼，学习实践“三个代表”重要思想和全面贯彻落实科学发展观的自觉性、坚定性进一步增强，党员素质得到明显提高；领导班子的思想政治建设有了新的推进，党的宗旨意识更加牢固；基层党组织建设得到了新的加强，基层党的干部队伍得到锻炼；群众反映强烈的一些突出问题得到初步解决，学校的各项工作得到有力促进。

在先进性教育活动“回头看”阶段，学校各基层党组织召开专题学习会或组织生活会46次，完善落实整改方案354条，细化落实党员个人整改措施1 541条，解决突出问题12个，有92%的党员参加了“双结对”活动，利用多种形式开展“送温暖”等活动。学校先进性教育活动取得了阶段性成果，在先进性教育活动满意度测评中，群众的满意率达到了100%。集中教育活动至11月30日结束，历时五个月。

2. 先进性教育活动的“回头看”

学校党委把先进性教育活动“回头看”作为学校党建工作形成长效机制的重要内容。2006年3月1日，学校召开先进性教育活动“回头看”自查工作座谈会。院党委书记桑秀藩出席会议并讲话，党委副书记楼军江主持会议并作工作部署，基层党总支书记和机关职能部门负责人参加了会议。在认真听取了大家的交流发言后，桑秀藩指出，先进性教育活动这种集中教育形式是非常有效的，对其中好的做法必须要形成制度，长期坚持下去。并对基层单位和机关的自查工作重点提出了具体要求。

2006年3月23日，上海市委督导组副组长苏忠伟一行10人，对学校先进性教育“回头看”工作进行检查和指导。学院党委书记桑秀藩向督导组作了“回头看”自查工作汇报。市委督导组通过召开党员、群众代表座谈会，对部分党员群众进行访谈，查看学校先进性教育活动的文件资料等多种形式，深入检查了学校先进性教育工作。

市委督导组副组长苏忠伟对学院先进性教育活动以及“回头看”工作给予了肯定。他说，立信先进性教育活动扎实有效，富有高校和立信自身的特色，给我留下了深刻的印象。学校努力实践“三个代表”重要思想，牢固树立科学发展观，先进性教育活动能够统筹兼顾、科学安排，严格把关、稳步推进，落实责任、及时整改。主题活动提出“扎根基层，夯实基础”，生动而富有实效。各项工作全面推动，突出问题着力解决，得到师生一致好评，真正做到了“教育学习有特点，实践活动有亮点，促进中心工作不误点”。苏忠伟还说，立信的这次“回头看”工作在长效机制的建立上下功夫，特别是在党员中开展了学习贯彻党章活动，以学习为引领，统一思想、提高认识、端正态度，做到了一级抓一级，层层抓落实。他对学院四大工程建设的发展思路给予了充分肯定，认为是重点突出、针对性强，紧密结合学校实际思考，做到了不断探索和创新。督导组还对学校的先进性教育活动提出了指导意见。

四、党　　校

1987 年，学校成立业余党校。在此基础上，1995 年组建了学校党校。其主要任务是：根据校党委的统一安排，着重对学校中层干部、二级党校负责人以及条件成熟的列入计划并即将发展的同志进行教育培训，以提高思想政治理论素质，增强党性意识。

党校紧跟学校的前进步伐发展壮大。2004 年 3 月起，根据学校党委决定建立入党积极分子三级培训机制的有关文件规定，明确系(院)二级的党校的主要任务是：采取集中专题辅导、自学、组织小组讨论、书面考核和撰写学习小结等方式进行教育培训，以学习党的基础知识、党的基本路线、党的基本理论为主要内容，着重加强对学员党的基础知识和入党动机教育。系(院)二级党校建制与管理的定位是：系(院)党校由系(院)党总支(直属党支部)直接领导，接受校党校的指导。

2007 年 11 月，会计学系、财务管理系、审计学系、工商管理系、信息科学系、国际贸易与经济系、金融学系、财政与税务系、法律系、外语系、高职学院等 11 个党总支成立二级党校。

校党校及系(院)二级党校自成立以来，在上级和学校党委的领导支持下，始终坚持党校的教育方针，认真履行职责，积极加强对党员干部、骨干教师、后备干部和青年学生的教育培训，先后举办党员领导干部培训班、发展对象培训班、入党积极分子培训班等班次近百期，培训干部1 000余人次，培训党员及入党积极分子3 000余人次，形成了针对各类不同对象的，既各有特点又相互衔接的教育培训体系。

学校二级党校不设专职教师，但是利用高校人才积聚、人文社会学科较全的优势，建立了一支高水平的相对稳定的师资队伍，为教育培训搭起了一个保证质量和效果的平台。党校除了抓好课堂教学的主体环节外，还创新多样化的办班形式和活动载体，开设了“书记讲党课”专栏，开辟了“学员论坛”，开展“党性分析”活动，与“龙华烈士陵园”等单位建立了党性锻炼实践基地共建协议，进一步整合优化了教育资源，在教学相长中把党性锻炼的要求贯穿始终。同时，党校还积极拓展办学空间，依托“立信党建”网站及校党委组织部网站，建立新的教育教学渠道，努力提升党校办学的水平。

学校党校设置情况如表 3－4－1 所示。

表 3－4－1　党校设置情况表

级别	单　　位	职　务	姓　名	任　　期
学校党校		校　长	金家富	1996.4～1999.11(退休)
		校　长	桑秀藩	
		副校长	邬敏懿	1996.3～

（续表）

级别	单位	职务	姓名	任期
系（院）二级党校	会计学系党校	校长	胡启鸿	2007.11～
		副校长	汪慧华	2007.11～
	财务管理系党校	校长	张玉英	2007.11～
		副校长	张海琼	2007.11～
	审计学系党校	校长	张彦	2007.11～
		副校长	孙亚斌	2007.11～
	工商管理系党校	校长	朱亚兵	2007.11～
		副校长	张颖香	2007.11～
	信息科学系党校	校长	俞时权	2007.11～
		副校长	周静	2007.11～
	国际贸易与经济系党校	校长	赵立辉	2007.11～
		副校长	杨子敬	2007.11～
	金融学系党校	校长	孙桂芳	2007.12～
		副校长	陈兵	2007.12～
	财政与税务系党校	负责人	凌慧义	2007.12～
	法律系党校	校长	邓雪兰	2007.12～
		副校长	徐利民	2007.12～
	外语系党校	党校	陈雪翎	2007.11～
		副校长	卫志红	2007.11～
	高等职业技术学院党校	校长	费莉	2007.11～
		副校长	郭慧君	2007.11～

五、表彰“两优一先”

从1987年起，学校党委开展了表彰“先进基层党组织”、“优秀共产党员”和“优秀党务工作者”的活动。学校表彰“两优一先”情况如表3－4－2所示。

表3-4-2　1987～2007年学校表彰的“两优一先”

表彰时间	先进基层党组织	优秀共产党员(人)	优秀党务工作者(人)
1987	1	2	
1989	1	2	1
1995	4	2	
1996	5	2	
1999	4	3	7
2001	5	2	3
2007	5	19	7

第五章　宣传工作

在学校党委领导下，党委宣传部是主管全校思想教育、意识形态、校园文化、环境宣传管理的工作部门。主要功能包括理论教育、宣传管理、新闻报道、精神文明建设等。

第一节　政 治 学 习

一、党委中心组学习

党委中心组学习以邓小平理论和“三个代表”重要思想为指导，全面贯彻落实科学发展观，紧密联系上海实现“四个率先”、建设“四个中心”的实际，进一步健全完善校系两级中心组学习制度，从理论性、实效性、广泛性三方面入手，将学习定位在提高领导干部政治理论素养、坚定正确的理想信念上；定位在提高党员干部领导水平和科学决策水平上；定位在加强领导班子自身建设、增强领导班子的凝聚力和战斗力上。坚持个人研读、集体研讨、专家辅导、社会实践、成果检验相结合的学习方式，周密制订学习计划，有重点、分层次、分专题、多形式地开展理论学习。

1. 及时组织学习党和国家的大政方针政策

2000 年　中心组的学习以邓小平理论和江泽民“三个代表”的思想为主线，在制度上，坚持“三定”和“述学”，做到了学前有计划，学时有考勤，学后有小结。根据主题，结合学校工作和思想实际大家作交流发言。

2001 年　坚持和完善党委中心组学习制度，严格管理，改进学风。中心组的学习以邓小平理论和江泽民“三个代表”的思想为主线，特别是走出去的学习，使大家开阔了眼界，思考了新的办学理念，为学校进入松江新校区打下了思想基础。

2002 年　党委中心组学习坚持以“三个代表”重要思想为指导，深入学习邓小平理论、江泽民同志“七一”讲话和“5·31”重要讲话精神，全面学习贯彻党的十六大精神，有力地推进了各项工作的顺利开展。10 月 8 日，校党委书记桑秀藩在徐汇校区主持党委中心组会议，学习江泽民“5·31”讲话。12 月 17 日，校党委书记桑秀藩主持党委中心组会议，邀请上海交通大学胡伟教授作《学习十六大精神》辅导报告。

2003 年　党委中心组学习主要继续围绕学习宣传和贯彻党的十六大精神，学习《江泽民论有中国特色社会主义（专题摘编）》、胡锦涛总书记在西柏坡学习考察时的讲话精神，进一步增强实践“三个代表”的自觉性和坚定性，推动各项工作任务的圆满完成。8 月 1 日，校党委书记桑秀藩参加了市教委高校党委中心组学习，并在会上作了题为《弘扬立信精神，推进学校改革与发展》的交流发言。9月2日，校党委书记桑秀藩在松江校区主持党委中心组学习，学习议题为：实践“三个代表”重要思想，推进学校改革与发展。9月26日，校党委书记桑秀藩在松江校区主持党委中心组学习会议，邀请上海市社联党组书记、主席潘世伟作《兴起学习贯彻“三个代表”重要思想新高潮》报告。

2004年　党委中心组学习坚持以“三个代表”重要思想和科学发展观为指导，从加强我党执政能力建设的战略高度和“办人民满意教育”这一中心任务出发，深入学习党的十六届四中全会精神，提高班子成员的理论水平、政治素质和决策能力，促进学校的改革与发展。11月17日，校党委书记桑秀藩在松江校区主持党委中心组(扩大)会议，学习中共中央、国务院《关于进一步加强和改进大学生思想政治工作的意见》，教育部社政司副司长冯刚作辅导报告。

2005年　党委中心组学习主要围绕学习贯彻党的十六大精神，特别是十六届三中、四中、五中全会会议精神，中央16号文件精神；以讨论交流的形式围绕教育质量年建设，研讨学院办学特色、办学思想；通过《构建和谐社会的基本思路》、《当前台海局势的热点问题》等专题讲座，了解国内外时事政治。4月26日，党委书记桑秀藩主持党委中心组学习(扩大)会议。会上，党委副书记楼军江向与会者交流了参加市委党校研修班学习的体会；教务处处长郑忠和党委学生工作部(学生处)部长郁顺华分别从“教”和“学”两方面，谈了自己对建设教育质量年的认识和想法；党委书记桑秀藩在会上就教育质量年作重要讲话。11月16日，党委书记桑秀藩主持党委中心组学习扩大会议，邀请上海市台湾问题研究所常务副所长、海峡两岸关系研究中心特约研究员严安林教授作《当前台海局势的热点问题》的专题报告。

2006年　党委中心组学习以科学发展观为统领，以学习贯彻《江泽民文选》和胡锦涛在庆祝中国共产党成立85周年暨总结保持共产党员先进性教育活动大会上的讲话精神为重点，全面把握“三个代表”重要思想的科学体系和深刻内涵，深入系统学习党的十六大以来中央提出的重大战略思想，不断提高理论水平和理论联系实际的能力，用正确理论指导工作实践，推动学校各项事业发展。5月26日，校党委书记桑秀藩为党委中心组成员作了题为《学习理论，推进建设》专题报告。9月20日，召开党委中心组(扩大)学习会议，校长唐海燕作了题为“探索大学科学发展观，思考立信改革与发展”的专题报告。

2007年　党委中心组学习以迎接十七大胜利召开和学习贯彻十七大精神为主线，以建设社会主义核心价值体系为根本，深入系统学习构建社会主义和谐社会的重大战略思想，紧密联系上海的实际，从理论性、实效性、广泛性三方面入手，分别以建设和谐校园、学习十七大精神为主题，组织中心组成员听取了多场专题报告。2007年10月31日，党委中心组成员出席了在行政楼报告厅举行的传达学习党的十七大精神大会，大会由党委副书记楼军江主持，校党委书记桑秀藩在会上传达了十七大精神，党委副书记、副校长朱坚强就学习宣传贯彻十七大精神进行了部署。

2. 适当组织外出参观考察，开阔视野，拓展思路

党委中心组组织学习组成员外出参观考察(见表3-5-1)，开阔视野，拓展思路，借鉴经验，推动学校的改革与发展。

表3-5-1 党委中心组2002～2007年外出参观考察活动

序号	内容	日期
1	参观浦东张江高科技园区	2002.10.29
2	参观第五届上海国际工业博览会	2003.11.10
3	赴浙江宁波大学学习考察	2004.7.14
4	参观上海科技馆和上海城市规划展示馆	2005.5.27
5	赴洋山深水港学习考察	2006.3.31
6	赴陈云故居暨青浦革命历史纪念馆学习，听取马继奋馆长作有关陈云党建思想的专题报告	2006.5.24
7	赴嘉定参观考察了国际汽车城、嘉定古城等	2006.10.20
8	赴浦东学习考察，参观世博会规划展、上海孙桥现代农业开发区等	2007.6.22

二、教职工政治学习

围绕思想政治工作的要求，每学期都有具体的学习计划要求。各部门坚持每两周一次的政治学习制度，按照要求认真组织教职工学习。同时通过形势政策教育提高了教职工的思想觉悟和工作的责任心。

2002年　学校组织“十六大”宣讲团，桑秀藩为团长，朱坚强、楼军江、胡厚麟、李延臣为副团长，成员为杜秀娟、杨林林、何佩莉、陆宝恒、郁顺华、袁庆龄、黄家瑶、黄疆新、阙伟民、戴世灏。宣讲团到各部门进行宣讲，宣讲主题包括：全面建设小康社会、推进教育创新，组织了30多场次宣讲报告。

2003年　2月，在抗击“非典”中，发表了《致全校教职工的一封公开信》，及时发放了有关学习读本，并充分利用校内各媒体进行“抗非”知识宣传。3月，围绕上海“城市精神”的重塑，开展了以“弘扬立信精神，塑造上海城市新形象”为主题的学习、讨论活动。共有20个部门和个人将讨论成果撰写成文，校报以特刊的形式择优刊出10份稿件，并将全部稿件在校园网上进行交流。6月，编发了《以诚立信　追求卓越》的升本宣传手册。举行“升本知识竞赛”活动，参加竞赛的教职工达到90%以上，为学校升本工作顺利开展打下了基础。

2004年　就如何建设一所合格的本科院校，结合办特色大学的讨论，会同学科办等部门开展了《探索办学特色　打造立信品牌》的大讨论，收到教职工来稿几十篇，在系部讨论的基础上，通过征文的形式在校报上出2个专版展开讨论。上半年，利用多种渠道，采取多种形式，广泛深入宣传《公民道德建设实施纲要》的重要意义、基本精神和主要内容，营造推进《公民道德建设实施纲要》落实的有利氛围。下半年，组织“敬业爱生　教书育人”师德宣讲团，在全校教职员工中进行广泛宣传，弘扬高尚师德，通过学习身边先进人物的感人事迹，充分认识高校每门课程都有育人职能，每位教师都有育人职责的育人理念，塑造师德风范，进一步加强教师队伍建设。开展了“今天怎样做党员教师”、“今天怎样做党员学生”、“今天怎样做党支部书记”的征文活动。“三个怎样做”的征文活动开展以来，收到稿件58篇，其中教师30篇，学生28篇，稿件来自全校各个基层党支部。2004年12月4日，评选结果揭晓，16人获优胜奖，33人获提名奖。

2005年　教职工的政治学习以办学特色讨论为平台，以推进学科建设为主线，以“三项学习教育”活动为契机，在力求实效上下功夫。3月30日，邀请上海大学社会学教授、社会学专家顾骏来学校作了《构建和谐社会的基本思路》的形势报告。6月1日，组织各党总支、支部宣传委员、各部门学习负责人赴上海城市规划展示馆参观学习。12月14日，邀请中共上海市委党校经济学教研部主任王志平教授作《十六届五中全会与“十一五”期间中国发展》的专题辅导报告。按照中央和上海市委精神，扎实推进“三项学习教育”活动。2005年9月，学校“三项学习教育”活动正式启动，召开了3场专题研讨会、编写了6期“三项学习教育”简报，得到教委领导和高校同行的肯定。2006年5月22日，市委宣传部、市科教党委和上海市社科院与市委党校联合举行的上海市“三项学习教育”活动交流会上，校党委副书记、副校长朱坚强作了《巩固“三项学习教育”活动成果，精心打造诚信教育品牌》的主题发言，同时在会上发言的还有上海社会科学院、复旦大学和华东师范大学等3家单位。

2006年　教职工政治学习着重在充实学习内容和丰富学习形式上下功夫。充分利用东方讲坛资源，多主题开展教职工学习，既有时事政治报告，也有旨在提高教职工道德修养的专题讲座、影视专题教育等；向各部门提供《学习贯彻党的十六届五中全会精神专题报告》、《当前的经济形势和今年的经济工作》、《师恩、师爱、师情——上海市青年教师师德演讲活动获奖作品选》等各种学习参考资料，其中既有书刊，也有DVD影像资料和MP3音频文件等，进一步增强了教职员工政治理论学习的有效性。4月26日，邀请上海国际问题研究所研究室主任郭隆隆研究员为各系部教职员工作《当前国际形势与我国的战略机遇》专题辅导报告。10月25日，邀请上海铭源集团副总裁余惕君教授为全校教职员工作《关于智慧与快乐的人生感悟》专题报告。

2007年　以学习宣传贯彻十七大精神为重点，按照党委部署，发出《关于组织开展十七大精神学习活动的通知》，对学习宣传贯彻十七大精神提出明确要求，组建了上海立信会计学院学习党的十七大精神宣讲团，党委书记桑秀藩为团长，成员为唐海燕、楼军江、朱坚强、李延臣、胡厚麟、邬敏懿、何佩莉、刘福窑、杨林林、黄家瑶、闻雅、吴红燕、刘燚、李政。党委书记、校长等带头下基层宣讲，十七大精神宣讲覆盖到全校各个群体。3月14日，邀请上海交通大学博士生导师潘英丽教授作《2007年中国金融形势分析》专题报告。6月20日，邀请上海市历史博物馆研究员薛理勇作《近代上海与海派文化》专题报告。10月31日，学校于松江校区行政楼报告厅召开传达学习党的十七大精神大会。党委书记桑秀藩在会上传达了十七大精神，党委副书记、副校长朱坚强就学习宣传贯彻十七大精神进行了部署。邀请东方讲坛党的十七大精神宣讲团成员、上海市委党校王志平教授作《推动科学发展，全面建设小康》专题报告。

三、大学生思想政治教育

2004年，组织参与了市委宣传部和东方网联合举行的“大学生学习邓小平理论和三个代表重要思想”的竞赛活动，上海高校按参赛人数统计，我校列第三，党委宣传部荣获了市委宣传部和科教党委宣传处联合颁发的"优秀组织奖"。

为贯彻落实中央16号文件精神，学校邀请了教育部社政司副司长冯刚来校作专题辅导报告。学校组织专题学习班，在校报上进行专题交流。在充分研究的基础上，有针对性地设计师生的调查问卷，确定调研提纲，展开调研工作，为做好大学生思想政治教育工作理清思路，探索出全员、全程、全方位育人的新体制、新机制、新方法。

积极组织思政工作者参与市科教党委系统思想政治理论研究会的青年思政论文征文活动，获得个人奖5项，集体奖1项。

2005年5月18日，学校召开德育工作会议。校党委书记桑秀藩作了《在巩固中加强，在探索中改进，努力开创学校思想政治工作新局面》的工作报告。会议进一步贯彻落实了中央16号文件及全国加强和改进大学生思想政治教育工作会议和上海市学校德育工作会议精神，全面总结了一段时期以来学校在大学生思想政治教育工作方面的经验和体会，深入分析了当前加强和改进学校思想政治教育工作的形势与任务，研究与部署切实加强和改进学校大学生思想政治教育的各项举措，动员全校教职员工抓住机遇，以德为先，合力育人，努力开创学校思想政治教育工作新局面。

党委宣传部会同其他部门，通过问卷调查、座谈会、个别访谈等多种方式，对学校的思想政治教育状况进行了较为全面深入的调研，形成调研报告12篇。制定《上海立信会计学院关于进一步加强和改进师德建设工作的意见》、《上海立信会计学院关于进一步加强学生辅导员队伍建设的意见》、《上海立信会计学院关于加强思想政治理论课建设的实施意见》、《上海立信会计学院班主任工作条例》、《上海立信会计学院关于开展大学生形势与政策教育的实施意见》、《上海立信会计学院关于加强大学生社会实践的实施意见》、《上海立信会计学院校园文化建设三年发展规划》等7个文件，为进一步贯彻落实中央16号文件精神提供了体制、机制和决策保障。

开展思想政治工作论文征集活动，邀请有关专家评审，汇编出版由桑秀藩主编，朱坚强、何佩莉副主编的论文集《树理想信念之魂，立民族精神之根》，全书共分三大部分，共收录论文46篇。

2006年2月15日，教育部副部长李卫红、思政司司长杨振斌等一行在市科教党委书记李宣海、副书记翁铁慧等陪同下，莅临学校针对16号文件学习情况开展调研。调研组一行对学校大学生思想政治工作有了较为深入的了解，李卫红副部长对学校的大学生思想政治教育工作给予了充分肯定。

把学习贯彻中央16号文件与社会主义荣辱观教育相结合，联系学校实际，及时制定下发了《关于开展社会主义荣辱观学习教育活动的通知》，2006年3月22日，召开主题为《学习胡锦涛总书记关于社会主义荣辱观重要讲话》的交流会，并在校报开辟专版，刊登师生员工学习荣辱观的心得体会，展示各部门学习贯彻荣辱观的实践活动。

2006年4月5日，学校召开大学生形势与政策教育讲师团组团会议。讲师团第一批聘任31名教师，校党委书记桑秀藩任团长，党委副书记、副校长朱坚强任副团长。

2007年，学校充分利用东方讲坛资源，共开展了15场东方讲坛讲座，其中有12场以学生为主要听众对象，内容涉及心理和谐与校园和谐、温州创业文化、职业生涯指导、经典文学阅读、个人理财、人民币汇率变化对中国经济的影响、上海房地产现状与发展趋势等各个领域，拓展了学生的视野。

结合工作实践，积极开展理论研究，《校园媒体与大学生思想变化的互动研究》、《新形势下高校师德建设的载体、路径和方法探讨》、《大学生形势与政策教育方法创新和有效性研究》等分别被列入学校的“阳光计划”、上海科技教育系统思研会调查研究课题、上海学校德育决策咨询研究课题等。

四、舆情调研工作

2003年，完成国家教委组织的“两课”调研课题工作。学校共计完成了300份调查问卷，召开“两课”教师和学生座谈会，走访主管校领导，形成学校“两课”教育调研综合报告，较好地反映了学校学生“两课”、“三进”工作的情况。

2004年9月，展开学校师生思想动态调查和学校大学生思想道德状况调查，撰写《上海立信会计学院近期师生思想动态调查报告》和《上海立信会计学院大学生思想道德状况分析及对策》。

2005年3月，通过分别召开多层次座谈会和个别谈话等形式，了解教师的思想情况。调研显示，学校教师对祖国的前途、国家的命运以及我国政治、经济局势较为关心，对世界局势较为关注，对学校改革、发展前景充满信心，对学校各方面的工作给予充分的肯定，人际关系和谐。

2005年10月，通过走访各系部，了解教职工的思想动态和关注的热点问题，先后有包括系部领导、教师、辅导员在内的51位教职员工参加了座谈，通过走访和面对面的交流，对学校教职员工的所思所想有了较为深入的了解。

2006年4月，为了深入了解党员教师和学生的思想状况，为学校第一次党代会做好准备工作，探索加强党员教师队伍建设的有效途径，印发《上海立信会计学院党员教师思想状况调查问卷》和《上海立信会计学院大学生党员思想状况调查问卷》，展开了党员师生思想状况调查，并撰写《党员教师思想状况问卷调查分析报告》和《大学生党员思想状况的调查分析与对策初探》。

积极参与《立信办学特色总结报告》的撰写工作，探索大学生成长成人的特色办学之路。

2007年4月，参加教育部全国高校师生思想政治状况滚动调查课题组的调研工作，根据市科教党委统一部署，组织展开了对学校教师思想政治状况的调查。调查形式为问卷调查与座谈会相结合，学校150余名教师和230余名学生参加了调查，形成了教师思想政治状况调查报告和学生思想政治状况调查报告，为学校了解师生思想动态，制定各项政策措施提供了重要依据。

第二节　精神文明建设

一、工作概述

精神文明建设是改革、发展、稳定的思想保证和精神动力，学校把精神文明创建工作作为一项系统工程，动员各方力量，整合各方资源，建立党政齐抓共管、全校参与、合力创建的领导体制和工作机制，促进学校又好又快地发展。

复校后，学校开展了“五讲四美三热爱”活动。1984年3月7日，学校党委下发《关于深入开展五讲四美三热爱活动，创建文明单位的意见》，号召全校党员、团员在创建文明单位活动中充分发挥模范带头作用。同时，学校开展了“争创文明处室活动”，适时召开经验交流会，推进创建文明活动的深入，开展了以师德师风、校风学风、校容校貌、综合治理等内容的专项创建活动，精神文明建设取得了一定成效。1995～1996年度、1997～1998年度、1999～2000年度，学校先后三次获“上海市教育系统文明单位”。

进入新世纪后，学校坚持“两个文明”一起抓，拓展精神文明建设的内涵，创建精神文明建设新品牌，把精神文明建设作为学校的“人人工程”，创建工作取得了新进展。2001～2002年度，学校第四次获“上海市教育系统文明单位”；2003～2004年度、2005～2006年度，学校先后两次获上海市“文明单位”。

二、新世纪创建工作的推进

2000年，在党委会和校务会上多次研究和部署精神文明建设工作，做到同步研究、同步布置、同步检查落实，形成了全校齐心合力抓精神文明建设的局面。各部门制定争创文明单位规划，通过日常的检查督促以及各项文明的评选，增强争创文明的意识，从思想上保证了创建工作的顺利进行。在组织上，学校精神文明建设领导小组明确分工和职责，并对《上海高校文明单位评估指标》进行分解，落实到各有关部门。精神文明建设领导小组经常召开会议，研究决定争创文明高校活动的重大问题，确定阶段工作的重点，使争创文明高校的活动有领导、有步骤地开展。同时，校风校纪、校容校貌两个检查小组，不定期地对各部门的争创活动进行检查。各部门也确定一位中层干部负责争创文明工作，形成了精神文明建设的工作网络，从组织上保证了创建工作的顺利进行。

2001～2002年，学校加大争创市级文明单位宣传的广度、深度和力度，增强师生的责任感。按照评估指标和市教育党委文明检查组提出的意见，针对薄弱环节，采取有效措施予以整改。市教育党委组织了两次精神文明建设的检查，重点是学校的内涵建设、校容校貌、校风校纪、后勤保障等。从检查反馈的情况看，学校的精神文明建设的总体情况是比较好的，在许多方面受到检查组的好评。

2003年，学校连续4次获市教育系统委级精神文明单位的称号，根据建设合格本科院校的要求，学校制定了《2003～2004年精神文明工作创建规划》。精神文明创建体系从原有的注重学校层面转为实现两级管理，形成“横向一个面，纵向一条线”的创建机制，建立健全系部、处室的精神文明建设工作班子，有效分解文明创建指标，责任到人。随着办学层次的提升，学校的校园文化建设不断增添新的内涵，在原有的校园文化基础上努力构建和培育富有立信特色的大学文化和人文精神。学校把“诚信”作为校园文化建设的重要内容，将“诚信为本、操守为重、坚持原则、不做假账”的行业道德规范融入校园文化之中，做到与专业建设、师德建设、人才培养、学校管理相结合，努力建立良好的诚信体系，通过精神文明工作上台阶来推动全校工作的总体上水平。

2004年6月3日，在松江校区召开精神文明建设工作会议，校党委书记桑秀藩主持会议。研究学校成立精神文明督导团事宜，讨论精神文明督导团职责及成员名单；通过《上海立信会计学院2004年精神文明建设工作方案》;讨论并审议《关于开展2003～2004年度“院级文明单位”创建评选活动的通知》。2004年6月10日,学校成立精神文明建设督导团,校党委书记桑秀藩为督导团成员颁发聘书。2004年,上海立信会计学院精神文明建设督导团成员为:团长朱坚强,副团长何佩莉,成员严筠、袁庆龄、吴洁英、李祖新、范怡、张乐敏、李强、顾喜云、朱宏、张展飞、汪溢中、陆宝恒,联络员王淑贞。

2004年9月30日,经过各部门推荐,校精神文明建设委员会评定,全校评选出了会计学系等28个部门为“校级文明单位”,就业指导办公室等12个组室为“上海立信会计学院文明组室”、党委(院长)办公室机要文印岗等21个岗位为“上海立信会计学院文明岗”。其中,有2个文明组室被评为市科教党委系统的“文明组室”。

2004年10月12日,学校在松江校区行政楼一楼会议室召开师德宣讲团组团会议,校党委副书记、副校长朱坚强主持了会议,会议就如何进行师德宣讲活动进行了研究和部署。

2005年4月,学校“建设诚信教育体系”项目获市科教党委系统文明创建优秀项目提名奖。5月25日,在上海市精神文明建设工作会议上,学校被命名为“上海市文明单位”。何佩莉获上海市和松江区“精神文明建设优秀组织者”称号。6月8日,学校召开精神文明创建工作会议,对文明创建过程中涌现出的先进集体和先进个人进行了表彰。校党委书记桑秀藩作了《围绕和谐目标,再上新的台阶》的讲话,校党委副书记、副校长朱坚强作了题为《再接再厉,再创佳绩》的创建工作总结报告,市科教系统文明组室代表、校文明岗代表和校文明寝室代表作了交流发言。10月,制定上海立信会计学院校园文化建设三年发展规划。11月5日,经学校精神文明建设委员会研究决定,在全校师生中开展校园路、楼、河、桥等四项内容建筑物及景观的命名征集活动。11月,学校的“四五”普法工作顺利通过了上海市“四五”普法的验收工作,何佩莉被评为上海市“四五”普法先进个人。

2006年4月21日,学校召开2006年精神文明工作会议,总结研究精神文明建设工作,部署新一轮创建工作。校党委书记桑秀藩作了题为《知荣辱、树新风、促和谐,开创精神文明建设新局面》的报告,国际贸易与经济系党总支书记赵立辉、信息科学系党总支书记俞时权、后勤服务中心副总经理、党支部书记张展飞分别作了交流发言。10月9日,召开“文明在我脚下”主题教育实践活动会议,总结前一阶段志愿者活动开展情况,对进一步做好“文明在我脚下”主题教育实践活动作出部署。12月14日至15日,市科教党委系统高校文明单位检查组莅临我校检查2005～2006年度文明创建工作。校党委书记桑秀藩,副书记、副校长朱坚强,副校长李延臣以及各职能部门负责人参加了汇报会。朱坚强代表学校作了《坚持教育创新,构建和谐校园》的创建工作总结报告。2007年5月,学校被命名为“上海市文明单位”。

2006年,开展了新一轮文明单位、文明组室、文明岗的评比工作,评选出党委(校长)办公室等35家文明单位为“校级文明单位”,会计学系辅导员办公室等25个文明组室为“上海立信会计学院文明组室”,财务管理系辅导员等33个文明岗为“上海立信会计学院文明岗”,形成争建文明先进集体、争当文明个人的良好氛围。联合爱卫会、后保处、保卫处等组织和部门对学校无烟区、无烟办公室以及办公室卫生安全状况进行检查,强化了精神文明建设人人有责的参与意识,并为无烟办公室赠送花卉,美化环境,陶冶情操。

2007年3月28日,在松江校区信息楼报告厅举行精神文明创建表彰大会暨“感动立信”人物颁奖仪式。会上,宣布了命名2005～2006年度院级文明单位、文明组室、文明岗的决定和2005～2006年度精神文明创建优秀项目评选结果,张维宾等五位“感动立信”人物颁发了奖杯和证书。校党委书记桑秀藩对下一步精神文明建设工组作了部署。

第一届"感动立信"人物是：张维宾（会计学系教师）、袁亚珍（财务管理系）、徐德茂（后勤服务中心工人）、冯晓楠（金融学系 040610203 班学生）、陈正明（高职学院 04071702 班学生）。

2007 年 4～6 月，各部门邀请"感动立信人物"到系部、班级作巡回报告。通过"感动立信人物"做事迹报告，激励师生员工学习他们身上的闪光之处和优秀品质，促进校园文化建设。

2007 年 5 月 16 日，上海市科教党委系统召开了 2005～2006 年度精神文明建设工作会议。学校获得五项奖：国际贸易与经济系"爱心点燃希望，奉献铺就明天——'共建文明'走进安徽希望小学"荣获 2005 年度科教党委系统社会主义精神文明建设十佳好人好事提名奖；后勤服务中心保洁部被评为 2005～2006 年度科教党委系统文明组室；校团委被评为 2006 年度上海科技馆志愿者活动表扬集体；李强荣获 2006 年度上海科技馆志愿者活动优秀组织者称号；孙尔威、魏康婧、周斌斌荣获 2006 年度上海市科技馆志愿者活动积极分子称号。

第三节　宣传报道工作

学校宣传工作密切联系学校的中心工作和教书育人的实际，进一步加强校报、网络、广播、橱窗等校内舆论阵地的建设和管理。按学期、分阶段制定宣传计划，明确宣传内容、形式，提高宣传的针对性、有效性和感染力。

在工作中积极宣传党的方针政策，宣传校园先进人物、教学科研经验，弘扬主旋律，唱响正气歌。在抓好宣传阵地的同时，加强宣传队伍建设，一是加强学生记者队伍的建设，加强培训，提高水平；二是以系部为单位，选拔各系部具有一定责任心和良好表达能力的师生担任通讯员，及时将学校及各部门发生的新事、大事、典型事、特色事写成稿件，为院报、广播台、部门网站提供宣传信息。

1. 校报

2003 年《立信》报共出版 7 期，在围绕学校党政工作开展宣传的同时，对学校预防"非典"与升本工作进行了重点报道，并通过《身边的楷模》、《立信人物》等栏目，对校内先进人物如教学名师、三好学生标兵等进行报道和大力宣传。2003 年，在全国高校校报好新闻评比中，王淑贞撰写的《抓科研，促发展》获言论类二等奖；"校报第 122 期一版"获版面类二等奖，王淑贞、何佩莉、王妍共同撰写的《办好校报，强化育人职能》获论文类三等奖。在上海高校校报好新闻评比中，侍春生撰写的《从治学到治校》获通讯类二等奖，"校报第 124 期一版"获版面类二等奖。

2004 年校报共出版 10 期。因学校升为本科院校，2004 年 4 月起，校报名称由原《立信》改为《上海立信会计学院报》，一、四版改为彩色版。在学校先后经历的机关干部聘任、系部调整，到人事分配制度改革，新时期立信精神讨论活动中，校报均以专题专版并辅以社论等形式，加以宣传报道；出版了两期校庆专刊。2004 年，在上海高校校报好新闻评比中，王妍撰写的《努力开创我院大学生思想政治教育新局面》获言论类二等奖；王淑贞、蒋怡撰写的《平凡中的风采》获通讯类二等奖。

2005 年校报共出版 7 期。2005 年 10 月起，校报排版采用电脑照排，操作更加规范化、科技化，校报排版印刷效果有了很大的改善。在内容上，校报结合学校办学特色大讨论，共出五期专版《探索办学特色　打造立信品牌》，引导学校师生积极思考如何办成一所特色大学；开辟《你言我语》专栏，围绕师生关注的校内外热点话题展开讨论；加强对校报编辑与学生记者团队伍的培训，改进工作方法，主动挖掘新闻线索，其中有关西部归来志愿者、图书馆学生义工、优秀学生标兵等采访报道，得到师生的好评。2005 年，在上海高校校报好新闻评比中，王妍编辑的"校报第 139 期一版"获版面类二等奖；姚晓东撰写的《学校党政主要领导深入系部开展学科、专业建设调研》获通讯类二等奖。

2006 年校报共出版 8 期。开辟"迎接党代会系列报道"专栏，对党代会动员大会、两委委员推选、"党在我心中"建党 85 周年系列活动等进行了及时、深入的报道，并出版了两期党代会专刊；为迎接学科建设工作会议的召开，校报设"学科建设大家谈"专栏，特约部分系部的教授、系主任等畅谈对学院学科建设的建议与想法。2006 年，在上海高校校报好新闻评比中，何佩莉编辑的"校报第 142 期一版"获版面类二等奖；郭加林撰写的《应华羚同学获"IMA—高才"杯校园管理会计师大奖赛一等奖》获消息类二等奖；丁鼎撰写的《思源流声》获通讯类三等奖。

2007 年校报共出版 8 期。对学习宣传贯彻十七大精神的各项活动、教代会、新一轮干部选聘工作、纪念建党 86 周年系列活动、特奥会志愿者活动等进行了及时、深入的报道；开辟了"博士论坛"专栏，邀请一批学有所长、教有所获的博士就管理机制、教育教学改革、学科建设、师资队伍建设、校园文化建设等方面畅谈思考与建议，为学校发展献计献策；4 月的第 151 期校报，设置了"聆听・品味・践行"感动立信人物风采展专版，宣传感动立信人物的先进事迹。2007 年，袁国栋撰写的《深化会计教育改革，全面推进素质教育》获思源杯好新闻优秀奖。

2. 广播台

广播台积极配合学校的中心工作，开办丰富多彩的节目。2002 年，广播台在完成工作人员招募的基础上，队伍进行了重新组织和优化，增加了广播时段，健全了广播台管理制度，规范了日常管理，建立了广播台例会制度。此后，每年定期聘请有播音经验的老师对全体广播台成员进行培训，并与大学园区其他高校的广播台进行交流，取长补短，加强广播台管理，提高播音质量，本着为师生服务、贴近校园生活的宗旨，不断丰富广播内容，受到了师生好评。

3. 网络宣传

2004 年网站开通，学校宣传开辟了新的舞台。2006 年部门网站在原有基础上，进行了大幅度的改版，栏目和内容都得到了进一步的充实和完善，访问量也得到了大幅度的提升，成为师生交流思想的窗口，提供服务的舞台，校园文化的阵地。宣传部还根据工作需要，及时开通了校庆网页、关注"十七大"、兴起学习贯彻科学发展观重要思想、纪念改革开放 30 周年等专题栏目。

4. 宣传报道

近几年来，学校进一步加强与社会媒体的沟通联系，及时向社会媒体发布校园新闻、通报信息、组织专题采访，努力实现学校宣传报道的新突破。据宣传部所知的主要媒体的报道如下：

2004 年，《光明日报》、《青年报》、中国教育电视台、上海教育电视台等多家媒体对学校贯彻中央十六号文件精神的学习宣传活动、诚信教育活动等进行了专题报道。

2005年,《文汇报》、《解放日报》、《光明日报》、《青年报》、《新民晚报》、上海教育电视台等多家媒体对学校的诚信教育、16号文件学习贯彻工作、先进性教育、招生工作、教学督导、首届会计学术研讨会等进行了专题报道,其中《文汇报》的《让诚信成为学生"无形资产"》等都占据醒目位置。

2006年,《光明日报》、《中国教育报》、《文汇报》、《解放日报》、《新民晚报》、上海教育电视台等多家媒体对学校的辅导员工作、就业工作、学校发展变迁等进行了报道,其中《光明日报》、《文汇报》等相关报道都占据醒目位置。

2007年,《光明日报》、《解放日报》、《文汇报》、《新民晚报》、上海教育电视台等多家媒体报道了学校的科研、学科建设、产学研基地建设、班主任工作、学导工作、大学生社会实践等多方面成绩。

近几年主流媒体对学校的报道如表3-5-1、表3-5-2所示。

表3-5-1　近几年主流媒体之报刊对学校的报道

序号	文章标题	报刊名称	日期
1	第十六次全国高校党建工作会议发言摘登　积极推进党内民主为学校事业发展提供保证(桑秀藩发言)	中国教育报	2007.12.31
2	上海立信会计学院推出《中国经济运行风险研究报告(2007)》	光明日报	2007.12.6　11版
3	聚焦2007:经济运行中的挑战与机遇	文汇报	2007.11.24　7版
4	高校贯彻党委领导下校长负责制的理论思考与实践探索	思想理论教育	2007　第11期
5	立信发布经济运行风险报告	解放日报	2007.11.12　7版
6	区政府与立信会计学院牵手合作	松江报	2007.9.14　2版
7	松江区与立信会计携手产学研合作	文汇报	2007.9.14　6版
8	松江区与立信学院签约建大学生社会实践基地	新民晚报	2007.9.13　A5版
9	立信会计学院与国资委研究中心合作推进国有企业改革与全面风险管理研究	上海科技报	2007.8.22　A3版
10	当好山里娃的心灵向导	解放日报	2007.8.31　6版
11	责任　情感　需要　上海立信会计学院双结对活动专版	组织人事报	2007.8.22
12	风险与危机管理研究会举行	解放日报	2007.8.20　7版
13	国资委课题立项会举行	文汇报	2007.8.15　9版
14	推行"3+1"模式	光明日报	2007.7.27　2版

（续表）

序号	文章标题	报刊名称	日期
15	让学生学做人才营销	家庭教育时报	2007.5.10 4版
16	上海高校学术报告	文汇报	2007.5.15 6版
17	诚信学子从校园走向社会	文汇报	2007.4.25 6版
18	大学校园，谁来为学生引路？	解放日报	2007.3.13 7版
19	高校精神文明建设的理念创新	光明日报	2007.2.14 10版
20	上海高校学术报告	文汇报	2007.4.24 6版
21	"学"与"导"实现双赢	文汇报	2007.1.25 11版
22	引导学生成为"学术粉丝"	文汇报	2007.1.9 6版
23	学生党员志愿服务社会　上海立信会计学院寻找党员意识教育新舞台	组织人事报	2006.12.28
24	上海高校学术报告	文汇报	2006.12.5 5版
25	一门课让大学生终生收益	文汇报	2006.11.8 6版
26	高校贯彻党委领导下校长负责制	党政论坛	2006 第10期
27	立天下之信　育品质人才	党史信息报	2006.10.4
28	构筑四项工程　培育创新人才	组织人事报	2006.9.20
29	诚信　奋斗　创新　建设有特色、有水平、有影响的大学	党政论坛	2006 第9期
30	上海立信会计学院成立大学生职业发展探索俱乐部	光明日报	2006.8.24 2版
31	请用人单位来"挑刺"	新民晚报	2006.8.20 A12版
32	挽救生命，太值得了　访中华骨髓库献髓第一人孙伟	解放日报	2006.8.20 5版
33	诚信成为财会类学校的"金字招牌"	中国教育报	2006.8.12 2版
34	学会规划自己的职业生涯	中国教育报	2006.7.28 2版
35	暑假学点钞　就业加砝码	文汇报	2006.7.18 6版
36	把"三项学习教育"引向深处	文汇报	2006.5.23 2版
37	社科教研骨干研修班开班	解放日报	2006.5.23 1版

（续表）

序号	文章标题	报刊名称	日期
38	身正为范——记立信会计学院预备党员审批会	组织人事报	2006.1.5 第2版
39	立信："吃老本"更要"立新功"	上海教育	2006.1.1 24页
40	提升本科教学质量有实招	文汇报	2005.12.5 6版
41	构建高校党建工作长效机制（作者：桑秀藩）	党政论坛	2005 11期
42	79岁新党员 56年偿夙愿 立信会计学院大学生与俞辉老人交流感受	文汇报	2005.10.21 6版
43	上海立信会计学院开展先进性教育活动	党政论坛	2005 第10期
44	让每个学生想通：入党为什么 上海立信会计学院以先进性教育活动推进大学生德育工作	解放日报	2005.8.26 2版
45	搭建新平台 拓展新空间	光明日报	2005.8.24 11版
46	立信会计打造新金字招牌	解放日报	2005.8.8 3版
47	立信为本 实践为衡 求是务实 报效社会——来自上海立信会计学院的报道（报道5篇 新闻图片2帧） 上海立信会计学院领导干部在党委书记桑秀藩的领誓下重温入党誓词（图片新闻）	组织人事报	2005.7.28 第6版
48	关键时刻抓关键工程——把高校先进性教育活动落脚点放在办人民满意的教育上	组织人事报	2005.7.28 第6版
49	构建"三型"组织 学院为大学生党建提供组织保证	组织人事报	2005.7.28 第6版
50	上海立信会计学院党委书记桑秀藩向援藏毕业生邹杰颁发双结对证书（图片新闻）	组织人事报	2005.7.21 第6版
51	上海立信会计学院组织毕业生党员召开党性分析思想交流会（图片新闻）	组织人事报	2005.7.21 第6版
52	重视学生党员先进性教育 学院自选动作求创新	组织人事报	2005.7.21 第6版
53	学院领导干部开展"四个一"主题活动	组织人事报	2005.7.21 第6版
54	"中国制造"需要更多高级技工	文汇报	2005.6.21 5版
55	休闲经济大有可为	文汇报	2005.5.9 5版
56	"百老讲师团"与学子话爱国	新民晚报	2005.5.1 A4版

（续表）

序号	文章标题	报刊名称	日期
57	党建为核心　育人为根本　上海立信会计学院大学生党建工作调研报告	上海青年管理干部学院学报	2005　第2期
58	上海百老德育讲师团与高校共建德育基地	光明日报	2005.4.29　7版
59	首批职业咨询师持证上岗	新闻晨报	2005.4.17　A14版
60	高校首批职业咨询师上岗	青年报	2005.4.14　A5版
61	青年志愿者旗帜申城飘扬	青年报	2005.3.6　4版
62	志愿者，我们响亮的名字	文汇报	2005.3.6　4版
63	让诚信成为学生"无形资产"	文汇报	2005.2.24　6版
64	首场招聘会在松江大学园区举办	松江报	2004.11.26　3版
65	上海立信会计学院构建诚信教育体系	光明日报	2004.11.19　11版
66	立信会计学院教师节再誓以信育人	青年报	2004.9.11　4版
67	严把财会毕业生"诚信"关	青年报	2004.7.11　24版
68	"立信"你在校园树诚信	新闻晨报	2004.3.24　A19版

表3-5-2　近几年主流电视媒体对学校的报道

序号	标题	台名与频道	日期
1	上海教育的昨天、今天、明天	上视新闻综合频道　新闻透视	2006.10.4
2	首届立信会计学术研讨会举行	上海教育电视台　教育新闻	2005.11
3	追求五十载，八旬老翁终圆梦	上海教育电视台　教育新闻	2005.10
4	八旬老翁一大会址圆入党梦	上海教育电视台　教育新闻	2005.7
5	立信会计"抛绣球"，百老德育讲师团进高校	上海教育电视台　教育新闻	2005.5
6	"莘莘学子，西部圆梦"　桑秀藩与邹杰双结对	上海教育电视台　教育新闻	2005.7

第六章　党建研究

一、党的建设与思想政治工作研究会与研究成果

2006年12月，上海立信会计学院党的建设与思想政治工作研究会成立。研究会设有理事会，理事会由会长、副会长、常务理事和理事组成。校党委书记桑秀藩任会长，校党委副书记楼军江、朱坚强任副会长，常务理事由6人组成，理事由20人组成。秘书长由校党委委员、组织部长邬敏懿担任，副秘书长由党委办公室主任姚镜明、党委宣传部长何佩莉担任。

2006年，研究会先后有39个课题小组（包括个人）通过了42个党的建设与思想政治工作项目审核。桑秀藩等同志著的《重托与使命》一书，汇集了先进性教育活动以来学校党的建设与思想政治工作研究的重要成果。

研究会还对学校近几年在大学生党建和思想政治工作等领域开展了专题研究，编印了《育人·党建·思政》一书，汇集了这方面的实践与理论、经验与思考。

桑秀藩主编的《理论探索与实践创新》一书出版。该书充分反映了研究会2007年的研究成果。

二、桑秀藩出席第十六次全国高校党建工作会议

2007年12月24日至25日，学校党委书记桑秀藩出席了中共中央组织部、中共中央宣传部、中共教育部党组在北京联合召开的第十六次全国高等学校党的建设工作会议。中共中央政治局常委、中央书记处书记习近平在会前会见出席会议的代表并发表重要讲话。中共中央政治局委员、中央书记处书记、中央组织部部长李源潮，国务委员陈至立，教育部党组书记、部长周济等中央和国家机关有关部门负责同志，各省区市有关部门负责同志，以及全国部分高校的党委书记、校长参加了会议。会议的主题为：学习贯彻党的十七大精神，以改革创新精神全面推进高校党的建设。会议的主要任务是：认真学习贯彻党的十七大精神，以邓小平理论和“三个代表”重要思想为指导，深入贯彻落实科学发展观，总结党的十六大以来高校党建工作的成绩和经验，以党的执政能力建设和先进性建设为主线，以改革创新精神全面推进高校党的建设，为促进高等教育事业的改革和发展提供坚强的保证。

桑秀藩在会上作了题为《积极推进党内民主，为学校事业发展提供保证》的交流发言，汇报了学校深入学习贯彻党的十七大精神，用科学发展观统领学校的改革发展，以改革创新的精神状态、改革创新的思维方式、改革创新的思想作风、改革创新的工作方法，全面加强党的建设，为办人民满意的教育提供坚强的思想保证和组织保证等方面的新情况和新成果。发言着重于交流和汇报学校党委注重加强党内民主建设，拓宽民主渠道、营造民主氛围，扩大决策民主、扩大干部工作民主、扩大基层民主方面的工作。桑秀藩在大会上的发言得到了中组部、中宣部、中共教育部党组领导同志的重视与充分肯定，市委组织部领导也对学校党建工作的创新给予了高度评价。

第四篇

群众团体与民主党派

第一章 教代会 工会

第一节 工会的筹备、成立与发展

1980年底学校复校。在专职工作人员陆续调入、学校成立工会的条件基本具备之后，1983年5月经申请中国教育工会上海市委员会同意接纳学校加入中国教育工会，建立"中国教育工会立信会计专科学校委员会"。当月，由钟陵强等7人组成的学校工会筹备组成立，具体负责登记工会会员等多项建立工会的筹备工作。经过一年多的筹备，1985年1月12日，学校首届工会会员代表大会召开。大会审议了筹备工作报告，选举了学校工会委员会委员和工会经费审查委员会委员。经上级工会批准，学校于1985年2月5日召开了工会成立大会，中国教育工会立信会计专科学校委员会(简称校工会，下同)正式成立。各部门相应组成会员小组，开展工会活动。从1990年起，为全面履行工会组织职能，进一步健全基层工会组织，凡会员在25人以上的部门，如总务处、出版社、基础教学部、教务处、图书馆均成立了部门工会。

在2003年召开的六届一次工代会上，根据学校的发展工会就基层工会组织建制再度进行了调整。随着学校升本，中国教育工会立信会计高等专科学校委员会也正式更名为中国教育工会上海立信会计学院委员会。

第二节 民主政治建设工程

一、工会会员代表大会

首届工会会员代表大会(简称工代会，下同)，于1985年1月12日召开。1986年5月，学校召开了首届二次工代会，会议向全校教职工发出了《创建文明学校，为振兴立信添砖加瓦》的倡议书。

1987年12月30日，召开了第二次工会会员代表大会，选举产生了第二届工会委员会。1990年5月8日，召开了第三次工会会员代表大会，选举产生了第三届工会委员会。1994年4月12日，召开了第四次工会会员代表大会，选举产生了第四届工会委员会。

1998年5月11日，召开了第五次工会会员代表大会，选举产生了第五届工会委员会。会议审议通过了《把握机遇　正确定位　振奋精神　发扬特色　为实现立信跨世纪发展目标建功立业》的第四届工会委员会工作报告，审议通过了《第四届工会经审委员会经审报告》。

2003年3月29日，召开了第六次工会会员代表大会，选举产生了第六届工会委员会。会议审议通过了楼军江同志作的《诚信　奋斗　创新　为实现学校发展目标而努力》的第五届工会委员会工作报告，审议通过了《第五届工会委员会经费审查情况报告》。

2007年4月27日，召开了第七次工会会员代表大会，选举产生了第七届工会委员会。会议审议通过了工会主席楼军江同志作的《夯基础　上水平　发挥工会在构建和谐校园中的重要作用》的第六届工会委员会工作报告，审议通过了《第六届工会委员会经费审查报告》。

工代会代表都是由各工会会员小组或部门工会选举产生的。会议主要内容是审议上一届工会委员会和经费审查委员会的工作报告，选举产生新一届工会委员会和经费审查委员会。

二、教职工代表会议

在工会召开的同时，1986年4月4～8日召开了首届教职工代表大会(简称教代会)。教代会是学校领导体制改革的重要组成部分，是教职工行使民主权利、参加学校管理的重要形式。

学校教代会召开时，由会议主席团主持；闭幕后，工会委员会作为工作机构，安排日常活动。教代会代表由教职工选举产生。

首届教代会的主要议程：审议校长代表学校所作的工作报告和“七五”期间学校发展规划纲要；审议并通过《立信会计专科学校教职工住房分配条例》。首届二次教代会于1987年5月23日至6月1日召开。主要议程是做好迁入新校舍的各项准备工作，动员全校教职工团结奋斗，迎接立信发展新阶段。

二届一次教代会于1988年6月14～18日召开。主要议程：审议学校“七五”期间工作规划实施情况和校长工作报告。二届二次教代会于1989年11月21～25日召开。主要议程是：审议《学校三年工作计划》；审议并通过《立信会计高等专科学校教书育人守则》；审议并原则同意修改后的《立信会计专科学校教职工住房分配方法》；审议并原则同意修订后的《教职工考勤条例》。

三届一次教代会于1991年1月8～15日召开。主要议程是：审议《校长工作报告》及教职工住宅分配工作报告。三届二次教代会于1992年1月9日召开，主要议程是：审议并通过《教职工住房分配条例》；选举产生了新的分房委员会。

四届一次教代会于1995年4月22～25日召开。主要议程是：听取和审议校长的《学校工作报告》，1994年度分房工作小结；选举产生了新一届分房委员会名单。四届二次教代会在1996年12月20～25日召开。主要议程是：审议学校“九五”发展规划；审议并通过学校争创文明高校的规划。会议号召立信广大教职工，增强主人翁的责任感，团结一致，同心同德，为把学校办成全国有影响的财经院校而努力。

五届一次教代会于1998年5月14日召开。主要议程是：听取和审议题为《争市级文明高校，创名优特色大学，将充满活力的立信会计事业带入21世纪》的校长工作报告。五届二次教代会于2001年6月26～28日举行。大会听取了《关于修改学校分配法案的几点说明》、《关于制定学校住房制度改革实施办法的几点说明》。讨论审议并通过了立信会计高等专科学校《住房制度改革实施办法》。大会期间与闭会期间，主席团前后共召开五次会议就校内分配方案的调整、学校空置房的处理等议题进行了专题讨论。五届三次教代会于2002年12月6日召开。主要议程是：审议并通过《立信会计专科学校关于加强校务公开工作的实施意见》；讨论和审议《立信会计高等专科学校关于学科建设与教学系部设置的基本构想》。

六届一次教代会于2003年3月29日召开。大会听取、讨论审议并一致通过了《立信会计高等专科学校教职工住房制度改革实施办法》；听取和讨论了2003年度学校财务预算报告等。同年5月28日，校六届一次教代会召开主席团会议，审议通过了《立信会计高等专科学校教职工现住房面积核定细则》。六届二次教代会于2004年5月15日召开。大会听取审议关于《上海立信会计学校2004年度经费预算》的报告以及关于《上海立信会计学校人事分配制度改革方案》的工作报告，审议并通过《上海立信会计学校人事分配制度改革方案》。六届三次教代会于2005年4月13日召开。大会听取并审议《校长工作报告》，听取审议关于《上海立信会计学校2005年度教育经费预算》的说明，听取审议通过了关于《上海立信会计学校聘用合同制试行办法》的说明。六届四次教代会于2006年4月27日召开。大会听取审议了关于《上海立信会计学校2006年度学校教育经费预算报告》的说明。审议《上海立信会计学校节能管理办法》，讨论学校《十一・五规划》，宣读《节能倡议书》。

七届一次教代会于2007年4月27日召开。大会听取《校长工作报告》，听取2007年学校教育经费预算报告。大会之前召开了预备会议，工会专职副主席赵一平作了七届一次教代会、工代会筹备工作报告，第六届工会委员会委员、代表资格审查小组组长邬敏懿作了代表资格的审查报告。

三、工代会与教代会合一

为简化程序，提高工作效率，从第三届教代会起，教代会代表与工代会代表采取了两者合一的办法，不再另行选举。同时，从第五届教代会工代会开始，学校采用了教代会工代会两会合一的办法。

历届工会和经费审查委员会组成如表4－1－1、表4－1－2所示。

表4－1－1　历届工会和经费审查委员会负责人

届次	代表人数	委员数	主　席	副主席	经审委主任	任　期
1	46	7	汪溢中			1985.2～1987.12
2	74	9	马钟榆	钟陵强(专职)	姚金生	1987.12～1990.5
3	91	9	钟陵强(专职)	袁庆龄(兼职)	姚金生	1990.5～1994.4
4	88	9	钟陵强(专职)	赵　群(专职)	石吉茂	1994.5～1998.5
5	105	11	金家富	赵　群(专职)	乐子利	1998.5～2003.3
6	91	9	楼军江	赵　群(专职)	郑国芬	2003.3～2007.4
7	133	9	楼军江	赵一平(专职)	郑国芬	2007.4～

表4－1－2　历届工会和经费审查委员会成员名单

届次	工会委员名单(按姓氏笔画)	经费审查委员名单(按姓氏笔画)
5	马建刚　龙英锋　卢金海　宋灵荧　李　旸　金家富 赵　群　洪韶华　袁亚珍　凌慧义　韩健平	乐子利　李立新　张　彦
6	刘志石　邬敏懿　宋灵荧　赵　群　钟陵强　倪　燕 曹　中　黄　明　楼军江	马建刚　卢金海　郑国芬
7	邬敏懿　宋灵荧　张介明　赵一平　钟陵强　费　莉 倪　燕　楼军江　解丹阳	马建刚　朱为华　郑国芬

四、二级教代会制度

2006年，学校制定并下发了《关于加强学校基层工会组织和二级教代会制度建设的若干意见》，对二级教代会的职权、组织制度、教职工代表的产生等作了明确规定。在校党委的直接领导下，以党总支(直属党支部)为基准建立基层工会的工作于2006年底全面完成，共建立了20个基层工会。

2006年1月7日，后勤服务中心召开首届职工代表大会；2007年6月，后勤服务中心召开首届二次职工代表大会。2007年4月28日，成人教育学校召开首届职工大会；2008年4月11日，成人教育学校召开首届二次职工大会。2007年6月30日，立信会计出版社召开首届职工大会。

五、外来务工人员参与民主管理

切实维护外来务工人员的合法权益，保障他们依法享有的民主政治权利是工会义不容辞的职责。学校在外来务工人员参与民主管理上作了尝试，分别在外来务工人员相对集中的保卫处与后勤服务中心推选出两名外来务工人员，作为邀请代表参加了七届一次教代会和七届二次教代会。

六、推进校务公开

2002年12月，学校出台了《关于加强学校校务公开工作的实施意见》，成立了校务公开工作领导小组。实施意见就校务公开工作的目的意义、基本原则、公开内容、主要形式以及公开工作的组织领导等方面，进行了明确的规定。2006年3月，学校又出台了《关于加强学校基层工会组织和二级教代会制度的若干意见》的有关文件，为学校多层次全方位地开展民主管理工作提供了理论上的依据和制度上的保证。

建立校务公开工作信息反馈制度，坚持每半年汇总一次校务公开工作的信息，按时将有关部门汇总的情况在工会的公示栏中进行公示。同时，学校将所有的汇总情况制作成电子版，及时通过工会网页进行公示，接受师生网上查询和监督。

2003年，学校建立了党政领导接待日制度，实行了党政领导与基层部门联系人制度，开设了“书记信箱”、“校长信箱”等，旨在通过以上一系列的举措，加强了与广大师生的联系和沟通，为学校发展及科学民主决策提供了可靠的保证。

为实现校务公开的延伸和深化，校工会对系级单位的系务公开情况进行调研，着手建立系务公开机制，为稳步、扎实地推进基层民主政治建设打下了基础。

第三节　教职工队伍素质建设工程

一、师 德 建 设

1988年、1989年，校工会与校团委、学生会共同开展“教书育人先进事迹”、“学生最尊敬的教师"和"优良服务文明岗"等推荐活动，促进了师德建设。

1994年至1997年期间，第四届工会委员会紧扣"教书育人，为人师表"的主题，组织全校学生广泛开展"我最敬重的教师和班主任"大型评选活动，召开"展师风，颂师德，铸师魂"大型师生恳谈会。1997年，组织"我的讲台我的爱"演讲比赛，获得市教委颁发的优秀组织奖。

1998年至2002年期间，第五届工会委员会以师德建设为抓手，努力推进"三育人"工作。1999年6月，工会第三次组织发动了"我心中的好老师"评选活动；2000年，会同校人事处、宣传处共同完成了"我怎样做老师"大型征文活动。积极倡导发扬师德新风；组织"弘扬立信精神"复校初期老校友座谈会；"面对新世纪，你准备好了吗？"，组织"面对挑战，做成功女性"等大型报告会，以及"学讲话、谈改革、议发展"大型青年教师恳谈会等一系列主题教育活动。

2003年至2006年期间，第六届工会委员会按照学校党委"以学科建设为主线，以本科教育为重点，以人才队伍建设为抓手"的要求，积极推进以师德、师风、师能为主要内容的素质工程建设。工会与学校有关部门积极开展"师德标兵"评选活动，并参与上海市各项评优活动，多人获市育才奖、园丁奖和市三八红旗手等称号(见表4-1-3)。

表4-1-3 个人获奖

姓名	获奖名称	时间
赵群 周虹	上海市教育系统优秀工会干部	1995年度 1999年度
张维宾 袁庆龄 黄家瑶	上海市三八红旗手	1996年度 2001年度 2003～2004年度
宋灵燚	上海市优秀教育工作者	2001年度
孙桂芳	上海市科技教育系统三八红旗手	2003～2004年度
赵群	上海市科教系统教职工代表大会优秀代表	2005年度
赵群	全国科教文卫体系统优秀工会工作者	2005年度
桑秀藩	上海市科教系统支持工会工作好领导	2005～2007年度
窦瀚修	上海市科教系统优秀工会积极分子	2005～2007年度

2004年度，张维宾、孙桂芳、曹中、曹惠民、黄家瑶、赵斯泓被评为上海立信会计学院师德标兵。

2007年4月，校工会积极响应市科教工会的号召，深入学习胡锦涛总书记给孟二冬女儿的回信精神和方永刚同志先进事迹，积极参加了市科教工会组织的以"为人、为学、为师"为主题的讲述优秀教师感人小故事的活动，并获得了优秀奖。

2007年9月，学校工会为了宣传广大教师身边的先进典型，挖掘师德模范的真人、真事、真心、真情，树立爱岗敬业、乐于奉献、教书育人的职业形象，举办了学校首届"为人、为师、为学"师德征文活动。这次征文活动得到了广大教师的积极响应，共征集了来自各个部门的20多篇文章。

学校工会通过女教授女干部联谊会、教授沙龙、博士交流会、青年教师联谊会等平台，开展了一系列有特色、有内涵、有创新的专题活动。女教授女干部联谊会结合自身的特点，于2004年开展了“我为学校献计献策”活动，收到各方面的合理化意见和建议59条。2005年，在全校女职工中开展了“我为优质教学添砖加瓦”专题讨论活动；2006年，组织召开了“学校发展与建设——十一五规划”教授专题研讨会。所有这些活动，充分发挥了女教工和教授在学校深化改革中的重要作用，集思广益，为学校的办学定位、发展战略、办学特色、学科专业建设等提供了许多新思路和好办法。

青年教师是学校教师队伍的重要组成部分，是教学、科研等的骨干力量。2004年，学校成立了青年教师联谊会，开展了一系列有益于青年教师成长的活动。青年教师联谊会与有关职能部门组织开展了“首届青年教师讲课比赛”，举办了“学校改革我思我想”座谈会，组织部分青年教师赴井冈山革命老区接受革命传统教育等一系列活动。

二、文体活动

在徐汇校区，学校工会开设了教工活动室、阅览室，先后举办了书画、集邮、摄影、珍藏、奇石等展览或比赛，还举办了太极拳、健身操等培训，丰富教职工的业余生活。1994年至1997年期间，第四届工会委员会先后组织了“抗日战争胜利50周年”歌咏比赛、“迎香港回归爱我中华”歌咏大会、“京剧走向青年”大型报告会、“迎七一”卡拉OK大奖赛、“我爱祖国山河美”大型摄影展、教职工硬笔书法展以及每年均有新意的大型迎春联欢会。在体育方面，坚持组织好传统趣味运动会、教职工乒乓赛、排球赛等，还进行了广播操比赛、棋牌比赛、教职工保龄球比赛等。举办了木兰拳、女子健身操训练班等。在市教育工会组织“女子健身操”比赛和教职工乒乓联赛中，学校分别荣获优胜奖和精神文明奖。

1998～2002年，第五届工会委员会开展了教职工普通话比赛、校庆70周年和“跨越千年”大型师生文艺汇演、一年一度的春节团拜会、建党80周年教职工大合唱比赛、教职工摄影比赛、教职工子女书画作品展、各类群众体育健身等活动。

2003～2006年，第六届工会委员会通过召开两年一次的教工趣味运动会、教工田径运动会，举办全校性的羽毛球赛、乒乓赛、排球赛等赛事，开设交谊舞、木兰拳、太极拳等训练班，调动教职工体育锻炼的积极性，培养全民健身的意识，受到广大教职工的欢迎。

工会组织教职工参加的各类校外体育赛事屡获佳绩，2004年获“教苑英姿——上海女教师健身活动展示”组织奖，2005年获“上海市科技教育工作者迎七一游泳比赛”个人第七名，2006年获“上海市科教工作者羽毛球比赛”第八名。同时，工会力求结合时代特点，积极举办丰富多彩的文艺活动。把一年一度的迎春联欢会这项大型传统文艺活动办出新意，开展了新人卡拉OK比赛、八十分比赛等一系列校园文化活动。在学校工会的组织下，学校参加校外各类文艺比赛也屡次获奖：2003年获“上海教工‘阳光、大地、绿叶’合唱比赛”铜奖和组织奖；2006年组建的教师合唱团，在参加上海市“教师之歌”演唱比赛中，获得合唱银奖、独唱铜奖以及组织奖的优良成绩。

2007年，校工会组织召开“共建和谐校园——2007年迎春联欢会”；6月，举办了学校首届教职工篮球比赛；9月，以市科教系统首届运动会的举办为契机，举办学校教职工广播操比赛；6～11月，组织、积极参与首届科教工作者运动会各项活动：组队参加科教工作者羽毛球比赛、乒乓赛、游泳赛、趣味运动项目比赛以及开幕式上的广播操、健美操展示活动，展示学校教职工的精神风貌，并荣获优秀组织奖等奖项。12月，举行了学校教职工弄堂游戏活动。

学校工会陆续成立了教职工摄影协会、围棋协会、乒乓协会及收藏协会等教职工文化社团，积极开展教职工的社团活动。

工会开展各项活动的获奖情况如表4－1－4所示。

表4－1－4　工会开展各项活动的获奖情况

时　间	奖　　项	授　奖　单　位
1995.7	“我的讲台我的爱”优秀组织奖	上海市教委　上海市教育工会　上海市教育发展基金会
1997.11	97年上海市教育系统实施“送温暖工程”最佳工作成果奖	上海市教育工会
1997.11	上海市教工乒乓球比赛精神文明奖（风格奖）	上海市教育工会
1997.12	上海市教育系统第八套广播操比赛优胜奖	上海市教育工会
1998.11	98年上海市教工暑期休息休养活动组织工作奖	上海市教育工会
2001.11	上海教工乒乓球比赛组织奖	上海市教育工会
2001.11	上海市教工暑期休养组织工作奖	上海市教育工会
2001.11	上海市教育系统财务工作二等奖	上海市教育工会
2002.11	上海市教工第五届教工运动会体育活动摄像展比赛银奖	上海市教育工会
2002.11	上海市教工第五届运动会组织奖	上海市教育工会
2003.11	上海教工“阳光、大地、绿叶”合唱比赛优秀组织奖	上海市教育工会
2004.9	“汇众杯”教师围棋比赛大学组团体比赛第四名	上海市教育工会　上海市教师围棋协会
2004.9	教苑英姿——上海女教师健身活动展示组织奖	上海市教委妇委会　上海市教育工会
2005.12	上海市青年教师师德演讲活动组织奖	上海市科教党委
2006.6	上海市“教师之歌”独唱重唱赛铜奖（倪燕老师）	上海市科技教育工会
2006.6	上海市“教师之歌”合唱比赛银奖	上海市科技教育工会
2006.10	上海市师德建设风采展展板奖	上海市科技教育工会

（续表）

时　间	奖　项	授奖单位
2006.10	2006年上海市科教系统摄影作品评选活动优秀组织奖	上海市科学技术协会　上海市科技教育工会　上海科技发展基金会
2007.9	2007年上海市“为人、为师、为学”——讲述身边的师德小故事活动中荣获演讲类优秀奖	中共上海市科技教育工作者委员会　上海市科技教育工会

第四节　教职工生活保障工程

1994～1997年，第四届工会委员会两度召开研讨会，就如何深化送温暖工作进行专题讨论，并在充实完善“十关心”实施细则的同时，两次提高了有关项目的发放金额。据财务统计，1997年，工会用于教职工患病探望、会员生日纪念、三八妇女节、六一儿童节、教师节慰问礼品、春节年货、教职工休养等的资金达18.1万元。1996～1997年，帮困领导小组多次启动帮困基金11 950元，对100多位有着不同程度困难的教职工进行了帮助，并会同有关部门坚持做好“冬送温暖，夏送清凉”的活动。从1996年起坚持为50周岁教职工举办集体生日。认真做好一年一度休养工作，使休养比率上升到10%。1997年度上海市教育工会召开的送温暖工作总结大会上，学校工会获市教育系统送温暖工作“最佳成果奖”。

1998～2002年期间，第五届工会委员会着力推进“十关心”工作，积极开展职工患病、献血等慰问、会员生日纪念、三八妇女节、六一儿童节、教职工休息休养等活动。五年来，校工会帮助慰问困难教职工累计金额43 453元；动员开展“一日捐”活动，累计金额达58 975元；学校教工暑期休养比率上升到15%。先后组织了“教职工五十岁集体生日”和“儿童心理发展和家庭教育”、“营养——生命的源泉”知识讲座等活动。

2003～2006年期间，第六届工会委员会用于“十关心”工作的经费达17.23万元，每年为每位教职工购买生日蛋糕券，在生日之际送去温馨祝福；每年举办50岁集体生日，先后共有近百名教职工参加。每逢“三八”妇女节，向教职工赠送小礼品表达节日的慰问；举办“松江游艺会”和“游海洋公园”等“六一”亲子活动；组织部分大龄青年参加联谊会等等。工会还推出了贴近教工日常生活的“为您服务”项目，组织教职工参加“走进松江”房产展销活动，为教职工免费咨询办理信用卡、订购春节火车票等，尽可能为教职工提供生活上的便利。

2007年，学校工会继续做好各项凝聚力工作：为每位教职工购买生日蛋糕券；开设健康知识讲座，宣传普及保健知识；为20多位教职工举办50岁集体生日，并赠送小礼品表达祝福；六一节期间，组织了“欢乐马戏”六一亲子活动；教师节期间举办了主题为“贴心服务进校园，真诚关爱献教师”的贴心服务日活动，开设了礼仪技巧讲座、电脑免费维修维护、中医义诊、嗓音培训等多项服务。在此基础上，学校工会还继续推出了贴近教工日常生活的“为您服务”项目，举办“绿色蔬菜进校园”的活动，特优价格供应各种无公害蔬菜。

为了做好以医保为重点的保障工程，校工会自2000年上海市医疗改革方案一出台，就及时向学校汇报，申请经费，积极做好医改配套工作。自2001年初至今，坚持为教职工投保总工会的《住院补充医疗互助保障计划》和《特种重病团体互助医疗保障计划》。2002 年 5 月起至今，为全校教职工投保《门诊、住院医疗补充保障计划》。自 2004 年起还为全校女教职工投了《女教职工特种重病医疗保险》。2004 年和 2005 年，学校工会两次获得上海市科技教育工会评选的“保障工作先进集体”。

第五节 工会自身建设

学校工会积极参加市教育工会开展的“合格教工之家”的评选活动。自 1998 年起，校工会连续多年获得市教育工会颁发的“合格教工之家”称号，职工中专、夜大学的工会获市教育系统“模范职工小家”的光荣称号。2006 年 6 月，上海市科教工会考评组，对学校 2003～2005 年度的建家工作进行实地考察。考评组对学校工会近年来紧紧围绕中心，找准定位，充分发挥工会组织的积极作用给予了充分的肯定，尤其是对近年来学校党政对工会工作的高度重视和大力支持给予了极高的评价。学校工会以名列前茅的成绩再次荣获“上海市先进教工之家”称号，并成为“先进教工之家”的免检单位。集体获奖情况如表 4－1－5 所示。

表 4－1－5 集体获奖情况

集　　体	获 奖 名 称	授奖单位及时间
立信妇委会	上海市教育系统女教工工作项目创新成果奖	上海市教育工会（1994 年 3 月）
立信会计职工中专工会	1995～1996 年度市教育系统工会“模范小家”	上海市教育工会
立信会计职工中专工会	1997～1998 年度市教育系统工会“模范教工小家”	上海市教育工会
立信夜大学工会	1999～2000 年度市教育系统工会“模范小家”	上海市教育工会
上海立信会计高等专科学校工会	2001～2002 年度上海市教育系统“先进教工之家”	上海市教育工会
财政金融系金融教研室 财务管理系学生辅导员班组	2002～2003 年度上海市教育系统文明组室	
上海立信会计高等专科学校工会	2001～2002 年度保障工作先进集体	上海市教育工会
上海立信会计高等专科学校工会（办公室）	上海市教育系统“文明组室”	上海市教育系统精神文明建设委员会、上海市教育工会（2002 年 8 月）
上海立信会计学院工会	2001～2004 年度保障工作先进集体	上海市科技教育工会
上海立信会计学院工会	2003～2005 年度上海市科教系统“先进教工之家”	

自1998年以来,学校工会开展了一系列旨在建立一支热心服务、乐于奉献的基层工会干部队伍的教育活动。先后组织了"如何当一名工会干部"专题研讨会和"邓小平关于工人阶级与工人运动理论"的学习活动。每两年一次进行"优秀工会积极分子"的评选工作。1998～2002年,先后评出优秀工会积极分子18人次,积极支持和关心工会工作的党政干部有23人次荣获"教工诤友"称号。2003年至今,校工会坚持举办工会专兼职干部的业务培训会、工会工作研讨会、座谈会等,指导工会干部系统学习《中华人民共和国工会法》、全总十四大会议、十六届六中全会等重要精神,研讨如何通过"三项维权、三个工程"工作,切实提高学校工会工作的水平,探索新形势下学校工会工作的新思路、新机制、新方法。

校工会参加上海市科教工会组织的工会理论研究活动,开展了"多校区办学过程中教职工工作生活状况"课题的调研,2005年完成并发表了《多校区办学过程中工会工作的思考与对策》的调研报告。

第二章 民主党派

学校有民革、民盟、民建、民进、农工民主党、致公党、九三学社等7个民主党派的成员。截至2007年12月,学校共有民主党派成员53人(其中:在职37人,退休16人),比2002年增加了20人(其中:新发展15人,外单位调入5人)。在职民主党派成员结构明显改善。他们平均年龄为45岁,具有硕士及以上文化程度者10人,具有副高级及以上专业技术职务者17人。民主党派成员数如表4-2-1所示。

表4-2-1 民主党派成员数一览表

名称	成员人数	名称	成员人数
民革	6	农工党	2
民盟	18	致公党	2
民建	5	九三学社	5
民进	16		

学校第一个民主党派组织,是于1993年4月建立的民进立信支部。

学校民盟成员较多,建立民盟基层组织条件基本成熟,2004年10月,建立了上海市属本科高校中首个民盟基层组织——民盟上海立信会计学院支部(直属),张介明为主任委员,应淑仪、金士伟为委员。

2006年8月,民进上海立信会计学院支部换届,选举唐庆银为支部的主任委员,郑鑫尧、周伟良为委员。

学校党委高度重视民主党派基层组织及成员的作用发挥。2002年以来,校党委共召开双月座谈会、统战工作会议30多次,广泛听取民主党派成员对学校重大改革与决策的意见和建议,并通过校领导与民主党派成员代表结对、谈心等形式与途径,加强联系,交流思想,交换意见。在开展党员先进性教育、召开首次党代会、校部机关改革、二级学院建设(教学系部建设)、基层党组织换届、人事分配制度改革、住房分配制度改革等重大活动和工作中,校党委充分听取并吸纳民主党派组织及成员代表提出的建设性意见和建议,充分发挥了他们参与民主办学、民主管理和民主监督,推进和谐校园建设的积极作用,促进学校各项事业的发展。

近年来,先后有5名民主党派成员走上处级领导岗位,在教学科研、管理服务等方面发挥着积极的领导作用。目前,学校民主党派成员中,有1人担任黄浦区第三届政协委员,3人担任民盟市委下属专门工作委员会委员,1人担任民建松江区委第一支部委员,1人担任民革长宁区委第三支部委员。

第三章　共青团　学生会

第一节　共青团

一、共青团组织的建立和历届团委的组成

1980年底学校复校，招收的学生中有相当数量的共青团员。1981年9月，学校向上海市财政局团委报送《关于建立立信会计专科学校团委的报告》。市财政局团委批复同意。立信会计专科学校团委由此开始建立。当时，没有召开团员代表大会进行选举，由被指定的6名团员组成团委会进行工作。1983年5月，校党委建立。在校党委的领导下，经过一段时间的筹备，于1985年3月，学校召开首届团代会，选举产生了第一届新的团委。校团委在校党委和共青团上海市委员会领导下，开展团的工作。学校历届团代会和团委组成如表4-3-1所示。

表4-3-1　学校历届团代会和团委组成

届　次	日　　期	代 表	委 员	书 记	副　书　记	
1	1985.3.29	102	7	何佩莉	樊　颙	张　彦
2	1987.5.9	151	7	何佩莉	周维真	
3	1989.4.20	115	9	周维真	赵　海	吴　征(1991.12增补)
4	1992.5.20	165	8	吴　征	聂汝菁	
5	1994.5.18	194	15		徐　鹏	
6	1998.5.5			费　莉	徐　鹏	
7	2003.5.16	155		李颖琦	周　静	李　强(主持工作 2005.12～2006.11)
8	2007.6.16	178	13	闻　雅	李　政	王　铂

团委以教学班为基础开展活动，发挥共青团员的先进作用，团结全体学生努力学习，共同进步。建系之前，各教学班的团员组成团支部；建系之后，系成立了团总支，仍以教学班团支部为开展活动的基点。

搞好团组织自身建设。首先是对团委系统和学生会系统的干部定期进行培训，1990年通过业余团校形式对团员干部进行培训，努力提高团委和学生会整体工作水平；其次是举行共青团工作专题研讨会，交流经验，开拓思路；再次是在团员和学生中开展“创三好、争先进”的系列活动，通过表彰奖励、树立榜样，振奋精神，共同提高。财金系学生聂汝菁、钟苏梦先后于1993

年、1995年被共青团上海市委授予“上海市新长征突击手”。李颖琦、周静、王铂3位老师分别于2005年、2007年被共青团上海市委授予“上海市新长征突击手”。2005年、2006年，财政金融系团总支和国际贸易与经济系团总支先后荣获了“上海市五四特色团组织”荣誉称号。

2003年5月16日，学校召开共青团上海立信会计学院第七次代表大会。会议的主要议程：讨论审议并通过学校共青团第六届委员会工作报告，选举产生新一届共青团委员会委员，表决通过“弘扬立信精神，做新时代立信人”的倡议书。校领导桑秀藩、朱坚强、楼军江，共青团上海市委员会副书记徐枫等出席了会议。

2007年6月16日，学校召开共青团上海立信会计学院第八次代表大会。校党委书记桑秀藩，共青团上海市委党组成员、上海青少年社区办公室主任蔡忠等领导嘉宾莅临大会。校党委书记桑秀藩、团市委蔡忠分别作了重要讲话。全校178名正式代表和38名列席代表参加了大会。大会在圆满完成各项议程后，选举产生了新一届共青团上海立信会计学院委员会和团委领导班子。

二、主要活动

学校团委围绕学校中心工作，在团员和学生中开展思想政治教育、社会实践、志愿服务、校园文化、学术科技和学生社团等各项活动。

1. 思想政治教育

2002年5月上旬，为纪念中国共产主义青年团建团80周年，校团委分别在徐汇、松江两个校区举行了两场大型专题座谈会。学校党委书记桑秀藩到会并讲话。他提出了两方面的要求：第一，广大团员青年要认清使命，认清形势。第二，要在学习《讲话》的过程中深化认识，统一思想。会议由党委副书记朱坚强主持，校团委书记作了《让青春无悔于时代》的主题发言。同时，学校团委还开展了一系列活动，各系部基层团组织也以“永远跟党走”为主题开展纪念活动。

2002年5月22日，学校在徐汇校区十六楼演讲厅隆重举行纪念中国共产主义青年团成立80周年座谈会。

2005年9月至2006年1月，根据团中央、团市委总体部署，学校共青团组织在全校范围内开展了增强共青团员意识主题教育活动。10月14日，动员大会在行政楼报告厅召开。学校党委副书记兼副校长朱坚强，校党委组织部部长、党委学生工作部部长出席大会。团市委组织部部长赵国强应邀出席并发表讲话。

2005年12月14日团委组织的纪念“一二·九——走进新时代”迎春歌咏比赛举行。

2006年3月15日下午，组织学校各系学生代表60余人，在党委副书记、副校长朱坚强的带领下，赴陈云故居暨青浦革命历史纪念馆参观学习，同时参加学校与该馆共建德育教育基地协议的签字仪式和揭牌仪式。

2006年5月26日下午，学校举行“增强共青团员意识主题教育活动总结暨纪念五四运动87周年表彰大会”。学校党委副书记、副校长朱坚强到会祝贺并讲话，学生处和团委负责人参加了总结暨表彰大会，并为获奖的单位和个人颁奖。

2006年10月11日下午，学校2006年团干部专题培训班举行开班仪式在信息楼七楼大学生活动中心举行。党委副书记、副校长朱坚强出席开班式并作专题报告。

2006年12月20日，邀请了东方讲坛知名专家、华东师范大学教授陈锡喜为团学干部作学习贯彻中共十六届六中全会精神解读的讲座。

2007年5月10日下午，学校举行纪念建团85周年暨五四运动88周年表彰大会。

2007年11月7日下午，学校2007年团校开学典礼在行政楼二楼报告厅举行。

2007年11月18～19日，学校共青团干部一行十余人在党委副书记、副院长朱坚强的带领下，赴江苏镇江开展学习考察活动。在考察期间，新一届团委委员、各院系团总支书记围绕“在十七大精神指引下，如何做好新时期共青团工作”这一主题进行了讨论。特别是学校共青团的组织建设、队伍建设和凝聚力建设，各位团干部均深入地作了交流和探讨。在考察学习期间，大家还一起瞻仰了句容新四军纪念碑并参观了苏南新四军纪念馆，接受了一次深刻的爱国主义教育。

2007年11月22日下午，由团委主办主题为“党的光辉照我心”学校大学生学习贯彻十七大主题演讲比赛举行。校党委副书记、副校长朱坚强亲临比赛现场。

2007年12月12日，上海立信会计学院首届大学生时事政治案例分析大赛决赛胜利落幕。

2. 社会实践与志愿服务

1992年，学生会增设“社会实践部”。1993年7月开始，学校组织部分同学到立信会计师事务所实习。

1995年3月，校团委举办“95立信大中专学生面向市场，自我推荐”活动，为学生提供了100多个勤工助学的岗位。上海东方电视台专程到学校采访并作了电视报道。

2004年，学校大学生暑期赴贵州赫章实践团，被评为全国大学生百支重点团队。实践团代表接受了中央人民广播电台的专访；《新民晚报》电子版、《新闻晨报》、《青年报》等多家媒体都对学校贵州赫章的实践活动进行了相关报道。

2006年7月5日上午，学校为2006年度西部计划志愿者郁莺同学举行欢送会。7月下旬，学校团委组织大学生邓小平理论和“三个代表”重要思想研究会的部分同学，奔赴革命圣地延安、古城西安等地开展为期一周的社会实践考察学习活动。

2007年暑假，校团委筹划了四大社会实践主题：以学习马克思主义指导思想为核心——“立德树人，走进方永刚”的大连之行；以牢固树立中国特色社会主义共同理想为核心——“长江三角区域经济调研”的江阴考察之行；以弘扬和培育爱国主义为核心的民族精神和以改革创新为核心的时代精神——“访革命根据地、育爱国主义精神”的井冈山之行；以践行社会主义荣辱观为核心——“践行荣辱观，服务新农村”的学生志愿者服务活动。9月19日，学校2007年暑期社会实践重点团队经验总结交流会举行。9月28日，上海国际田径黄金大奖赛在松江举行，学校50名志愿者参与了大会服务。

2007年，在世界夏季特殊奥林匹克运动会志愿者服务中，学校400名志愿者参加特奥会志愿服务活动。在活动中，学校获上海市优秀组织奖，4位同学获上海市志愿活动优秀组织者称号，7位同学获得上海市优秀志愿者称号。

2007年10月24日下午，学校红十字会学生分会年度总结表彰大会在行政楼报告厅举行。

3. 校园文化

学校团委举办多种多样的活动，组织读书会、学术研讨会，举行征文、演讲、知识竞赛，编辑出版《立信校讯》、《溯洄》等刊物。

“立信之春”文化艺术活动，自1982年5月首次举办以来，至1996年底已举办了15次。该活动开始是以歌咏竞赛汇演为主，以后陆续增加演讲、辩论、体育活动、书画作品、手工制品、集邮展、时装表演等内容，发展为“立信之春”文化艺术节。成立包括集邮、歌舞、书法、摄影、棋牌等协会和英语俱乐部等社团在内的文化艺术协会。文化艺术协会以丰富新颖的活动曾被评为市群众文艺先进集体。

1993年，举办“93年邮票赏析活动”，立信学生所写的《评毛泽东诞辰100周年纪念邮票》邮评文章，获得上海市第九届集邮活动日邮评文章比赛一等奖。

1995年5月9日，在立信会堂举行纪念抗日战争暨世界反法西斯战争胜利50周年“立信校园歌咏比赛”。

1996年5月，上海市教委党委为纪念中国共产党成立75周年，举行“阳光大地”优秀歌曲演唱会，立信学生获青年组独唱二等奖。

1997年6～7月，学校举行各种座谈会、演讲赛、歌咏会、讲座等系列活动，迎接香港回归祖国。

1999年4月23日，99“立信之春”校园文化艺术节以上海芭蕾舞团的芭蕾精品演出拉开序幕。

2000年3月9日，校团委举行“盼祖国早日统一”立信大学生签名活动及“宝岛台湾在我心中”黑板报宣传活动。参加签名的包括校党委领导胡慧芳、朱坚强、胡厚麟在内共有师生4 000余人。

2000年5月9日，为丰富校园文化生活，展示立信大学生青春风采，2000年“立信之春”校园文化艺术节在“新世纪的召唤、尽现你我风采”签名活动中拉开序幕。

2001年3月，校团委组织学生创作选送的节目获“上海市学生戏剧节”多个奖项。其中，《回眸千年》获诗歌朗诵专场比赛表演一等奖。

2003年11月28日，学校在诚信广场举行校庆大型文艺演出，庆祝学校建校75周年和学校申本成功。学校党政领导全体成员与师生员工一起观看了演出。学校党委书记桑秀藩作热情洋溢的讲话。上海市教育党委秘书长董金平、教育工会主席夏玲英等应邀出席。

2005年6月1日，学校在上海大学生纪念中国电影百年知识竞赛中获得第三名的成绩。学校获得优秀组织奖，1名学生获得最具个人风采奖。

2006年4月25日，学校党委书记桑秀藩，党委副书记、副校长朱坚强在松江校区信息楼为“上海立信会计学院大学生活动中心”揭牌。9月，为庆祝学校首次党代会的召开，学校团委组织“汇聚党旗下，畅谈心里话”主题演讲活动和文艺汇演。2006年9月9日晚，金融系70名参加军训的本科生组成的立信大学生蔚蓝方阵，参加了在复旦大学正大体育馆举行的上海市庆祝第22届教师节主题活动。

4. 素质拓展

2003年12月8日“上海立信会计学院大学生素质拓展计划”启动仪式在松江校区举行。

同一天,举行第一届学生文学艺术联合会成立大会。

2004年5月,学校团委、大学生社团联合会举办第一届社团节——“倾听社团之声,展现青春风采”。9月份,“青春的节日”军训专场演出在学校信息楼报告厅举行。12月份,学校举办“歌唱祖国——纪念一二·九”歌咏比赛,“立信十大校园歌手”比赛,校辩论社、社团联合会、学生会举办的首届“立信杯”辩论赛等,丰富了学生的课余文化生活。学校组队参加的“2004年AIA金融财务案例分析大赛”,取得总决赛第四名的优异成绩。

2006年3月31日,学校召开大学生邓小平理论和“三个代表”重要思想研究会年会。11月初,团委筹备召开学校大学生社团建设会议,对今后学校大学生社团建设和发展作了规划和部署。12月26日,第十一届“立信杯”辩论赛决赛在信息楼二楼报告厅举行。财务管理系和法律系两支队伍一路过关斩将,进入决赛。决赛邀请了华东师范大学对外汉语学院毛世桢教授,上海市普通话测试中心副主任、上海市语言文字工作者协会秘书长栾印华,上海大学教务处副处长、上海大学语委办主任张佳春,上海市语言文字工作者协会理事、上海市人民广播电台主任播音员杨磊等任大赛的评委和点评嘉宾。

三、获奖情况

1. 自2005年以来,学校团委每年都选拔优秀的选手参加AIA求职王语文比赛,且成绩呈逐年上升趋势。其中:2007年度,宋佳珍同学在第六届AIA求职王语文比赛(香港)中获得杰出表现奖(总分第4名)。

2. 学校团员青年积极参与校内外专业竞赛活动,并取得了优异的成绩,较为突出的有:会计学系应华羚同学在2006年“IMA—高才”杯校园管理会计师大奖赛中获一等奖;会计学系陈安琪等五位同学在“2006 AIA 寻找未来的财务总监”财务金融案例分析大赛中夺得优胜奖;工商管理系蒋寅晞同学参与校团委组队参加的AIA金融案例分析大赛,获得优胜奖。

3. 学生参与全国大学生数学建模比赛取得可喜成绩。

(1) 财务管理系龚天华、陈琢、陈晓均获得2005年全国数学建模比赛上海赛区一等奖、全国三等奖。

(2) 2006年,会计学系姚辰、贺易育、周晨同学在2006年高教社杯全国大学生数学建模竞赛中获上海赛区一等奖、全国一等奖。

(3) 金融学系刘晨、蒋映泉、张博涵均获得2006年高教社杯全国大学生数学建模竞赛上海赛区乙组二等奖。

(4) 财务管理系吴冰晶、韩敏获得2006年数学建模比赛上海市三等奖。

(5) 工商管理系赵震、郭亚雯、蒋寅晞三位同学在2006年全国大学生数学建模大赛中获得上海市三等奖。

4. 组织学生在大型学生体育比赛取得好成绩。

(1) 财务管理系张媛、李蕾蕾等同学在2005年上海市大学生健美操比赛中获团体三等奖。

(2) 财务管理系张媛、李蕾蕾等同学在2006年上海市第十三届运动会大学生组健美操比赛中获团体第六名。

(3) 金融学系王石麟同学在上海市大学生第二届“宇振杯”桥牌比赛中获第一名。

(4) 金融学系毛佳燕同学在上海市女子大学生三对三篮球联赛中获第二名。

(5) 法律系朱宇峰在2006年松江区登山比赛中获第四名。

(6) 财务管理系朱熹同学获2006年上海市第十三届运动会网球比赛大学生组男子双打第六名。

(7) 财务管理系韩祾儿同学获2006年上海市第十三届运动会网球比赛大学生组女子单打第七名。

(8) 财务管理系韩祾儿同学获2006年上海市“新民晚报”杯网球比赛外贸赛区女双第一名。

(9) 财务管理系朱熹等人获2006年度上海市第十三届运动会大学生组短绳团体第二名。

(10) 财务管理系王军同学夺得2006年上海市第十三届运动会大学生组短绳团体第一名;财务管理系获上海市啦啦操比赛团体优胜奖,金茵佳同学夺得个人道德风尚奖。

5. 学校团委大力鼓励和支持在校学生参加其他丰富多彩的校内外比赛活动及社会实践活动,有些同学在其中表现十分突出。

(1) 2004年,学校荣获上海市暑期大学生社会实践优秀组织奖。

(2) 金融学系冯晓楠同学在2005年度上海高校校报好新闻评选中获二等奖。

(3) 2006年,法律系王珏同学被评为“徐汇区青少年事务十大热心人物”和“上海市阳光社区青少年站十佳志愿者”。

(4) 金融学系史鑫斌同学在标准普尔2007中国信用共建论文竞赛中获优秀奖(大众类)。

(5) 外语系姚雯同学在第四届华东地区“21世纪英文报—华澳杯”中澳友好英语大赛中获得三等奖。

(6) 2007年10月,工商管理系赵越同学在团市委、上海市高校红十字会举办的上海大学生预防艾滋病“青春红丝带”演讲比赛中获得三等奖。

第二节 学 生 会

1. 学生会的建立和历届学生会

1981年12月27日,学校召开第一届学生代表大会,选举产生了首届学生委员会。在学校党委领导下,学生会接受学校团委工作上的指导。

学校各班级有班委会,各系成立了系学生会。学校学生会以系学生会、班级班委会为基点,根据广大学生的要求和特点,积极开展活动。

1981～2007年,学校共召开13次学生代表大会。历次学生代表大会和校学生委员会组成情况如表4-3-2所示。

表4-3-2 历次学生代表大会和校学生委员会组成情况

届 次	日 期	代表数	委员数	主 席
1	1981.12.27		11	路 萱
2	1983.4.13		9	丁克明
3	1984.5.1	70	17	陈 珊
4	1985.3.29			陈 辉
5	1987.5.9	200	4	
6	1990.3.31			
7	1992.5.30			
8	1994.5.3	250	15	金巍立
9	1997.4.25		17	王贤明
10	2003.5.29	201		王春燕
11	2005.5.21	201	6	王亚婉
12	2006.6.11	217	7	徐 超
13	2007.9.28	280	7	王 珍 张博涵

2. 主要活动

1982年5月29日，学校团委、学生会举行复校后首次“立信之春”歌咏竞赛汇演。以后，每年“立信之春”活动的内容不断丰富充实，成为学校精神文明建设的重要活动之一。

1990年5月4日，“立信之春”艺术节各项活动陆续开展，历时一周。

1991年12月9日，为纪念“一二·九”运动，学校举行立信大学生思想文化艺术节，开展了多项活动。

1994年5月，为纪念“五四”青年节，举办第三届“立信之春”文化艺术节，组织立信大学生诗歌朗诵比赛，安排部分学生参加“大学生看上海”活动，参观上海重大市政建设工程和浦东新区。

1995年12月5日，校团委、学生会举行“一二·九”运动60周年纪念活动。

1996年5月3日，学校举行“96立信之春校园文化艺术节”开幕式，纪念五四青年节。

1997年5月19日，第五届“立信之春”校园文化艺术节开幕，各项活动有序展开。

1997年6～7月，学生欢庆香港回归祖国。7月3日，《文汇报》第三版以《加快会计教育与香港及海内外联系，立信师生喜庆香港回归》为题报道了学校师生喜庆的情况。

1998年12月18日，学校成立“大学生邓小平理论研究会”。

1999年6月1日，立信大学生学习邓小平理论交流会举行，同学们发言踊跃。

1999 年 9 月 17 日，学生党员、校团委、校学生会干部共 100 多人举行座谈会，揭批“法轮功”。

2000 年 11 月 14 日，为期一个月的学校首届大学生学术节开幕。主要活动内容有大学生经济论文大赛、邓小平理论学习讲座、金融财政学术讲座等。12 月 14 日，学术节举行了闭幕式。

2001 年 5 月 18 日，“2001 立信之春”校园文化艺术节开幕，各项系列活动陆续开展，6 月 8 日圆满结束。

2001 年 11 月 16 日，第二届立信校园学术节开幕。本届学术节的多项活动，主旨在激发学生的创新精神，将所学知识和实践相结合。

2001 年 11 月 26 日至 12 月 20 日，学校在松江新校区举办立信首届“读书节”活动，内容包括讲座与报告、书评征文、推荐好书三部分。

2002 年 1 月，学校举办立信大学生邓小平理论研究会“三个代表”重要思想学习研讨班。

2002 年 3 月 26 日，学校第三届校园体育节开幕式在松江校区举行，学校党委书记桑秀藩、党委副书记朱坚强、副校长胡厚麟等出席。体育节由校学生会主办，校体育部和团委协办。体育节历时一个月，分足、篮、排、乒乓、长绳、拔河、登楼等项目几百个场次，在两个校区同时进行。体育节于 4 月 26 日落下帷幕。会计二系获得团体总分第一名。

2002 年 5 月 17 日，立信之春校园文化艺术节开幕式暨“红五月”广场歌会在松江校区中心广场隆重举行。本届艺术节为期一个月。会计二系、财金系、管理系分获前三名。

2002 年 12 月 12 日，由校团委、学生会、广播台联合主办的晓露见面会在松江校区信息楼报告厅举行，晓露与同学们进行了亲密接触。

2003 年 2 月，为深入学习党的十六大精神，实践“三个代表”重要思想，以工商管理系和经贸与法律系部分团员为主力的立信大学生“十六大宣讲团”进社区开展宣传和实践活动。

2003 年 3 月 12 日，学校举行“弘扬立信精神”大型签名活动。党委副书记、副校长朱坚强和副校长李延臣出席了签名仪式，各系部团总支书记、学生会主席及宣传部长参加了本次活动。同学们纷纷表示，要大力弘扬立信的“诚信、奋斗、创新”精神，使之深入每个立信人的心中，形成刻苦勤奋、严谨求实、开拓创新的校风。

2003 年 12 月 3 日，作为校庆 75 周年系列活动之一的“校园十大歌手”总决赛在信息楼报告厅举行。外语系徐希廷同学以一曲《我爱你中国》夺得桂冠。

2003 年 12 月 8 日，“上海立信会计学院大学生素质拓展计划”启动仪式在松江校区举行。校领导桑秀藩、朱坚强、楼军江、胡厚麟、李延臣出席了会议。校大学生素质拓展计划领导小组成员、校大学生人生发展导航计划导师团的导师、各系部党总支副书记以及校团委委员、各系部团总支书记和来自各系部 03 级的团支部书记、150 名校志愿者服务总队的同学参加了会议。会上，由校领导向学校大学生人生发展导航计划导师团的第一批导师颁发了聘书，孙桂芳教授代表大学生人生发展导航计划导师作了发言。学校党委书记桑秀藩为学校的志愿者服务总队授旗。

2004 年 4 月 22 日下午，学校辩论队在松江大学园区五校辩论赛总决赛中获辩论赛亚军。

2004 年 5 月 10～11 日，学校举办校园读书节系列活动之一“经典时尚话剧”的比赛。《哈姆雷特》（财务管理系）和《国旗》（会计大专部）荣获最佳剧目奖，《夜无色》（经贸与法律系）和《国旗》（会计大专部）荣获最佳创作奖。

2004年10月14日下午，学校召开2004年大学生暑期社会实践总结表彰会。学校党委书记桑秀藩，党委副书记、副校长朱坚强出席了会议。桑书记在会上作了重要讲话。教务处处长、各系(部)党总支副书记、团委委员、团总支书记、辅导员及学生代表参加会议。在今年上海市的社会实践评比中，学校团委获得了优秀组织奖，有11个项目获得了优秀项目奖，4位同学获得了“社会实践先进个人”称号，2位老师获得了“优秀指导老师”称号。另外，学校团委还获得了第七届全国大学生运动会志愿者工作组织奖，3名同学获得了优秀志愿者称号。

2004年12月12日，在由AIA(英国国际会计师公会)在上海市高校组织举办的“2004年财务案例分析大赛”总决赛中，学校参赛队与来自复旦大学、上海交通大学、上海财经大学和上海外国语大学的四支队伍同台竞技，力克复旦大学队，取得总决赛第四名的优异成绩。

2005年5月21日，学校召开第十一次学生代表大会，选举产生了新一届学生会主席团成员。校党委副书记、副校长朱坚强出席会议并发表了讲话，学校党委组织部、学生工作部、团委等部门负责人以及第十届学生会负责人出席了大会，本次大会共有正式代表201人。大会还邀请了华东政法学校、东华大学、上海外国语大学、上海对外贸易学院、上海工程技术大学等高校的14名学联代表作为嘉宾。大会听取审议通过了顾惠玲同学代表第十届学生会所作的题为《勤于学习，乐于奉献，诚实守信，开拓创新》的工作报告，审议通过了《上海立信会计学院学生会章程》，通过了“树优良学风，做诚信立信人”的倡议书。

2006年3月29日，学校召开大学生邓小平理论和“三个代表”重要思想研究会2006年年会。党委书记桑秀藩、党委副书记朱坚强出席会议。会议向指导老师颁发了聘书。研究会会长向大会作工作报告。会议进行了交流发言。

2006年4月28日，学校举办首届“创新杯”创业计划大赛。

2006年5月31日，学校团委、学生会主办的“春满立信”——校园文化艺术节、读书节、体育节闭幕式暨文艺汇演于信息楼二楼报告厅举行。

2006年6月，第十一次学代会上，学生会制定了《上海立信会计学院学生会第一个三年建设规划》(2006～2009)，规划了校学生会未来三年内基本实现“五个一”的建设目标。即：建成一个以服务同学为主要内容的工作模式；建设一支素质高、能力强、学习好、肯奉献、能实干、敢创新的学生会干部队伍；建立一套健全的保障学生会工作有效运行的制度和机制；开展一批具有鲜明特色、高文化含量的品牌活动；提升水平，争创在上海市有影响的学生会。

2007年3～6月，校学生会体育部举办第四届“立信杯”篮球赛、第二届“创新杯”创业计划大赛、“世博三原色”摄影展主题活动、“畅想世博”之画报展系列活动。9～12月，校学生会参加由共青团上海市南汇区委员会主办的“艺术海洋”漫画作品大赛。

2007年9月28日，上海立信会计学院第十三次学生代表大会召开，党委副书记、副校长朱坚强，学工部、教务处、团委负责人，各院系党总支副书记、团总支书记以及280余名学代会代表参加了大会。大会听取、审议并通过了《上海立信会计学院第十二届学生会工作报告》，差额选举产生了上海立信会计学院第十三届学生会主席团。

2007年10～12月，校学生会学习部举办第十二届“立信杯”辩论赛。经过初赛和决赛，外语系获得冠军，国际贸易与经济系获得亚军，审计学系获得季军。10～11月，校学生会体育部举办第三届“新生杯”篮球赛，财政与税务系获得第一名，会计学系获得第二名，国际贸易与经济系获得第三名。10～12月，校学生会文艺部举办“反转乐球”校园十大歌手比赛，斯晓清等10位选手入选校园十大歌手。10月，校学生会生活部举办上海立信会计学院学生会会标设计大赛。10～11 月，校学生会开展校园文化建设、学风建设和体育活动兴趣取向、创新型人才建设主题调研活动，并根据调研结果撰写调研报告。

2007 年 11 月 13、14 日，会计学系曹秉杰同学在上海华山医院成功捐献了骨髓。曹秉杰同学成为学校历史上在读大学生中第一位造血干细胞配对成功并成功捐献骨髓的人。

2007 年 11 月 28 日晚，由校团委主办，校学生会承办的“舞动青春　和谐立信”大学生舞蹈大赛在信息楼报告厅隆重举行。校党委副书记、副校长朱坚强莅临比赛现场。

2007 年 12 月 6 日，学校第十二届辩论赛决赛在行政楼报告厅举行。经过前几轮的较量，外语系与国际经济与贸易系代表队突破重围，成为决赛的对阵双方。校党委副书记、副校长朱坚强亲临决赛现场。校党委宣传部、学工部、校团委负责人，各院系党总支副书记、团总支书记以及部分辅导员，与各院系学生代表近 300 人一起观看了决赛。

2007 年 12 月 6 日，学校大学生辩论队举行成立仪式。校党委副书记、副校长朱坚强亲自为校辩论队指导老师颁发了聘书，并殷切勉励校辩论队扬长避短、迅速壮大自己，争取早日冲出立信、冲出大学城，进入名校辩论队行列。

2007 年 12 月，校学生会宣传部组织开展了纪念“一二・九运动”主题书画展。

第三节　学生社团联合会

1. 学生社团及社团联合会的成立

2003 年 12 月，上海立信会计学院学生社团联合会（前身为学生文学艺术联合会）成立。社团联合会是大学学生社团的自治组织，在法律法规及校纪校规允许的范围内开展活动。下设办公室、活动部、审计部、纪检部等若干管理部门。负责协调、管理和维护各社团的申请、注册、运行、财务审计、注销、活动指导及负责人的管理等。在校团委的指导下，社团联合会先后制定了《学生社团章程》、《学生社团发展手册》、《学生社团星级评定办法》、《学生社团财务管理办法》等管理制度，并建立了一套完整的工作流程，使得对学生社团的管理更加规范、学生社团的发展也更加有序。

学生社团在全面培养学生的综合素质、丰富学生的课余文化生活等方面发挥着越来越重要的作用，学生社团活动也已成为实施素质教育的重要途径和有效方式。在当前中外文化交流日益频繁，各种思潮相互激荡的新形势下，高校大学生社团建设发展出现了新的“三化”趋势：即，校园文化社团化，社团建设社会化，社团管理网络化。面对社团建设的新形势、新任务，四年来，学校共青团组织按照“聚人气、增活力、树品牌、出成绩”的要求，加强了对学生社团的指导力度，健全了学生社团自身制度，建立起规范化的管理体制。截至 2007 年底，学校举办了四届社团文化节，学生社团数量由 2003 年的 10 多个发展到 40 个，涵盖了理论学习、学术科技、文化艺术、体育竞技和社会公益等领域，每周学生社团活动不下 20 场，每年组织开展“明星社团”、“明星社长”、“明星社员”和“社团活动年度贡献奖”等评选活动。在实施“精品社团计划”中，涌现出一批拥有广泛群众基础和鲜明特色的社团，受到了学生的欢迎和社会的好评，如大学生邓小平理论和“三个代表”重要思想研究会、经济学研社、海外音乐欣赏社等。其中 201 集卡社和非常模型社成功获得了团市委的表彰和奖励，心理协会荣获“上海市高校特色社团”称号。

2006年11月，学校成功召开了首届社团建设工作会议，讨论通过了《共青团上海立信会计学院委员会关于进一步加强学生社团建设的若干意见》，从学校层面规划了立信社团未来发展的美好蓝图。

2. 主要活动

2003年12月8日，第一届学生文学艺术联合会（大学生社团联合会前身）成立大会在信息楼报告厅举行。联合会的成立标志着学校社团工作在校团委的指导下，正在走向规范化和法制化。

2004年5月，学校大学生社团联合会策划组织的首届社团文化艺术节落幕。闭幕式上，学校学生会副主席顾惠玲作了情况汇报。

2005年4月12日，学校第二届社团节开幕式在信息楼报告厅举行。

2006年5月24日，学校第三届大学生社团文化节闭幕式暨明星社团、社长颁奖晚会在信息楼二楼报告厅举行。校党委副书记、副校长朱坚强到会并为获奖人员颁奖，各系部团总支书记、松江大学城六校社团联干部共500余人参加了闭幕式和颁奖晚会。

2006年11月17日下午，学校大学生社团建设会议在行政楼二楼报告厅举行。会议制定下发了《共青团上海立信会计学院委员会关于进一步加强学生社团建设的若干意见》。

2007年5月，学校举行第四届大学生社团文化节。11月，校团委、社团联合会及学生社团联合举办了大学生社团超级盛典暨2006～2007学年星级社团表彰大会。邓小平理论和"三个代表"重要思想研究会、经济学研社、街舞社获得五星级社团荣誉称号，心理学社、歌舞协会、空手道社获得三星级社团荣誉称号。10～12月，邓小平理论和"三个代表"重要思想研究会举办校级首届大学生时事政治案例分析大赛，11月份以学习十七大为主题在全校范围内开展征文比赛。12月，经济学研社于2007年举办校级"创智风暴"商业银行创新产品及服务的设计与推介大赛。11～12月，财务学社举办校级"高才杯"财务案例分析大赛，会计学系、财务管理系、审计学系共6支队伍进入决赛。10月，空手道社赴南京参加极真空手道公开赛，李锦璋同学获得男子中量级第五。12月，在学校主办了上海市第三届大学生空手道公开赛，此前此次活动已在学校成功举办了两届，本次也取得了较好的成绩，分别获得女子团体套路第一，男子团体套路第三。高辰琳同学获得敢斗奖，李锦璋同学获得男子中量级第三。11月，凌风文学社参加对外贸易学院黑眼睛文学社主办，该社和上海外国语大学书雅文学社承办的"七校多国语言诗歌朗诵比赛"，会计学系陆琪玮同学获得一等奖，会计学系颜敏昊同学获得三等奖。11～12月，心理学社发起组织了松江大学城七校心理社团联合活动，内容包括团队培训、大型Party、心理电影展播、心理剧汇演等。参加了上海师范大学心理社团组织的上海市心理社团心理剧汇演，东华大学主办的心理辩论赛。11月，海阁剧社以作品《会有天使替我爱你》参加上海市大学生话剧节。10月15日，跆拳道社参加上海市大学生跆拳道交流赛东华邀请赛，获得"团体表演冠军"。

第四节　大学生艺术团

2006年，校团委启动了大学生艺术团的筹建工作。按照"立足立信、因地制宜、因材施教、内外结合、突显特色、近期目标和中远期规划相结合”的建团原则，组建了大学生合唱团、舞蹈团、礼仪队、民乐队、室内乐队、女子电声乐队六支队伍，一批学生艺术骨干成为大学生艺术团的首批成员，为大学生艺术团进一步发展打下了坚实的基础。

2006 年 4 月，学校党委书记桑秀藩，党委副书记、副校长朱坚强为大学生艺术团揭牌。

大学生艺术团是学生提高艺术水平、展现艺术才能的阵地，也是学校对外宣传交流、树立良好形象的窗口。其成员以文艺特长生和全院文艺骨干为主，同时招收具有一定文艺基础并热爱艺术的在校全日制本科生，适当招收少量特别突出的高职学校在校学生。大学生艺术团以普及艺术教育、提高学生艺术修养为重点，把德育和美育紧密结合起来，提高学生的综合素质，活跃校园文化生活，繁荣校园艺术活动，营造良好的校园文化氛围。

2007 年年底，大学生民乐团与来学校开展高雅艺术进校园的上海歌剧院的艺术家们一起演出了传统民乐合奏《喜洋洋》，受到好评。

2007 年 10～11 月间，艺术团合唱团、民乐团参加了上海市大学生音乐节的比赛，并分别荣获高校组二等奖和三等奖。

第四章　立信校友会

第一节　上海立信校友会

1. 成立经过

立信校友会有着悠久而光荣的历史。早在 1931 年，顾准、李建模等共同发起成立了立信同学会，其宗旨是："敦睦友谊、切磋学术、交流经验"，以后扩大改名为立信校友会。在抗战时期和解放战争时期，校友会积极组织广大校友参加爱国运动，积极开展文艺活动，宣传抗日救国、民主进步思想；积极编印报刊、举办讲座、切磋学术等。李建模烈士在抗战时参加革命，于 1945 年 3 月牺牲；周宝训、吕飞巡、黄秉乾三位烈士，在上海解放前夕遭国民党暗杀。

1949 年，校友会推举甘允寿任主席，联系补校的校友；顾福佑为副主席，联系专校的校友；周以篆为秘书，负责会务；徐一尘为总务，负责财务。1951 年校友会终止活动。

1980 年 10 月学校复办后，广大在沪立信校友热切盼望校友会重新成立。经过丁苏民等部分老校友筹备并提出申请，经有关部门同意，1984 年 7 月 14 日，立信上海校友会举行成立大会，立信会计高等专科学校校长顾树桢致开幕词，筹委会负责人丁苏民汇报校友会筹备经过，潘序伦老校长讲话。大会通过了《立信上海校友会章程》及理事会理事名单。推举潘序伦为名誉会长，黄逸峰等 14 人为顾问。当日，第一届理事会举行会议选举顾树桢为会长，陆修渊、黄浦、顾福佑、孙庆元为副会长，丁苏民为秘书长。

1992 年 9 月，经上海市民政局核准，"立信上海校友会"更名为"上海立信校友会"，并进行社会团体法人登记，登记证号为 0346 号。

2. 会员

校友会会员由各地、各类立信会计学校在上海的校友组成。凡各地、各类的立信会计学校历届毕业生、肄业生、结业生，在职或离退休的教职工，以及曾任的校董、校务委员，承认本会章程，自愿参加校友会者，均可申请加入校友会。

3. 校友会宗旨

上海立信校友会的宗旨是：以邓小平理论和"三个代表"重要思想为指导，在遵守宪法、法律、法规和国家政策，遵守社会道德风尚的前提下，加强校友之间的联系和团结，开展联谊活动，促进友好往来，继承母校的优良传统，发扬"诚信、奋斗、创新"的新时代立信精神，与时俱进，开拓创新，为母校的发展贡献力量。

4. 历届会员(代表)大会推举和选举产生的领导

1984 年 7 月 14 日，第一届立信上海校友会，会员 2 076 人。第一届校友会领导如表

4－4－1所示。

表4－4－1　第一届立信上海校友会领导

名誉会长	潘序伦
顾　问	黄逸峰　许　毅　王眉征　段力佩　李鸿寿　郭森麒　李文杰　黄凉尘　吴羹梅　王澹如　钱素君　杨国树　王逢辛　管锦康
会　长	顾树桢
副会长	陆修渊　黄　浦　顾福佑　丁苏民　孙庆元
秘书长	丁苏民

1987年12月19日，第二届立信上海校友会，会员4 333人。第二届校友会领导如表4－4－2所示。

表4－4－2　第二届立信上海校友会领导

名誉会长	李文杰　李鸿寿
顾　问	王眉征　王逢辛　王澹如　许　毅　杨国树　吴羹梅　段力佩　钱素君　黄凉尘　蔡经济　管锦康
会　长	顾树桢
副会长	陆修渊　黄　浦　顾福佑　丁苏民　孙庆元　马钟榆
秘书长	马钟榆(兼)

1992年9月，更名为上海立信校友会。

1998年1月19日，第三届上海立信校友会，会员4 815人。第三届校友会领导如表4－4－3所示。

表4－4－3　第三届立信上海校友会领导

名誉会长	李文杰　李鸿寿
顾　问	丁苏民　王逢辛　许　毅　杨国树　段力佩　黄凉尘　蔡经济　管锦康
会　长	顾树桢
常务副会长	李海波(法定代表人)
副会长	黄　浦　孙庆元　金家富　马钟榆　郁云龙
秘书长	马钟榆(兼)

2004年12月4日，第四届上海立信校友会，会员5 109人。第四届校友会领导如表4－4－4所示。

表 4-4-4　第四届立信上海校友会领导

名誉会长	顾树桢　黄　浦　许　毅　刘红薇
顾　问	管锦康　杨国树　鲍友德　赵洪元　丁苏民
会　长	唐海燕(法定代表人)
副会长	徐文彬　马钟榆
秘书长	姚镜明

5. 校友会主要情况

(1) 加强与海内外和港、澳、台校友的联络，沟通情况，增进友谊。热忱接待来沪校友参观母校。邮寄《立信校友通讯》，每年圣诞节前邮寄贺卡。1988 年曾派两位副会长赴香港访问“立信会计海外校友会”和在港校友 100 多人。1997 年 7 月 1 日，《立信校友通讯》出版了立信校友庆祝香港回归专刊，并发函给“立信会计海外校友会”，向在港的校友表示祝贺；热情接待美国、加拿大、澳大利亚、中国台湾、中国香港等地的来沪校友，共 20 人次。

(2) 配合母校举办建校 60 周年、65 周年、70 周年、75 周年庆祝活动，拜托在北京的立信元老李文杰先生邀请荣毅仁、李岚清、费孝通、雷洁琼、孙起孟、黄凉尘、经叔平等领导和他本人题词；拜托财经部前党组成员许毅教授邀请王丙乾部长、杨纪琬、陶省隅等领导和他本人题词；邀请顾树桢，原立信专校第十三届校友、前任驻希腊大使祝幼琬，第十七届校友、国务院社会发展研究中心前副总干事吴明瑜，第十八届校友、商业部前副部长张世尧等题词。

同时，在庆祝活动期间组织发动各界校友前来参加大会、恳谈会等活动。

(3) 在每年校庆日期间组织校友返校活动。

1989 年 10 月 20 日，组织原专校 1～6 届(1941～1945 年毕业)的校友返校欢庆母校建校 61 周年活动。

1990 年 10 月 21 日，组织原专校 7～14 届(1946～1949 年毕业)的校友返校举行茶话会，并共庆建校 62 周年和复校 10 周年。会上观看了反映复校十年历程的录像片《足迹》。

1991 年 12 月，组织原专校 15～20 届(1950～1952 年毕业)的校友返校举行茶话会。

1994 年 11 月 13 日，组织原专校高级会计补校在沪校友返校参加座谈会。李昌元校友还特地赠送亲笔绘制的精美牡丹图，庆祝母校建校 66 周年，会后参观校史陈列室、珠算陈列室。

1995 年 12 月 23 日，组织复校后大专(日校、夜校)首届(1983 年 7 月毕业)校友返校参加座谈会，夏毅等校友发言，向母校汇报了在各自的工作岗位上取得的成绩，表示要再接再厉，更上一层楼，为母校多作贡献。会后参观校史陈列室及珠算陈列室。

1998 年 10 月 19 日，组织立信高级会计职业学校五届毕业、肄业校友 230 余人返校参加座谈会，成立高职校友工作委员会，选举委员会委员。

(4) 1986 年 11 月，为纪念我国杰出的会计专家、教育家潘序伦先生逝世一周年，校友会赶制了一套(五张)彩色书签，每张书签印有潘老各个不同时期拍摄的照片和至今对人颇有教益的名言。共印制发行五千多套，除本市和各地校友以及各地立信会计学校的师生员工购买外，还寄赠给海外及港台校友。

为纪念潘序伦老校长，学校在1988年11月15日举行的建校60周年庆祝大会上，原立信专校首届（1941年毕业）的顾福佑等校友倡议开展增募潘序伦奖学金的百元捐款活动，受到广大校友热烈响应。

2001年9月25日，潘序伦会计事业基金会与上海立信校友会商定共同发起致函立信会计事业协作会成员单位和各地立信校友会开展一次增募基金活动。截至2003年12月31日，增募到11万余元人民币和1 160美元。其中：五家协作会成员单位共计捐献人民币45 800元；各地校友会捐献人民币64 200元，美金1 000元。

（5）校友会积极为校友服务。

校友会非常关心80岁以上的老校友，得到母校的支持，对40多位老校友逐户访问，并赠送手推按摩器。

另外，校友提出要校友会帮助的，校友会都能联系帮助解决，如要补办学历证明等。

平时校友活动主要靠各界组织。如专校14、15、16、18届以及高职校均每年聚会活动，14、15、16届校友都聚会庆祝毕业五十周年大会。

（6）出版由潘序伦老校长提名的《立信校友通讯》。

《立信校友通讯》是母校、校友会以及海内外校友们相互联系的纽带和桥梁。报道了母校工作动态和信息，刊登校友会及各届的活动报道，登载校友们撰文稿件，会计业务的交流等等。自上海立信校友会成立开始，已办了二十多年，至2007年12月，已出版87期，分发给各校友，得到了广大校友的喜爱。

第二节　各地立信校友会联席会议

为了各地立信校友会互相沟通情况、交流经验，全国立信会计事业协作会、潘序伦会计事业基金会和各地立信学校，邀请各地立信校友代表参加全国立信会计事业协作会。会议期间召开各地立信校友联席会议。各地立信校友联席会议自1993年起先后已召开过5次（见表4-4-5）。各地校友会情况如表4-4-6所示。

表4-4-5　历次各地立信校友联席会议情况

历次	时间	地点	参加单位
一	1993年11月20～22日	上海	天津　重庆　贵州　广州　福建　杭州　无锡　南京　新疆　上海等
二	1995年7月11～12日	桂林	成都　重庆　新疆　北京　天津　南京　无锡　杭州　广州　桂林　贵州　上海等
三	1996年9月27～29日	重庆	成都　重庆　新疆　北京　天津　南京　桂林　贵州　上海等
四	1999年11月14～16日	上海	上海　北京　天津　重庆　无锡　广州　成都　福建　南京等
五	2001年4月23～24日	北京	成都　重庆　新疆　北京　天津　南京　无锡　上海等

表 4-4-6　各地立信校友会情况

校友会名称	成立年月日
上海立信校友会	1984.7.14
立信会计专科学校北京校友会	1984.12.23
天津立信会计学校联合校友会	1985.1
无锡立信会计学校校友会	1985.6.12
广州立信校友会	1985.6
重庆立信校友会	1985
成都立信校友会	
南宁立信校友会	
桂林立信校友会	1985.10
南京立信校友会	1985.9.15
杭州立信校友会	1985.7.14
贵州立信校友会	1993.5.2
新疆立信校友会	1985.7.17
福建立信校友会	1989.9.15
武汉立信校友会	1985.5
立信会计海外校友会(香港)	1983.9.21

第三节　立信会计事业协作会

一、立信协作会议的由来

立信会计专科学校于 1980 年经上海市人民政府批准复办之后，外省市不少地方的立信会计学校也逐步得到恢复和建立。由于历史的渊源和现实的需要，立信会计专科学校认为有必要与各地立信会计学校加强联系，形成比较密切的关系，以利于教学业务的交流和会计事业的发展。各地立信会计学校同样有此愿望，1983 年，有关部门曾提出过将由上海市人民政府领导的立信会计专科学校与全国各地立信会计学校形成总分校体制的意见，由于受国家关于学校管理制度规定的制约而未能付诸实施。

到 1983 年 12 月，立信会计专科学校原由上海市人民政府领导的隶属关系，经财政部、国家计委、教育部同意改为由上海市人民政府和财政部双重领导，以上海市为主的隶属关系。鉴于外省市的立信会计学校又多数属当地财政部门领导或由财政部门直接主办。为了协调全国各地立信会计学校之间的合作关系，以利于推动促进立信会计事业的发展，在不能设立总分校直接领导关系的情况下，财政部要求，由上海立信会计专科学校牵头，建立协作会议制度，加强相互协作，并于 1984 年拨款开展协作活动。经过筹备，1985 年在上海召开了第一次各地立信协作会议，财政部副部长陈如龙出席了这次会议，他在讲话中肯定了协作会议对沟通情况、交流经验所起的作用，鼓励各地立信会计学校要继续发扬潘序伦倡导的立信好的传统和艰苦创业的精神，为国家现代化事业培养优秀的财会人才。自此，各地立信协作会议定期举行。加入立信会计事业协作会的外地成员单位如表 4－4－7 所示。

表 4－4－7　加入立信会计事业协作会的外地成员单位

成立(复办)时间	名　　称	备　　注
1982 年 5 月	桂林立信业余财经中等专业学校	现是浙江工商大学桂林分院
1983 年 7 月	南宁立信会计业余学校	2000 年后挂靠农业广播电视学院
1985 年 4 月	宜兴立信会计学校	已并入宜兴市职教中心，保留立信校名
1984 年 5 月	重庆市立信职业中学	已更名为重庆市职教中心校
1986 年 8 月	北京市立信会计职工大学	已更名为北京财贸职业学院立信会计学院
1986 年 11 月	成都立信会计学校	
1991 年	重庆市立信会计学校	已与重庆市财政管理干部学院合并
1988 年	桂林第二会计师事务所	
1994 年 8 月	南京市立信职业学校	已由南京市财政局接管
1985 年	广州立信会计成人中等专业学校	已更名为广州市立信职业技术学校
1983 年	天津市立信会计进修学校	
1982 年 9 月	无锡立信会计学校	已更名为无锡立信职教中心校
1985 年 12 月	昆明立信会计学校	已并入昆明大学
1988 年	湖北省洪湖市立信会计学校	已关闭
1988 年 7 月	广西玉林地区立信会计学校	

（续表）

成立（复办）时间	名　称	备　注
1988年4月	北京立信会计专科学校	已撤销
1994年8月	四川立信会计师事务所	已改制，不存在
1995年6月	天津市立信职业中等专业学校	

二、宗旨和任务

各地立信协作会议拟订了协作会议的章程，明确协作会议的宗旨是：加强各地立信会计事业的协作，相互支持，共同研究，推进会计教育改革，努力发展会计事业，为我国的社会主义现代化建设服务。

协作会议的任务，经商定为如下三个主要方面：

（1）研究和发扬潘序伦教育思想和立信传统；

（2）交流经验，促进改革，推动立信会计事业的不断发展；

（3）沟通信息，开展多方面的协作活动。

以后，随着历次协作会议的召开和相互间的联系，协作的内容在实际操作中又有不断的充实和发展。

三、历次立信协作会议

1. 自1985年10月至2001年，立信会计事业协作会议共召开了11次

第一次：1985年10月26～30日，各地立信会计学校协作会议在上海召开。在此次协作会期间，举行了庆祝潘序伦从事会计事业60周年活动，财政部为潘序伦颁发了荣誉证书，授予潘序伦为我国杰出的会计学家、教育家的光荣称号。参加此次会议的有重庆、天津、无锡、宜兴、昆明、上海等7所立信会计学校的代表，一些地方的财政局或校友会也派人列席了会议。财政部副部长陈如龙专程到会对立信会计事业的协作发展作了重要讲话。会上，各地各校代表汇报了办学情况，交流了办学经验，对如何开展协作，拟订了如下内容：研究潘序伦的教育思想和立信办学传统，讨论具有立信特色的教学计划和学科教学大纲；在教材方面互通有无；上海立信会计专科学校为各地立信兄弟学校培训师资。

第二次：1986年11月8～12日，在昆明召开第二次各地立信会计学校协作会议。出席会议的有上海、昆明等地12所学校的代表共29人。会议首先为潘序伦逝世一周年举行了纪念活动，并对继承发扬潘序伦教育思想展开了认真的研讨。代表们一致认为这方面的研究工作应体现时代精神，遵照全面贯彻教育方针的要求，把研究和实践结合起来，以推动各校的教育、教学改革，进一步提高办学水平。此次会议就如何协作，集思广益，提出了多种设想，大大开阔了思路。为了今后有效地进行协作，会议一致推选上海立信会计专科学校为组长单位，要求立信会计专科学校在会后草拟一份《协作会章程草案》，分送各成员单位听取意见，然后提交第三

次协作会议审议通过。

第三次：1988 年 11 月 12～15 日，正当立信会计专科学校庆祝建校 60 周年之际，在上海召开的第三次立信会计事业协作会与广大校友共同参加了校庆纪念活动。参加此次协作会议的有北京、天津、重庆、宜兴、上海等地 13 所立信会计学校共 31 名代表。协作会议通过总结交流，深感发扬潘序伦教育思想和立信传统，运用多层次、多形式的办学方法，对推动立信会计事业的发展具有重要的实际意义。自第二次协作会议召开以来的两年内，各地新增立信会计学校大专 1 所、中专 3 所，上海又复办重建了立信会计师事务所和立信会计图书用品社，"三位一体"的立信会计事业在上海已形成新的格局。会议经过认真讨论，将已召开的各地立信会计学校协作会，自此次会议起定名为"立信会计事业协作会议"（简称立信协作会），并一致通过《立信会计事业协作会章程》。根据章程规定，会议选举顾树桢为协作会理事会理事长，孙庆元为秘书长。

第四次：1991 年 11 月 18～22 日，第四次立信会计事业协作会议在无锡召开。出席会议的有各地 15 所立信会计学校及立信会计师事务所、立信会计图书用品社共 17 个单位 47 名代表。会议交流了近年来各地立信学校办学的经验，研究了立信事业发展过程中遇到的困难。代表们一致认为一定要坚持提高教育质量，以质量求生存，以质量求发展。会上，立信会计图书用品社汇报了几年来协作编辑立信会计中专系列教材的情况，希望共同努力，进一步做好这一工作。立信会计师事务所提出愿同各地立信会计学校开展注册会计师业务协作的意向。

1991 年初，为弘扬潘序伦及其创建立信会计事业的卓越成就和杰出贡献，原立信会计专科学校校长顾树桢倡议设立"潘序伦会计事业基金会"。在第四次立信会计事业协作会议期间，"潘序伦会计事业基金会（筹）"于 1991 年 11 月 19 日在无锡成立，办事机构设在无锡。1995 年 5 月 29 日，基金会正式办妥注册登记手续，由顾树桢任名誉理事长，黄浦任理事长，孙庆元任秘书长。1996 年 5 月 21～22 日，基金会首次理事会于无锡召开。根据基金会章程，目前已筹集的基金主要用于为各地立信会计学校的优秀学生发放奖学金，为各地立信会计学校获得县级以上表彰的模范教师、优秀教育工作者发放奖励金，为立信会计事业协作会议的召开给予必要的补贴，为立信会计出版社出版优秀著作垫付部分资金等。

第五次：1992 年 11 月 24～27 日，在天津蓟县召开了第五次立信会计事业协作会议。出席对象包括 13 个地区、15 所立信会计学校和立信会计师事务所、立信会计图书用品社共 17 个单位 35 名代表。会议在邓小平同志南巡谈话和党的十四大精神鼓舞下，深切地认识到深化改革、扩大开放必将对会计改革和会计人员的培养提出新的要求，从而增强了各地代表的责任感和紧迫感，代表们决心在会后抓紧研究，认真培训师资、修改教材、修订教学计划，及早把新的专业知识贯入教学中去，以确保跟上新形势的要求。由于 1993 年是立信会计事业创始人潘序伦诞辰 100 周年，所以在此次协作会期间，各地纷纷交流和介绍了准备纪念活动的打算，并商定下次协作会议由立信会计高等专科学校筹办，在上海召开。

第六次：1993 年 11 月 20～26 日，立信会计事业协作会议由立信会计专科学校主办，宜兴立信会计学校协办。与会的有 12 个地区 17 所立信会计学校以及立信会计师事务所、立信会计出版社共 20 个单位 40 名代表。代表们先在上海参加了纪念潘序伦诞辰 100 周年暨庆祝立信建校 65 周年大会，出席了海峡两岸会计事业、会计教育的研讨会，然后认真讨论了在市场经济条件下如何办学以及如何提高教学质量等问题，并对学校人事、分配制度的改革及教学改革的设想作了相互交流。会议经过充分酝酿，尊重顾树桢本人的意愿，同意他辞去理事会理事长的职务，由李海波接任理事长，周京生任副理事长，孙庆元连任秘书长，并一致推举顾树桢任名誉理事长。会议期间，与会代表还应邀赴潘序伦家乡参加了宜兴立信会计学校举行的潘序伦铜像揭幕典礼的纪念活动。

第七次：1995 年 7 月 10～14 日在桂林召开第七次立信会计事业协作会议。出席会议的有各地立信会计学校、立信会计师事务所、立信会计出版社、潘序伦会计事业基金会等共 23 个单位 37 名代表。会议听取了李海波理事长等人所作的协作会议工作报告、潘序伦会计事业基金会的专题报告、协作会议成立 10 周年的专题报告，以及关于汇编出版《全国立信会计事业协作会十周年纪念文集》的动议说明，并进行了认真的讨论。会议并就上次协作会以后各自的办学情况和业务开展情况作了相互交流，肯定了立信会计事业在邓小平建设有中国特色社会主义理论指导下，积极贯彻中共中央、国务院颁布的《中国教育改革和发展纲要》和全国教育工作会议精神，深化改革，发展开拓所取得的成绩。对在新形势下进一步依靠协作会议成员单位的相互支持，发挥立信会计事业的作用，作了有益的探索。

第八次：1996 年 9 月 27～30 日，在重庆召开第八次立信会计事业协作会议。各地立信会计学校、立信会(审)计师事务所、立信会计出版社等共 21 个单位 40 多名代表出席了会议。会议听取了李海波理事长题为《加强协作交流、增进团结合作、携手推进全国立信会计事业的新发展》的主报告。与会代表在讨论中结合各自单位近一年工作的进展状况和对今后加强相互间协作交流的实际情况，一致同意主报告所提出的六点设想，即：尽心尽责，共同促进学校办学的进一步发展；加强交流与协作，相互支持，更好地推进协作会成员单位的进步和发展。加强信息交流，实行信息资源共享；加强会(审)计实务单位对学校教育事业的支持；建立立信会计事业协作会基金，以利于协作活动正常发展；探索筹划建立立信集团。一致赞同设立“立信会计事业协作会基金”，会上首次募集资金共人民币 65.2 万元。会议讨论了关于协作会章程修改的说明，通过了新的《全国立信会计事业协作会章程》。

会议商定，第九次全国立信会计事业协作会定于 1997 年 7 月在昆明市召开，由昆明立信会计学校承办。

第九次：1997 年 8 月 15～18 日，在历史文化名城昆明召开第九次立信会计事业协作会议。会议由昆明立信会计学校承办。各地立信会计学校、立信会(审)计师事务所、立信会计出版社等 22 个成员单位的共 40 多位代表出席了会议。潘序伦会计事业基金会、立信校友会、立信会计成人教育学院、桂林第二会计师事务所、浙华会计师事务所第四业务部等单位的代表也参加了本次大会。与会代表听取了李海波理事长关于《认清形势，加强协作，共创全国立信事业新局面》的工作报告。

会议期间，协作会常务理事会提议，并经过与会全体代表一致同意，对协作会组织机构作了部分调整。全国立信会计事业协作会理事会由各成员单位推荐一名负责人出任；顾树桢任名誉理事长，李海波任理事长，周京生、孙庆元任常务副理事长，胡厚麟任副理事长；季宝根任秘书长，纪剑鸣、陈顺沐、洪韶华任副秘书长。秘书处拟设下列工作小组：全国立信校际技能竞赛协调小组、立信会计师事务所(集团)筹备领导小组等；并设干事若干人。

会议代表对“立信会计事业协作会协作基金”的募集工作表示满意。该基金首期应到资金为 64.7 万元，实到资金 59.7 万元。本次会议期间，重庆市立信职业中学认资 1 万元。重庆市立信审计师事务所认资 2 千元。会议认为，本着自愿的原则，协作基金欢迎成员单位继续认资。为了管好、用好这一基金，设立基金管理小组，组长由李海波担任，副组长由罗世林(渝)、刘子森(津)、白宝华(京)担任，组员为各出资单位负责人；纪剑鸣任秘书长，洪韶华、李立新任副秘书长。

大会经过审议，决定吸收珠海立信会计师事务所、四川南充立信审计事务所为协作会成员单位。会议商定，全国立信会计事业协作会第十次会议于 1998 年下半年在上海召开，由立信会计高等专科学校承办。

第十次：1999 年 11 月 13～16 日，在上海召开了第十次全国立信会计事业协作会会议。会议由立信会计专科学校承办，出席会议的有来自上海、北京、天津、重庆、江苏、广州、四川、广西、云南等地 20 多个成员单位 40 多位代表，潘序伦会计事业基金会、第四次各地立信校友会联席会议的部分代表也参加了本次大会。与会代表听取了李海波理事长关于《团结协作、齐心合力，共同将全国立信会计事业带入新世纪》的工作报告。会议期间，与会代表参观考察了立信会计高等专科学校校史、珠算陈列室和有关教学设施、上海市政建设的新景观。

会议商定，全国立信会计事业协作会第十一次会议于 2000 年在北京召开，由北京立信会计职工大学承办。

第十一次：2001 年 4 月 22 日，在首都北京召开第十一次全国立信会计事业协作会。会议由北京立信会计职工大学承办。出席会议的有 22 个成员单位的 40 多位代表。各地部分立信校友会代表及在京立信老校友也参加了本次会议。北京市财政局杨宝泉副局长等领导也亲临大会并发表了热情洋溢的讲话。与会代表听取了李海波理事长所作的《增进协作交流，在新世纪携手推进全国立信会计事业的新发展》的报告。会议期间，与会代表对上述报告和专题讲话进行了认真的讨论，并通报了本单位自第十次协作会以来的现状和“十五”发展思路。

会议得到了新闻界的广泛关注，期间，中央电视台、北京电视台、中国教育报、北京青年报等新闻媒体相继对本次会议进行了报道。

2. 协作会议的理事长、副理事长、秘书长、副秘书长

1988 年 11 月 12～15 日，第三次协作会在上海召开。会议通过协作会的章程，推举顾树桢为协作会理事会理事长，孙庆元为秘书长，周京生、陈顺沐为副秘书长。

1993 年 11 月 19～26 日，第六次协作会在宜兴召开(先在上海)。顾树桢辞去理事长职务，担任名誉理事长；李海波担任理事长，周京生任副理事长，孙庆元任秘书长，陈顺沐、季宝根任副秘书长。

1996 年 9 月 27～30 日，第八次协作会在重庆召开。会议通过协作会章程修改说明，通过了新的《全国立信会计事业协作会章程》；通过了季宝根为常务副秘书长，增补纪剑鸣为副秘书长。

1997 年 8 月 15～19 日，第九次协作会在昆明召开。会议决定，协作会理事会由各成员单位推荐一名负责人出任；顾树桢任名誉理事长，李海波任理事长，周京生、孙庆元任常务副理事长，胡厚麟任副理事长；季宝根任秘书长，纪剑鸣、陈顺沐、洪韶华任副秘书长。

第四节　潘序伦会计事业基金会

1. 基金会的由来

1984年，潘序伦筹集捐献10万元人民币(其中4.5万元是旅美校友杨国树捐赠)给学校，用以褒奖优秀学生。为此，学校设立“潘序伦奖学金”，奖励在本校就读的优秀学生。

学校还陆续受到各地许多校友的捐款，至1990年7月，累计有676位校友共捐款25 522元。1991年，顾树桢倡议设立“潘序伦会计事业基金会”，并主持向社会筹集基金。11月，全国立信会计事业协作会第四次会议在无锡举行，“潘序伦会计事业基金会”成立。会议推举顾树桢任名誉理事长，黄浦任理事长。经中国人民银行江苏省分行、江苏省民政厅批准，基金会于1995年5月29日注册登记。

基金会的宗旨是推进立信会计教育、会计事业的发展，为加强各地立信会计学校之间和立信会计事业之间的联系，发挥积极作用。潘序伦捐赠的遗产是基金会的启动资金。基金会章程规定，基金的来源主要是“接受与潘序伦会计事业有渊源的单位和社会各界的捐赠”。基金的用途是：一是为立信会计学校的优秀学生发放奖学金；二是为各地立信会计学校获得县级以上表彰的模范教师、优秀教育工作者发放奖励金；三是为立信会计事业协作会议的召开给予必要的补贴；四是为立信出版社出版的优秀图书垫付部分资金；五是由基金会理事会集体审议通过或根据捐赠人意愿并符合基金会宗旨的其他用途。

基金会设立后，接受了社会和个人的许多捐款，加上银行利息等其他收入，截至2007年9月30日，基金总额达到2 115 830.71元。

基金会成立后，设“潘序伦优秀教育工作者”和“潘序伦奖学金”，每学年度对基金会理事单位推荐的教师和优秀学生颁发奖金和获奖证书。至2007年12月，为各地立信学校优秀学生发放奖学金657人次，为各地立信学校的模范教师、优秀教育工作者发放奖教金308人次。

2. 组织机构

1991年11月18日，潘序伦会计事业基金会正式成立。经过协商产生了潘序伦会计事业基金会理事会，一致推举顾树桢为名誉理事长，黄浦任理事长，孙庆元任秘书长，陈顺沐、周京生任副秘书长，管锦康、魏人英、郁耀洪、顾福佑任理事。

1999年11月7日，基金会在上海举行第五次理事会，会议通过名誉理事长顾树桢提议，增补李海波、高亚声、马钟榆为理事，李海波任副理事长。

2004年11月2～4日，在无锡召开第八次理事会。一致通过新一届理事为顾树桢、黄浦、褚后仁、孙庆元、陈顺沐、魏人英、马钟榆、姚镜明、管锦康、周京生、高亚声、姜祖荣。一致赞同顾树桢、褚后仁、黄浦同志任名誉理事长，一致推举无锡立信职教中心校校长周京生任理事长，姜祖荣任秘书长，郁耀洪任监事，陈顺沐继续担任副秘书长。

2007年10月，潘序伦会计事业基金会第九次理事、监事会议在无锡举行。会议讨论了基金的募集和资金的保值增值问题。

第五篇

教学工作与学科建设

第一章 培养目标 专业设置

第一节 培养目标

学校自1980年复校伊始，根据专业特点，确定以培养应用型的会计人才、财经人才作为培养目标。1982年和1983年教学计划将培养目标确定为：培养德智体全面发展、能适应社会主义现代化建设需要、从事会计工作、财经工作的高级专门人才。

20世纪90年代以来，学校对培养目标作了新的探索，明确肯定以培养应用型会计人才、财经人才为主，同时拓展了培养外向型人才、复合型人才的思路。

为适应中国加入WTO以及上海建设国际经济、金融、贸易、航运中心的时代要求，学校将培养目标确定为：培养适应国家及上海市经济建设与社会发展需要，适应经济全球化下的国际竞争需要，德智体全面发展，基础扎实，专业面向较宽，综合素质较高，具有较强实践能力和创新精神的高级应用型人才。

基本规格要求：

(1) 热爱社会主义祖国，拥护中国共产党领导，掌握马列主义、毛泽东思想、邓小平理论和"三个代表"重要思想，树立正确的世界观、人生观和价值观。

(2) 具有较全面的综合素质。具有良好的思想品德、社会公德和职业道德；具有良好的敬业精神、团队精神和创新创业精神；具有良好的身体素质、心理素质和文化修养；具有扎实的专业理论基础和专业技能。

(3) 具有复合型的知识结构。比较系统地掌握本学科专业的基本理论和基础知识，同时掌握一定的跨学科、跨专业的相关知识。了解本学科专业的发展前沿与动态，具备一定的人文与自然科学、经济学、管理学、法学、信息科学等方面知识。

(4) 具有可持续发展的能力结构。具有较强的学习能力、沟通协调能力以及社会适应能力；具有较强的语言和文字表达能力，掌握一门外国语，具备计算机应用能力；具有较强的社会调查、科学研究与社会实践能力；具有较强的对专业问题分析与处理能力，具备从事中高级专业岗位工作和适应相邻学科专业工作需要的基本能力。

第二节 专业设置

1. 专科专业设置

在专科办学阶段，学校以会计专业为主体，"立足会计、发展会计"。

会计专业是学校的传统特色，是学校的核心专业，1980年复校时即开设。1983年开设审计专业，2004年更名为会计(审计)。随着对外开放的进程逐步加快，外贸企业、三资企业逐年增加，学校在会计专业教学中陆续增开涉外课程内容。1987年，学校开设会计(涉外会计)专业，1993年，学校在普通会计的基础上，增设了会计(会计电算化)、会计(房地产会计)等专业，形成了会计专业系列化。其他专科专业设备的基本情况如表5-1-1所示。

表5-1-1 专科专业设置的基本情况

开设时间	专业或专业方向
1986年	税务(税务代理)
1987年	金融(财政金融)
1989年	国际贸易(工商企业涉外经营与管理)
1997年	国际贸易(涉外商务秘书与管理)
1999年	商务管理
2000年	律师事务、英语(商务英语)
2001年	工商管理(投资经济管理)
2002年	财务管理(资产管理与评估) 国际经济与贸易(涉外商务秘书与管理) 财政学(税务代理) 金融学(财务金融) 日语(商务日语) 信息技术与信息管理(中日合作)
2003年	工商管理(房地产经营与管理)

2. 本科专业设置

2004年春季，会计学、财务管理专业首次本科招生，同年秋季新增了工商管理、国际经济与贸易、金融学、英语4个本科专业。

2005年秋季，学校新增了审计学、信用管理、税务、经济学、信息管理与信息系统、统计学、法学、市场营销8个本科专业。

2006年秋季，学校新增了计算机科学与技术、房地产经营管理、日语、社会工作、资产评估5个本科专业。

2007年秋季，学校新增了数学与应用数学、财政学、汉语言文学3个本科专业。

截至2007年12月，已拥有会计学、财务管理、审计学、金融学、信用管理、统计学等22个本科专业，会计学为核心，管理学、经济学为主体，法学、理学、文学为支撑，新兴及边缘学科适度的学科专业布局初步形成。

3. 学制

本科学制为4年，学习年限为3～6年；专升本学制为2年，学习年限为2～3年；高职高专学制为3年，学习年限为2～5年。经教育主管部门同意，学校曾尝试将高职高专学制由3年改为2年，并以审计专业作了试点。

第二章　学科建设

第一节　组 织 机 构

学科建设工作由学校主要领导具体领导的“校学术委员会”负责。学科建设办公室为牵头管理部门。学科的建设工作实行学科带头人负责制，学科团队中学术带头人对学科带头人负责，学科成员对学术带头人负责。

一、校级管理机构

1. 学校学术委员会

2005 年 9 月，学校设立学术委员会，组成人员如下：

主　任：唐海燕　桑秀藩

副主任：邵瑞庆

委　员：楼军江　朱坚强　曹惠民　张维宾　黄　明　曹　中
陈力生　黄汉江　俞时权　刘念祖　陈志友　孙桂芳
胡云祥　赵迎春　洪莉萍　赵斯泓　严　筠　黄家瑶
张介明　宋灵癸　汪雪兴　吴新亚

2. 主管校长

学科建设工作由主管校长领导实施。主管校长为唐海燕。主要职责为：(1) 领导、组织全校学科的建设；(2) 负责管好学科的建设经费。

3. 主管部门

2003 年 11 月，学校成立了学科建设办公室，与高等教育研究所合署办公。学科建设办公室是全校学科建设的主管部门，在主管校长的领导下开展工作，是学校学科建设的综合协调机构。2007 年 3 月，根据学校发展需要，成立了校研究生工作办公室，与学科办合署办公。

学科办主要职责如下。

1) 学科建设与管理

协助学校制订学科建设发展规划，合理调整学科的布局与结构。

制定有关学科建设的规章制度。

做好全校各学科点的申报、管理和评估工作；市财政学科建设专项的申报、监督和检查工作；学科群建设的指导与实施工作。

为学校学科建设的发展提供决策咨询。

2）专业申报与设置

协助学校合理确定专业结构，制订专业设置管理的有关办法。

负责组织、指导系(院)做好拟增专业的申报和备案工作。

系(部)由系部负责人对本系(部)学科建设的重大问题进行指导和决策。

二、学科点内部管理

学校的学科建设实行市级、市教委级和校级重点学科的学科带头人、校特色学科的学科负责人、系部学科基础建设的系部负责人和市财政学科建设专项的项目负责人负责制。

各负责人根据计划任务书，负责组建学科团队，主持本学科的建设与具体管理工作。

学科点建设的主要职责如下。

1. 凝炼学科方向

依据学校整体发展和学科建设规划要求，结合经济建设、社会发展和学科发展的需要，制订出学科的近期和远期发展规划，找准本学科主要的研究方向，形成学科自身的优势与特色。

2. 建设学科梯队

学科所属研究人员，由各学科制定具体的考核标准。重点做好学科带头人、学术带头人和学术骨干的培养工作。

3. 进行科学研究

在较高层次的科研项目申报和较高质量科研论文的发表上要有明确的科学研究规划，积极开展校内学科间的协作、校内外的合作研究和学术交流。

4. 加强实验室、图书资料室和科研基地建设

根据学科发展和研究需要，科学规划和创造性地开展实验室建设工作；加强图书资料室建设；设立科学研究基地，并开展产学研合作。

5. 为高层次人才的培养提供平台

鼓励有条件的学科点开展联合培养研究生教育工作，为高层次人才的培养提供平台。

6. 推进科研成果向教学转化

根据学科发展动态，及时将学术前沿和研究成果融入教学改革与创新中去。

第二节　学科建设概况

近年来，学校逐步开展三级学科建设工程，辅以市财政学科建设专项项目建设。同时，鼓励和发展了一批校级特色学科；启动了三大学科群建设。

一、第一级学科点

第一级是市级、市教委级重点学科(以下简称第一级学科点),学校给予重点投入。目前,市级重点学科与市教委级重点学科各1个。

1. 市级重点学科

2005年,"开放经济与贸易"学科列入上海市重点学科(第二期)建设规划,实现了我校市级重点学科零的突破,并于当年筹建"开放经济与贸易研究中心"。

开放经济与贸易学科带头人为唐海燕教授、博士生导师。它是以国际经济与贸易专业和经济学专业为基础,系统整合了经济法学专业中的国际经济法与国际商法、税务专业中的国际税收、金融学专业的国际金融、工商管理专业中的国际市场营销、经营管理中的跨国企业的经营与管理等学科专业方向后而组建的学科群。

主要研究方向有三个:(1)开放经济条件下的中国对外贸易创新;(2)国际多边经贸规则与对外经贸政策;(3)全球化生产体系中的跨国经营与管理。

2006年度顺利通过市教委专项项目建设与绩效中期检查。

2. 市教委级重点学科

2007年10月,上海市教委正式公布市教委重点学科(第五期)建设计划入选名单,学校的会计学学科名列其中。

会计学学科带头人为邵瑞庆教授、博士生导师。主要研究方向:(1)会计规范;(2)财务管理;(3)审计理论与方法。其中,会计规范研究方向是核心。

2008年正式投入建设。

二、第二级学科点

第二级是校重点建设学科和校重点扶持学科(以下简称第二级学科点)。年度建设经费分别为10万元和6万元。目前开展两期建设,共6个学科点。

1. 第一期(2004年7月1日至2006年6月30日)

2004年,根据《关于申报院级重点学科试行办法》,评审出会计学和国际经济与贸易为校重点建设学科,金融学和财务管理为校重点扶持学科。

2005年,制定了重点学科检查和评估指标体系,并对四个校级重点学科第一年试运行期的建设情况进行内部评估。

2006年,进行内部交流。

2007年,进行中期检查工作,四个学科全部顺利通过评审。第一期校重点学科如表5-2-1所示。

表 5-2-1　第一期校重点学科名称及负责人

序　号	学 科 名 称	学科带头人	序　号	学科名称	学科带头人
1	会计学	邵瑞庆	3	金融学	孙桂芳
2	国际经济与贸易	唐海燕	4	财务管理	曹惠民

2. 第二期(2006 年 7 月 1 日至 2011 年 6 月 30 日)

2006 年，确定财政学（税务）和智能信息管理两个学科成为我校第二期重点扶持学科。

2007 年，进行第二期校重点扶持学科的年度检查工作。第二期校重点学科如表 5-2-2 所示。

表 5-2-2　第二期校重点学科名称及负责人

序　号	学 科 名 称	学科带头人	序　号	学科名称	学科带头人
1	财政学（税务）	赵迎春	2	智能信息管理	刘念祖

三、第三级学科点

第三级是系部学科基础建设(以下简称第三级学科点)。学校为每个系部提供 4 万～7 万元的学科建设费，使其尽快达到学科发展的基本要求，学科综合实力有所增强。第三级学科点情况如表 5-2-3 所示。

表 5-2-3　第三级学科所在系部名称及负责人

序　号	系 部 名 称	系部负责人	序　号	系部名称	系部负责人
1	工商管理系	黄汉江	5	数学与统计系	王汉兴
2	外语系	严　筠	6	人文社会科学系	黄家瑶
3	审计学系	陈力生	7	体育教学部	刘国荣
4	法律系	龙英锋	8	高职学院	黄疆新

四、市财政学科建设专项

市财政学科建设专项是学校组织申报，由上海市教育委员会通过聘请专家评审、征求有关单位意见、现场审核等方式评审确定，并投入资金进行建设的学科建设项目。通过竞争，2007 年学校申报，获批准的市财政学科建设专项为 8 个(见表 5-2-4)。

表 5-2-4　2007 年市财政学科建设专项

序　号	项 目 名 称	负 责 人	单　位
1	学校学科基础建设	唐海燕	学校
2	学校联合培养研究生	唐海燕	学校
3	学校学科基地建设——开放经济与贸易研究中心建设	唐海燕	开放经济与贸易研究中心
4	学校学科基地建设——立信会计研究院建设	邵瑞庆	立信会计研究院
5	智能信息管理学科建设	刘念祖	信息科学系
6	金融学学科建设	王楚明	金融学系
7	财政学(税务)学科建设	赵迎春	财政与税务系
8	财务管理学科建设	曹惠民	财务管理系

五、校特色学科

为了促进学科之间的交叉和融合，学校鼓励教师跨学科、跨系部强强联合，凝炼具有特色的学科方向。要求特色学科负责人一般要求具备副教授及以上职称或博士学位的在职教职工，建设期 3 年，每个学科点给予 9 万元的资助。

2007 年，进行组织申报、评选工作。初步确定 5 个学科为校特色学科(见表5-2-5)。

表 5-2-5　学科名称及负责人

序　号	学科名称	校特色学科负责人	序　号	学科名称	校特色学科负责人
1	经贸智能	王双成	4	产业与金融	王楚明
2	企业信用管理	洪　玫	5	公司风险管理	张奇峰
3	国际税法	龙英锋			

六、三大学科群

2007 年，启动以会计学为核心的工商管理学科群、以开放经济与贸易为核心的应用经济学学科群和风险管理学科群三大学科群建设。确定了横向课题目录，并于下半年启动招标工作。

以会计学为核心的工商管理学学科群：围绕会计学（含财务管理和审计学）等核心学科组建学科群，通过立信会计研究院这一平台，带动工商管理、财政学（税收）等相关学科和法学、信息管理与信息系统、统计学等支撑学科的发展。

以开放经济与贸易为核心的应用经济学学科群：围绕经济学、国际贸易学等核心学科组建学科群，通过开放经济与贸易研究中心这一平台，带动金融学、财政学（税收）、信用管理等相关学科和法学、工商管理、计算机科学与技术、数学、统计学等支撑学科的发展，整合力量，形成学科群。

风险管理学科群：以中国立信风险管理研究院为平台，依托会计学（含财务管理和审计学）、经济学、金融学、国际贸易、财政学（税收）、法学、数学、统计学、信息管理与信息系统和社会工作等学科专业组建学科群。

七、学科建设规章制度及主要活动

（1）2004年4月，出台《关于申报校级重点学科试行办法》。

（2）2005年4月，出台《校级特色学科建设试行办法》。

（3）2005年11月，制定了《关于加强市级重点学科建设与管理试行办法》，对学科建设进行制度规范、经费保障和日常管理工作指导。

（4）确定2006年为"学科建设年"，召开学科建设工作会议。明确了"整体规划、突出重点、促进交叉、提高内涵"的学科建设指导思想，"以学科分级建设为抓手，以队伍建设为核心，以平台建设为重点，以机制创新为保障"的学科建设思路。并形成两份报告，分别为《龙头地位的确立与学校实力的提升——学校党委书记桑秀藩在学校学科建设工作会议上的报告》和《以学科建设为龙头，全面提升我校办学水平——校长唐海燕在学校学科建设工作会议上的主报告》。

（5）2007年4月25日，出台了《校级重点学科建设与管理办法（试行）》。

（6）2007年6月12日，出台了《校特色学科建设与管理办法》。

（7）2007年，督促各系部明确专人负责学科建设的日常工作，配备兼职学科秘书。

（8）2008年2月，出台了《学科建设经费管理办法（试行）》。

第三节　学位点建设

一、本科专业建设

2003年升本后，学校积极开展本科专业建设，形成以会计学为核心，管理学、经济学为主体，法学、理学、文学为支撑的学科专业体系。截至2007年底，学校共拥有本科专业22个（见表5-2-6）。

表 5-2-6　本科专业基本情况一览表

序　号	系 部 名 称	专 业 名 称	专业代码	开始招生年度①
1	会计学系	会计学	110203	2004 春
2	财务管理系	财务管理	110204	
3	工商管理系	工商管理	110201	2004 秋
4	国际贸易与经济系	国际经济与贸易	020102	
5	金融学系	金融学	020104	
6	外语系	英语(商务英语)	050201	
7	审计学系	审计学	110208W	2005 年
8	工商管理系	市场营销	110202	
9	信息科学系	信息管理与信息系统	110102	
10	国际贸易与经济系	经济学	020101	
11	金融学系	信用管理	020111W	
12	财政与税务系	税务	020110W	
13	法律系	法学(经济法)	030101	
14	数学与统计系	统计学	071601	
15	财务管理系	资产评估	110215S	2006 年
16	工商管理系	房地产经营与管理	110106W	
17	信息科学系	计算机科学与技术	080605	
18	外语系	日语(商务日语)	050207	
19	人文社会科学系	社会工作	030302	
20	财政与税务系	财政学	020103	2007 年
21	数学与统计系	数学与应用数学	070101	
22	人文社会科学系	汉语言文学	050101	

① 从 2005 年开始,各专业只在秋季招生。

二、研究生工作

2007年学校率先在会计学、财务管理、国际贸易学和金融学四个第一期校级重点学科点上实现研究生教育零的突破。

1. 组织机构

2007年3月，学校建立研究生工作办公室（与学科建设办公室合署办公），申请市财政学科建设专项——联合培养研究生专项经费。

2. 联合培养硕士研究生协议

2007年6月与上海财经大学会计学院就在会计学和财务管理两个专业开展联合培养硕士研究生工作签署协议。

2007年7月与华东师范大学签署联合培养硕士研究生协议；2007年11月与华东师范大学金融与统计学院就在国际贸易学和金融学两个专业开展联合培养硕士研究生工作签署工作细则。

3. 导师

根据协议，学校分别根据华师大和上海财大硕士生导师的遴选标准，向对方学校学位评定委员会提交拟承担硕士研究生导师的教师名单，由对方学校最终审定并聘请担任硕士研究生指导教师。

学校申报条件：教授或拥有博士学位的副教授。

申报程序：符合我校申报条件的教师填写简况表，系部学位评定分委员会同意（盖章），我校研究生工作办公室资格审核，华师大或上海财大学位评定委员会根据各自的遴选标准审定并聘任。

2007年，被聘担任上海财大研究生导师的有7位；被聘担任华师大研究生导师的有12位，其中6位担任第一导师，6位担任第二导师（斜体字）（见表5-2-7）。

表5-2-7 联合培养研究生的专业与导师

<table>
<tr><th>协议单位</th><th>联合培养专业</th><th>导师</th></tr>
<tr><td rowspan="2">上海财经大学</td><td>会计学</td><td>邵瑞庆 邓小洋 张奇峰 龚明晓 袁敏</td></tr>
<tr><td>财务管理</td><td>曹惠民 杨克泉</td></tr>
<tr><td rowspan="2">华东师范大学</td><td>国际贸易学</td><td>陈志友 龙英锋 马慧敏</td></tr>
<tr><td>金融学</td><td>孙桂芳 王楚明 洪玫 张丕强 胡云祥
裴瑱 程新章 朱向红 潘瑞娇</td></tr>
</table>

第四节　高教研究

一、学校“十一五”发展规划

2006年完成学校“十一五”发展规划。

1. 资料收集与调研

2005年6月，高教所成员参加了由教育部发展研究中心举办的“十一五”规划编制工作研讨会。2005年7～8月，收集资料。2005年9月，对相关兄弟院校进行调研。

2. 校党委会审议通过总体工作方案

2005年9月中旬，学校召开党委会，审议通过“十一五”总体工作方案。标志着上海立信会计学院“十一五”规划编制工作全面启动。

3. 成立领导小组和工作小组

成立了以学校领导参加的“十一五”规划编制工作领导小组，确定以高教所牵头、相关职能部门负责人为主要成员的编制工作小组。

4. 成稿经过

2005年9月19日，领导小组和工作小组全体成员召开联席会议。领导小组对工作小组近期工作进程进行指导，并对下一阶段主要任务作出安排部署。

从9月16～23日，工作小组相继召开三次研讨会议。完成了四项工作：第一，对学校“十五”期间的存在的成绩和不足进行了认真的总结；第二，分析讨论学校目前面临的机遇和挑战；第三，初步明确了“十一五”期间学校改革与发展的指导思想和总体目标；第四，重点对高教所草拟的《关于做好上海立信会计学院“十一五”规划编制工作的通知》和《“十一五”规划系部调研表》进行讨论和补充。

2005年9月27日，学校召开了“十一五”规划工作布置会，对全校“十一五”发展规划编制工作作了具体部署。规划主要内容包括：《上海立信会计学院“十一五”规划》以及各部门、各单位的“十一五”发展计划，规划编制期为2006～2010年，并展望到2020年。在此基础上完成征求意见稿后，提请立信会计学院第一次党代会和教代会的代表讨论，充分征求代表和各方面意见，形成《上海立信会计学院“十一五”规划》。

二、学校特色大讨论

2004年，学校“特色大讨论”开展第一阶段活动——系部层面特色研讨。全校广泛动员，全面参与。

2005年，组织开展了第二阶段活动——职能部门层面的特色讨论活动，在全校产生了一

批有价值的成果,对学校办学特色达成了一定的共识;

2006年,历时3年的特色大讨论活动进入收尾阶段。启动了“学校办学特色总结和创新报告”的起草工作,特色工作小组完成了立信办学特色总结报告。并出版《立信论坛》之“立信特色大讨论论文集”。

三、二级学院设置

根据现代大学组织管理的基本模式、上海市属高校的基本情况和我校“十一五”规划提出的任务,学校2007年下半年将设立二级学院提上议事日程。

在收集和学习二级学院设置相关文件和理论的基础上,选取多所财经类高校,对其院系设置情况进行调研。组建二级学院,是将现有性质相似的学科和专业重新优化组合,打破系、部专业壁垒,加强学科专业资源的整合和融合,拓展特色学科,促进学校多学科的协调发展。设置二级学院并实施校院两级管理,就是要把学校的管理重心下移到二级学院,原系部的部分管理权限上收到二级学院,实现扁平式管理,使学院成为一个责、权、利相统一,充满生机和活力的办学实体。通过推进校院两级管理,减少管理层次和管理跨度,使学校有限的资源得到合理的配置,发挥最大效益;实行权力的集中和下放有机结合,实现权力和职责明确、统一,办事高效,提高办学效益。

2008年,学校将设立二级学院。

附　文献辑录

一、关于申报院级重点学科试行办法

(2004年4月19日)

为了加强学院重点学科建设和管理,带动相关学科的建设与发展,促进学院整体办学水平提高,特制订申报院级重点学科试行办法。

一、指导思想

重点学科建设结合国家经济建设和社会发展的需要,从学院实际出发,将需要与可能相结合,远期目标与近期目标相结合,特色学科与优势学科相结合,发展优势学科、扶植特色学科、鼓励交叉联合、完善运行机制,重点建设一批水平较高的骨干学科,逐步构建重点学科分级建设体系,并以此带动其他学科的建设和发展,增强学院综合实力。

二、建设目标

院级重点学科分为院重点建设学科和院重点扶持学科,院级重点学科建设期一般为五年,中期建设为三年,实行学科带头人负责制,院级重点学科建设采用目标管理。院级重点学科建设应以上海市教委重点学科为目标,在此基础上,逐步向更高一级重点学科目标奋斗。

三、选择原则

立足于上海经济社会发展需要,按照学科专业建设和发展要求,遵循“有所为、有所不为”

方针，构建以会计学为核心，管理学、经济学为主体，法学、理学、文学为支撑，新兴及边缘学科适度的学科专业结构，逐步形成结构合理、特色显著、水平较高的学科群。校级重点学科遴选，采取公平、公开、公正的原则，由系部申报，专家评审，择优确定。

四、申报的基本条件

1. 符合国家和上海当前和长远的经济、社会、科技的发展需要，在本学科领域内具有一定影响，有明确的学科研究方向，并形成优势、特色，在科研成果数量和质量方面成为学校的龙头，对学校本学科和相关学科有重大的影响和作用。

2. 拥有作风正派、学术造诣深、管理协调能力强的优秀学科带头人和一支结构合理、富有创新精神、政治方向端正、学术水平较高、团结协作、年轻而富有活力的学术梯队。

3. 研究基础好，有较高水平的科研成果，承担较多的省级以上科研项目，能够承担并完成经济建设、社会发展和学科发展中重大科学理论与实践课题。

4. 重点扶植初显特色、有较大发展潜力、对其他学科具有支撑作用，并有望尽快形成特色或优势的学科。

五、主要任务

1. 制订学科发展规划。根据经济建设、社会发展和学科发展的需要，制订出学科发展的近期和远期发展规划，选准本学科主要的研究方向，形成学科自身的优势与特色，并以上海市教委重点学科为首期目标，积极制定申报更高级别的重点学科建设计划。

2. 制订学科梯队建设规划，重点做好学科带头人和学术骨干的培养工作。努力建设一支素质优良、学风正派、团结协作、结构合理、开拓创新和学术水平较高的学科梯队。

3. 制订科学研究规划。积极开展学科间的联系和校内外的合作研究和学术交流，主动承担国家和省部级科研课题，持续出高质量的科研成果，使重点学科建设成为面向社会、面向经济建设主战场的科研教学基地。

4. 制订本学科相关实验室的建设规划，争取将本学科的相关实验室建设成为具有明显区域优势和特色的实验室。

六、申报程序

1. 各系部在对本学科进行认真梳理的基础上，选聘合适的学科带头人，在学校统一指导下，以系部为单位、以二级学科为对象组织申报，由学科带头人负责组织制订学科建设规划，并于每年5月10日前向学科办递交《院级重点学科申报书》。

2. 每年5月11～31日，由学校聘请校内或校外专家，对各学科进行初选，推荐出基础好、建设规划合理、保障措施得力的院重点建设学科和院重点扶持学科。

3. 根据专家组初评意见，由学校授权学科建设委员会审核、批准，于每年6月上旬择优确定1～3个校重点建设学科和1～3个院重点扶持学科，并分批拨款进行建设。

七、经费支撑条件

学校设立学科建设基金，每年投入一定的学科建设专项经费，其中校重点建设学科年均10万元，校重点扶持学科年均6万元，并依据考核评估结果对学科经费投入进行动态调整。其使用办法按照学院《学科建设专项基金管理办法》执行。

八、检查与评估

为了不断提高重点学科水平，保证学科建设计划的实施，促进重点学科建设目标实现，提高人才培养质量，学校对重点学科实行年度检查、建设中期评估和建设完成验收的制度，并根据考核评估结果对学科经费投入进行动态调整。校级重点学科建设期一般为五年，中期建设为三年，对中期建设较好的重点学科在年度经费上给予倾斜，对检查不合格的学科限期整改，并削减或停拨建设经费，直至取消校级重点学科资格。校级重点学科建设计划完成后，校学科建设委员会对其进行验收，验收合格的发给合格证书；验收不合格的学科不得参加下批校级重点学科的遴选，对于验收不合格的学科，取消其学科带头人资格且三年内不得入选学科带头人。校级重点学科评估、验收具体办法，将根据上海市教委重点学科建设等相关文件，另行规定。

九、本办法自发布之日开始试行

二、校级特色学科建设试行办法

（2005年4月5日）

根据我校战略发展规划的目标，在确保建设好学校重点建设学科和重点扶持学科的基础上，学校决定开展特色学科建设工程，特制订校级特色学科建设试行办法。

一、指导思想

通过实施特色学科建设，进一步凝炼出一批具有一定特色的学科方向，汇聚起多支小型创新学术团队，产生出一批标志性成果，并以此带动相关学科的建设和发展，增强学校的综合实力。

二、选择原则

立足于上海经济社会发展需要和我院战略发展规划，以特色学科建设申报的形式，跨学科汇聚起我院的创新学术团队。所申报学科必须具有明显特色：

1. 学科所研究的方向必须属于新兴学科、交叉学科或边缘学科性质；

2. 鼓励跨学科、跨专业、跨系部自由组合新的小型学术团队；

3. 特色学科所研究的方向不受二级学科的限制、不受系部学科和专业的限制；

4. 特色学科建设内容不要求面面俱到，但必须有一些闪光点；

5. 特色学科建设是我校重点学科和扶持学科建设的延续。校级特色学科遴选，坚持公平、公正、公开的原则，在相关系部支持下，由学科负责人申报，专家评审，择优确定。

三、建设目标与内容

校级特色学科建设周期为三年，中期为一年半；每两年申报一次；采用目标管理方式。围绕凝炼的学科研究方向，产生一些有较高质量的标志性成果，具体建设目标与建设内容分为两类：

1. 为特色专业（属新兴、交叉、边缘学科性质的教育部试点专业）的形成打下基础，具体建设内容为：学科发展研究报告撰写、专业建设规划起草、专业人才市场需求论证报告撰写、专业人才培养方案撰写、教材建设（至少出版一本教材）等；

2. 为特色学科研究方向的形成和建设打下基础，具体建设内容为：系列论文发表（每年至少发表两篇论文，其中一篇在核心期刊上刊登）、专著出版、调研报告写作等。

学术团队可以选择上述两类中的一类作为建设目标。

四、申报的基本条件

1. 申报的学科项目符合国家、上海长远的经济社会发展需要，具有鲜明的特色，有相关学科相互支撑，有良好的发展前景，对学院相关学科有较大的影响和带动作用。

2. 申报的学科项目要强调投入产出，必须有明确的建设目标和标志性成果。

3. 学科负责人一般要求具备副教授及以上职称或博士学位(含具有讲师职称的在读博士)的在职教职工，且管理协调能力强。

4. 学术团队成员不少于三人(包括学科负责人)，学科背景结构合理、富有创新精神、团结协作。

5. 学术团队主要成员要求研究基础好，有科研成果，能够承担并完成研究项目。

6. 已在校内有关部门立项的项目或建设内容，不在本规定资助之列；同一项目或建设内容不得在校内重复申报、立项。

五、申报的主要任务

对建设的内容及特色、现有工作基础、国内外研究现状、建设目标、项目负责人及学术团队状况、经费预算等内容做出科学论证(具体内容见申报书)。

六、申报程序

1. 每个申报年份的4月上旬，由各系部进行动员。由学科负责人负责组织项目申报，并于5月10日前向学科办递交《校级特色学科建设申报书》。

2. 由学校聘请的校内或校外专家，对各学科进行初选，推荐出特色鲜明、发展前景好、建设规划合理、保障措施得力的校级特色学科。

3. 根据专家组评审意见，学校授权学科建设委员会审核、批准，于6月择优确定立项，并分批拨款进行建设。

七、经费支撑条件

1. 学校设立学科建设专项基金，下设特色学科建设专项经费。特色学科建设每项的资助经费总额为4万～6万元(通常第一类建设项目取下限)，分三期下拨，立项时下拨专项经费的40%，中期检查合格下拨30%，终期验收后补足剩余30%；学校依据中期考核评估结果对特色学科建设经费投入进行动态调整(对发展前景好的项目，资助经费总额可不受6万元上限的限制)。

2. 特色学科建设资助经费主要用于购买图书资料、业务方面等用途，科研所需仪器设备采取与相关学科已有资源共享方法解决，劳务费和专家咨询费的提取不得超过总资助经费的35%。学校建立学科负责人资金管理责任制，要求学科负责人严格把关，坚持必要、节约的原则，严格执行预算，对建设经费支出的合法性、合理性和有效性负责，确保按申报书所规定用途使用资金。资助经费由学校学科办和财务处按照有关规定实施管理。

八、检查与评估

1. 学校强化对特色学科建设的运行管理和目标控制，对建设的实施情况实行经常性检查、建设中期评估和建设终期验收制度，并根据考核评估结果对建设经费投入进行动态调整。

2. 建设中期评估放在3月份(立项后1年半)，各学科负责人负责向学科办报送《校级特色学科建设项目中期自我评估书》，由学科办对各学科进行评估，并报学校学科建设委员会审核、确定。对中期建设较好的特色学科在经费上给予倾斜，对检查不合格的学科限期整改，并削减或停拨建设经费，直至取消校级特色学科建设资格。

3. 建设终期验收放在9月份(立项后3年)，各学科负责人负责向学科办报送《校级特色学科建设项目终期报告书》；由学校聘请的校内或校外专家对各项目进行验收评估；10月份，根据专家组评估意见，校学科建设委员会对其进行审核、验收。验收合格的发给合格证书，并拨付剩余的30%资助经费；验收不合格的学科不得参加以后校级特色学科建设的遴选，取消剩余的30%资助经费，对于验收不合格的学科项目（包括中期检查时已经取消建设资格的项目），取消其学科负责人资格且三年内不得入选学科负责人。

4. 根据要求提前完成建设的特色学科，可提前申请终期验收，经验收合格的，资助经费可提前足额拨付。

九、本办法自发布之日开始试行

十、本试行办法最终解释权归学校学科建设委员会

三、关于加强市级重点学科建设与管理试行办法

（2005年11月3日）

为加强我校市级重点学科的建设与管理，使其达到预期的建设目标，并为全校学科建设起到示范和带头作用，特提出以下建设与管理试行办法。

一、学科建设机制

1. 市级重点学科由校学术委员会负责进行指导，学校应突出其在校内学科建设工作中的核心地位，各有关部门应提供支持。

2. 校学科办是市级重点学科的归口管理部门，科研处是协管部门，负责对其建设规划的实施进行监督和检查。各有关系部是重点学科建设的载体，应提供相关支撑条件和保障措施。

3. 市级重点学科实行学科带头人负责制，由学科带头人组织学科梯队，确定研究方向，制定建设规划，进行科学研究，服务企业社会。

二、学科建设保障措施

1. 学校按市教委专项拨款1∶1的比例，配套核拨校内市级重点学科专项建设经费。

2. 获得市级重点学科的学科点可根据条件设立学校独立建制的科学研究机构作为学科研究基地，研究机构作为学校独立预算部门，在人员、设备、办公用房、图书资料等方面享受系部同等待遇。

3. 学科带头人、主要研究方向的学术带头人和获得省部级研究项目的主持人可申请减免一定教学工作量。

4. 优先支持引进录用优秀人才，充实学科建设队伍。

5. 优先支持学科建设梯队成员承担校内外各类科研项目。

6. 重点支持市级重点学科举办国际、国内学术会议与其他高层次学术活动。

7. 学校将为市重点学科所依托的系配置专职学科秘书1名。

三、学科建设管理

1. 市级重点学科建设经费必须单独核算、专款专用。经费使用需严格按市教委有关规定执行，学校财务管理部门应对经费使用情况进行监督。

2. 市级重点学科在建设过程中购置的仪器设备，必须统一标明为“上海市重点学科建设项目资助”。有关仪器设备均应由学校有关部门按照国家固定资产规范管理，不得随意转入企业经营性资产。

四、考核与奖惩

1. 学校对市级重点学科进行阶段考核。考核将以学科建设目标是否实现、学科层次是否提高为中心内容。

2. 学校将以内部考核为基础、以市教委中期考核结论为主要依据,采取与市教委相应的奖惩措施。

四、龙头地位的确立与学校实力的提升

学校党委书记桑秀藩在学科建设工作会议上的讲话

(2007年1月6日)

老师们,我们今天召开这个会议,是从对高等教育规律和对高校办学工作的认识出发,进一步在全校强化学科建设的意识,进一步确立学校学科建设的龙头地位。

所谓龙头,是对学校的其他工作具有聚合作用和牵引作用。牛津字典对学科是这样定义的:从教师的角度讲,学科是学问的分支;从学生的角度讲,学科是教学的科目。1992年,国家技术监督局颁布GB标准,关于学科有四个方面的规定:第一,具备有关的理论体系和专门的工作方法。第二,具备有关人员群体的出现,也就是说,有学科就有团队。第三,具备支撑的机构、团体、单位和组织,并且这些单位组织已经形成了有效的活动。也就是说,要有基地、有载体、有平台。第四,具备有关专著、成果。我们要从这些概念出发去认识问题,从我院学科建设的现状出发去认识问题,从我院的定位出发去认识问题,从我院今后发展的目标出发去考虑问题。

我今天发言的题目是《龙头地位的确立与学校实力的提升》,谈三点意见。

一、以办学理念的更新为先导,奠定学科建设的思想基础

我们学校走什么样的发展路子,走什么样的内涵发展路子,我们首先应该坚持邓小平理论、"三个代表"重要思想、科学发展观、和谐社会理论下和谐校园建设的指导思想。在这样的指导思想下,我们要明确以下几点。

(一)学科建设是我校发展建设的龙头,是提高教学、科研、育人水平的重要基础

学科建设的龙头地位是十分重要的,特别是对我们这样一所新建本科院校。小组讨论中有的老师对这点是清楚的,有的老师是比较模糊的,也有的老师的认识不是太贴切。如何着眼于学校的长远发展,如何着眼于增强学校的实力,如何走一条正确选择的发展道路,学科建设是至关重要的,因此,我们全校的教师和职能部门的同志都应该对学科建设的龙头地位有一个比较全面的认识。

升本以来,我校学科建设的成效概括说有两个方面:第一,从思想观念角度看,我们已经基本确立了学科建设的意识,也认识到学科建设的重要性。第二,在全体教师的努力下,在全体干部职工的支持下,我校付诸学科建设行动,在学科建设的诸多方面都取得了令人可喜的初步成绩与成效。从教师个人的角度看,王双成教授的自然科学基金课题和龙英峰副教授的国家社会科学基金课题,都是上水平的成效。因此,一段时期以来,一手抓学科建设,一手抓专业建设,学科建设引领专业建设,专业建设推动学科建设,学科建设也推动了教学、科研和育人工作。

当然，还存在这样或那样的不足，概括起来有三个方面：一是在学科建设的引导上，自发性的多，规划性的少；二是在学科建设的形式上，单体性的多，团队性的少；三是在学科建设的队伍上，高原高坡性的多，高峰突起性的少。如果把我们学校比作是广袤的土地，近几年的队伍建设应该说是在逐步爬坡形成高原，然而，高峰突起性的人才还是少。

（二）学科建设是一个系统工程，与全体教职员工都密切相关

在这方面我想说四点：其一，学科建设具有龙头地位，龙头地位本身说明具有聚合和引领作用，因此也是学校一个综合实力和核心竞争力的反映。其二，我校各院系既是学科建设的参与者，同时也是学科建设的组织者和领导者，学科建设事关每个院系、每位教师。其三，从学科四个要素的规定出发，我们相关的职能部门有大量的服务工作，所有的职能部门都应该为之努力，这是思想统一、思路清楚的表现。其四，学科建设成果如何，既有本身的要求和目标，同时也要看它是否推动了教学工作、科研工作和育人工作，在这三方面是否也取得了成效，这是一个综合评价的体系。

（三）学科建设应该坚持“有所为、有所不为”的原则

在现阶段，我们应该集中人力、物力有重点地建设学科，有重点地推动学科，使我们的重点学科形成有区域特色的、国内特长的学科。通过改造、整合、优化学校现有的学科，精心培育、发展、建设一些新兴交叉学科。学校的全体领导者、干部和广大教职员工，既要推动学科建设全局和三级学科建设格局，又要突破重围，突出重点，有过程地解决高峰高坡、高峰高原的问题。

二、以学科建设发展规划为引导，谋划学科建设的全局

唐校长上午的讲话为我们的思考奠定了很好的基础。“十一五”规划中关于学科建设已经有表述，特别是学科特区的政策问题说得好，但是比较宏观，希望能够进一步细化。那么，怎么来做规划呢？

（一）根据学校的定位，确定学科建设发展的规划

我们学校是一所培养应用型人才、以教学为主的财经类本科院校，是一所服务于地方的新建本科院校。当然，在党代会上、在“十一五”规划中提到建设“有特色、有水平、有影响”的大学，这是今后相当一段时期的长期目标，引领我们的各项工作。“有特色、有水平、有影响”在党代会已经有表述，也得到了市科教党委的认可。这也同样应该反映在学科建设上，学科建设应该有特色，应该建设一批高水平的学科，形成一批高水平的学科群，有的能够达到国内先进水平，有的能够达到市内先进水平。学科、学科群的建设，应该能有一批教师来支撑，成为我们学科建设的领军人物。

我校确定学科建设发展规划的基本依据有三点：第一，以提升学校竞争力为动力，这是全局性的工作，是全面推进我校各院系、各学科的基础工作。要使我校在“三有”大学目标下全面提升学科水平，使我校实力在同类院校中能够处于领先。第二，是以满足国家社会需求为导向，瞄准国家经济建设和社会行业的发展以及新技术的诞生，结合我们的学科建设、专业建设，发展新兴学科、交叉学科，比如要把风险管理建设成为比较成熟的学科。第三，以推进学科前沿建设为需求，进一步强化我校重点学科建设。我们已经有校级重点学科和市级培育学科，我希望我校的重点学科有更多。在学科建设上，我们既要贯彻我们的指导思想和“核心、主体、支撑”的指导目标，同时又不完全局限于此，哪家有水平、有能力，就鼓励、支持哪家，希望我校新的学科能够迎头赶上，成为学校有特色的学科。

（二）坚持发扬特色优势，突出重点，加强建设

要坚持科学发展观指导下的和谐校园建设，学科建设的和谐也是学校和谐的重要标志。

1. “规模、结构、质量、效益”的关系是我校办学始终应该和需要处理好的关系

我们要坚持以“会计学为核心，管理学、经济学为主体，法学、理学、文学为支撑”的学科建设布局，建设新兴学科，发展边缘学科。要处理好四方面的关系，比如学科群的结构问题，学科水平的问题，学科平台和学科队伍的问题，这四个问题要始终在方向上把握好。“十一五”期间，从宏观上讲我校学科建设的主要任务应该是以创新为动力，凝炼学科方向，突出学科特色，汇聚师资队伍，构筑研究基地。

2. 学科建设要考虑遵循八大原则

（1）龙头牵引的原则。在我校的定位下，特别是要处理好教学、科研和育人的工作。学科是教师成长的土壤，是专业发展的基础，而专业是学科培养人才的载体。学科建设必须围绕教学工作，一方面课程建设、教材建设要纳入学科建设的规划；另一方面要用学科建设取得的成果引领教学，更新教学的内容，编写新的教材，为本科生开设更多介绍学科前沿知识的选修课和讲座。从这个意义上说，学科建设是本科生教育的基础。

（2）普遍推进原则。我们形成核心、主体和支撑的布局，是基于学科和学科链的思考。从高校普遍规律来说，我们的每一个系部、每一个学科都有学科建设的任务。在本科教育的任务下，我们所有的系都应该加强学科建设，建设好每一个学科，也包含学科与专业建设。

（3）突出特色原则。根据学校的传统、学校的定位和目标，加强学科建设。学校层面的学科建设应该体现学校的传统和特色，把传统、特色的学科加以重点建设，比如说会计学应该列入重点学科建设，我们没有理由不把学校的会计学科建设成一个很强的学科，希望我们大会计的老师为之努力。在学科的方向上要进一步凝炼，突出本学科的特色。

（4）超前规划的原则。面向21世纪，加强学科建设，既要遵循学科自身发展的规律，保持传统学科的优势，又要超前、超常规、以创新的思维去瞄准学科发展的主流与前沿，通过规划来引领学科朝着最新的方向发展。

（5）重点建设的原则。我们学校的学科，都能成为学校学科建设的高地。但是相对于高地来说，它势必还有高峰，因为有高地的烘托，高峰才显得挺拔，有了高峰的映射，才映衬出高地的辽阔与厚实。因此，在一定的历史阶段内，在一定的条件下，由于阶段不同，条件的不同，包括财力物力的限制，在操作的步骤上，学科建设的重点也只能有先有后地进行。先把最有条件建设好的学科加以建设，学科建设的政策，尤其是学科特区的政策，是保障重点学科尽快上水平的重要条件。当然，特区政策还要进一步细化。

（6）结合队伍建设的原则。学科建设为师资建设服务，师资队伍建设要支撑学科建设。我们学校的学科专业建设都应该有队伍，有好的队伍。学科是队伍成长的土壤，因此学科建设的核心环节是队伍建设，只有抓住师资队伍建设、学科梯队建设这个根本，才能把学科建设搞上去。

（7）形成合力原则。现在，学科建设有国家支持、学校支持，但是我们的院系不能坐、等、靠、要，特别是在重点学科建设上，应该体现国家的重点投入、学校的重点支持和院系本身的自身努力。离开了院系自身的努力，国家的重点投入和学校的重点支持将没有意义，将起不了大的浪花，将会被社会淘汰，所以要形成合力。

（8）择优竞争滚动的原则。重点学科的建设不能靠行政命令，暂定为重点学科的学科也

不一定能保终身。机制是暂定一批,建设一批,培育一批,后备一批。通过择优滚动的建设,激化学科建设的机制,形成一种积极向上、不进取就落伍的精神态势。

三、以加强党的建设为保证,落实党管人才的原则

以人为本,突出人才队伍建设的核心,营造环境,构筑主体。

(一) 加强领导班子的建设,领导班子特别是党政班子,要形成合力

管理干部要投入精力,增强责任感和使命感,落实责任制,花大力气抓好学科建设。学科建设包括诸方面,要围绕学科建设的龙头,做好各方面的工作。在学科建设过程中,要建立责任制,我们的领导干部,尤其是院系的领导干部要带头投入、带头推进、带头负责,学科建设的第一责任人是系主任,总支书记要积极配合,形成合力。

(二) 加强人才队伍建设,特别是加强师资队伍建设,构筑合理的学术梯队

要注重人才的培养、引进和使用,2007年将召开人才工作会议,在人才的培养、引进和使用上,人事处、组织部要有一体化的思路。人才建设上也有成本效应,也有内在动力和积极性的激活。要在一体化的思路下去思考,努力打造与学科建设相匹配的学科建设主体队伍。考虑学科带头人、骨干年龄结构、职称结构等。

(三) 加强基层党的建设

院系党组织要创新工作思路,要努力形成"以发展为引领,以育人为根本任务,以教育教学工作为切入点,构建优秀人才脱颖而出的环境和氛围,创造条件、营造氛围、团结力量、凝聚人心,推动本单位工作"的工作思路。党的工作要与学校的中心工作统一起来,努力为学科建设服务,探索适应创新学科组织的组织机制。随着学校学科的建设发展,载体会发生变化,由实体的到虚拟、半虚拟的,有跨系科的,党的建设要为这样的建设服务,体现基层党组织的作用和实效。

(四) 学校党委要切实担负起政治保证、思想保证和组织保证责任,领导学校的学科建设工作

学科建设是学校的大事,党委会、党委扩大会要从目标、方针、政治上去把握,去决策。因此,校长和书记都是学科建设的第一责任人。学校党委要发挥把方向、抓改革、聚人才、建环境的领导作用。比如说,我们要进一步研究学科建设的特区政策问题,学科特区政策是必须的也是可行的,要在人力、物力、财力上形成重点支持。各部门也应该确立学科建设的龙头地位,主动思考、超前谋划,努力为学科建设提供服务。

同志们,这几年学校的工作在有序推进,2005年学校召开了本科教学工作会议和德育工作会议,2006年召开了学科建设工作会议,2007年还将筹备召开人才建设工作会议。现在,学校在大家的努力下呈现一种向上的态势,上午王奇主任代表教委对学校的发展给予了充分肯定。2006年的工作画上了圆满的句号,2007年已经到来,希望广大教职工时不我待、努力工作,进一步加强学科建设,不断提升学校的办学水平。

五、以学科建设为龙头,全面提升我校办学水平

校长唐海燕在学科建设工作会议上的主报告

(2007年1月6日)

今天,我们在这里隆重召开上海立信会计学院第一次学科建设工作会议。这次会议是

我校学科建设年的重要工作内容,体现了校党委、校行政对学科建设的高度重视,意义重大。

老师们,学校升本实现了历史性的跨越,但是如何巩固并迈上一个新的台阶,任务更加艰巨。上海目前公办、民办高校共62所,单本科财经类高校就有5所,高校之间竞争的加剧对我校改革和发展提出了严峻的挑战。与此同时,上海为在"十一五"期间形成"四个中心"基本框架和加快实现"四个率先",正在进行产业的战略调整和现代服务业体系的构建,区域经济环境为我校相关学科的发展带来了机遇。学校有必要重新梳理自己的学科布局和发展思路,抓住机遇,勇敢迎接挑战。

本次会议将总结2003年升本以来我校学科建设工作取得的成绩,但主要是分析存在的问题与不足,结合我校新时期发展的总体定位,研讨今后一段时期强化学科建设、全面提升我校办学水平的新思路和新举措,从而开创我校学科建设工作的新局面,更好地为教育教学和人才培养服务,更好地为上海经济建设和社会发展服务。下面,我代表学校党委和行政谈四个方面的意见,请大家讨论。

一、学科建设在我校发展中的地位、意义

(一) 牢固确立学科建设龙头地位

学科建设是高校围绕学科性质而展开的集学科方向、学科队伍、科学研究、人才培养、学术交流等于一体的综合性建设,它是高校教学、科研和人才培养的结合点,是高校工作的龙头,是提高教学、科研及社会服务能力和水平的重要基础。

正如教育部部长周济指出:"学科水平是高等学校质量和水平的主要标志……,人才培养、科学研究和为社会服务,都是以学科为基础进行的。因此,在学校的整体建设中要坚持以学科建设为主线,以重点学科建设为核心,抓住了这条主线,抓住了这个核心,就抓住了纲,就可以纲举目张,带动学校其他各个方面工作的开展。"所以,学科建设是我校建设的龙头,是实现"三有"大学目标的关键,必须在全校牢固确立学科建设龙头地位。

(二) 积极开展学科建设对全面提升我校办学水平具有重大意义

1. 学科建设是提高我校核心竞争力的关键所在

高校之间的激烈竞争,很大程度上表现为学科优势、学科特色和学科水平的竞争。任何一所高校,没有自己的优势学科和特色学科,都将在激烈竞争中处于劣势。虽然我校学科建设取得了一定的成绩,但与上海市老牌财经类院校相比还存在一定的差距。只有结合我校自身实际,狠抓学科建设,努力打造自己的特色和优势学科,并争取在某几个学科率先取得突破,才能有效扩大我校的知名度和影响力,提高核心竞争力,进而推动学校持续发展和整体水平提升。

2. 学科建设是办好合格本科教育的重要前提

本科教育是我校工作的主体和基础,抓好本科教学是提高教育质量的重点和关键,人才培养和教学工作是学校的中心工作,同样也是学科建设的重要基础性工作。高等学校的人才培养、科学研究和社会服务都离不开学科建设。搞好学科建设,提高科研水平,归根结底是为了反哺教学,提高教学质量和人才培养质量。没有学科意识的教学是没有灵魂、没有生命力的教学,学科建设为教学工作搭建了更为广阔的平台,促进了教学内容的丰富,拓宽了教学的深度和广度。反过来,提高教学质量的需求又不断促使学科建设向深度和广度扩展。我校是新建本科院校,目前还是教学型高校,因此必须处理好学科建设的龙头地位和教学工作的中心地位的关系,促进两者的和谐发展,只有这样,才能全面提高我校办学水平和办学质量。

3. 学科建设是开展学士学位点建设的重要基础

学科建设与学位点建设是唇齿相依的，没有良好的学科建设基础，学士学位点建设也就无从谈起。人们常说“学科是教授成长与活动的土壤”，学科的基本特征是学术性，学者与学科是相辅相成的，有高水平学科，才能培养、吸引高水平学者，营造浓厚的学术氛围，形成良好学风，从而带动教学、科研上层次、上水平，带动师资队伍建设，为我校顺利通过学士学位授予权评估，以及今后开展联合培养研究生工作打下坚实的基础。

4. 学科建设是培养创新型人才的重要保证

人才培养是高校的根本任务，而创新型人才培养给我们提出了更高的要求，只有创新型教师才能培养出创新型学生。所以，我们要开展学科建设，通过学科建设获得一批高水平的科研项目，形成一支高水平的、有较强科研能力和创造力的教师队伍，从而促进创新型学生培养工作。因此，学科建设是我校创新型人才培养的保证。

二、近几年学科建设工作的回顾与总结

（一）学科建设取得的成绩

近年来，我校坚持以科学发展观为统领，以学科建设为龙头，加强专业建设；以充实学科带头人为重点，加强师资队伍建设；以加大科研投入为动力，切实提高学校的科研水平。学校核心学科、主体学科得到巩固和完善，支撑学科有了进一步发展，通过重点学科建设，带动了相关学科的发展；学科覆盖面进一步拓宽，形成了以会计学为核心，管理学、经济学为主体，法学、理学、文学为支撑的学科体系，初步取得了一些成绩，主要表现在以下四个方面。

1. 学科意识初步形成

学科建设，观念第一，良好学科意识的树立对学科建设的开展具有重要的指导作用。近年来，学校非常重视对中层干部及广大教师学科意识的培养，通过邀请教委科技处领导讲授有关学科建设方面的学术报告会、学校党政一把手亲自在每年一度的中层干部学习班上的讲课、学校党政领导下系部召开学科专业建设调研会，尤其是通过市级、校级重点学科建设，一些系部领导以及教师的学科意识得到了提高，理解了加强学科建设对学校发展的战略意义。一些系部和科研机构初步理清了所属学科在学校发展中的定位以及下一步发展的方向，并据此制定了学科建设规划。

2. 学科队伍建设取得成效

各学科点注重对中青年学术骨干的培养，鼓励攻读学位、奖励发表论文，资助他们外出参加学术交流，使其很快承担起重任。

经过不懈地努力，我院师资队伍的数量、质量得到了有效的改善。教师数量从2003年的300人增加到2006年的363人，其中，教授及其相当职务者33人，副教授及其相当职务者77人；教师中具有高级专业技术职务人数的比例从28.7％上升到30.3％；从学历结构来看，具有研究生学位的教师比例提高到40％；具有博士学位的教师实现了零的突破，达到了10.5％；从年龄结构来看，45岁以下的青年教师260人，占到71.6％，45岁以下青年教师拥有硕士及以上学位者比例占到了49.6％。

目前，市级重点培育学科人才队伍结构呈现出“两高一低”的态势即高职称、高学历、低年龄。具体地说，从职称结构看，目前拥有教授4名，副教授5名，高级职称人数占比60％，另外40％全部是中级职称；学历结构上，硕士以上学历的比重达90％，其中拥有博士学位的9人，占总人数的60％；45岁以下的中青年12人，占80％。

第一期4个校重点学科梯队的年龄、学历和职称结构都有明显改善，目前，4个学科梯队总人数为57人，其中副高职称以上的有30人；从学历上看，博士18人，另有在读博士3人；这些学科带头人和学术骨干已成为相关系部教学和科研的生力军。

3. 科研成果明显提高

自学校升本以来，学校党政明确了教学、科研、社会服务是每一位教师的基本任务，不断加强科研体制、机制的建设和创新，设立了阳光计划、攀登计划和预研究计划，积极引导和推动教师投身科研，取得了显著成效，发表论文由2003年的73篇到2005年的215篇。并且，初步涌现了一批较高质量的科研成果。2005年在CSSCI期刊上发表的论文数是2003年的8倍，2006年共获得4项省部级及以上课题立项，其中1项是国家自然科学基金面上项目，1项是国家社会科学基金青年项目。

据不完全统计，市级重点培育学科在不到一年半的建设期内，15位教师已取得了各类科研项目24项，其中学校获得的两项国家级课题都出自该学科成员；在核心及以上期刊发表的论文人均7篇，同时高级别论文实现突破，在SCI、EI、A级、B级期刊上发表了论文，论文的影响力也较大，多篇被权威期刊全文转载。

第一期4个校级重点学科点在不到两年的建设期内(2004年7月1日至2006年5月)，57位教师承担的科研项目共98项，其中省部级项目2项；出版专著及教材15部；外出参加省级以上学术交流64人次，共提交论文16篇，其中1篇获奖；发表学术论文近200篇，其中CSSCI级别论文达到40多篇，核心期刊发表论文共61篇，另外，在A级刊物上发表文章1篇(第二作者)，在B级刊物发表4篇。

4. 学科建设环境得到改善

2005年底开始，为加强核心学科、优势学科的建设，学校先后成立了"两院一中心"三大独立建制的研究机构，直属学校领导。即开放经济与贸易研究中心、立信会计研究院和中国立信风险管理研究院，"两院一中心"的设立不仅为各自学科开展科学研究、学术交流、产学研合作提供了平台，同时，也为组建跨学科团队、进行学科群建设打下了良好的基础。并且，学校出台《科学研究机构管理办法》等文件，大力支持各系部积极设立非独立建制的研究机构。

图书馆在文献资源数量和质量等各方面发生了明显变化。2003～2006年图书文献资料购置专项经费从110.59万元增加到260.20万元。截至2006年12月底，全部文献资源中，中文藏书近61万册，外文藏书近万册，电子图书43.40万册，长期订阅国内期刊1 205种，长期订阅国外期刊85种。网上数据库15个，其中自建立信会计网络教学资源库1个。

从2005年开始，学校先后为我校核心学科、优势学科建立了三大文献资源中心，即会计文献资源中心、开放经济与贸易文献资源中心和风险管理研究院文献情报中心。同期，各系部建立了图书资料室，增添了大量的专业期刊和图书，为科研和学科建设提供了强有力的支撑。

(二) 学科建设取得的经验

通过近几年的学科建设，我们可以总结出以下几条宝贵经验。

1. 学校党政领导的高度重视是关键

学校党政坚持将学科建设作为学校工作的重中之重，牢固确立学科建设在学校工作中的龙头地位，出台了一系列相关政策，在市教委的支持下，加大对各级学科点建设经费的投入，2006年，学校总计拨款200万左右(不含专业建设费)。注重巩固和提升传统学科的优势，并着力培育、发展与社会经济发展相适应的新兴学科，促进了全校学科建设整体水平的提高。

2. 合理的学科布局是基础

根据社会经济的发展要求和学校的学科建设历史优势，基本上构建起"以会计学为核心，管理学、经济学为主体，法学、理学、文学为支撑，新兴、交叉及边缘学科适度"的学科专业结构，体现了我院学科建设规划的科学性。学校选择会计学、开放经济与贸易等几个优势明显、特色鲜明、潜力较大的学科，集中力量加以重点建设，在不久的将来，这些学科点还将率先开展联合培养研究生教育，这些学科点层次提高后，将带动其他相关学科共同发展。

3. 优秀的学科带头人和高质量的学术成果是根本

学科建设不仅要有一支高水平的学术队伍，更要有优秀的学科带头人。在学校相关政策的支持下，通过几年的引进与培养，我校的部分学科已初步涌现了一些能冲击省部级项目乃至国家级项目的学科带头人和学术骨干，为重点学科的成功申报和联合培养研究生的顺利开展起到了关键性的作用。

4. 统筹规划和重点建设是保证

我校学科建设坚持统筹规划、突出重点、循序推进的原则。2005 年，我校制定了学校的"十一五"发展规划，初步确立了学校学科建设的整体布局与发展目标。为确保规划的实施，学校在教代会和党代会上组织广大教职员工认真学习讨论。学校还采取了学科建设非均衡发展战略，对基础厚、潜力好的学科集中力量，进行重点建设，建立了 6 个校级重点学科。同时，着重加强市级重点学科建设，充分发挥它的引领和示范作用，从而带动了其他学科的发展。

（三）我校学科建设中存在的问题

经过近几年的发展，我校的学科建设取得了一定成绩，为今后提高学科层次奠定了重要的基础。但我们应该清楚地看到，与上海市老牌财经类高校相比还有相当大的距离，学科建设中还存在许多不足。主要体现在以下几个方面。

1. 全员学科意识有待进一步深化

学科建设在高校的发展中居于龙头地位，在社会经济结构加速转换，高等教育竞争日趋激烈的今天，学科建设的这种作用更加明显。学科建设是一项极其复杂的系统工程，正是由于学科建设的复杂性、长期性以及学科建设成果的滞后性，增添了它在实际工作中的难度。但这不应该成为我们开展学科建设的障碍，更不应该成为逃避这项工作的借口。

我们有些系部，虽然谈及学科建设，必曰重视，但仍停留在口头上，实际落实和支持的力度还远远不够。部分系部还存在着规划不够清楚、方向不够明确、队伍比较薄弱、成果难以出现的现状。部分教师的学科意识还比较淡薄，其中一个主要表现就是"杂家"比较多，没有稳定的研究方向，甚至几年鲜有研究成果。部分职能部门也存在同样的问题，导致部门工作还不能围绕学校的龙头——学科建设来开展。

2. 学科方向有待进一步凝炼

主要表现在部分学科及其学科方向偏窄、偏旧，相当一些学科缺乏具有优势和特色的研究与发展方向；部分学科的研究方向还不稳定，甚至少部分学科至今还没有明确的研究方向；另外，三个研究方向之间没有主次之分，不能集中优势力量集一点而突破；一些研究方向未形成自己的特色，距离在上海或本领域形成一定影响力的目标还有较大差距。因此，系部的学科发展和每位教师的学科定位要进一步统筹、整合，要把教师的学科定位和系部的学科发展结合起来，做到人人进学科，每项成果都具有明显的、稳定的学科属性。

3. 高层次的科研成果有待进一步提高

高质量、高层次的科研成果特别是标志性科研成果明显不足，研究项目的层次较低，得到高级别课题的立项有比较大的困难，论文发表的级别有待提高，人均 CSSCI 文章明显偏少；学科建设服务于经济建设和社会发展的意识和能力、科研成果的开发应用和产学研结合的力度不强；同时，科研力量分散，难以形成合力。

4. 新兴、交叉学科有待进一步培育

现代科学的发展不仅需要同一门类的学科之间进行交流与结合，而且需要不同门类的学科进行跨学科的交叉、渗透与融合，不断产生新的学科生长点，从而促进学科的发展。就我校来讲，在重视经济管理类学科的同时，通过学科之间的交叉、渗透和融合，在促进其他学科的发展方面需要进一步加大力度。我校特色学科数量还偏少，能够为上海经济和社会发展服务的新兴交叉学科也不多，学科交叉有待进一步拓展，在市属高校中站得住脚的优势学科还不多。

5. 管理机制有待进一步完善

分级管理规章制度尚未健全；激励约束机制还未形成，不利于调动系部和学科点教师的科研积极性；还缺乏一个开放的与其他学科有机联系的运行机制，不利于本学科的开放性和交叉研究的顺利进行以及特色研究领域的形成；学科点内部管理机制比较欠缺。

6. 高水平学科带头人有待进一步充实

师资队伍是学科建设的第一资本，师资队伍的建设是学科建设工作中的核心环节，事实证明，没有一流的大师就没有一流的学科，一个著名的学科带头人可以带动一个学科的发展，学科建设的关键是学科带头人的选拔和培养。同时，梯队建设也是学科建设的一个重要环节，要创建高水平的学科，就要有一支高水平的学术梯队，就要发挥团队协作精神，没有高水平团队的合作也不会出高层次研究成果，尤其在学科高度综合化的今天。由于我校刚刚升本，各方面基础都比较薄弱，虽然学校出台各种办法，并且高薪聘请，但是由于平台还较低，引进困难，学科梯队中拔尖创新人才不多，缺少大师级的领军人物和专家教授，导致我校在全国甚至上海市享有较高知名度的学科带头人数量太少，这样制约我校学科建设进一步发展。

对这些问题和不足之处，我们必须高度重视，不可回避。要保持清醒头脑，增强忧患意识和责任感。要抓住教育事业快速发展的历史机遇，乘学校加大学科建设力度之机，加快形成学校发展的合力，为学校持续健康快速协调发展奠定坚实基础。

三、学科建设的指导思想与目标

(一) 学科建设的指导思想

以邓小平理论和“三个代表”思想为指导，以科学发展观为统领，以上海产业结构调整为契机，以学校的办学定位为导向，牢固确立学科建设龙头地位，整体规划、突出重点、强调特色、勇于创新，坚持长期不懈的建设，为学校教育教学和人才培养服务，为上海经济建设和社会发展服务。

(二) 学科建设目标

1. 总目标

以学科建设为龙头，完善以会计学为核心，管理学、经济学为主体，法学、理学、文学为支撑，新兴、交叉及边缘学科适度的学科专业布局结构。通过实施学科建设工程，加大对重点学科支持力度，开展市级、市教委级、校级重点学科以及系部学科基础建设分级建设；鼓励发展一批新兴交叉学科；启动三大学科群建设；尝试在优势学科上与其他高校开展联合培养研究生教育。通过五年建设,力争使个别学科率先达到或接近国内先进水平,若干学科达到或接近市先进水平,努力将学校建设成为"有特色、有水平、有影响"的财经类高校。

2. 子目标

为全面实现学科建设的总目标,学校确定了4项学科建设计划。

(1) 建成三大学科群

以会计研究院、开放经济与贸易研究中心和中国立信风险管理研究院等基地为平台,2007年开始,重点加强以会计学为核心的工商管理学科群、以开放经济与贸易为核心的应用经济学学科群、风险管理学科群建设,形成三大学科群优势。

(2) 加强重点学科建设

市级重点学科:继续加强开放经济与贸易市级重点培育学科的建设,2008年在该学科继续保持称号的同时,力争以未来入选的市教委级重点学科为基础,再冲击成功1个市级重点培育学科。

市教委级重点学科:以6个院级重点学科为基础,2006年底,冲击市教委级重点培育学科,力争入选2个学科。

校级重点学科:继续加强第一期的会计学、国际贸易学、金融学、财务管理4个重点学科、第二期的财政(税务)和智能信息管理2个院级重点学科的建设,2009年在第一期校重点学科建设周期结束时,遴选出4个第三期重点学科投入建设。

(3) 努力构建特色学科

学校将通过对现有的管、经、法、理、文等学科交叉、融合,组建小型的学科团队,开展特色学科建设。2007年开始第一期4～6个左右特色学科点的建设(建设期三年),2010年开始第二期特色学科点的建设。

(4) 积极引导系部开展学科基础建设

学校将科学引导系部开展学科建设,启动13个本科教学系部的学科基础建设计划,在某些研究领域形成特色。

四、学科建设的基本思路与主要措施

我校学科建设的基本思路是:以分级建设为引导,以方向凝炼为基础,以队伍建设为核心,以基地建设为抓手,以机制创新为保障,全面提升我校的学科建设水平。

依据学科建设的基本思路,我们将采取以下十条主要措施。

(一) 建立并完善学科点分级建设体系

学科建设要循序渐进,要抓住重点,采取非均衡发展战略。根据学科建设总目标的要求,依据我校学科建设的现状,实行分级建设、分类指导、分层管理。

1. 我校学科点划分为三级

第一级是市级、市教委级重点学科(以下简称第一级学科点)。学校将给予重点投入,学科建设经费将按照市教委拨款的1∶1进行配套。第一级学科点要在做"强"上下工夫,瞄准前沿方向,紧跟国内外一流学科,发挥对相关学科的牵动和辐射作用,取得一批有影响的标志性成果。率先开展联合培养研究生工作,到"十一五"末,力争在学科的某些研究领域接近或达到国内先进水平,学科整体实力接近或达到上海市先进水平。

第二级是校级重点建设学科和校级重点扶持学科(以下简称第二级学科点)。学校将给予一定的支持,建设经费分别为6万～10万元。使它们的学术地位不断提高,取得一批有影响的成果，积蓄力量冲击市教委级重点学科，积极开展联合培养研究生教育工作，力争到“十一五”末，在学科的某些研究领域接近或达到上海市属高校一流水平。

第三级是系部学科基础建设(以下简称第三级学科点)。每个系部不低于4万元的学科建设费。第三级学科点当务之急是要解决突出“短腿”问题，找出制约发展的“瓶颈”，使其尽快达到学科发展的基本要求，学科综合实力有所增强。能出一批有质量的学术成果和科研成果，同时也要注意本科教育的建设和发展，更出一批好的教材，好的课程，好的教学实验室，在某些研究领域形成特色。

2. 三级学科点实行分级建设、分类指导、分层管理

根据学校对第一、二、三级学科点制定的目标和任务，各学科点应明确自己的定位，对现有的学科建设情况进行全面的分析和总结，找出目前学科建设中存在的问题和不足，明确下一步学科建设的努力方向，制定切实可行的措施，在规定的时间节点力争完成既定目标。学校将建立相应的分层管理机制，逐步健全针对各级学科点的管理办法、考核办法和激励办法等，起到科学规范管理，推动各级学科点加快建设步伐。

(二) 积极培育学科梯队

根据学科发展的需要，继续有计划、有目的地做好高层次人才和紧缺专业人才的引进工作，力争每年引进35～40名高职称教师和博士加入我校学科建设队伍，但更为重要的是对现有教师的培养，以保证教师数量和质量的稳步改善。

1. 实施学科带头人、学术带头人培养计划

根据学科建设的需要，按照滚动培养、开放建设的要求，选拔、培养30名左右学科带头人和学术带头人，设立专项资助基金，为他们的教学、科研提供便利条件，促进学科梯队的建设发展。

2. 实施青年教师培养计划

“十一五”期间，遴选培养50名左右45岁以下的优秀青年教师，在教学、科研、社会工作等方面为他们创造条件，使其成为学校学科建设等工作的骨干力量。鼓励青年教师在职攻读学位，并在经费等方面予以支持。举办青年教师教育教学能力开发研修班，实施“青年教师导师制”，促进青年教师科研和教学水平的不断提高，为学科建设储备后备力量。

3. 探索实施创新团队建设计划

积极探索人才组织新模式，实施创新团队建设计划。以教育高地、重点学科、重点科研项目为平台，根据学科建设的整体需要，选择学校具有相当基础和发展前景的学科、方向，扶持2～3个有发展潜力的创新学术团队。学校提供专项经费支持创新团队的软环境建设，支持学术创新团队探索和建立运转灵活、高效有序、效率优先的管理体制、运行机制和分配制度，对创新团队成员在参加国际学术会议、出国进修、专业技术职务晋升、岗位聘任等方面给予重点支持和倾斜。通过创新团队建设培养和造就杰出中青年学术群体，促进学科的交叉融合，形成优秀人才的团队效应，提升教师队伍的创新能力和竞争实力。

(三) 强化学科基地建设

目前我校已经建立了一些独立建制和非独立建制的科研机构，它们是学科建设的重要基地。学科基地的建设直接关系到科研立项、人才吸引和服务咨询的规模和水平。

1. 做实做强“两院一中心”三个独立建制的学科基地

三大学科基地要积极开展对外学术交流、举办学术会议；组织重大科研项目、产出重大研

究成果；承揽横向课题，为社会各界开展咨询服务；加强与实务部门的联系，开展产学研合作等。确保基地的建设实现以下三大功能：研究功能、教育功能和咨询功能。学校在行政编制、建设经费、图书资料和仪器设备等方面给予支持。

2. 努力推进非独立建制科研机构的形成

鼓励有条件的系部建立非独立建制的科研机构，凡由学校承接的各类横向科研项目，将优先考虑由各科研机构承办；同时，各科研机构承接的各类纵向和横向科研项目，其科研管理费由学校按科研经费总额的1%返还。

（四）设立学科建设特区

所谓学科特区是指高校中普遍采用的一种支持重点学科的惯例，往往一个学校选择少数几个优势学科作为突破口，从国内外引进优秀人才，突破现有的学科组织结构模式，创立全新管理机制，采取特殊运作方式，强化资源投入，以超常规发展的思路及速度，在不太长的时间内形成突出优势。

我校按照“有所为、有所不为”的方针，为加大重点学科尤其是第一级学科点的建设力度，决定实施“学科特区”政策。

(1) 高级职务的岗位职数优先向第一级学科点所在系部倾斜；

(2) 在第一级学科点试行学术休假制度；

(3) 第一、二级学科点将特殊给予图书资料、仪器设备等相关条件的优先配置；

(4) 第一、二级学科点将特殊扶持科研成果产出；

(5) 第一、二级学科点将特殊营造学术环境，支持其召开大型学术研讨会，努力提高学术影响力；

(6) 对于急于引进学科带头人、学术带头人的各学科点可享受学校的特殊政策。

这些制度将在各部门的规章制度中具体体现，学校希望通过人力、物力、财力等方面的特殊支持，确保重点学科尽快缩小与国内一流学科的差距。

（五）探索学科群建设

在重点学科建设的基础上，以优势学科为核心，以独立建制的“两院一中心”为平台，以重大项目立项、校内课题立项（交叉课题）及实验室共建为纽带，科学组建多学科人员队伍，促进学科群的形成，通过学科群的建设带动相关学科的发展。

1. 建设三大学科群

建设以会计学为核心的工商管理学学科群：围绕会计学（含财务管理和审计学）等核心学科组建学科群，通过立信会计研究院这一平台，带动工商管理、财政学（税收）等相关学科和法学、信息管理与信息系统、统计学等支撑学科的发展，形成国内同类学科比较优势，提高管理学这一主体学科的发展水平，并带动相关学科、支撑学科的发展。

建设以开放经济与贸易为核心的应用经济学学科群：围绕经济学、国际贸易学等核心学科组建学科群，通过开放经济与贸易研究中心这一平台，带动金融学、财政学（税收）、信用管理等相关学科和法学、工商管理、计算机科学与技术、数学、统计学等支撑学科的发展，整合力量，形成学科群优势，在某些领域达到国内同类学科的先进水平，提高经济学这一主体学科发展水平，并带动相关学科、支撑学科的发展。

建设风险管理学科群：以中国立信风险管理研究院为平台，依托会计学（含财务管理和审计学）、经济学、金融学、国际贸易、财政学（税收）、法学、数学、统计学、信息管理与信息系统和社会工作等学科专业组建学科群，开展跨学科应用性研究，提升学校整体学科研究水平。通过几年或者十几年的建设，使其成为学校学科发展的新的竞争优势，成为国内著名的风险理论、风险实务和风险政策研究机构。

2. 建立学科带头人联席会议制度

在学科群中设立首席带头人，在制定跨学科研究方向、联合申报重大科研项目(省部级以上)、联合共建实验室时，由首席带头人召集相关学科和支撑学科的学科带头人召开联席会议，共同作出决定。

3. 建立跨学科交叉课题经费资助制度

三个学科群每年可在校内发布一定数量急需研究的交叉课题，各学科群可根据自己的条件状况，向学校提出申请，由学校提供专项经费资助。

(六) 凝炼有特色的学科方向

学科方向凝炼是学科建设的基础。一个学科的特色，在很大程度上取决于学科的研究方向。学校鼓励计算机科学与技术、应用数学、统计学、法律等学科与会计学以及其他经济管理类学科进行交叉、融合，形成新的特色方向。

为加强我校新兴学科、交叉学科和边缘学科的建设力度，学校决定实施特色学科建设计划，鼓励教师跨学科、跨系部强强联合，进一步凝炼出一批具有一定特色的学科方向，产生出一批标志性成果，并以此带动相关学科的建设和发展，增强学校的综合实力。特色学科负责人一般要求具备副教授及以上职称或博士学位的在职教职工，建设期3年，每个学科点将给予9万元的资助。

(七) 积极支持产学研合作

我校是一个以应用型研究和应用型教育擅长的高校，为了传承和发扬这一特色，学校决定开展产学研合作建设项目，鼓励依托系部或科研机构开展产学研合作，学校将加大支持力度。合作项目内容要求有：双方互派专家开展学术讲座、落实对我方教师的培训和学生实习、双方有共同合作的研究课题并能产生一定的科研成果。系部和科研机构可制定中长期建设计划和年度建设方案，向学校提出申请，学校通过审核后，将根据项目的大小，以及合作方年出资额数量的多少，提供相应配套的年度建设经费，一般为2万～5万元。

(八) 启动联合培养研究生工作

本着培养教师、积累经验的目的，学校决定尝试与其他高校开展联合培养研究生工作。2007年率先在会计学、财务管理、国际贸易学和金融学四个院第一期重点学科点上实现研究生教育零的突破，以后再逐年适当增加专业数量，学校将设立研究生办公室，建立共建硕士点专项经费，并逐步完善相关规章制度。至2010年维持6～8个专业的联合培养工作。

(九) 努力改善学科建设的物质条件

加强公共服务体系建设，以图书馆、校园网、实验基地等公共平台建设为抓手，为学科建设工作的可持续发展提供强有力的环境保障。

以新建16 000平方米的图书馆为契机，加大重点学科所需专业期刊的采集力度，增加数据库数量，特别是加强与“两院一中心”配套的三大文献资源中心的建设。同时，各系部应尽快充实各自的图书资料室，以满足教师教学科研和学生探究学问的需求。加强校园高速信息网络建设，完善各项功能，实现数字化校园。根据研究需要，学校将投资建设风险推演与评估模拟等实验室，完善会计学教育高地实验中心，为学科建设提供必要的物质保障。

（十）完善学科建设领导机制和管理机制

学校上下都应从思想上高度重视学科建设工作，逐步完善学科建设领导机制和管理机制。

1. 成立校级学科建设领导小组

学校成立校级学科建设领导小组，日常管理工作由学科建设办公室承担。校学科建设领导小组对学科建设工作进行全面指导，负责重大问题的讨论、决策和处理；学科建设办公室负责校学科建设发展规划的制定、学科建设经费管理、学科检查和评估。

2. 成立系部学科建设领导小组

各系部设立系学科建设领导小组，明确专人负责学科建设的日常工作，并配备兼职学科秘书。系部学科建设领导小组负责跟踪学科前沿，把握学科发展动态和发展方向，为本学科的建设提供支持和指导。

“十一五”中期，学校二级学院建立以后，将重新整合，成立二级学院学科建设领导小组。

探索跨系部学科建设组织新机制，如在学科群建立学科带头人联席会议制度等。

3. 完善学科带头人负责制

学科点内部实行学科带头人负责制，以学科的自我管理为基础，实行目标管理，学术带头人对学科带头人负责，学科成员对学术带头人负责，逐步完善学科点内部的考核、评价和激励制度。

4. 建立并完善各项管理规章制度

为了加强各级学科点的有序建设，学校在已有规章制度的基础上，将继续出台一系列管理文件：《校级重点学科建设管理办法》、《校级特色学科建设管理办法》、《学科建设经费管理办法》和《各级学科建设考核方案》等，以保障学科建设的顺利进行。

5. 建立和完善目标责任制和激励约束机制

为进一步调动系部、科研机构在推动我校学科建设发展中的积极性，鼓励广大教师在学科建设中发挥更大的作用，采取必要的激励措施。

对完成重大目标的学科点（如：入选市教委级重点学科、保留市教委级及以上重点学科称号、开展联合培养研究生教育等），学校将另外提供一定的奖励，额度为当年度该学科点建设经费的15%，用于一次性奖励。

对校内考核特别优秀的、成绩突出的学科，该学科点可从当年度学校下拨的学科建设经费中提取一定的比例用于全体成员的一次性奖励。

对于达不到院内考核标准要求的学科点，将相应减少经费的下拨，直至停拨，并取消相应的称号。

老师们，同志们，今后几年将是我校加快学科建设步伐的关键时期，我们要做到人人进学科，人人有学科归属，人人有学科科研方向。只有狠抓学科建设，努力打造自己的特色和优势学科，并争取在几个学科上率先取得突破，才能有效地扩大我校的知名度和影响力，推动学校各项事业的全面发展。同志们，学科建设是一项长期的、艰巨的工作，事关学校发展的大局，任重道远，我们必须站在时代的高度，以高度的责任心、神圣的使命感、坚定的毅力和信心切实做好学科建设的各项工作，将我校的学科建设推上一个更高的台阶，全面提升我校办学水平，为早日建成“有特色、有水平、有影响”的大学努力奋斗！

六、校级重点学科建设与管理办法(试行)

(2007 年 4 月 25 日)

为加强校级重点学科的建设和管理,进一步推动我校学科的建设和发展,并以此提高我校的教学和科研水平,特制订本办法。

第一章　总　　则

第一条　校级重点学科建设的指导思想是:依据我校整体发展目标,并结合我校学科发展的实际,重点建设一批学科基础较好、发展潜力较大、与经济建设和社会发展密切相关的学科,以此带动其他学科的建设和发展,加快我校师资队伍建设,提高我校的办学水平,为学校教育教学和人才培养服务。

第二条　校学术委员会是校级重点学科建设的决策和咨询机构,根据学校学科建设总体规划,对校级重点学科进行遴选、考核和验收。日常管理工作由学科办负责。

第三条　各系部成立系学术委员会,对本系学科建设的重大问题进行指导和决策;配备兼职学术秘书,为学科建设服务;系学术委员会可具体决定校级重点学科带头人的遴选、撤换和内部奖惩。

第四条　校级重点学科实行学科带头人负责制,学科带头人根据计划任务书,负责组建学科团队,主持本学科的建设与具体管理工作,其具体职责见第四章职责与任务。学科团队中学术带头人对学科带头人负责,学科成员对学术带头人负责。

第五条　校级重点学科建设要成为专业建设的支撑与土壤,所形成的学科特色与优质学科资源要融入本科教育,提高人才培养的水平和质量。

第六条　校级重点学科根据建设基础不同,分为校重点建设学科和校重点扶持学科,均为我校第二级别学科点,建设期一般为五年,中期建设为两年半。

第二章　目　　标

第七条　建设目标:通过五年建设,取得一批有影响的成果,使本学科的特色和优势更加明显,积蓄力量冲击上海市教委级乃至上海市级重点学科,为提高本科教学工作水平、为未来申报硕士点打下扎实的基础,力争到建设期末,在学科的某些研究领域接近或达到上海市属高校先进水平。

第三章　遴　　选

第八条　校级重点学科原则上每五年遴选一次。

第九条　申报学校重点学科的基本条件:

1. 符合国家和上海经济、社会发展的需要,符合学校学科发展整体规划的要求,有明确的学科研究方向和特色,并有较大的学科发展潜力,对学校相关学科的发展有重大的影响和带动作用。

2. 拥有学术造诣深、管理协调能力强的优秀学科带头人和一支学术水平较高、富有创新精神、结构合理、团结协作的学术梯队。

3. 研究基础好，有较高水平的科研成果，科研成果数量和质量具有明显的优势与潜力。

第十条　申报程序与审批：

1. 系学术委员会遴选合适的学科带头人，由学科带头人以本系为主体、以二级学科为基本对象组织申报；鼓励跨系部合作，并允许人员适当交叉；由学科带头人向校学科办递交《校级重点学科申报书》。

2. 学校聘请校内外专家，根据遴选指标对各申报学科进行初选(遴选标准见附件1)。

3. 根据专家组初评意见，由学校学术委员会投票表决确定校级重点学科名单，报学校审定。

第四章　职责与任务

第十一条　校级重点学科点建设的职责与任务：

1. 制订学科发展规划。依据学校整体发展和学科建设规划要求，结合经济建设、社会发展和学科发展的需要，制订出学科的近期和远期发展规划，找准本学科主要的研究方向，形成学科自身的优势与特色。

2. 制订学科梯队建设规划。重点学科所属研究人员，采取申请制，严格执行目标责任的考核制度，由各学科制定具体的考核标准。重点做好学科带头人、学术带头人和学术骨干的培养工作。

3. 制订科学研究规划。在高层次的科研项目申报和高质量科研论文的发表上要有明确的科学研究规划，积极开展校内学科间的协作、校内外的合作研究和学术交流。

4. 加强实验室、图书资料室和科研基地建设。根据学科发展和研究需要，科学规划和创造性地开展实验室建设工作；加强图书资料室建设；设立科学研究基地，并开展产学研合作。

5. 开展联合培养研究生教育工作。开设部分硕士学位课和反映学科前沿的选修课，为高层次人才的培养提供平台。

6. 推进科研成果向教学转化。根据学科发展动态，及时将学术前沿和研究成果融入教学改革与创新中去。

第五章　保障措施

第十二条　学科建设保障措施：

1. 学校对校级重点学科建设给予专项经费支持，校重点建设学科每年投入10万元，校重点扶持学科每年投入6万元，理工科学科点在此基础上翻一番；学校依据考核评估结果对各学科点经费投入进行动态调整。

2. 校级重点学科作为学校第二级学科点，可享受以下特区政策：给予引进学科带头人、学术带头人特殊政策支持；加大对学科带头人、学术带头人的培养力度；优先配置图书资料、仪器设备；优先支持科研成果的推广和应用；优先支持召开大型学术研讨会以及其他重要的国内外学术交流活动(学科特区政策有关细则将另行制订)。

第六章　考核与奖惩

第十三条　考核：

1. 学校对校级重点学科实行年度检查(第一和第四年)、中期检查和终期验收制度。

2. 各学科点按照要求完成学科建设年度工作计划、年终工作总结、中期总结报告和终期验收报告。

3. 重点学科建设经费必须专款专用。经费使用需严格按照《上海立信会计学院学科建设经费使用管理办法》执行,校财务部门应对经费报销进行监督。

4. 各学科点内部应建立相关管理规章制度。

5. 考核程序:

(1) 在规定期限内,各校级重点学科带头人向校学科办递交年度工作总结、中期总结报告或终期验收报告。

(2) 年度考核:由学科点根据相应指标进行自我评估,检查结果报学科办核准。

(3) 中期考核和终期验收:由校学术委员会根据相应检查指标进行评估检查。

(4) 学校根据检查结果对各学科进行奖惩。

第十四条　奖惩:

1. 校内考核成绩分为三级,60 分以下为不合格,60～89 分为合格,90 分以上为优秀。

2. 对完成重大目标的学科点(如入选市级或市教委级重点学科、开展联合培养研究生教育等),学校将提供奖励,额度为当年度该学科点建设经费的 10%,用于学科团队建设。

3. 对学校考核成绩优秀的学科,学校将提供奖励,额度为当年度该学科点建设经费的 5%,用于学科团队建设。

4. 对于达不到学校考核标准要求的学科,视情况分别给予部分拨款(按原标准 50%下拨)、暂缓拨款、直至取消重点学科称号。对于被取消校重点学科称号的学科带头人和学科团队,将同时取消下一轮校级重点学科申报资格。

第七章　附　　则

第十五条　年度考核与中期考核指标体系见附件。

第十六条　本办法自发布之日起开始试行。

第十七条　本办法解释权归学校。

七、学校特色学科建设与管理办法

(2007 年 6 月 12 日)

根据我校学科建设发展规划的要求,为鼓励新兴学科、交叉学科和边缘学科的发展,积极开展特色学科建设,特制订本办法。

第一章　总　　则

第一条　指导思想:立足于国家、上海经济社会发展需要和我校学科发展的需要,进一步凝炼出一批具有一定特色的学科方向,汇聚起多支创新学术团队,产生出一批标志性成果,为今后学校各级重点学科申报提供强有力的支持,并以此带动相关学科的建设和发展,增强学校的综合实力。

第二条　跨学科汇聚起的创新学术团队，其所申报学科必须具有明显特色：

1. 学科所研究的方向必须属于新兴学科、交叉学科或边缘学科性质。

2. 鼓励跨学科、跨专业、跨系部自由组合新的学术团队。所研究的方向要打破二级学科的限制、打破系部学科和专业的限制。

3. 特色学科建设内容不要求面面俱到，但必须有一些闪光点。

第三条　校学术委员会是校特色学科建设的决策和咨询机构，根据学校学科建设总体规划，对校特色学科进行遴选和验收。日常管理工作由学科办负责。

第四条　校特色学科实行学科负责人负责制。学科负责人根据申报书的承诺，负责组建学科团队，主持本学科的建设与具体管理工作。

第五条　校特色学科建设要成为专业建设的支撑与土壤，所形成的学科特色与优质学科资源要融入本科教育，提高人才培养的水平和质量。

第六条　校特色学科建设周期为三年，中期为一年半；采用目标管理方式。

第二章　遴　选

第七条　校特色学科原则上每三年遴选一次。

第八条　申报的基本条件：

1. 申报的学科方向，符合国家、上海长远的经济社会发展需要，符合学科自身发展的规律；具有鲜明的特色，有相关学科相互支撑，有良好的发展前景，对学校相关学科有较大的影响和带动作用。

2. 学科负责人一般要求具有较强的管理协调能力，具备副教授及以上职称或拥有博士学位的在职教职工。

3. 学术团队成员不少于四人(包括学科负责人)，学科背景结构合理、富有创新精神、团结协作。

4. 学术团队主要成员要求研究基础好，有较高水平的科研成果，能够承担并完成研究项目。

第九条　申报程序与审批：

1. 由学科负责人组队，并向学科办递交《校特色学科建设申报书》。

2. 学科办进行资格初审，并组织专家评议。

3. 根据专家组的评议意见，校学术委员会投票表决确定校特色学科名单，报学校审定。

第三章　职责与任务

第十条　职责与任务：

1. 制订学科发展规划。依据经济建设、社会发展和学科发展的要求，制订出学科的发展规划，找准本学科的研究方向，形成学科自身的优势与特色。

2. 制订科学研究规划。在高层次的科研项目申报和高质量科研论文的发表上要有明确的科学研究规划，积极开展校内学科间的协作、校内外的合作研究和学术交流。

3. 加强科研基地建设。根据学科发展和研究需要，科学规划和建立科学研究基地，积极开展与其他高校/科研机构的合作。

4. 推进科研成果向教学转化。根据学科发展动态，及时将学术前沿和研究成果融入教学改革与创新中去。

第四章 保障措施

第十一条 经费支撑条件:

1. 学校对校特色学科建设给予专项经费支持。每个特色学科资助经费总额为9万元,分三期下拨,立项时下拨专项经费的1/3,中期检查合格下拨1/3,终期验收合格后补足剩余1/3;学校依据中期检查和终期验收结果对各特色学科建设的经费投入进行动态调整。

2. 校特色学科建设经费必须专款专用。经费使用需严格按照《上海立信会计学院学科建设经费使用管理办法》执行。

第五章 检查与考核

第十二条 检查与考核:

1. 学校对校特色学科实行中期检查和终期验收制度。

2. 各学科点应按时按要求完成《校特色学科建设中期自我评估书》和《校特色学科建设终期报告书》。

3. 中期考核时,未达到申报书所承诺建设目标的学科点,管理部门有权暂缓拨款;情节严重的,由校学术委员会决定取消其建设资格。

4. 终期考核时,未达到学校验收标准的学科点,将停止剩余1/3经费下拨,并取消其学科负责人和团队成员下一轮申报校特色学科的资格。

第十三条 验收标准:

经过三年的建设,学科方向基本形成,并且特色鲜明;研究成果与所申报学科方向相吻合。具体验收标准如下(五项标准需同时具备):

1. 以学科成员为第一身份完成A级论文1篇,或完成B级论文3篇,或申报成功省部级课题1项,或申报成功省部级决策咨询课题1项,或获得省部级科研成果奖1项。

2. 以学科成员为第一身份完成专著1部。

3. 以学科成员为第一身份取得校外课题经费4万元。

4. 通过不间断的研究,建立自己的研究基地;或者与其他高校/研究机构建立起长期固定的合作关系。

5. 每年人均参加1次国际性或全国性的学术交流活动,其中至少有2人次所提交论文被会议录用或参加会议交流。

第六章 附 则

第十四条 本办法自发布之日起开始执行。

第十五条 本办法解释权归学校。

八、学科建设经费管理办法(试行)

第一章 总 则

第一条 为加强学科建设经费管理,提高资金使用效率,规范学科建设经费的使用,根据

《科学事业单位财务制度》、《上海市重点学科(第二期)建设经费管理办法》、《上海立信会计学院关于报销注意事项的规定》及《关于进一步规范我院财务报销办法的通知》等国家、上海市及学校的有关规定,特制定本办法。

第二条　学科建设经费是指上级管理部门和学校指定用于学科建设活动和管理的预算经费,主要来源于市财政专项投入(市本级学科建设专项)和学校投入两部分。

第三条　校学科办根据学校学科建设发展情况以及上级管理部门专项资金投入情况,提出学校学科建设预算经费总额,经学校批准后执行。

第四条　学科建设经费管理适用于学校第二级学科点(校级重点建设学科和校级重点扶持学科);第三级学科点(系部学科基础建设)、校特色学科点和市财政学科建设专项项目。

第二章　计划与投入

第五条　市财政学科建设专项经费资助的学科点,学校按照上级管理部门要求拨付经费。

第六条　学校投入方面:

1. 第一级学科点(市级、市教委级重点学科)校内配套资金:市级重点学科按1∶1现金配套,市教委级重点学科按1∶0.5现金配套。

2. 第二级学科点年度建设经费:校级重点建设学科10万元,校级重点扶持学科6万元。

3. 第三级学科点年度建设经费:按系部人数分别为3万元、4万元和5万元;另根据系部本科专业数投入系部文献情报中心建设费1万元或2万元。

4. 校特色学科年度建设经费:每个团队3万元。

5. 学科建设专题研究:每年拨付10万元用于学校学科建设决策咨询课题的研究,根据学校发展的要求完成课题1～2个。

6. 专家咨询费与学科建设管理费:每年拨付15万元,主要用于专家咨询、学科申报、评审、检查、人员培训、学科点奖励、学科特区支持等环节。

第七条　各学科点应积极争取国家、部委、上海市和企业的重大项目,多渠道筹集经费。

第三章　使用范围

第八条　根据上级管理部门相关文件和学校有关政策的要求,校各类学科点经费使用指导原则如下:

1. 人才培养。用于学科带头人和学术骨干的引进、培养与培训等。

2. 实验室建设。用于添置学科发展必需的实验室设施、设备和相关软件。

3. 科学研究。用于学科点内部课题立项,进行预研究;重大纵、横向课题经费配套;出版专著支持费等。

4. 学术交流。参加国内外重要学术会议;主办、参办学术研讨会;邀请专家作学术报告。

5. 文献资源经费。用于国内外期刊、专业图书的购置和数据库的购买与使用等。

6. 学科激励。用于学科点成员取得重大成果的奖励,相关人员劳务支出。此类经费开支原则上不得超过年度建设费总额的20%。

7. 开放经费。用于吸引国内外优秀人才来我校进行高水平的科学合作研究,对外进行产学研合作项目等。

8. 过程管理。为加强学科建设的过程管理,各学科点用于动态管理网站建设、阶段检查、过程督导、中期考核、终期验收、专家咨询和相应档案文档以及上级主管部门组织的检查评估等相关费用。此类经费开支原则上不得超过年度建设费总额的5%。

9. 其他费用。指与学科建设相关但不包含在上述范围内的其他必要费用。

第四章　管理与监督

第九条　学科建设经费的管理和使用，必须符合国家有关财务制度和本办法的规定，接受财务、审计、学科管理等部门的监督和检查。

第十条　学科点经费使用应严格按照申报书和年度预算计划执行，多方筹集的学科建设资金应进入财务处账户，经费报销按学校有关财务制度执行。

第十一条　学科建设经费的使用实行校重点学科的学科带头人、校特色学科的学科负责人、系部学科基础建设的系部负责人和市财政学科建设专项的项目负责人负责制，专款专用，任何部门或个人不得截留、挤占和挪用。

第十二条　学科在建设过程中产生的成果归学校所有，学校按照有关知识产权保护的法律、法规进行规范管理。形成的资产均属学校资产，应纳入学校资产进行统一管理。

第十三条　学科点购买超过800元以上的仪器设备或软件，学科带头人必须按照学校现有仪器设备采购规定办理相关购置手续。

第十四条　学科激励费和招待费，需根据学校规定办理报销手续。

第十五条　建设年度终了时，学科点经费余额（含上年度结余及系部文献情报中心建设费）大于年度建设费总额的三分之一，学校将暂停下拨下一年度的建设经费。

第十六条　项目建设期结束，学科点尚未清算的资金，可在财务处再保留一个会计年度，到期后学校财务部门有权执行清算处理。

第十七条　各学科点负责人应遵守财务制度，提高经费使用效益。对经费使用不当、学科建设成效不明显，或造成严重浪费致使难以达到预期目标的学科点，学校有权随时终止经费资助。

第五章　附　　则

第十八条　第一级学科点经费使用与管理按照市教委相关文件规定执行。

第十九条　市财政学科建设专项项目用于人才培养的经费开支约占年度建设费总额的30%，用于实验室建设的经费开支约占年度建设费总额的20%。这两部分经费由学校统筹管理，各项目单位申请使用。

第二十条　本办法解释权在校部。

第二十一条　本办法自发布之日起试行。

九、上海立信会计学院十一五规划

（2006年5月30日）

第一部分　“十五”期间发展的回顾

一、“十五”期间的回顾

“十五”期间，上海立信会计学院在邓小平理论和“三个代表”重要思想指引下，紧紧围绕办本科院校的目标，抢抓发展机遇，突出战略重点，各项事业取得长足发展，整体办学水平跃上新台阶，圆满实现了“十五”计划的目标。

——成功升本，实现了立信几代人的夙愿。2003年正式升为普通本科院校。实现了学院发展的历史性跨越，为学校赢得了今天的机遇和未来发展的较高起点。

——明确定位，确立科学发展的办学理念。学院以国内外同类财经类的本科高校作为参照，探讨学校从专科升为本科后的基本内涵，以及在办学类型和办学水平与特色的定位。学院坚持与时俱进，传承立信的优秀文化，提出了“诚信、奋斗、创新”的立信精神，确立了“立信为本、实践为衡、求是务实、报效社会”的办学理念，确立了“厚基础、宽口径、重应用”的应用型人才培养模式，积极打造以“诚信”为特色的校园文化。

——学科建设成果颇丰，教育质量稳步提高。确立学科建设的理念，构建学科建设框架，形成了“以会计学为核心，管理学、经济学为主体，法学、理学、文学为支撑”的学科专业布局结构；拥有了会计学、经济学等19个本科专业。组建了会计学系等14个系部，成立了成教学院和高职学院。会计学专业成为上海市教育高地重点建设项目，开放经济与贸易学科成为上海市重点培育学科。“十五”期间，“会计模拟实习教学平台构建”获国家级优秀教学成果二等奖，“金融模拟实习教学”等3项获上海市教学成果奖；《财务管理》、《商业银行经营管理》等4门课程评为上海市精品课程；2本教材被评为“上海市优秀教材”。

——办学规模稳步扩大，办学条件显著改善。2005年在校生6 911人，其中本科生3 303人，专科生3 608人，历年就业率均保持在95%以上。至2005年底，专任教师达到316人，其中具有硕士及以上学位的教师37%，高级职称的达30.1%。总投资为3.3亿元的松江校区建成并投入使用，办学空间得到扩大，办学经费有了显著增长，学院工作重心和办学主体转至松江校区。

——科研工作步入正轨，实现三个突破。“十五”期间，我院科研经费总额达773万元，共计发表论文568篇，出版专著和教材78部；实现了科研工作三个突破，即横向课题的突破、省部级课题的突破、论文进入国际三大检索系统的突破。成立了中国立信风险管理研究院、开放经济与贸易研究中心等研究机构。

——学习贯彻科学发展观，以改革推进学院的快速发展。2002年起，学院以体制机制的改革为突破口，先后进行了管理体制改革、干部人事制度改革和分配制度的改革，全面实行全员合同聘用制。坚持干部“四化”的方针，一批德才兼备的中青年干部走上领导岗位，增强了干部队伍的生机与活力。

——大力加强党的建设和精神文明建设，凝聚力进一步增强。坚持和完善党委领导下的校长负责制，充分发挥党委总揽全局、协调各方的作用，遵循科学规律，有序推进学院的建设和发展。大力加强基层党组织建设，特别是通过保持共产党员先进性教育活动，学院党的各级组织的思想建设、组织建设和作风建设得到了进一步加强。2005年，学院获得上海市“文明单位”称号。

二、基本经验

以上工作，为学校“十一五”期间发展创造了全新平台和广阔空间，奠定了坚实的基础。回顾“十五”的工作，能够取得这些预期工作成效，基本经验是：

1. 把握机遇，以加快发展作为解决学校一些问题的关键。近年来，学校较好地把握了专升本、扩招、新校区建设等发展良机，促进了各项事业的发展，通过快速发展解决历史遗留问题。

2. 开拓进取，把改革作为学校建设与发展的动力。“十五”以来，学校遵循学科建设、教学、科研和人才成长等规律，以建设和发展提高整体办学水平，推进管理体制改革、干部人事制度改革和分配制度改革的三大改革，有力地调动了各方面的积极性和创造性。

3. 以人为本，把"四个尊重"作为学校建设与发展的法宝。党政班子密切配合，坚决落实"两个为本"，把"尊重知识、尊重人才、尊重劳动、尊重创造"作为学校建设与发展的法宝。坚持以人的发展为本，为广大教职工聪明才智的展现创建平台，充分调动和发挥教职工的积极性和创造性，为学校的建设和发展注入了活力。坚持密切联系群众，在重大问题的决策上注意倾听群众意见，全心全意依靠教职工办学。

4. 创建和谐校园，加强党的建设和思想政治工作为学校建设与发展提供了有力的保障。学校党委始终把和谐作为改革与发展的出发点与归宿点，积极创建和谐校园。注重加强党的建设和思想政治工作，组织建设、思想建设、作风建设得到了进一步加强，发挥了各级党组织和广大党员的战斗堡垒作用和先锋模范作用。党的建设为学院改革发展提供了政治保障、思想保障和组织保障，全院形成了团结、和谐、向上的良好氛围。

三、存在问题

通过"十五"建设，制约学院发展的瓶颈因素在一定程度上有所改善，但是距离建设"有水平、有影响、有特色"的大学还存在不小差距。就管理、学科建设和人才队伍等方面来说，主要表现在：

两级管理的理念需进一步强化，运行机制还需完善。优势学科不多，支撑学科相对比较薄弱，新兴、交叉和边缘学科数量偏少，学科群、学科链建设还需进一步加强。教师队伍整体规模偏小、高学历人才比例偏低、高职称人才年龄结构偏高，不少学科缺少领军人才。课程体系未能充分体现学院人才培养特色的要求，教学质量保障体系有待完善。校园用地严重不足，图书馆面积和图书总量缺口较大，校园网络化、数字化、自动化方面开发应用不足，实验室的建设和管理有待加强。

第二部分　"十一五"发展规划的指导思想、基本思路和发展目标

四、机遇与挑战

随着经济全球化，会计等行业的国际趋同成为大势所趋。随着我国科教兴国战略进一步推进，高等教育发展已进入大众教育阶段，高校之间竞争将呈加剧趋势。

上海是我国经济最发达的地区。"十一五"期间，上海将率先基本实现现代化，到2010年形成国际经济、金融、贸易、航运中心的基本框架。上海正在深入实施的科教兴市主战略，正在推进的产业战略调整，建立现代服务业，为我院培养更多的适应现代服务业发展的财经类人才带来了机遇。

作为市属普通本科高校，如何抓住机遇求发展，迎接挑战跃上新台阶，任务更加艰巨。"十一五"时期，是我院坚持可持续发展的五年。要充分认识当前高等教育发展的机遇与挑战，坚持党的教育方针和社会主义办学方向，准确把握我院在高等教育发展中的定位，进一步明确发展目标和任务，围绕迎接学士学位授予权评估，加强教育的内涵建设，致力于全面提升教育质量和办学水平，努力打造优秀的管理干部队伍，努力打造高质量的教师队伍，为本科教育评估创造有利条件，办人民满意的教育。

五、指导思想

以邓小平理论和"三个代表"重要思想为指导，全面贯彻党的教育方针，以科学发展观为统

领，以内涵发展为重点，深化改革，促进规模、结构、质量、效益协调发展；以人才培养为根本，把提高教育质量和办学水平放在突出位置，不断增强学生的创新和实践能力，培养优秀应用型人才，弘扬“诚信、创新、奋斗”的立信精神，把我院建成“有水平、有影响、有特色”的财经类本科院校。

六、基本思路

——坚持创新发展的战略思路。创新是一个民族进步的灵魂，是国家兴旺发达的不竭动力。学校要有更大发展，就必须解放思想，勇于创新。要瞄准国家发展中的重大需求建立创新平台，大力推进知识、教育、科技创新，提高人才培养质量和学术水平，探索立信事业持续、稳定、健康和快速发展的路子。

——学科建设是学校发展的龙头，队伍建设是学校发展的关键。学科建设要继续以会计学为核心，管理学、经济学为主体，法学、理学、文学为支撑，构建科学合理的学科专业布局。

——稳定规模，发展内涵，加大向教学科研、人才引进、图书资料、实验教学等方面的投入。

——学士学位授予权评估是学院“十一五”期间的一项重要工作，要制定切实可行的工作计划，明确职责，确保顺利获得学士学位授予权。坚持以评促建，以评促改，以评促管，不断提高本科教育质量。

——科研工作的基本思路是：强管理、建平台、组团队、上水平、出成果，提高科研服务于经济建设的水平。

七、发展目标

——到“十一五”末，全日制在校生的规模为9 600人，其中高等职业学院在校生为20%；成人学历高等教育在6 500人左右。非学历培训保持在每年2万～3万人次的规模。

——实施学科建设工程，加大对重点学科支持力度；力争获得1～2个市级重点学科、2～3个市教委级重点学科；启动第二期、第三期院级重点学科建设工作；鼓励发展一批新兴交叉学科；加强以会计学为核心的工商管理学和以开放经济学为核心的应用经济学等学科群建设；加强以风险管理为特色的应用研究；尝试在优势学科上与其他高校开展联合培养研究生教育。通过五年建设，力争使个别学科率先达到或接近国内先进水平，若干学科达到或接近市先进水平。

——学士学位授予权评估确保达到“良好”，主要项目力争达到“优秀”。

——本科专业达22～25个。加快实施精品课程和重点建设课程建设规划，建设2～3门国家级精品课程，5～8门市级精品课程，10门市级重点课程，构建具有立信特色的完善的课程体系。

——建立3～5个独立建制的科学研究机构。每年组织2～3个大型的全国或国际学术研讨会；力争产生一批获省部级以上奖励的标志性优秀学术成果，形成一批高水平的学术创新团队。

——每年引进35～40名高职称教师和博士生，专任教师数突破500人的规模，其中高级职称的教师比例达35%，硕士以上学历的教师的比例达70%以上。

——力争申报成功2～3个中外合作办学项目，同时根据未来形势发展的需要，申办1个中外合作办学机构。

——松江校区力争征地200亩；新建1.8万平方米的图书馆，0.6万平方米的学术交流中心，1.1万平方米的综合服务大楼，改建0.7万平方米的办公用房，生均图书达到100册。

通过实现以上目标，扩大“立信”教育品牌的社会影响，构建合理的学科群，凝聚合理的学科梯队，个别学科接近或达到国内先进水平，在同类院校中处于领先地位，为学院中期发展目标打下扎实的基础，即“积极开拓研究生教育，逐步形成优势学科群，部分学科接近或达到国内先进水平，将学院建设成一所在市属高校中处于先进水平的、以培养应用型人才为主的教学研究型财经类高校”。

第三部分　实现发展目标的主要措施

八、学科建设与教学改革

(一) 加强学科和专业建设

1. 加大学科建设力度。学科建设是高校核心竞争力的关键，是体现一所大学办学水平的重要标志。学科建设要以优势学科为核心，以研究所为基地，组建多学科团队，促进学科群的形成，通过学科群的建设带动相关学科的发展。“十一五”期间，学院将以会计研究院、开放经济与贸易研究中心和中国立信风险管理研究院为基地，重点加强工商管理学和应用经济学等学科群的建设，重点加强风险管理领域的应用研究。

2. 继续推进重点学科建设。加大对市级和市教委级重点学科支持力度，增加院级重点建设学科数量，建立、健全考核和管理办法，逐步完善市级、市教委级、院级重点学科分级建设体系。市级重点学科在全院学科建设将起到示范作用，以此带动全院各学科协调发展和整体水平的提高，实现“重点突破、整体发展”的格局。

3. 大力推进特色学科建设。将学院五大学科进行交叉、融合，凝炼新的研究方向，跨学科、跨系部组建创新团队，重点建设一批符合上海社会经济建设要求、特别是适应现代服务业发展需求的新兴学科、交叉学科和边缘学科。通过重点培育，形成学科发展特色，增强学科可持续发展能力，全面提升学校办学水平。

4. 启动联合培养研究生建设。通过学科群建设和重点学科建设，迅速提高主干学科的学术水平，培养、汇聚起一批高层次人才队伍，建立运行和管理机制，力争在优势学科上与其他高校联合培养研究生。

(二) 深化教学改革

1. 构建具有立信特色的课程体系。主动适应区域性经济结构战略性调整与当前人才市场需求，以大学生全面发展为目标，以培养学生学习能力、实践能力、创新能力为重点，坚持“厚基础、宽口径、重应用”的人才培养模式，科学修订人才培养目标和规格，进一步深化教学改革，不断完善“平台＋模块”的课程结构，加大精品课程和重点课程的建设力度，增加双语教学的课程，构建具有立信特色的课程体系。

2. 加强实践教学。继续加强实验室建设和毕业实践管理，构建案例教学、校内模拟实习、校外专业实习、社会调研等多种形式的实践教学平台，将实践教学贯穿于专业教学的全过程。专业实验教学中心要建设成为上海市的“实验教学示范中心”。

3. 完善教学质量保障与管理机制。进一步落实教学工作的中心地位，完善教学质量保障与管理体系，切实提高教学质量和人才培养质量。继续加强教风学风建设，进一步完善教学运行管理、教学过程监测、教学工作评价、教学质量反馈的质量控制体系；积极推进学分制改革，完善教学管理机制；完善教学信息反馈系统；构建学院、系部、教研室三位一体的教学质量监控网络，不断提高教育教学质量。建立和完善学生信息管理系统，提高学生管理工作的效率。

九、教师队伍建设

1. 实施三项培养引进计划。突出以人为本,紧密围绕学校发展的总体目标,搭建立信事业发展与教师发展的互动平台。通过教师的发展促进立信事业的发展,以立信事业的发展带动教师的发展,形成良性循环。要以学科发展和学科带头人与学术骨干建设为重点,大力推进师资队伍建设,努力打造高质量的教师队伍。

——实施学科带头人、学术带头人培养计划。选拔、培养30名左右的学科带头人和学术带头人。设立专项资助经费,为他们教学、科研的软环境改善提供条件。

——实施高层次人才引进计划。力争每年吸引35～45名具有创新能力和发展潜力的,能推动学院学科建设与发展的教授、副教授、博士来我院工作。

——实施青年教师培养计划。遴选培养50名左右45岁以下的优秀青年教师,在教学、科研、社会工作等方面为他们创造条件,鼓励青年教师在职攻读博士学位,实施"青年教师导师制",加强对青年教师的培训。

2. 加强师德建设。加强教师思想政治工作和职业道德建设,树立正确的教育观、质量观和人才观,忠诚于党的教育事业,进一步增强教书育人、服务社会的历史使命感和社会责任感。完善具有可操作性的师德规范和师德的底线要求,做到有组织、有规范、有培训、有典范、有考核。坚决实行师德一票否决制;继续开展师德标兵评选和师德论坛活动,弘扬教书育人、为人师表的高尚师德风范。

十、科学研究与国际合作交流

1. 继续加大对科研的支持力度。要加大对重点课题的投入力度,加大对重点学科科研方面的扶持力度,在科研经费的投入、外来科研经费、科研论著、省部级以上课题等方面,要有较大幅度的增长。

2. 进一步完善各项科研管理制度。注重科研经费的投入产出比,提高资金使用效率,探索建立高效有序的管理体制和运转灵活的激励机制。

3. 加快科学研究机构和创新团队建设。根据学科建设需要,建设好独立建制的立信会计研究院、开放经济与贸易研究中心和中国立信风险管理研究院等,鼓励有条件的系部建立非独立建制的科学研究机构,鼓励各科学研究机构在管理体制、机制方面积极创新。以各级重点学科和特色项目为依托,组建一批高水平的学术创新团队,力争产生一批获省部级以上奖励的标志性优秀学术成果。

4. 加强与国内外学术界的联系与交流。实施"立信讲坛"计划,邀请国内外著名专家、学者来校作系列学术讲座,促进科研水平不断提高;实施"立信论坛"计划,加强我院教师与国内外学术界的沟通。

5. 进一步重视和扩大对外合作交流。逐步提升学院国际化办学水平,开展多层次合作办学,加强与国际专业职业资格协会的联系。开展多类别的培训,培养具有国际视野的教师队伍。开展与海外大学多途径的学生交流。

十一、多层次办学

1. 继续重视高等职业教育。高等职业技术学院要传承学校专科教育的品牌特色和优势,积极开拓适应市场需求的新专业,要建成规模适度、具有较强社会服务能力和鲜明特色的高职学院。

2. 发展成人学历高等教育及继续教育。拓展成人学历高等教育及继续教育渠道,巩固专科教育，稳步发展本科教育。积极开展国内外交流与合作，与国内外知名大学、企业和培训机构建立长期合作关系。进一步改善条件，加强管理，把立信成人教育学院建成在上海同类院校中综合实力位于前列的成教学院。

十二、深化改革

1. 进一步深化人事与分配制度的改革。强化分配制度的激励功能，建全绩效优先，兼顾公平的分配机制。完善全员聘用合同制，健全“能进能出、能上能下”的人员流动机制。进一步健全考核评价体系，根据公开、公正、公平的原则，按照任期目标、岗位职责和合同要求，对教职工定期考核、评价，考核结果与职务聘任、奖惩等直接挂钩，进一步增强教职工的积极性和主动性。

2. 建立层次清晰、科学规范的责权利统一的校院（系）两级管理模式。深化校内管理体制改革，科学规范两级管理职能，改进管理方式，实现管理重心下移，提高管理效率与水平。“十一五”中期，通过校内管理体制改革，在院系两级管理的基础上，建立校院（系）两级管理模式。将相同、相近或相关的学科有机地整合成二级学院，给予二级学院相应的人、财、物管理的自主权，真正做到责权利的统一。加强校级宏观决策调控的职能，强化目标管理，建立层次清晰、科学规范的责权利统一的校、院两级管理体制和运行机制。

十三、精神文明建设和校园文化建设

1. 进一步提升精神文明建设的整体水平。树立社会主义荣辱观，加强思想道德建设，既是一项长期的战略任务，又是精神文明建设的基础性工程，也是当前一项重要而迫切的工作。按照巩固创建成果，夯实基础文明，提升文明水平的思路，紧密结合学校工作的实际，根据新一轮文明创建的规划，落实文明创建活动的长效机制，分解评估指标，将责任落实到各处室、系部。推进文明创建工作进一步规范化、制度化。形成主动建设、长效管理的新格局，开展“精神文明创建优秀项目”等评比活动，打造平安校园、安全校园和节约性校园，推进学院精神文明建设向更新、更高的目标迈进。

2. 推进德育建设工程。大力加强大学生思想政治教育工作，认真贯彻、落实中共中央16号文件精神和学院德育工作会议提出的各项任务和举措，强化育人意识，形成全院育人的合力。推进学生德育建设工程，充分发挥思想政治理论课的主渠道作用，完善思想政治理论课课程体系，准确把握社会主义荣辱观学习实践活动的基本要求，深化社会主义荣辱观的学习宣传教育，把“八荣八耻”的教育和“树魂立根”为主题的教育活动结合起来，广泛开展各项实践活动，引领广大学生奋发学习、积极向上，努力造就有理想、有道德、有文化、有纪律，德智体美全面发展的社会主义事业的建设者和接班人。

加强辅导员队伍建设。要按照“科学化模式、专业化培养、多样化发展”的要求，完善符合我院实际的辅导员队伍建设的体制和机制，创造良好的政策、工作、生活环境，着力提高辅导员的工作能力和水平，做到政治强、业务精、纪律严、作风正，从而提升我院学生思想政治教育工作队伍的整体能力和水平。加强学生心理健康教育中心、学生资助管理中心、毕业生就业指导中心的建设，不断增强学生心理健康教育的针对性和实效性，完善奖、贷、助、补、减等多元一体的资助体系，提高就业率和就业层次。

3. 校园文化建设。弘扬“诚信、奋斗、创新”的立信精神，完善诚信教育体系，继续打造以诚信为特色内容的校园文化；加强校园文化设施和人文环境建设，开展多层次的校园文化活动，营造浓厚的学术氛围，提升校园文化的学术含量；筹建立信珠算博物馆，完善校史陈列室；

进一步加强语言文字规范化工作，推广普通话，创造有利于大学生健康成长的学习和生活环境。

十四、公共服务与后勤保障体系建设

1. 加强公共服务体系建设。按照本科合格评估的标准，完善校园基础设施建设；加快图书文献资源和电子资源建设，推进图书馆自动化、网络化、数字化建设；加强校园高速信息网络建设与管理，完善校园网络各项功能，实现数字化校园，提高管理水平和管理效率。加强档案管理与建设，实现集约化、规范化、制度化、信息化的管理目标，筹建档案馆。

2. 提高出版社为教学科研服务的能力。以出版会计、财经类专业图书为主要特色，扩大“立信”版图书的社会影响；优化图书出版结构，打造有影响力的精品图书；加强与国内、国际出版业的合作与交流，将出版社建设成为在大学出版社中独具特色的财经类出版社。

3. 提高安全保障、后勤工作的水平。搞好综合治理，完善人防、物防、技防融为一体的安全保障机制，确保学校的稳定，营造安全文明的校园环境。增强节约意识，加强节约工作的管理，建设节约型校园。进一步做好饮食服务、卫生保健、保洁、物业管理与维修、学生宿舍服务等工作，不断提高后勤服务质量和服务水平。

4. 提高财经支持能力。力争在正常教育经费拨款年年有相应递增的基础上，开拓创收、捐资助学等渠道，多方位筹措办学资金。加强财务管理，提高资金使用效益，严格财经纪律，加大财务审计和监督力度。

十五、党建和干部队伍建设

1. 加强党的思想建设。坚持用“三个代表”重要思想和科学发展观教育全体党员，加强党的思想建设，加强党建理论的研究，成立党建理论研究会，全面提高运用科学理论观察问题、分析问题、解决问题的能力，不断提升理论指导实践的水平。

2. 加强党的组织建设。坚持和完善党委领导下的校长负责制。充分发挥党委的领导核心和总揽全局、协调各方的作用，支持院长独立负责地行使职权。加强党内民主建设，建立院党代会制度。加强各级领导班子建设，着力提高领导班子的素质和能力，提高领导水平，认真落实党风廉政建设责任制。加强基层党组织建设，进一步建立健全保持共产党员先进性的长效机制，充分发挥党总支的政治核心作用，党支部的战斗堡垒作用和党员的先锋模范作用，不断提高基层党组织的创造力、凝聚力和战斗力。做好党员发展工作，特别是做好高级知识分子、优秀青年教师、优秀学生的培养和发展工作。加强学生党支部建设，力争到2010年在校学生党员达到6%。

3. 加强干部队伍建设。坚持党管人才的原则，牢固树立人才资源是第一资源的观念。打造优秀的管理干部队伍是立信事业顺利发展的重要保证。按照干部的“四化”要求，深化干部人事制度改革，切实把那些政治坚定、能力突出、作风过硬、群众信任、清正廉洁的优秀干部选拔到领导岗位上来。到2010年，教学系部的党政负责干部都应成为学术骨干或学科带头人，教学、科研等重要岗位的负责干部应是具备高级技术职务的学术型、管理型干部。加强干部培训，实施以思想政治建设为核心、以能力建设为重点的“干部培训计划”，不断提高干部的素质和能力。

4. 充分发挥群团组织的积极作用，切实加强统战工作。加强党对统战工作和工会、共青团等群团的领导，积极落实教代会的各项职能，推进校务公开、民主管理，充分发挥民主党派和工会、共青团等群团组织在学院改革发展中的作用。

“十一五”是立信建设发展的关键时期，全校上下要围绕规划提出的发展目标，弘扬“诚信、奋斗、创新”的立信精神，团结一致，开拓进取，扎实工作，努力完成各项任务，切实提高学校办学综合实力和核心竞争力，把学校建设成为“有水平、有影响、有特色”的大学，为今后十年乃至更长时期的发展打下坚实的基础。

第三章　教学计划

第一节　教学计划的制定与优化

学校修订教学计划主要依据是：① 国家教育方针、政策；② 学校人才培养特色与规律；③ 经济社会发展需求。

修订教学计划的基本流程：教务处提出修订教学计划指导意见(讨论稿)，系部提出修改意见并反馈教务处，经学校教学委员会审定和主管校长同意，教务处下达修订教学计划指导意见(正式稿)，系部制订各专业教学计划(初稿)，教务处组织校内外专家进行论证、确定。

修订教学计划的基本原则：① 适应性原则。教学计划应与本专业人才培养目标、专业定位、专业特色相适应，在分析国家与上海经济建设发展需要，本专业学生应具备的素质、知识、能力的基础上，科学制定培养方案。② 基础性原则。教学计划要体现本科教育的基础性和阶段性，注重夯实理论基础，拓宽专业口径，体现学科交叉融合，为学生终身学习和继续深造奠定基础。③ 整体优化原则。制订教学计划要清晰地界定各门课程的地位、内容边界和目标。从提高学生的素质和能力出发，考虑课程之间的有机联系，进行课程的重组和整合，整体优化知识结构和课程体系，形成特色。④ 理论与实践性相结合原则。根据理论课程的改革实际，调整更新实验内容，合理构建实践教学体系，加强学生的实践能力的培养，合理安排实验、实习、社会实践、毕业设计与科学研究等教学环节，使学生获得较系统的技能训练。积极推进实验课单独设课。⑤ 创新性原则。教学计划应体现培养学生自主创新意识和探索精神，从单纯知识传授的教学模式向关注学生创新能力培养的教学模式转变，从被动学习向主动学习转变；从知识教育向能力教育转变，提高学生的就业创业能力。

一、专科教学计划

将会计专业教学计划表(见表5－3－1、表5－3－2、表5－3－3)分列出(其他专业教学计划表从略)。

表5－3－1　会计专业指导性教学计划表

课程平台	序号	课程编码	课程名称	总学分	总学时	学时分配		各学期周学时数及学分						考试学期
						理论教学	实训	一 15周	二 17周	三 17周	四 17周	五 17周	六 17周	
公共基础课	1	23101020	思想道德修养与法律基础	2	30	22	8	2						1

（续表）

课程平台	序号	课程编码	课程名称	总学分	总学时	学时分配		各学期周学时数及学分						考试学期
						理论教学	实训	一 15周	二 17周	三 17周	四 17周	五 17周	六 17周	
公共基础课	2	23113021	毛泽东思想、邓小平理论与“三个代表”重要思想概论(一)	2	30	23	7	2						1
	3	23113022	毛泽东思想、邓小平理论与“三个代表”重要思想概论(二)	2	34	26	8		2					2
	4	23103020	法学概论	2	34	26	8		2					
	5	23127040	计算机基础	4	60	40	20	4						
	6	23102020	财经应用文	2	30	22	8	2						
	7	23128020	高等数学—线性代数	2	30	30		2						1
	8	23104040	高等数学—微积分	4	68	68			4					2
	9	23106041	大学英语(一)	4	60	45	15	4						1
	10	23106042	大学英语(二)	4	68	51	17		4					2
	11	23106043	大学英语(三)	4	68	51	17			4				3
	12	23106044	大学英语(四)	4	68	51	17				4			4
	13	23107011	体育(一)	1	30	4	26	2						
	14	23107012	体育(二)	1	34	4	30		2					
	15		专项体育(一)	1	34	4	30			2				
	16		专项体育(二)	1	34	4	30				2			
	17	24201010	军事教育	1	12	12								
	小　计			41	724	483	241	18	14	6	6			
专业基础课	1	23129040	会计学基础	4	60	45	15	4						1
	2	23108041	财务会计(一)	4	68	51	17		4					2

（续表）

课程平台	序号	课程编码	课程名称	总学分	总学时	学时分配		各学期周学时数及学分						考试学期
						理论教学	实训	一 15 周	二 17 周	三 17 周	四 17 周	五 17 周	六 17 周	
专业基础课	3	23108042	财务会计(二)	4	68	51	17			4				3
	4	23105021	计算机应用(一)	2	34	22	12		2					
	5	23105022	计算机应用(二)	2	34	22	12			2				
	6	23142020	税法	2	34	26	8		2					
	7	23135020	经济法	2	34	26	8			2				3
	8	23136020	统计学	2	34	34				2				
	9	23137020	管理学	2	34	26	8			2				
	10	23138020	微观经济学	2	34	26	8			2				3
	11	23188020	金融概论	2	34	26	8				2			
	12	23192020	进出口贸易实务	2	34	26	8				2			
	小计			30	502	381	121	4	8	14	4			
专业方向课	1	23197030	成本会计	3	51	39	12				3			4
	2	23198030	管理会计	3	51	39	12				3			4
	3	23199020	财务软件应用	2	34	22	12				2			4
	4	23181040	财务管理	4	68	51	17					4		5
	5	231A1020	行业会计比较	2	34	26	8					2		5
	6	23140040	审计学	4	68	51	17					4		5
	7	231A2040	会计专业英语	4	68	51	17					4		5
	8	231A3020	会计实务专题研究	2	34	26	8					2		
	小计			24	408	305	103				8	16		
理论必修课合计				95	1 634	1 169	465	22	22	20	18	16		
选修课			综合素质类	8	136	136								
			学科专业类	12	204	204								
	小计			20	340	340								

（续表）

课程平台	序号	课程编码	课程名称	总学分	总学时	学时分配		各学期周学时数及学分						考试学期
						理论教学	实训	一	二	三	四	五	六	
								15周	17周	17周	17周	17周	17周	
实践环节课		24202010	军事训练	1				2周						
			形势与政策	1										
			社会调查与实践	1					1周		1周			
			会计模拟实习	5									9周	
			毕业实习(论文)	4									8周	
	小计			12										
合计				127	1 974	1 509	465	（总学时不包括实践环节）						

表 5-3-2 学分与学时比例表

课程模块	学分	占总学分比例(%)	学时数	占总学时比例(%)
公共基础课	41	32.28	724	36.7
专业基础课	30	23.62	502	25.4
专业方向课	24	18.90	408	20.7
选修课	20	15.75	340	17.2
实践环节课	12	9.45		
合计	127	100	1 974 *	100

表 5-3-3 理论教学和实务训练学时比例表

项目	学时数	占总学时比例%
理论教学学时	1 509	76.44
实务训练学时	465	23.56
合计	1 974 *	100

* 为不含实践环节的学时。

二、本科教学计划

将会计学专业教学计划表(见表 5-3-4、表 5-3-5、表 5-3-6、表 5-3-7、表 5-3-8、

表5-3-9)分列出(其他专业教学计划表从略)。

会计学专业指导性教学计划表

表5-3-4 公共基础课

序号	课程名称	总学分	总学时	理论课学时	实训实验学时
1	思想道德修养与法律基础	3	45	45	
2	法学概论	2	30	28	2
3	马克思主义基本原理概论	3	51	51	
4	毛泽东思想、邓小平理论和“三个代表”重要思想概论(一)	3	51	51	
5	毛泽东思想、邓小平理论和“三个代表”重要思想概论(二)	3	51	34	17
6	中国近现代史纲要	2	34	34	
7	大学语文	2	30	30	
8	大学英语(一)	4	60	60	
9	大学英语(二)	4	68	68	
10	大学英语(三)	4	68	68	
11	大学英语(四)	4	68	68	
12	高等数学—微积分(一)	5	75	75	
13	高等数学—微积分(二)	2	34	34	
14	高等数学—线性代数	2	34	34	
15	高等数学—概率论与数理统计	4	68	68	
16	计算机基础	1	30	20	10
17	计算机应用	4	68	46	22
18	计算机技术	2	34	23	11
19	体育(一)	1	30	30	
20	体育(二)	1	34	34	
21	专项体育(一)	1	34	34	
22	专项体育(二)	1	34	34	
23	军事教育	1	18	18	
小计		59	1 049	987	62

表5-3-5　学科基础课

序号	课程名称	总学分	总学时	理论课学时	实训实验学时
1	管理学	2	30	30	
2	经济法	2	34	34	
3	会计学原理	4	68	60	8
4	微观经济学	3	51	51	
5	宏观经济学	3	51	51	
6	统计学	3	51	51	
7	管理信息系统	2	34	30	4
小计		19	319	307	12

表5-3-6　专业必修课

序号	课程名称	总学分	总学时	理论课学时	实训实验学时
1	中级财务会计(一)	4	68	66	2
2	中级财务会计(二)	4	68	60	8
3	成本会计	3	51	47	4
4	管理会计(双语)	3	51	51	
5	高级财务会计	4	68	60	8
6	会计信息系统	2	34	24	10
7	财务管理	4	68	68	
8	审计学	4	68	68	
9	会计制度设计	2	36	36	
10	国际会计(双语)	2	36	36	
小计		32	548	516	32

表5-3-7　选修课

序号	课程类别	总学分	总学时
1	专业选修课	20	340
2	公共选修课	14	238
小计		34	578

表5-3-8 实践环节

序号	课程类别	总学分	总学时
1	英语口语训练(一)	2	28
2	英语口语训练(二)	2	28
3	形势与政策(课堂教学)	1	
4	形势与政策(实践教学)	1	
5	军事训练	1	
6	社会调查	1	
7	学年论文(设计)	2	
8	学年模拟实习	4	
9	毕业实习	2	
10	毕业实习与毕业论文(设计)	9	
小计		25	56

表5-3-9 学分与学时比例表

课程平台	学分	占总学分比例(%)	课时	占总课时比例(%)	其中:实践课程与环节		
					课时	折算学分	占总学分比例(%)
公共基础课	59	34.9	1 049	41.1	62	3.41	2.02
学科基础课	19	11.3	319	12.5	12	0.71	0.42
专业必修课	32	18.9	548	21.5	32	1.88	1.11
选修课	34	20.1	578	22.7	—	—	—
实践环节	25	14.8	56*	2.2	—	25	14.79
合计	169	100	2 550	100	—	31	18.34

*为实践环节中英语口语实训课时。

第二节 课程结构

为培养“厚基础、宽口径、重应用,具有创新精神、实践能力和适应性强的高级专门人才”,学校一直致力于构建具有立信特色的课程体系。2000年以来,特别是升本以来,学校根据教育主管部门规定，依据人才培养要求，构建了以“平台＋模块”为核心内容的课程结构，初步形成具有立信特色的课程体系。

一、专　　科

设置公共基础课、专业基础课、专业方向课、选修课、实践环节课等五类课程平台，公共基础课和实践环节课等所占总学分比例不低于40%，选修课比例逐步由15%上升到30%以上。

1. 公共基础课平台(约占32%)：设置马克思主义政治理论课、“五大基础课”(高等数学基础、中外语言基础、计算机基础、会计基础、法律基础)和体育课。

2. 专业基础课平台(约占24%)：设置与本专业直接相关的理论基础和实务基础课。如会计专业设置了会计学基础、财务会计、计算机应用、税法、经济法、统计学、管理学、微观经济学、金融概论、进出口贸易实务等。

3. 专业方向课平台(约占18%)：设置突出专业应用能力培养方面的课程。如会计专业设置了成本会计、管理会计、财务软件应用、财务管理、行业会计比较、审计学、会计专业英语、会计实务专题研究等。

4. 选修课平台(约占16%)：设置综合素质类和学科专业类两个模块。综合素质类模块旨在增强学生的人文精神、科学素养，提高综合素质；学科专业类模块旨在加强学生对跨学科、跨专业知识的学习，拓宽专业口径，提高专业素质。

5. 实践环节平台(约占10%)：设置实务训练、模拟实习、毕业实习、毕业论文、社会调查与实践、军事训练等内容。

二、本　　科

课程设置分为公共基础课、学科基础课、专业必修课、选修课和实践环节等五个平台，在课程平台下设置若干课程模块，在课程模块中可下设课程子模块。其中公共基础课、学科基础课、专业必修课和实践环节等平台均为必修课程，约占总学分的80%左右。

1. 公共基础课平台(约占35%)：设置马克思主义政治理论课、高等数学、计算机、军事教育、体育等课程模块。

2. 学科基础课平台(约占12%)：设置7门左右学科基础性课程，其课程是同类学科所属各专业都应掌握的学科共同课程。如会计学专业设置了管理学、经济法、会计学原理、微观经济学、宏观经济学、统计学、管理信息系统等。

3. 专业必修课平台(约占18%)：包括专业核心课、专业主干课和主要方向课等，是本专业的基本理论、知识、技能方面的课程，具有较强的专业性和差异性。如会计学专业设置了中级财务会计、成本会计、管理会计(双语)、高级财务会计、会计信息系统、财务管理、审计学、会计制度设计、国际会计(双语)等。

4. 选修课平台(约占20%)：设置公共选修课和专业选修课两个课程模块。选修课旨在优化知识结构，拓宽专业口径，提高综合素质。

5. 实践环节平台(约占15%)：设置军事训练、形势与政策、社会调查、科学研究、学年模拟实习、学年论文、毕业实习、毕业论文等实践环节。

第四章　教学管理

第一节　教学管理体制的沿革

一、专科办学时期的教学管理体制

1980 年立信复校时，由校长主持，对专业设置、招生和毕业、教学计划、排课、学生工作等各项教学工作实行校部统一管理。1984 年，专职教师队伍已初步形成，学校陆续设立会计、统计、管理等教研室，9 月成立教务处，统一管理教研室的各项工作，实行一级教学管理的体制。

1986 年，随着在校生规模不断扩大，专职教师数量逐步增加，校部开展简政放权改革，于 6 月召开建系工作会议，决定在原教研室的基础上，成立会计系、审计系、统计系、管理系和财政金融系五个系以及马列主义教学部和基础课教学部。系部正、副主任由校长聘任，各系部根据需要设行政秘书和教学秘书，各学科根据课程安排和任教人数，或设学科教研室，或设学科组，开展教学研究。

从 1986 年建系到 2003 年升本期间，立信各系部的结构先后有所变动。

二、本科办学时期的教学管理体制

1. 教学管理体制的演变

升本后，学校对原来的专科教学管理体制进行了较大规模的调整，2004 年颁布《上海立信会计学院院、系两级教学管理实施办法》，明确实施学校、系部两级教学管理模式。校系两级教学管理由分管教学的副校长直接负责，设教务处等相关教学管理部门和各系部，其中，教务处具体负责各项教学管理规章制度的制定和整个教学管理过程的宏观调控；系部作为教学的主体，具体负责实施本系部的教学工作，并提出学校教学管理工作的改进意见。学校设立了教学委员会，委员由相关职能部门负责人及系部教学副主任组成，委员会办公室设在教务处。

在学校主管教学副校长领导下，教务处是主管学校教学业务的行政管理机构，设八个岗位和一个实验教学中心（见表 5-4-1）。

表 5-4-1　教务处岗位设置及职责一览表

岗　位	主　要　职　责
课程（教务）管理	开课计划编制　排课　调课　选课　辅修　教学工作量核算　校历编制　教室调度
学籍管理	学生成绩管理　学籍变动　毕业证书核发　各类成绩证明　学历证明　第二专业

（续表）

岗　　位	主　要　职　责
考务管理	校内外考试管理　试卷管理
教学质量保障	教学质量管理　课程建设　教材建设　教学计划　教改项目管理
招生及部门行政	本、专科招生　部门档案　收发文件　部门资产与办公用品管理
教材管理	教材征订　教材发放　教材核算
实践教学管理	社会实践　校内实践　毕业论文
计算机管理	教务软件维护　教务处网站维护
实验教学中心	分设实验教学管理(Ⅰ)(Ⅱ)和语音实验室管理三个办公室

2. 教学管理制度的健全

专科办学时期的教学管理制度主要是《学生学籍管理办法》和与之相配套的一系列具体规定和办法，以及与毕业实习紧密相关的规章制度。2003 年升本后，为了与本科教学管理相适应，学校增订了学士学位授予、教学质量、教风和学风、教学研究和教学管理研究等方面的管理文件，围绕学科专业建设、教务工作和实践教学工作三个主要管理层面，分别修订了一系列相关文件：在学科专业建设层面，修订了关于市级重点学科、校级重点和特色学科、校级精品和重点课程、教材以及课程教学大纲和教案编写等一系列文件；在教务工作层面，修订了学籍管理、学生考勤、转专业和选课以及考务工作等一系列文件；在实践教学层面，修订了关于学生学年论文、校外实习基地建设等一系列文件。以上文件都集中在 2007 年的《上海立信会计学院教学管理文件汇编》一书中。

第二节　教学质量保障体系

一、专科办学时期的教学评估

1989 年，学校下达《关于加强系部建设的若干意见》，明确在扩大系部自主权的同时，健全考核评估制度。学校除结合年度工作总结对系部进行考核之外，着重做好每年对两个系部的教学评估工作。教学评估的步骤一般是：系部组织教师讨论评估的指导思想，明确评估的内容，开展系部自评；召开学校评估委员会会议，并聘请校外专家，由系部主任汇报自评情况；学校评估委员会成员通过听课、查阅教学资料、召开学生和家长座谈会等方式，进行全面评估；学校评估委员会开会，聘请校外专家共同参加，对评价对象进行打分。

1989 年 7 月，学校首次对会计一系、会计二系完成教学评估工作。1990 年 6 月，先后对会计三系、财金系、马列教学部和基础教学部进行了教学评估。另，在课堂教学质量评价方面，学校于 2002～2003 学年第二学期开始实施网上评教的方式，由全校学生根据评价指标，对本学期开课教师进行全方位的评价，评价结果将作为各教师评优、晋级的重要参考指标。

二、本科办学时期的教学质量保障体系

2003年升本后，学校为了加强对各教学环节的质量监控与评价，逐步健全了教学质量保障体系，整个体系由组织指挥、制度建设、教学建设、监督控制、教学评估、信息反馈六大子系统构成(见图5-4-1)。

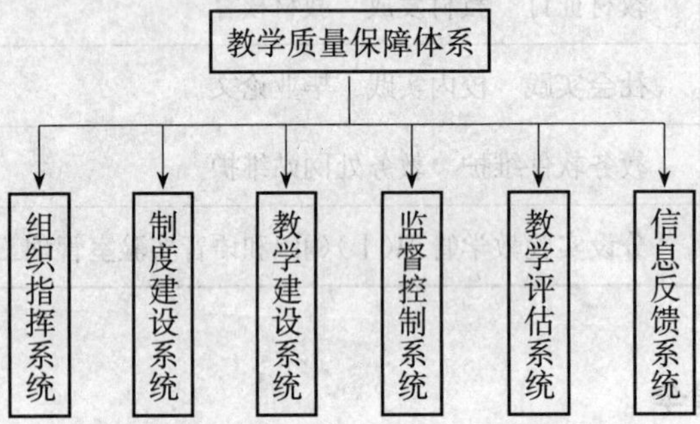

图5-4-1　立信教学质量保障体系

组织指挥系统主要由校教学委员会和督导委员会组成，教学委员会是在校长领导下，对全校教学工作进行审议、评议和咨询的机构，主要任务是按照学校发展目标、办学理念和定位，以及学校人才培养规格的总体要求，在学校教育教学的改革、建设等方面开展相关工作；教学督导委员会是在校长领导下，配合教务处对教学秩序、教学水平、教学质量进行检查、监督和评估的工作机构，其主要任务是按照学校人才培养的总体要求，在学校教学质量评估、监控等方面开展相关工作。

制度建设系统主要是在"教师教学工作规范"、"专业设置和专业建设管理办法"、"教学计划制定和调整制度"、"教学导师制"、"教学名师评选办法"、"教学事故认定及处理办法"、"课堂教学质量优秀奖评选办法"、"课程考试规范"、"毕业论文管理办法"等方面，加强了制度规范和控制。

监督控制系统重在过程质量的控制。除了对课程教学大纲的管理、课程教案的编写规范以及教材的选用等方面进行明文规定以外，学校按时进行期初情况检查与通报，开展期中教学检查和期末教学质量总结工作。期初情况检查主要包括统计学生注册率、开学首日的学生出勤率、教师到课率和教材到位率，以及授课计划、备课笔记检查。期中教学检查的形式相对灵活和丰富，学校根据各学期的教学工作重心确定该学期的期中教学检查重点内容，一般的检查程序是：先由系部采取同行听课、召开师生座谈会、查阅教学资料等方式，开展系部自查，撰写自查小结；校领导及相关职能部门负责人组成期中教学检查小组，对部分系部进行抽查；教务处在系部自查小结和学校抽查结果的基础上，撰写本学期期中教学检查总报告。期末教学质量总结工作主要包括试卷质量的分析、考务阅卷工作的总结等。

在教学评估系统方面，2006年底，学校成立评估办公室，负责新专业检查、学士学位评估及其他校级教学评估工作。教学评估体系重在本科教学水平的评估。在课程课堂教学质量评估方面，学校在专科办学的基础上，进一步完善了网上评教体系。学校引进了相配套的教务管

理软件，软件设定了学生在选课之前必须对本学期所开课程及任课教师进行评估。

据统计，学校最近三学期教师网上评教得分在 80 分和 85 分以上的比例呈上升趋势。2005～2006 学年第二学期对 392 门本科课程任课教师评教，80 分以上占 95.2%，85 分以上占 69.1%；2006～2007 学年第一学期对 474 门本科课程任课教师评教，80 分以上占 95.4%，85 分以上占 70.5%；2006～2007 学年第二学期对 465 门本科课程任课教师评教，80 分以上占 94.0%，85 分以上占 70.8%。为了进一步改进网上评教工作，学校还通过征求全校师生意见、召开本科教学工作会议等方式，对评估指标进行了多次修改，2007 年修订后的评估指标体系如下：

理论课程教学质量评估指标

1. 管理严格，秩序良好
2. 精神饱满，仪表端庄
3. 语言规范，板书清晰
4. 阐述清楚，重点突出
5. 信息量大，注重知识拓展
6. 教学互动，鼓励学生参与
7. 提倡创新，给予学习方法指导
8. 教学方法多样，教学手段有效
9. 批改作业认真，讲解问题及时
10. 辅导耐心，答疑到位

外语课程教学质量评估指标

1. 管理严格，秩序良好
2. 精神饱满，仪表端庄
3. 语音、语调准确，板书清晰
4. 重点突出，内容充实
5. 注重语言实践，鼓励学生参与
6. 拓展知识面，给予学习方法指导
7. 培养兴趣，提高应用能力
8. 教学方法多样，教学手段有效
9. 批改作业认真，讲解问题及时
10. 辅导耐心，答疑到位

体育课程教学质量评估指标

1. 管理严格，秩序良好
2. 精神饱满，仪表整洁
3. 语言规范，示范准确
4. 场地安排合理，器械准备充分
5. 重点突出，精讲多练
6. 注意事项明确，保护帮助得当
7. 回答问题耐心准确，辅导到位
8. 提倡竞争，注重团队精神

9. 形式多样，培养兴趣

10. 运动量合适，增强身体素质

信息反馈系统主要有三种形式：一是总结性评估结果反馈。任课教师在每学期初可在教务处教务管理系统中看到学生对自己上学科所开课程的评估结果；各系部主任可看到学生对本系部任课教师的评估结果；教务处负责人及校领导可看到全校教师的评估结果。二是形成性评估实时反馈。任课教师随时可用自己的账号密码查看学生留在网上的建议意见。三是教学秩序监控信息反馈。教学督导组或教务处等部门，总结教学检查或抽查结果，或直接向任课教师和系部反馈，或向相关管理部门和领导反馈。四是毕业生就业评估信息反馈。建立毕业生质量监控点，通过问卷调查、座谈等方式，全面了解社会对人才的要求。

第三节　教务日常管理的运行

一、课 程 管 理

课程管理工作是学校管理工作中的一个重要环节，由制定教学执行计划、安排教师授课任务、排课、选课等环节构成。为了统筹安排学校的教学资源，课程管理工作由教务处牵头完成。

2000年以来，课程管理工作实现了信息化，主要工作都是借助电脑完成，大大提高了工作效率。

课程管理工作的前期工作是把排课需要的教学资源信息分类录入电脑，包括教师信息、教室信息、课程信息。

每学期开学初教务处课程管理小组根据各专业指导性教学计划制定教学执行计划，确定各专业各年级下学期应该修读的课程，同时也确定了各系部下学期的教学任务。课程分为必修课和选修课，必修课不必通过选课环节，根据各专业指导性教学计划直接为不同专业不同年级的学生制定，而选修课则需要通过选课环节，由学生自己在所提供的选修课程中选择修读。

教学执行计划下达到各系部，由各系部将教学任务分派给老师。教务处根据教学执行计划和系部上交的教师教学任务书进行排课。

排课的主要规则是合理分配教学资源，科学安排教师授课任务和学生学习任务。由于实行学分制管理，为了让学生根据自己能力安排学业负担，排课时将必修课和选修课分别排在不同的时间段，在必修课时段，学生都在上必修课，在选修课时段，由学生自己根据所选课程上课，为学生平衡课业负担合理安排时间提供了相对较大的自由度。

排课工作大致在每学期第13周完成。排课结束后，学生必修课的任课教师、上课时间和地点已经确定，选修课的任课教师和上课地点确定。教师通过网上教务系统可以查看到自己的课表，学生也可以通过网上教务系统看到必修课的安排情况。

学生在14周上网选课。选课分为三轮进行，第一轮和第二轮要随机抽取，第三轮实行先到先得，三论选课结束后，选修课的学生基本确定下来。在此过程中，教务处还将综合老师和学生的意见对课表进行微调。

二、教　　材

专科办学时期，学校由教材科负责全校大专学生必修、选修课的教材征订计划、采购、供应、发放、代办费结算等工作。2002年，学校教材科更名为教材服务中心，全面负责教材管理工作。学校升本后，教材服务中心负责全校本科、专科、高职学生必修、选修课的教材征订计划、采购、供应、发放、代办费结算等工作。2006年，学校再次进行管理体制改革，取消原教材服务中心，设立教材管理岗位，由教材管理人员负责制定教材征订计划及教材、代办费结算工作，由立信会计出版社书店负责教材的采购、供应、发放等环节。

1981年2月，立信会计编译所恢复建立，陆续编写、出版了《立信会计丛书》、《立信财经丛书》系列中的一些专业书籍，其中部分被选作教材。1986年12月，学校成立教材评审委员会，加强了对自编教材的评审工作。2005年，学校制定了本科教材建设规划。教材建设分系列教材、重点建设教材和特色教材三个层次，计划到2009年出版30～40本本科教材。出版会计学和经济学两套系列(本科)教材，涵盖学校管理学和经济学两大学科门类的主干课程；出版10本重点建设教材，用于管理学、经济学以外的其他学科的主干课教学；出版5本特色教材，用于全校性的特色选修课教学。教材建设实行主编负责制和主审制，由教授领衔，有关任课教师参编，学校聘请有关专家任主审。立信会计系列本科精品教材被列为上海"十一五"重点规划教材，截至2007年，已有8部教材进入编写，5部教材完成出版，社会反响良好。

在教材的选用方面，1985年，学校制定《教材管理暂行规定》，系部健全之后，经修订，定名为《教材预订与供应办法》，对教材的订购、供应、保管、领退以及核算等事项进行了详细的规定。2004年，学校根据本科办学的需要，制定了《教材选用管理办法》，明确规定了教材选用的原则、范围与具体程序，要求优先选用省部级及以上获奖或公认水平较高的教材，并积极选用近三年出版的新教材。

三、考　　务

考试主要分为校外考试和校内考试两块。校外考试有：全国大学英语四、六级考试、上海市高等学校计算机等级考试、上海市"三校生"招生考试、上海市"专升本"招生考试、上海市《高等数学》统一测试等；校内考试有：期末考试、新生英语分级考试、《军事理论》课程考试。

为了使各项考试工作能顺利进行，进行科学的管理，规范有序地组织各项考试，学校起草了不少关于考试方面的规章制度。具体如下：

1.《上海立信会计学院考试重大突发事件应急预案》。共分为八条，主要包括对考试中出现的突发事件采取的应急措施。

2.《上海立信会计学院考试试卷安全保密规定》。共分为四章十六条，主要对试卷印刷、运输过程中的安全保密，以及试卷保密室的安全保密作了详细的规定。

3.《全国大学英语四、六级考试考生须知》、《全国大学英语四、六级考试监考人员工作程序》、《全国大学英语四、六级考试考务组长工作程序》等。

第四节　教 学 督 导

一、机 构 的 设 立

教学督导组于2005年10月设立，由熟悉教学管理、有丰富教学经验，工作认真负责，热心教学督导工作，身体健康，能正常参加教学督导的在职或退休不久的教师和管理干部组成。督导组共5人，成员一般具有高级职称，由校长颁发聘书。

二、工作职能与任务

2005年12月，学校颁布了《上海立信会计学院教学督导组工作条例》，2006年2月颁布了《上海立信会计学院教学督导员管理条例》，对教学督导组的工作职能、性质、工作任务与原则、工作重点等作出明确的规定。教学督导组隶属于校长，由教学副校长直接领导。教学督导组不是一级行政管理组织，具有督导、调研、咨询、建议、信息反馈等工作职能。

1. 教学督导组的职能

以科学发展观为指导，为学校全面提高教学质量，进一步加强教育教学内涵建设，以优良教风引领学风，完善教学质量监控，保障教学正常运转和教学改革顺利进行。教学督导组对有关教学情况进行检查与督促，促进和规范教学管理，发挥引导作用；收集、整理、分析与传递各种教学信息，提供校长与有关部门参考；就有关教学工作提出建设性的意见和建议，做好参谋工作；通过对教学工作的经常检查与信息积累，为学校及有关部门对教学管理工作、职称评聘、评优、奖励等提供信息和参考意见。督导工作应遵循的原则有四项：坚持深入教学第一线，了解掌握第一手信息；坚持重学习、重调研；坚持公平正义、实事求是；坚持以督导促进教学的规范管理，重视帮助“引导”。

2. 教学督导组的工作任务

通过巡视教学秩序、深入课堂听课等方法，了解和检查课堂的教与学情况，掌握教学实践环节相关资料；检查人才培养计划、教学大纲及授课计划等有关教学文件材料的制定及实施情况；通过访谈和检查有关资料了解教学部门、教学管理部门的教学管理工作情况；通过座谈会、书面问卷调查、个别访谈等形式听取师生对教学安排、教学质量的意见，并进行汇总与分析；深入了解教学改革和教学工作中的一些好的经验和做法，进行调研和总结，及时向学校或有关部门反馈和推荐；对引进教师、教师职称评聘、教学评优以及其他教学方面的奖惩等，提出意见；对教学改革的深化、创新及提高教学质量等方面开展调查，专题立项进行教学研究，并形成报告和提供咨询；在工作中紧密依靠各教学、职能部门的师生员工，认真听取各方面对教学督导工作的意见和建议，不断提高督导水平和工作效率。

3. 教学督导工作重点

认真贯彻和落实党的各项教育方针、政策，做好学校教学质量保障体系中的一环，掌握全校教学活动和教学管理的动态，发现先进及时建议推广；对教学过程和教学管理中重要问题，尽早发现，及时反映并提出整改建议措施。

4. 教学督导工作行为规范

做到公正、公平、客观、准确，力求避免因人而异，感情用事。督要严格、促要诚恳，评要客观，导要得法。

三、主 要 工 作

1. 课堂教学质量评估

课堂教学效果是保证学生教学质量的重要一环，主要通过“听课”了解老师的课堂教育情况和学生的课堂学习、纪律情况。督导组采取了分阶段听课，基本完成了对上海立信会计学院在编上岗教师的听课，并完成了下列分析材料提供学校领导参考(见表 5－4－2)。

表 5－4－2　课堂教学质量评估

1	2005～2006 年学生网上评教前 10%教师的听课总结
2	2005～2006 年学生网上评教后 10%听课总结
3	2007 年对博士学历(或在职博士)教师授课情况总结
4	2007 年完成对学生评教处于中间层次的教师的听课，完成了“对教师课堂教学整体评价”的听课总结
5	2007 年 9～11 月集中对选修课课堂教学进行听课调研，完成了“关于选修课问题分析报告”
6	2007 年按照校长的要求，对学生考试成绩不及格人数较多的课程进行调研，并写了“关于不及格人数较多的课程的原因分析报告”
7	撰写“关于长效维持课堂秩序方案”
8	提出“关于改善教学环节方案”
9	修改“学生网上评教条例”

2. 配合院系搞好本科专业学士学位预评估和评估准备工作

(1) 2006～2007 年，协助会计本科专业和财务管理本科专业学士学位预评估、正式评估，教学督导为此提供了包括试卷检查工作和毕业论文全过程的跟踪检查工作的文字材料。

(2) 2007 年，检查和协助工商管理专业、国际贸易专业、金融专业、英语语言(商务)专业四个本科专业学士学位预评估材料准备工作，复查评估材料(实习报告、实验报告、试卷批分、学年论文、师资队伍建设、各种教学文件和评估材料)，并递交有关试卷存档材料初步审核情况、师资队伍建设情况汇报材料。

3. 协助教务处搞好期中教学检查工作(见表5-4-3)

表5-4-3 协助教务处搞好期中教学检查工作

时　间	内　容
2006年5月	召开经济类、会计类、信息数学基础类三个学生座谈会
2006年10月	对6个系03年级的毕业实习进行调研
2006年11月	与外语系联合召开05、06年级大学英语期中座谈会
2007年9～12月	对会计学系、财务管理系学年论文、毕业实习、毕业论文的检查督导,并且在11月分别召开会计学、财务管理春本学生"论文期中检查"座谈会
2007年11月	英孚口语教学期中学生座谈会,并与外语系联合召开英孚老师和学生代表一起参加的教学研讨会,写了专题情况汇报

4. 实验、实践环节教学质量调研和督导工作

教学督导组根据学校教学工作的总体部署,对有关教学负责督导。

(1) 2006年12月,拟定了学校实践教学评价8个指标体系表(立信实验教学评价表、学生社会调查规范化评价表、学年论文规范化评价表、学年模拟实习规范化评价表、科学研究规范化评价表、毕业实习规范化评价表、毕业论文质量评价表、毕业论文管理评价表)上报学校审批,并试行按照这些指标来检查和协助系的教学工作。

(2) 在检查实验室工作基础上,完成"03级学生实践工作检查情况报告"。

(3) 召开了两次学生座谈会,整理了"6个评估专业实验教学学生座谈会记录摘要";"其他专业学生实验教学座谈会记录摘要"。

(4) 2007年10～11月,开展实验教学创新性专题调研,撰写了"关于实验教学专题调研报告"。

5. 专题调研(见表5-4-4)

表5-4-4 2006～2007年专题调研

序号	年份	内　容
1	2006	对财务管理系、会计学系、国际贸易与经济系、金融学系等13个系部教学中主要问题调研,分别写了调研记录
2	2007	采取听课及组织三次座谈会的形式,对英孚英语口语教学质量专题调研,并撰写报告
3	2007	07届本科高等数学"微积分"教学情况的调研
4	2007	对工商管理等6个专业师资情况的调研并撰写报告

2006年3月至2007年,教学督导组人员结合工作和学习对督导和教学工作开展了研究,撰写了以下文章作为内部交流:对评教问题的几点看法(周立功)、论教学督导组在高校质量控制中的作用(毛新、邢传鼎)、教学模式与数学教学(李志良)、建模竞赛与创新培养(李志良)、对教学创新的思考(李惟荘)、选修课改革之我见(李惟荘)等。

6. 学风的督导

重点关注学生自身综合素质提高中存在的一些情况(包括好的和不足的):

(1) 2006年,对05年级经济、信用管理两个班级的学风、考试情况,进行调研和跟踪,并提出专题报告供校领导参考。

(2) 2007年5月,教学督导组确定会计学系06年级会计学06班和国际会计06班学生学风情况跟踪比较,并整理形成一份调查总结和一份教育教学质量提议意见书:"如何加强学风建设。"

(3) 2007年9～10月,结合学校培养应用型创新型人才要求,向学生发了"大学生自主创新能力调查问卷"200份,在此基础上写了"关于大学生培养自主创新能力调查分析报告"。

(4) 2006年5月,建立督导园地网站。网站开辟了教风建设、学风建设、教学管理三个栏目,组织教师学生和教学管理人员撰写文章,在园地上发表。在教风建设上共有12位教师发表了自己的教学心得,4个班级一个系发表了学风建设文章,运用现代传媒及时推广好的教学管理思想和教学、学习方法。

附　文献辑录

一、《上海立信会计学院教学管理文件汇编》目录

(2007年)

综　合

1. 上海立信会计学院关于加强本科教学工作,提高教学质量的若干意见
2. 上海立信会计学院教学委员会章程
3. 上海立信会计学院本科人才培养方案总则
4. 上海立信会计学院教师教学工作规范
5. 上海立信会计学院学士学位授予工作细则(试行)
6. 上海立信会计学院学院、系部两级教学管理实施办法
7. 上海立信会计学院教师、教辅人员年度考核办法
8. 上海立信会计学院教学督导工作条例
9. 关于加强市级教育高地建设与管理的试行办法
10. 关于当前我院进一步加强教风、学风建设的几点意见

11. 关于规范课堂教学秩序的行动计划[立信教(2005)94号]
12. 关于我院学生参加市级(及以上)科技竞赛管理办法
13. 上海立信会计学院教学事故认定及处理规定

学科专业建设

1. 关于加强市级重点学科建设与管理试行办法
2. 上海立信会计学院校级重点学科建设与管理办法(试行)
3. 上海立信会计学院校特色学科建设与管理办法
4. 上海立信会计学院本科专业设置与建设管理试行办法
5. 上海立信会计学院关于建立专业建设负责人的暂行办法
6. 上海立信会计学院精品课程建设管理办法
7. 上海立信会计学院重点课程建设管理办法
8. 关于进一步推进公共基础课建设和教育教学改革的暂行规定
9. 上海立信会计学院教学研究与教学管理研究项目管理办法
10. 上海立信会计学院课程教学大纲管理办法
11. 上海立信会计学院课程教案编写规范
12. 上海立信会计学院教材建设管理办法
13. 上海立信会计学院教材选用管理办法

教　务

1. 上海立信会计学院学籍管理规定
2. 上海立信会计学院考务工作管理规则
3. 上海立信会计学院考试巡考制度
4. 上海立信会计学院考场规则
5. 上海立信会计学院学生转专业暂行规定
6. 上海立信会计学院学生考勤办法
7. 上海立信会计学院学生选课办法

实践教学

1. 上海立信会计学院关于加强实践教学的若干意见
2. 上海立信会计学院关于本科专业学生毕业教学环节工作的管理规定
3. 上海立信会计学院关于本科专业学生学年论文工作的管理规定
4. 上海立信会计学院校外实习基地建设与管理办法

国家政策法规

1. 中华人民共和国高等教育法
2. 中华人民共和国教师法
3. 高等学校教学管理要点
4. 中华人民共和国学位条例(修订)
5. 教育部财政部关于实施高等学校本科教学质量与教学改革工程的意见
6. 教育部关于进一步深化本科教学改革全面提高教学质量的若干意见
7. 普通高等学校学生管理规定(修订)
8. 普通高等学校本科教学工作水平评估方案(试行)

9. 普通高等学校本科专业设置规定

10. 上海市教学成果奖励办法

二、上海立信会计学院关于本科专业学生学年论文工作的管理规定

（2006年11月14日）

学年论文是本科专业教学计划中的重要组成部分，是实现本科教学培养目标的重要教学环节，通过学年论文的写作，旨在锻炼学生运用所学的基本理论和基本方法探讨和分析专业相关实际问题的能力，为撰写毕业论文进行必要的训练和准备。为了加强和规范我院本科专业学生学年论文工作的管理，确保学年论文的质量，特制定本管理规定。

一、学年论文的教学目的

本科学生撰写学年论文的目的，是在教师的指导下，使学生结合学科基础课、专业课的学习，在研究专业理论和实际问题，论文资料的收集、整理和运用，掌握论文写作的程序和基本规范等方面，获得从事科学研究的初步训练，为进一步进行专业学习、科学研究和实践活动创造条件。

二、学年论文工作的组织领导

学年论文实行统一领导、分级管理的二级管理体制。

学院教务处对学年论文进行宏观、目标管理，制定学年论文工作的相关要求与标准。

各系（部）根据自身实际情况制定相应的工作计划，组织实施，监督检查。

三、学年论文的基本要求

（一）学年论文应遵循理论结合实际的原则，反映运用所学的学科基础理论与知识解决实际问题和分析问题的能力。

（二）学年论文要求达到：主题明确、观点正确、材料翔实、论证有力、层次清楚、文字通顺。每篇学年论文字数一般不少于3 000字。

（三）学年论文工作必须循序渐进，符合基本的程序要求。

主要程序包括：(1) 论文的选题；(2) 论文的开题；(3) 论文的撰写；(4) 论文的成绩评定等。

（四）按照各专业教学计划的要求，本科学生应在第三学年撰写学年论文，规定在第五学期内由各系（部）布置学年论文的选题及相关工作，明确指导教师及写作具体要求，在第六学期内学生完成学年论文并递交指导教师评定成绩。

（五）各系（部）学年论文的总结工作，要求在第六学期的期终考试前一周结束。

因故未交或学年论文不及格的学生，应在第三学年的暑假期间续写或重写学年论文，在第四学年开学后两周内递交指导教师批阅和评定成绩。

四、学年论文的选题

（一）选题必须符合本科专业培养目标要求，对学生的专业基本训练或综合训练、能力培养起到较好作用。

（二）选题要考虑学生的专业基础和实际水平，要求题目范围适宜，难易适度，应是学生在短期内经过努力能完成的。

（三）学年论文的选题工作由各系根据自身实际情况开展，学生应在教师的指导下选定论文题目。

（四）学年论文的题材包括：

1. 本学科领域理论问题研究、改革发展研究；

2. 本学科领域实际问题研究与探讨；

3. 本学科中某些观点或概念的历史发展及其他；

4. 本学科与相关学科交叉问题的研究。

（五）学年论文的形式：学年论文的形式可以多样化，学术论文、经济活动分析、调查报告、案例分析、改革方案研究等均可，但不论采取何种形式，都必须有观点、有材料、有论据、有论证和明确的结论。切忌堆砌材料或空泛议论，严禁抄袭他人成果。

五、学年论文的指导

（一）学年论文一般应选派具有讲师（含讲师）以上职称或具有硕士学位、有较高业务水平和科研工作经验、思想作风好、工作责任心强的教师担任，每位教师指导论文的数量应适宜。

（二）指导教师的职责包括：

1. 学年论文工作开始前，指导教师应积极指导学生的论文选题。

2. 学生选定题目或拟定题目后，指导教师应与学生讨论，向学生说明选题的意义和写作要求，介绍该领域国内外研究的现状和需要研读的参考资料，并指导学生搜集和整理文献资料。

3. 指导学生拟定学年论文的写作计划和大纲，督促学生按写作计划和大纲认真进行撰写，对学生已经完成的初稿可采取集中或分散指导的方法，及时准确提出修改建议。

4. 在完成学年论文写作指导后，指导教师应针对学生学年论文水平给出恰当的评语和成绩。论文的评语应客观、准确、具体，肯定优点，提出不足，切忌千篇一律的套话。

5. 指导教师负责将所指导的学生学年论文及时送交所在系教务干事保存。

（三）指导教师应抓住关键，及时指导，因材施教，严格要求，注意充分发挥学生的主动性和创造性，培养学生创新能力和独立工作能力。

六、学年论文具体时间进度安排

（一）前期准备阶段：

1. 向全体同学进行动员和部署，介绍论文的写作技巧和格式要求，以及撰写论文的准备工作，要求同学开始有计划为撰写论文进行前期准备工作；

2. 确定指导教师名单，制定本年度论文选题和分工安排；

3. 每个学生分别选定自己的选题，并确定各人的指导教师。在指导教师指导下，每个学生就自己确定的选题，进行初步调研，进一步明确研究方向。

上述工作必须在第五学期内完成。

（二）选题调研和论文准备阶段：

1. 每个学生在指导教师的指导帮助下，制订各自的进度计划安排；

2. 搜集有关资料，进行归纳整理，并进行初步分析论证；

3. 据初步研究结果，提出论文的总体框架构想，并据此进一步搜集有关资料。

上述工作必须在第六学期开学前四周内完成。

（三）论文的撰写和修订阶段：

1. 写出论文提纲，进行论证和调整；

2. 成论文初稿，经修改和誊清，交给指导教师审阅；

3. 根据指导教师意见，对论文进行修改和补充，定稿后再誊清，然后交给指导教师。

上述工作必须在第六学期的第五至十二周内完成。

（四）论文评审阶段：

1. 指导教师对论文逐一审阅后，评定相应成绩，写出详细的审阅意见。指导教师必须在收到论文后10天内审阅完毕，并及时将审阅意见及论文交到系里；

2. 由系负责人组织论文评审小组，统一审查各指导教师评定的成绩，最终审定论文成绩；

3. 根据论文成绩对学生做出相应奖惩，并报学院教务处列入其成绩档案。且分析此次学年论文指导写作中的经验教训，做出总结。

上述工作在第六学期考试周前一周之前全部完成。

七、学年论文的格式

学年论文完成后，需打印并装订成册递交指导教师。学年论文的规范装订顺序是：

1. 封面：包括论文的题目、专业、年级、姓名、指导教师和日期等。

2. 学年论文任务书。

3. 内容摘要和关键词（中文和英文）：应反映文章的主要观点，要具有高度的概括性，语言必须简洁、明确，不要写成提纲式或目录式。

4. 目录：如果文章偏长，则应有目录。目录级别列至2～3级标题，应标明页数，便于阅读。

5. 正文：正文是学年论文的主体。要求采用A4打印纸，小4号宋体，行距为固定值20磅。

正文标题编号为：

一、一级标题，3号宋体

（一）二级标题，4号宋体

1. 三级标题，小4号宋体

（1）四级标题，小4号宋体

6. 参考文献、注释及附录：

（1）参考文献。学年论文要求至少10篇参考文献，并要求学生在写作中至少阅读一至两篇相关外文原版文献资料。论文中引用他人观点和数据都必须注明出处。学年论文注释一律采用尾注方式。所谓尾注是指整篇文章写完后对全文的引文统一编号作注。若文中有不便展开的公式证明、计算机程序或其他说明性材料，可以附录形式附在论文最后。

参考文献的书写方式：

① 书籍（文集）类参考文献书写顺序：

序号、作者、书名、出版社、出版日期和版本。

② 报纸文章类参考文献书写顺序：

序号、作者、文章篇名、报纸名称、年、月、日。

③ 期刊文章类参考文献书写顺序：

序号、作者、文章篇名、期刊名、年份、期数。

④ 引自Internet上的文章要注明具体的链接地址，不能只定网站的名称。

⑤ 参考文献排列顺序以作者汉语拼音或英文字母顺序排列。

(2) 注释。注释的标志方式、注释的书写方式，与参考文献基本相同，但是最后要加上页码(书籍和期刊)或版别(报纸)。

(3) 附录：指不宜放在正文中，但有参考价值的内容。如调查问卷、公式推演、编写程序和原始数据附表等。

八、学年论文的成绩评定

(一) 学年论文的成绩评定实行优秀、良好、中等、及格和不及格五级评分制，学年论文不及格需重写或改写；

(二) 学年论文成绩的评定由指导教师评阅后进行，并提出评语，各系(部)应给予监督与检查；学年论文工作结束时，不进行学生的论文答辩；

(三) 学年论文成绩的评定应根据学生学科基本理论的掌握程度，文献的收集和阅读能力，在整个学年论文环节中的工作态度，以及学年论文的论点、论据、内容、条理、表达能力等各方面进行评定。指导教师可通过中期检查对学生进行阶段考核，并将阶段考核表现作为成绩评定的参考；

(四) 学生在校期间，凡在我院认定的合法的公开刊物上发表的论文，密切结合本专业，系独立完成且单篇3 000字以上者或承担校级、系(部)级及以上学生科研课题，并已经结题者，由学生本人于学年论文结束规定时间之前提出申请，提供论文原件或科研结题报告，经各(系)部审核批准后可以免做学年论文。

(五) 具体评分标准如下：

1. 优秀。同时符合以下要求者，其学年论文可以评定为优秀：

① 按时独立完成学年论文，题目符合要求，理论联系实际，具有较强的综合分析问题和解决问题的能力；

② 内容正确，观点鲜明，能够准确运用所学知识和相关概念，有一定的独立思考能力和创新性；

③ 能够紧密围绕主题及主要论点展开系统、深入的阐释；

④ 全文结构严谨，重点突出，层次缜密，前后逻辑一致；

⑤ 资料丰富，征引恰当，具有说服力；

⑥ 文字通顺。

2. 良好。同时符合以下要求者，其学年论文可以评定为良好：

① 按时独立完成，题目符合要求，理论联系实际，具有较强的综合分析问题和解决问题的能力；

② 内容正确，观点鲜明，能够准确运用所学知识和相关概念，有一定的独立思考能力和创新性；

③ 能够围绕主题提出观点并展开论述；

④ 全文结构合理，叙述逻辑及层次清晰；

⑤ 资料运用恰当，符合论文写作规范；

⑥ 文字通顺。

3. 中等。同时符合以下要求者，其学年论文可以评定为中等：

① 基本能完成学年论文，题目较符合要求，能理论联系实际，具有一定的综合分析问题和解决问题的能力；

② 内容基本正确，能够运用所学知识，根据选题提出观点并展开论述；

③ 论点成立，有一定概括能力和说服力，论据合理，但论述缺乏深度，在全文体例、结构、层次及逻辑等方面存在某些问题；

④ 资料运用不够恰当；

⑤ 文字基本通顺。

4. 及格。同时符合以下要求者，其学年论文可以评定为及格：

① 基本能完成学年论文，且能理论联系实际，在非主要问题上存在错误；

② 内容基本正确，但论点不够鲜明，缺乏概括能力，论据不足以充分诠释论点，论述缺乏深度；

③ 能够在一定程度上运用所学知识，概念使用基本适当，但显得基础不够扎实；

④ 资料运用不够恰当，缺乏说服力；

⑤ 文字基本通顺。

5. 不及格。有下列情形之一者，学年论文成绩应评定为不及格：

① 未按规定时间完成学年论文；

② 不符合基本要求，不能理论联系实际，论文中存在原则性错误；

③ 中心不明确，论证逻辑性差，文句不通顺；

④ 有抄袭作假行为。

九、学年论文的管理

（一）各系应加强对学年论文的管理，检查指导教师的指导情况，论文安排、开题工作的落实和进展情况，学年论文工作中存在的问题，并采取有效措施解决存在的问题。

（二）为了保证学年论文的质量，不断提高论文水平，每届学年论文工作结束后，各系应对论文工作认真做好工作总结，并上报教务处。

（三）在每届学年论文的批阅评定工作完成后，各系应把本届学年论文的工作规定、计划、论文成绩和工作总结装订，存档。

十、其他

本规定自公布之日起执行，由教务处负责解释。

第五章　实践教学

第一节　实践教学领导小组

2006年，学校成立了学校实践教学工作领导小组，加强了对全校实践教学的指导，明确了各系实践教学负责人，组建了工作网络；根据本科生的培养目标，在本科生的教学计划中进一步强化实践教学，制定了一系列的有关规章制度；申报上海市会计学示范实验中心，规范与课程有关的实验，构建示范实验室；启动示范性校外实习基地建设工作。通过各种途径与70多家企事业单位签订了产学研合作教育协议书，并已与其中16家单位举行了挂牌仪式，建立了实质性的长期合作。同时设立实践教学专项基金，进一步加强实践教学的支持力度。学校坚持学生全面综合素质培养的要求，遵循“以学生为本”的教育理念，将理论教学与实践教学相结合，课堂教学与课外指导相结合，大力拓展校外实习基地的领域和范围，开展多种形式的科学实验、社会实践，使大学生较早地参与科学研究和创新活动，提高学生的创新精神和实践能力。

2006年，系部成立了实践教学领导小组，明确了各系部实践教学负责人，组建完善了工作网络，具体如表5-5-1所示。

表5-5-1　学校各系实践教学领导小组成员名单

系部名称	系实践教学领导小组成员名单					实验室教学建设负责人	毕业实践环节教学负责人	实习基地建设负责人
	组长	成员						
会计学系	张维宾	胡启鸿	陈　云	汪慧华	姚　津	姚　津	陈　云	张维宾
财务管理系	杨克泉	张玉英	曹　中	徐德镛	贺　妍	徐德镛	杨克泉	贺　妍
审计学系	陈力生	孙亚斌	高前善	高圣荣		高圣荣	高前善	陈力生
国际经济与贸易系	陈志友	张红玉	裴　真	孙晓霓	程新章	孙晓霓	张红玉	程新章
金融学系	张丕强	高晓娟	张　云	郭晓静	程丽萍	程丽萍	高晓娟	张　云
工商管理系	马永生	朱亚斌	张颖香	李宪立	张冬梅	张冬梅	李宪立	张颖香
财政与税务系	罗　秦	王　瑶	闫　锐			王　瑶	罗　秦	闫　锐
法律系	金慧华	伍莉琼	邓　君	徐利民		伍莉琼	邓　君	徐利民
数理与统计系	赵斯泓	沈学桢	陶爱元	傅云斌		赵斯泓	沈学桢	赵斯泓

（续表）

系部名称	系实践教学领导小组成员名单				实验室教学建设负责人	毕业实践环节教学负责人	实习基地建设负责人
	组长	成员					
信息科学系	刘念祖	俞时权	忻瑞婵	王小玲	王小玲	忻瑞婵	俞时权
外语系	丁大勇	卫志红	金立理	刘鸣放	金立理	刘鸣放	卫志红
人文社科系	杜秀娟	王守杰	吴红燕		吴红燕	杜秀娟	王守杰
高职学院	黄疆新	马建钢	黄　莉	李正华	马建钢	卢　超	马建钢

第二节　实践教学的有关规章制度

学校于2007年上半年召开了第二次的本科教学工作会议，主题就是“加强实践教学工作，提高本科教学质量”，对实践教学工作的重要性、工作思路、具体措施等，都做出了一系列的明确要求和规定。学校将理论教学与实践教学相结合，课堂教学与课外指导相结合，大力拓展校外实习基地的领域和范围，开展多种形式的科学实验、社会实践，提高学生的创新精神和实践能力。为此，学校制定出台了一系列有关本科实践教学的规章制度。

表5-5-2　关于实践教学的有关规章制度

发号	时间	文件名称
立信教(2006)118号	2006.11.14	《关于印发上海立信会计学院关于本科专业学生学年论文的工作的管理规定》的通知
立信教(2006)132号	2006.11.21	《关于印发上海立信会计学院关于如何加强实践教学的若干意见》的通知
立信组(2006)139号	2006.12.5	《关于成立实验室教学建设委员会》的通知
立信组(2006)140号	2006.12.5	《关于成立院毕业实践环节教学建设委员会》的通知
立信组(2006)141号	2006.12.5	《关于成立院实习基地建设委员会》的通知
立信教(2006)148号	2006.11.31	《上海立信会计学院校外实习基地建设与管理办法》
立信教(2007)82号	2007.9.6	《上海立信会计学院关于本科专业学生毕业教学环节工作的管理规定》(试行)

第三节　实践教学的课程设置

学校构建“平台+模块”课程结构，逐步形成具有立信特色的本科课程结构体系。在课程设置中，除了设有公共基础课、学科基础课、专业必修课和选修课之外，还加入实践环节这一平台。除选修课外，其他四项均为必修课，约占总学分的80%左右。在这80%当中，实践环节平台约占15%，主要课程内容包括：军事训练、形势与政策、社会调查、学年模拟实习、学年论文、毕业实习、毕业论文等实践环节。

学校通过建立和完善多级别多层次的实践性教学、科学研究、知识创新活动，加强学生社会实践能力、科学研究精神、创新意识和适应能力的培养，不断培养和提高学生综合素质。

在实践环节课程中，本科学生要参加社会调查与科学研究活动，要求学生必须完成三篇社会调查报告和一篇科学研究报告（包括学术论文、参与科研课题、科技创新等）；第六学期安排4周撰写学年论文；第七学期安排8周学年模拟实习，以加强实验室教学，为提高毕业实习质量打下一定基础；第八学期安排毕业实习，撰写毕业论文并进行论文答辩。专科学生在第六周安排毕业实习写实习报告或直接撰写毕业论文并进行论文答辩。通过这些系统的实践教学进一步培养和提高学生独立思考、综合分析的能力，不断提高学生的综合素质和科学研究能力，圆满完成大学学业。

学校将积极开展第二课堂教育，开辟获取知识、锻炼能力的多种渠道。学生在校期间，应积极参加生产劳动、科技创新、科研训练、学术团体等活动，参加合法的社团活动、公益活动，参加各种课外文体活动以及其他有意义的各项活动。对于其中成绩突出的学生，学校以不同方式给予奖励。

为检验学生所学知识能力，检查实践教学效果，确保教育质量，各实践教学环节必须严格执行各项考核规定，特别是毕业论文这一环节。考核合格方可取得这项实践课程学分。学生必须完成教学计划中所规定的各项实践教学环节，获得相应学分；达到学校有关规定要求者，才准予毕业，颁发毕业证书；经学校学位委员会审查，符合学士学位授予条件者，才颁发学位证书。

根据人才培养计划中的每一项环节的具体要求，学校制定了一系列相应的实践教学材料（见表5-5-3）。

表5-5-3　本专科实践教学材料

名　　称	使用学期	具体包括
本科学年论文	第六学期4周	《本科专业学年论文封面》、《本科学年论文任务书》、《本科学年论文成绩评定表》
本科学年模拟实习	第七学期8周	《学生实验报告手册》
本科毕业实习	第八学期前8周	《本科学生毕业实习手册》、《致接受我院本科毕业生毕业实习单位的函》、《毕业生毕业实习落实情况表》、《毕业生毕业实习考核鉴定表》、《教师指导学生校外实习情况记录表》

（续表）

名　　称	使用学期	具　体　包　括
本科毕业论文	第八学期前9周	《本科专业学生毕业教学环节工作手册》、《本科生毕业论文（设计）手册》、《本科生毕业论文（设计）开题报告》、《本科生毕业论文（设计）任务书》、《本科毕业论文（设计）中期进展情况检查表》、《本科生毕业论文（设计）答辩记录表》、《本科生毕业论文（设计）成绩评定表》
专科毕业实习或毕业论文	第六学期	《专科学生毕业实习手册》、《致接受我院本科毕业生毕业实习单位的函》、《毕业生毕业实习落实情况表》、《毕业生毕业实习考核鉴定表》、《教师指导学生校外实习情况记录表》或《专科学生毕业论文封面》、《专科学生毕业论文答辩评分表》

第四节　校外实习基地建设和单位

学校与几十家企事业单位签订了产学研合作教育协议书，其中已与一些单位举行了挂牌仪式，建立了实质性的长期合作。

合作分为两种情况：一种是只与实习单位签订产学研合作协议，保持一般的常规合作。另外一种则是要求与实习单位签订协议要有学校和校外实习单位的简介、双方项目负责人、实习内容、带教及指导老师名单等，并举行挂牌仪式，保持有实质性内容的长期合作。这种实质性内容包括三个方面的合作：一是实习单位同意长期作为学校的教学实习基地，每年接受学校学生去实习。实习单位要派遣责任心强、有实践经验的工作人员作为实习指导老师，为实习学生提供上岗操作等各项机会；二是实习单位提供教师实习、调研的机会，促进学校"双师型"教师队伍的建设，促进教师实践能力、教学水平和科研能力的提高；三是开展双方互利的科研合作。学校会对挂牌的实习基地进行年度工作总结与考核，并将每年的学生实习材料存档。

校外实习基地分校级和系级两个层面。校级校外实习基地，一般是指安排实习的学生范围涉及全学校，人数较多，能同时接纳学校多个专业的学生。系级校外实习基地，则主要是满足本系学生的校外实习需要。截至2007年12月，我院已签订协议的产学研实习基地共有71个，其中校级的有17个，系级的有54个；已签订协议且挂牌的校外实习基地共有16个，其中校级的有8个，系级的有8个。具体实习基地单位名称如表5－5－4、表5－5－5、表5－5－6、表5－5－7所示。

表5－5－4　校级校外实习基地单位名称

序　号	实习基地单位名称	签　约　期　限
1	上海东洲资产评估有限公司	2003.1.1～2008.12.31
2	上海市建工集团总公司	2005.9.7～2010.9.6

（续表）

序　号	实习基地单位名称	签　约　期　限
3	上海市财政局	2006.1.1～2010.12.31
4	宝钢集团上海浦东钢铁有限公司	2006.1.1～2011.12.31
5	上海汽车集团股份有限公司	2006.1.1～2007.12.31
6	上海石油公司	2006.1.1～2011.12.31
7	上海丰润文化传播有限公司	2006.7.15～2011.7.14
8	上海公信中南会计师事务所	2007.1.1～2012.12.31
9	江南造船(集团)有限公司	2007.1.1～2009.12.31
10	中国石油天然气运输公司上海华东分公司	2006.9.1～2011.8.31
11	上海青年报社	2007.6.10～2008.6.9
12	上海市松江区审计局	2007.7.12～2012.7.11
13	上海市松江区发展与改革委员会	2007.9.12～2012.9.11
14	上海市松江区财政局	2007.9.12～2012.9.11
15	上海市松江区国家税务局	2007.9.12～2012.9.11
16	上海市松江区经济委员会	2007.9.12～2012.9.11
17	上海市松江区统计局	2007.9.12～2012.9.11

表 5－5－5　系级校外实习基地单位名称

序 号	系　别	实习基地单位名称	签　约　期　限
1	财税系	上海市注册税务师协会	2007.1.23～2009.1.23
2	财税系	上海普东税务师事务所	2007.1.23～2012.1.23
3	财务管理系	上海沪港审计事务所	2005.12.19～2010.12.19
4	财务管理系	上海九海百盛广场有限公司	2006.6.1～2008.5.31
5	财务管理系	上海浩成财务管理咨询有限公司	2007.1.1～2011.12.31
6	财务管理系	上海诚汇会计师事务所有限公司	2006.9.1～2011.8.31
7	财务管理系	上海宏大东亚会计师事务所有限公司	2006.9.1～2011.8.31
8	财务管理系	上海申威联合会会计师事务所	2006.9.1～2011.8.31

（续表）

序号	系别	实习基地单位名称	签约期限
9	高职学院	上海华皓财务管理有限公司	2006.11.1～2011.10.31
10	高职学院	上海怡世翔国际货物运输代理有限公司	2007.6.18～2012.6.17
11	高职学院	上海市快乐集团有限公司	2007.7.7～2012.7.6
12	高职学院	上海房地产经营有限公司	2007.11.27～2012.11.26
13	高职学院	上海市第一食品商店	2007.7.30～2012.7.29
14	国贸系	义乌供销进出口有限公司	2006.11.1～2009.10.31
15	国贸系	上海对外服务有限公司广告会务公司	2006.12.1～2009.11.30
16	国贸系	上海铭溢国际贸易有限公司	2006.12.1～2009.11.30
17	国贸系	上海淳宏国际物流有限公司	2006.12.1～2009.11.30
18	国贸系	上海铸洋国际货物运输代理有限公司	2006.12.1～2009.11.30
19	国贸系	上海晟益货运有限公司	2006.12.1～2009.11.30
20	会计学系	上海欧柯盟会计师事务所有限公司	2005.1.1～2010.12.31
21	会计学系	上海东华会计师事务所	2005.1.1～2010.12.31
22	会计学系	上海新路达商业(集团)有限公司	2005.1.1～2010.12.31
23	会计学系	上海城建(集团)公司	2005.1.1～2010.12.31
24	会计学系	上海第九百货股份有限公司	2005.1.1～2010.12.31
25	会计学系	上海潘陈张联合会计师事务所	2005.1.1～2010.12.31
26	会计学系	上海富仑投资管理有限公司	2005.1.1～2010.12.31
27	会计学系	上海隧道工程股份有限公司	2005.1.1～2010.12.31
28	金融学系	上海国元证券有限责任公司上海虹桥路证券营业部	2005.12.10～2007.12.10
29	金融学系	工商银行上海松江支行	2006.7.1～2008.6.30
30	人文社科系	上海松江区救助管理站	长期
31	人文社科系	上海浦东新区社会工作者协会	长期
32	数统系	上海零点市场调查有限公司	2008.1.1～2012.12.31
33	数统系	上海市统计局	2002.6.27～2007.6.27

（续表）

序号	系别	实习基地单位名称	签约期限
34	数统系	湘财证券有限责任公司	2004.9.1～2009.9.1
35	数统系	上海基宁经贸有限公司	2004.9.1～2009.9.1
36	数统系	上海市统计局普查中心	2004.9.1～2009.9.1
37	数统系	中国光大银行上海分行	2004.1～2009.1
38	数统系	上海中青旅行社	2004.9.1～2009.9.1
39	数统系	上海聚君信息技术有限公司	2006.6.30～2011.6.30
40	数统系	上海艾坚软件有限公司	2006.6.30～2011.6.30
41	外语系	上海市劲点企业管理咨询有限公司	2007.5.18～2008.5.17
42	外语系	上海脉石电子有限公司	2007.5.18～2008.5.17
43	外语系	上海新华菱模具制造有限公司	2007.5.18～2008.5.17
44	外语系	上海新华菱文具有限公司	2007.5.18～2008.5.17
45	信息科学系	上海软件园	2005.9.1～2010.8.31
46	信息科学系	上海软件技术开发中心	2005.9.1～2010.8.31
47	信息科学系	上海太平洋机电公司	2005.9.1～2010.8.31
48	信息科学系	长江计算机集团公司	2007～2009
49	信息科学系	上海二纺机股份有限公司	2006.12.30～2010.12.30
50	法律系	上海德尚律师事务所	2007.10.17
51	法律系	杨浦区检察院法律政策研究室	2007.10.17
52	法律系	上海市华荣律师事务所	2007.10.17
53	法律系	上海江三角律师事务所	2007.10.17
54	法律系	上海序伦律师事务所	2007.10.17

表5-5-6 校级挂牌校外实习基地单位名称

序号	实习基地单位名称	挂牌时间	签约期限
1	上海公信中南会计师事务所	2007.1.5	2007.1.1～2012.12.31
2	中国石油天然气运输公司上海华东分公司	2007.4.3	2006.9.1～2011.8.31

（续表）

序 号	实习基地单位名称	挂 牌 时 间	签 约 期 限
3	上海市松江区审计局	2007.7.12	2007.7.12～2012.7.11
4	上海市松江区统计局	2007.9.12	2007.9.12～2012.9.11
5	上海市松江区发展与改革委员会	2007.9.12	2007.9.12～2012.9.11
6	上海市松江区财政局	2007.9.12	2007.9.12～2012.9.11
7	上海市松江区国家税务局	2007.9.12	2007.9.12～2012.9.11
8	上海市松江区经济委员会	2007.9.12	2007.9.12～2012.9.11

表 5-5-7　系级挂牌校外实习基地单位名称

序 号	系　别	实习基地单位名称	挂牌时间	签 约 期 限
1	财税系	上海普东税务师事务所	2007.1	2007.1.23～2012.1.23
2	财务管理系	上海沪港审计事务所	2005.12	2005.12.19～2010.12.19
3	高职学院	上海华皓财务管理有限公司	2007.6	2006.11.1～2011.10.31
4	高职学院	上海市快乐集团有限公司		2007.7.7～2012.7.6
5	高职学院	上海市房地产经营有限公司		2007.7.11～2012.11.26
6	高职学院	上海市第一食品商店		2007.7.30～2012.7.29
7	信息科学系	长江计算机集团公司		2007～2009
8	信息科学系	上海二纺机股份有限公司		2006.12.30～2010.12.30

加强产学研密切合作，拓宽学生校外实习渠道，与社会、行业以及企事业单位共同建设实习、实践教学基地是其中非常重要的一项互惠互利的教学举措。一方面，学校根据自身优势，为实习单位专业人员的继续教育提供专业技术方面的服务，即按照需要为实习单位举办专业人员的各类培训班（包括紧缺人才培训）；为实习单位专业人员提供各种进修机会；学校在征得实习单位领导同意后，对实习单位在合作过程中业务水平较高、实践经验较丰富的专业人员，聘为客座教授、讲师；学校接受实习单位委托合作研究有关课题或项目，为实习单位拓展业务和提高业务质量服务。另一方面，实习单位要支持学校的办学，参与教育教学改革，参与人才培训过程，与学校每年一至两次就学校专业设置、培养计划、教学内容和实践环节等方面问题进行探讨，不断完善学校专业人才培养方案，使之更加贴近社会发展及应用型高级人才培养的需要，促进学校本科教育教学改革；实习单位为学校提供教师实习、调研的机会，促进学校“双师型”教师队伍的建设，促进教师实践能力、教学水平和科研能力的提高；实习单位对学校每年的优秀毕业生可优先进行挑选，择优录取；实习单位同意作为学校的教学实习基地，每年接受

学校会计学等专业学生去实习。实习单位要派遣责任心强、有实践经验的财会人员作为实习指导老师，为实习学生提供上岗操作各项条件。

附 文献辑录

一、上海立信会计学院校外实习基地建设与管理办法

(2006年11月)

校外实习基地是指具有一定实习规模并相对稳定的校外实习和社会实践活动的场所，是完成基本实习教学任务，培养学生实践动手能力、创新精神和创新能力的重要场所，是推进“教学、科研、生产”一体化的重要载体。校外实习基地的建设工作对提高我院实践教学的质量有着重要的意义，为实现我院“厚基础、宽口径、重应用”的人才培养模式起着十分重要的作用。为了进一步加强校外实习基地的建设和管理，提高实践教学的质量，特制定校外实习基地建设与管理办法。

一、建立校外实习基地的原则

1. 校外实习基地的建立和建设，是学院和各系(院)部共同承担的责任。在学院层面，将积极与相关大型企事业单位磋商，寻求“教学、科研、生产”合作教育伙伴，广泛建立能适应多个专业学生实习需求的学院级综合性实习基地。

2. 各系(院)部根据不同专业和学科性质特点，有目的、有计划、有步骤地选择能满足实习教学条件的企事业单位，建立系(院)部级院校外实习基地，学院要求每个本科专业至少有一个校外实习基地。

3. 所建立的校外实习基地要与我院人才培养目标紧密结合，能够满足相关专业完成实习教学的要求，且在接受我院学生实习的人数上达到一定规模，一般要求在10人以上。

4. 校外实习基地的建设要本着双方自愿、互惠互利、义务分担的原则；能与“教学、科研、生产”一体化相结合。

5. 根据专业与地方经济发展情况，结合学生来源，校外实习基地应专业对口、相对稳定。优先考虑本市范围内的实习基地建立，既便于开展工作，又有利节约经费开支。有条件的，也可拓展外省市的校外实习基地。

二、校外实习基地的种类

1. 学院级校外实习基地：主要指由学院层面与有关单位共同协商达成协议，能同时满足三个以上专业，20名以上学生实习的综合性实习基地，实习基地的建设工作由教务处负责。

2. 系(院)部级校外实习基地：主要指由系(院)部层面与有关单位共同协商达成协议，主要面向本系(院)部专业学生实习，且实习学生人数在10名以上的专业性实习基地，实习基地的建设工作由系(院)部负责。

三、校外实习基地应具备以下的条件

1. 有明确的实习内容和目的，能满足我院相关专业《实习教学大纲》的具体要求，保证实

习效果和质量；

2. 具备学生实习所需的基本学习条件，具有劳动保护、卫生安全保障等方面的条件；

3. 具有对学生实习进行必要的组织、指导和管理能力；

4. 科研、生产经营等方面在所在领域或行业具有代表性，具有较为先进的技术、管理水平；

5. 学院[或系(院)部]与实习单位签订《产学研合作教育协议书》，明确双方的职责与义务，具有一定数量的指导教师，确定双方的联络人。

四、学院与校外实习基地共建单位应承担的义务

1. 学院在人才培训、课程进修、实验设备的使用、咨询服务、信息交流等方面对校外实习基地单位优先提供服务；

2. 在国家政策许可范围内，校外实习基地共建单位在选择毕业生方面可享有同等条件下的优先权；

3. 学院与校外实习基地共建单位应对实习指导教师制定相关的工作要求，确实提高实习指导教师的工作质量；

4. 学院与校外实习基地共建单位要积极探索、创造条件，真正做到"教学、科研、生产"一体化相结合，产生经济效益和社会效益；

5. 校外实习基地共建单位应对实习学生进行必要的安全教育；

6. 校外实习基地共建单位应根据我院专业《实习大纲》，精心安排实习项目与内容。

五、建立校外实习基地的基本程序和内容

1. 校级校外实习基地。学院对基本符合校外实习基地条件的单位进行认真考察，经双方共同协商达成一致意见后，由学院与实习基地所在单位签订《产学研合作教育协议书》。

系(院)部级校外实习基地。系(院)部根据不同学科和专业的实习教学要求，对基本符合校外实习基地条件的单位进行认真考察，经双方共同协商达成一致意见后，填写《上海立信会计学院实习教学基地项目申请表》，报教务处审核，经学院审批同意后，由学院与实习基地所在单位签订《产学研合作教育协议书》。

2. 校外实习基地协议合作年限根据双方需要确定，一般不少于3年；对协议到期的实习基地，根据双方合作意向和成效，可办理协议续签手续。

3.《产学研合作教育协议书》可采用学院的统一格式，系(院)部也可根据实际需要进行部分内容的修改，但总体应包括以下内容：① 双方合作目的；② 合作内容与受益范围；③ 双方权利和义务；④ 实习条件要求等安排；⑤ 协议合作年限；⑥ 其他。

4.《产学研合作教育协议书》应一式三份[系(院)部级四份，其中一份存系(院)部]，教务处代表学院存一份，实习基地所在单位存一份，报上海市教育委员会社会实践办公室一份。

5. 学院与实习基地共建单位签订《产学研合作教育协议书》后，根据教学需要和双方意愿，对符合挂牌条件的实习基地可挂"上海立信会计学院××××实习教学基地"铜牌，实习基地铜牌由学院统一制作，包括标牌内容、规格尺寸及所用材料。系(院)部级实习基地需挂牌的，需向教务处提出申请并获学院批准。

六、校外实习基地的管理

1. 教务处为全院实习基地的主管部门，在院实习基地建设委员会的指导下，负责全院校外实习的建设、实习教学的管理和协调；各系(院)部应有专人负责实习基地建设和管理工作。

2. 实习基地的日常管理主体为实习基地共建单位,学院[或系(院)部]应有专人负责与之联系配合,具体落实实习专业与人数规模,时间安排,实习要求等工作,及时协调处理学生实习过程中出现的各种问题,确保实习教学任务的顺利完成。

3. 实习基地成立后,学院[或系(院)部]应对每个实习基地建立基本的教学档案,实习基地建设与管理情况,将是教学评估的重要内容之一。基本教学档案包括:

(1) 实习基地介绍材料:含实习基地简介、实习单位介绍、实习基地负责人、实习指导教师队伍、实习项目等内容。

(2) 实习基地运作情况:含每年实习专业数、学生名单、指导教师名单、实习时间计划、实习成效等内容。

(3) 实习基地每年正式录用我院毕业生情况。

(4) 实习基地所在单位对我院实习学生的情况反馈记录。

(5) 年度实习基地建设总结。

4. 学院[或系(院)部]要加强与实习基地所在单位的交流沟通,协助单位解决实习基地建设和管理工作中的实际问题,帮助实习基地做好建设、发展、培训的各项工作。在分析实习基地作用与效果的基础上,做出工作总结,研究建立新的实习基地的新办法新思路。

5. 为鼓励校外实习基地建设工作的开展,学院对各级校外实习基地的建设予以一定的经费资助。学院[或系(院)部]级的实习教学基地在全院范围内应实行资源共享。

七、实习教学基地的检查与评估

为促进实习教学基地建设和规范管理,教务处应会同有关系(院)部不定期地到实习基地检查、评估实习教学情况。对不能满足实习教学要求的,应会同实习基地所在单位及时整改和调整,对丧失了基本实习条件的单位,予以撤销。

八、附则

本办法自颁布之日起执行,由教务处负责解释。

第六章　军事训练与军事理论教学

第一节　军事技能训练

学校复办初期，由于受条件的限制，学生军训工作未能列入学校的教学计划。

1992年起，学校步入军训工作启动期。由党委副书记金家富分管军训工作，具体实施由学生处牵头，各有关职能部门配合，组织在校新生开展训练，军训以队列训练为主，时间7～10天。训练场地先是利用徐汇校区操场，以后在上海技术师范学院、奉贤青少年培训基地。聘请解放军驻浦东高桥部队指战员担任教官。

2002年7月，校党委武装部(与保卫处合署办公)成立后，学校党委建立了以党委书记桑秀藩为组长，党委副书记、副院长朱坚强、副院长李延臣、院长助理曹惠民为副组长，各职能部门负责人为成员的军训工作领导小组。学校切实贯彻《国务院办公厅、中央军委办公厅转发教育部、总参谋部、总政治部关于在普通高等学校和高级中学开展学生军事训练工作意见的通知》，把军事技能训练作为必修课列入教学计划，武装部按照文件要求，在松江新校区筹备学生军训工作。

学校大学生军事训练包括军事技能训练和军事理论课教学两部分。2004年9月，2004级2 347名新生的军事技能训练在松江新校区进行。上海海军基地派出48名教官承训。学校职能部门和承训部队首长共同组建学校军训团，负责军训的实施工作。参照军队建制，团以下分设营、连、排并配备了军事教官和政工教师。

军事技能训练的基本科目：解放军三大条令(内务、纪律、队列)教育；队列训练(单兵动作、分列式)；轻武器射击。由于领导重视，准备充分、配合密切、措施到位，在新校区首次举行的大型军训活动取得良好效果。

以后，学校每年组织本专科新生参加军训。承训部队均由学校的军民共建单位——海军东海舰队佘山防化营派遣。经过几年的不断实践、总结、完善，学校在科学施训，规范管理，充实训练内容，优化军训质量方面取得不断进步。

在规范军训工作管理上，学校颁发了《上海立信会计学院学生军训规定》，并从考核、评优方面制定了一系列配套的实施细则，包括《军训政治思想工作实施要点》、《军训先进集体、先进个人评比工作实施细则》、《军训行为守则》、《军训一日生活制度》、《内务卫生评比工作实施细则》、《军训板报评比工作实施细则》等，还为每一位参训学生印发了《学生军训手册》。

在军训项目上，本着“精心策划、精心组织、科学施训”和追求军训效果最大化的精神，从2005年起，充实了短途行军、消防演练等。通过军事技能的训练，使大学生在接受生动的爱国主义、集体主义和革命英雄主义的教育，磨炼意志品质、激发战胜困难的信心和勇气，培养艰苦奋斗、吃苦耐劳作风、组织纪律观念和团队协作精神，提高综合素质方面取得明显成效。在总结几年来军训实践的基础上，武装部部长钟陵强撰写了《军训质量优化论》一文，并应邀在上海市教委2007年召开的国防教育年会上，作了军训工作经验的交流发言。

第二节　军事理论教学

自2004年起，军事理论教学作为必修课列入学校的教学计划，在新生军训过程中与军事技能训练交替进行。军事理论教研组由学校武装部主持。

课程内容。按照《普通高等学校军事课教学大纲》的要求，军事理论课主要内容为：中国国防、军事思想、世界军事、军事高技术、信息化战争。课堂教学20课时，并辅助若干讲座。

师资队伍。学校尚未配备专任讲师，授课主要聘请上海交通大学等高校6名专任教师担任。

教学管理。一是建立了严格的考勤制度，对因身体疾病免军事技能训练的大学生不免军事理论课程。二是建立规范的考试和补考制度。在考题设计上，还增设以家信形式向家长汇报军训体会的附加题，取得十分显著的成效。

2002年9月，教育部、公安部、民政部、总参谋部、总政治部联合发出《关于进一步做好从全日制高等学校在校生中征集新兵工作的通知》，在大学生征集新兵工作在高校全面铺开。学校党委成立了征兵工作领导小组，朱坚强、李延臣为正副组长。学校在大学生中广泛开展自愿参军的动员工作，并制定颁发了学校大学生参军的优待办法。从2004年冬季开始征集在校大学生参军以来，学校年年都有一批有志学子踊跃报名参军，年年都完成政府下达给学校的征兵任务（2004年11名、2005年10名、2006年9名、2007年10名）。学校领导、有关系部领导和教师对参军学生实施全程关心，武装部还编印《军旅之声》，每期都寄送给参军的学生，激励他们献身国防。

参军学生在部队，绝大多数被评为“优秀士兵”，有3人荣立个人三等功，1人荣立集体三等功，5人在部队光荣入党。

第七章 体育教学与体育运动

第一节 体育教育

体育教学部有22位体育教师，其中有学科带头人2名，副教授5名，讲师15名，教师中有硕士研究生4名。他们承担着全校一年级、二年级本科生和专科生的公共体育课教学任务，还担负着全校学生的课外体育活动、运动队训练、群众体育竞赛和教工体育活动的重任。经过多年实践与总结，建立了体育教学与群众体育活动、体育课内与课外、体育技能与健身“三个一体化”的教学模式，着眼于全方位地培养学生。

学校拥有体育馆、田径场、足球场、篮球场、排球场、网球场、羽毛球场等，为开展体育教学、运动训练工作，培养合格人才提供了必要的条件。体育馆建筑面积为5 880平方米，内设二片篮球场(可兼作排球场)、乒乓室(有18只台)和健身房、体操房、武术房、羽毛球场。田径场有400米标准塑胶跑道和田赛场地。室外球场拥有14片篮球场(含10片塑胶场地)；12片排球场(含8片塑胶场地)；还有6片塑胶网球场，并有大小足球场二片。虽然现在室内体育场地还不够大，但是已基本能满足体育教学、竞赛和学生课余体育活动的基本需要。学校的11人制足球场在2007年还作为世界特殊奥林匹克运动会的正式比赛场地。

学校的体育课程分为体育基础课程和体育专项选修课程，是每一个学生的必修课程，是学校课程体系的重要组成部分，也是高等学校体育工作的中心环节。

一年级体育基础课按照自然班上课，每周为2学时，学年成绩合格的学分为2分。通过体育基础理论的传授和田径、球类等项目的教学，使学生掌握一定的运动知识和技术技能，促进学生各项身体素质的全面发展，不断提高体质健康水平，奠定其终身体育锻炼的意识，为参加二年级体育专项课的选项打好基础。

二年级由学生自主选择项目、时间和教师参加体育专项课的学习(见表5-7-1)。每周为2学时，学年成绩合格的学分为2分。开设了球类等各类体育专项选修课13门。教师们采用多样化教学模式基本满足了学生的兴趣爱好。

表5-7-1 专项体育选修课程一览表

项目	篮球	排球	足球	羽毛球	网球	手球	乒乓球	艺术体操	体育舞蹈	健身健美	健美操	武术	保健
周学时	2	2	2	2	2	2	2	2	2	2	2	2	2
学年学分	2	2	2	2	2	2	2	2	2	2	2	2	2

篮球　通过篮球专项课的学习，使学生掌握篮球的基本技术、基本技能、基本知识，了解篮球的攻防技术和基本的战术以及篮球比赛的基本规则；提高观赏篮球比赛的能力。培养学生

努力拼搏、勇敢顽强的意志品质，通过篮球教学和比赛提高学生参与竞争与合作的意识及能力，使之成为社会有用的建设人才。

排球　通过排球专项课教学，使学生逐步掌握传球、发球、扣球等基本技术；学习简单的攻防战术，并能运用到比赛中。培养学生对排球运动的兴趣，激发学生打排球的热情。通过排球知识介绍，让学生了解排球运动的特点和方法，掌握排球的比赛基本规则和裁判法，逐步提高比赛观赏能力。

羽毛球　通过羽毛球技术的学习，使学生能够掌握基本的握拍法，前后场技术和基本战术。羽毛球运动具有快速、灵活、多变的技术特点，能提高学生快速反应能力，爆发力量和速度耐力，改善学生的体质，培养学生勇敢顽强沉着果断的优良品质，促进学生的身心得到全面发展。在教学中注重培养学生掌握科学锻炼身体的方法，以及掌握一般的裁判法，提高学生羽毛球观赏水平。

网球　通过网球专项课的学习，让学生掌握网球的基本技术：发球，截击空，中球，反手，正手，击落地球，高压球，调高球，穿越球等。提高学生的力量、速度、灵敏、耐久力等身体素质。让学生了解网球的基本理论知识和竞赛规则，提高学生欣赏网球比赛的水平，培养良好的心理素质及意志品质。

乒乓球　乒乓球运动具有快速多变的特点，具有较高观赏性和趣味性，是学生喜爱的体育项目之一。通过专项课的教学，使学生能够掌握基本的乒乓球技术：握拍法、步法、发球、推挡、攻球等，使学生在实践中了解乒乓球理论知识、裁判法。培养学生掌握科学锻炼身体的方法，提高学生的欣赏水平以及组织竞赛和裁判能力。通过学习改善学生的体质，提高学生的健康水平，逐步培养学生建立“终身体育”思想。

足球　通过足球专项课的学习，使学生初步了解足球运动的起源与发展、足球运动的特点与锻炼价值，掌握足球技术的基本技能和比赛规则，提高足球比赛的观赏能力。在教学过程中在让学生了解基本教学内容的同时，重点把握学生对整个学习过程的理解，即身体素质、基本技术、意志品质的全面发展。

艺术体操　通过艺术体操教学全面发展学生的身体素质，增进形体美，提高学生的健康水平。同时培养学生正确的审美观念，提高对美的鉴赏能力，养成动作美，姿态美，形体美和陶冶心灵美。培养学生建立自我锻炼的习惯和正确的健康观念。

体育舞蹈　体育舞蹈融艺术、体育、音乐、舞蹈于一体。课程的内容主要包括摩登舞中的华尔兹、狐步舞和拉丁舞中的伦巴、恰恰。通过学习掌握的基本技术和简单的套路，锻炼柔韧、力量、灵敏、协调等身体素质。体育舞蹈所体现的对美的追求和陶冶情操的特征，加上优美动听的音乐，能够培养学生良好的身体姿态、节奏感、优美感，提高音乐素养、表现力和审美力。

健身健美　健身健美是通过有氧运动，进行全面身体素质锻炼，重点发展肌肉力量，塑造健美的体形，健身健美学科向学生介绍健美运动的知识和锻炼法则。通过理论联系实际的锻炼，掌握科学的训练方法和学会制订训练计划。

健美操　通过健美操教学发展学生的身体素质，增进形体美，提高学生的健康水平。同时培养学生正确的审美观念，提高对美的鉴赏能力，养成动作美，姿态美，形体美和陶冶心灵美。培养学生建立自我锻炼的意识习惯和正确的健康观念。在通过 NIKE BODY ARTS 的健身学习使学生身体各部位的均衡发展和身体素质的全面发展。

手球　通过手球专项课的学习，使学生掌握手球的基本技术、基本技能、基本知识。了解手球的攻防技术及其攻防转换和基本的攻防战术组织。初步了解手球比赛的基本规则；提高手球比赛的欣赏能力。培养学生努力拼搏，坚韧顽强的意志品质，通过手球教学和比赛提高学生竞争能力与合作意识。

武术　通过学习民族传统体育中最具代表性的太极拳、太极剑、长拳等基本套路和武术练习的基本方法，培养学生对武术运动的兴趣，掌握武术运动的基础理论、基本技能。在此基础上，改善机能和增强体质，提高自卫防身能力，培养吃苦耐劳精神及坚持不懈的毅力。让学生在实践中不仅感到武术的自然、整体、内在的和谐之美，还能广收强身健体之实效，以达到“内外兼修，修身养性”的目的。

保健　通过学习使学生掌握体育基础理论知识，掌握有益于健康，有利于身体康复的技能。学会几种健身运动的科学锻炼方法，逐步养成锻炼身体的习惯，并在原有的基础上促进身心健康，增强体质，树立“终身体育”的思想。培养乐观向上，充满自信的精神和勇于克服困难，战胜疾病，恢复体质的坚强意志。

体育教学部的教师本着对学生负责的态度，在业务上精益求精。专项选修的教师积极申报校“重点课程”。第一批有六个专项选修课的老师按照建设重点课程的要求，在做了大量的准备工作后提出学院重点课程的申报。经过比较、审核后，健美操、武术、篮球、网球四门专项选修课正式成为“申报学院重点课程”。这标志着体育教学部的教学骨干队伍在新的基础上逐步形成，在课程建设方面又向前迈进了一大步。

第二节　体育科研和运动训练

1. 体育科研

“向科研要教学质量”。体育教学部教师体育科研取得了一定的成果(见表5-7-2)，1999年、2002年二度被上海市大学生体协评为体育科研“优秀集体”学校。

表5-7-2　2003～2007年体育教师科研课题、发表论文和论文获奖统计表

	上海市高校体育论文报告会			全国大学生田协论文报告会			发表论文	立项课题
年　度	一等奖	二等奖	三等奖	一等奖	二等奖	三等奖		
2003								1
2004		4					7	1
2005			5				10	1
2006		4		1	3		11	1
2007	1	6	1		4		13	2

其中，有两位老师的科研成果获得了第四届全国体育科学大会优秀论文奖和第七届全国大学生运动会论文报告会一等奖。

体育教学部积极鼓励教师参加在职学历进修和专业知识培训，支持教师参加各种学术交流活动，邀请了高校著名教授、专家和学者到立信讲学，更新教师的知识结构和专业结构，全面

提升体育教学部整体的教学和科研水平。体育教学部还支持教师申报各种科研课题，在科研工作中培养科研骨干、新老结合组织科研团队，已在教学和科研中发挥了明显的作用。

体育是一门综合性的实验性学科。为了提高教师的科研层次，体育教学部成立了“体质健康测试中心”。在测试设备进一步充实后，能够对教学过程、运动训练、学生体质进行全面的测试。对于测试的数据进行统计、分析、处理后，能为体育教学改革和运动训练的科学化提供依据，为体育科研提供强有力的支持。“体质健康测试中心”还有判别亚健康，提供运动处方的功能，也为体育教学部服务学生、服务教师、服务社会，为体育教学部的持续发展提供了一个新的平台。

2. 运动训练

尽管学校没有特招运动员的资格，所有各运动队的队员都是普通学生，但是在运动队带队教师的辛勤工作和科学训练下，也取得了可喜的成绩（见表5－7－3、表5－7－4）。

表5－7－3　松江大学园区运动会成绩汇总表

项　目	松江大学园区首届运动会（2005年）		松江大学园区第二届运动会（2007年）
	团体名次	个　人　成　绩	团　体　名　次
篮　球			第三名
排　球	男子第二名		男子第一名、女子第四名
羽毛球		女单：第一名，女双、混双：第一、第二名	男子团体第六名
乒乓球	女子第三名		女子团体第四名
网　球	第六名		团体第一名
篮球(3vs3)	第六名		女子第四名
足　球			第三名
团体操			二等奖
拉拉操			二等奖
田　径		跳高：男子第一名、女子第三名，女子800米第三名	跳高：男子第二名、1 500米第二名

表5－7－4　上海高校阳光大联赛、高校各单项比赛成绩汇总表

项　目	上海市高校单项比赛			上海市阳光大联赛高校体育比赛	
	2003年	2004年	2005年	2006年	2007年
游　泳	大专组男子团体冠军	乙组男子团体第三名	乙组男子团体第四名	女子团体第一名	
	大专组女子团体冠军	乙组女子团体第三名	乙组女子团体第四名	男子团体第三名	

（续表）

项 目	上海市高校单项比赛			上海市阳光大联赛高校体育比赛	
	2003 年	2004 年	2005 年	2006 年	2007 年
游 泳			甲组男子团体第八名		
			甲组女子团体第七名		
网 球			团体第四名	混双第四名	
				女子单打第二名	
				男子单打第三名	
篮 球				三人制：第一名	
足 球			女子五人：第二名		
拉拉操				第四名	
健美操	第六名	第五名	第五名	第四名	第四名

3. 群体活动

学校设立体育运动委员会，领导学校的群众性体育活动。在学校体育运动委员会的领导下，体育教学部具体承担学校的群体活动工作。在当时没有校舍的困难条件下，坚持每年租借场地举办一届田径运动会。自 1986 年起，学校至今已举办了十六届田径运动会。体育教学部还认真组织参加松江大学园区运动会和各类单项比赛。并认真组织好院级体育大联赛的各项赛事，配合学生会组织好每年一届的“立信体育节”的各项赛事活动。体育教学部积极关心校内师生的各类体育社团的建设，帮助他们解决开展活动中出现的各种困难。这些活动极大地丰富了校园文化生活和师生们的课余文体活动。

为了切实抓好学校师生的群众性体育活动，体育教学部采取了二项有力措施：一是安排教师下系指导各系部的群众性体育工作开展；二是安排教师到各单项比赛的承办系部进行具体指导，提供编写竞赛规程、组织编排、裁判培训等技术支持。保证了各项群体活动和竞赛得以顺利、圆满地进行。

“晨跑”是立信 2001 年进入松江校区后，多年坚持以来行之有效的学生课外体育锻炼，取得了显著效果。最初是在校外公路现为沿校园道路晨跑，每学期课外锻炼要求从 35 次改为现在的 15 次。体育教学部将学生每个学期必须完成 15 次的晨跑锻炼和学生的体育成绩挂钩。晨跑有益于培养学生锻炼意识和习惯，磨炼刻苦精神，提高身体素质，形成良好的生活规律。

学校体育工作落脚点就是全面提高学生的体质，使学生得到健康发展。进入松江校区后，每年的学生体质测试表明，立信的体育工作是卓有成效的，学生体质逐年提高，到 2006 年对全校三个年级6 000多名学生体质测试数据统计结果：优良率为 77.83%，及格率为 99.02%。2007 年国家提高了学生体质标准的测试标准和要求，学校统计结果仍然保持在一个很高的水平：优良率为 60.24%，及格率为 95.37%。

学校体育教学部的工作也得到了上级部门的肯定，1998 年被评为上海市高等学校贯彻落实《学校体育工作条例》优秀学校的八所高校之一；1999 年、2003 年先后被上海市教委授予“上海市高校群众体育先进集体”。

第六篇

科学研究

第一章　科研管理体制

第一节　科研管理体制的沿革

1981年2月，立信会计编译所恢复成立，成员主要由原立信的老同仁、老校友组成。学校在社会力量的支持下，把编辑出版《立信会计丛书》、《立信财经丛书》和研究工作两者结合起来，取得了相当大的成果。

在教师队伍不断扩大之后，学校积极组织教师开展科研工作。从1984年开始，学校将科研列入年度的工作要点，1985年1月，决定由校内外会计界知名人士共同组成学校学术委员会，在校长领导下，发挥对科研工作和科研成果咨询、审议、评定的作用。1986年9月，学校决定筹设经济研究所，在校长领导下负责学校的科研管理，指导学术交流以及从事某些课题的专门研究。当年12月，学校举行由经济研究所(筹)组织的首次学术论文报告会。1987年2月，经济研究所正式成立，封铿任所长，具有高、中级职称的专职人员也相继到位。经济研究所的职责范围确定为：(1) 根据学校总体规划，提出科研工作远期和近期目标；(2) 承担专题研究；(3) 负责全校科研项目开题协调和组织管理，对各科研项目进度进行督促检查；(4) 定期策划全校性学术活动，做好论文征集工作，并会同有关部门对优秀论文、课题项目进行评选和奖励；(5) 组织对重大科研成果的鉴定及办理申报手续；(6) 出版发行《立信学刊》等。

1989年2月，封铿退休，施洽民接任经济研究所所长。学校决定增强对科研工作的管理，新设科研处，与经济研究所合一，研究和管理两者兼顾，以管理职能为主，并明确学校科研工作应以服务于教学，主要从专业学科研究、教学规律研究以及接受委托项目课题三个方面组织和开展研究工作。

1989年4月，学校学术委员会经调整后，成员全部由学校领导和具有高级职称的教师担任。学术委员会的办事机构设在科研处(经济研究所)，施洽民兼任科研处处长。1993年5月，学校行政机构有所精简，科研工作归教务处管理。1995年2月，学校聘任范春林为经济研究所副所长，1996年3月，学校又调聘王更新任《立信学刊》副主编。1997年至2002年期间，学校先后任命方士华为经济研究所所长和科研处处长。2003年1月，学校任命唐庆银为科研处处长。2007年11月，学校校部机关职能部门正、副部(处)长重新选任，唐庆银连任科研处处长，张丕强任副处长。

第二节　升本后科研管理工作

2003年，学校升为本科院校，科研工作进入了新的历史发展阶段。

2003年6月6日，学校召开了科研工作会议，大会的主题是：统一思想，认清形势，明确任务，落实学校“十五”发展规划，调整科研政策，改善科研环境，为“升本”营造学术氛围，增强科研创新能力，全面推进学校科研工作，提高学校综合实力。这次会议明确了学校科研发展规划，学校加大了对科研投入力度，首次投入80万元经费，用于科研成果奖励和项目资助，在此基础上学校设立了校内科研项目，“攀登计划”和“阳光计划”项目正式启动。

2004年，学校对科研工作提出了“明方向、打基础、上轨道”的要求，通过“阳光计划”、“攀登计划”，激励和引导教师开展科研，并以此为突破点，提升学校科研工作的创新能力，提高学校科研工作为中心工作的服务水平。

2005年，学校科研工作在步入常规发展的基础上，对科研工作提出了“抓重点、建团队、上台阶”的要求，强调“科研兴校，人才强校”，学校进一步加大对科研的投入力度，设立并启动了“预研究”科研项目。这期间学校先后两次召开立信博士论坛会议，研讨学校发展和科研发展大计。

2006年，学校在科研工作方面确立了“构建平台，整合资源，强化管理，提高科研水平”的工作思路。建立包括中国立信风险管理研究院、开放经济与贸易研究中心、立信会计研究院在内的独立建制研究机构，构建科研平台。加强了对现有各类在研项目的管理，增加高层次科研项目数量，提高项目研究质量。加强了对“预研究”项目的检查，突出重点，整合资源，增建团队，早出成果。整合阳光计划、攀登计划和市教委课题，三种课题同时申报、评审，营造公开、公正、公平的竞争氛围，促进科研水平不断提高。

2007年，学校在科研工作方面提出了要继续围绕“搭台建队、整合资源、强化管理”的工作思路，完善现有科研管理制度，加强对各类在研课题的检查和管理，进一步提高学校科研工作水平。加强与政府有关部门、社会中介机构、企事业单位的合作，探索产学研合作的新体制、新机制、新模式，与松江区政府建立了较为全面的产学研合作关系。创立了立信讲坛，邀请国内外知名专家学者来校作学术报告，通过举办大型学术研讨活动，提升了学校的学术影响力。

第三节　科研管理的基本职能

一、科研管理职能变化发展

经济研究所设立时，制定了《研究课题和学术管理细则》，分发至各系、部、处、室。

课题(包括专著，调查报告)管理办法规定：申请研究课题(包括根据教学需要和社会信息自选课题，接受上级部门下达和其他部门委托的研究项目)需先填写《研究课题申请表》报研究所综合审定后，按计划执行；凡经审定后的课题均列入全校的科研计划；课题研究完成时，须向研究所提交完整的研究报告和有关资料，由研究所组织和聘请专家进行评审，并按相应规定呈报推广，按质论奖；课题终止，必须以书面提出中止理由，经同意中止后，应将一切有关该课题的资料送研究所存档；研究成果归学校所有，未经学校同意不得任意转让和对外泄露。

论文(包括学术文章，译文，译著)管理办法规定：凡学校教工撰写的论文需要学校推荐或采用者须写清楚后由研究所审核；投稿在学校《立信学刊》发表的论文，可参加优秀论文评选授奖；参加学校学术年会，由各系部处室推荐上报，经评定后给予奖励。

1989年科研处设立，对科研管理进行了改进，着手科研管理基础工作的建设，主要是：

① 建立科研档案，对学校教职员工设立“一文一卡”、“一人一卡”、“一人一袋”的档案管理制度。凡有科研成果发表，随时填表充实档案内容；② 制定论著奖励条例，对学校教职员工在公开刊物上发表的论著，按质量分等级颁发奖金；③ 研究提出教师考核办法，将科研作为全面考核教师的一项内容。

1996 年，相应制定了《立信科研工作量化管理试行方案》。

2003 年升本以来，学校加大了对科研工作的规范管理和规章制度建设，先后制定了《上海立信会计学院科研项目管理办法》、《上海立信会计学院科研成果奖励办法》、《上海立信会计学院科研档案管理办法》、《上海立信会计学院科研工作量考核办法》、《上海立信会计学院科学研究机构管理办法》、《上海立信会计学院科研经费管理办法》、《上海立信会计学院知识产权保护管理规定》、《上海立信会计学院科研工作道德行为规范》以及相关科研管理实施细则等一系列管理制度，使学校科研管理逐步走上了科学化、规范化和制度化的发展道路。

二、科研处的基本职能

科研处作为学校主管科学研究工作的职能部门，其职能和作用在升本后得到了进一步加强。科研处的主要职责是：在校党委和校行政的领导下，拟订科研管理制度；编制学校科学研究的中长期规划；组织协调学校的科学研究工作；规划和管理各类科研课题，合理配置科研资源；组织进行科研攻关项目；组织优秀科研成果评奖；负责《上海立信会计学院学报》的编辑、发行；履行学校交办的其他工作。科研处设科研管理办公室和学报编辑办公室。

1. 科研管理办公室主要职责

（1）科研成果管理（科研成果认定登记、科研成果评奖、组织申报各级各类科研成果奖励）；

（2）科研项目管理（组织各级各类科研项目申报工作、科研项目经费管理、组织科研项目定期检查和结项）；

（3）科研工作量认定；

（4）科研经费管理；

（5）学术交流；

（6）科研信息网建设和维护。

2. 立信学报编辑办公室主要职责

（1）学报编辑；

（2）学报印刷、发行；

（3）学报档案管理。

第二章 科研成果

第一节 科研项目

2002年，学校启动校内科研项目，经学校学术委员会评审立项23项课题。2003年，为了全面贯彻“科教兴市”战略，调动广大教师和科研工作者的积极性，提高科研能力，增强创新意识，鼓励多出成果，多出人才，学校根据“2003～2007年科研发展规划”的精神，制订了“阳光计划”与“攀登计划”的实施细则。

“阳光计划”是学校为本校讲师、硕士学位获得者、未承担过上海市教委级及以上级别研究项目的副教授设立的，旨在鼓励中青年教师积极投入科研，为他们创造尽快脱颖而出的条件，使他们在教学和科学研究工作中作出优异的成绩。

“攀登计划”是学校为本校高职称(副高以上)人员和博士学位获得者设立的，旨在充分发挥他们在学校教学科研中的作用，繁荣学校的学术研究，作为新一代学术骨干和学科带头人，为上海经济建设贡献学术智慧。

2003～2006年，学校共立项“攀登计划”项目32项和“阳光计划”项目84项。为了推动立信教育事业持续、快速发展，加快重点人才培养，充分发挥重点人才在教学科研中的作用，提高学校的学术水平，使科研水平由教委级提高到省部级，学校于2005年设立了“预研究计划”，当年立项5项。

以下是1998～2007年学校获准立项的各类科研项目(见表6-2-1、表6-2-2、表6-2-3、表6-2-4、表6-2-5、表6-2-6)。

表6-2-1 国家级科研项目

序号	项目名称	项目来源	负责人	年度
1	移动自主通信网络路由关键性能参数的随机分析与优化控制	国家自然科学基金面上项目	王汉兴	2005
2	面向风险管理的贝叶斯网络与集成研究	国家自然科学基金面上项目	王双成	2006
3	世界贸易组织协定中的国内税问题	国家社会科学基金青年项目	龙英锋	2006

表6-2-2 省部级科研项目

序号	项目名称	项目来源	负责人	年度
1	高职高专财经类会计专业人才培养模式和教学内容体系改革与建设研究	教育部《新世纪高职高专教育人才培养模式和教学内容体系改革与建设项目计划》	胡厚麟	2001

（续表）

序号	项目名称	项目来源	负责人	年度
2	会计教育网络资源的开发与研究	全国教育科学“十五”规划重点课题《信息化进程中的教育技术发展研究》子课题	胡厚麟	2002
3	全球化背景下诚信教育与弘扬中华民族优秀教育文化的研究	全国教育科学“十五”规划课题	桑秀藩	2003
4	中国与贸易有关的投资措施改革研究	上海市哲学社会科学规划一般课题	唐海燕	2003
5	大学园区学生工作模式与运行机制研究	上海市教育科学市级项目	朱坚强	2003
6	上海金融教育与上海金融服务业耦合研究	上海市教育科学市级项目	孙桂芳	2005
7	和谐社会构建中的风险治理研究	教育部人文社会科学研究规划项目	黄家瑶	2006
8	不确定环境中公司的内部控制、风险管理与风险披露研究	教育部人文社会科学研究青年项目	杜　莉	2006
9	素质教育专题研究	全国教育科学“十五”规划教育部规划课题	邵瑞庆	2006
10	西方唯美主义文学的影响研究	教育部人文社会科学研究规划项目	张介明	2007
11	流动性过剩条件下的货币政策操作风险研究	教育部人文社会科学研究青年项目	贾德奎	2007
12	中国对外贸易创新系统构建问题研究	上海市哲学社会科学规划一般课题	唐海燕	2007
13	中国对外贸易摩擦中的税收竞争与协调	上海市哲学社会科学规划青年课题	罗　秦	2007
14	长三角区域经济协调发展理论与对策研究	上海市哲学社会科学规划联合发布课题	朱向红	2007
15	中外会计本科教育的比较研究	上海市教育科学规划项目(市级)	邵　军	2007
16	上海金融教育与金融发展耦合度实证研究	上海市教育科学规划项目(市级)	张丕强	2007
17	加入WTO过渡时期后国有企业进出口风险管理研究	国务院国有资产监督管理委员会研究中心	唐海燕	2007
18	产业结构调整与国有企业战略风险研究	国务院国有资产监督管理委员会研究中心	程新章	2007

（续表）

序号	项目名称	项目来源	负责人	年度
19	国有企业信用风险控制和防范对策研究	国务院国有资产监督管理委员会研究中心	洪　玫	2007
20	国有企业会计信息质量评价	国务院国有资产监督管理委员会研究中心	袁　敏	2007

表 6-2-3　上海市“曙光计划”和“晨光计划”

序号	项目名称	项目来源	负责人	年度
1	后股改时代的证券审计市场结构：成因、后果与监管	上海市“曙光计划”	张奇峰	2007
2	流动性过剩条件下的货币政策操作风险研究	上海市“晨光计划”	贾德奎	2007

表 6-2-4　上海市教委一级项目

序号	项目名称	项目来源	负责人	年度
1	基础设施运作	上海市教育委员会科研项目	李海波	1998
2	责任会计制度应用环境与条件	上海市教育委员会科研项目	曹惠民	1999
3	我国银行国内结算与国际结算并轨的实证研究	上海市教育委员会科研项目	方士华	1999
4	德育创新规律研究	上海市教育委员会专项科研项目	朱坚强	2000
5	电子商务中的税务问题研究	上海市教育委员会科研项目	龙英锋	2000
6	随机抽样在审计中的应用研究	上海市教育委员会科研项目	唐庆银	2001
7	审计风险的成因与量化分析	上海市教育委员会科研项目	陈力生	2002
8	国家财务监督和会计专业人员管理机制	上海市教育委员会科研项目	李惟莊	2002
9	入世后会计本科教育面临的挑战和发展研究	上海市教育科学规划项目	应淑仪	2003
10	专家审计系统	上海市教育委员会科研项目	励景源	2003
11	资源·成本·效益	上海市教育委员会科研项目	陈　云	2003
12	对我国商业银行开展个人金融业务的研究	上海市教育委员会科研项目	张志谦	2003
13	发展汽车产业　有效拉动内需	上海市教育委员会科研项目	王中亮 刘　雯	2003

（续表）

序号	项目名称	项目来源	负责人	年度
14	正确适用法律的相关问题研究	上海市教育委员会科研项目	龙英锋	2003
15	全球化条件下的国际贸易秩序变迁与中国对外贸易制度创新	上海市教育委员会重点科研项目	唐海燕	2004
16	王尔德研究	上海市教育委员会科研项目	张介明	2004
17	招标拍卖理论的发展及其应用研究	上海市教育委员会科研项目	朱亚兵	2004
18	会计信用缺失的经济与非经济问题研究	上海市教育委员会科研项目	黄家瑶	2004
19	国有企业改制与公司治理	上海市教育委员会科研项目	张海霞	2004
20	网络银行在我国发展模式的探讨	上海市教育委员会科研项目	高晓娟	2004
21	转型经济中市场化利率政策传导机制研究	上海市教育委员会科研项目	张红玉	2004
22	金融自由化在金融改革中的实践和研究	上海市教育委员会科研项目	程丽萍	2004
23	如何运用平衡记分卡成功实施企业战略	上海市教育委员会科研项目	李颖琦	2004
24	面向决策支持的有向与无向网络分类技术研究	上海市教育委员会重点科研项目	王双成	2005
25	第三方物流企业成本管理研究	上海市教育委员会重点科研项目	邵瑞庆	2005
26	WTO协定中的国内税问题研究	上海市教育委员会重点科研项目	龙英锋	2005
27	数学(图的色多项式理论)机械化及其软件	上海市教育委员会科研项目	刘念祖	2005
28	经管类高校数字化校园的建设架构研究	上海市教育委员会科研项目	吴新亚	2005
29	单科性院校大学生综合素质拓展教育行动研究	上海市教育委员会科研项目	楼军江	2005
30	公司治理与会计信息问题研究	上海市教育委员会科研项目	杨克泉	2005
31	我国会计准则与国际会计准则协调问题之研究	上海市教育委员会科研项目	李江萍	2005
32	上海市社会审计中介组织发展与管理研究	上海市教育委员会科研项目	陈力生	2005

（续表）

序号	项目名称	项目来源	负责人	年度
33	我国会计信息质量特征的价值取向研究	上海市教育委员会科研项目	柳　青	2005
34	非盈利组织会计问题研究	上海市教育委员会科研项目	杨家亲	2005
35	国际生产体系变革条件下的企业间协调机制	上海市教育委员会科研项目	程新章	2005
36	零准备金制度的理论与实践研究	上海市教育委员会科研项目	贾德奎	2005
37	金融业统一监管的绩效研究	上海市教育委员会科研项目	张丕强	2005
38	新建本科院校科研管理体制创新探索	上海市教育委员会科研项目	唐庆银	2005
39	任务教学法在英语教学中的应用研究	上海市教育委员会科研项目	丁大勇	2005
40	改进我国利润表中收益确认方法和披露模式的研究	上海高校选拔培养优秀青年教师科研专项基金	刘睿洁	2005
41	立信会计学院校园文化建设研究	上海高校选拔培养优秀青年教师科研专项基金	牛媛媛	2005
42	供应链管理中财务优化研究	上海高校选拔培养优秀青年教师科研专项基金	齐　源	2005
43	上海居民基本消费需求研究	上海高校选拔培养优秀青年教师科研专项基金	马永生	2005
44	基于定性知识表达的供应链风险管理模拟研究	上海高校选拔培养优秀青年教师科研专项基金	刘凤霞	2005
45	基于胜任素质的企业人力资源开发与管理研究	上海高校选拔培养优秀青年教师科研专项基金	沈　晖	2005
46	中国上市公司多元化经营的行业特征	上海高校选拔培养优秀青年教师科研专项基金	潘瑞姣	2005
47	汇率与通货膨胀的联动	上海高校选拔培养优秀青年教师科研专项基金	周　剑	2005
48	认股(沽)权证理论定价与实证研究——探索理论定价与实际价格的关系	上海高校选拔培养优秀青年教师科研专项基金	金登贵	2005
49	我国证券投资基金投资行为偏差分析与修正路径选择	上海高校选拔培养优秀青年教师科研专项基金	周新辉	2005
50	非主流文化对当代大学生价值观的影响	上海高校选拔培养优秀青年教师科研专项基金	刘　妍	2005

（续表）

序号	项目名称	项目来源	负责人	年度
51	企业财务风险预警系统探索	上海高校选拔培养优秀青年教师科研专项基金	赵海益	2005
52	社会中介组织的法律问题研究	上海高校选拔培养优秀青年教师科研专项基金	邓 君	2005
53	上海道道契研究	上海高校选拔培养优秀青年教师科研专项基金	王 旭	2005
54	中国经济增长对自然资源依赖程度分析	上海高校选拔培养优秀青年教师科研专项基金	陶爱元	2005
55	约束线性方程组解的计算	上海高校选拔培养优秀青年教师科研专项基金	顾 超	2005
56	“以学生为中心”大学英语教改中存在的问题及对策	上海高校选拔培养优秀青年教师科研专项基金	郑 姬	2005
57	关于高校研究型辅导员培养机制的探索	上海高校选拔培养优秀青年教师科研专项基金	潘宏凯	2005
58	民国救灾机制研究——以1931年江淮水灾救济为例	上海高校选拔培养优秀青年教师科研专项基金	孔祥成	2005
59	校园一卡通系统中异构数据库集成技术的研究	上海高校选拔培养优秀青年教师科研专项基金	李远杰	2005
60	新形势下高校师德建设的载体、路径和方法探讨	上海高校选拔培养优秀青年教师科研专项基金	王 妍	2005
61	从“学术与政治”关系角度看蔡元培的大学办学思想	上海高校选拔培养优秀青年教师科研专项基金	李 竝	2005
62	大学生诚信缺失行为的社会学分析及对策研究	上海高校选拔培养优秀青年教师科研专项基金	梁艳芳	2005
63	控制性股东“掏空”上市公司行为——基于利益相关者理论与企业伦理的分析	上海高校选拔培养优秀青年教师科研专项基金	陈春华	2005
64	松江大学园区大学生闲暇生活质量研究	上海高校选拔培养优秀青年教师科研专项基金	沈丽萍	2005
65	思想政治教育在学生公寓的功能开发与拓展	上海高校选拔培养优秀青年教师科研专项基金	潘勇军	2005
66	随机图与Ad Hoc网络	上海市教育委员会重点科研项目	王汉兴	2006
67	投资者保护导向的审计风险评估与控制研究	上海市教育委员会重点科研项目	张奇峰	2006

（续表）

序号	项目名称	项目来源	负责人	年度
68	我国开放式证券投资基金业绩特点和基金投资者投资策略研究	上海市教育委员会重点科研项目	李宪立	2006
69	中国对外贸易中的税收竞争与协调问题研究	上海市教育委员会重点科研项目	罗　秦	2006
70	对外贸易创新系统构建的理论与政策研究	上海市教育委员会科研项目	唐海燕	2006
71	基于网格机制的集团财务监管框架的研究	上海市教育委员会科研项目	那丽春	2006
72	智能图像检索网格技术研究	上海市教育委员会科研项目	王小玲	2006
73	我国跨国公司外汇风险衡量及控制研究	上海市教育委员会科研项目	李颖琦	2006
74	中国城镇居民预防性储蓄行为分析	上海市教育委员会科研项目	陈　兵	2006
75	人民币升值和加息压力对资本市场的叠加效应研究	上海市教育委员会科研项目	周新辉	2006
76	厚尾分布下的风险测量模型	上海市教育委员会科研项目	金登贵	2006
77	资本市场发展中资信评级制度建设研究	上海市教育委员会科研项目	袁　敏	2006
78	商业银行并购及其风险研究	上海市教育委员会科研项目	陈稳进	2006
79	拍卖交易规则与交易风险研究	上海市教育委员会科研项目	郑鑫尧	2006
80	高校辅导员自我效能感的研究	上海市教育委员会科研项目	卫志红	2006
81	大学英语自主听说学习系统的应用与效果研究	上海市教育委员会科研项目	陆　艳	2006
82	我国公共服务领域政、企、NGO的合作与治理	上海市教育委员会科研项目	李延均	2006
83	股权分置改革下的独立审计需求研究	上海高校选拔培养优秀青年教师科研专项基金	张奇峰	2006
84	衍生金融工具会计计量研究	上海高校选拔培养优秀青年教师科研专项基金	吕艾维	2006
85	电子金融服务顾客关系质量评价模式研究	上海高校选拔培养优秀青年教师科研专项基金	李菁华	2006

（续表）

序号	项目名称	项目来源	负责人	年度
86	上海住宅价格影响因素研究	上海高校选拔培养优秀青年教师科研专项基金	阎国平	2006
87	资信评级行业规范与自律研究	上海高校选拔培养优秀青年教师科研专项基金	袁 敏	2006
88	商务智能在证券公司风险管理中的应用研究	上海高校选拔培养优秀青年教师科研专项基金	胡翠华	2006
89	给予用户关联反馈与聚类的图像检索技术研究	上海高校选拔培养优秀青年教师科研专项基金	王小玲	2006
90	给予分工演进理论的上海高新技术产业集群的自主创新能力研究	上海高校选拔培养优秀青年教师科研专项基金	李 雪	2006
91	经济发展对环境质量影响的区域比较分析	上海高校选拔培养优秀青年教师科研专项基金	高鸣霞	2006
92	信息化税收管理中的信息管理研究	上海高校选拔培养优秀青年教师科研专项基金	闫 锐	2006
93	期货市场的复杂性研究	上海高校选拔培养优秀青年教师科研专项基金	傅云斌	2006
94	语法教学与语言能力的培养	上海高校选拔培养优秀青年教师科研专项基金	马 爽	2006
95	从目的论视角试分析世博会宣传资料的汉英翻译	上海高校选拔培养优秀青年教师科研专项基金	钱妮娜	2006
96	新会计准则背景下固定资产折旧与减值关系研究	上海高校选拔培养优秀青年教师科研专项基金	袁国栋	2006
97	创新人才视角下的税收模拟教学体系构建	上海市教育委员会科研项目	赵迎春	2007
98	中国产业内贸易发展模式及实证	上海市教育委员会科研项目	程新章	2007
99	融资约束、代理冲突与非有效投资作用机制研究	上海市教育委员会科研项目	杜 莉	2007
100	高校辅导员绩效评估体系研究	上海高校选拔培养优秀青年教师科研专项基金	邓 娜	2007
101	新时期大学生诚信缺失的表现、原因及评估体系构建研究	上海高校选拔培养优秀青年教师科研专项基金	黄 嵘	2007
102	基于东道国能动条件的外商直接投资产业结构效应研究	上海高校选拔培养优秀青年教师科研专项基金	石 薇	2007

（续表）

序号	项 目 名 称	项 目 来 源	负责人	年度
103	基于信息技术的企业组织柔性研究	上海高校选拔培养优秀青年教师科研专项基金	原海英	2007
104	中国国有企业经营者选择机制的研究	上海高校选拔培养优秀青年教师科研专项基金	王丽娜	2007
105	能源对中国经济增长的动态效应研究	上海高校选拔培养优秀青年教师科研专项基金	胡 斌	2007
106	美国社会转型与约翰·杜威实用主义教育思想	上海高校选拔培养优秀青年教师科研专项基金	朱丽莉	2007
107	河南省城镇化发展现状、问题及对策	上海高校选拔培养优秀青年教师科研专项基金	王卓敏	2007
108	网络环境下的持续审计模式研究	上海高校选拔培养优秀青年教师科研专项基金	何 芹	2007
109	用于数据分析与决策的可能网络研究	上海高校选拔培养优秀青年教师科研专项基金	冷翠平	2007
110	治理商业贿赂的刑事对策制度研究	上海高校选拔培养优秀青年教师科研专项基金	张俊英	2007
111	长三角区域经济一体化进程中上海的发展定位与战略选择	上海高校选拔培养优秀青年教师科研专项基金	翟孝强	2007
112	人民币汇率变动与中国进出口商品价格调整	上海高校选拔培养优秀青年教师科研专项基金	毕玉江	2007
113	异质型人力资本对服务贸易比较优势的动态影响	上海高校选拔培养优秀青年教师科研专项基金	张 燕	2007
114	大学生主题班会的系列性和阶段性探索	上海高校选拔培养优秀青年教师科研专项基金	肖景蓉	2007
115	基于偏态分布的波动性研究及其在风险管理中的应用	上海高校选拔培养优秀青年教师科研专项基金	黄 波	2007
116	大学生思想政治工作中"诚信"教育载体与持续性发展研究	上海高校选拔培养优秀青年教师科研专项基金	薛 芳	2007
117	我国行政单位资产管理的绩效管理研究	上海高校选拔培养优秀青年教师科研专项基金	王晓玲	2007
118	吸引外资与中国经济体制改革的关系研究	上海高校选拔培养优秀青年教师科研专项基金	孙黎黎	2007
119	经典随机图及离散随机结构的研究	上海高校选拔培养优秀青年教师科研专项基金	颜云志	2007

（续表）

序号	项目名称	项目来源	负责人	年度
120	LBVW分布相关参数的估计	上海高校选拔培养优秀青年教师科研专项基金	高　瑞	2007
121	随机算法在无线多跳网络中的应用	上海高校选拔培养优秀青年教师科研专项基金	卢桂林	2007
122	英语专业四级考试的反拨效应研究	上海高校选拔培养优秀青年教师科研专项基金	张迎迎	2007
123	以人为本的高校日语教学模式的探讨	上海高校选拔培养优秀青年教师科研专项基金	李佳燕	2007
124	“世界通用语”英语与大学英语教学	上海高校选拔培养优秀青年教师科研专项基金	王爱华	2007
125	农民工NGO生存策略研究	上海高校选拔培养优秀青年教师科研专项基金	林　典	2007
126	上海松江大学城高校学生体质水平监测调查与分析	上海高校选拔培养优秀青年教师科研专项基金	郭　莹	2007
127	上市公司“管理层讨论与分析”披露研究	上海高校选拔培养优秀青年教师科研专项基金	林　叶	2007
128	中国对外贸易与经济增长关系的实证研究	上海高校选拔培养优秀青年教师科研专项基金	卞世博	2007
129	论马克思主义中国化的进程	上海高校选拔培养优秀青年教师科研专项基金	孙庆武	2007
130	公民社会视野中的中国共产党的现代化	上海高校选拔培养优秀青年教师科研专项基金	王海兵	2007
131	情绪对大学生自我和他人风险决策影响的实验研究	上海高校选拔培养优秀青年教师科研专项基金	毕玉芳	2007
132	培养大学生心理健康理念及技能的实证研究	上海高校选拔培养优秀青年教师科研专项基金	田守花	2007
133	高校学生社区思想政治教育与管理工作的现状及对策研究	上海高校选拔培养优秀青年教师科研专项基金	吴　甜	2007
134	地方新兴本科院校教师培养体系和培养模式研究	上海高校选拔培养优秀青年教师科研专项基金	王　婧	2007
135	新时期依法执政与党的执政方式研究	上海高校选拔培养优秀青年教师科研专项基金	江海英	2007
136	上海立信会计学院专升本考试网上报名系统	上海高校选拔培养优秀青年教师科研专项基金	曹露燕	2007
137	基于嵌入式智能代理技术的IS连续审计研究	上海高校选拔培养优秀青年教师科研专项基金	高瑞卿	2007

表6-2-5 学校校内项目

序号	项目名称	项目来源	负责人	年度
1	立信会计的学科、专业发展与建设研究	校内项目	胡厚麟	2002
2	我校学生的综合素质测评	校内项目	陈 杰	2002
3	审计模拟实习	校内项目	陈力生	2002
4	关于诉讼及非诉讼专题案例设计	校内项目	邓雪兰	2002
5	校园网网络安全体系研究	校内项目	王镇海	2002
6	追溯调整法与上市公司信息披露	校内项目	张维宾	2002
7	对我国注册会计师从事管理咨询业务的思考	校内项目	付 君	2002
8	战略成本规划——理念的实践之路	校内项目	李江萍	2002
9	跨国公司专营化发展趋势的市场基础	校内项目	张红玉	2002
10	金融理财比较研究	校内项目	胡云祥	2002
11	中外公司法比较——论保护小股东利益	校内项目	王雁雯	2002
12	国际物流运作系统初探	校内项目	刘 雯	2002
13	普通高校体育科研全面深入发展的新战略	校内项目	俞南泓	2002
14	预算会计改革研究	校内项目	杨家亲	2002
15	税务会计若干理论问题研究	校内项目	胡启鸿	2002
16	公司融资工具的选择与创新	校内项目	郑 忠 何佩莉	2002
17	论中国企业债市场	校内项目	崔文秀	2002
18	企业管理前沿理论与运用	校内项目	单 宝	2002
19	作业成本管理与传统成本会计制度的比较研究	校内项目	施用进	2002
20	环境贸易措施与我国之应策研究	校内项目	金慧华	2002
21	对我国商业银行开展对私金融业务的研究	校内项目	张志谦	2002

（续表）

序号	项 目 名 称	项 目 来 源	负责人	年度
22	高校德育教育网络化的理论与实践	校内项目	张颖香	2002
23	如何加强学生政治工作，提高学生道德修养和素质	校内项目	王纯根	2002
24	会计准则制定基础导向与会计信息质量研究	“攀登计划”项目	李江萍	2003
25	唯美叙事和王尔德研究	“攀登计划”项目	张介明	2003
26	加强税收征管与提高公司治理绩效的关联研究	“攀登计划”项目	鲍 杰	2003
27	网络环境下的内部控制制度	“攀登计划”项目	曹惠民	2003
28	越南汉文历史小说与中国文化	“攀登计划”项目	孙步忠	2003
29	现代会计本科教育面临的挑战和发展研究	“攀登计划”项目	应淑仪	2003
30	企业集团财务战略研究	“攀登计划”项目	曹 中	2003
31	大学生思想教育的新拓展——大学生涯指导的实践探索研究	“攀登计划”项目	郁顺华	2003
32	信用资源的经济哲学研究	“攀登计划”项目	黄家瑶	2003
33	财务会计案例教学应用研究	“攀登计划”项目	黄 明	2003
34	土地市场交易方式的选择及效率分析	“阳光计划”项目	朱亚兵	2003
35	我国税务会计研究	“阳光计划”项目	罗 秦	2003
36	论《蒙特利尔议定书》的遵守控制程序	“阳光计划”项目	金慧华	2003
37	中国保险业市场结构及其有效竞争实证研究	“阳光计划”项目	程肖芬	2003
38	我国企业实施 EVA 管理体系的问题及对策	“阳光计划”项目	李颖琦	2003
39	英语教学互动机制的应用	“阳光计划”项目	陈旭如	2003
40	大学生应激心理反应及其调适策略	“阳光计划”项目	卫志红	2003
41	功能交际法在日语教育中的应用	“阳光计划”项目	刘晓红	2003

（续表）

序号	项目名称	项目来源	负责人	年度
42	金融自由化在中国金融改革中的实践	“阳光计划”项目	程丽萍	2003
43	对我国商业银行发展信用卡业务的研究	“阳光计划”项目	陈　兵	2003
44	EVA在我国上市公司业绩评价中的应用	“阳光计划”项目	张海霞	2003
45	财会类大学生科研能力培养机制探析	“阳光计划”项目	张颖香	2003
46	上市公司会计信息质量监管的思考	“阳光计划”项目	沈学桢	2003
47	损益确认时税法与会计上的差异比较和分析	“阳光计划”项目	马建钢	2003
48	上海特殊经济区的能级定位及其发展趋势	“阳光计划”项目	张红玉	2003
49	信息技术与教育的整合是教学改革的最大资源——国际贸易课程教学实验模式研究	“阳光计划”项目	刘　雯	2003
50	证券法修改若干法律问题研讨	“阳光计划”项目	王雁雯	2003
51	应对策略作为中介变量对于大学生压力与心理健康关系的研究	“阳光计划”项目	陈虹霖	2003
52	我国洗钱活动的现状和对策	“阳光计划”项目	吴志宏	2003
53	我国农村保障制度建设的研究	“阳光计划”项目	吴红燕	2003
54	上海大气污染的CGE模型的模拟分析	“阳光计划”项目	杨敏华	2003
55	高校组工干部的形象探索	“阳光计划”项目	邬敏懿	2003
56	会计电算化环境中存货成本核算的研究	“阳光计划”项目	白　莉	2003
57	在会计专业教学中贯穿职业道德教育的思考和实践	“阳光计划”项目	方　辉	2003
58	财经院校学生信息素质教育与培养	“阳光计划”项目	姚水林	2003
59	课程试卷分析评估系统	“阳光计划”项目	朱伟民	2003

（续表）

序号	项目名称	项目来源	负责人	年度
60	《新巴塞尔协议》在中国银行实施的可行性	“阳光计划”项目	高晓娟	2003
61	指数丢番图方程的有关解	“阳光计划”项目	金士伟	2003
62	现行增值税会计核算存在的问题及改进的对策建议	“阳光计划”项目	曹 颖	2003
63	中国金融业统一监管的前瞻性与可行性研究	“攀登计划”项目	张丕强	2004
64	用于决策支持的有向与无向网络分类器研究	“攀登计划”项目	王双成	2004
65	金融学专业特色定位与人才培养模式研究	“攀登计划”项目	孙桂芳	2004
66	新的会计环境下国际会计监管和准则制定的价值取向	“攀登计划”项目	柳 青	2004
67	会计信息与公司治理研究	“攀登计划”项目	杨克泉	2004
68	高校数字化校园的建设构架研究	“攀登计划”项目	吴新亚	2004
69	国际贸易中技术性贸易壁垒机理特征研究	“攀登计划”项目	陈志友	2004
70	供应链管理者信息共享研究	“阳光计划”项目	齐 源	2004
71	借鉴国际经验构建中国特色的公司治理机制	“阳光计划”项目	金 梅	2004
72	证券投资基金资产配置行为分析	“阳光计划”项目	周新辉	2004
73	我国资本市场税制改革研究	“阳光计划”项目	罗 秦	2004
74	我国转轨时期的个人收入分配与税收调节研究	“阳光计划”项目	王 瑶	2004
75	上海立信会计学院学术论文数据库研发	“阳光计划”项目	郑鑫尧等	2004
76	校园媒体与大学生思想变化的互动研究	“阳光计划”项目	何佩莉	2004
77	语文教学审美化及其创新意义	“阳光计划”项目	侍春生	2004
78	基于作业成本和成本企划的全面成本管理方法研究	“阳光计划”项目	白 莉	2004

（续表）

序号	项目名称	项目来源	负责人	年度
79	《马克思主义哲学原理》教学内容研究——认识论原理的当代价值探索	“阳光计划”项目	杨林林	2004
80	高校学生考试舞弊的微观环境动因及管理对策	“阳光计划”项目	汪雪兴	2004
81	宋代贬文人的海南词研究	“阳光计划”项目	姚惠兰	2004
82	关于合并会计报表编制中若干问题的探讨	“阳光计划”项目	叶　敏等	2004
83	高校成功体育教学的理论和实践研究	“阳光计划”项目	周丽珍等	2004
84	上市公司财务报告分析研究	“阳光计划”项目	殷　俊	2004
85	从学生人际交往需求看大学城社区资源共享的效益	“阳光计划”项目	费　莉	2004
86	内部控制的环境要素研究及其对审计风险控制的影响	“阳光计划”项目	李　氟	2004
87	高等院校图书馆质量管理研究	“阳光计划”项目	黄　真	2004
88	人力资源投资管理问题研究	“阳光计划”项目	贺　妍	2004
89	对外汉语测试研究	“阳光计划”项目	夏慧勤	2004
90	探讨隐喻知识在大学英语教学中的应用	“阳光计划”项目	承　华	2004
91	公司盈余管理的研究	“阳光计划”项目	吴向阳	2004
92	多媒体语音与外语教学有机结合的探索	“阳光计划”项目	曾　勇	2004
93	企业合并中的购买法和权益结合法的比较和选择	“阳光计划”项目	方　辉	2004
94	营销全球化与本土化的战略研究	“阳光计划”项目	刘　雯	2004
95	提高对媒体教学系统稳定性研究	“阳光计划”项目	王新华	2004
96	新建本科院校人才资源开发与配置	学校决策咨询项目	桑秀藩	2004
97	立信会计学院财务管理实践与研究	学校决策咨询项目	李延臣	2004

（续表）

序号	项目名称	项目来源	负责人	年度
98	立信本科教学质量保障体系构建研究	学校决策咨询项目	郑　忠	2004
99	越南汉文传奇小说与中国文化	学校优青项目	孙步忠	2004
100	如何运用平衡记分卡成功实施企业战略	学校优青项目	李颖琦	2004
101	招标拍卖理论的发展及其应用研究	学校优青项目	朱亚兵	2004
102	转型经济中市场化利率政策传导机制研究	学校优青项目	张红玉	2004
103	国有企业改制与公司治理	学校优青项目	张海霞	2004
104	“利率走廊”调控模式研究	“攀登计划”项目	贾德奎	2005
105	民国江苏救灾机制研究	“攀登计划”项目	孔祥成	2005
106	金融业战略业务合作和并构重组的博弈分析	“攀登计划”项目	陈稳进	2005
107	服务贸易竞争力与长江三角洲城市群的产业结构升级	“攀登计划”项目	裴　瑱	2005
108	基于网格的网络数据搜索系统的关键技术研究	“攀登计划”项目	那丽春	2005
109	基于胜任素质的企业人力资源开发与管理研究	“攀登计划”项目	沈　晖	2005
110	股指期货与期权理论和实证研究	“攀登计划”项目	金登贵	2005
111	中日两国词语的交流与互动	“攀登计划”项目	张慧荣	2005
112	世界银行的环境法律与政策研究	“攀登计划”项目	金慧华	2005
113	金融资产收益波动性研究	“攀登计划”项目	沈学桢	2005
114	论文化对语言的影响	“阳光计划”项目	朱娟娟	2005
115	供应链管理中财务优化研究	“阳光计划”项目	齐　源	2005
116	改进我国利润表中收益确认和披露模式的研究	“阳光计划”项目	刘睿洁	2005
117	加权 Drazin 逆和一类奇异线形方程组的计算与误差分析	“阳光计划”项目	顾　超	2005

（续表）

序号	项目名称	项目来源	负责人	年度
118	高校党员民主评议长效机制的探索与研究	“阳光计划”项目	邬敏懿	2005
119	营销人员聘用管理定性模拟研究	“阳光计划”项目	刘凤霞	2005
120	我国企业业绩评价体系的有效性研究	“阳光计划”项目	张玉英	2005
121	中国应对绿色贸易壁垒若干问题研究	“阳光计划”项目	赵　峰	2005
122	上海市贫困群体的社会保障研究	“阳光计划”项目	吴红燕	2005
123	高校廉政文化建设途径的探索	“阳光计划”项目	郑国芬	2005
124	构建具有中国特色社会信用体系	“阳光计划”项目	高晓娟	2005
125	开放式基金的费率制定策略研究	“阳光计划”项目	李光洲	2005
126	上市公司自愿性信息披露行为研究	“阳光计划”项目	李　锋	2005
127	离散的三项分布风险模型的渐近解	“阳光计划”项目	傅云斌	2005
128	我国上市公司股权结构与公司绩效	“阳光计划”项目	肖　琳	2005
129	资产减值会计研究	“阳光计划”项目	袁国红	2005
130	校园一卡通系统中异构数据库集成技术的研究	“阳光计划”项目	李远杰	2005
131	高校辅导员队伍职业化和专业化研究	“阳光计划”项目	牛媛媛	2005
132	美国贸易救济措施研究	“阳光计划”项目	赵　鹏	2005
133	基于图形模式嵌入的具有不完整数据归纳学习问题研究	学校预研究项目	王双成	2005
134	潘序伦会计诚信思想的继承与发展研究	学校预研究项目	邵瑞庆	2005
135	国际生产体系的协调机制研究	学校预研究项目	程新章	2005
136	税收差额问题研究	学校预研究项目	赵迎春	2005
137	货币政策透明度研究	学校预研究项目	贾德奎	2005

（续表）

序号	项目名称	项目来源	负责人	年度
138	会计准则国际化对我国保险业透明度及风险的影响研究	“攀登计划”项目	杨克泉	2006
139	基于 EXCEL 用户窗体的会计信息系统开发	“攀登计划”项目	朱伟民	2006
140	辛方法在天体力学中的应用	“攀登计划”项目	刘福窑	2006
141	食品安全风险管理研究	“攀登计划”项目	王中亮	2006
142	治理中的中外民间慈善组织比较研究	“攀登计划”项目	黄家瑶	2006
143	审计判断的影响因素及其评价标准	“阳光计划”项目	李　氟	2006
144	基于价值链的企业战略业绩评价体系研究	“阳光计划”项目	殷　俊	2006
145	IRB 法与我国商业银行信用风险管理研究	“阳光计划”项目	张　云	2006
146	基于支持向量机的客户信用风险评估研究	“阳光计划”项目	张　明	2006
147	基于开放式网格服务体系的企业全面成本管理模型和方法研究	“阳光计划”项目	白　莉	2006
148	财务数据智能化分析研究	“阳光计划”项目	陈乃激	2006
149	浮游动物营养盐排泄对太湖营养盐循环贡献	“阳光计划”项目	潘宏凯	2006
150	大学英语自主学习中学生学习态度与策略的研究	“阳光计划”项目	郑　姬	2006
151	引入“探究性学习”提高英语综合能力	“阳光计划”项目	承　华	2006
152	基于 SCORM 标准的精品网络课程设计研究	“阳光计划”项目	熊志刚	2006

表6-2-6 其他项目

序号	项目名称	项目来源	负责人	年度
1	风险投资与企业价值评估实例分析	上海市会计学会	曹　中	1999
2	商业银行金融理财业务研究	中国投资学会	胡云祥	2002

（续表）

序 号	项 目 名 称	项 目 来 源	负责人	年度
3	国有中小商贸企业改制问题研究	上海石化商贸总公司	唐海燕	2003
4	中外金融机构理财业务比较研究	中国投资学会	胡云祥	2003
5	基于期权的国际航运投资决策方法研究	中国交通会计学会	邵瑞庆	2003
6	建设工程造价与投资优化研究	上海市基本建设优化研究会	黄汉江	2003
7	电建行业分析研究报告	北京和君创业企业顾问咨询公司	程肖芬	2004
8	进一步拓展境外工程承包的制约因素及对策	上海国际经济贸易研究所	唐海燕	2004
9	2004年上半年上海经济形势分析	上海市人民政府发展研究中心	张志谦	2004
10	辰山国家植物院可行性研究	上海市人民政府发展研究中心	曹惠民	2004
11	中国远洋运输集团会计制度、成本核算规程制定	中国远洋运输(集团)总公司	邵瑞庆	2004
12	民族精神在大学生群体的传承状况及其教育途径	共青团上海市委学生部	刘 燚	2005
13	高校共青团基层支部建设和团日活动现状与创新的调研	共青团上海市委学生部	牛媛媛	2005
14	大学生思想政治教育中共青团工作载体有效性研究	共青团上海市委员会	张 云	2005
15	校园媒体与大学生思想变化的互动研究	上海科技教育系统思想政治工作研究会	朱坚强	2005
16	新形势下高校师德建设的载体、路径和方法探讨	上海科技教育系统思想政治工作研究会	朱坚强	2005
17	大学生思想教育的新拓展——大学生涯指导的实践探索研究	上海科技教育系统思想政治工作研究会	郁顺华	2005
18	外资大型零售企业进入上海后的经营模式及对上海流通市场的影响	上海市经济委员会研究室	马永生	2005
19	黄浦区进一步增强核心竞争力	上海市人民政府发展研究中心	裔文慧	2005
20	跨国采购中心发展国际经验借鉴	上海市人民政府发展研究中心	陈志友	2005
21	专项资金对合作交流工作的推动作用	上海市人民政府合作交流办公室	曹 中	2005

（续表）

序号	项目名称	项目来源	负责人	年度
22	上海长途汽车客运总站投资回购项目	上海市闸北区国有资产投资公司	曹　中	2005
23	《上海华润大东船务工程有限公司会计制度、内部会计控制制度》制定	上海华润大东船务有限公司	邵瑞庆	2006
24	网站建设协议	上海市计算机应用能力考核办公室	俞时权	2006
25	大学生形势与政策教育方法创新和有效性研究	上海市教育发展基金会	朱坚强	2006
26	上海长途汽车客运总站投资建设及回购项目	上海市闸北区国有资产投资公司	曹　中	2006
27	中国县区产业发展经验、案例和模式研究	上海新问题管理咨询有限公司	程肖芬	2006
28	模型驱动的异构系统集成框架与基于SOA的数据交换平台技术	同济大学	白　莉	2006
29	商业银行个人理财业务风险管理研究	中国投资学会	胡云祥	2006
30	制定《中国远洋运输集团修船企业会计制度》等	中国远洋运输(集团)公司	邵瑞庆	2006
31	高科技园区的发展与自主创新的模式研究	北京航空航天大学	赵大平	2007
32	《上海华润大东船务工程有限公司会计制度、内部会计控制制度》制定	上海华润大东船务工程有限公司	邵瑞庆	2007
33	上海市对外贸易微观竞争力研究	上海市对外经济贸易委员会	马慧敏	2007
34	关于企业内部控制体系问题的研究	上海市会计学会	袁　敏	2007
35	高校辅导员胜任力模型与验证探索	上海市教育发展基金会	郁顺华	2007
36	上海市教委专项项目建设经费绩效评价研究	上海市教育委员会	曹　中	2007
37	思想政治理论课教学案例的选择及其理论思考	上海市教育委员会德育处	吴红燕	2007

（续表）

序号	项目名称	项目来源	负责人	年度
38	现代服务业集聚区经济效益与社会效益的协同增长	上海市普陀区对外经济委员会	马慧敏	2007
39	政府预算改革下的预算执行审计研究	上海市松江区审计局	李颖琦	2007
40	公共投资项目效益审计评价指标体系研究	上海市松江区审计局	何　芹	2007
41	上海市青少年体质下降的干预策略研究	上海市体育局社科项目	周丽珍	2007
42	上海郊区基础性商业提升研究	上海祥正投资管理咨询有限公司	马永生	2007
43	浙江和谐社会建设新问题研究	浙江师范大学	李　雪	2007
44	《中国海运（集团）总公司会计制度》制定	中国海运（集团）总公司	邵瑞庆	2007
45	中远集团《远洋运输企业会计制度》、《远洋运输企业成本费用核算管理规程》修订	中国远洋运输（集团）总公司	邵瑞庆	2007

第二节　研究成果

一、出版的专著、教材

升本之后，随着学校对科研工作的重视和师资力量的加强，学校出版的专著和教材显著增加。2004年至2007年期间，共出版专著及教材106本，其中2004年25本，2005年31本，2006年22本，2007年28本（见表6－2－7、表6－2－8、表6－2－9、表6－2－10）。

表6－2－7　2004年学校教师出版专著及教材25本

序号	图书名称	作者	类别	出版单位	时间
1	最优者生存的能力	单　宝	专著	中国档案出版社	2004.4.20
2	与文化经典对话	黄家瑶	专著	立信会计出版社	2004.7.16
3	与西方文化对话	张介明	专著	立信会计出版社	2004.11.20
4	管理学——理论、过程、方法	单　宝	教材	立信会计出版社	2004.7.1
5	现代分类英语（第三册）	丁大勇	教材	东华大学出版社	2004.12.10

（续表）

序号	图书名称	作者	类别	出版单位	时间
6	现代分类英语(第四册)	丁大勇	教材	东华大学出版社	2004.12.10
7	现代分类英语(第二册)	丁大勇	教材	东华大学出版社	2004.1.28
8	会计原理实验教程(第二版)	黄　明	教材	高等教育出版社	2004.11.1
9	企业会计模拟实训教程(第二版)	黄　明	教材	东北财经大学出版社	2004.7.1
10	会计电算化(第三版)	励景源	教材	立信会计出版社	2004.7.15
11	管理心理学(第2版)	汪雪兴	教材	上海交通大学出版社	2004.7.20
12	财务会计(新编)——理论·实务·案例	张维宾	教材	立信会计出版社	2004.2.16
13	财务管理	张玉英	教材	高等教育出版社	2004.4.8
14	苦难是金——从一贫如洗到亿万富翁	单　宝	编著	天津社会科学院出版社	2004.2.1
15	全国投资与建设研究成果集	黄星繁	编著	上海财经大学出版社	2004.9.20
16	才情人生乔冠华	罗银胜	编著	团结出版社	2004.1.20
17	高蒂之夜	陈旭如	译著	群众出版社	2004.5.20
18	花的智慧	潘灵剑	译著	哈尔滨出版社	2004.1.20
19	马克思主义哲学原理学习辅导	黄家瑶	工具书	立信会计出版社	2004.10.22
20	构建家庭私有财产——购房置业要略	黄疆新	工具书	立信会计出版社	2004.10.1
21	2004年全国会计专业技术资格考试习题集(初级)(第二版)	徐　兵	工具书	立信会计出版社	2004.1.15
22	新编会计模拟实习(工业企业分册)(第三版)	张维宾	工具书	立信会计出版社	2004.2.18
23	2004年全国会计专业技术资格考试习题集(中级)(第二版)	张维宾	工具书	立信会计出版社	2004.1.15
24	拍卖实用手册:《法律与规则》	郑鑫尧	工具书	上海财经大学出版社	2004.7.20
25	邓小平理论和"三个代表"重要思想概论习题集	朱坚强	工具书	立信会计出版社	2004.7.23

表6-2-8　2005年学校教师出版专著及教材31本

序号	图书名称	作者	类别	出版单位	时间
1	最有效的员工管理	单　宝	专著	中国经济出版社	2005.10.1
2	黄汉江散文诗	黄汉江	专著	中国文史出版社	2005.4.1
3	唯美叙事：王尔德新论	张介明	专著	上海社会科学院出版社	2005.3.1
4	财务管理实务	曹　中	教材	立信会计出版社	2005.7.8
5	现代审计基础与实务	陈力生	教材	立信会计出版社	2005.2.3
6	审计风险管理研究	陈力生	教材	立信会计出版社	2005.9.1
7	国际金融实务	程丽萍	教材	立信会计出版社	2005.7.30
8	财经院校学生职业指导教程	杜秀娟	教材	立信会计出版社	2005.3.1
9	行业会计比较	郭大伟	教材	科学出版社	2005.7.15
10	国际金融教程	胡云祥	教材	立信会计出版社	2005.9.30
11	公司金融理论与实务	李光洲	教材	立信会计出版社	2005.1.1
12	会计专题(第二版)	李江萍	教材	立信会计出版社	2005.8.15
13	小企业会计实务操作	李惟莊	教材	立信会计出版社	2005.1.15
14	基础会计	李惟莊	教材	中国财政经济出版社	2005.5.15
15	基础会计实训与联系	李惟莊	教材	中国财政经济出版社	2005.5.15
16	财务会计软件应用	励景源	教材	立信会计出版社	2005.1.15
17	上海立信会计学院学生音乐素养状况调查、分析和对策报告	倪　燕	教材	立信会计出版社	2005.9.1
18	现代数据分析技术	沈学桢	教材	立信会计出版社	2005.2.5
19	大学实用文体阅读与写作	盛明华	教材	立信会计出版社	2005.1.1
20	货币银行学	孙桂芳	教材	中国财政经济出版社	2005.6.30
21	会计报表分析	徐德镛	教材	科学出版社	2005.7.15
22	信息技术应用基础(2005版)	俞时权	教材	复旦大学出版社	2005.9.1
23	管理会计	张玉英	教材	科学出版社	2005.8.15
24	世界贸易组织概论	赵　峰	教材	立信会计出版社	2005.8.3
25	现代广告学教程	周立公	教材	上海财经大学出版社	2005.10.1

（续表）

序号	图书名称	作者	类别	出版单位	时间
26	上海立信会计学院思想政治教育论文集	桑秀藩	编著	立信会计出版社	2005.9.1
27	猜猜我的心	卫志红	编著	少年儿童出版社	2005.1.1
28	镜湖	潘灵剑	译著	上海译文出版社	2005.5.1
29	2005年全国会计专业技术资格考试习题集	曹惠民	参考书	立信会计出版社	2005.1.5
30	经济法学习指南	邓雪兰	参考书	立信会计出版社	2005.4.6
31	法律基础学习指南	龙英锋	参考书	立信会计出版社	2005.4.14

表6-2-9 2006年学校教师出版专著及教材22本

序号	图书名称	作者	类别	出版单位	时间
1	企业垂直非一体化——基于国际生产体系变革的研究	程新章	专著	上海财经大学出版社	2006.4
2	企业管理前沿理论和方法	单　宝	专著	上海财经大学出版社	2006.7
3	长江三角洲产业分工与整合	裴　瑱	专著	上海财经大学出版社	2006.7
4	国际航运船舶投资决策方法论	邵瑞庆	专著	上海三联书店	2006.3
5	中国对外贸易创新论	唐海燕	专著	上海人民出版社	2006.2
6	会计英语	陈雪翎	教材	高等教育出版社	2006.7
7	会计专题(第三版)	李江萍	教材	立信会计出版社	2006.9
8	财政学	聂庆轶	教材	立信会计出版社	2006.1
9	会计学原理	邵瑞庆	教材	立信会计出版社	2006.9
10	常用经济应用文写作教程(新编)	盛明华	教材	立信会计出版社	2006.8
11	国际贸易概论	唐海燕	教材	中国商务出版社	2006.9
12	财务会计	应淑仪	教材	立信会计出版社	2006.2
13	比较大学语文	张介明	教材	立信会计出版社	2006.7
14	财务会计案例分析	张维宾	教材	立信会计出版社	2006.3

（续表）

序号	图书名称	作者	类别	出版单位	时间
15	做世界上最伟大的推销员	单宝	编著	天津社会科学院出版社	2006.1
16	企业管理圣经	单宝	编著	中国经济出版社	2006.4
17	经济法概论	邓雪兰	编著	法律出版社	2006.11
18	法学概论	洪莉萍	编著	法律出版社	2006.11
19	重托与使命——高校新时期党建工作研究	桑秀藩	编著	立信会计出版社	2006.8
20	经济全球化背景下的中国会计改革与发展	邵瑞庆	编著	立信会计出版社	2006.6
21	新编税法实务与会计处理	张建华	编著	立信会计出版社	2006.8
22	拍卖相关法律与规则	郑鑫尧	编著	中国财政经济出版社	2006.1

表6-2-10　2007年学校教师出版专著及教材28本

序号	图书名称	作者	类别	出版单位	时间
1	经济实践与哲学理性	黄家瑶	专著	上海财经大学出版社	2007.6
2	企业集团内部资本市场的功能与经济后果研究	邵军	专著	立信会计出版社	2007.8
3	资信评级的功能检验与质量控制研究	袁敏	专著	立信会计出版社	2007.9
4	政府管制、公司控制权安排与独立审计需求——来自审计师选择与审计费用的经验证据	张奇峰	专著	立信会计出版社	2007.8
5	伊丝特·沃特斯	张介明	译著	华夏出版社	2007.10
6	管理会计(新编)第二版	曹惠民	教材	立信会计出版社	2007.1
7	管理会计学	曹中	教材	立信会计出版社	2007.5
8	新编审计学教程	陈力生	教材	立信会计出版社	2007.1
9	新编审计模拟实习	高圣荣	教材	立信会计出版社	2007.1
10	成本会计学	陈云	教材	立信会计出版社	2007.2
11	进出口实务习题与解答	陈志友	教材	立信会计出版社	2007.3
12	进出口实务	陈志友	教材	立信会计出版社	2007.1

（续表）

序号	图书名称	作者	类别	出版单位	时间
13	基础会计(第二版)	李惟莊	教材	中国财政经济出版社	2007.6
14	基础会计实训与练习(第二版)	李惟莊	教材	中国财政经济出版社	2007.6
15	财务会计	马建钢	教材	立信会计出版社	2007.4
16	会计学原理(第二版)	邵瑞庆	教材	立信会计出版社	2007.7
17	新编会计模拟实习(商品流通企业分册)(第三版)	沈亚香	教材	立信会计出版社	2007.3
18	经济数学	杨敏华	教材	东北财经大学出版社	2007.2
19	人力资源管理	曾　峣	教材	立信会计出版社	2007.4
20	新编会计模拟实习(工业企业分册)(第四版)	张维宾	教材	立信会计出版社	2007.3
21	中级财务会计	张维宾	教材	立信会计出版社	2007.7
22	新编会计模拟实习(股份制企业分册)(第三版)	张维宾	教材	立信会计出版社	2007.4
23	房地产开发经营与管理	朱亚兵	教材	立信会计出版社	2007.1
24	高职高专英语快速阅读教程4	张锡伟	编著	上海交通大学出版社	2007.5
25	二手车交易实用指南	郑鑫尧	工具书	东方出版中心	2007.2
26	财务管理学	曹惠民	教材	立信会计出版社	2007.5
27	财经法规与会计职业道德习题集	张建华	教材	立信会计出版社	2007.7
28	国际贸易(第二版)	方士华	教材	经济科学出版社	2007.6

二、发表的学术论文

2004～2007年期间，学校教职员工在各类刊物公开发表论文1 171篇，中文核心及以上刊物发表论文493篇。其中，SCI 6篇，EI 5篇，ISSHP 2篇，ISTP 5篇，CSSCI 212篇。

2004年，学校教职员工公开发表论文共131篇，中文核心刊物以上39篇，其中CSSCI 27篇(见表6-2-11)。

表6-2-11 2004年发表在中文核心期刊及以上的科研成果

序号	论文名称	作者	发表期刊	发表时间	论文等级
1	BOT方式建设项目运营后的会计问题探讨	张维宾	会计研究	2004.10.15	CSSCI
2	涉外税收与国际私法的关系	龙英锋	税务研究	2004.7.1	CSSCI
3	国企改革的发展演变及两类企业社会主义性质的同一性	聂庆轶	社会科学	2004.12.20	CSSCI
4	权益资金成本与可持续增长理论	李光洲	外国经济与管理	2004.7.20	CSSCI
5	我国商业银行开展个人理财业务的思考	张　云	上海财经大学学报	2004.6.20	CSSCI
6	浅谈高等教育人才培养结构与就业市场的关系	陈力生	教育发展研究	2004.11.1	CSSCI
7	现代管理与管理学教育发展	朱亚兵	教育发展研究	2004.2.1	CSSCI
8	论企业会计制度的改革与会计专业教育	陈　云	山西财经大学学报（高等教育版）	2004.3.20	CSSCI
9	我国收入分配差距扩大的负面效应及其对策	单　宝	现代财经	2004.12.6	CSSCI
10	技术性贸易壁垒：机理特征、政策效应、对应措施	陈志友	国际贸易问题	2004.11.20	CSSCI
11	特别保障措施的应对与策略	龙英锋	法学	2004.10.1	CSSCI
12	关于票据承兑及票据期限的思考	龙英锋	当代财经	2004.8.1	CSSCI
13	世界制造业中心向中国转移：趋势、特征、条件	陈志友	生产力研究	2004.6.1	CSSCI
14	企业留住人才六策	单　宝	企业改革与管理	2004.3.20	CSSCI
15	试论《蒙特利尔协定书》遵守控制程序	金慧华	法商研究	2004.2.1	CSSCI
16	加强农村社会保障制度建设，全面建设小康社会	吴红燕	毛泽东思想研究	2004.7.1	CSSCI

（续表）

序号	论 文 名 称	作 者	发 表 期 刊	发表时间	论文等级
17	当代西方的王尔德研究	张介明	外国文学研究	2004.4.20	CSSCI
18	作为“时间艺术”的可能	张介明	浙江大学学报	2004.2.25	CSSCI
19	高校素质教育中体育教育作用的分析	谭建明	上海体育学院学报	2004.12.27	CSSCI
20	深化体育教育改革，拓展教师创新目标	宋灵荧	上海体育学院学报	2004.12.25	CSSCI
21	论太极拳始创之源	唐智萍	上海体育学院学报	2004.12.27	CSSCI
22	高校体育正全新面对e时代	汤伟康	上海体育学院学报	2004.8.20	CSSCI
23	成功体育教学对大学生健康影响的实践研究	周丽珍	上海体育学院学报	2004.8.20	CSSCI
24	普通高校体育科研发展若干问题的研究	俞南泓	上海体育学院学报	2004.8.20	CSSCI
25	报刊英文标题修辞特色的探究	肖玉洁	上海师范大学学报	2004.10.5	CSSCI
26	从认知的角度看英语的“管道隐喻”	承　华	外语学刊	2004.7.5	CSSCI
27	东京都的私立学校及其公费援助	朱榴芳	教育发展研究	2004.2.10	CSSCI
28	税务会计与财务会计分离前后的交易费用探析	罗　秦	财会通讯	2004.12.20	中文核心
29	市场主体诚信缺失的经济学分析	王　瑶	上海企业	2004.3.10	中文核心
30	适应社会可持续发展的要求，重新认识企业成本的经济内涵	陈　云	财会研究	2004.12.20	中文核心
31	ERP中基于标准成本的成本核算及控制方法研究	白　莉	财会通讯	2004.5.15	中文核心
32	非盈利组织会计模式与标准的构建	杨家亲	财会通讯	2004.4.15	中文核心
33	解读循环经济	单　宝	经营与管理	2004.12.6	中文核心

（续表）

序号	论文名称	作者	发表期刊	发表时间	论文等级
34	我国企业如何跨越技术性贸易壁垒	陈志友	上海企业	2004.6.1	中文核心
35	企业商务冲突管理探讨	周立公	上海企业	2004.6.1	中文核心
36	上海流动从业人员社会保险概况	吴红燕	社会	2004.11.1	中文核心
37	图书馆网上服务的规划和设计	黄　真	现代情报	2004.12.20	中文核心
38	交通运输业大型固定资产按部件计价问题的探讨	邵瑞庆	财务与会计	2004.12.20	中文核心
39	关于交通运输业成本费用会计若干问题的探讨	邵瑞庆	财务与会计	2004.8.20	中文核心

2005年，学校教职员工公开发表论文共233篇，中文核心刊物以上86篇，其中CSSCI 46篇，人大复印资料转载2篇（见表6－2－12）。

表6－2－12　2005年发表在中文核心期刊及以上的科研成果

序号	论文名称	作者	发表期刊	发表时间	论文等级
1	WTO协定中的国内税最惠国待遇探疑	龙英锋	税务研究	2005.9.9	CSSCI
2	中国对外贸易创新的制度培育	唐海燕	国际贸易问题	2005.6.20	CSSCI
3	经济增加值：企业绩效评价重要指标和经理人激励要素	李颖琦	现代财经	2005.1.8	CSSCI
4	跨国公司技术转移与中国技术进步的战略选择	杨克泉	国际经济评论	2005.7.27	CSSCI
5	预防原则在国际法中的演进和地位	金慧华	华东政法学院学报	2005.6.24	CSSCI
6	WTO协定中的国内税国民待遇探疑	龙英锋	涉外税务	2005.5.12	CSSCI
7	SCM协议中的国内税问题研究	龙英锋	涉外税务	2005.11.3	CSSCI
8	解读循环经济	单　宝	生产力研究	2005.3.15	CSSCI
9	政府政策与循环经济	单　宝	生态经济	2005.10.1	CSSCI

（续表）

序号	论 文 名 称	作 者	发 表 期 刊	发表时间	论 文 等 级
10	中海油竞购优尼科失败的原因及其教训	单 宝	国际贸易	2005.10.20	CSSCI
11	中西国有企业管理的发展历程及差异比较	彭汉香	经济纵横	2005.12.20	CSSCI
12	民工短缺及对我国社会经济发展的警示	齐 源	人口与经济	2005.6.15	CSSCI
13	供应链管理中信息共享的信息经济学研究	齐 源	研究与发展管理	2005.10.15	CSSCI
14	经济适用房建设招标机制的比较分析	朱亚兵	统计与决策	2005.12.30	CSSCI
15	国际认证标准的人文化：增强趋势两重效应应对措施——从 ISO9000、ISO14000 到 SA8000	陈志友	国际经贸探索	2005.5.20	CSSCI
16	循环经济：现代生产力运行的新方式	陈志友	生产力研究	2005.10.5	CSSCI
17	价值链系统分析方法与中国对外贸易战略	程新章	世界经济研究	2005.6.20	CSSCI
18	国际生产体系的变革对东亚国家工业化的挑战	程新章	亚太经济	2005.6.20	CSSCI
19	创新、产业集群与区域创新系统	程新章	上海大学学报	2005.6.20	CSSCI
20	外商直接投资、民工、制造业集合和区域收入分配	程新章	上海经济研究	2005.7.8	CSSCI
21	国际生产体系的变革、可持续发展与中国利用外资战略的选择	程新章	世界经济研究	2005.8.12	CSSCI
22	中国融入国际生产体系的路径选择及政策建议	程新章	南京社会科学	2005.11.22	CSSCI
23	价值链治理模式与企业升级的路径选择	程新章	商业经济与管理	2005.12.20	CSSCI
24	“与贸易有关的投资措施”(TRIMS)经济效应分析	孙晓霓	经济纵横	2005.9.19	CSSCI
25	改进会计学历教育、培养高素质会计人才的思路和构想	陈 云	教育理论与实践	2005.10.15	CSSCI

（续表）

序号	论文名称	作者	发表期刊	发表时间	论文等级
26	修宪对民营经济发展的价值	黄　明	理论探讨	2005.5.20	CSSCI
27	浅论企业环境成本管理与环境投资决策	杨家亲	经济问题	2005.9.15	CSSCI
28	中国股市筹资功能的边缘化	高晓娟	经济纵横	2005.6.20	CSSCI
29	高校开设信用管理专业的社会需求分析	高晓娟	当代财经	2005.6.30	CSSCI
30	论信用研究的逻辑思路	黄家瑶	浙江学刊	2005.5.1	CSSCI
31	论转轨经济中的信用缺失与重建	黄家瑶	当代财经	2005.8.1	CSSCI
32	论老子的为学之道	盛明华	教育发展研究	2005.3.1	CSSCI
33	魂归东方——论当代韩国作家崔仁浩的小说《商道》	施　扬	当代外国文学	2005.1.1	CSSCI
34	别把世界当回事！—评米兰昆德拉的《雅克和他的主人》	张介明	当代外国文学	2005.3.1	CSSCI
35	荒诞：文学进化的现代成果	张介明	上海师范大学学报	2005.4.1	CSSCI
36	金融时序的波动率模型比较研究	陶爱元	统计与决策	2005.8.10	CSSCI
37	关于大学生体育健康教育的若干思考	都菊英	武汉体育学院学报	2005.11.20	CSSCI
38	我国农产品批发市场存在的问题与发展思路	郑鑫尧	统计与决策	2005.5.25	CSSCI
39	多元化理念与个性化成功教育	张慧荣	教育发展研究	2005.6.30	CSSCI
40	现代教育技术——信息教育与教育信息化	徐正山	教育发展研究	2005.8.25	CSSCI
41	ASP＋Access 安全问题与策略	张　明	教育信息化	2005.12.20	CSSCI
42	我国出口产品生产空间格局的创新	唐海燕	国际经贸探索	2005.3.23	CSSCI

（续表）

序号	论 文 名 称	作 者	发 表 期 刊	发表时间	论 文 等 级
43	论中国对外贸易创新体系	唐海燕	华东师范大学学报	2005.4.20	CSSCI
44	创新系统理论研究及其新进展	唐海燕	科学管理研究	2005.6.23	CSSCI
45	论我国外贸体制创新中的产权结构改革	唐海燕	经济纵横	2005.8.25	CSSCI
46	中国对外贸易创新系统构建及其路径	唐海燕	国际贸易	2005.8.25	CSSCI
47	多媒体教学参考资源平台的设计与应用	汪雪兴	情报资料工作	2005.4.25	人大复印资料
48	论图书馆人力资源战略管理	姚水林	情报资料工作	2005.4.25	人大复印资料
49	论加快建立我国适应新形势的公司治理结构	曹　中	会计之友	2005.12.15	中文核心
50	我国实行风险导向审计的几点思考	吴向阳	中国市场	2005.7.25	中文核心
51	提高违规成本　强化对会计职业判断的制约	徐德镛	财会研究	2005.4.15	中文核心
52	会计信息透明度动态与静态分析模式	杨克泉	财会通讯	2005.7.15	中文核心
53	我国全面推行增值税转型的思考	曹　颖	上海企业	2005.10.1	中文核心
54	我国违约金制度的探讨	张建华	法学杂志	2005.4.30	中文核心
55	中国企业跨国并购：战场？温床？	单　宝	经营与管理	2005.11.15	中文核心
56	汽车价格：困惑与出路	王中亮	价格理论与实践	2005.11.15	中文核心
57	积极构建大学城校园人文环境	赵　群	学校党建与思想教育	2005.8.25	中文核心
58	建立循环经济运行模式促进国际竞争力的提高	陈志友	江苏商论	2005.11.21	中文核心
59	论服务企业质量管理	裴　瑱	企业活力	2005.10.19	中文核心

（续表）

序号	论 文 名 称	作 者	发 表 期 刊	发表时间	论 文 等 级
60	中国外贸对外资的过分依赖及对策	周 剑	商场现代化	2005.11.21	中文核心
61	《小企业会计制度》浅析	陈 云	财会研究	2005.6.15	中文核心
62	长期股权投资处置会计处理管见	付 君	财会月刊	2005.7.15	中文核心
63	内部控制的环境要素研究及其对审计风险的影响	李 氟	商场现代化	2005.12.15	中文核心
64	股权分置改革中权证业务会计处理方法探析	李江萍	财会通讯	2005.11.15	中文核心
65	房地产项目总成本分配的三种方法浅析	柳 青	会计之友	2005.5.15	中文核心
66	环境成本的计算方法	杨家亲	财务与会计	2005.7.15	中文核心
67	2005年CPA应考必备——会计教材涉及“孰低”与“孰高”的内容	杨家亲	会计之友	2005.7.15	中文核心
68	2005年CPA应考必备——会计实务常用比例一览表	杨家亲	会计之友	2005.7.15	中文核心
69	2005CPA应考辅导——追加投资时股权投资差额的核算	杨家亲	会计之友	2005.8.15	中文核心
70	构建政府会计的基本设想	杨家亲	会计之友	2005.8.25	中文核心
71	资产跌价(减值)准备的会计核算	袁国红	财会研究	2005.1.15	中文核心
72	股权分置改革中的会计问题探析	张维宾	财会月刊	2005.9.10	中文核心
73	单独财务报表采用投资成本法的合理性及应用	张维宾	财务与会计	2005.11.15	中文核心
74	用信息技术促进战斗精神培育	周伟良	军队政工理论研究	2005.10.10	中文核心
75	喂养动物与教养孩子	卫志红	早期教育	2005.4.1	中文核心
76	立体二叉树及其应用	刘念祖	计算机工程与应用	2005.11.15	中文核心

（续表）

序号	论 文 名 称	作 者	发 表 期 刊	发表时间	论 文 等 级
77	基于贝叶斯网络理论的TAN分类器无向依赖扩展	王双成	小型微型计算机系统	2005.1.1	中文核心
78	基于结点排序的贝叶似网络结构学习	王双成	计算机工程与应用	2005.7.1	中文核心
79	混合贝叶斯网络隐藏变量学习研究	王双成	计算机学报	2005.9.1	中文核心
80	从电子签名谈电子商务交易信息安全	张　明	中国管理信息化	2005.12.20	中文核心
81	网络环境下销售循环的内部控制制度研究	曹惠民	中国管理信息化	2005.3.1	中文核心
82	网络环境下的会计内部控制制度研究	曹惠民	中国管理信息化	2005.9.1	中文核心
83	购买与租赁的财务决策研究	邵瑞庆	工业技术经济	2005.2.16	中文核心
84	国际航运船舶投资环境及对投资决策的影响	邵瑞庆	大连海事大学学报	2005.12.20	中文核心
85	东道国知识产权保护与跨国公司投资行为	唐海燕	国际商务研究	2005.4.20	中文核心
86	论中国对外贸易创新动力供给系统的构建	唐海燕	经济问题探索	2005.5.20	中文核心

2006年，学校教职员工公开发表论文共354篇，中文核心刊物以上179篇，其中，SCI 4篇，EI 4篇，ISTP 1篇，CSSCI 73篇，人大复印资料转载10篇（见表6－2－13）。

表6－2－13　2006年发表在中文核心期刊及以上的科研成果

序号	论 文 名 称	作 者	发 表 期 刊	发表时间	论文等级
1	PCR algorithm for the parallel computation of the solution of a class of singular linear systems	顾　超	Applied Mathematics and Computation	2006.2.10	SCI
2	Condensed cramer rule for solving restricted matrix equations	顾　超	Applied Mathematics and Computation	2006.5.10	SCI
3	Hybrid Data Clustering Based on Dependency Structure and Gibbs Sampling	王双成	AI 2006: Advances in Artificial Intelligence	2006.12.10	SCI

（续表）

序号	论文名称	作者	发表期刊	发表时间	论文等级
4	Learning Bayesian Networks Structure with Continuous Variables	王双成	Advanced Data Mining and Applications	2006.8.10	SCI
5	公共财政运行绩效的理论思考	赵迎春	财政研究	2006.12.1	CSSCI
6	论国际税收体制与国际贸易体制的相互影响和作用	龙英锋	国际贸易问题	2006.11.13	CSSCI
7	全球价值链治理中的质量惯例	程新章	中国工业经济	2006.5.1	CSSCI
8	中国对外贸易优势——基于国际分工视角的再研究	程新章	国际贸易问题	2006.11.1	CSSCI
9	预算会计改革原因的全面探析	杨家亲	财政研究	2006.3.15	CSSCI
10	中国审计定价实证研究述评	张奇峰	会计研究	2006.7.15	CSSCI
11	Ruin probabilities with random rate of interest	王汉兴	Journal of Shanghai University (English version)	2006.3.10	EI
12	A note on asymptotic behavior of Galton-Watson branching processes in random environments	王汉兴	Journal of Shanghai University (English Edition)	2006.6.10	EI
13	基于依赖分析的马尔科夫网络分类器学习与优化	王双成	模式识别与人工智能	2006.8.10	EI
14	具有隐藏变量的贝叶斯网络结构学习	王双成	模式识别与人工智能	2006.9.10	EI
15	Cramer rules for solutions of restricted matrix equations	顾　超	World Academic Press(Advancesin Matrix Theory and Applications)	2006.6.10	ISTP
16	论全球化下反跨国公司避税中的三重博弈	罗　秦	税务研究	2006.4.1	CSSCI
17	白酒上市公司税收风险评估及启示	罗　秦	涉外税务	2006.4.1	CSSCI
18	实质课税原则在具体税务处理中的运用	赵迎春	涉外税务	2006.1.1	CSSCI
19	现代管理理论在纳税服务中的运用	赵迎春	税务与经济	2006.3.1	CSSCI

（续表）

序号	论 文 名 称	作 者	发 表 期 刊	发表时间	论文等级
20	税收增长超 GDP 增长的相关因素分析	赵迎春	当代经济研究	2006.9.1	CSSCI
21	地方政府债务风险防范研究	赵迎春	中央财经大学学报	2006.10.1	CSSCI
22	GATT 中国内税问题研究	龙英锋	法学	2006.2.6	CSSCI
23	GATS 中关于税收的特殊规定	龙英锋	税务研究	2006.2.7	CSSCI
24	TRIMS 协议中的国内税问题	龙英锋	税务与经济	2006.4.3	CSSCI
25	阿根廷预征所得税措施案的分析与启示	龙英锋	涉外税务	2006.8.7	CSSCI
26	中国企业跨国并购的风险控制	单 宝	国际贸易	2006.2.15	CSSCI
27	中外企业跨国并购异同点及其启示	单 宝	理论探讨	2006.3.1	CSSCI
28	中国企业跨国并购的主要障碍及其对策	单 宝	未来与发展	2006.6.15	CSSCI
29	中国企业跨国并购的策略选择及其启示	单 宝	宁夏社会科学	2006.7.15	CSSCI
30	石油定价机制存在的问题及对策	单 宝	宏观经济管理	2006.7.15	CSSCI
31	中国企业跨国并购的风险与对策	单 宝	科技管理研究	2006.9.15	CSSCI
32	解读高成长企业	单 宝	经济管理	2006.10.15	CSSCI
33	中国企业跨国并购的文化风险及其规避对策	单 宝	未来与发展	2006.12.10	CSSCI
34	中小零售企业发展研究	马永生	财经论丛	2006.9.15	CSSCI
35	从统计分析看国有企业的劳资现状	彭汉香	数理统计与管理	2006.3.15	CSSCI
36	构建社会行事主题的诚信才能构建社会的和谐	彭汉香	理论探讨	2006.6.21	CSSCI
37	警惕“失信”成为社会社会行事潜规则	彭汉香	经济管理	2006.10.10	CSSCI
38	文化差异与中西国有企业管理之发展微探	彭汉香	生产力研究	2006.10.15	CSSCI

（续表）

序号	论文名称	作者	发表期刊	发表时间	论文等级
39	基于不同信息模式的供应链合作企业利益均衡探讨	齐源	情报杂志	2006.3.15	CSSCI
40	贸易摩擦环境下我国外贸企业的营销创新	王中亮	上海财经大学学报	2006.4.15	CSSCI
41	治理城市交通拥堵的对策思考	王中亮	上海经济研究	2006.4.15	CSSCI
42	高成长企业的形成条件及其风险防范	王中亮	现代财经	2006.7.15	CSSCI
43	加速人力资源向人力资本的转化——我国人力资本问题的分析与对策	曾峣	上海经济研究	2006.7.15	CSSCI
44	企业社会责任增强：国际认证标准的"人文化"趋势	陈志友	学术界	2006.3.1	CSSCI
45	中国融入国际生产体系的最优路径及政策建议	程新章	社会科学辑刊	2006.1.1	CSSCI
46	第六代创新模型的启示	程新章	科技管理研究	2006.1.1	CSSCI
47	企业未来的战略选择——组织经济学的分析	程新章	未来与发展	2006.1.15	CSSCI
48	关于国际贸易服务统计中商业存在的统计规范问题探讨	程新章	统计与决策	2006.3.10	CSSCI
49	全球价值链治理模式——模块生产网络研究	程新章	科技进步与对策	2006.5.1	CSSCI
50	国际生产体系的变革对国际直接投资理论的挑战	程新章	国际经贸探索	2006.5.25	CSSCI
51	基于国际专业化指标的中国对外贸易比较优势研究	程新章	世界经济研究	2006.6.25	CSSCI
52	组织理论关于协调问题的研究	程新章	科技管理研究	2006.10.2	CSSCI
53	供应链问题的文献综述	程新章	科技进步与对策	2006.10.2	CSSCI
54	生产网络中的非对称企业关系	程新章	科技管理研究	2006.11.1	CSSCI
55	企业间的相互依存性及其协调机制——基于复杂网络的研究	程新章	科技管理研究	2006.12.1	CSSCI
56	服务贸易发展中的政府行为研究——以美国和印度为例	裴瑱	国际贸易	2006.5.1	CSSCI

（续表）

序号	论 文 名 称	作 者	发 表 期 刊	发表时间	论文等级
57	规模报酬递增和新贸易理论的发展	裴 瑱	世界经济研究	2006.9.25	CSSCI
58	积极应对农产品隐性贸易壁垒研究	张红玉	农业经济问题	2006.8.1	CSSCI
59	外资技术溢出效应的微观经济模型及其政策含义	周 剑	生产力研究	2006.10.15	CSSCI
60	在新企业会计准则下——不确定性和会计职业判断对会计信息质量的约束及其对策	陈 云	生产力研究	2006.12.15	CSSCI
61	独立审计质量的经济学透视	张奇峰	当代经济科学	2006.7.15	CSSCI
62	注册会计师审计质量的经济学分析	张奇峰	中南财经政法大学学报	2006.8.15	CSSCI
63	商业银行理财产品性质与理财行为矛盾分析	胡云祥	上海金融	2006.9.29	CSSCI
64	西方经济学界货币政策透明度研究述评	贾德奎	财经理论与实践	2006.1.30	CSSCI
65	基于市场预期行为的货币政策透明度检验	贾德奎	财经论丛	2006.8.30	CSSCI
66	信用风险转移中的风险管理研究	贾德奎	投资研究	2006.9.29	CSSCI
67	货币政策透明度指数：理论方法与实证检验	贾德奎	财经研究	2006.10.30	CSSCI
68	基于VaR的我国商业银行信用风险管理	张 云	统计与决策	2006.8.30	CSSCI
69	关于现代风险的哲学解读与启示	黄家瑶	河北学刊	2006.12.1	CSSCI
70	经济民族主义复兴对我国企业跨国经营的影响	吴继侠	青海社会科学	2006.11.20	CSSCI
71	论宋代贬谪文人的海南词	姚惠兰	海南大学学报	2006.3.1	CSSCI
72	资产支持商业票据的理论与实务初探	袁 敏	证券市场导报	2006.10.1	CSSCI
73	金融时序波动性和时变相关性分析	陶爱元	上海经济研究	2006.12.10	CSSCI

（续表）

序号	论文名称	作者	发表期刊	发表时间	论文等级
74	新时期高校大学生党建工作应当坚持“五进”	潘宏凯	理论探讨	2006.12.27	CSSCI
75	浅谈大学英语词汇教学	王佳鸣	西北师大学报 社会科学版	2006.4.6	CSSCI
76	校园网安全防御对策研究	张　明	教育信息化	2006.5.10	CSSCI
77	关于物流企业成本核算方法的比较与选择	邵瑞庆	经济与管理研究	2006.8.5	CSSCI
78	论中国对外贸易创新的技术支持系统	唐海燕	科技进步与对策	2006.1.20	CSSCI
79	从创新系统理论的新进展看中国对外贸易创新系统的构建	唐海燕	中国科技论坛	2006.1.20	CSSCI
80	论国际贸易秩序变迁	唐海燕	求索	2006.3.23	CSSCI
81	产权结构与我国外贸体制创新	唐海燕	生产力研究	2006.7.20	CSSCI
82	企业升级的路径——以温州打火机企业为例	唐海燕	科技管理研究	2006.12.20	CSSCI
83	长期股权投资差额与合并价差的会计处理	柴庆孚	财务与会计导刊	2006.3.1	人大复印资料
84	跨国公司技术转移与中国技术进步的战略选择	杨克泉	外贸经济	2006.1.15	人大复印资料
85	高校财务管理专业建设现状及改革构想	杨克泉	财务与会计导刊	2006.11.17	人大复印资料
86	中国传统契约文书的概念考察	王　旭	法理学、法史学	2006.10.25	人大复印资料
87	创新、产业集群与区域创新系统	程新章	人大复印资料《高新技术产业化》全文转载	2006.3.25	人大复印资料
88	国际生产体系变革对传统国际贸易理论的挑战	程新章	中国人民大学复印报刊资料《外贸经济、国际贸易》	2006.10.2	人大复印资料
89	全球价值链治理中的质量惯例	程新章	中国人民大学复印报刊资料《工业经济》全文转载	2006.10.9	人大复印资料
90	有进出口经营权的生产企业的增值税纳税筹划	李江萍	财政与税务	2006.5.17	人大复印资料

（续表）

序号	论 文 名 称	作 者	发 表 期 刊	发表时间	论文等级
91	非金融企业资产证券化的会计处理	张维宾	财务与会计（导刊）	2006.12.1	人大复印资料
92	试析人民公社体制对农村剩余劳动力的制约及其影响	孔祥成	人大复印资料《中国现代史》	2006.3.1	人大复印资料
93	沪深股市投资风险比较	曹 中	商场现代化	2006.4.20	中文核心
94	市场竞争中成本战略的研究	曹 中	会计之友	2006.6.20	中文核心
95	产品创新：不确定条件下的决策	曹 中	商场现代化	2006.9.20	中文核心
96	应用极值理论度量金融市场风险	曹 中	商业研究	2006.12.10	中文核心
97	网络环境下企业内部信息的会计控制研究	柴庆孚	财会通讯（理财版）	2006.4.15	中文核心
98	企业应建立以战略为导向的绩效评价体系	贺 妍	煤炭经济研究	2006.2.15	中文核心
99	对建立高校会计专业双语教学体系的思考	贺 妍	教育与职业	2006.11.15	中文核心
100	个人人力资本投资决策及其风险因素	贺 妍	财会通讯	2006.12.15	中文核心
101	浅议中美会计专业课程体系设计的差异及启示	李 锋	会计之友	2006.9.15	中文核心
102	会计教育信息化模式探索	李 锋	会计之友	2006.10.25	中文核心
103	我国现存制度对盈余管理的影响分析	吴向阳	商场现代化	2006.8.15	中文核心
104	会计专业双语教学的理论与实践探索	吴向阳	教育与职业	2006.8.20	中文核心
105	企业可持续成长的财务视角及实证分析	杨克泉	财会通讯（学术版）	2006.3.15	中文核心
106	高校财务管理专业建设现状及改革构想	杨克泉	财会通讯	2006.8.10	中文核心
107	会计盈余及时性对公司治理机制影响的实证研究	杨克泉	财会通讯（学术版）	2006.10.15	中文核心
108	基于价值链的财务分析	殷 俊	中国市场	2006.8.15	中文核心

（续表）

序号	论 文 名 称	作 者	发 表 期 刊	发表时间	论文等级
109	谈价值链与电子商务的和谐发展	殷 俊	商业时代	2006.12.30	中文核心
110	我国企业业绩评价体系的有效性研究	张玉英	中国管理信息化	2006.5.15	中文核心
111	和谐社会：创业活力与创业公共产品提供	李延均	西北民族大学学报	2006.12.20	中文核心
112	世界银行在环境保护中的作用	金慧华	集团经济研究	2006.4.12	中文核心
113	会计多媒体教学课件设计的探析	危 玲	中国管理信息化	2006.11.8	中文核心
114	TCL 跨国并购之痛——中国企业跨国并购警示录	单 宝	上海企业	2006.1.15	中文核心
115	危险！外资并购垄断化	单 宝	经营与管理	2006.6.15	中文核心
116	基于客户生命周期价值的商业银行零售业务的 CRM 策略研究	刘 雯	商场现代化	2006.11.10	中文核心
117	瓶装饮用水市场价格竞争的经济分析	刘 雯	商场现代化	2006.12.22	中文核心
118	浅论信息时代服务企业预算系统的变革	马永生	上海企业	2006.6.15	中文核心
119	供应链管理中的信息共享风险及弱化	马永生	煤炭经济研究	2006.8.15	中文核心
120	民族文化差异与管理差异的关联	彭汉香	江苏商论	2006.9.15	中文核心
121	国际定价权缺失的原因及其对策	王中亮	价格理论与实践	2006.8.15	中文核心
122	我国企业人力资源管理的问题与对策	曾 峣	价格月刊	2006.5.15	中文核心
123	城市土地出让中的问题与对策研究	朱亚兵	特区经济	2006.6.15	中文核心
124	经济适用房价格管制中的政府与开发商博弈	朱亚兵	商业时代	2006.7.15	中文核心
125	现代信息技术条件下的会计教学改革	郭大伟	教育与职业	2006.11.22	中文核心

（续表）

序号	论 文 名 称	作 者	发 表 期 刊	发表时间	论文等级
126	缅怀潘序伦，发展立信会计出版事业	孙时平	编辑学刊	2006.5.20	中文核心
127	国际认证标准的“人文化”趋势及其两重性特征	陈志友	江苏商论	2006.9.1	中文核心
128	比较优势思想在中国外贸思想史上的发展及其启示	马慧敏	河南师范大学学报	2006.5.15	中文核心
129	美国反垄断立法与企业经营战略选择	潘瑞姣	商业时代	2006.10.30	中文核心
130	股权分置与中国上市公司多元化经营	潘瑞姣	南方经济	2006.11.1	中文核心
131	企业外包与我国现代服务业的发展	裴 瑱	企业活力	2006.8.9	中文核心
132	在全球生产组织方式调整中重新定位我国保税区功能	张红玉	特区经济	2006.8.25	中文核心
133	汇率“新政”的理论逻辑与政策效果	周 剑	商场现代化	2006.9.15	中文核心
134	案例教学中的案例选取与设计	黄 明	教育探索	2006.3.15	中文核心
135	略论构建会计诚信评价体系	黄 明	学术交流	2006.7.15	中文核心
136	浅谈新环境下货币资金内部控制风险及其防范	李 氟	财务与会计(综合版)	2006.3.15	中文核心
137	审计判断的影响因素及其评价标准	李 氟	会计之友	2006.8.15	中文核心
138	作业成本法在采购部门中的应用	李江萍	中国乡镇企业会计	2006.2.10	中文核心
139	有进出口经营权的生产企业的增值税纳税筹划	李江萍	财务与会计(综合版)	2006.2.15	中文核心
140	新准则的人力资本会计处理	李江萍	中国乡镇企业会计	2006.12.15	中文核心
141	非常项目：是单列？还是取消？	李 茸	财务与会计(综合版)	2006.1.15	中文核心
142	新COSCO报告对构建我国内部控制规范体系的启示	吴 涛	商场现代化	2006.2.15	中文核心
143	会计专业双语教学课程设置探讨	吴 涛	中国管理信息化(综合版)	2006.5.15	中文核心

（续表）

序号	论文名称	作者	发表期刊	发表时间	论文等级
144	加入WTO以来会计高等教育的进步及其发展特征	杨家亲	会计之友	2006.5.15	中文核心
145	我国企业政府补助会计处理现状与规范	姚　津	财务与会计(综合版)	2006.3.15	中文核心
146	所得税纳税调整及会计处理	叶　敏	中国乡镇企业会计	2006.11.15	中文核心
147	我国财务会计概念框架已具雏形——兼论财务会计概念框架的国际比较	袁国红	会计之友	2006.10.13	中文核心
148	股权分置改革对公司治理的影响	张海霞	商业时代	2006.6.15	中文核心
149	上市公司独立审计需求：原因与治理	张奇峰	财会通讯(综合版)	2006.4.15	中文核心
150	完工百分比法在实务中的合理运用	张维宾	财务与会计(综合版)	2006.1.15	中文核心
151	非金融企业资产证券化的会计处理	张维宾	财务与会计	2006.10.15	中文核心
152	长期股权投资准则解读	张维宾	财会月刊	2006.12.15	中文核心
153	证券业并购重组的博弈分析	陈稳进	集团经济研究	2006.11.30	中文核心
154	美国自由贸易协定战略与中国的应对策略	陈稳进	特区经济	2006.12.30	中文核心
155	关于高校各级党校建设的若干思考	夏　昱	求实	2006.5.1	中文核心
156	开放经济下我国货币政策面临的问题分析	张　云	特区经济	2006.6.5	中文核心
157	“利率通道”调控模式与我国利率市场化改革	张　云	商业研究	2006.9.30	中文核心
158	我国商业银行信用风险管理风险引入新巴塞尔协议IRB法的思考	张　云	商业研究	2006.12.30	中文核心
159	货币政策与监管职能及监管机构的关系研究	张丕强	财会研究	2006.7.30	中文核心
160	试析审计风险管理中的过程控制	陈力生	商场现代化	2006.12.1	中文核心

（续表）

序号	论文名称	作者	发表期刊	发表时间	论文等级
161	和谐社会下的企业业绩评价	高前善	商业时代	2006.7.1	中文核心
162	对审计实务中若干问题的思考	汪晓林	财会月刊	2006.5.22	中文核心
163	谈股市交易量的信息含量	汪晓林	会计之友	2006.6.6	中文核心
164	浅谈我国公司治理与盈余管理的关系	汪晓林	商场现代化	2006.9.6	中文核心
165	金融时间波动间的 Granger 因果关系分析	沈学桢	商场现代化	2006.4.15	中文核心
166	我国高校体育场馆经营管理模式的选择——基于委托代理理论	刘孝兰	商场现代化	2006.11.15	中文核心
167	浅谈表象训练理论在排球教学中的运用	颜元杰	教育研究与实验	2006.7.1	中文核心
168	电子商务技术风险管理	刘念祖	中国管理信息化	2006.9.10	中文核心
169	基于依赖结构和 Gibbs Sampling 的离散数据聚类研究	王双成	计算机工程	2006.9.15	中文核心
170	数据挖掘技术在客户关系管理中的应用	张　明	中国管理信息化	2006.9.10	中文核心
171	企业大型信息化项目建设的风险控制与管理	周　华	中国管理信息化	2006.9.10	中文核心
172	网络技术对会计基本理论与实务的影响	曹惠民	中国管理信息化	2006.1.15	中文核心
173	谈会计专业人才素质要求对会计专业教育的启示	曹惠民	教育与职业	2006.5.10	中文核心
174	关于物流企业物流成本的核算	邵瑞庆	中国物流与采购	2006.2.16	中文核心
175	关于物流成本概念的界定	邵瑞庆	工业技术经济	2006.2.25	中文核心
176	对我国上市公司持续经营不确定性审计意见的分析	邵瑞庆	审计与经济研究	2006.3.25	中文核心
177	关于租赁会计准则分类标准的质疑	邵瑞庆	财会通讯	2006.4.10	中文核心
178	试析物流企业相关费用的会计处理	邵瑞庆	财会月刊	2006.7.10	中文核心
179	我国新企业会计准则的内容结构与实现的主要突破	邵瑞庆	工业技术经济	2006.8.25	中文核心

2007年，学校教职员工公开发表论文共453篇，中文核心刊物以上189篇，其中，SCI 2篇，EI 1篇，ISSHP 2篇，ISTP 4篇，CSSCI 66篇，人大复印资料转载7篇(见表6-2-14)。

表6-2-14

序号	成果名称	第一作者	发表、出版单位	出版日期	论文等级
1	Analysis of reactive routing protocols for mobile ad hocnetworks in Markov models	王汉兴	Mathematics and Mechanics(english edition)	2007. 1. 10	SCI
2	Markovian risk process	王汉兴	Applied Math and Mechanics	2007. 7. 16	SCI
3	"系族企业"内部资本市场有效率吗?	邵　军	管理世界	2007. 6. 15	CSSCI
4	An Analysis of Knowledge Management in Regional Innovation Systems	唐海燕	International Conference of Management Innovation	2007. 6. 6	ISSHP
5	Analyzing the Knowledge Flow's Roles in National Innovation System	唐海燕	Proceedings of 2007 International Conference on Public Administration (3td)	2007. 10. 22	ISSHP
6	Study of communication problems in virtual project teams in global economy	唐海燕	Proceedings of International Conference on Enterprise Engineering and Management Innovation(2007)	2007. 6. 30	ISTP
7	Empirical study of the economic growth and energy consumption risk in China	王淑贞	Porceedings of advances in management of technology	2007. 10. 1	ISTP
8	On stategic risk and innovation enterprise development strategy	程新章	Porceedings of advances in management of technology	2007. 10. 13	ISTP
9	A parallel algorithm for computing the solution of restricted matrix equation	顾　超	Proceedings of the 14th conference of international linear algebra society	2007. 7. 20	ISTP
10	Learning Bayesian Networks in Risk Management	王双成	Control and Decision	2007. 5. 1	EI
11	人民币汇率变动对中国商品出口价格的传递效应	毕玉江	世界经济	2007. 5. 10	CSSCI
12	价格决定与非价格决定：国际资本流动决定理论	王楚明	金融研究	2007. 7. 28	CSSCI

（续表）

序号	成果名称	第一作者	发表、出版单位	出版日期	论文等级
13	中外股值收益 VAR 和 ES 的对比分析	曹 中	上海金融	2007.10.15	CSSCI
14	企业集团内部资本配置对成员企业价值的影响	邵 军	证券市场导报	2007.8.10	CSSCI
15	企业会计准则国际趋同对我国保险业的影响	杨克泉	保险研究	2007.8.20	CSSCI
16	我国上市公司会计信息质量与公司治理机制内生研究	杨克泉	经济与管理研究	2007.3.15	CSSCI
17	涉外税收争议焦点的剖析	龙英锋	税务研究	2007.2.20	CSSCI
18	中国集成电路增值税优惠案的反思	龙英锋	涉外税务	2007.4.10	CSSCI
19	基于标准化战略的外贸增长方式转变的路径选择	单 宝	科学·经济·社会	2007.9.15	CSSCI
20	基于跨国并购战略目标的区位与产业选择	单 宝	理论探讨	2007.3.15	CSSCI
21	蓝色贸易壁垒的双重效应及两手策略	单 宝	国际经贸探索	2007.5.10	CSSCI
22	蓝色贸易壁垒对我国的影响及其对策	单 宝	宏观经济研究	2007.5.10	CSSCI
23	欧洲、美国、日本实施标准化战略的新动向及启示	单 宝	中国科技论坛	2007.6.10	CSSCI
24	企业跨国并购的陷阱及其防范措施	单 宝	经济纵横	2007.3.15	CSSCI
25	外资并购垄断化的负面效应及其对策	单 宝	经济纵横	2007.7.10	CSSCI
26	以标准化战略推动外贸增长方式转变	单 宝	未来与发展	2007.7.15	CSSCI
27	以农业标准化战略提升我国农产品出口竞争力	单 宝	科技管理研究	2007.12.15	CSSCI
28	中国企业跨国并购的风险预警管理	单 宝	统计与决策	2007.5.10	CSSCI
29	中国企业跨国并购热中的风险因素及其规避措施	单 宝	生产力研究	2007.3.15	CSSCI

（续表）

序号	成果名称	第一作者	发表、出版单位	出版日期	论文等级
30	跨组织信息系统与竞争优势的获取和保持	刘凤霞	科技进步与对策	2007.1.25	CSSCI
31	城镇居民消费需求演变趋势及其影响因素	马永生	宏观经济管理	2007.6.10	CSSCI
32	企业知识共享风险及其管理	马永生	科技管理研究	2007.10.1	CSSCI
33	中国实现管理现代化乃任重道远	彭汉香	理论探讨	2007.6.15	CSSCI
34	ASC中信息共享风险与弱化	齐　源	情报杂志	2007.4.18	CSSCI
35	继代者理论与我国继任来源的影响因素分析	王丽娜	经济体制改革	2007.11.15	CSSCI
36	食品安全管理体制的国际比较及启示	王中亮	上海经济研究	2007.12.10	CSSCI
37	我国食品安全监管的问题和对策	王中亮	经济纵横	2007.11.15	CSSCI
38	保险产业集聚效应及其竞争力探源	程肖芬	现代财经	2007.11.15	CSSCI
39	增强企业社会责任　提高国际竞争力——基于国际认证标准的“人文化”趋势	陈志友	生产力研究	2007.11.10	CSSCI
40	货币冲击的真实效应检验	李　雪	统计与决策	2007.1.30	CSSCI
41	中国对外贸易微观基础建设的价值链思考	马慧敏	中州学刊	2007.11.10	CSSCI
42	中国对外贸易微观基础结构进一步完善的必要性	马慧敏	社会科学家	2007.5.25	CSSCI
43	服务外包中发包方选择接包方的影响因素分析——基于中国的研究	裴　瑱	国际经贸探索	2007.10.25	CSSCI
44	论国际R&D投资中区位选择的决定因素	唐海燕	现代财经	2007.5.15	CSSCI
45	外资技术溢出的知识积累模型	周　剑	统计与决策	2007.2.28	CSSCI
46	外资技术溢出效应的实证研究：七个行业的比较	周　剑	生产力研究	2007.1.15	CSSCI

（续表）

序号	成 果 名 称	第一作者	发表、出版单位	出版日期	论文等级
47	会计伦理学浅议	陈　云	生产力研究	2007.11.15	CSSCI
48	我国新企业会计准则体系的特色	邵瑞庆	经济纵横	2007.5.15	CSSCI
49	告示效应：基于我国货币市场利率的实证研究	贾德奎	财经论丛	2007.4.27	CSSCI
50	基于自愿储备制度的利率走廊调控模式研究	贾德奎	财经理论与实践	2007.8.28	CSSCI
51	制度质量与人口流动：国际资本流动的非价格决定	王楚明	上海经济研究	2007.6.29	CSSCI
52	货币政策操作中的告示效应研究	贾德奎	当代财经	2007.3.15	CSSCI
53	中国证券投资基金资产配置效率实证研究	周新辉	财经研究	2007.3.3	CSSCI
54	和谐社会构建中的风险及治理方略	黄家瑶	河北学刊	2007.5.15	CSSCI
55	哲学维度：反思现代风险	黄家瑶	辽宁大学学报	2007.3.15	CSSCI
56	试析1931年江淮大水农赈机制——以江苏省为核心	孔祥成	江苏社会科学	2007.5.15	CSSCI
57	试论和谐社会视野下的收入差距与公平分配	楼军江	河北学刊	2007.9.1	CSSCI
58	略论我国农村土地制度变革的进程	王妮利	学术界	2007.12.14	CSSCI
59	国际视野下在职贫困的治理变迁	王守杰	河北学刊	2007.11.10	CSSCI
60	现代视野中的乔治莫尔——解读《伊斯特沃特斯》	张介明	外国文学研究	2007.8.10	CSSCI
61	持续审计概念之辨析	何　芹	当代财经	2007.12.10	CSSCI
62	短期融资券评级有用吗？	袁　敏	证券市场导报	2007.11.15	CSSCI
63	中国高等教育绩效评估指标体系的设计	陶爱元	统计与决策	2007.6.15	CSSCI
64	中国经济增长对能源的依赖程度分析	陶爱元	统计与决策	2007.1.30	CSSCI

（续表）

序号	成果名称	第一作者	发表、出版单位	出版日期	论文等级
65	“阳光体育”语境下高校公共体育课改革的思考	都菊英	天津体育学院学报	2007.9.10	CSSCI
66	新时期网络对英语词汇传播的影响	徐启龙	外语电化教学	2007.1.8	CSSCI
67	语言经济学理论对我国外语教育的启示	徐启龙	全球教育展望	2007.10.16	CSSCI
68	汉语原创词与韩国地名文化	张慧荣	求索	2007.6.5	CSSCI
69	汉语原创词与近代中日文化的互补性	张慧荣	江西社会科学	2007.3.5	CSSCI
70	今年我国圣经读物出版扫描	张迎迎	世界宗教文化	2007.9.15	CSSCI
71	推进我国职业教育健康发展的若干思考	朱榴芳	教育发展研究	2007.1.25	CSSCI
72	商务智能在我国的发展现状、问题及其对策	胡翠华	科技管理研究	2007.9.15	CSSCI
73	教育信息化项目建设的风险管理研究	张　明	中国教育信息化	2007.1.10	CSSCI
74	校园网入侵检测的支持向量机应用	张　明	中国教育信息化	2007.1.10	CSSCI
75	敏捷环境下软件开发的风险管理	周　华	科技管理研究	2007.7.15	CSSCI
76	新保险会计准则对我国保险业的影响	杨克泉	人大复印报刊资料《金融与保险》	2007.9.10	人大复印资料
77	蓝色贸易壁垒的双重效应及两手策略	单　宝	人大复印报刊资料《外贸经济、国际贸易》	2007.8.15	人大复印资料
78	欧洲、美国、日本实施标准化战略的新动向及启示	单　宝	人大复印报刊资料《科技管理》	2007.7.15	人大复印资料
79	会计信息政府管制：一种制度范式的思考	杜　莉	人大复印报刊资料《财务与会计导刊》	2007.5.15	人大复印资料
80	商誉会计新变化及其影响	张奇峰	人大复印报刊资料《财务与会计导刊》	2007.6.15	人大复印资料
81	合并财务报表准则运用中的实务问题	张维宾	人大复印报刊资料《财务与会计导刊》	2007.5.15	人大复印资料

（续表）

序号	成 果 名 称	第一作者	发表、出版单位	出版日期	论文等级
82	货币政策操作中的“告示效应”研究	贾德奎	人大复印资料《金融与经济》	2007.6.29	人大复印资料
83	会计国际化与我国会计教育	曹惠民	中国农业会计	2007.3.15	中文核心
84	会计学基础课程教学应注意的几个问题	郭大伟	教育与职业	2007.6.20	中文核心
85	多变环境下企业财务管理体系的构建	贺 妍	集团经济研究	2007.3.15	中文核心
86	论多变战略环境下企业财务管理能力	贺 妍	财会通讯	2007.6.15	中文核心
87	基于EVA的企业经营者激励机制研究	梅 劲	商场现代化	2007.7.15	中文核心
88	推行新会计准则可能出现的问题及对策	梅 劲	会计之友	2007.3.15	中文核心
89	《小企业会计制度》的特点及其会计影响	施用进	商场现代化	2007.2.15	中文核心
90	会计信息失真的制度环境分析	施用进	特区经济	2007.8.25	中文核心
91	金融创新与财务、会计人才培养创新	施用进	会计之友	2007.9.25	中文核心
92	会计双语教学中多元智能法的运用策略分析	吴向阳	教育与职业	2007.12.20	中文核心
93	产品责任保险国际比较及对策	杨克泉	商场现代化	2007.4.15	中文核心
94	高等院校会计实验教学模式创新探讨	杨克泉	中国管理信息化	2007.2.1	中文核心
95	新保险会计准则对我国保险业的影响	杨克泉	财会月刊	2007.6.10	中文核心
96	从会计实务中审视公允价值的作用	杨月芬	会计之友	2007.3.15	中文核心
97	财务管理案例教学法高校运用研究	张玉英	财会通讯（学术版）	2007.4.15	中文核心
98	企业成本管理目标研究	张玉英	财会通讯（理财版）	2007.5.15	中文核心

（续表）

序号	成 果 名 称	第一作者	发表、出版单位	出版日期	论文等级
99	我国会计教育目标与教师专业发展对策	张玉英	中国管理信息化	2007.3.15	中文核心
100	发展农民自主的农产品加工业与财政金融支持	李延均	乡镇经济	2007.2.25	中文核心
101	大学生就业需要脚踏实地	赵海益	山东文学	2007.12.20	中文核心
102	企业负债经营风险分析	赵海益	集团经济研究	2007.11.15	中文核心
103	浅谈我国企业内部控制制度	赵海益	集团经济研究	2007.10.15	中文核心
104	基于财务数据分析的数据仓库模型	陈乃激	中国管理信息化	2007.5.1	中文核心
105	防范跨国并购的四大陷阱	单　宝	企业管理	2007.3.15	中文核心
106	警惕跨国并购的陷阱	单　宝	经营与管理	2007.4.15	中文核心
107	诚信缺失的社会心理探析	彭汉香	商业时代	2007.3.10	中文核心
108	中日美企业文化的差异比较	彭汉香	科技管理研究	2007.4.10	中文核心
109	信息共享对供应链成本优化价值分析	齐　源	财会通讯	2007.1.10	中文核心
110	中国制造走出低价竞争的路径选择	王中亮	价格理论与实践	2007.12.10	中文核心
111	企业创新的分析与思考	曾　峣	价格月刊	2007.2.15	中文核心
112	刍议大学生科研能力培养	张颖香	中国成人教育	2007.10.10	中文核心
113	学校党建与创新型人才培养	张颖香	学校党建与思想教育	2007.12.15	中文核心
114	转型期学生责任意识教育的再思考	张颖香	教学与管理	2007.11.20	中文核心
115	潘序伦会计诚信思想形成的历史背景分析	陈春华	商业时代	2007.7.30	中文核心
116	如何提高普通高校科研管理水平	周铁水	商业时代	2007.3.20	中文核心
117	人民币汇率升值是中国外贸行业发展的新机遇	马惠敏	集团经济研究	2007.8.22	中文核心
118	经济全球化与中国对外贸易的微观基础	马惠敏	河南师范大学学报（社会哲学版）	2007.1.10	中文核心

（续表）

序号	成果名称	第一作者	发表、出版单位	出版日期	论文等级
119	我国企业要重视应对技术性贸易壁垒	裴 瑱	企业活力	2007.2.9	中文核心
120	利益冲突下的医患矛盾成因及其化解	张红玉	商业时代	2007.1.20	中文核心
121	我国货币政策传导机制中目标利率的选择	张红玉	中国审计(学术刊)	2007.2.15	中文核心
122	我国实施以利率为货币政策操作目标的难点及建议	张红玉	集团经济研究	2007.1.18	中文核心
123	基于道德决策模型的会计诚信教育方法研究	白 莉	中国管理信息化	2007.10.15	中文核心
124	一种改进的软件项目风险管理模型	白 莉	中国管理信息化	2007.7.15	中文核心
125	“股东——债权人”代理冲突对企业投资不足的影响评述	杜 莉	财会通讯	2007.8.15	中文核心
126	成本效益原则在小企业内部控制中的运用	付 君	商场现代化	2007.3.15	中文核心
127	建构主义理论在会计案例教学中的应用	黄 明	黑龙江高教研究	2007.1.10	中文核心
128	双语教学在会计专业课程中的实践应用	李 氟	会计之友	2007.1.15	中文核心
129	案例教学法在高级财务会计课程中的应用	李江萍	财会通讯	2007.10.15	中文核心
130	应当把会计信息化理念融入会计基础教育之中	励景源	会计之友	2007.11.10	中文核心
131	弃置费用所得税暂时性差异会计处理	刘睿洁	财会通讯	2007.11.15	中文核心
132	关于加强行业会计研究的思考	邵瑞庆	会计之友	2007.11.15	中文核心
133	会计学原理教学的若干思考	邵瑞庆	财会通讯	2007.8.10	中文核心
134	金融资产基本账务处理解析	吴 涛	会计之友	2007.9.15	中文核心
135	试论我国内部控制整体框架之构建	吴 涛	中国农业会计	2007.7.10	中文核心

（续表）

序号	成果名称	第一作者	发表、出版单位	出版日期	论文等级
136	会计精品课程建设与学生自主学习能力培养	徐　兵	会计之友	2007.11.15	中文核心
137	中国会计专业教材的发展历程及方向	杨家亲	会计之友	2007.10.15	中文核心
138	案例教学法在《高级财务会计》课程中的应用	叶　敏	财务与会计	2007.6.12	中文核心
139	会计案例分析教学之我见	尹晓春	国际商务研究	2007.4.16	中文核心
140	新企业会计准则对会计人员职业素质的挑战和要求	应淑仪	中国管理信息化	2007.1.15	中文核心
141	资产减值计量基础探讨	袁国红	财会通讯(综合版)	2007.2.15	中文核心
142	会计实践教学平台的构建与应用——会计实践教学平台的构建与学生创新能力、实践能力培养	张海霞	商业时代	2007.6.15	中文核心
143	课堂讲授教学模式教学法研究——《会计学原理》课程教学法探讨	张海霞	商场现代化	2007.4.16	中文核心
144	上市公司年报“管理层讨论与分析”信息披露现状与对策——基于IT行业的实例	张海霞	财会通讯	2007.8.15	中文核心
145	商誉会计新变化及其影响	张奇峰	财会月刊(会计版)	2007.3.15	中文核心
146	超额亏损子公司的合并报表实务问题	张维宾	财务与会计(综合版)	2007.3.15	中文核心
147	合并财务报表准则运用中的实务问题	张维宾	财务与会计(综合版)	2007.2.15	中文核心
148	ERP系统下的平衡记分卡的实施研究	李颖琦	中国管理信息化	2007.1.15	中文核心
149	新会计准则观念转化对会计教学的影响	李颖琦	财会通讯(综合版)	2007.3.10	中文核心
150	会计专业毕业论文写作应采用课题研究模式	林　叶	财会月刊	2007.9.10	中文核心
151	金融工具新准则对法人股投资的影响分析	林　叶	价格月刊	2007.3.15	中文核心

（续表）

序号	成 果 名 称	第一作者	发表、出版单位	出版日期	论文等级
152	我国个人理财业经营模式选择	陈 兵	现代金融	2007.10.15	中文核心
153	浅论高校非主流文化对大学生价值观的影响及其对策	刘 妍	教育探索	2007.8.30	中文核心
154	金融人才培养与课程教学创新	孙桂芳	商场现代化	2007.12.15	中文核心
155	国际金融中心形成模式和条件及对上海的启示	张 云	改革与战略	2007.9.29	中文核心
156	关于公平与政府行为的思考	夏 昱	江西社会科学	2007.2.25	中文核心
157	关于加强高校辅导员心理学理论培养的思考	夏 昱	江西教育科研	2007.3.15	中文核心
158	哲学视野下的现代风险特征及其启示	黄家瑶	烟台大学学报	2007.4.15	中文核心
159	创造美学幸福的作品——拨云廓雾读《洛丽塔》	张介明	名作欣赏	2007.2.1	中文核心
160	谈持续审计的技术支持问题	何 芹	财会月刊	2007.10.10	中文核心
161	浅谈非审计服务的影响及我国的对策	汪晓林	商场现代化	2007.10.10	中文核心
162	新会计准则对上市公司利润影响分析	杨 罡	财会研究	2007.11.15	中文核心
163	借机 2008 年奥运会促进我国旅游产业发展的战略研究	刘孝兰	商场现代化	2007.10.10	中文核心
164	对我国体育用品品牌发展的思考	刘云娜	商场现代化	2007.11.15	中文核心
165	体育自主学习的理论基础与教学模式研究	刘云娜	教学与管理	2007.10.20	中文核心
166	论英语商务谈判中的隐喻	承 华	商场现代化	2007.12.5	中文核心
167	旅游宣传资料的汉英翻译艺术	钱妮娜	山东文学	2007.12.12	中文核心
168	刍议当前海外华人人身与财产安全问题及其原因	严 筠	商业时代	2007.10.30	中文核心
169	寻找汉字母国失落的历史记忆	张慧荣	农业考古	2007.6.1	中文核心

（续表）

序号	成果名称	第一作者	发表、出版单位	出版日期	论文等级
170	证券产业价值链构造的规范分析	胡翠华	工业技术经济	2007.5.1	中文核心
171	基于多智能体的多机群网格模型	那丽春	计算机工程与设计	2007.8.20	中文核心
172	贝叶斯网络中变量的最优预测	王双成	计算机应用与软件	2007.5.1	中文核心
173	广义朴素贝叶斯分类器	王双成	计算机应用与软件	2007.11.15	中文核心
174	基于因果语义定向的贝叶斯网络结构学习	王双成	计算机工程与应用	2007.3.11	中文核心
175	基于因果语义定向的贝叶斯网络结构学习	王双成	计算机工程与应用	2007.3.1	中文核心
176	用于风险管理的贝叶斯网络学习	王双成	控制与决策	2007.5.1	中文核心
177	服务加工行业企业资源计划管理系统的设计与实施	忻瑞婵	中国管理信息化	2007.4.1	中文核心
178	一种基于移动 Agent 的 ERP 数据集成模型的研究	忻瑞婵	中国管理信息化	2007.1.1	中文核心
179	电子商务信用管理的支持向量机应用	张　明	中国管理信息化	2007.9.15	中文核心
180	基于多元判别分析的电子商务信用风险研究	张　明	中国管理信息化	2007.7.15	中文核心
181	基于多元判别分析的国家助学贷款的风险研究	张　明	情报杂志	2007.12.15	中文核心
182	敏捷环境下软件开发的风险管理	周　华	科技管理研究	2007.6.10	中文核心
183	敏捷环境下信息系统开发的风险研究	周　华	中国管理信息化	2007.11.15	中文核心
184	基于 ExcelVBA 编程模式的小型会计信息系统	朱伟民	中国管理信息化	2007.9.15	中文核心
185	基于控制观的网络会计风险管理研究	朱祥德	中国管理信息化	2007.7.15	中文核心
186	计算机智能模拟企业绩效评价系统的构建	朱祥德	中国管理信息化	2007.12.15	中文核心

（续表）

序号	成 果 名 称	第一作者	发表、出版单位	出版日期	论文等级
187	信息技术投资回报分析	朱祥德	商场现代化	2007.6.1	中文核心
188	衍生金融工具会计问题思考	徐　亚	会计之友	2007.5.10	中文核心
189	汽车行业上市公司财务预警的实证分析	周亦群	会计之友	2007.11.10	中文核心

第三章　学术交流

一、学术报告

1. 校庆75周年学术报告会

2003年，学校统一规划组织了校庆75周年的学术报告会。学术报告会由各系部组织的分会（由系部教师主讲）组成，各学术报告分会的组织单位及报告时间如下：

2003年2月2日，财政金融系；

2003年11月14日，人文社科部；

2003年11月21日，会计学系、体育教学部；

2003年12月5日，财务管理系、经贸与法律系、工商管理系、数学与统计部；

2003年12月12日，信息科学系；

2003年12月18日，科研处（国际学术交流：日本鹿儿岛大学原口俊道教授、中国台湾中华工商研究院院长刘成基教授、日本亚东国际经济学会会长苗不二男教授、中国台湾中华工商研究院黄一修研究员）。

2. 重要学术报告（2003～2006）

（1）2003年12月9日，财政部会计司司长刘玉廷教授，题为“中国会计改革”。

（2）2004年4月20日，上海财经大学王松年教授，题为“国际会计准则的发展及其对我国会计改革的影响”。

（3）2004年5月25日，上海国家会计学院副院长谢荣教授，题为“风险导向审计”。

（4）2004年10月8日，捷克布拉格查尔斯大学社会科学学院经济研究所所长 Michal Mejstrik 教授，题为“经济转轨时期捷克与中欧国家的金融体制改革”。

（5）2005年4月6日，英国杜伦大学张志超教授，题为“人民币汇率政策的制度迁跃”。

（6）2005年4月6日，国家货币政策委员会委员余永定研究员，题为“当前宏观经济金融若干问题”。

（7）2005年5月11日，浙江大学经济研究所所长张旭昆教授，题为“制度演化分析”。

（8）2005年7月7日，复旦大学数学研究所谭永基教授，题为“数学建模与应用”。

（9）2006年3月9日，上海市哲学社会规划办主任莫建备研究员，题为“学术研究方法与规范”。

（10）2006年9月27日，安永大华会计师事务所管理合伙人、上海财经大学汤云为教授，题为“新会计准则体系制度的理论与实务基础”。

（11）2006年10月19日，上海师范大学外国语学院院长蔡龙权教授，题为“Scientific research in the perspective of national assessment of undergraduate education”。

（12）2006年10月20日，中国税法学会副会长、华东政法大学陈少英教授，题为“走向税收国家的中国税法学发展”。

(13) 2006 年 10 月 24 日,上海市税务学会副会长许沛教授,题为“当前财税若干问题研究”。

(14) 2006 年 10 月 25 日,国务院资产管理监督委员会研究中心程伟博士,题为“国有企业全面风险管理框架”。

(15) 2006 年 11 月 3 日,国务院资产管理监督委员会研究中心赵晓博士,题为“中国经济增长的趋势与风险”。

(16) 2006 年 11 月 15 日,长春税务学院副院长郝中华教授,题为“构建和谐社会与公共财政”。

(17) 2006 年 11 月 15 日,北京大学龙协涛教授,题为“人文素养与论文写作”。

(18) 2006 年 12 月 1 日,上海交通大学胡海鸥教授,题为“依据经典理论认识我国利率的风险”。

(19) 2006 年 12 月 7 日,中国人民大学财政金融系主任安体富教授,题为“当前税制改革问题”。

(20) 2006 年 12 月 18 日,香港城市大学应用社会科学系关锐煊教授,题为“从社会角度看十年后的长者事工”。

3. 立信讲坛(2007)

2007 年起,科研处与校内三大研究机构(立信会计研究院、中国立信风险管理研究院及开放经济与贸易研究中心)联合举办立信讲坛系列学术讲座。截至 2007 年 12 月底,立信讲坛共组织了 9 次学术报告,具体如下:

(1) 2007 年 4 月 11 日,南开大学商学院副院长刘志远教授,题为“实证会计研究若干问题”。

(2) 2007 年 4 月 25 日,国有资产监督管理委员会研究中心副主任李保民教授,题为“国有经济结构调整与国有企业重组改制”。

(3) 2007 年 5 月 16 日,英国杜伦大学商学院张志超教授,题为“关于中国外汇储备的几个问题”。

(4) 2007 年 5 月 17 日,国家税务总局法规司副司长李万甫教授,题为“中国税收制度变迁与改革展望”。

(5) 2007 年 5 月 23 日,上海财经大学朱荣恩教授,题为“我国企业内部控制规范若干问题”。

(6) 2007 年 6 月 4 日,国家行政学院周绍朋教授,题为“企业制度与公司治理”。

(7) 2007 年 10 月 31 日,上海建工集团高级会计师丁钢,题为“项目融资概念与实践”。

(8) 2007 年 12 月 4 日,厦门国家会计学院院长邓力平教授,题为“新时期财税发展的几点看法”。

(9) 2007 年 12 月 4 日,国家税务总局法规司副司长李万甫教授,题为“企业所得税改革相关问题研究”。

二、学术会议

1. 2004 年 12 月 17 日,学校主办的“WTO 后过渡期的中国经济开放与发展”学术研讨会在松江校区召开。邵瑞庆副校长致开幕词，唐海燕校长致闭幕词。来自复旦大学、上海社科院、华东师范大学、上海财经大学等沪上24位知名经济学家受邀参加了研讨会。与会专家围绕“WTO后过渡期中国经济开放进程”、“经济全球化的新发展与中国的全球利益”、“国际直接投资的新特点与中国利用外资的战略思想”、“人民币汇率机制与中国金融改革”、“中国对外贸易可持续发展问题战略”、“区域经济合作与中国地区安全”等主题展开了学术交流。复旦大学许少强教授、干杏娣教授、冯文伟教授，华东师范大学潘英丽教授，上海财经大学朱钟棣教授、丁剑平教授、奚君羊教授、车维汉教授、兰宜生教授、郭羽诞教授、岳咬兴教授，上海社科院谢康教授，上海大学陈宪教授，上海海事大学郭晓合教授，上海市国际经济贸易研究所高耀松教授，上海立信会计学院张丕强博士作了主题发言。经贸法律系、财政金融系的全体教师及其他系部教师共80人参加了此次研讨会。研讨会气氛热烈，达到了学术交流的预期效果，为学校教师提供了一个向国内一流专家学习的机会，也向各位专家展示了学校的良好形象。

2. 2005年9月16日，上海立信会计学院开放经济与贸易研究中心、日本亚东经济国际学会、中国台湾中华工商研究院共同主办的“经济全球化与企业战略”国际学术研讨会在松江校区召开。唐海燕校长、日本亚东经济国际学会苗不二男教授分别为本次研讨会致词。17名日本及中国台湾的专家学者受邀参加了此次研讨会，会议围绕“国际生产体系的变革”、“中国利用外资可持续发展战略”、“全球化下的国际贸易秩序变迁”、“经济增长与环境保护”、“企业的环境伦理战略”、“企业知识财产管理与战略研究”、“日本型生产方式的中国转移”、“日本资源开发型战略对中国的重要启示”等问题展开研讨。与会专家畅所欲言，各种观点相互碰撞，以全球化视野研讨产业转移、知识资产、资源约束、环境责任等重要命题，颇有见地。上海立信会计学院开放经济与贸易研究中心的相关研究人员参加了此次会议，并作了主题发言。

3. 2006年11月19～20日，学校主办的题为“全球化背景下的中国会计改革与发展”的第一届立信会计学术研讨会在学校举行。来自全国各地的高等院校、研究机构及企事业单位共150多人参加了本次研讨会。财政部财科所王世定教授、中国人民大学朱小平教授、天津财经大学于玉林教授、东北财经大学谷祺教授、上海财经大学陈信元教授、张鸣教授及复旦大学张文贤教授等国内著名会计学家出席了本次研讨会。研讨会由邵瑞庆副校长主持，唐海燕校长致开幕词。研讨会分“会计理论研究”、“审计与‘网络会计’”、“公司财务理论”、“会计规范与会计教育”四个议题进行，31篇论文进行了分组交流，与会专家学者对全球化背景下的中国会计发展、公司治理中的会计问题、公司财务理论和实务、审计理论与实务，以及实证会计研究方面进行了广泛的讨论。此次研讨会的召开，扩大了学校在国内会计界的影响，加强了学校与国内会计学界的联系。

4. 2006年6月9日，由上海立信会计学院和中国台湾云林科技大学管理学院、云林科技大学企业管理研究所、日本亚东经济国际学院共同主办的“2006全球化时代的经济、管理暨社会”国际学术研讨会在中国台湾云林科技大学举办。来自日本、中国及中国台湾共27位专家学者参加了本次研讨会。专家们探讨了亚太区域经济合作的策略，检视了全球化的经济策略与区域合作的目的，以及策略、企业责任、经济与管理模式等各个层面，探讨了全球化背景下的跨文化管理与差异化问题。上海立信会计学院陈志友教授受邀主持本次大会下午场报告会，裴瑱、周剑、潘瑞姣博士分别代表大陆学者作了主题发言。本次研讨会的召开促进了企业国际化的发展，增进了国际化理论与实务的相互结合，同时让国内学者了解了中国台湾经贸建设与学术研究发展的实况。

5. 2006年11月4～5日，立信会计研究院与上海博科资讯股份有限公司联合主办的“2006全国计算机辅助审计教学软件”研讨会召开。11月4日，研讨会在上海博科资讯股份有限公司举行，11月5日移师立信松江校园。来自中国内部审计学会、上海财经大学及校内有关教师近40余人参加了本次研讨会。上海立信会计学院陈力生教授作了大会的主题发言。本次研讨会对高校审计信息化教学及计算机辅助审计教学软件进行了分析与展望。

6. 2006年11月17～18日，《上海立信会计学院学报》编辑部举办“财经类学术期刊规范与创新”学术研讨会。研讨会由唐海燕校长致辞，邵瑞庆副校长主持。包括《高等学校文科学术文摘》、《会计研究》、《审计研究》、《财经研究》、《税务研究》、《财经论丛》、《财会通讯》、《华东师范大学学报》、《中央财经大学学报》等14家全国知名的财经类期刊的代表出席了本次研讨会。北京大学蔡蓉华研究馆员、中国人文社科学报学会副会长姚申教授受邀为研讨会作了主题发言。邵瑞庆副校长作了题为“我国会计类核心期刊的现状分析与启示”的重要报告。与会的期刊主编、副主编就“财经类学术期刊的规范”、“如何提高学报质量”、“地方高校学报发展的困难及对策”等问题进行了探讨。大会一致认为：学术期刊的规范将有助于促进学术交流的创新，在推进学术规范建设中，学术期刊要发挥中流砥柱作用。此次研讨会的召开，扩大了立信学报的影响，学习了兄弟期刊的成功办刊经验，构建了立信学报与知名期刊的合作平台。

7. 2007年1月11日，“上海市基本建设优化研究会2007年年会暨上海立信会计学院投资建设研究中心成立大会”在上海社会科学院会堂召开。此次年会由上海立信会计学院工商管理系承办。会议由刘期泽副会长主持，上海立信会计学院黄汉江教授作了主题报告。学校党委朱坚强副书记宣读了批准文件；学校党委楼军江副书记、邵瑞庆副校长主持了上海立信会计学院投资建设研究中心的揭牌仪式，并作了重要讲话。上海市基本建设优化研究会房地产优化委员会副主任陈仕、上海财经大学副校长王洪卫教授分别作了“上海市房地产形势”、“国内外房地产理论与实践”的精彩报告。

8. 2007年1月18～19日，立信会计研究院举办“会计教学法”研讨会。会计学系、财务管理系、审计学系、高职学院及会计研究院共计70余位教师代表参加了此次教学法研讨会。研讨会由立信会计研究院副院长李颖琦博士主持，与会代表围绕会计准则改革背景下高校会计教育改革、会计教学法（备课效果、制作多媒体课件、案例教学、课后答疑、论文指导等）等问题进行了探讨。邵瑞庆副校长对各位老师的主题报告作了精彩评述。

9. 2007年3月30～31日，“首届中国立信风险论坛”在上海立信会计学院召开。论坛由上海立信会计学院中国立信风险管理研究院举办，来自北京大学、清华大学、上海交通大学、浙江大学、中山大学、武汉大学、中国人民大学、中央财经大学、华东师范大学、中国社会科学院、国家税务总局等单位的50多位专家学者参加了本次论坛。论坛由中国立信风险管理研究院王淑贞副院长主持，唐海燕校长致辞。论坛由“就业、通胀与经济运行风险”、“财务、税制与企业经营风险”两大议题组成，与会专家围绕两大主题，就“通货膨胀、就业、经济增长、外汇储备、新会计准则实施、税制改革”等重大问题展开了学术交流。首届中国立信风险论坛的召开，增进了上海立信会计学院风险管理领域的对外交流与合作，为上海立信会计学院与校外从事风险管理领域研究的专家学者的进一步合作构建了平台。

10. 2007年8月10日，由中国立信风险管理研究院和安泰环球风险管理技术（北京）有限公司联合主办的“上海首届企业全面风险与危机管理”研讨会在上海立信会计学院中山西路校区召开。来自上海的国有企业、银行、政府、高校等理论界和实务界的专家学者近百人参加了此次研讨会。亚洲风险与危机管理协会副会长、国际关系学院副院长郭惠民教授、CERM专家论证(中国)委员会委员胡乐群博士分别作了主题演讲。中国立信风险管理研究院王淑贞副院长代表上海立信会计学院就全面风险的重要性及对企业价值提升的重要意义作了精彩发言。研讨会的召开扩大了中国立信风险管理研究院的影响,建立了研究院与企事业单位的合作关系,为产学研研究基地的建设奠定了基础。

11. 2007年11月10～12日,“全球贸易发展论坛暨第六届WTO与中国”国际学术研讨会在北京召开,上海立信会计学院开放经济与贸易研究中心作为协办单位参加了本次研讨会。本次论坛邀请了博鳌亚洲论坛秘书长龙永图先生担任大会主席,联合国贸发会秘书长首席顾问Kobsak Chutikul先生、加拿大多伦多大学教授兼八国集团顾问John J. Kirton先生、美国纽约理工大学商学院院长刘贤方教授、中国社科院财政与贸易经济研究所所长裴长洪博士等海内外专家学者300多人应邀参加了大会。与会代表就“全球贸易中的中国”、“贸易的全球化和区域一体化”、“贸易与发展热点问题”、“中国入世与对外开放”等议题进行了广泛而深入的研讨。唐海燕校长受邀担任本次年会的副主席,主持第二场题为“贸易与发展的热点问题”的报告会,并就中国社会科学院裴长洪博士的演讲作了精彩的评论。上海立信会计学院陈志友教授应邀作为大会评论专家,毕玉江博士和赵大平博士应邀出席了大会,毕玉江博士提交了论文并发表了主题演讲。

12. 2007年11月17～18日,学校举办题为“会计教育改革与发展”的第二届立信会计学术研讨会。研讨会主题为“会计教育改革与发展”,由“本科教育目标与会计教育理念”、“会计实验教学”和“会计课程结构与教学方法”三个分会场组成,来自上海交通大学、上海财经大学、中南财经政法大学、同济大学、东北财经大学、首都经济贸易大学的近120余名专家学者参加了本次研讨会,与会专家和学者围绕“会计教育改革”、“会计教育目标”、“会计诚信教育”、“会计教育理念创新”、“会计教育方法创新”、“会计实验教学”、“会计专业课程体系”等问题开展交流。与会专家共同探讨和研究了经济全球化以及会计教育理论与实践发展背景下,会计教育领域出现的新问题和解决问题的新方法。这次学术研讨会的召开,为我国会计教育的改革与发展提出了宝贵的、探索性和建设性的意见、建议与思路,促进了上海立信会计学院与各界的学术交流。大会由校长助理曹惠民教授主持,副校长邵瑞庆教授致开幕词。会计学系、财务管理系、审计学系的40多位老师参加了本次研讨会。

13. 2007年12月22日,人文社会科学系主办的“新建城区社区社会工作”研讨会在松江校区召开。大会由人文社科系主任黄家瑶教授主持,学校党委副书记楼军江致辞。来自香港城市大学、复旦大学、华东师范大学、华东理工大学及上海市社会学会共计60名专家学者参加了本次研讨会。受邀出席本次研讨会的有上海市社会学会副会长吴铎教授、华东师范大学社会学研究所所长文军教授、华东理工大学社会公共管理学院院长徐永祥教授及复旦大学社会工作系主任顾东辉教授。与会代表围绕“新建城区社区社会工作的理论问题”、“新建城区社区社会工作发展模式”、“非营利组织在社区社会工作中的作用”等三个议题进行了探讨。学校党委副书记楼军江作了“和谐社会视野下的社会排斥与社会融合”的主题发言。

第四章 上海立信会计学院学报

第一节 学报沿革

20世纪30年代，我国著名会计专家潘序伦创办《立信学刊》，50年代停刊，1987年《立信学刊》复刊。1988年，经上海市新闻出版局核准在国内外公开发行（沪期字第066号）。

《立信学刊》为季刊，16开，每期64页，由立信经济研究所主办，学校成立学刊编辑委员会，主编施洽民。作为学校理论刊物，所载文章内容以会计学为主，兼顾其他经济学科和教育教学研究；以校内教职工的论文为主，适当选用质量较好的外稿。截至1996年，《立信学刊》共出版39期。

1998年9月14日，经国家新闻出版署[1998]1089号文件批准，更名为《立信会计高等专科学校学报》（刊号：CN31—1783/F，ISS1009—6701），国内外公开发行。主编：李海波，副主编：方士华。

2004年7月2日，经上海市新闻出版局沪新出报[2004]131号文件同意，从2004年第四期起《立信会计高等专科学校学报》更名为《上海立信会计学院学报》（刊号：CN—1944/F ISS1009—6701）。2005年，学报改为双月刊，大32开。2006年1月，学报每期页码增至96页。学报主管单位为上海市教育委员会，主办单位为上海立信会计学院。主编：唐海燕，副主编：邵瑞庆、唐庆银。

第二节 办刊方针与定位

2004年，学报实现了由综合性学术期刊向以会计学为主、其他经济学科为辅的专业性学术期刊的转变。

学报在办刊方针与定位上坚持弘扬立信会计品牌，组织了由我国著名会计专家葛家澍领衔，于玉林、王世定、朱小平、刘玉廷、孙铮、谷祺、郭道扬担任委员的学报学术委员会，跟踪学术前沿，坚持学术性、创新性和前瞻性，注重原创性研究成果，提倡不同学术观点、学术流派的争鸣，力求把学报打造成全国会计领域学术重镇。

学报在栏目设置上，坚持点面结合，既突出会计、财务重点栏目，又兼顾经济、金融、贸易，力求全方位反映会计及经济领域最新研究成果。栏目既追求稳定，又有所创新，有一定弹性。在强化会计、财务栏目的同时，学报还根据国家宏观经济形势与财经动态，不定期开辟财经热点、难点及重大理论实践问题专题。开设有专家论坛、会计规范与公司治理、公司财务与资本市场、财经视点、案例研究等固定栏目。学报坚持质量第一原则，采用双向匿名评审。

2007年，学报新辟“21世纪会计问题专论”专栏，由100位著名会计专家对新世纪100个会计难题进行研究，积聚国内会计领域专家的研究之长，探索解决这些会计难题的新视角与新方法，以引导会计学研究方向，引起不俗反响。

经过几年的改进与探索，学报在内容定位、整体风格与形态方面形成鲜明特色，发表国内外财经界特别是会计界知名学者的文章百余篇。在学报上发表的论文中，以会计研究为主的占70%，资本市场与贸易经济占30%，形成了以会计学为主，其他经济领域研究为辅的格局。

2007年颁布的中国学术期刊综合引证年度报告显示，立信学报的基金论文比、影响因子、即年下载率二次文摘率大幅度提升。学报2005年被评为“上海市优秀学报”、2006年被评为“全国优秀社科学报”，2007年又被评为“上海市精品学报”，入选《中国人文社科学报核心期刊》，荣获“全国地方高校优秀学报一等奖”。

第七篇

研究院所

第一章 开放经济与贸易研究中心

第一节 基本情况

开放经济与贸易研究中心(以下简称中心)正式成立于2005年10月,是上海立信会计学院成立的第一个独立建制的学术研究机构,是上海市重点学科(第二期)"开放经济与贸易"的学术研究基地。它依托学校的国际经济与贸易、经济学、金融学、法学、财政、税务、统计与应用数学、计算机与信息管理等学科,在充分整合的基础上设立。

中心目前拥有专兼职研究人员22人,专职学科秘书和专职行政秘书各1人。研究人员中教授7人、副教授10人、讲师5人,具有博士学位的有17人。高级职称占总人数的77%,拥有博士学位占总人数的77%,45岁以下的中青年人占82%。

中心的学术队伍是根据中心的主要研究方向和研究任务的需要,充分整合学校相关学科和专业的人才资源而组成的,特别重视了数理方法在经济学中的应用、信息科学在经济风险管理中的运用,是一支高学历、高职称和学缘结构、年龄结构比较合理,学科专业配置比较得当的学术研究团队。

中心主任在学术研究、人员管理、经费使用等方面享有充分的自主权,并制定了一系列相关管理文件,对学科带头人在制定科研规划、组织学术活动、管理科研工作、经费使用等方面的职责作出了明确规定。学校明确了中心的建设机制、保障措施、管理方法以及考核奖惩等重要问题,并着重强调学校在经费投入、人才引进、科研立项、举办国际国内学术会议等方面给予中心优先重点支持。

按照教育部和上海市教委有关规定,建立和完善各项制度,学校和中心先后出台一系列相关管理文件。为了支持学科建设和发展,学校允许研究中心突破学校现行的有关政策和规定,在人员聘任、管理和使用方面享有特殊政策。

第二节 研究项目与成果

1. 研究方向

中心目前有3个主要研究方向:全球化条件下的对外贸易创新、后WTO时代的开放政策体制、国际生产体系变革与利用外资。

全球化条件下的对外贸易创新是国内起步较早、研究领域新颖独特、研究成果较为丰富的研究方向。该方向带头人的研究先后得到国家社科基金、教育部人文社科规划和上海市哲学社会科学基金的立项资助。

后WTO时代的开放政策体制是因我国加入WTO后过渡期以来的国际多边规则的新变

化和我国对外开放政策面临的新环境、新挑战而设立的研究方向。该方向带头人目前的主攻任务是WTO中的国内税研究，并已获得国家社科基金的资助。

国际生产体系变革与利用外资是以全球化条件下的国际生产体系变革为背景，研究跨国公司的投资、盈利和避税模式，以及跨国公司之间的博弈规律，探讨我国有效利用外资的新途径和新方式，以及我国企业“走出去”过程中的风险管理等问题。该方向带头人获国家留学基金委资助，从英国曼彻斯特大学从事博士后研究归来。

2. 科研项目

中心自成立开始就提出要取得高层次科研项目和出高层次的科研成果要求，自2005年来获得国家自然科学基金项目1项、国家社会科学基金青年项目1项，省部级项目7项，其他项目14项。

3. 科研成果

近3年来，中心成员发表有重点学科(P1601)标注的论文累计168篇，其中SCI收录3篇，EI收录7篇，ISTP收录2篇，CSSCI及以上论文102篇。出版有重点学科(P1601)标注的学术专著5部，教材1本。

科学研究中包含了上海市经济发展的决策咨询服务。中心研究的横向课题与上海市经济建设和社会发展实际有密切的结合度，为上海的经济发展发挥了决策咨询服务的作用。近年来，中心成员先后承担上海市政府发展研究中心的《跨国采购中心发展国际经验借鉴》课题研究；上海市商委的《外资大型零售企业进入上海后的经营模式及对上海流通的影响》课题研究；上海市普陀外经贸委的《现代服务业集聚区经济效益与社会效益的协同增长》课题研究等决策咨询课题的研究。这些课题的研究对上海企业“走出去”有效突破国外市场准入壁垒，开辟新的贸易、投资的国际市场，提高跨国企业的经营能力和管理水平，具有理论和实践的借鉴意义。

第三节　学术交流与人才培养

1. 学术交流

中心分别在2005年9月和2006年6月主办“经济全球化与企业战略”和“全球化时代的经济、管理暨社会”国际学术研讨会，参会国外境外代表分别达到17人和25人。2007年11月，商务部中国国际经济技术交流中心等主办、本中心协办了“全球贸易发展论坛暨第六届WTO与中国国际学术年会”。

中心资助研究人员参加国内外重要学术会议。中心研究人员参加有影响的学术交流会议53个，其中17个为大型的国际性学术会议。在国际合作交流方面，中心邀请国外专家驻所讲学1次，时间2周；派出长期访问进修3次，时间为6个月至1年不等。

2. 人才培养

(1) 中心鼓励学科成员在职攻读博士学位。目前，1人已经拿到博士学位，3人正在攻读博士学位的成员进入毕业论文阶段。支持学科成员出国进修，现有1名成员得到了国家留学基金委的资助，于 2007 年 2 月至 2008 年 2 月期间到英国曼彻斯特大学进行了为期一年的博士后研究工作。另 1 名成员将于 2008 年 1 月起到美国 Suffolk 大学访问学习半年。目前，学科成员中已有 3 人晋升为教授，8 人晋升为副教授。

(2) 中心已通过执行上海立信会计学院和华东师范大学签署的联合培养硕士研究生校际合作协议，在国际贸易专业和金融学专业联合招收 12 名硕士研究生。其中，8 名硕士研究生导师为中心研究人员。

第二章 中国立信风险管理研究院

第一节 基本情况

中国立信风险管理研究院(以下简称研究院)是上海市教育委员会批准立项资助建设的上海市高校高水平特色发展项目。项目建设得到学校的高度重视和支持,2006 年 2 月,学校正式组建成立了校级独立建制的科学研究机构——中国立信风险管理研究院。研究院采用“国内联合、国外合作”的方式和创新、开放、灵活的运行机制,通过科学研究、学术交流、社会服务三大平台,推出标志性、高质量研究成果,努力将其建设成为有影响的风险理论、风险实务和风险政策研究机构,为我国社会经济的发展服务,为政府和企事业提供决策咨询。

第二节 科学研究

研究院以基础研究为辅,应用研究为主。基础研究包括风险预测、风险评估和风险管理的方法研究,应用研究内容覆盖我国国民经济运行各个层面的风险与对策。研究工作瞄准风险管理领域的最新前沿,以承担重大研究项目为抓手,力争在学术研究上有所突破。

根据高水平、高起点、开放性的建设要求,研究院一方面积极组织校内教师申报各类高级别课题,同时结合学校学科特点设立校内课题;另一方面拓宽视野,广招贤才,应用“国内联合”方法,面向全国公开招标开放课题,搭建高层次研究平台,共同推动风险管理领域的研究。目前研究院研究人员承担省部级以上课题共 8 项,同时先后设立开放课题近 30 项,校内课题 50 多项。

1. 省部级课题

研究院目前承担国家自然科学基金项目、教育部人文社会科学研究项目和国务院国有资产监督管理委员会研究中心重点课题等省部级以上课题 8 项(见表 7-2-1)。

表 7-2-1 中国立信风险管理研究院承担的省部级以上课题

1	面向风险管理的贝叶斯网络与集成研究
2	和谐社会构建中的风险治理研究
3	不确定环境中公司的内部控制、风险管理与风险披露研究
4	流动性过剩条件下的货币政策操作风险研究

（续表）

5	加入WTO过渡时期后国有企业进出口风险管理研究
6	国有企业信用风险控制和防范对策研究
7	产业结构调整与国有企业战略风险研究
8	国有企业会计信息质量评价

2. 校内课题

2006～2007年，研究院面向校内各学科、各专业教师先后发布风险管理研究课题。经评审共有54项课题批准立项，其中2006年34项（见表7－2－2），2007年20项（见表7－2－3）。

表7－2－2 中国立信风险管理研究院2006年校内课题

1	中国对外贸易风险问题研究
2	保险中的风险模型与风险经营安全性分析
3	风险管理的智能化技术研究
4	风险管理文献综述
5	基于政策操作透明度的金融风险管理研究
6	运用极值理论评估风险值——以股市、汇市及期货市场为例
7	电子商务风险管理研究
8	客户审计风险的影响因素分析
9	地方政府债务风险研究
10	中国新会计准则体系的风险研究
11	海外华人安全风险研究
12	基于极值理论的金融市场风险度量
13	基于ASC的风险管理研究
14	人民币汇率机制改革与货币错配风险
15	我国涉外税收流失风险及其控制研究
16	基于从定性到定量综合集成法的供应连风险管理模拟研究
17	健康风险、健康保险与我国医疗保险体制改革
18	标准和中国对外贸易风险

（续表）

19	社会转型体制转轨下的风险特点研究
20	IT项目风险管理研究
21	信用缺失与企业信用风险管理文化的构建
22	软件项目风险管理模型及其改进策略
23	中国企业跨国并购的风险管理研究
24	企业人力资源管理的风险研究
25	开放经济下的流通安全研究
26	BaselⅡ与我国商业银行风险管理再造研究
27	《新巴塞尔协议》与中国银行业监管法律制度研究
28	政策性银行风险控制及其监管研究
29	企业外汇风险管理策略研究
30	基于网络理论的银行风险传播机制研究
31	中国银行业风险控制与防范研究
32	TRIMs与对外直接投资风险
33	中国风险意识思想史研究
34	风险指数研究

表7-2-3　中国立信风险管理研究院2007年校内课题

1	投资与经济增长风险研究
2	进出口与经济增长风险研究
3	通货膨胀风险研究
4	就业风险研究
5	国际收支失衡的相关风险研究
6	经济运行微观基础风险研究
7	金融风险研究
8	财税风险
9	政府投资与经济增长研究

（续表）

10	出口贸易与经济增长
11	进口贸易与经济增长
12	中国经济高增长中的结构性失衡风险研究
13	企业财务风险研究
14	企业内部控制风险研究
15	中国银行业风险研究
16	中国证券业风险研究
17	中国保险业风险研究
18	房地产企业的涉税风险研究
19	公共服务均等化中的财政风险研究
20	2008年中国经济运行风险研究总报告

3. 开放课题

2006年、2007年，研究院分别设置了风险领域前沿问题的开放课题，面向全国公开招标。吸引了来自北京大学、清华大学、复旦大学、上海交通大学、天津大学、浙江大学、中山大学、武汉大学、同济大学、南开大学、东北财经大学、中国社会科学院和国家发展和改革委员会等单位知名专家学者的积极支持和响应。研究院组织校内外专家通过规范的评审程序，确定以下课题资助立项（见表7－2－4、表7－2－5）。

表7－2－4　中国立信风险管理研究院2006年开放课题

1	创新体系中的产业选择与经济增长风险研究
2	能源安全与中国宏观经济运行风险研究
3	人民币汇率波动与中国通货膨胀风险研究
4	上市公司财务风险研究
5	中国农村剩余劳动力的就业风险研究
6	中央与地方财政分权模式与中国经济增长风险研究
7	城镇就业风险研究
8	大型商业企业快速扩张与中小商业企业生存风险研究
9	开放经济条件下外汇储备风险研究

（续表）

10	利率市场化进程中的通货膨胀风险研究
11	企业税务风险研究
12	审计风险研究
13	税制改革与中国经济增长风险研究
14	新会计准则对中国商业银行风险管理影响的理论与实证研究
15	中国企业海外并购风险研究

表 7－2－5　中国立信风险管理研究院 2007 年开放课题

1	人民币汇率波动与中国股票市场风险研究
2	能源高效洁净利用与中国经济持续增长的风险研究
3	我国经济增长方式转变过程中的宏观经济风险研究
4	我国城镇就业风险管理研究
5	我国农民工就业风险问题研究
6	我国社会保障基金运作风险研究
7	我国财政政策实施中的相关风险研究——基于财政增收视角的考察
8	中国增值税转型的经济风险问题研究
9	企业营销风险预警系统研究
10	基于价值创造的企业风险评价研究
11	基于公司治理的企业财务危机预警研究——配对和嵌套方法的应用
12	企业全面风险管理的智能化框架与实现技术研究

开放课题的设置，搭建了风险管理研究领域开放性的研究平台，充分体现了项目开放性的特点，同时，一支高素质的校内外结合的研究队伍正在形成，所建立的合作研究模式及成果得到国内经济学界多方的赞誉和认可。

第三节　学 术 交 流

研究院积极开展各类学术交流与合作。2007 年 3 月，研究院成功举办了全国性学术会议——首届中国立信风险论坛；2007 年 8 月，由研究院作为第一主办单位，与安泰环球风险管理技术（北京）有限公司合作举办了“上海首届企业全面风险与危机管理研讨会”。研究院成立至今，先后邀请国内知名专家分别举办13场学术讲座，10名教师外出参加6场全国性的学术会议。

1. 举办首届中国立信风险论坛

2007年3月29日至31日，研究院成功举办了全国性学术会议——"首届中国立信风险论坛"。来自北京大学、清华大学、上海交通大学、中国人民大学、天津财经大学、中国社会科学院、国家税务总局等单位的20多名专家学者和学校30多名教师参加了为期3天的学术论坛。专家学者们就中国国民经济运行及企业经营的风险等学术问题进行了深入的探讨和交流。论坛采用以报告为主的交流方式，分两个会场，主题分别为"就业、通胀与经济运行风险"和"财务、税制与企业运营风险"，有19位专家对"利率市场化进程中的通货膨胀风险研究"、"中央与地方财政分权模式与中国经济增长风险研究"、"上市公司财务风险研究"、"税制改革与中国经济增长风险研究"等研究成果进行了报告交流。"首届中国立信风险论坛"是风险管理研究院召开的首次全国性的学术会议，与会专家学者具有地域广跨学科的特点，是学校规模较大的一次学术活动。

2. 主办上海首届企业全面风险与危机管理研讨会

2007年8月，与安泰环球风险管理技术（北京）有限公司联合举办了"上海首届企业全面风险与危机管理研讨会"。来自上海市国有企业、银行、政府、高校等理论界和实务界的专家学者近百人参加了此次研讨会。亚洲风险与危机管理协会副会长、中国国际公共关系协会副秘书长、国际关系学院副院长郭惠民教授在会上就企业实施风险管理的战略意义、中国企业风险管理发展展望及企业的危机管理发表了演讲。此次研讨会的召开促进了校企的结合，对风险管理研究成果切实运用到企业实践中去，为企业实施全面风险管理提供了助力。

3. 举办学术讲座，开展学术交流活动

2006年10月25日，研究院邀请国务院国资委研究中心宏观战略研究部副部长程伟博士作了"国有企业全面风险管理框架"的学术讲座。

2006年11月3日，研究院邀请在国内有一定影响的青年经济学家，北京科技大学经济管理学院博士生导师赵晓教授来学校作了题为"中国经济增长的趋势与风险"的学术讲座。

2006年12月1日，研究院邀请上海交通大学经济与管理学院博士生导师胡海鸥教授和学校金融学系金登贵博士分别作了"依据经典理论认识我国利率的风险"、"中国期货市场发展与风险防范"的学术讲座。

2006年12月27日，研究院邀请浙江大学管理学院姚铮教授作了"金融衍生工具与风险管理"的学术讲座。

2007年4月25日，研究院邀请国务院国资委研究中心副主任李保民博士作了"国有经济结构调整与国有企业重组改制"的专题讲座。

2007年9月14日和28日，研究院邀请学校信息科学系王双成教授作了题为"用于不确定性知识表示与推理的贝叶斯网络"和"贝叶斯网络学习与推理的经典算法"的学术讲座。

2007年12月4日，研究院邀请国家税务总局政策法规司副司长李万甫教授、博士作了题为"企业所得税相关问题研究"学术讲座。

2007年12月5日，上海对外贸易学院李方教授和上海财经大学李曜教授作了题为“几个金融热点问题理论与实践的研究”和“公司金融学科发展与管理层收购案例研究”学术讲座。

2007年12月19日，研究院邀请上海交通大学经济管理学院刘海龙教授、博士生导师作了题为“机构投资者内生流动性风险管理”的学术讲座。

4. 参加学术会议

研究院先后派出10名教师参加了由国务院国有资产监督管理委员会主办的“规范国有企业内部控制与内部审计暨全面风险管理高级研修班”和“国有大型集团公司资金集中管理研讨会”；由亚洲风险与危机管理协会等单位主办的“首届企业全面风险管理高峰论坛”；由中国国际贸易促进委员会主办的“第三届中国国际信用和风险管理大会”等。

第四节 社会服务

1. 基地建设

努力服务社会是研究院应尽的职责。国有企业是我国国民经济的重要支撑，随着国有企业改革的不断深入及其所面对的越来越复杂的国际国内形势，国有企业的风险防范能力和核心竞争力有待进一步提升，许多充满不确定性的新问题需要学术界和实务届共同去研究。2007年5月，研究院与国务院国有资产监督管理委员会研究中心签署了战略合作协议，共同发布“国有企业改革与全面风险管理”系列研究课题共22个，并于2007年8月，在学校召开了“国企改革和企业全面风险管理”课题立项发布会，成为国资研究的重要基地。

“国有企业改革与全面风险管理”系列研究课题反映了国有企业在战略规划和管控、薪酬体系和激励、业绩考核、全面风险管理等方面亟待解决的问题，课题的研究将对推进国有企业改革和企业全面风险管理具有积极意义，为国资监管和风险控制提供有价值的决策咨询。其中包括“产业结构调整与国有企业战略风险研究”、“国有企业人力资本的激励与约束机制”、“国有企业信用风险控制和防范对策”、“加入WTO过渡时期后国有企业进出口风险管理研究”、“国有大型集团(公司)母子公司治理的职责界定”、“国有企业人力资本激励与约束机制”、“国有控股上市公司独立董事绩效考核与激励约束制度研究”、“国有控股上市公司股权激励实证研究”、“国有企业年金制度的建立与完善”、“国有企业整体上市的现实难点与相应措施”、“财务公司在集团公司的功能定位及现实挑战”、“国有企业跨国经营中的法律风险研究”、“产业基金在中国的实践条件与发展趋势”、“国有企业会计信息质量评价”、“中国产权交易市场体系的建立与功能完善”、“行业竞争力发展研究”、“风险管理审计程序与方法研究”、“国有控股上市公司治理机制与外部审计有效性研究”、“国有大中型企业‘走出去’风险研究”。

2. 注册企业风险管理师师资培训

2007年8月，研究院与安泰环球风险管理技术(北京)有限公司共同举办了2007年第三期“注册企业风险管理师师资培训会”，50多位来自全国各地高校的教师和企业高层管理人士参加此次师资培训会。通过为期10多天的师资培训和评审，为社会培养和选拔了一批有志于风险管理研究教育的人才。同时，学校有四位教师获得了“注册企业风险管理师培训师”资格。

3. 决策咨询服务

研究院积极争取为企事业单位提供咨询服务，完成了决策咨询课题“上海市属高校财政教育投入与绩效评估”。该课题为上海市教委全面评价与监测上海市属高校的教育投入状况及相应的产出效率和运行绩效，提供了理论依据，得到了上海市人大财经委员会的好评。同时“上海民办教育风险管理研究”课题已经立项，正在进行中。

4. 风险管理研究院文献情报中心和网站建设

2006年，建成了风险管理研究院文献情报中心。图书馆辟出120平方米作为专门场所，购置、收集、整理了各类经济、社会等领域有关风险管理的种子本图书文献近千册，以及聚源等数据库、国研网等电子资料，现已正式对外开放。目前正在积极组织力量，集中购置一批能够代表国际先进水平的最新的文献、资料、权威的期刊、书目以及数据库等，争取将中国立信风险管理研究院文献情报中心建设成为国内在风险管理研究领域第一家集综合性、权威性、前沿性为一体的具有强大功能的文献情报中心。2006年年底，研究院建成了自己的网站，反映研究院的各种动态，网站设有“研究院简况”、“科研项目”、“科研队伍”、“科研成果”、“文献情报中心”、“学术出版物”、“学术交流”、“下载专区”等八个栏目。研究院设有专门人员对网站进行更新、维护。

第五节 学术成果

研究院的建设和发展，对提升学校科研水平、凝聚科研优秀人才、培养合理学术梯队、营造活跃学术氛围、推动学校学科建设等方面起到了积极的促进作用。研究院通过开展科学研究、学术交流、社会服务等工作，取得了一系列较有影响的学术成果，使风险管理研究院逐步得到学术界认可，促进了学校影响力和学术声誉的扩大和提升。

1. 出版《中国经济运行风险研究报告(2007)》

由研究院组织策划、唐海燕教授主编的《中国经济运行风险研究报告(2007)》，作为立信会计出版社2007年重点图书，于2007年10月正式出版发行。《中国经济运行风险研究报告(2007)》是国内第一本较为全面和系统探讨中国经济运行风险的研究报告，报告由1篇总报告和11篇分报告组成，共49万字。它运用规范分析方法和实证分析方法，以风险识别、风险计量、风险预测和风险管理为基本框架，对2006年以来我国经济运行中的风险因素作出了分析，对相关风险的影响后果及发展趋势作出了初步判断和预测。报告内容涉及就业、能源、税收、财政分权、汇率、外汇储备等宏观层面以及上市公司财务、审计、企业税务等微观层面的风险因素。《中国经济运行风险研究报告(2007)》的出版，有望为政府、企事业单位把握和管理中国经济运行风险提供一定的启示和借鉴，为我国经济运行风险管理研究提供学术交流的平台。

《中国经济运行风险研究报告(2007)》出版后，《管理世界》、《中国物价》、《人民日报》、《文汇报》、《解放日报》、《光明日报》、经济学教育科研网等学术期刊和媒体、网站均对《中国经济运行风险研究报告2007》的学术水平和现实意义进行了积极评价。

《中国经济运行风险年度报告》今后将成为系列出版物每年出版，风险管理研究院将紧紧依靠校内教师，团结国内相关领域的专家学者，为促进学校风险管理研究水平，提升学校科研水平而努力。

2. 创办《风险管理研究》杂志

经上海市新闻出版局批准，研究院于2007年6月创办《风险管理研究》杂志，杂志为16开，64页，季刊，以内刊形式编辑出版，发行量为1 000份。《风险管理研究》属于财经类学术刊物，主要刊发风险管理相关的学术研究成果。《风险管理研究》提高了研究院的学术影响，为从事风险管理领域的研究人员提供一个学习交流的平台，得到了相关学术界的好评。研究院组建了《风险管理研究》编辑部，具体负责杂志的出版、发行、对外联系等各项工作。

3. 学术论文、专著及研究报告

截至2007年年底，研究院发布的校内课题中，已有14项课题结题，共发表论文59篇，出版专著1部。其中“Learning Bayesian Networks Structure with Continuous Variables”，“Learning Bayesian Networks Structure Based on Memory Binary Particle Swarm Optimization”和“Hybrid data clustering based on dependency structure and Gibbs sampling”3篇文章被SCI检索收录；“用于风险管理的贝叶斯网络学习”等4篇文章被EI检索收录；“中国企业跨国并购的风险控制”、“信用风险转移中的风险管理研究”、“地方政府债务风险防范研究”等28篇文章发表于CSSCI期刊；“应用极值理论度量金融市场风险”等19篇发表于核心期刊。出版专著《外资技术溢出机制分析与实证检验——兼论本地企业的机遇与风险》。

研究院发布的开放课题中，已有7项结题，共发表高水平论文15篇。其中“我国经济周期波动的非对称性和持续性研究”、“人民币汇率决定的市场微观结构分析”等9篇文章发表在《经济研究》、《经济学(季刊)》等国家经济类权威期刊，“A Research on the Risk Control on Overseas Merger and Acquisition in Promoting the Sustainable Development of the Chinese Enterprises”等5篇文章被ISTP检索。

通过开放课题的研究，形成了一批高水平专题研究报告，其中包括：“创新体系中的产业选择与经济增长风险研究”、“人民币汇率波动与中国通货膨胀风险研究”、“中央与地方财政分权模式与中国经济增长风险研究”、“开放经济条件下外汇储备风险研究”、“利率市场化进程中的通货膨胀风险研究”、“能源安全与中国宏观经济运行风险研究”、“上市公司财务风险研究”、“城镇就业风险研究”、“中国农村剩余劳动力的就业风险研究”、“企业税务风险研究”、“审计风险研究”、“税制改革与中国经济增长风险研究”、“新会计准则对中国商业银行风险管理影响的理论与实证研究”、“中国企业海外并购风险研究”、“大型商业企业快速扩张与中小商业企业生存风险研究”等。

第三章　立信会计研究院

第一节　基 本 情 况

立信会计研究院(以下简称会计研究院)建立于2006年4月,是根据上海大力发展现代服务业的要求,以上海市会计学教育高地建设为契机而建立,是上海立信会计学院独立建制的科学研究机构。

会计研究院坚持基础研究与应用研究相结合的原则,以承担重大研究项目为抓手,采用“国内联合、国外合作”的方式和创新、开放、灵活的运行机制,加强学科建设,充分发挥科学研究、学术交流、社会服务三大功能,推出了一批高质量标志性的研究成果,成为在国内具有影响的会计(包括会计、财务管理和审计)理论、实务和政策研究机构,彰显立信会计研究与教育特色,并以此促进学校相关学科的发展。

会计研究院配备一流的硬件设施,承担科学研究、学术交流、人才锻炼、咨询服务和资料信息基地建设等基本任务。建有典藏3.5万册中外文图书、期刊和电子文献资源的会计文献资源中心;合作设立会计产学研基地;组建硬软件配套齐全、功能先进的会计模拟实验室;构建即时反映研究动态的会计研究院网站和会计教学研究网络平台。

通过组织研究人员申报纵向课题、院内课题以及承接横向课题等,促进会计基础研究和应用研究协调发展。建院以来,完成或承担省部级等科研项目50余项,发表学术论文150余篇;举办了两届全国性会计学术研讨会;开展国际学术研究交流,先后派团到美国、加拿大、英国、法国和中国香港等国家和地区交流访学,探索新的国际合作研究模式。

会计研究院作为学科建设基地,申请并获批准“上海市本级财政部门预算学科建设项目——学科基地建设(立信会计研究院建设)”,获得市政府财政经费的有力支持。“十一五”期间,研究院的主要规划是夯实基础,提高内涵,将重点关注相关领域,发布有关课题,采取邀请、招标等形式,吸引和招纳会计研究领域高端人才。

会计研究院现有校内专兼职研究人员32名,其中具有高级职称者26名,具有博士学位者18名。研究人员中获得国务院政府特殊津贴者2名,入选第二届全国学术类会计领军(后备)人才1名,获得上海市“曙光学者”项目资助1名。

会计研究院组织架构

在管理设置上,会计研究院实行院长负责制,研究院院长由上海立信会计学院会计学科带头人担任,负责研究院的日常行政管理以及科研项目管理等。在研究设置上,成立由专家学者组成的学术委员会,确定研究方向、审批研究计划、指导学术研究。在此基础上设立三个方向的研究室,负责各自研究方向的学术交流以及课题研究等工作。

研究院行政领导

院　长:邵瑞庆(兼)

副院长：张维宾(兼)　李颖琦
研究院学术委员会
主　任：邵瑞庆
委　员：曹惠民　张维宾　曹　中　陈力生　李颖琦

第二节　重大项目建设

1. 上海市会计学教育高地

上海市会计学教育高地于2005年6月批准建设，建设期自2005～2008年。作为上海市首批重点建设教育高地之一，在改革创新的原则指导下，借鉴国内外会计学专业办学经验，加强教学理念、师资队伍、教学条件、课程建设、教学改革、教学管理、教学效果等方面建设，使学校会计学本科教学水平达到国内先进水平，使会计学本科专业成为上海乃至全国的会计人才培养与会计教育教学研究的重要基地。为加强会计学教育高地建设，确保建设项目目标的顺利实现，在设立三级领导管理机构的同时，还设立了会计学教育高地建设办公室以及《会计教育研究动态》编辑室。

2. 上海市教育委员会重点学科——会计学学科

学校会计学于2007年11月批准纳入上海市教育委员会重点学科建设序列，建设期自2008～2012年。学科带头人为邵瑞庆教授，学科凝炼了三个主要研究方向：会计规范、财务管理、审计理论与方法。其中，会计规范研究方向是核心，有效的公司治理和内部控制制度是会计规范体系得以实施的重要基础。在学术梯队、学科基地、科学研究、人才培养等方面基础上，提升本学科的综合实力，将本学科建设成为师资队伍结构合理、科研成果丰硕、教学科研条件优越的具有较强凝聚力和创造力的会计学科学研究、教育培训和咨询服务基地，建设成特色鲜明、有发展潜力、与经济建设和社会发展紧密联系的上海知名、在国内具有一定影响力的学科。

3. 上海市本级财政部门预算(学科建设项目支出预算)：学科基地建设——立信会计研究院建设

学科基地于2006年12月批准建设，建设期自2007～2009年。在有效整合学校现有学科优势资源，提高学校的科研水平，优化科研与师资梯队，推动创新型会计专业人才培养，加强对外交流的同时，力争将会计研究院建设成为上海知名的“研究与对外服务基地”、“人才培养基地”和“学术交流和信息基地”。经过2007年度的建设，会计研究院在科学研究、人才培养、学术交流、资料信息建设、咨询服务以及深化科研体制改革等方面，都取得了一定成绩，并已成为学校会计学科方面有建树的研究机构。

4. 上海市本级财政部门预算(学科建设项目支出预算)：会计学信息资源平台建设

会计学信息资源平台于2007年11月批准建设，建设期自2008～2010年。目的在于帮助师生了解学术前沿，跟踪学术动态，进一步扩大对外学术交流，吸引国内外著名学者加盟，提高现有会计学科研究层次，提升会计学科水平，最终改善学校会计学科研究、人才培养与社会服务水平提供良好的软硬件环境。其中包括会计学专家数据库、会计系列研究数据库、会计学科导航数据库等子项目建设。

第三节 科研项目

会计研究院以基本任务和主要职能为准绳，以科研项目为载体，加强学术交流，提升学术地位，彰显会计研究院特色。坚持理论研究与应用研究并行，注重对会计规范建立与实施的研究，直接服务于国家与上海的经济建设，设立和开展纵向课题、校内课题、交叉课题、联合招标课题、决策咨询课题以及企业委托课题的研究。截至 2007 年年底，纵向课题立项 13 项，立项经费共计 63 万元；校内课题立项 64 项，立项经费共计 159.4 万元；交叉课题立项 3 项，立项经费共计 15 万元；联合招标课题立项 4 项，立项经费共计 21 万元；决策咨询课题立项 10 项，立项经费共计 69.1 万元(见表 7－3－1、表 7－3－2、表 7－3－3、表 7－3－4、表 7－3－5)。

表 7－3－1 纵向课题一览

编号	项目名称	项目来源	负责人	结项情况
FIB050689	素质教育专题研究——会计人才素质培养研究	教育部规划课题	邵瑞庆	在研
2006CICSC14	上市公司内部控制特殊问题及控制标准研究	财政部课题世界银行	朱建弟 邵瑞庆	在研
06JC630021	不确定环境中公司的内部控制、风险管理与风险披露研究	教育部人文社科青年项目	杜莉	在研
RC/SASAC 2007－14	国有企业会计信息质量评价	国务院国有资产监督管理委员会研究中心重点课题	袁敏	在研
07SG55	后股改时代的证券审计市场结构：成因、后果与监管	上海市“曙光计划”项目	张奇峰	在研
05ZS67	第三方物流企业成本管理研究	上海市教委重点课题	邵瑞庆	在研
06ZS85	投资者保护导向的审计风险评估与控制研究	上海市教委重点课题	张奇峰	在研
07ZS175	融资约束、代理冲突与非有效投资作用机制研究——来自中国证券市场的证据	上海市教委重点课题	杜莉	在研
07ZS177	创新人才视角下的税收模拟教学体系构建	上海市教委重点课题	赵迎春	在研

（续表）

编　号	项目名称	项目来源	负责人	结项情况
B07095	中外会计本科教育的比较研究	上海市教育科学规划项目	邵　军	在　研
06QS004	我国跨国公司外汇风险衡量及控制研究	上海市教委一般课题	李颖琦	在　研
06QS008	资本市场发展中资信评级制度建设研究	上海市教委一般课题	袁　敏	在　研
07XH01	关于企业内部控制体系问题的研究	上海市会计学会重点项目	袁　敏	在　研

表7-3-2　校内课题一览

编　号	项目名称	项目来源	负责人	结项情况
06KJYJ01	会计学教育高地网页建设	高等学校校内人文社会科学课题	吴新亚	已结项
06KJYJ02	会计学实验教学示范中心建设	高等学校校内人文社会科学课题	姚　津	已结项
06KJYJ03	《会计学原理》课程与教材研究	高等学校校内人文社会科学课题	邵瑞庆	已结项
06KJYJ04	《中级财务会计》课程与教材研究	高等学校校内人文社会科学课题	张维宾	已结项
06KJYJ05	《成本会计》课程与教材研究	高等学校校内人文社会科学课题	陈　云	已结项
06KJYJ06	《管理会计》课程与教材研究	高等学校校内人文社会科学课题	曹　中	已结项
06KJYJ07	《财务管理》课程与教材研究	高等学校校内人文社会科学课题	曹惠民	已结项
06KJYJ09	《财务会计》课程与教材研究	高等学校校内人文社会科学课题	应淑仪	已结项
07KJYJ01	企业集团内部资本市场运作模式、经济后果与监管对策研究	高等学校校内人文社会科学课题	邵　军	已结项
07KJYJ03	我国企业会计准则变化及比较	高等学校校内人文社会科学课题	张维宾	已结项
07KJYJ04	关于提升学报层次及其在会计学界影响的研究	高等学校校内人文社会科学课题	唐庆银	已结项

（续表）

编 号	项 目 名 称	项 目 来 源	负责人	结项情况
07KJYJ07	新会计准则对我国保险业透明度及风险的影响研究	高等学校校内人文社会科学课题	杨克泉	已结项
07KJYJ13	股权分置改革后企业融资行为优化研究	高等学校校内人文社会科学课题	王楚明	已结项
J01	会计人才能力素质与课程体系研究	高等学校校内人文社会科学课题	邵瑞庆	已结项
J02	中国会计专业的现状与发展研究	高等学校校内人文社会科学课题	曹惠民	已结项
J04	现代会计教育的特点及所面临的机遇和挑战	高等学校校内人文社会科学课题	陈 云	已结项
J05	会计类专业大学生考核评价体系研究	高等学校校内人文社会科学课题	黄 明	已结项
J07	会计专业双语教学的实践与探索	高等学校校内人文社会科学课题	吴向阳 李 氟	已结项
J08	会计精品课程建设与学生自主学习的研究	高等学校校内人文社会科学课题	徐 兵	已结项
J09	会计教学方法创新	高等学校校内人文社会科学课题	应淑仪	已结项
J10	会计教学课件设计与研究	高等学校校内人文社会科学课题	危 玲	已结项
J11	经济全球化背景下的会计诚信教育研究	高等学校校内人文社会科学课题	白 莉	已结项
J12	中国会计专业教材的现状与趋势研究	高等学校校内人文社会科学课题	邵瑞庆	已结项
P01	会计教学案例开发与分析	高等学校校内人文社会科学课题	张维宾	已结项
P02	成本会计核算环境的调研	高等学校校内人文社会科学课题	马建钢	已结项
P03	财务案例分析竞赛	高等学校校内人文社会科学课题	曹 中	已结项
P04	指导学生进行财务管理有关课题研究	高等学校校内人文社会科学课题	曹 中	已结项

（续表）

编　号	项 目 名 称	项 目 来 源	负责人	结项情况
P05	电子商务资讯平台创业可行性分析	高等学校校内人文社会科学课题	郭大伟	已结项
P06	会计人才市场与企业会计实践调查	高等学校校内人文社会科学课题	黄　明	已结项
P07	不同行业成本核算方法的特点调研	高等学校校内人文社会科学课题	陈　云	已结项
P08	大学生会计论坛	高等学校校内人文社会科学课题	胡启鸿	已结项
P09	企业内部会计控制的调查与评价	高等学校校内人文社会科学课题	付　君	已结项
P10	企业环境绩效审计研究	高等学校校内人文社会科学课题	高前善	已结项
P11	网络与计算机应用能力培养	高等学校校内人文社会科学课题	郭大伟	已结项
P12	财务管理教学案例开发与分析	高等学校校内人文社会科学课题	张玉英	已结项
P13	审计抽样方法的运用比较	高等学校校内人文社会科学课题	张　彦	已结项
KJGD2-1	新会计准则与国际财务报告准则之比较	高等学校校内人文社会科学课题	张维宾	已结项
06KJYJ08	《审计学》课程与教材研究	高等学校校内人文社会科学课题	陈力生	在　研
06KJYJ10	《潘序伦文集》研究	高等学校校内人文社会科学课题	李颖琦	在　研
06KJYJ11	公司控制权安排、独立审计需求与投资者保护——基于股改的理论与实证分析	高等学校校内人文社会科学课题	张奇峰	在　研
06KJYJ12	风险报告的作用机制及披露框架研究	高等学校校内人文社会科学课题	杜　莉	在　研
06KJYJ13	基于内部控制的企业风险管理设计和评价研究	高等学校校内人文社会科学课题	袁　敏	在　研
07KJYJ02	上市公司年报中"管理层讨论与分析"信息披露研究	高等学校校内人文社会科学课题	张海霞	在　研

（续表）

编 号	项 目 名 称	项 目 来 源	负责人	结项情况
07KJYJ05	独立董事制度与盈余管理问题研究	高等学校校内人文社会科学课题	邓小洋	在 研
07KJYJ06	网络技术对会计信息系统主要影响的因素分析	高等学校校内人文社会科学课题	曹惠民	在 研
07KJYJ08	我国企业对外直接投资的成本策略研究	高等学校校内人文社会科学课题	吴向阳	在 研
07KJYJ09	企业的绩效评价与薪酬激励问题的研究	高等学校校内人文社会科学课题	梅 劲	在 研
07KJYJ10	相对业绩、管理贡献与国企经营者薪酬制度	高等学校校内人文社会科学课题	高前善	在 研
07KJYJ11	XBRL 网络财务报告审计模式研究	高等学校校内人文社会科学课题	何 芹	在 研
07KJYJ12	产权竞争与企业绩效研究	高等学校校内人文社会科学课题	朱亚兵	在 研
07KJYJ14	国内会计学领域重要研究方向发展态势分析——基于文献计量学的方法	高等学校校内人文社会科学课题	江 淇	在 研
07KJYJ15	员工导向的企业社会责任报告模式与规范研究	高等学校校内人文社会科学课题	龚明晓	在 研
07KJYJ16	新兴转型国家企业价值评估理论与方法研究	高等学校校内人文社会科学课题	徐爱农	在 研
J03	会计教育信息化与教学模式研究	高等学校校内人文社会科学课题	郭大伟 王镇海	在 研
J06	会计专业理论教学与实践教学的融合与促进	高等学校校内人文社会科学课题	姚 津	在 研
07GD1－1	会计学专业课程体系及其内容研究	高等学校校内人文社会科学课题	曹惠民	在 研
07GD1－2	本科会计专业双语教学创新模式研究	高等学校校内人文社会科学课题	李颖琦	在 研
07GD1－3	基于创新能力培养的会计实践教学研究	高等学校校内人文社会科学课题	李江萍	在 研
07GD1－4	国内外会计教育比较研究	高等学校校内人文社会科学课题	邵 军	在 研

（续表）

编　号	项目名称	项目来源	负责人	结项情况
07GD1－5	建立财务管理教学方法新模式	高等学校校内人文社会科学课题	曹　中	在　研
07GD1－6	审计诚信教育模式研究——基于上海若干高校的实证调查与分析	高等学校校内人文社会科学课题	何　芹	在　研
07GD1－7	会计本科教育中的实践教学研究	高等学校校内人文社会科学课题	吴　涛	在　研
KJGD2－2	会计学系学生科研创新活动计划	高等学校校内人文社会科学课题	李江萍	在　研
KJGD2－3	考核模式在创新能力培养中的新探索	高等学校校内人文社会科学课题	吕艾维	在　研

表7－3－3　交叉课题

编　号	项目名称	项目来源	负责人	结项情况
07KJYJ17	新企业所得税与会计相关问题研究	交叉课题	赵迎春	在　研
07KJYJ18	中国上市企业财务风险预警模型的构建	交叉课题	赵斯泓	在　研
07KJYJ19	用于会计分析与决策的概率专家系统实现方法研究	交叉课题	王双成	在　研

表7－3－4　联合招标课题

编　号	项目名称	项目来源	负责人	结项情况
06KJYJ15	上市公司治理结构与机制	与立信长江会计师事务所联合招标课题	袁　敏	已结项
06KJYJ16	上市公司高管层绩效评价与薪酬制度的控制标准研究	与立信长江会计师事务所联合招标课题	张奇峰	已结项
06KJYJ17	上市公司的内部资本市场的运行及有效控制研究	与立信长江会计师事务所联合招标课题	杜　莉	已结项
06KJYJ18	上市公司关联交易的内部控制	与立信长江会计师事务所联合招标课题	付　君	已结项

表 7-3-5 决策咨询课题

编 号	项 目 名 称	项 目 来 源	负责人	结项情况
06HX01 07HX02	《上海华润大东船务工程有限公司会计制度、内部控制制度》制定	决策咨询课题	邵瑞庆	已结项
06HX06	《中国远洋运输集团修船企业会计制度、成本费用管理规程》制定	决策咨询课题	邵瑞庆	已结项
06KJYJ14	上市公司内部控制特殊问题及控制标准研究	决策咨询课题	邵瑞庆	已结项
07HX07	政府预算改革下的预算执行审计研究——基于对上海市区县审计的调查分析	决策咨询课题	李颖琦	已结项
07HX08	公共投资项目效益审计评价指标体系研究	决策咨询课题	何 芹	已结项
FX2-1	上海市属高校财政教育投入与绩效评估	决策咨询课题	曹 中	已结项
07HX09	上海市民办中小学财务制度设计研究	决策咨询课题	杜 莉	已结项
07HX01	《中国海运(集团)总公司会计制度》制定	决策咨询课题	邵瑞庆	在 研
07HX05	《中远集团远洋运输企业会计制度、成本费用核算管理规程》(第三版)制定、《修船企业会计制度、成本核算规程》制定	决策咨询课题	邵瑞庆	在 研
FX2-2	民办教育风险管理	决策咨询课题	曹 中	在 研

第四节 学术成果与学术交流

1. 学术成果

会计研究院自成立起，积极鼓励研究人员以科研项目为载体，多出高水平研究成果，提升学术地位，彰显学术特色；鼓励科研人员将最新研究成果转化为教学内容，并在相关的教材建设方面给予政策倾斜，促进会计教育研究和应用理论研究协调发展，产生了一系列高水平的研究成果，并荣获多项奖励(见表 7-3-6、表 7-3-7)。

表7-3-6 代表性研究成果(论文、专著)

序号	成果名称	作者	发表期刊、出版单位,时间
1	我国新企业会计准则体系的特色	邵瑞庆	经济纵横 2007.5
2	关于物流企业成本核算方法的比较与选择	邵瑞庆	经济与管理研究 2006.8
3	对我国上市公司持续经营不确定性审计意见的分析	邵瑞庆	审计与经济研究 2006.3
4	无形资产的市场定价——来自中国股市的经验证据	邓小洋	财经理论与实践 2006.4
5	企业集团内部资本配置对成员企业价值的影响——基于中国集团控股公司的实证检验	邵　军	证券市场导报 2007.8
6	“系族企业”内部资本市场有效率吗?——基于鸿仪系的案例研究	邵　军	管理世界 2007.6
7	管理层薪酬、多元化战略与公司价值	邵　军	管理科学 2006.4
8	价格决定与非价格决定:国际资本流动决定理论	王楚明	金融研究 2007.7
9	制度质量与人口流动:国际资本流动的非价格决定	王楚明	上海经济研究 2007.6
10	会计伦理学浅议	陈　云	生产力研究 2007.11
11	公共财政运行绩效的理论思考	赵迎春	财政研究 2006.12
12	股权投资所得税法规与新会计准则的差异及协调	张维宾	税务研究 2007.4
13	中外股值收益VAR和ES的对比分析	曹　中	上海金融 2007.10
14	公司控制权安排影响外部审计需求吗?——以上市公司的审计师选择及其审计费用为例	张奇峰	中国会计与财务研究 2007.1
15	中国审计定价实证研究述评	张奇峰	会计研究 2006.6
16	独立审计质量的经济学透视	张奇峰	当代经济科学 2006.4
17	企业会计准则国际趋同对我国保险业的影响	杨克泉	保险研究 2007.8

（续表）

序号	成果名称	作者	发表期刊、出版单位，时间
18	短期融资券评级有用吗？	袁 敏	证券市场导报 2007.11
19	资产支持商业票据的理论与实务初探	袁 敏	证券市场导报 2006.10
20	持续审计概念之辨析	何 芹	当代财经 2007.12
21	企业集团内部资本市场的功能与经济后果研究	邵 军	立信会计出版社 2007
22	政府管制、公司控制权安排与独立审计需求——来自审计师选择与审计费用的经验证据	张奇峰	立信会计出版社 2007
23	资信评级的功能检验与质量控制研究	袁 敏	立信会计出版社 2007

表 7-3-7 获奖成果

序号	成果名称	完成人	获奖名称及等级	授奖机构	获奖时间
1	港口项目资产证券化融资问题研究	邵瑞庆	第四届中国交通运输业财务与会计研讨会优秀论文一等奖	交通部、铁道部、民航总局	2007
2	跨国多元化经营对资本结构的影响	邵 军	省自然科学优秀学术论文二等奖	辽宁省科学技术协会	2006
3	股权结构、集团内部资本配置与集团价值	邵 军	海峡两岸会计学术研讨会优秀论文	南开大学	2006
4	浅论企业环境成本管理与环境投资决策	杨家亲	2005 年度潘序伦中青年优秀论文	上海市会计学会	2006
5	经济增加值：企业绩效评价重要指标和经理人激励要素	李颖琦	2005 年度潘序伦中青年优秀论文	上海市会计学会	2006
6	资产支持商业票据的理论与实务初探	袁 敏	2006 年度潘序伦中青年优秀论文	上海市会计学会	2007
7	长期股权投资差额与合并价差的会计处理	柴庆孚	2006 年度潘序伦中青年优秀论文	上海市会计学会	2007

2. 出版教材、论著与研究动态

(1) 精品、特色教材

会计研究院自筹建成立以来，组织编写并出版立信会计系列精品、特色教材，逐步形成既继承传统、又开拓创新，既反映学科发展要求、又与企事业单位实务紧密结合，既保持内容体系完备、又具有较快更新速度的会计学专业系列教材，扩大立信的品牌效应和社会影响。进入编写规划的精品教材有8项，现已出版5项，该系列精品教材被评为上海市"十一五"重点规划教材；进入编写规划的特色教材有3项，现已出版2项。

立信精品会计系列教材编委会

主　任：邵瑞庆

委　员：曹惠民　张维宾　曹　中　陈力生　郭大伟　陈　云

在立信精品会计系列教材编委会指导下，现已出版的教材如下：

精品教材　《会计学原理》　主　编：邵瑞庆

《中级财务会计学》　主　编：张维宾

《管理会计学》　主　编：曹　中

《财务管理学》　主　编：曹惠民

《成本会计学》　主　编：陈　云

特色教材　《财务会计简编》　主　编：应淑仪　副主编：徐　兵

《财务会计案例分析》　主　编：张维宾　副主编：叶　敏　胡启鸿

(2) 立信会计论丛

会计研究院自筹建成立以来，以经济全球化对会计的深远影响、会计教学方法探讨以及会计教育的改革和发展为主题，陆续举办了一系列大型学术研讨会。为继承潘序伦先生的立信会计事业，促进会计学术交流，提高我国的会计理论与实务水平，在总结与会专家学者的真知灼见基础上，编辑出版了"立信会计论丛"。进入出版规划的会计论丛有3辑，现均已出版。

立信会计论丛一　《经济全球化背景下的中国会计改革与发展》

主　编：邵瑞庆　副主编：曹惠民　张维宾

立信会计论丛二　《会计教学法研究——课程·模式·理念》

主　编：邵瑞庆　副主编：曹惠民　张维宾

立信会计论丛三　《会计教育改革与发展》

主　编：邵瑞庆　副主编：曹惠民　张维宾

(3) 立信会计学术专著

会计研究院自筹建成立以来，设立专项经费资助出版"立信会计学术专著"，专著选题涉及会计、财务管理和审计的主要前沿领域，内容着重引介和评价这些领域的理论发展和方法创新，集中体现了学校会计学科正在形成的理论研究与应用研究并重、突出应用，直接服务于国家与上海地方经济的研究特色。至今列入出版规划的学术专著有7部，现已出版3部。

立信会计学术专著编委会

主　任：邵瑞庆

委　员：曹惠民　张维宾　曹　中　陈力生　李颖琦

在立信会计学术专著编委会指导下，现已出版的专著如下：

张奇峰　2007年8月　《政府管制、公司控制权安排与独立审计需求——来自审计师选

择与审计费用的经验证据》

邵　军　2007年8月　《企业集团内部资本市场的功能及经济后果——基于中国企业集团的实证研究》

袁　敏　2007年9月　《资信评级的功能检验与质量控制研究》

(4) 会计教育研究动态

学校会计学科于2005年被列为上海市会计本科教育高地，承担着会计教育改革与发展及培养高素质会计管理人才的重任。我国现有300余所高校设立会计本科专业，为加强各院校会计教育改革与发展的信息交流，《会计教育研究动态》于2005年11月创刊。作为非公开出版的季刊杂志，以会计教育理论与会计教学改革为核心内容，开设"会计教育改革"、"会计诚信教育"、"会计培养模式"、"课程教学"、"专业与课程体系"、"案例教学"、"师资建设"和"国外会计教育"等多个栏目，以摘录近期公开发表的与会计教育研究有关的学术文章为主，兼有自身的特色。迄今已编刊10期。

3. 举办的学术交流活动

会计研究院通过举办各种学术研讨会和会计论坛等形式，探讨学术问题，活跃学术氛围，提升学校声誉，促进科学研究的全面健康发展。

(1) 学术研讨会

会计研究院自筹建成立以来，主办的学术研讨会如下：

第一届立信会计学术研讨会　为探讨经济全球化对会计所带来的深远影响，增进会计学术交流，第一届立信会计学术研讨会——"经济全球化背景下的中国会计改革与发展"于2005年11月19～20日在上海立信会计学院成功召开。本届研讨会由上海立信会计学院主办，会计教育高地筹办。全国各高等院校、会计实务界和政府有关部门等共150多人参加了本次研讨会，共收到论文150余篇，入选大会论文80篇，分为主题报告与分场报告两大部分。上海财经大学孙铮教授、上海立信会计学院郭大伟教授分别作了主题报告。大会分"会计理论问题研究"、"国际会计准则及应用研究"、"公司治理与企业财务问题研究"、"审计理论与审计规范体系研究"等七个专题展开讨论，对近30篇论文进行了分组交流，应邀的专家学者对论文进行了点评，并编辑出版"立信会计论丛"第一辑。

第一届计算机辅助审计教学研讨会　为探讨计算机辅助审计课程未来发展方向，体现课程的实践性、开放性、动态化、创新性，第一届计算机辅助审计教学研讨会于2006年11月4～5日在上海成功召开。本届研讨会由上海立信会计学院与上海博科资讯有限公司合办。来自全国30多个高等院校的近70名专家教师参加了本次研讨会，并就审计实践教育等方面展开充分讨论，传授经验和成功做法，达成共识。

会计教学法研讨会　为了深化会计教学改革，弘扬立信会计教育特色，提高本科会计教学质量，加强学术交流，提升学校的科研与学术地位，立信会计研究院举办的会计教学法研讨会于2007年1月18～19日成功召开。本次研讨会是在我国会计理论体系日臻完善，会计准则改革深化、与国际会计准则趋同的背景下举行的。主题为"课程研究"、"案例教学"、"模式探讨"、"理念创新"、"双语教学"等专题展开讨论，并编辑出版"立信会计论丛"第二辑。

第二届立信会计学术研讨会　为增进会计学术交流，促进会计教育改革与发展，第二届立信会计学术研讨会——"会计教育改革与发展"于2007年11月16～18日在上海立信会计学院成功召开。本届研讨会由上海立信会计学院主办，来自全国各地的近40所高等院校、研究机构以及近10家学术期刊编辑单位等共120多人参加了研讨会，共收到论文100余篇，入选大会论文71篇，分为主题报告与分场报告两大部分。上海财经大学潘飞教授、上海立信会计学院励景源教授、长安大学周国光教授分别作了主题报告。分会场报告按“本科会计教育理念与教育目标”、“会计实验教学”、“会计课程结构与教学方法”三个主题进行，对近30篇论文进行了分组交流，应邀的专家学者对论文进行了点评，并编辑出版“立信会计论丛”第三辑。

(2) 立信会计论坛

会计研究院自筹建成立以来，举办的“立信会计论坛”如表7-3-8所示。

表7-3-8　会计研究院举办的立信会计论坛

序　号	题　　目	主 讲 人	时　间
1	新会计准则体系制定的理论与实务基础	汤云为	2006年9月27日
2	Trends in Higher Education	Marguerite J. Dennis	2006年10月16日
3	实证会计研究若干问题	刘志远	2007年4月11日
4	我国企业内控规范若干问题	朱荣恩	2007年5月23日
5	企业制度与公司治理	周绍朋	2007年6月4日
6	如何规划会计职业生涯	彭子坚	2007年6月20日
7	项目融资概念与实践	丁　钢	2007年10月31日
8	新时期财税发展的几点基本看法	邓力平	2007年12月4日

3. 参加的学术交流活动

会计研究院贯彻“走出去”战略，通过参加国内外各种学术会议和国际、校际访学等形式，培养科研骨干，了解科研动态，促进科学研究的健康发展。

(1) 境内外学术会议

2006年度，会计研究院专兼职研究人员赴北京、香港等地参加了“新准则对高校会计学科教学的影响及对策研讨会”、“转型经济中的审计问题国际研讨会”、“中国会计学会学术年会”、“首届中国管理学年会暨中国第五届实证会计国际研讨会”、“中加资本市场最新发展国际研讨暨2006加拿大注册会计师协会中国区会员年会”、“国有大型集团公司资金集中管理研讨会”、“中国会计展望：创新、和谐、趋同研讨会”等国内外具有影响的专业性研讨会。2007年度，先后赴北京、厦门、南京、武汉等地参加“国际审计学术研讨会”、“中国金融国际年会”、“中国第六届实证会计国际研讨会”、“中国普通高等财经院校校长论坛”、“2007年度海峡两岸现代会计论坛”等国内外具有影响的专业性研讨会。通过研究人员的学术交流，开拓了研究人员的视野；通过研究人员的主题发言，提升了立信的学术影响力。

(2) 境内外交流活动

2006年4月,会计研究院专兼职研究人员5人次赴美国考察了萨福克大学(Suffolk)、哈佛大学(Harvard)、麻省理工大学(MIT)、Hult国际商学院和斯坦福大学(Stanford);同年10月,美国波士顿Suffolk大学副校长Marguerite J. Dennis回访立信担任客座教授并主讲第二期"立信会计论坛"。2006年5月,专兼职研究人员5人次赴加拿大考察了哥伦比亚学院;2006年9月,专兼职研究人员2人次赴澳大利亚考察了科廷技术大学;2007年6月,专兼职研究人员5人次赴英、法考察了Hertfordshire大学和巴黎管理学院。考察过程中,与大学的相关领导、教师、管理人员和华人留学生进行接触和交流,商讨了关于聘请外籍教师来校教学培训、与国外院系合作办学、参加学校举办的国际研讨会等富有建设性的问题,为以后在办学特色、教学管理、教师素质等方面的建设提供了有益的借鉴,同时加强了国际校际关系的交流,并为以后的相关合作奠定了基础。与此同时,派出3人次出访美国、英国等高校进行短期访学。

2006～2007年度,作为与AIA会计师公会的合作项目之一,会计研究院组织赴香港的AIA访学团,并与香港理工大学、国际会计师公会签订合作备忘录。访学团不仅参加了香港理工大学的相关课程培训,还参加了AIA国际会计师公会组织的具有较高学术水准的研讨会,同时前往香港的一些上市公司与会计师事务所进行了参观交流,扩展了对外交流的渠道。

第五节 社会服务

1. 会计产学研基地建设

会计产学研基地是在学校"十一五"学科建设目标基础上,由上海立信会计学院、立信会计师事务所有限公司、上海证券交易所上市公司部按照"优势互补、互惠互利、共促发展"的原则,使产学研基地成为上海乃至全国有较高知名度的决策咨询机构和创新型财经人才培养基地。会计产学研基地积极发挥社会服务职能。第一,通过为新入职会计师事务所的员工提供岗前培训、在岗培训、后续教育培训等,促进他们保持和提升业务优势;第二,邀请专家、学者进入产学研基地从事课题研究,进行专题讲座和学术交流。例如,紧跟会计理论与实务研究前沿,为上市公司编制《新会计准则与国际财务报告准则的比较》、《我国企业会计准则变化及比较》等手册,满足了实务部门的需求。联合立信会计师事务所举办"立信会计新准则研讨会",邀请会计师事务所合伙人、上市公司财务总监以及财务管理人员等共同探讨我国新会计准则对我国会计理论与实务的影响。近两年,联合会计师事务所、企事业单位等举办了"新会计准则"系列、XBRL研究等讲座10余次;第三,利用会计产学研基地,为学生提供实习机会,促进学生实践创新能力的培养。

2. 以上海市会计学会高校工作委员会为平台,开展科研和培训咨询服务

上海市会计学会高校工作委员会是上海市会计学会的分支机构,成员为上海市各高等院校的会计(财务管理)教研单位。学校副校长邵瑞庆教授任本工作委员会主任,目前有成员单位近20个。会计研究院以此为平台,加强与兄弟院校的合作与交流,拓宽获取最新专业信息的渠道,开展社会服务。积极组织研究人员参与中国会计学会、上海市会计学会的科研项目申报、组织参加上海及东南地区学术研讨会议、组织申报"潘序伦中青年优秀论文"等。近两年

来，通过与上海市会计学会合作，举办了“新会计准则出台对高校会计教学的影响（教材、教学内容等）”、“上海市各高校会计专业战略联盟问题研讨（专业特色问题）”，以及“会计创新人才的培养”等研讨会10余次。

3. 决策咨询服务

会计研究院逐步形成务实的研究风格，开展面向需求的应用研究，通过承揽横纵向课题和项目，为政府提供政策决策支持，为企事业单位提供解决实际问题的方法依据。会计研究院专兼职研究人员曾为交通部起草《交通行业物流企业物流成本核算指导意见》(2006)等政策法规提供理论支撑和决策支持。承担的由世界银行资助的财政部课题——“上市公司内部控制特殊问题及控制标准研究”（项目编号：2006CICSC14），为财政部颁布我国企业内部控制标准提供了决策支持。同时，通过承揽横纵向课题和项目，为企事业单位提供解决实际问题的方法依据。派遣学术骨干担任实际工作部门的财务顾问，为企事业单位提供解决实际问题的方法依据。会计研究院的专兼职研究人员为中国远洋运输集团起草了《中远集团财务制度》、《中远集团会计制度》等。承担并完成了立信会计师事务所管理有限公司委托的“上市公司高管层绩效评价与薪酬制度的控制标准研究”等4项课题，为上市公司的风险管理和内部控制，提供了有价值的借鉴方法。

4. 会计文献资源中心以及网站平台服务

会计研究院整合学校中外文图书、期刊和电子文献资源，丰富和规范会计文献资源中心。中心借阅合一，将中外文图书、期刊和电子文献资源等各种媒体资源整合，提供会计学学科师生教学研究一站式知识服务的图书馆建设新理念。现已配置了中文、英文和日文财务、会计、审计类专业图书3万余册，专业期刊160余种，并不断根据教师和研究人员的需要添置新的书刊。

进一步完善会计模拟实验室建设。实验室采用目前最先进的适时录播、多媒体书写屏讲授系统和实验教学适时管理软件以及教学实用软件，进一步加强学生会计应用能力和创新能力的培养，促进学校实践教育平台的建设与改革，推动学校会计学科与相关学科的建设。

会计研究院不断推进会计电子信息库和网站建设。启动会计研究院网站建设，以此交流信息、展示建设成果。加强建设专业信息数据库和会计专家数据库。

第四章 非独立建制的研究机构

至2007年年底，学校共设立三个非独立建制的研究机构：财务管理系的上海沪港审计咨询中心，工商管理系的上海立信会计学院投资建设研究中心，金融系的金融管理研究所。

第一节 上海沪港财务研究中心

上海立信会计学院财务管理系和上海沪港审计咨询中心本着平等合作、优势互补、共同发展的原则，于2006年10月联合组建了上海立信会计学院沪港财务研究中心。上海沪港审计咨询中心是专业从事注册会计师业务、资产评估、工程造价咨询的具有一定规模的社会中介机构，下属上海沪港金茂会计师事务所、上海沪港资产评估有限公司、上海沪港建设咨询有限公司和上海沪港房地产估价有限公司。

上海沪港财务研究中心主要从事财务、会计理论和实务研究的科研、服务机构，旨在整合利用双方资源优势，建立形成财务、会计理论研究基地，财务、会计实践教学基地和社会服务基地。

1. 上海沪港财务研究中心主要工作内容

(1) 学术研究与交流。主要研究内容：财务理论、会计理论、资本运营与风险管理、投资管理、筹资管理、全面预算管理、财务战略研究、公司治理、国有资产运营与管理等。

研究形式：课题研究、研究报告、决策咨询报告、项目咨询报告、研究论文。

学术交流：设立学术论坛，开展专题探讨，每年召开一次全国性学术交流会议。

(2) 教学研究与实践教学。以丰富的实际工作案例为基础，开展案例教学研究。建立见习基地，每年接纳5～10名教师实践，每年接受30～40名学生毕业实习和100人次的社会调查。

(3) 开展培训与咨询服务。每年共同完成相关企业的决策咨询报告或咨询项目5～8项。

(4) 设立立信—沪港奖教金、奖学金。奖励优秀教学与科研成果，对品学兼优学生及实习表现突出学生进行奖励。

(5) 组织沙龙活动、社会联谊活动及其他活动。到目前为止已颁发了两届立信—沪港奖教金、奖学金，见习基地已接受四届本、专科学生的毕业实习和多名教师实习。

2. 主要研究成果

研究中心积极组织成员开展科研工作。他们组织教师5人、事务所成员4人共同撰写了四篇文章，其中《新会计准则对上市公司盈余管理影响的研究》、《对公允价值在会计实务中体现的一些思考》分别获得财政部上海专员办、上海国家会计学院举办的“2007 会计准则与会计监督上海论坛”二等、三等奖。完成了“上海长途客运总站 BT 项目转让价格的确认”等咨询项目。

第二节　投资建设研究中心

上海立信会计学院投资建设研究中心，是上海立信会计学院工商管理系与上海市基本建设优化研究会联合设立的非独立建制科学研究机构。

为了提高工商管理尤其是投资建设(房地产)学科的教学和科研水平，2006 年 3 月，工商管理系向学校递交了关于成立上海立信会计学院投资建设研究中心的报告，学校于 2006 年 4 月批准并下发了两个文件：立信党组(2006)33 号《关于成立上海立信会计学院投资研究中心及黄汉江等同志任职的通知》和立信组(2006)34 号《关于黄汉江等同志任职的通知》。2007 年 1 月 11 日，在上海社会科学会堂隆重召开了上海立信会计学院投资研究中心成立大会。

研究中心实行理事会领导下的主任负责制，理事会由合作双方协议产生。研究中心实行产、学、研联合办学的新体制，使产业、教学、科研密切结合，理论与实践密切结合，切实提高教学质量和科研水平，培养出符合我国现代化建设需要的专门人才，迎接知识经济新时代的到来。研究中心与有关投资单位、建设单位、设计单位、建筑安装企业、建筑装饰企业、市政建设企业、房地产公司等多种投资与建设公司和有关科研单位紧密联合，力求建立师生科研基地、学生实习基地和就业基地。

目前已完成出版的“立信投资建设丛书”有《国际投资导论》、《中国境外直接投资研究》、《外国直接投资的产业结构、市场结构效应研究》、《证券投资学》、《证券投资导论》、《风险投资导论》、《中国股票市场分割及其消除》、《中国证券投资基金业绩管理控制》、《国定资产贷款项目评估》、《现代建设工程与造价》、《建设工程造价与管理》、《工程投资优化与建设设计满意解》、《全国投资与建设研究成果集》、《全国投资与建设研究文选》、《固定资产投资统计学》、《投资建设教训集》、《企业投融资》、《城市经济学》、《房地产开发与经营》、《房地产企业成长理论模型与实践研究》、《现代建筑业经营管理》、《中国企业应对跨国并购投资的战略与政策研究》22 部。

2007 年 11 月 21 日，研究中心邀请上海土地集团总监陈仕中教授为工商管理系师生作了一场主题为“上海房地产现状与发展趋势”的报告。

第三节　金融管理研究所

金融管理研究所成立于 2007 年 7 月，是学校非独立建制的研究机构，研究人员主要为金融学系货币金融教研室与应用金融教研室教师及学校相关学科教师。

研究所主要研究领域包括三个方向。① 宏观金融管理方向：以宏观金融政策研究为重点，主要研究货币政策实施以及不同政策工具对资产价格、实体经济、汇率、物价水平的影响效应等理论与实践问题;② 金融中介管理方向:以银行、证券、保险以及新兴的各类基金等金融中介机构竞争发展为重点,主要研究金融系统结构、金融功能演变、金融产品竞争、资产定价等理论与实践问题;③ 个人金融管理方向:以理财主体的投资行为研究为重点,主要研究投资理财、资产组合、风险管理等理论与实践问题。

研究所通过对金融管理上述方向持续、深入的研究,力争在这一研究领域的1～2个研究方向接近上海先进水平,在此基础上与相关机构合作,使之成为上海金融管理领域重要的研究与人才培养基地。

研究所成立以来,团队成员在各自所确定的研究方向,已申报立项多项科研课题(见表7-4-1)。

表7-4-1　申报立项的主要科研课题

姓　名	课　　题	课题来源及时间
王楚明	金融风险研究	立信风险管理研究院 2007.10～2008.10
胡云祥	金融系统与金融模式变革研究	中国投资学会 2007.9～2008.9
贾德奎	流动性过剩条件下的货币政策操作风险研究	教育部人文社会科学研究 2007.11～2010.11
张　云	社保基金投资风险管理与预警系统研究	中国投资学会 2007.9～2008.9
张利兵	金融市场有限理性对经济波动与经济增长影响的微观激励研究	国家自然科学基金项目 2007.10～2009.10

研究团队成员已发表多篇研究论文。

第八篇

高职学院　成人教育
立信会计学校和职工中专

第一章　高职学院

第一节　机构沿革

2004年，大专部由会计大专部更名而来，当时会计大专部只有会计一个专业，全部为三校生考入的专科生约993人。大专部主要为行政管理职能，没有配备专业教师，所有的专业课程均由其他系部担任。2005年12月28日，上海立信会计学院高等职业技术学院（以下称“高职学院”）正式挂牌成立，高职学院以大专部为构建主体，逐渐配置教师队伍，完善办学功能，逐步形成以高等职业教育为基本办学方向、多学科多专业同时发展的二级学院。

高职学院现有教职工39人，其中专职教师23人，政治辅导员7人，行政人员4人。教师中有副教授3人，讲师24人。设会计教研室、外语教研室、基础教研室，综合管理办公室、教务管理办公室和学生管理办公室。

表8-1-1　高职学院负责人

职　　务	姓　名	任职时间	职　　务	姓　名	任职时间
院长	胡厚麟	2005.12～	总支副书记兼副院长	郭慧君	2005.12～
总支书记	费　莉	2005.12～			
常务副院长	黄疆新	2005.12～	副院长	马建钢 纪剑鸣	2006.6～ 2007.12～

第二节　办学与办学特色

1. 办学基本情况

高职学院办学地点在上海立信会计学院徐汇校区（中山西路2230号）。招生对象以高中毕业生为主，三校生为辅，采取走读与住读并存的就学方式。学制三年，学历为全日制普教大专。目前开设专业有：会计、会计（涉外会计、审计、物流等方向）、房地产经营与管理、国际经济与贸易、国际金融、商务英语、文秘。

高职学院注重学验并重，人才培养的目标是：德智体全面发展，具有团队协作精神及沟通能力，具备经济、管理、财经等方面的专业基础知识，掌握会计基本理论和操作技能，熟悉会计专业英语和计算机操作技术，具有较强动手能力，能在各类企事业单位、社会中介机构（如会计师事务所、资产评估事务所等）以及社会团体中，从事各种工作的技术应用型专门人才。

2. 以应用型人才培养为主线的实践教学

高职学院以应用型人才培养为主线，不断加强校内外实践基地建设，强化职业技能培训，实施毕业证书与职业资格证书并重的举措，打造具有高等职业教育特色的实践教学体系。

校内实训条件：校内实验(训)室是学生实践教学、教学实验(训)和科学研究的重要场所。高职学院以会计职业教育公共实训基地为核心的校内实训基地建设，已取得市教委三期项目的审批与投入。市教委共计投入160万元，学校给予配套支持240万元。第一、第二期工程已经分别于2006年和2007年完成，基本建成开放式会计职业教育实训基地；2008年第三期项目的中文速录教学实训室已建成，4个英语情景教学实训室也将在2008年内完成。投入使用的高职学院校内实训室教学仪器、设备、设施先进，在同类院校中处于领先水平。

校外实训条件：在校外实训基地的建设方面，主要有实验实训基地、双方共建基地等类型，既注重专业性和稳定性，同时更加注重基地产学研结合的效果和发展潜力，为学院的稳步发展、学生今后的就业奠定基础。到2008年年初，学院共建有签约的校外实训基地8个，即华皓会计师事务所、上海市第一食品股份有限公司、上海市快乐集团有限公司、上海市房地产(经营)集团有限公司、阿迪纳(上海)物流信息系统管理有限公司、上海华博信息服务有限公司、上海怡世翔国际货物运输代理有限公司、上海市政府办公厅文印中心等。通过校外基地的建设，双方在学生综合实习实训、合作研究开发等方面都取得了良好的效果。

3. 社会实践活动

2005年至今，高职学院党总支与上海市政府办公厅文印中心党支部成为签约共建单位，并由文印中心出资设立“上海市政府办公厅文印中心帮困助学金”，截至2008年3月已有28人获得资助。

高职学院与安徽省泾县景范第24希望小学签约，成为高职学院学生教育基地，自2005年7月至今，每年暑假都有学生前往义务支教，并在当地设立了由学生捐款设立的“帮困助学金”，截至2007年7月，已资助30名小学生。

高职学院积极引进企业奖学金，2007年设立的“华皓奖学金”，2名学生获得2007年度全额奖学金。

高职学院开展形式多样的社会实践活动，与青年志愿者活动相结合，如上海市科技馆志愿者、上海市图书馆志愿者、2007年世界特殊奥林匹克运动会志愿者等活动。社会实践活动与专业相结合，开展社会考察专业技能服务等活动。每年寒暑假开展“走访百家用人单位”活动，以实践教学基地为平台，让学生走进更多的企业、走近校友。

高职学院学生在社会实践中锻炼成长，受到了各方的一致好评。高职学院分团委获得2007年获上海市五四特色团组织，2007年与安徽省泾县景范第24希望小学共建获上海市暑期优秀项目奖。

第二章 成人教育

成人教育工作在2003年6月之前，分别由学校当时的成职教处、夜大学、培训中心、职工中专四个部门承担。2003年6月学校决定，撤销成人教育原有四个部门建制，合并成立成人教育学院。

第一节 成职教处

1980年学校复办以来，学校在发展全日制大专教育的同时，多层次、多形式的成人专业教育培训有了很大发展。1989年7月，立信会计专科学校制定了《关于成人教育管理的若干意见》，9月学校决定设立成人教育处，与教务处合署办公，作为学校成人教育方面对外联系、对内协调的职能机构。

1990年9月，学校对成人教育处如何开展工作作了第二步的调整，确定成人教育处从教务处划出，与培训中心合署办公。1993年5月，学校又作了第三步的调整改进，确定成人教育处单独设立，以充分发挥其在校长领导下统一管理、协调各类成人教育的职能作用。2001年，成人教育处更名为成职教处(见表8-2-1)。

表8-2-1 成职教处(成人教育处)负责人更迭情况

职　务	姓　名	任职时间	职　务	姓　名	任职时间
副处长	季宝根	1993.5～1995.2	副处长	林　鑫	1995.2～1996.2
处　长	季宝根	1995.2～2003.6			

第二节 夜大学

一、设立过程

立信会计专科学校自1980年复办之后，为了更好地担负起多方面培养社会急需的财会人才的任务，积极着手筹办提高在职财会人员学历层次的成人学历教育。鉴于上海市会计学会于1980年主办的上海业余会计专科学校已有初步基础，上海市有关部门经过会商，于1981年8月，由上海市财政局出面致函上海市高教局，申请将上海业余会计专科学校适当调整后转为立信会计专科学校的夜校部，招收具有相当于高中毕业文化程度的在职财会人员，实施专科成人学历的专业教育，学生毕业时颁发专科学历证书。1982年2月，上海市财政局、市会计学会、立信会计专科学校三方共同会签了关于将上海业余会计专科学校改为立信会计专科学校夜校部的协议。随后,立信会计专科学校于3月18日将申请批准设立夜校部的报告呈送上海市高教局。3月30日,上海市高教局、市财政局向上海市政府呈报了《关于报请审批立信会计专科学校夜校部的报告》,5月30日,上海市政府发文批复同意"立信会计专科学校增设夜校部,将上海市会计学会主办的上海业余会计专科学校并入立信会计专科学校"。至此,立信会计专科学校夜校部正式设立,并于当年招生。原上海业余会计专科学校于1980年、1981年招收的500余名学生,因未经成人高考,按规定不能取得专科学历证书,后经夜校部采取补课措施,上海市高教局组织统一考试,其中绝大多数学生获准毕业,由学校颁发立信会计专科学校的成人专科毕业证书。

1985年5月,奉上海市高教局通知,立信会计专科学校夜校部更名为立信会计专科学校夜大学。夜大学自夜校部开始设立时起,为方便学生就读,校址设在茂名北路40号新群中学内,随着招生规模的逐步扩大,又商借了爱国中学等校教室上课。为方便学生就近上课,夜大学于1991年起设立校外教学点。

二、机构人员设置

夜大学属立信会计专科学校的组成部分,校长先后由立信会计专科学校校长顾树桢、张俊杰、李海波兼任。日常教学行政管理由主任、副主任负责主持。1993年5月,陈继炜任夜大学副校长;1993年10月,胡厚麟任夜大学校长,陈继炜任夜大学常务副校长。由此,夜大学负责人不再称主任、副主任。1997年9月,胡厚麟任立信会计高等专科学校副校长、校党委委员,兼任夜大学校长;1997年9月,韩健平任夜大学副校长;1999年9月,韩健平任夜大学校长,胡厚麟不再兼任夜大学校长(见表8-2-2)。

表8-2-2 夜大学负责人更迭情况

职务	姓名	任职时间	备注
协理员	钟经全	1984.9～1989.2	主持工作
副主任	朱明尔	1986.12～1988.10	
主任	朱明尔	1988.10～1989.2	
主任	王法尧	1989.2～1993.5	1993.5任夜大学调研员至退休
主任、副校长	陈继炜	1993.5～1993.10	
校长	胡厚麟	1993.10～1999.9	
常务副校长	陈继炜	1993.10～2002.10	
副校长	韩健平	1997.9～1999.9	
校长	韩健平	1999.9～2003.5	

夜大学办学的在编人员,一直保持在8～12名左右。1993年10月起,因办学规模的扩大和业务开展的需要,设立了办公室、教务科、学生科、培训科四个职能科室,逐步扩大了外聘人员担任管理工作及班主任工作。

三、教 学 工 作

1. 培养目标、学制、专业

培养目标：根据成人高等专科教育的特点，对在职从业人员进行高等文化、专门知识和技能的教育，培养具有坚定正确的政治方向，具有强烈的社会主义事业心和责任感，具有良好的道德品质，掌握会计、财政金融等专业所必需的基础理论知识，有较强的工作能力，能适应改革开放和发展社会主义市场经济要求的财经管理人才。

学制与专业：夜大学招收高中毕业生及相当于高中毕业的在职、从业人员和社会其他人员入学，学习形式基本为业余时间，学制为 3 年。学校最初设会计一个专业，1987 年增设了统计、财政金融、营销管理三个专业。1993 年起，增设了涉外会计专业。1994 年开设第二专科财务会计专业，第二专科招收具有已取得经教育部审定核准的国民教育系列高等学校、高等教育自学考试机构颁发的非会计专业专科以上学历的毕业生，实行学年学分制管理，学制 2 年。1998 年，新设专科会计（注册会计师方向）专业，1999 年又增设第二专科会计（注册会计师方向）专业。2000～2002 年，连续 3 年开设高职会计专业。以上专业的开设均经上海市高教局（市教委）审核批准。所有专业每年拟定招生计划，报上海市高教局（市教委）核准后进行招生。为了更能适应成人高等学历教育的需要，经上海市教委批准，从 2001 年起，夜大学专科实行学年学分制管理，学制为 3 年，学习年限为 2～6 年。

2. 教学计划、课程设置

夜大学按照国家教育部、上海市高教局有关成人专科学历教育的规定，结合专业要求，制定了教学计划（指导性教学计划表），在此基础上每学期制定实施性教学计划（开课计划）展开教学活动。以后，又不断根据改革开放形势发展的需要，及时对教学计划进行修改。1990 年经过认真研究，夜大学在原教学计划的基础上分别对会计、统计、财政金融、营销管理四个专业确定了必修课程，各为 18、13、17、17 门，选修课程各为 4、6、6、4 门，总课时各为 1 670、1 620、1 620、1 620 的新的教学计划。1993 年重新研究教学计划，并为 1994 年举办第二专科做好准备，修订了专科包括会计、涉外会计、财政金融、营销管理四个专业的教学计划，制定了第二专科财务会计新的教学计划。1995 年，夜大学聘请了校内外的专家学者对各专业的教学计划进行研讨论证，作了进一步的修订。1998 年、1999 年分别制定了专科和第二专科的会计（注册会计师方向）专业的教学计划。

四、教　　师

夜大学初办时，任课教师都是外聘兼职的。会计界包括立信老同仁等校友中不少学有素养的专家、学者为夜大学承担着教学任务。立信会计专科学校教师队伍逐步充实，尤其在 1986 年系部建立以后，夜大学师资队伍实行夜大学、系部联合管理的方法，夜大学不设独立的教师队伍，教学任务基本上都由学校各系部承担。在此基础上，夜大学还选聘了部分社会上既有教学经验，又有实务能力的高、中级专业人员作兼职教师，从而形成夜大学教师队伍专兼结合、相对稳定的格局。

根据每学年教学所需，夜大学任课教师都在100～200人之间。1993～1996年，由各系部统一安排的专职教师约占任课教师的40%～64%，其余为夜大学外聘的兼任教师。任课教师具有高级职称的有30%，其余的均具有中级职称。1997～2002年，每学期校内教师占教师总数的53%～66%，其中高级职称占11.7%～15%，中级职称占26.3%～34.2%。每学期外聘兼职教师占教师总数的47%～34%，其中高级职称占6.3%～7.5%，中级职称占30%～47%，兼职教师的稳定率为77.9%～94.2%。

为有利于开展教学研究，夜大学按课程分别组织了教研组。每学期定期召开三次教研活动（开学前、期中、期末复习前各一次），主要内容为教师集体备课，讨论确定学期授课进度和内容，商讨切磋教学中的难点、重点，检查教学进度。

据夜大学每年组织的教学信息反馈统计：学生对教师教学质量的评价，满意和基本满意率1996年以前为95%左右，1997～2002年为97.4%（满意率63.2%，基本满意率：34.2%）。

五、招生与毕业

夜大学1982年开始招生，坚持按照要求举行入学考试，然后根据报名者的学历证明、考试成绩以及所报志愿择优录取，以保证新生的质量。1986年起，国家教委实行成人高校统一命题的入学考试。2003年，因非典、成人高校招生由此改为10月份考试，隔年春季入学。2003级新生至2004年春季入学，归属成教院。至此，成人高等学历教育学年不再跨年度。

据统计，夜大学1983～1996年学生毕业率平均为91.8%；1997～2003年学生毕业率平均为92.4%。夜大学毕业生深受用人单位的好评。

1980～2003年，夜大学学生人数如表8-2-3所示。

表8-2-3 1980～2003年夜大学学生人数

年份	专科学历		第二专科学历	
	招收人数	毕业人数	招收人数	毕业人数
1980	280			
1981	247			
1982	138			
1983	137	260		
1984	230	242		
1985	352	135		
1986	257	132		
1987	387	216		

（续表）

年　份	专科学历		第二专科学历	
	招收人数	毕业人数	招收人数	毕业人数
1988	479	324		
1989	371	240		
1990	286	317		
1991	436	434		
1992	464	338		
1993	816	242		
1994	912	395	106	
1995	620	418	286	
1996	396	744	220	92
1997	436	846	172	91
1998	405	607	175	188
1999	416	347	136	136
2000	797	422	81	104
2001	858	367	61	15
2002	1 139	386	21	57
2003		694		23
合　计	10 859	8 106	1 258	706

六、非学历教育

夜大学根据财会人员在不同发展阶段的专业进修及招生生源的需求，常年开设了会计从业资格、会计初级职称、会计中级职称等会计系列考前辅导和单科生、成人高复班等非学历教育，满足了从业人员的继续教育和终身教育的需要。

1980～1996 年间，非学历举办的各类专业培训 200 多个班级 1 万多人次；1997～2003 年间，每年为社会举办继续教育及非学历教育培训学员近 3 000 人次。

第三节　培训中心

1. 设立过程

1982年9月，学校向上海市高教局、市财政局报送了关于增设函授进修部的报告，当月，市财政局批准这一报告，并报市教育局备案。1986年4月，学校决定增设培训中心，作为实施成人教育新的机构。1989年11月，上海市财贸办批准同意函授进修部改为远距离教育部。1993年5月，学校决定将远距离教育部并入培训中心。函授进修部(远距离教育部)、培训中心负责人更迭如表8-2-4、表8-2-5所示。

表8-2-4　函授进修部(远距离教育部)负责人更迭情况

职　务	姓　名	任职时间	备　注
协理员	朱懋棣	1984.9～1986.8	相当于副主任
副主任	朱家声	1984.12～1986.3	
	卢金涛	1986.1～1987.8	
	王法尧	1986.1～1986.9	
主　任	卢金涛	1987.8～1990.10	
副主任	章松钰	1988.11～1989.8	
	王崇毅	1989.9～1993.5	
主　任	姚树新	1990.10～1993.5	
副主任	钟建萍	1992.10～1993.5	

表8-2-5　培训中心负责人更迭情况

职　务	姓　名	任职时间	备　注
主　任	马钟榆	1986.10～1988.4	
	石吉茂	1988.4～1990.9	
	沈国安	1990.9～1999.9	
副主任	姚树新	1993.5～1993.12	
	钟建萍	1993.5～1996.10	
	杨宝成	1995.3～2003.6	
主　任	郭冬生	1999.9～2003.6	
副主任	余祖忻	1999.9～2003.6	

2. 主要职能

培训中心的主要职能是，负责承办专业合格证书班、会计上岗证书培训班和多种课程的单科班等各类非学历培训。

1983年6月，上海市财政局为帮助从事会计工作多年、但不具备相当学历的在职财会人员顺利通过会计师职称的评聘，特发文委托立信会计专科学校举办大专水平的会计专业培训班（非学历教育性质），设政治经济学、专业会计（工业会计或行政事业会计）、专业财务管理三门课程。当年招收 6 个班（工业会计 4 班、行政事业会计 2 班），学员半脱产学习，学制 1 年。至 1984 年 6 月经考试及格，准予发给结业证书者 297 人。1984 年 9 月续招 3 班（工业会计 2 班、行政事业会计 1 班），课程各有所增加，学制也相应改为 1 年半。1995 年 8 月，接受上海市经委委托，将原会计专业培训班改为工业财会管理专修班，专门对市经委所属企业财会人员进行大专程度的专业合格证书的培训。课程定为政治经济学、会计学原理、工业会计、工业财务管理、管理会计、经济活动分析、审计学、电算语言等八门计 820 学时，学制根据上课时间是脱产还是半脱产分别安排分为 1 年和 2 年两种。

1987 年秋，上海市高教局明确要求各高等院校举办的大专程度的专业合格证书培训，统一由市高教局审批，并在结业时颁发市高教局统一印制的专业合格证书，工业财会管理专修班即照此办理。自 1989 年 1 月起，这一种形式的培训班、专修班先后共举办了 20 期，结业学员 998 人。除此之外，培训中心还与社会团体和其他教育单位联合设立了第一、第二、第三、第五分部和一些办学点。1997 年前培训中心各专业培训班结业学员人数如表 8－2－6 所示。

表 8－2－6　1997 年前培训中心各专业培训班结业学员人数统计表　　单位：人次

年　份	培训中心自办	第一分部	第二分部	第三分部	第五分部	其他教学点
1986 年以前		662				
1987		178				
1988		409				
1989		408	451			
1990		223	740			
1991		435	1 476			96
1992	304	1 052	3 178	520		529
1993		10 594				
1994	1 644	1 246	9 416	1 602	4 869	6 346
1995	320	530	1 896	112	489	2 476
1996	87	149		113	181	637

注：1993 年结业人次未对各分部及其他教学点作具体细分。

同时培训中心还举办了会计电算化、会计职称、注册会计师、高级会计师等考前辅导班和计算机一级、三校生技能、理财上岗、大学英语四级考前辅导班及剑桥少儿英语、剑桥商务英语培训班和财务总监培训班。

另外，还举办了 AIA 培训项目、会计学专业自考辅导班、中澳合作办学和财会人员继续教育等培训项目，具体情况如下：

1998 年，立信会计高等专科学校与美都有限公司（外资公司）合作，开办英国国际会计师职业资格培训。培训中心 1998～2003 年培训 AIA 项目学员 2 100 人次。

1999 年培训中心与上海财经大学合作举办会计学专业自学考试助学辅导班，截至 2003 年共招收学员 26 212 人次。

2000年8月，经上海市教育委员会批准，与澳大利亚查理·斯窦大学合作举办会计专业课程班。截至2003年，培训中心共招收学员114人，其中110人获澳大利亚查理·斯窦大学管理学学士学位证书。

2001年起，培训中心作为市财会人员继续教育培训点，开始举办每年财会人员的后续教育，到2003年底，共培训学员9 263人次。

截至2003年的统计，培训中心自办和联办的各专业培训班和各类非学历培训学员超过7万人次。

培训中心经过多年的开拓发展，基本形成了从会计上岗证到高级财会人员职前职后的会计系列的完整培训项目。

第四节　成人教育学院

一、设立过程

上海立信会计学院成人教育学院(以下简称“立信成教院”)是上海立信会计学院下属的二级学院，专门从事成人高等学历教育和成人非学历教育。立信成教院成立于2003年6月，由当时分别承担成人教育工作的成职教处、夜大学、培训中心、立信职工中专四个部门合并组成。同时由原立信会计职工中等专业学校主管的立信会计成人教育进修学院(1995年3月底，由上海市教委以“沪教成字038号”文正式批准)也一并由成教院主管。

上海立信会计学院校长助理胡厚麟兼任成教院院长。成教院下设办公室、学历部、培训部。学历部负责学历教育工作，培训部负责非学历教育工作。成教院负责人更迭情况如表8-2-7所示。

表8-2-7　成教院负责人更迭情况

职　　务	姓名	任职年月	职　　务	姓名	任职年月
院　长	胡厚麟	2003.6～	副院长、党总支委员	韩健平	2003.6～2004.7
党总支书记、副院长	季宝根	2003.6～			
常务副院长、党总支副书记	郭冬生	2003.6～	副院长、党总支委员	孙　浩	2005.10～

二、学历教育

1. 培养目标

本科专业　培养具备坚实的专业理论基础和较高文化素质，能够对专业领域内经济问题作定性研究与定量分析，具有向专业相关领域扩展渗透的能力，能主动适应社会主义市场经济需要，德智体全面发展，能在各类企业单位、政府机关以及科研机构等事业单位从事实务以及科研等方面工作，适应性强，具有创新精神和实践能力的人才。

专科专业　培养德、智、体全面发展，适应社会主义市场经济需要，理论联系实际，知识结构合理，掌握从事相关专业领域工作所需要的基本理论和专业知识，具有较强动手能力，能够胜任专业领域工作的应用型专门人才。

2. 专业设置

成教院按照国家教育部、上海市教委有关专业设置的要求，根据社会需求，申报并开设会计、金融等多个学历教育专业，同时根据每年的生源变化和社会要求及时调整专业。尤其是学校升本后，成教院在学历层次和专业设置方面作了重新调整。自 2005 年起招收高起本和专升本的学生；2006 年增设全脱产本科会计学专业。

3. 精品课程

2004 年，成教院“成本会计”被上海市教育委员会评选为“上海市成人高校精品课程”。2007 年，成教院“审计学”被上海市教育委员会评选为“上海市成人高校精品课程”。

4. 招生和毕业

在每年的成人高校招生工作中认真贯彻国家、上海市的有关政策、规定，严格执行招生计划，稳步发展成人教育事业。2007 年，成教院的招生录取数达 1 926 人。2007 年，成教院学历教育的在校学生逾 5 400 人。2003～2007 年成人学历教育学生人数如表 8－2－8 所示。

表 8－2－8　2003～2007 年成人学历教育学生人数统计

年　　份	招生录取人数	毕业人数	备　　注
2003	1 235	717	
2004	1 450	858	
2005	1 800	1 093	从 2005 年开始招收高起本、专升本层次学生
2006	1 949	1 139	
2007	1 926	1 230	
合　计	8 360	5 037	

5. 教学管理

2005 年，成教院编制了《上海立信会计学院成人教育教学管理文件》。该文件通过两级教学管理办法、学籍管理、学生考勤等二十一个条例，对学籍、教师、考试等提出了明确的要求。2006 年，对《上海立信会计学院成人教育教学管理文件》进行修订，编制了《上海立信会计学院成人高等学历教育教学管理文件汇编》，取消某些不适合新情况的规定，增添新的教学管理条例，收入了《班主任守则》、《优秀教师、班主任评选条例》、《学生违纪处分的决定与执行实施办法》、《关于学生毕业实习工作的有关规定》、《大专毕业班学生撰写毕业作业的规定》等内容。

成教院根据每学期的教学计划，在开学前 3 个月通过网络向学校各系部和社会发布教师需求信息，公开招聘任课教师。同时重视对青年教师的培养，建立了一支教学水平高、责任心强、工作认真的师资队伍。

2004年年末，引进了“成人教育管理信息系统”，并根据工作实际有效利用，不断充实完善，合理开发，开发出适应立信成教特点的“立信成教院学历网络信息系统”。该系统运行至今，成效显著。

三、非学历教育

1. 项目设置

2004～2007年，培训部以会计从业资格、会计电算化、会计类自学考试、注册会计师、会计职称等资格考试辅导为培训重点，同时开设三校生技能培训、计算机一级辅导、剑桥英语师资培训等项目。2007年，非学历教育在保留特色项目的基础上，根据社会需求，停办了自学考试、三校生技能培训、剑桥英语师资培训等项目，增开政府补贴系列培训、企业定向培训等系列项目。经过及时地调整，非学历教育形成了从会计从业资格认证考试辅导至高级会计师考试辅导的会计系列培训项目，进一步提升了“立信会计”的社会声誉。

2. 中外合作办学

2004～2007年，参加AIA项目的学员达5 598人次。2004年起，培训部开始与香港金融管理学院合作，开办英国特许公认会计师公会（ACCA）的专业会计师资格考试培训班。2004～2007年，共培训ACCA学员122人次。

3. 教学点设置

2003～2005年，成教院根据上海市的地域特点，为方便学员就近学习，在静安区、浦东新区、松江区大学城开设培训教学点。2006年，为进一步扩大教学覆盖面，成教院在黄埔和浦东新区金口路增开培训教学点。2007年，包括徐汇教学点在内，成教院非学历教育共有松江、黄浦、东方路、金杨、经管校6个教学点。

4. 教学管理

2007年，培训部制定了《成教院非学历教育管理试行办法》，涵盖培训部和教学点两级管理试行办法、班主任和报名人员岗位职责、教师聘任和管理、各培训项目工作流程和规定等内容。该管理办法规范了成教院非学历教育的两级管理，实现了各教学点招生、课时、收费、师资聘任、教学计划和教薪标准的统一。

5. 学员人数

2004～2007年年底，成教院非学历教育培训学员累计近7万余人次（见表8－2－9）。

表8－2－9　成教院非学历教育培训情况表　单位：人次

序号	项　目	2004年	2005年	2006年	2007年
1	会计上岗证	2 480	3 090	3 030	3 775
2	会计电算化	1 580	1 670	1 814	2 078

（续表）

序 号	项　　目	2004 年	2005 年	2006 年	2007 年
3	自学考试	1 120	950	578	
4	会计人员继续教育	5 200	6 150	6 061	5 938
5	注册会计师	680	850	1 100	2 180
6	计算机一级	650	600	501	66
7	成人高复班	450	820	1 232	982
8	三校生技能班	420	350	259	
9	理财上岗证	80	50	69	41
10	会计职称班	2 920	2 800	2 590	2 305
11	剑桥英语师资培训		250	30	
12	ACCA 辅导班	37	50	21	14
13	AIA	1 664	1 376	1 572	986
14	全日制专升本辅导			450	167
15	政府补贴项目			100	1 550
16	企业定向培训			500	127
17	高级会计师辅导			392	219
18	大学英语四级				105
	合　　计	17 281	19 006	20 299	20 533

第三章　立信会计学校
立信会计职工中等专业学校

第一节　设立和发展过程

1. 设立经过

1980年，潘序伦等11人在《关于复办立信会计专科学校的倡议书》中提出，在立信会计专科学校复办的同时，“附设立信会计职业学校，属于中等专业学校性质”。当年10月20日，上海市人民政府批准立信会计专科学校复办，立信会计职业学校也因此正式设立，并于当年年底开始招生。1981年2月开学上课。1983年，为避免与其他职业学校的名称相混淆，呈报上级有关部门将“立信会计职业学校”改名为“立信会计学校”，上海市财政局为此颁发了“沪财组（1983）第45号”文批准同意。

1981年秋，中共中央、国务院发布了《关于加强职工教育工作的决定》，上海市各部门及企事业单位对在职财会工作人员的培训列入议事日程，立信会计职业学校接受委托试办职工中专班。1982年、1983年又陆续接受更多部门的委托，扩大了职工中专班的试点，形成一定规模。1984年1月，上海市人民政府发文同意设立“立信会计职工中等专业学校”。至此，立信会计学校、立信会计职工中等专业学校同时并存，均属于立信会计专科学校，分别招收全日制及职工成人两方面的学生。

最初，两校办公地点在山海关路育才中学内，以后迁至新大沽路瑞金中学内。1987年秋，立信会计专科学校新校舍建成，两校（立信会计学校及立信会计职工中等专业学校）校址都随之设立于新校舍所在的中山西路2230号。

自1993年9月立信会计学校、立信会计职工中等专业学校分别单独设立。立信会计学校1993年被上海市教育委员会认定为中等职业技术学校办学水平B级，1998年被上海市教育委员会认定为中等职业技术学校办学水平A级，2000～2002年实施六年一贯制高等职业技术教育，2004年被认定为首批上海市百所中等职业学校重点建设验收评估合格单位，2004年会计专业被认定为中职校第二批第二阶段重点专业。

2. 隶属关系

立信会计学校、立信会计职工中等专业学校同属立信会计专科学校领导，校长均由专科校长兼任，在立信会计专科学校内部合一统称为“中专部”。设立之初，机构人员一切从简，由聘请的立信老校友分别管理教学和其他行政工作。1984年9月，上级部门核准立信会计专科学校设置包括中专部在内的处、室等机构，对中专部才开始任命主任，统管两校教学事务。1985年起，中专部主任、副主任也有被任命为副校长。1993年9月，立信会计专科学校决定，将立信会计学校、立信会计职工中等专业学校分别单独设立，并任命了两校各自的校长或副校长，中专部便因之相应撤销。至2007年年底，立信会计学校、立信会计职工中等专业学校（中专部）负责人的更迭情况如表8－3－1所示。

表8－3－1　立信会计学校、立信会计职工中等专业学校负责人更迭情况

阶　段	职　　务	姓　名	任　　期	附　注
两校合一内部统称中专部	校长	王眉征	1980至1983.6	兼任
		顾树桢	1983.6～1988.9	兼任
		成守文	1988.9～1990.2	兼任
		戴子贤	1990.3～1993.9	兼任
	中专部副主任	姚树新	1984.9～1986.2	
	中专部主任、立信中专副校长	姚树新	1988.3～1990.4	
	中专部主任、立信中专副校长	李辰龙	1985.7～1988.8	
	中专部副主任	杜秀娟	1987.2～1988.3	
	中专部副主任 立信中专副校长	赵一平 乐子利	1990.4～1993.9	
	中专部副主任、立信中专副校长	朱如圭	1990.4～1993.9	
两校分开设立	立信会计学校校长	赵一平	1993.9～2004.7	
	立信会计学校副校长	乐子利	1995.5～1996.12	
	立信会计学校党总支书记	张菊英	1999.1～2002.8	
	立信会计学校副校长	王富忠	1999.1～2003.10	
	立信会计学校副校长	马理佳	1999.9～2004.7	
	立信会计学校副校长	纪剑鸣	2002.7～	
	立信会计学校校长 立信会计学校党总支副书记	陈　杰	2004.7～2007.1	
	立信会计学校党总支书记 立信会计学校副校长	赵一平	2004.7～2007.1	
	立信会计学校校长	黄疆新	2007.1～	兼任
	立信会计学校党总支书记	费　莉	2007.1～	兼任
	立信会计职工中等专业学校校长	白宏吉	1993.9～1996.11	
	立信会计职工中等专业学校副校长	朱如圭	1993.5～1996.10	

（续表）

阶 段	职 务	姓 名	任 期	附注
两校分开设立	立信会计职工中等专业学校副校长	陈 捍	1993.10～1997.12	
	立信会计职工中等专业学校校长	朱如圭	1996.11～1997.12	
	立信会计职工中等专业学校校长	陈 捍	1998.1～2007.12	
	立信会计职工中等专业学校顾问	白宏吉	1996.11～1999.12	

据上海市人民政府“沪府[1980]135号”文，立信会计职业学校、立信会计职工中等专业学校的教学行政业务由上海市教育局管理和指导。至1995年10月，立信会计高等学校划归上海市教委管辖之后，两校的教学行政业务也都转由市教委管理和指导。

3. 分校(分部)的设置

立信会计职业学校在1980年招收新生816名。由于没有校舍和各种教学设施，学校一时无法正常开展教学活动。在上海市教育局和各区县教育行政部门的大力支持下，立信会计职业学校与各区县的有关中学采取联合办学的方式开办了分校。1981年先后在静安、黄浦、卢湾、徐汇、长宁、南市、闸北、虹口、杨浦9区和上海、川沙、宝山、嘉定4县共办分校13所，使开学上课得以顺利进行。为有利工作，立信会计职业学校称为“总校”，与各分校之间明确了如下的分工：即总校负责招生计划和毕业生推荐方案的制订以及确定教学计划、聘请专业课教师等项事宜；分校负责日常行政管理和安排教室等项事宜。分校校长由所在学校派任，副校长由总校选派，有的分校未派副校长，则由聘请的联络员联系沟通工作情况。待立信会计学校和立信会计职工中等专业学校两校校名确定之后，有的分校也兼有全日制和职工成人中专两种形式。

1983年秋，由于区县教育发展规划变动等原因，分校设点有所变动。1985年调整为如下8所：黄浦、杨浦、闸北、南市、静安、徐汇、长宁、嘉定。以后，又陆续作了调整。1988年，为顺应办学体制改革的新情况，乃将分校改为分部，即由原来与所在学校联合办学的关系改为教室租赁的关系。随后新的教学点设置都按分部的方式办理。至1992年9月，因合作办学的需要，又先后在浦东新区、南市区和松江县设置了3所分校。至1993年9月，分校、分部的演变过程如表8-3-2所示。

表8-3-2 立信会计职业学校分校、分部演变情况

名 称	联办单位	地 址	负责人	开办年月	结束年月及原因	开设班级
静安分校	瑞金中学	大沽路451号	郁桂英 黄华麟	1981年1月	1988年9月改为静安分部	大中专、小中专、职工中专
静安分部	瑞金中学	大沽路451号	郁桂英	1988年9月原静安分校改组		大中专、小中专、职工中专

（续表）

名　称	联办单位	地　址	负责人	开办年月	结束年月及原因	开设班级
杨浦分校	江浦中学	江浦路3号	薛万亭	1981年1月	1983年7月	大中专
杨浦分校	杨浦职工中专	许昌路1461号	刘　槐	1983年9月	1988年9月改为杨浦分部	大中专、职工中专
杨浦分部	杨浦职工中专	许昌路1461号	刘　槐	1988年9月原杨浦分校改组		职工中专
闸北分校	安庆中学	天目中路380号	宋苑莲	1981年1月	1986年7月	大中专、小中专
闸北分部		康乐路101号	边善报 朱树凯	1988年9月		职工中专
徐汇分校	五十九中学	大木桥路斜土路口	游进宫 王鸣荣	1981年1月	1983年7月	大中专
徐汇分校	龙华中学	龙华西路292号	张　鑫 韩明珠	1986年原上海县分校改名	1986年8月迁到宜山中学	大中专、小中专
徐汇分部	宜山中学	文定路170号	曹培家 韩明珠	1984年8月由龙华中学迁人	1987年8月并入总校新校舍	大中专、小中专
黄浦分校	金陵中学	金陵东路2号	石鸿兴	1981年1月	1983年7月	大中专
黄浦分校	市中职业技术学校	西藏中路480号	徐云芳	1986年9月	1988年7月改为黄浦分部	大中专、小中专
黄浦分部	市中职业技术学校	西藏中路480号	柴冠伦	1988年7月原黄浦分校改组	1991年7月	小中专
长宁分校	武夷中学	武夷路258号	刘沛炯	1981年9月	1983年7月	大中专
长宁分校	长宁中学	长宁路593号	方孔嘉 唐伟峰	1983年9月	1988年8月改为长宁分部	大中专、小中专、职工中专
长宁分部	长宁中学	长宁路593号	方孔嘉 唐伟峰	1988年8月由长宁分校改组	1991年7月结束	小中专
南市分校	建南中学	厅西路55号	陈德英	1981年1月	1987年7月	大中专、小中专
卢湾分校	南昌中学	复兴中路624号	黎秉坤	1981年1月	1983年7月	大中专

（续表）

名　称	联办单位	地　址	负责人	开办年月	结束年月及原因	开设班级
虹口分校	北虹中学	南浔路281号	周以籙	1981年1月	1983年7月	大中专
上海县分校	龙华中学	龙华西路292号	张　鑫 韩明珠	1981年1月	1984年行政区、县变更为徐汇分校	大中专
川沙县分校		川沙北蔡御家桥	严威志	1981年1月	1983年7月	大中专
宝山县分校	江湾职业学校	江湾镇新市北路	周庆熙	1981年1月	1983年7月	大中专
嘉定县分校	江桥中学	嘉定县江桥镇	徐友才 潘国强 范　本	1981年1月	1988年7月	大中专、职工中专
浦东分校	汇文中学	浦东南路1635弄33号	沈幸耕	1992年9月	2007年7月	大中专、小中专
松江分校	松江二中	松江县城	范亦铮	1993年9月	1996年7月	大中专
南市分校	敬业中学	尚文路73号	黄政民	1993年9月	1996年7月	大中专

1993年9月，立信会计学校、立信会计职工中等专业学校独立设立之后，立信会计学校与各区县的有关学校采取联合办学的方式开办了教学点（见表8-3-3、表8-3-4）。

表8-3-3　立信会计学校教学点演变情况

联办单位	地　址	负责人	开办年月	结束年月	招生对象
市家具总公司职工中等职业学校	马当路357弄3号	李蓓民	1995年4月	2005年7月	初中毕业生
汇文中学	浦东南路1635弄33号	沈莘耕	1995年6月	2007年7月	初中毕业生
上海东育职业技术学校	杨家渡路3号	徐链华	1995年9月	2005年7月	高中毕业生初中毕业生
向锋中学	鲁班路407弄1号	宋　波	1996年2月	2006年7月	初中毕业生
上海纺织工业职工大学纺织机电分校	潘家湾路381号、三门路818号	吴亦九	1996年2月	2004年8月	初中毕业生
塘桥职业技术学校	塘桥徐家弄10号	王小芳	1996年3月	2002年7月	初中毕业生

（续表）

联办单位	地　址	负责人	开办年月	结束年月	招生对象
上海市郊县工业局职工中等专业学校	吴中路1201号	胡嘉兴	1996年3月	2007年7月	高中毕业生初中毕业生
民办东方文化学院	桃浦新村50号	李庆云	1997年2月	2006年7月	初中毕业生
上海市宝山中学	盘古路247弄20号	李思民	1998年12月	2008年7月	初中毕业生
上海市虹口区太平洋机电教育中心	三门路818号	傅笑群	2004年8月	2008年7月	初中毕业生
上海杨浦区森田职业进修学校	长阳路1514号	朱永平	2005年7月	2009年7月方能结束	初中毕业生

表8-3-4　立信会计职工中专联合办学一览表

序号	联办学校	联系人	开办年月	开设班级
1	静安分部，瑞金中学	郁桂英	1993年3月	全日制中专，成人中专等
2	杨浦分部，第二钢铁厂	朱亢述	1993年3月	全日制中专，成人中专等
3	虹口分部，虹口区业余科技学校	吴静波	1993年3月	全日制中专，成人中专等
4	闸北分部1，闸北中学	冯才璋	1993年3月	全日制中专，成人中专等
5	徐汇分部1，徐汇教育学院		1993年8月	全日制中专，成人中专等
6	徐汇分部2，商业职工学校	张永奎	1993年8月	全日制中专，成人中专等
7	南声分部，南声进修学院	陈　鸿	1993年10月	全日制中专，成人中专等
8	南市分部，敬业中学	黄政民	1993年8月	全日制中专，成人中专等
9	松江分部，松江会计协会	高丽梅	1994年7月	全日制中专，成人中专等
10	源盛分部，源盛职业进修学校	梁媛云	1994年10月	全日制中专，成人中专等
11	卢湾分部，金星进修学校		1994年10月	全日制中专，成人中专等
12	长宁分部1，长宁区科技进修学院	张亦敏	1994年10月	全日制中专，成人中专等
13	黄浦分部1，黄浦长信业余学校	林素文	1994年10月	全日制中专，成人中专等

（续表）

序号	联办学校	联系人	开办年月	开设班级
14	闸北分部2，上海扬波私立中学		1994年10月	全日制中专，成人中专等
15	浦东分部，上海群星职业技术学校		1994年10月	全日制中专，成人中专等
16	长宁分部2，长宁区科技进修学院	赵希刚	1994年10月	全日制中专，成人中专等
17	长宁分部3，上海第三高级技工学校	王银龙	1995年3月	全日制中专，成人中专等
18	闵行分部1，闵行区会计学会	孙永贵	1996年5月	全日制中专，成人中专等
19	宝山分部，宝山中学	储雪俭	1996年7月	全日制中专，成人中专等
20	徐汇分部3，侨光外语业余进修学院	陆庭秀	1997年4月	全日制中专，成人中专等
21	黄浦分部2，长信业余学校	林素文	1997年4月	全日制中专，成人中专等
22	闵行分部2，第二工业大学闵行教学部	阮 明	1997年4月	全日制中专，成人中专等
23	普陀分部，普陀区兴陇中学	孙丽萍	1997年3月	全日制中专，成人中专等
24	奉贤分部，奉贤财会学会		1997年3月	全日制中专，成人中专等
25	振华业余进修学校		1997年2月	全日制中专，成人中专等
26	闸北分部3，彭浦机械厂	周丙超	1997年7月	全日制中专，成人中专等
27	金山分部，金山社区学院	彭海英	1998年7月	全日制中专，成人中专等

第二节 教学工作

1. 培养目标、专业学制

立信会计学校、立信会计职工中等专业学校分别具有全日制中专和成人中专的性质，会计专业的设置则是相同的。培养目标都是通过系统的政治、文化教育和专业培训，把学生培养成德智体全面发展的、既有财务会计基本理论又有专业操作技能的中等专业财会人才。

立信会计学校设有四个专业：会计、金融事务、会计电算化和电子商务，1990～2005年招收情况如表8-3-5所示。

表 8－3－5　立信会计学校 1990～2005 年招收专业情况

年　份	招　收　专　业	备　注
1990	会计	大中专
1991	会计	大中专
1992	会计	大中专
1993	会计、金融事务	大中专
1994	会计、金融事务	大中专、小中专
1995	会计、金融事务	大中专、小中专
1996	会计、金融事务	大中专、小中专
1997	会计、金融事务	大中专、小中专
1998	会计、金融事务	大中专、小中专
1999	会计、金融事务、会计电算化	小中专
2000	会计、金融事务、会计电算化	小中专
2001	会计、金融事务、会计电算化、电子商务	小中专
2002	会计、金融事务、会计电算化、电子商务	小中专
2003	会计、金融事务、会计电算化、电子商务	小中专
2004	会计、金融事务、会计电算化、电子商务	小中专
2005	会计、金融事务、会计电算化、电子商务	小中专

注：大中专招收高中毕业生，小中专招收初中毕业生，两者的学制长短亦不同。

全日制中专开始招生的对象是高中毕业生，学制 2 年（1986 年之前，有两届学制为 1 年半）。1983 年起，曾招收了初中毕业生 5 届，学制为 4 年。以后招收的初中毕业生，学制改为 3 年。成人中专有全业余和部分业余的两种安排，学制均为 2 年半。立信会计职工中等专业学校自 1994 年开始，除招收成人中专的学生之外，也举办全日制中专，招收初中毕业生入学，学制 3 年。新生入学后修业期满，成绩及格者发给中等专业的毕业证书。立信会计学校自 2005 年起开始招收成人中专，学制两年。

2. 教学计划、课程设置

立信会计学校、立信会计职工中等专业学校根据不同的招生对象，制订相应的教学计划，并根据新情况、新要求，对教学计划进行了多次修订（见表 8－3－6、表 8－3－7）。

表 8-3-6　2005 年制定的会计专业教学计划

类别	序号	课程		学分	总课时	一	二	三	四	五	六	考试学期
		编号	名称			18周	18周	18周	18周	18周	18周	
公共文化基础课	1	11001	法律基础知识	2	36			2				
	2	11002	世界观、人生观	2	36				2			
	3	11003	生涯规划	2	36					2		
	4	01004	语文	16	288	4	4	4	4			1～4
	5	01005	数学	16	288	4	4	4	4			1～4
	6	01006	英语	16	288	4	4	4	4			1～4
	7	11007	体育与健康	10	180	2	2	2	2	2		
	8	01008	信息技术基础	6	108	2	4					考证
	小计			70	1 260	16	18	16	16	4		
基本技能课	1	12001	习字	2	36	1	1					考证
	2	12002	珠算技术	4	72	2	2					考证
	3	12003	办公自动化	3	54			3				
	4	12004	电算化会计	3	54				3			考证
	小计			12	216	3	3	3	3	0		
专业主干课	1	03001	社会主义市场经济	5	90	3	2					1、2
	2	03002	基础会计	5	90	5						1
	3	03003	财务会计	8	144		4	4				2、3
	4	03004	成本会计	4	72				4			4
	5	03005	财务管理	4	72					4		5
	6	03006	西方会计基础（英文版）	4	72					4		5
	小计			30	540	8	6	4	4	8		

（续表）

类别	序号	课程		学分	总课时	一	二	三	四	五	六	考试学期
		编号	名称			18周	18周	18周	18周	18周	18周	
专业限定选修课	1	14001	统计学	2	36			2				
	2	14002	财会数学	2	36				2			
	3	04003	管理会计	3	54					3		5
	4	14004	审计	2	36					2		
	5	14005	税务会计	2	36					2		
	6	14006	经济法	2	36					2		
	7	14007	国际金融基础	2	36					2		
	小计			15	270	0	0	2	2	11		
实践课	1	15001	军训及入学教育（含军事理论）	2	36	2						
	2	15002	会计模拟作业	6	108						12周	
	3	15003	毕业作业	14	252						6周	
	4	15004	专题讲座	2	36						10周	
	5	15005	毕业教育	1	36						1周	
	6											
	小计			25	468	2					23	
合计				152	2 754	29	27	25	25	23	23	
任意选修课	学生选修课程门数和顺序必须以教学计划为依据，每学期选修学分的多少，应根据自己的学习情况和学习能力，按一定的选修顺序，在老师的指导下，自主决定。											
	小计			18	324		2	3	3	5	5	
总计				170	3 078	29	29	28	28	28	28	

表 8-3-7　立信会计职工中等专业学校财务会计专业教学计划(学制 2.5 年)

序号	课程	总课时	比例	抽考课	第一学期	第二学期	第三学期	第四学期	第五学期
					20 周	20 周	20 周	20 周	20 周
					周时 总时	周时 总时	周时 总时	周时 总时	周时 总时
	一、政治及文化基础课	560	29.17		10 200	11 220	5 100	2 40	
1	语文(含应用文)	200		√	4 80	4 80	2 40		
2	数学(含财会数学)	220		√	4 80	4 80	3 60		
3	辩证唯物主义基本理论	40			2 40				
4	中国特色社会主义理论与实践	60		√	3 60				
5	财会职业道德	40						2 40	
	二、专业基础课	640	33.68		9 180	2 40	7 140	8 160	7 140
6	经济学基础	80		√		4 80			
7	珠算	40		√		2 40			
8	基础会计	100		√	5 100				
9	财税法规	60		√			3 60		
10	微型计算机应用基础	80						4 80	
11	会计电算化基础	60							3 60
12	统计原理	80		√			4 80		
13	企业管理概论	80							4 80
14	审计基础	80						4 80	

（续表）

序号	课　程	总课时	比例	抽考课	第一学期	第二学期	第三学期	第四学期	第五学期
					20 周	20 周	20 周	20 周	20 周
					周时 总时	周时 总时	周时 总时	周时 总时	周时 总时
	三、专业课	520	27.08			5 100	5 100	6 120	10 200
15	工业企业会计	200				5 100	5 100		
16	商品流通企业会计	100							5 100
17	企业财务管理与分析	120						6 120	
18	大型作业（工商各 50）	100							5 100
	四、选修课	410	7.29				3 60	4 80	
	五、毕业实习课（含写作指导）	40	2.08						2 40
	周课时				18 380	19 380	20 400	20 400	19 380
	总课时								

3. 教师队伍

立信会计学校、立信会计职工中等专业学校在设立最初的几年内，所有教师都是外聘兼任的。其来源是：分校所在学校的教职员；大中专院校的教师；财经部门、企事业的财会主管人员；具有相当学历和一定教学经验的退休人员。在立信会计专科学校师资队伍建立并不断充实之后，两校师资也逐步形成专兼结合以兼为主的格局。专职教师由立信会计专科学校统一调配安排，兼职教师则是根据教学任务的需要逐年聘任。每一学年任教师资，大致是专职教师占 1/3，兼职教师占 2/3，兼职教师总是多数，两校对兼职教师坚持择优聘任的原则。为此，对兼职教师的任教情况，除重视经常了解、督促、检查以外，还较系统地将专业水平、教学水平、教学评估状况分别列入教学档案。凡教学认真、效果显著的兼职教师都及时肯定，并予以表彰奖励，少数不能胜任的，进行必要的调整。这样做，有利于保证教学质量和聘任兼职教师的相对稳定。

4. 教学的组织和管理

立信会计学校、立信会计职工中等专业学校的教学组织和管理从分校、分部设点分散和任教以兼职教师为主的特点出发，采取了相应的措施，加强了计划性。对每学年(学期)工作，预先作通盘的打算，及早与分校、分部和兼职教师沟通，求得教学计划的具体落实。表现在以下几个方面：

(1) 从实际出发，两校逐步建立和健全教学管理的规章制度。

(2) 两校组织主要学科的教研组。聘请专兼职教师中有教学经验者任组长，定期举行教研组活动。内容有研究备课、有重点地组织听课评课、交流经验等。

(3) 重视考试考查，把好质量关。除参加全市规定的统考外，另加校内确定的统考课程，两者作统一合理的安排。考后，学校都要认真分析质量，提出改进教学的措施。

(4) 1989 年、2003 年先后两次建立了会计模拟实习室，使每位学生都能参加财务运算的全过程，提高实际操作水平。

(5) 组织联办校之间、班级之间的学科与多种技能的竞赛，立信会计学校自 1997 年起连续 8 年开展校际技能竞赛，项目有：珠算、点钞、硬(软)书法、汉字输入、办公自动化软件操作、微机应用、普通话演讲、英语演讲(小品)等，以提高学生学习的积极性并起到检验教学质量的作用。在上海市和全国的各项技能竞赛中屡屡获奖。

第三节 学 生 工 作

1. 招生和分配

立信会计学校、立信会计职工中等专业学校按立信会计专科学校及上级领导部门核定的招生计划进行招生。招收的高中毕业生根据当届高考或会考成绩和考生填报的志愿择优录取。1988 年开始，每一学年都招收部分自费生。招收的初中毕业生根据当届升学考试成绩和考生志愿择优录取。招收的成人中专学员也经统一考试的筛选加以录取。其他非学历教育的各种形式的专业培训则根据有关方面的委托任务、生源状况及办学条件的许可确定名额，组班授课。

对全日制中专毕业生，不包分配，由学校向用人单位择优推荐。用人单位选用之后，与学校签订协议，向学校支付一定的培养费。从首届毕业生开始，一直都是采取这样的办法。随着自费生名额的逐年扩大，1995 年起，学校不再向用人单位收取培养费。1981～2007 年普通中专学生人数如表 8－3－8 所示，1981～1996 年职工中专、非学历教育的其他培训学生人数如表 8－3－9 所示。

表 8－3－8　1981～2007 年普通中专学生人数统计

年　份	2 年制		3 年制		4 年制	
	招生人数	毕业人数	招生人数	毕业人数	招生人数	毕业人数
1981	730					
1982	101					

（续表）

年　份	2 年制		3 年制		4 年制	
	招生人数	毕业人数	招生人数	毕业人数	招生人数	毕业人数
1983	260	703			84	
1984	179	98			89	
1985	318	245			95	
1986	235	167			242	
1987	83	310			166	84
1988	246	230				89
1989	89	79				93
1990	87	240	179			223
1991		85				146
1992	278	84				
1993	436			164		
1994	481	254	136			
1995	466	422	149			
1996	337	410	97		247	
1997	190	469	713	130		
1998	94	334	824	188		
1999		184	1 184	94		
2000		90	970	683		223
2001			998	802		
2002			1 028	1 040		
2003			1 028	908		
2004			821	893		
2005			706	903		
2006				935		
2007				742		

表 8-3-9　1981～1996 年职工中专、非学历教育的其他培训学生人数统计

年　份	招生人数	毕业人数	上岗证等结业人数
1981	48		68
1982	382		333
1983	614	48	225
1984	368	237	394
1985	397	600	158
1986	115	362	84
1987	89	379	560
1988	271	110	298
1989	161	71	290
1990	240	271	156
1991	203	155	466
1992	212	235	1 290
1993	562	172	1 280
1994	1 293		1797
1995	2 435	157	1 867
1996	1 089	763	894

2. 教育管理

针对学生在分校、分部分开上课的实际情况，对学生的教育管理采取集中和分散相结合的办法；既要有统一的计划、统一的要求、统一的部署，又要充分依靠分校、分部所在学校根据不同情况加以具体管理；每一学年(学期)大的活动集中组织，日常的教育管理分别由分校、分部灵活安排。

因学习对象不同，全日制中专和职工成人中专的教育和管理也有不同的要求和做法。

相同处是：重视入学教育，着重介绍校史和优良的办学传统，介绍历届毕业生的先进事迹；讲明有关的规章制度，提高学生遵守校纪，勤奋学习的自觉性；重视开展争先进、创三好活动；重视学年(期)末的总结评议和表彰奖励，发扬先进，激励奋发向上的精神。

不同处是：全日制中专的学习对象是青年学生，教育和管理侧重于德智体综合测评的探索，贯彻并完善中等专业学校德育大纲的要求，充分发挥团组织和学生会的作用，开展多样化的活动，丰富课余生活，增进身心健康；职工成人中专的学习对象大多数是在职人员，教育和管

理侧重于开展自律、自理、自学活动，更多地强调发扬自主性，形成良好的班风和学风。

3. 学生就业

立信会计学校 2003～2007 年就业、升学情况如表 8-3-10 所示。

表 8-3-10　立信会计学校 2003～2007 年就业、升学一览表

年份	毕业人数	进企、事业单位				升高一级学校			其他					就业率(%)
		国有企事业单位	合资独资企业	私营企业	其他	高职、专科学校	本科院校	学历文凭自考助学院校	参军	出国	自主创业	自谋出路	待业	
2003	908	77	35	43	1	639		66	1	4		2	40	95.6
2004	893	81	78	67	8	635	8	9		5		2		100
2005	903	92	53	44	20	579	23	61	2	7		22		100
2006	890	30	139	13	18	555	9	101	2	4	1	17	1	99.9
2007	742	42	58	85	20	402	4	95		2		34		100

第九篇

教职工队伍

第一章 教职工队伍与人事管理

第一节 教职工队伍

学校复办，由市财贸办、市教卫办共同领导，人事、财务和规划由市财政局负责。复办伊始，学校没有专职的办学人员，校务委员会推定少数委员采取轮流值班的方式到校主持和指导工作，日常教务、行政业务均由立信老同仁、老校友及其他热心人士在校具体承担，外聘的兼职教师承担在校生的教学任务。

1981 年，经上级主管部门的调配，立信开始有专职的办学人员，在册的教职工人数为 9 人，其中行政管理人员 7 人，工勤人员 2 人，尚无专职的教师。1984 年 11 月，经批准核定，学校教职工编制暂定为 273 人。至 1987 年学校迁入中山西路新校区时，在册教职工已达到 478 人，其中教学科研人员 149 人。1988 年 2 月，学校教职工总编制经批准核定为 620 人。1993 年，学校推行综合改革方案时，教职工实有 533 人(其中聘用退休人员 46 人)。1996 年，教职工总数增加到 585 人(其中聘用退休人员 75 人)。

由于学校复办需要一个发展和建设的过程，加上人员流动等因素，教职工队伍结构经常变化。直到 1992 年、1993 年，教职工队伍才相对稳定，按教学、科研、行政管理以及办学和经营的实体单位归口。

“九五”期间，国家相继提出了“国家教育改革和发展纲要”、“面向 21 世纪教育振兴行动计划”等政策，进一步加大了对高等教育的投入和政策倾斜，为高等学校加快教职工队伍建设带来了机遇。学校初步建成了一支适应新形势需要的教职工队伍，2000 年共有教职工 509 人，其中教师 201 人。

学校入驻松江校区，抓住发展机遇，积极创造条件升本。2003 年 9 月，经上海市人民政府批准，上海市教育委员会发文批复：同意在立信会计高等专科学校的基础上建立“上海立信会计学院”，学院系本科层次的普通高校，以实施本科教育为主，也可举办专科层次的高等职业教育，从而实现了立信发展史上的飞跃。2003 年年底，学校在册教职工 544 人，其中教师 300 人，职员和教辅人员 212 人，工人 32 人。

升本以后，学校坚持以人为本，不断深化人事制度改革，办学实力明显增强，教职工队伍的数量和结构得到了有效改善。经批准核定，2007 年学校教职工总编制名额由 1995 年的 760 人增加为 890 人。2007 年年底，学校共有教职工 680 人，其中教师 420 人，教育职员 144 人，教学辅助人员 59 人，工人 57 人。

1999～2007 年，学校教职工人数统计情况见表 9－1－1；1999、2003、2005、2007 年教师、职员和教辅人员、工人结构比例变化情况见图 9－1－1。

表 9-1-1　1999～2007 年上海立信会计学院教职工变化情况统计　　单位：人

年　份	教　师	职员和教辅人员	工　人	总　计
1999	183	226	91	500
2000	201	218	90	509
2001	248	162	91	501
2002	295	206	42	543
2003	300	212	32	544
2004	305	209	44	558
2005	323	229	64	616
2006	363	232	60	655
2007	420	203	57	680

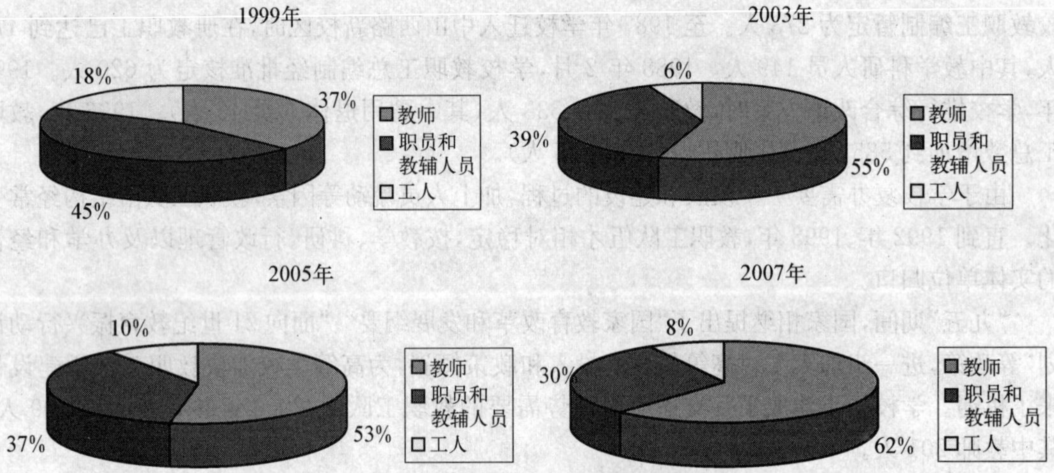

图 9-1-1　1999、2003、2005、2007 年教师、职员和教辅人员、工人结构比例(%)示意

第二节　人事管理制度

1. 建立了绩效优先、兼顾公平的分配机制和激励机制

1993 年，学校制定并实施了以人事分配制度为突破口的综合改革方案，其中重要的一项改革措施是实行校内综合工资制。校内综合工资制由固定工资和浮动工资两部分组成，并确定如下实施原则：① 学校正式聘用聘任的人员方能享受校内综合工资；② 按劳分配，做到干

与不干不一样、干多干少不一样、干好干坏不一样、贡献大小不一样；③ 校内综合工资内含由学校自筹资金发放的浮动部分，依据教职工本人德能勤绩的表现和学校经济收益的多少两方面的状况而定。

人事分配制度改革是管理体制改革的核心，是学校各项改革的关键。2003 年，根据教育部《关于当前深化高等学校人事分配制度改革的若干意见》和上海市教委《关于深化上海高校干部人事制度改革的若干意见》等文件精神，学校确定了人事分配制度改革的原则，并于 2004 年 4 月完成《上海立信会计学院人事分配制度改革方案》及其实施细则的制定，5 月提交六届二次教代会审议通过，9 月开始试行。该方案提出了 64 个字的基本原则，即：第一，量入为出，收支平衡，规范财政，持续发展。第二，理顺为主，结构调整，略有增长，留有空间。第三，强化岗位，淡化身份，以岗定薪，体现贡献。第四，效率优先，兼顾公平，统筹考虑，适度倾斜。

方案在基本教育规模和教学科研任务实际情况的基础上，根据编制类别，分类设置岗位，确定岗位级别。依照编制类别和岗位性质，设置教师、教育职员、教学辅助人员和工人等四类岗位，并在岗位基本要求和聘任条件的基础上分别确定其岗位级别。学校内部分配实行岗位津贴制度，岗位津贴分为基本岗位津贴、业绩奖励津贴以及管理岗位津贴等部分。

方案实施的前两年，实行岗位津贴准入制，教师按照专业技术职务岗位的倒数第二级享受岗位津贴，其他各类人员均按照本岗位的最后一级享受岗位津贴。

基本岗位津贴由学校统一按月发放，业绩奖励津贴根据职工的考核结果进行发放。学校机关、直属单位由学校统一发放，各系部制定本部门业绩奖励津贴发放办法，报学校审批后执行。

学校成立人事分配制度改革领导小组，并相应成立人事分配制度改革监察小组，成员由纪委、工会、组织、人事等部门人员和部分教职工代表组成。

通过人事分配制度的改革，将以“计件”和“分值”为特征的单一化分配模式，转换为以重实绩和重贡献为特征的多元分配模式，体现了向优秀人才和重点岗位倾斜的政策，实行了全员岗位津贴制和准入制，建立了绩效优先、兼顾公平的分配机制和激励机制，对加强学科和队伍建设、提升科研水平、调动广大教职工的积极性、提高学校的综合竞争实力等都起到了积极的推动作用。

2. 实行全员合同聘用制

2005 年 4 月，为深化学校人事制度改革，转换用人机制，建立适应社会主义市场经济体制和符合高等教育发展规律的人员聘用制度，逐步形成“上岗须竞争、报酬讲贡献、管理靠合同”的竞争激励机制，根据国务院办公厅转发人事部《关于在事业单位试行人员聘用制度的意见》（国办发[2002]35 号）、上海市人民政府《关于印发〈上海市事业单位聘用合同办法〉的通知》（沪府发[2003]4 号）等文件精神，学校制定了《上海立信会计学院聘用合同制试行办法》，并经学校六届三次教代会暨工代会讨论审议通过，开始实行全员合同聘用制。

聘任工作遵循按需设岗、公开招聘、平等竞争、择优聘任、严格考核、聘约管理的原则，依照市编委核准的编制数，从严控制各类人员编制，并适当提高专任教师在全体教职工总数中所占的比例。按照待遇随岗而定的原则，强化按劳分配和按要素分配，实行以岗定薪、优劳优酬的分配机制。受聘人员在聘期内享受相应的待遇，解聘或低聘后，按新的岗位重新确定其相应待遇。通过建立岗位竞争激励机制,“人员能进能出、职务能上能下,待遇能升能降”的用人机制初步形成。

(1) 岗位设置。根据学校改革发展、学科建设和教学科研工作的需要,设置教师、教育职员、教辅人员、工勤人员等四类岗位,并确定岗位级别:

教师设教授(设 A～E 五级)、副教授(设 A～D 四级)、讲师(设 A～D 四级)、助教(设 A～C 三级)、见习(设一级)。

教育职员设处长(设 A～C 三级)、副处长(设 A～C 三级)、主任科员(设 A～C 三级)、副主任科员(设 A～C 三级)、科员(设 A～C 三级)、办事员(设 A、B 二级)、见习(设一级)。

教辅人员设教授级(设 A～C 三级)、副教授级(设 A～C 三级)、讲师级(设 A～C 三级)、助教级(设 A～C 三级)、技术员级(设 A、B 二级)、见习(设一级)。

工勤人员设高级工(设 A～D 四级)、中级工(设 A～D 四级)、初级工(设 A～C 三级)、普工(设 A～C 三级)。

岗位按照聘任权限分为校聘岗位和系(部、处、所)聘岗位。

校聘岗位有:

党委职能部门、行政职能部门、直属单位正、副职领导干部;

教学系部及教辅部门正、副职领导干部;

教师、教辅人员岗位中副教授级以上专业技术人才。

系(部、处、所)聘岗位有:

教师岗位中讲师、助教、见习等岗位;

党委职能部门、行政职能部门及归属部门、教学系部、直属单位等的非领导职务教育职员、教辅人员(除副教授级以上人员)、工勤人员岗位。

(2) 组织实施。在校党委领导下,学校成立聘任考核工作领导小组,具体负责岗位聘任、聘后管理等文件、方案的制订和实施,并具体负责校聘岗位的聘任考核工作。各系部和职能部门成立相应的聘任考核工作领导小组,具体负责设置本单位各级岗位、设定聘任期内的工作责任目标,并负责系(部、处、所)聘岗位的聘任考核工作。学校成立由纪委、组织部、人事处、工会和教职工代表组成的人事争议处理调解委员会,行使人事争议处理的调解职能。

聘任工作按照岗位分级管理的原则进行逐级聘任。校聘岗位由学校聘任考核工作领导小组负责聘任考核;系(部、处、所)聘岗位由部门聘任考核工作领导小组负责聘任考核,并将聘任考核资料报学校审核备案,学校对系(部、处、所)聘岗位中的不规范操作有干涉权。考核结果将作为岗位津贴发放和岗位续聘的重要依据。

(3) 聘用合同。聘用合同是聘用单位与受聘人员确立聘用关系,明确双方权利和义务的协议,由学校法定代表人或者其委托代理人与受聘人员按一级聘一级的原则签订,一经签订,即具有法律约束力。

聘用合同采用书面形式,合同一式三份,签约双方各执一份,一份存档。聘用合同的内容包括:① 聘用合同的期限;② 岗位及其职责要求;③ 岗位纪律;④ 岗位工作条件;⑤ 工资福利待遇;⑥ 聘用合同的变更和终止的条件;⑦ 违反聘用合同的责任;⑧ 双方认为需要约定的其他事项。

聘用合同分为短期、中长期和以完成一定工作为期限的合同。本次人事制度改革的聘期一般为3年。

3. 教职工考核评价体系不断完善

2004年,根据国家人事部《事业单位工作人员考核暂行规定》(人核培发[1995]153号)和《上海市事业单位工作人员考核试行意见》(沪人[1995]113号)等文件精神,结合人事分配制度改革方案的实施,学校出台了《上海立信会计学院教职工考核暂行规定》和各类人员年度考核办法。考核坚持客观公正、民主公开、注重实绩、定量考核与定性考核相结合、考核结果与岗位聘用和津贴发放相结合的原则。

(1) 考核内容。考核以是否胜任本职岗位为准绳,以是否有工作实绩为依据,重点考核德、能、勤、绩四个方面。

德:政治、思想表现和职业道德;

能:业务技术水平、管理能力的运用发挥,业务技术提高、知识更新情况;

勤:工作态度、勤奋敬业精神和遵守纪律情况;

绩:履行职责情况、完成工作任务的数量、质量、效率,取得成果的水平以及社会效益和经济效益。

在年度考核办法中还规定了教师教学工作和科研工作考核办法。教师每学年教学工作量定额为342标准课时,科研业绩特别突出者,教学工作量考核标准可适当降低。教学质量考核每学期进行一次,以学生测评与专家考核相结合。科研工作量分为基本科研工作量和实际科研工作量,以"分"为统计单位,按照科研成果的质量和数量,对教师已完成的科研工作量进行计分和统计。

(2) 组织实施。学校成立考核工作领导小组,由校领导、组织部、纪委、人事处、教务处、科研处等部门主要负责人组成,由校领导担任领导小组组长。领导小组统一领导全校教职工的年度考核工作,负责考核中的协调和平衡。各系、部分别成立由党、政负责人和有关人员组成的考核小组,各部门主要负责人任考核小组组长,负责本部门教职工的考核工作。

在校考核工作领导小组领导下,全校中层干部、非领导职务教育职员、全体专职辅导员的考核工作归口组织部负责协调;全校教师、教学辅助人员和工勤人员考核工作归口人事处负责协调。其中涉及的教师教学工作归口教务处核定,教师、教辅人员的科研工作归口科研处核定。按照考核管理权限,教职工的年终总结和考核等次由人事处归档。

考核一般经过个人述职、部门考核、校部审定等程序。考核结果分为优秀、合格、基本合格、不合格四个等级。考核为优秀的人数比例原则上不超过本部门参加考核人数的10%。教职员工对年度考核结果如有异议,可以在考核结果反馈之日起五个工作日内向学校考核工作领导小组提出申诉。

考核结果与各类人员的人才遴选、职务聘用、工资晋升、岗位安排、奖惩等挂钩,考核结果作为下一年度教职工岗位定级和发放岗位津贴的重要依据,从而强化了教职工的岗位意识,调动了教职工的积极性,从制度上、薪酬上保障了队伍的稳定。

第三节 工资和福利

学校教职工队伍所有在册人员的工资,均列入每年年度预算,报请主管部门核定后全额下拨，工资调整则按照颁发的有关文件加以贯彻执行。

1983年3月，为贯彻国务院关于调整国家机关、科学文教卫生等部门工作人员工资的通知，学校进行了复办后第一次教职工工资的调整工作。当时在册教职工87人，属调整范围的有44人。以后，学校先后根据政府下达的文件对教职工工资进行了多次调整。

1993年10月，为贯彻国务院《关于机关和事业单位工作人员工资制度改革问题的通知》，根据《上海市事业单位工作人员工资制度改革实施方案》，学校对1993年9月30日在册的正式教职工进行了工资套改，当时参加工资套改的教职工有487人。套改后的工资结构由职务工资和津贴两部分组成，立信属于全额拨款单位，津贴占职务工资的30%。

1993年以后，国务院和人事部对机关、事业单位的工资标准进行了5次调整。分别为：1997年7月、1999年7月、2001年1月、2001年10月和2003年7月。

2006年7月，为贯彻人事部、财政部《关于印发〈事业单位工作人员收入分配制度改革方案〉的通知》(国人部发[2006]56号)，根据《上海市事业单位工作人员收入分配制度改革实施意见和若干具体问题的处理办法》(沪人[2007]6号)，对学校2006年7月1日在册的正式教职工进行了收入分配制度改革，实行岗位绩效工资制度。岗位绩效工资由岗位工资、薪级工资、绩效工资和津贴补贴四部分组成，其中岗位工资和薪级工资为基本工资。此次改革按规定首先确定实施岗位工资和薪级工资。从2006年7月1日起，年度考核结果为合格及以上等次的工作人员，每年增加一级薪级，从第二年的1月起执行。此次收入分配制度改革学校共涉及在册人员607人。

学校教职工的待遇，除工资外，根据有关规定，还享有地方职务(岗位)津贴、教育工作者津贴、物价补贴、地方生活补贴、交通费补贴、郊区补贴、医保补贴、住房提租补贴、书报费、独生子女费以及伙食费等项补贴。

同时，学校教职工参加的社会保险主要包括：社会养老保险、社会医疗保险、社会失业保险、社会生育保险和社会工伤保险。社会保险的缴费基数于每年的4月进行调整，目前缴费比例为工资总额的48%(其中单位37%，个人11%)。

养老保险是社会保障体系的重要组成部分。1993年，上海市养老保险制度建立，学校从1993年1月起为在册教职工建立养老保险个人账户，缴纳养老保险费用，当时建立账户的教职工409人。

学校参加养老保险后，离退休人员的养老金由徐汇社保中心统筹支付，并委托学校发给离退休人员。2000年6月，根据国家和地方的有关规定，转变为徐汇社保中心委托银行和邮局代发的形式，由离退休人员自行到被委托银行或邮局领取，学校离退休人员养老金进入了社会化发放。

第四节　职务评聘

1985年1月，学校开始对教师职务进行评审，成立的评审机构，只具有教师初级职务(助教)任职资格的评定权。1987年4月，经上海市高教局批准，学校成立教师职务评审委员会，具有教师中级职务(讲师)任职资格的评定权，教师高级职务(教授、副教授)任职资格则需报送市有关评审机构进行评定。

在这一框架内，学校陆续组成校内教师职务评审的系列机构：基础课教师系列初级职务评审委员会、专业课教师系列初级职务评审委员会。教师中级职务评审委员会下设会计学科、基础学科、思想政治教育学科三个学科组。对于其他技术职务，学校另设有会计经济系列、图书档案系列、工程系列、出版系列、政治思想系列等技术职务评审组等，分别对教师进行初级和中级技术职务的评定，高级职务和某些类别的中级职务，需报送市有关评审机构进行评定。

经过历次评定工作，至 1996 年，学校教职工中具有高级职务资格的有 39 人，具有中级职务资格的有 148 人。

2002 年，根据上海市人事局《关于同意上海高校试行教师职务和其他专业技术职务聘任制的复函》(沪人[2002]100 号)，上海高校开始试行教师职务和其他专业技术职务聘任制。市人事局《上海市高等学校教师职务和其他专业技术职务聘任办法》和市教委《关于贯彻〈上海市高等学校教师职务和其他专业技术职务聘任办法〉的实施细则》(试行)(沪教委人[2002]46 号)中明确规定，高等学校停止教师职务和其他专业技术职务的任职资格评审，全面实行高等学校教师职务和其他专业技术职务聘任制度。

2004 年，上海市教委下达《关于核拨本市高校高级专业技术职务岗位数额的通知》(沪教委人[2004]12 号)，规定学校高级专业技术职务岗位 201 个，其中正高级专业技术职务岗位 39 个。

2005 年，根据有关规定，学校制定了《关于初聘教师和其他专业技术职务的暂行办法》，设立教授、副教授、讲师、助教等教师职务系列岗位；研究系列设研究员、副研究员、助理研究员、研究实习员等岗位；工程技术系列设高级工程师、工程师、助理工程师、技术员等岗位；图书资料系列设研究馆员、副研究馆员、馆员、助理馆员、管理员等岗位；实验技术系列设高级实验师、实验师、助理实验师、实验员等岗位。

2007 年，为贯彻中共中央、国务院《关于进一步加强和改进大学生思想政治教育的意见》(中发[2004]16 号)和全国高校辅导员队伍建设工作会议精神，根据《上海高校学生思想政治教育教师职务聘任办法(试行)》(沪教委人[2007]3 号)，学校结合实际情况，制定了《上海立信会计学院学生思想政治教育教师职务聘任办法》，主要适用于学校在岗专职学生思想政治教育教师，包括专职辅导员、校(院、系)分管及从事学生工作的党政干部和共青团干部。

截止到 2007 年 12 月底，学校教职工中具有高级专业技术职务的有 146 人，其中正高级专业技术职务 40 人；具有中级专业技术职务的有 207 人；具有初级专业技术职务的有 62 人。

第二章 教师队伍建设

第一节 教师队伍

复办之初，学校没有专职的教学人员，外聘的兼职教师承担了全部教学任务。为了尽快地建立自己的教师队伍，学校依靠上级主管部门的支持和兄弟院校的帮助，陆续通过多种渠道从外单位调入教师，逐年从各高校毕业生中选派一定的名额分配到校任教。学校还面向社会招聘中高级专业人才多名。至1986年，学校拥有专职教师153人，逐步实现以专职教师为主、专兼结合的配置布局，并于当年开展建系工作。

1996年，学校有专任教师110人。1999年专任教师达到183人，其中教授1人，副教授38人，讲师115人，助教29人。2003年专任教师则达到300人，其中教授24人，副教授62人，讲师129人，助教55人。

2003年升本以来，学校把实施人才强校战略放在学校事业发展的首位，坚持办学以人才为本、以教师为主体，坚持“内培外引”、机制创新，加大专项资金的投入力度，有计划、有重点地引进了一批高学历人才和骨干教师，提高了教师队伍的数量和质量。2003～2007年，学校共引进录用教师202人，其中教授28人，副教授39人，博士50人。截至2007年12月底，全校共有教职工680人，其中专任教师达到420人，比2003年升本时净增加了120人，其中教授40人，副教授106人，具有高级专业技术职务人数的比例达到34.8%；具有硕士以上学位的教师人数的比例达到43.3%，博士达到13.8%。教师队伍得到充实和加强，教师队伍的数量、结构、素质得到了有效的改善，一支与本科教育相适应的教师队伍初步形成。

教师队伍的年龄结构　学校注重对青年教师的培养和对优秀青年人才的吸纳，青年教师在教师队伍中的比例逐年提高并起到骨干作用，形成了一支年龄结构较为合理的教师队伍。至2007年12月底，全校40岁以下的教师244人，占教师总数的58.1%；45岁以下的教授10人，占教授总数的25%；40岁以下的副教授38人，占副教授总数的35.8%。1999～2007年学校教师年龄结构变化如表9-2-1所示。

高级职务教师的比例　经过多年的努力，教师的职务结构发生了很大变化，高级职务教师的比例有了明显提高。至2007年12月底，全校有教授40人，副教授106人，两者占教师总数的34.8%，比2003年提高了6个百分点。1999～2007年学校教师职务结构变化如表9-2-2所示。

教师队伍的学历结构　教师队伍的学历结构有了明显改善，具有高学历的教师比例增加。通过选留高学历的毕业生和引进高层次人才，教师队伍的学历结构得到优化，改变了学历层次不高的状况。至2007年12月底，学校已形成一支以研究生学历为主的教师队伍，具有硕士及以上学位的教师有182人，占教师队伍的43.3%，比2003年提高了13个百分点；其中具有博士学位的有58人，占教师队伍的13.8%。1999～2007年学校教师业务结构变化如表9-2-3所示。

教师队伍的学缘结构 通过大力选留外校优秀毕业生和引进国内外人才，使学校教师的学缘结构比前些年有所改善。

2007年学校教授、副教授名单见表9－2－4、表9－2－5。

表9－2－1 1999～2007年上海立信会计学院教师年龄结构变化情况

年度	教职工人数	教师	年龄结构（岁）							
			30岁以下	31～35	36～40	41～45	46～50	51～55	56～60	61岁以上
1999	500	183	37	30	28	32	27	20	8	1
2000	509	201	45	32	35	29	22	25	12	1
2001	501	248	59	29	40	21	35	24	40	0
2002	543	295	78	34	54	30	42	34	18	5
2003	544	300	84	33	51	34	43	29	20	6
2004	558	305	84	34	48	43	41	31	18	6
2005	616	323	91	41	41	50	40	32	21	7
2006	655	363	95	54	49	62	42	33	22	6
2007	680	420	113	75	56	65	33	48	24	6

1999年教师年龄结构

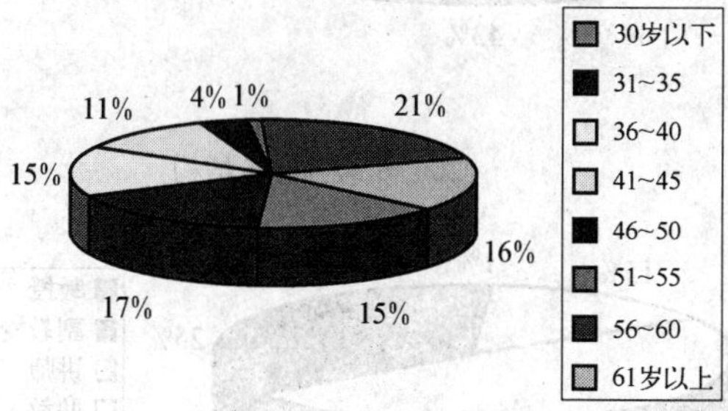

2003年教师年龄结构

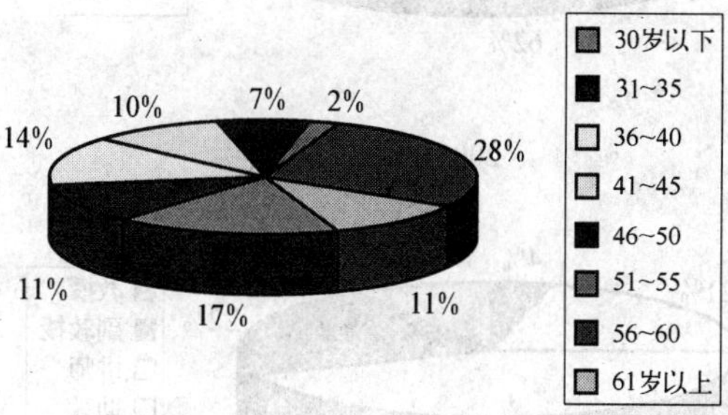

2005年教师年龄结构

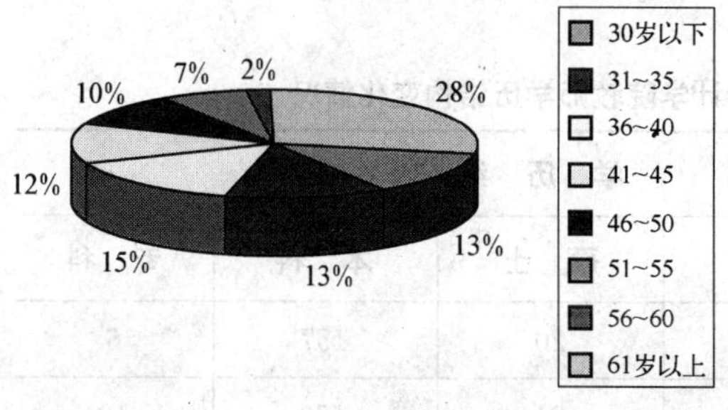

2007年教师年龄结构

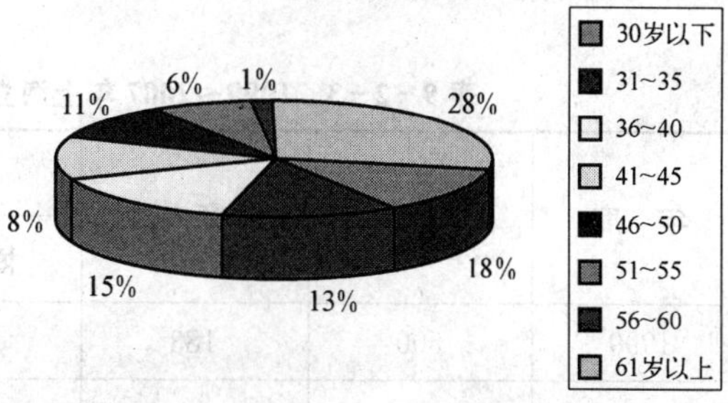

表 9-2-2　1999～2007 年上海立信会计学院教师职务结构变化情况

年　度	教职工人数	教师人数	职　称　结　构（人数）				
			教　授	副教授	讲　师	助　教	无职称
1999	500	183	1	38	115	29	0
2000	509	201	1	39	109	52	0
2001	501	248	1	51	125	71	0
2002	543	295	15	60	149	55	16
2003	544	300	24	62	129	55	30
2004	558	305	24	67	137	54	23
2005	616	323	28	72	142	68	13
2006	655	363	33	77	160	74	19
2007	680	420	40	106	207	62	5

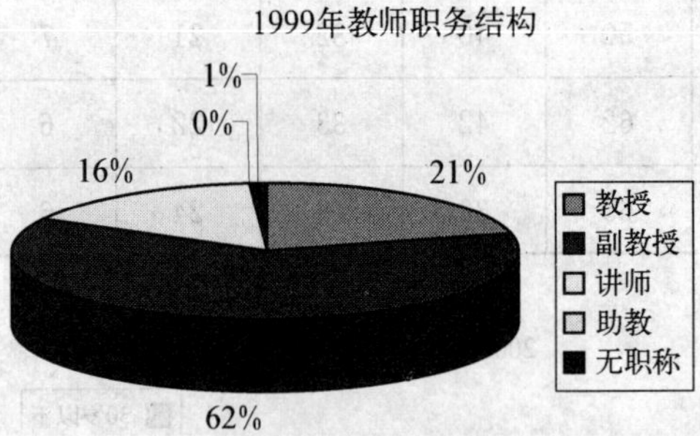

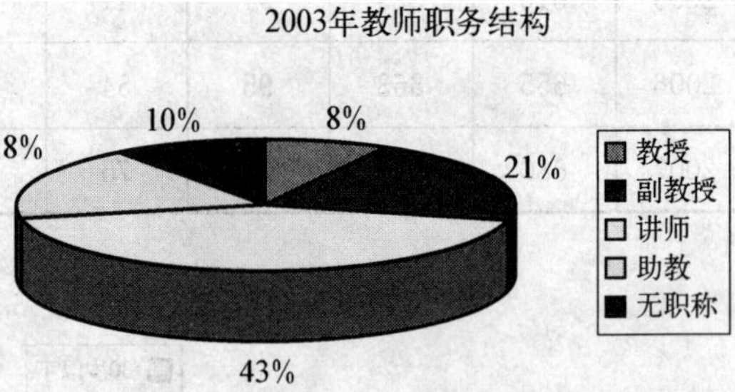

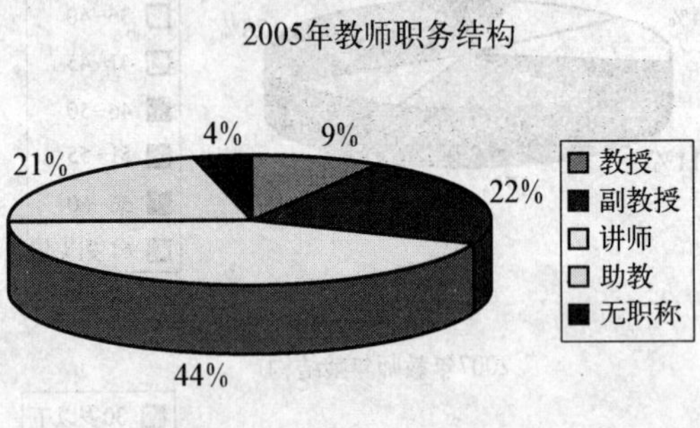

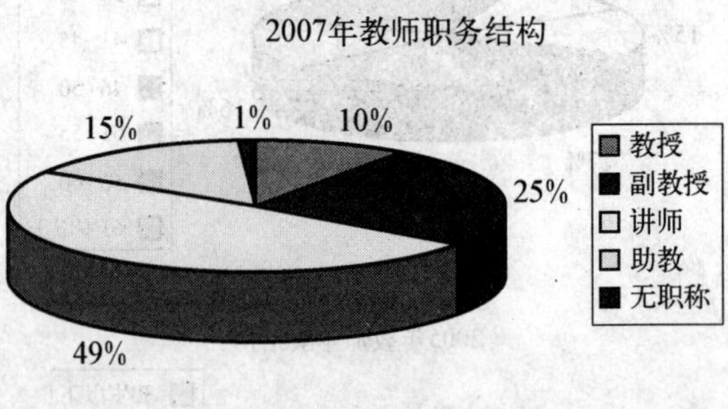

表 9-2-3　1999～2007 年上海立信会计学院教师学历结构变化情况

年　度	教职工人数	教师人数	学　历　结　构（人数）			
			博　士	硕　士	本　科	专　科
1999	500	183	0	20	157	6
2000	509	201	0	21	170	10

（续表）

年　度	教职工人数	教师人数	学　历　结　构（人数）			
			博　士	硕　士	本　科	专　科
2001	501	248	0	34	210	4
2002	543	295	1	83	198	13
2003	544	300	1	89	204	6
2004	558	305	7	120	174	4
2005	616	323	27	103	190	3
2006	655	363	38	106	212	7
2007	680	420	58	124	232	6

1999年教师学历结构

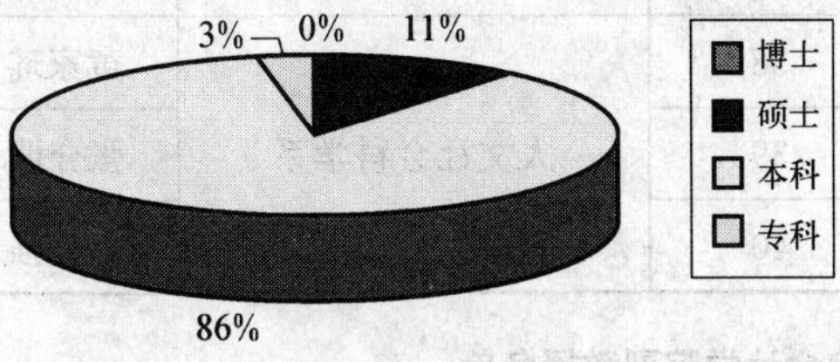

2003年教师学历结构

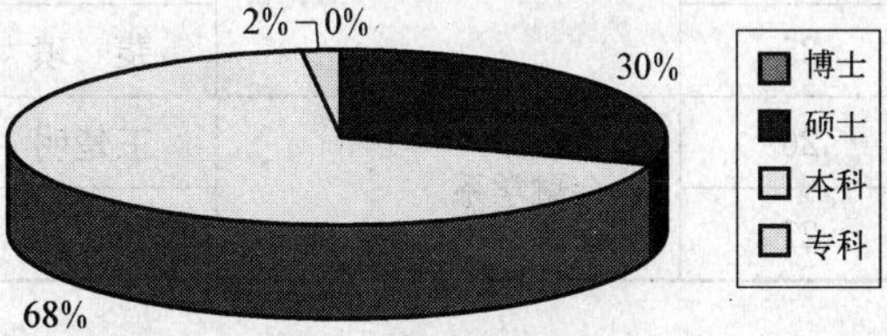

2005年教师学历结构

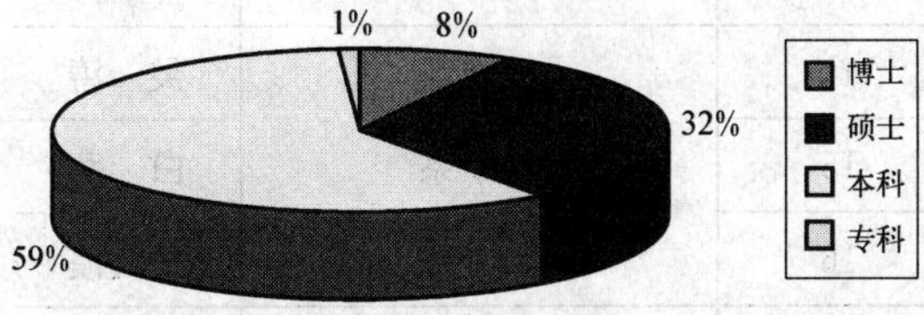

2007年教师学历结构

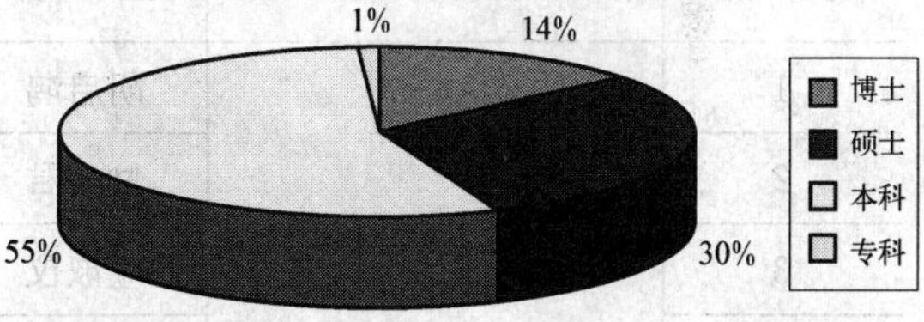

表 9－2－4　2007 年上海立信会计学院教授名单

序　号	部　　门	姓　名	序　号	部　　门	姓　名
1	会计学系	邵瑞庆	8	财务管理系	曹　中
2	会计学系	张维宾	9	财务管理系	郭大伟
3	会计学系	黄　明	10	财务管理系	李惟莊
4	会计学系	陈　云	11	财务管理系	邵　军
5	会计学系	励景源	12	审计学系	陈力生
6	会计学系	邓小洋	13	工商管理系	黄汉江
7	财务管理系	曹惠民	14	工商管理系	单　宝

（续表）

序号	部门	姓名	序号	部门	姓名
15	工商管理系	王中亮	28	金融学系	孙桂芳
16	工商管理系	彭汉香	29	金融学系	洪 玫
17	信息科学系	刘念祖	30	法律系	窦瀚修
18	信息科学系	俞时权	31	财政与税务系	赵迎春
19	信息科学系	邢传鼎	32	数学与统计系	王汉兴
20	信息科学系	王双成	33	数学与统计系	李志良
21	信息科学系	江 淇	34	数学与统计系	刘福窑
22	国际贸易与经济系	唐海燕	35	外语系	严 筠
23	国际贸易与经济系	陈志友	36	外语系	褚雅芸
24	国际贸易与经济系	朱向红	37	外语系	郭晓燕
25	国际贸易与经济系	裴 瑱	38	人文社会科学系	黄家瑶
26	金融学系	王楚明	39	人文社会科学系	张介明
27	金融学系	胡云祥	40	人文社会科学系	朱坚强

表 9-2-5　2007 年上海立信会计学院副教授名单

序号	部门	姓名	序号	部门	姓名
1	会计学系	胡启鸿	14	会计学系	吴 涛
2	会计学系	付 君	15	会计学系	白 莉
3	会计学系	应淑仪	16	会计学系	张海霞
4	会计学系	杨家亲	17	财务管理系	徐德镛
5	会计学系	姚 津	18	财务管理系	张玉英
6	会计学系	沈惟三	19	财务管理系	杨克泉
7	会计学系	李江萍	20	财务管理系	吴向阳
8	会计学系	徐 兵	21	财务管理系	梅 劲
9	会计学系	柳 青	22	财务管理系	施用进
10	会计学系	袁国红	23	财务管理系	贺 妍
11	会计学系	李 氟	24	财务管理系	徐爱农
12	会计学系	张奇峰	25	财务管理系	李颖琦
13	会计学系	龚明晓	26	审计学系	汪晓林

（续表）

序　号	部　　门	姓　名	序　号	部　　门	姓　名
27	审计学系	袁　敏	55	金融学系	王　鸿
28		高前善	56		贾德奎
29	工商管理系	曾　峣	57	财政与税务系	聂庆轶
30		朱亚兵	58		崔文秀
31		马永生	59		李延均
32		李宪立	60	法律系	邓雪兰
33	信息科学系	胡厚麟	61		龙英锋
34		王镇海	62		金慧华
35		朱伟民	63		张建华
36		那丽春	64	数学与统计系	赵斯泓
37		张　明	65		沈学桢
38		李　荣	66		唐庆银
39		曹顺良	67		吴新亚
40		王小玲	68		杨敏华
41		赵立辉	69		王品玲
42		程新章	70		陈雪翎
43		马慧敏	71		丁大勇
44	国际贸易与经济系	张红玉	72	外语系	李祖新
45		潘瑞姣	73		陆美芳
46		周　剑	74		周春梅
47		赵大平	75		朱榴芳
48		汪雪兴	76		张奚瑜
49	金融学系	王更新	77		张慧荣
50		郑　忠	78		贺　哲
51		张志谦	79		徐启龙
52		张丕强	80	人文社会科学系	桑秀藩
53		陈　兵	81		楼军江
54		高晓娟	82		洪光星

（续表）

序　号	部　　门	姓　名	序　号	部　　门	姓　名
83	人文社会科学系	钟义盛	95	人文社会科学系	王守杰
84		杜秀娟	96	体育教学部	宋灵羡
85		杨林林	97		俞南泓
86		戴世灏	98		汤伟康
87		郁顺华	99		刘国荣
88		刘　燚	100		都菊英
89		连　蜀	101	高等职业技术学院	李正华
90		吴红燕	102		夏　梦
91		施　扬	103		畅晋华
92		吴继侠	104		马建钢
93		李玲芬	105		盛明华
94		李国林	106		徐　荟

学校以“不求所有，但求所用”的新的用人理念，建立了柔性引进机制，加强兼职教师队伍建设，作为专任教师的有效补充。积极聘请客座教授、兼职教授，通过学术讲座、合作研究等方式，促进了校内外高层次人才资源的合理配置和使用。至2007年12月底，学校共外聘教师108人，其中高级专业技术职务49人，聘请客座教授28人。学校客座教授名单见表9-2-6。

表9-2-6　2007年上海立信会计学院客座教授名单

序号	姓　名	工作单位	专业技术职务	行政职务	专　业
1	戴根有	中国人民银行征信管理局		局长	征信管理
2	刘玉廷	财政部会计司	博导	司长	会计
3	吴邦杰	退休	外科教授、主任医师		胸外科
4	张建伟	复旦大学法学院	副教授		经济法
5	谭学林	乐声电子(集团)有限公司		董事	制造业
6	施　敏	日本千叶商科大学	助教授	留学生中心主任	信息策划
7	吴仲华	日本千叶商科大学	研究员		理财学

（续表）

序号	姓　名	工作单位	专业技术职务	行政职务	专　业
8	Alex Mo	Curtin University of Technology	Senior Lecturer		
9	Laurence Dickie	Curtin University of Technology	Academic Director		
10	谢　荣	上海国家会计学院	教授	副院长	审计理论与实务
11	屈学武	中国社会科学院法学研究所	研究员、教授（博导）	刑法研究室主任	法学
12	莫纪宏	中国社会科学院法学研究所	研究员		宪法学　行政法学
13	郭康玺	上海沪港审计咨询中心	高级会计师、注册会计师、注册资产评估师	总经理	审计
14	王玲玲	巴音郭楞蒙古自治州中级人民法院	高级法官	经济审判庭庭长	法学
15	孙宪忠	中国社会科学院法学研究所	研究员、教授	研究室主任	民商法　不动产法
16	李瑜青	上海大学法学研究所	教授	所长	法律文化、法律社会学
17	何积丰	华东师范大学软件学院	中国科学院院士	院长	计算机科学与技术
18	Orapin duangploy	美国休斯敦大学	教授		会计
19	许　沛	上海市财政（税收）科学研究所	高级经济师	所长	财政学
20	郝中华	长春税务学院	教授	党委副书记、副院长	财税
21	安体富	中国人民大学财政金融学院	教授（博导）	原财政金融学院院长	财政学
22	宋焕军	中国石油运输公司华东分公司	工程师	总经理	行政管理
23	李保民	国务院国有资产监管委员会研究中心		党委书记　副主任	

（续表）

序号	姓　名	工作单位	专业技术职务	行政职务	专　业
24	李万甫	国家税务总局法规司	教授	副司长	
25	唐建荣	上海快乐（集团）有限公司	注册高级职业经济人	总经理	
26	龙协涛	北京大学	教授（博导）		
27	靳东升	国家税务总局税收科学研究所	研究员	副所长	财政与税收
28	邓力平	厦门国家会计学院	教授（博导）	院长	财政与税收

第二节　师资培养

一、专科办学时期的师资培养

为了切实提高教学质量和办学水平，学校根据教师队伍构成中以新进青年居多这一实际情况，先后采取多项措施，大力改善和提高师资队伍的整体素质。具体表现在以下两个方面。

1. 不断提高教师思想政治素质，增强师德修养

重视教师的政治理论学习，有计划地组织落实。通过学习中国特色的社会主义理论，帮助教师提高理论素养和思想水平，树立正确的世界观、人生观，热爱教育事业，精心耕耘，为国家现代化事业培养优秀的财会人才。

讲校史，讲传统。引导教师牢记校训，发扬学校早已形成的踏实苦干、尽心尽力、创业立业的精神，在新时期努力养成乐于奉献、教书育人的高尚师德。

制定教师工作规范，督促教师自我对照，并形成行为准则。使教师严于自律，以身作则，为人师表，展现良好形象。

做好年度考核工作。在教师自我总结的基础上，经过系部交流、学生推举、全校评论等方式，表彰先进，营造教师间相互激励的良好氛围，促进教师爱岗敬业，诲人不倦，在学校创建文明单位的活动中起表率作用。

2. 提高教师专业水平，提升学历层次

支持鼓励青年教师走上讲台，在课堂教学实践中得到锻炼提高。同时要求专业理论和实践经验兼备的教师负有辅导之责，有计划地帮助青年教师提高业务水平。

聘请外校有关的专家学者担任兼职教授，参与学校的教学和科研活动，为学校教师尽快地提高专业水平起带动作用。

安排教师定期到工商企业和会计事务所直接参加财会业务工作，或作专题性的调查研究，促进教师接触实际，丰富知识，开阔思路，充实教学内容，提高教学质量。

学校自办师资培训班，以历届留校工作的毕业生为主要对象，学习教育教学和新专业知识，为改善师资素质创造条件。首期师资培训班于1986年9月开办，先后举办了3期。有目的地选送教师到国内外高校访问进修，学习专业知识或提升学位。

二、升本以来的师资培养

1. 推进人才强校战略，提升内涵建设

升本以来，学校成立了人才工作领导小组，定期讨论队伍建设的问题和举措，通过各种措施，进一步加强师资队伍建设。学校将教师队伍建设与各项工作紧密结合，相继出台了师资队伍建设的相关文件20多个，涵盖队伍建设规划、人才引进、培训培养、职务晋升、选拔奖励等各个方面。

学校每年都要召开一些座谈会、讨论会，了解教师队伍的状况，在深入调查研究的基础上，有针对性地制定各层次、各类别教师的培养计划，人才选拔和培养机制不断完善，各项管理不断规范。同时加大师资培养的投入力度，采取一系列切实可行的培养措施，更好地发挥教师的积极性和主动性，提升教师队伍的整体素质。

2007年，学校根据中央和上海市关于人才建设工作的方针，围绕进一步落实科学发展观，推进人才强校战略，提升内涵建设，为实现“有特色、有水平、有影响”大学的发展目标，将2007年定为学校的“人才建设年”，并以“干部队伍建设工程”和“师资队伍建设工程”为重点，有计划、分步骤地实施“两大工程、六项计划”，努力营造“鼓励人才干事业、支持人才干成事业、帮助人才干好事业”的良好氛围。

师资队伍建设工程，主要通过“高层次人才建设计划”、“青年教师培养计划”、“优秀人才引进计划”的落实，构建层次清晰、衔接紧密的教师队伍培养体系，形成学科带头人领军、学术带头人传递、优秀青年教师继起的学科梯队，从而保持能担当学校发展建设的业务人才的质量和数量。

2. 建立学科带头人、学术带头人遴选培养机制

为进一步培养高层次创造性人才，提升学校的学术地位和竞争实力，根据教育部《高等学校“高层次创造性人才计划”实施方案》，学校2007年出台了《关于选拔和培养学科带头人、学术带头人的暂行办法》，首批重点选拔和培养6位具有一定影响力的学科带头人和17位具有创新能力和发展潜力的学术带头人。学校设立专项培养经费，并有计划、有重点地选送部分培养对象出国研修、深造，不断提高他们参与国际学术交流和竞争的能力。

实行教师学术假制度。保证教师有较集中的时间进行科学研究、开展学术交流和国内外访问进修，促进重大课题的申报和完成，鼓励多出高质量的科研成果。学术假的实施范围为入选学校学科带头人培养计划的教师和承担省部级及以上科研项目的教师。随着学校事业的发展和师资队伍建设的进一步加强，将逐步扩大学术假的实施范围。

目前，学校有4位教师享受国务院政府特殊津贴，1位教师入选上海市领军人才“地方队”后备人选，1位教师入选全国学术类会计领军(后备)人才培训班。

3. 完善优秀青年教师的选拔、培养、评价机制

学校出台了《关于加强优秀青年教师后备人选培养的若干意见》，首批选拔培养19位优秀青年教师后备人选，进一步营造优秀人才脱颖而出的良好机制和政策环境。学校设立专项培养经费，并积极创造条件、搭建平台，促进青年教师不断提高学术水平、创新能力和教育教学能力，成长为教学、科研和学科建设的重要力量。升本以来，学校有4位教师成为上海市优秀青年教师后备人选，78位教师申请到上海市高等学校优秀青年教师科研专项基金。

实行青年教师导师制。学校为新聘用的未系统从事过高校教学工作的青年教师配备导师，导师一般由教学、科研和实务经验丰富的教授、副教授担任。导师制充分发挥了老教师的示范和传帮带作用，促进青年教师尽快适应工作环境和胜任教师岗位。

4. 鼓励和支持青年教师提升学历层次

针对教师队伍学历层次不高的现状，学校出台了多个鼓励教职工学历学位进修的文件，并制订年度培训计划，根据不同学科的需要，有计划地选送优秀青年教师攻读硕士、博士学位。2005年《关于加强教师学历学位进修等工作的实施意见》规定，"博士第一学年可申请脱产学习，第二、第三学年可以减免教学工作量的1/3，享受学费2/3的资助"等一系列优惠政策。至2007年12月底，学校共资助75人攻读硕士学位，25人攻读博士学位，其中已有14人取得硕士学位，3人取得博士学位。

5. 鼓励中青年骨干教师到国内外著名院校、科研院所担任访问学者

为提升教师的国际学术背景和整体水平，加强国际交流与合作，学校出台了《上海立信会计学院教师公派出国进修暂行办法》。按照"按需派遣、择优选派、学用一致、讲求实效"的原则，学校积极拓展教师国际化培养的资源和渠道，扩大选派规模，加大资助力度，提高进修层次，突出培养效益。改革教师出国进修的资助机制，进修费用由学校、教师个人、国外资助共同承担，对于进修成效显著的教师学校将给予一定奖励。

根据资助经费的不同来源，教师出国进修主要有国家公派项目、上海市公派项目和学校公派项目等类型。根据不同的进修类型，学校给予不同程度的费用支持。升本以来，学校共有近20位教师出国进修学习，3位教师担任国内访问学者。

6. 加强师德建设，提高师德修养

师德建设是教师队伍建设的灵魂工程，是高校最根本和最基础的建设。为加强对广大教师的师德教育，学校出台了《关于进一步加强和改进师德建设的若干意见》，秉承"信以立志，信以守身，信以处事，信以待人，毋忘'立信'，当必有成"的校训，形成以"诚信、奋斗、创新"为核心的师德规范，使其成为教师行为规范的标尺和指南，为学校事业发展提供精神动力和思想保证。

学校定期举办师德论坛，在全校范围内开展"敬业爱生、教书育人"师德建设交流会，树师德、铸师魂，不断促进师德建设的理论创新、制度创新和管理创新。通过师德论坛开展师德表彰活动，评选"师德标兵"，对获奖者给予物质和精神奖励，并在职务晋升、岗位聘任等方面给予倾斜。学校先后有28位教师获得"师德标兵"、"教学名师"等荣誉称号。

将师德作为教师考核的重要指标，严格执行"师德一票否决制"。将师德表现作为教师岗位聘任、年度考核、职务晋升、派出进修和评优奖励的重要依据，落实到学校师资管理的政策中

去，在职务聘任、教师资格、评优等方面严格执行“师德一票否决制”。同时加强学术道德建设，引导教师自觉抵制学术腐败。

构建师德培训的长效机制，把师德教育作为新教师岗前培训和在职教师培训的必修课程和重点学习内容。以师德教育为核心的青年教师教育教学能力开发研修班，加强了校情、校史和立信文化的教育，使新进教职工在从业前明确教师的职业规范，更好地传承和弘扬立信文化。

7. 加强教师实践能力的培养

理论联系实际和案例教学是立信长期的教学特色。为进一步传承和发扬立信特色，加强教育和生产实践的结合，建设一支具有深厚理论知识和较强实践能力、创新能力的教师队伍，学校和系部积极开拓渠道，形成若干教师社会实践培训基地。教师到事务所、银行、大型企业等实践培训基地进行实际工作锻炼和开展科学研究，承担政府、企事业单位委托的研究项目，促进了产、学、研的结合，有利于应用型人才的培养。

此外，学校还举办了教育教学能力开发研修班（岗前培训）和英语、普通话等各类培训班，并组织青年教师参加政治理论和教育理论学习、职务计算机培训等，通过各种途径提高教师的业务素质和综合素质。

8. 加强教师成长的软环境建设

人才环境氛围包括历史文化传统、学术氛围、管理与服务工作的效率和水平、情感和人际关系因素及校园环境等多方面的内容，是学校资源的重要组成部分。

重视思想政治教育，加强沟通联系，广泛听取各类人才的意见和建议，帮助他们解决工作和生活的困难。开展教授联谊会、中青年教师联谊会、博士论坛等活动，发挥服务咨询作用。

完善人才保障制度。充分利用校内各类资源优势，为教职工就医、体检、健身、子女就学等提供便利。加大对教师公寓的投入和建设，为新引进人才提供过渡租赁住房，并给予相应的住房补贴。

关心人才，为教师创造良好的工作生活环境。确立依靠教师办好学校的观念，建立和谐的人际关系，营造宽松的学术环境和爱护人才、识别人才、培养人才、重用人才的氛围，做到“感情留人、事业留人、待遇留人”。

第三节 表彰奖励

根据人事处的现有资料，学校 1995～2007 年获得国家、省（市）级奖励的人员名单见表 9-2-7；2002～2007 年获得学校表彰奖励的人员名单见表 9-2-8。

表 9-2-7 1995～2007 年获国家、省(市)级奖励人员名单

获奖名称	年度	姓名	职称
全国模范教师	1998	张维宾	副教授
宝钢教育基金优秀教师奖(7人)	1996	李海波	教授
	1998	张维宾	副教授

（续表）

获 奖 名 称	年 度	姓 名	职 称
宝钢教育基金优秀教师奖（7 人）	2000	孙桂芳	副教授
	2001	曹惠民	副教授
	2004	黄家瑶	教 授
	2005	邵瑞庆	教 授
	2006	曹 中	教 授
上海市科教党委系统人才工作“伯乐奖”	2007	桑秀藩	副研究员
上海市教育系统“优秀党员”（4 人）	1999	邓雪兰	副教授
	2001	胡厚麟	副教授
	2003	邹黎明	经济师
	2005	姚镜明	讲 师
上海市高校教学名师	2003	张维宾	教 授
上海市杰出会计工作者	2005	邵瑞庆	教 授
上海市师德建设系列活动“我喜爱的好老师”提名奖	2000	张维宾	副教授
上海市优秀教育工作者（3 人）	1995	周东兴	
	2001	宋灵燚	副教授
	2004	张维宾	教 授
上海市育才奖（13 人）	1995	马建钢	讲 师
		陈继炜	讲 师
		何祥明	讲 师
	1997	曹惠民	副教授
	1999	郭冬生	讲 师
		沈学桢	副教授
	2001	郑 忠	副教授
		黄疆新	讲 师
	2004	孙桂芳	教 授
		曹 中	教 授

（续表）

获奖名称	年度	姓名	职称
上海市育才奖(13人)	2007	张丕强	副教授
		孙桂芳	教授
		杨克泉	副教授
上海市“园丁奖”(3人)	1995	赵一平	讲师
	1999	王富忠	讲师
	2004	徐仁俊	高级讲师
上海市“优秀青年教师”(3人)	1995	徐波	副教授
	1997	徐波	副教授
	1999	张志谦	副教授
上海市教育系统两课优秀教师(2人)	1999	黄疆新	讲师
	2001	杜秀娟	副教授
上海市第三届军转干部先进个人	1996	白宏吉	会计师
上海市教育系统优秀党务工作者(5人)	1997	金家富	副教授
	1999	邬敏懿	政工师
	2001	朱坚强	副教授
	2003	邬敏懿	助理研究员
	2005	邬敏懿	助理研究员
上海市科教党委系统先进性教育活动组织者	2005	张玉英	副教授
上海市财贸系统优秀教育工作者	1995	周钧明	讲师
上海市高校毕业生就业工作先进工作者	1996	黄丽琴	
上海市教委人事师资管理工作先进工作者	1996	沈雨敏	讲师
上海市教卫系统女能手	1996	吴洁英	政工师
上海市教育系统先进会计工作者(2人)	1996	沈咏娴	
		李海波	教授
上海市高校优秀学生工作者	2000	陈杰	副教授

（续表）

获奖名称	年度	姓名	职称
上海市高校图书馆先进工作者	1995	徐林芝	馆员
上海市教委系统综合治理先进个人(4人)	1998	周声富	
	2000	周晓彤	
	2001	邹黎明	经济师
		袁亚珍	
上海市教育系统优秀信访工作者	1998	纪剑鸣	高级经济师
上海市高校群众体育先进个人(2人)	2000	赵　群	讲　师
		宋灵癸	副教授
上海教育系统纪检监察先进个人	1999	乐子利	政工师
上海市高校老有所为精英奖(3人)	1996	黄金福	
	1999	徐立元	
	2001	汪溢中	会计师
上海市高校退管服务先进工作者	1999	吴洁英	政工师
上海市教委系统后勤服务十佳	1997	赵安娣	经济师
上海市重点工程立功竞赛先进个人	2002	郑双虎	助理经济师
上海市教育系统安全生产先进工作者	2003～2004	尉文明	
潘序伦会计事业基金会优秀教育工作者奖励基金(28人)	1998	张维宾	副教授
		金家富	副教授
		曹惠民	副教授
	2000	郭冬生	讲　师
		沈学桢	副教授
		王富忠	讲　师
		张志谦	副教授
	2002	张维宾	副教授
		宋灵癸	副教授

（续表）

获奖名称	年度	姓名	职称
潘序伦会计事业基金会优秀教育工作者奖励基金(28人)	2002	黄疆新	讲师
		郑忠	副教授
		杜秀娟	副教授
		何佩莉	讲师
		朱坚强	副教授
		胡厚麟	副教授
		邬敏懿	政工师
		邓雪兰	副教授
	2003	张维宾	教授
		邬敏懿	助理研究员
		邹黎明	经济师
	2004	孙桂芳	教授
		张维宾	教授
		曹中	教授
		郑国芬	会计师
		徐仁俊	高级讲师
	2007	张丕强	副教授
		孙桂芳	教授
		杨克泉	副教授

表9-2-8　2002～2007年获学校表彰奖励的人员名单

获奖名称	年度	姓名	职称
立信长江奖教金(25人)	2003	张志谦	副教授
		沈亚香	讲师
		王雁雯	讲师
		陈旭如	讲师
		陈乃激	讲师

（续表）

获奖名称	年度	姓名	职称
立信长江奖教金（25 人）	2004	俞　敏	讲　师
		朱亚兵	讲　师
		李　氟	讲　师
		付　君	副教授
		金　梅	讲　师
	2005	柴庆孚	助　教
		张红玉	讲　师
		吴　涛	讲　师
		李江萍	副教授
		陈　兵	讲　师
	2006	袁国红	讲　师
		吴向阳	讲　师
		程丽萍	讲　师
		罗　秦	讲　师
		龙英锋	副教授
	2007	张海霞	讲　师
		马永生	副教授
		贾德奎	讲　师
		刘　昕	讲　师
		姚惠兰	讲　师
立信沪港奖教金（20 人）	2006	吴明华	助　教
		陈海宁	
		姚水林	副研究馆员
		叶　敏	讲　师
		杨克泉	副教授

（续表）

获奖名称	年度	姓名	职称
立信沪港奖教金（20人）	2006	张丕强	副教授
		赵迎春	教　授
		杨敏华	副教授
		张奚瑜	副教授
		刘国荣	副教授
	2007	徐德镛	副教授
		黄星繁	助　教
		张　明	副教授
		崔文秀	副教授
		金慧华	副教授
		俞南泓	副教授
		李颖琦	讲　师
		王　亭	研究实习员
		高永祥	助　教
		王　妍	研究实习员
学校教学名师（12人）	2003	张维宾	教　授
		曹惠民	教　授
		黄家瑶	教　授
		赵斯泓	副教授
		邓雪兰	副教授
		曾　峣	高级经济师
		孙桂芳	教　授
	2005	沈学桢	副教授
		姚　津	副教授
		郭大伟	教　授
		徐　兵	副教授
		宋灵揆	副教授

（续表）

获奖名称	年度	姓名	职称
学校师德标兵（6人）	2004	张维宾	教授
		孙桂芳	教授
		曹中	教授
		曹惠民	教授
		黄家瑶	教授
		赵斯泓	副教授
学校师德标兵提名奖（10人）	2004	陈兵	讲师
		曾哓	高级经济师
		李颖琦	讲师
		沈学桢	副教授
		邓雪兰	副教授
		胡启鸿	副教授
		李正华	高级会计师
		徐兵	副教授
		马建钢	副教授
		姚津	副教授
学校综合治理、安全生产先进个人（9人）	2003～2004	施振菁	助教
		周慧芬	
		周华	助教
		李文胜	
		李强	助教
		范怡	经济师
		林震敞	助理会计师
		张正国	
		江晓华	

第十篇

学生工作

第一章　招生工作与学籍管理

第一节　招 生 工 作

1. 1980～1996年的招生

学校在1980年复办时，采取走读的办法，招收第一届新生360人。1984年，上海市高教局决定将学校招生正式纳入国家计划。计划生及自费生的生源为上海市。委托培养生由上海市和外省市用人单位提出委托培养的名额，提供培养经费，与学校签订协议，经学校列入招生计划报请核准后，统一招生录取。1980～1996年招生人数见表10-1-1。

表10-1-1　1980～1996年招生人数

年　度	招生人数	年　度	招生人数
1980	360	1989	395
1981	165	1990	370
1982	160	1991	360
1983	271	1992	330
1984	274	1993	450
1985	360	1994	580
1986	520	1995	700
1987	499	1996	830
1988	475		

2. 1997～2003年的招生

从1997年开始，学校招收初中毕业后被本市中专、职校、技校录取的应届毕业生（简称“三校生”），当时招收的三校生录取后编入“高职班”，共招收60人，由上海财贸管理干部学院进行教学日常管理；秋季的专科招生计划960名，实际录取文科490名，理科490名，共计980名，加上三校生先期招生，实际招生1 040人。

1998年共招收“三校生”80名。1998年共录取新生1 122人，当年下半年学校在校生规模达到3 001人。当年学校是第三批录取阶段的招生大户，但生源情况良好，理科招收部分二志愿，文科招收部分三志愿，文理科均未降分。

1999年，上海招收指导性高职生4 754名，立信为500名，招生人数全市第一。学校同时设立高职部，是当时学校第八个系部。当年各新闻媒体纷纷以"立信今年招生增五成"为题刊登消息，对学校当年招生数量增长及学校办学特色给予肯定。1999年计划招生1 700人，成为上海高校招生大户，开设了15个专业或专业方向。1999年实际完成大专计划1 122人，三校生81人，指导性高职510人，共计招收1 713人。

2000年，上海市首次进行春季招生，学校是上海8所试点学校之一，开设英语（商务英语）、律师事务两个专业，共招收历届高中毕业生94名。当年，学校全年计划招生2 100，13个专业（含专业方向）参加招生，9个专业为高专，4个专业为高职。最终实际录取专科1 726人，三校生314人，加上春季的94人，共2 134人。

2001年，学校继续进行春季招生。当年，也是学校新生进入松江新校区的第一年。当年在14个专业（含专业方向）进行招生，共录取考生2 293名，其中601名三校生和91名春季生，同时恢复全国招生，在浙江、福建、广东、新疆共招收55名新生。当年报考学校的新生人数激增，第一志愿上线数超出招生计划数。当年度在校生达到了5 980人。

2002年，第一志愿报考学校并且达到第三批录取控制分数线的考生人数超过3 000人，文理科分别超出34分和26分。在7个外省继续招生，录取外省新生110名，同时录取了港澳台地区考生2名。共计录取新生2 259名。

2003年，录取新生2 273名，其中录取上海市新生1 758名，外省新生110名，三校生405名，合计录取人数比上年度略有增加。第一志愿报考立信并且达到普通高校第三批录取控制分数线的考生人数达3 000多人，文理科最低录取线分别比上海市第三批最低录取控制分数线高40分和37分。在广东、贵州、福建、浙江、江苏、江西、安徽七省共招收了110名新生，录取分数线均远高于当地本批次的最低录取控制分数线。

2003年，学校第一次利用远程网络进行招生。

3. 2004～2007年的招生

2004年，学校升格为本科院校。春季，招收了首届本科生，上线考生达1 675名，录取484名新生。招收的第一届秋季本科生，第一志愿生源爆满，共有6个本科新专业招生。在江苏、浙江、山东、福建、江西、安徽六省本科招生中，最低录取分数线也都达到或接近当地的一本分数线。2004年全年共录取新生2 367人，春季484名，三校生297名，秋季上海市819名，外省208名，录取上海市专科生559名。

2005年，14个本科专业招生，共录取上海市本科生1 511名，外省本科生299名，上海市专科生402名，三校生198名，合计录取新生2 410名。由于上线考生较多，学校最低录取分数线分别比上海市二本最低录取分数线高7分和15分。但有些专业的招生如市场营销专业没有招满，考生填报该专业的人数很少，相当部分的考生是调剂进该专业的，实际录取数与招生计划数相差甚远，这也反映了该专业在社会上受欢迎的程度不高。在外省的本科招生中，在福建、浙江、江苏、江西、安徽、山东、甘肃七省共招收了299名新生，录取分数线均远高于当地本批次的最低录取控制分数线，且接近当地重点线，部分省市的录取平均分还高于当地的重点分。

2006年，录取上海市本科生1 662名，外省本科生295名，16个本科专业招生，上海市专科生418名，三校生184名，合计录取新生2 559名。本科文科最低分为468分，理科最低分为434分，上线考生较多，文、理科最低录取分数线分别比上海市二本文理科投档控制分数线高18分和22分。在福建、浙江、江苏、江西、安徽、山东、甘肃七省共招收了295名新生，许多省的录取分数线均超出当地重点线。当年，也是学校第一次参加专升本的招生，招收本校的高职高专应届毕业生201名。

2007年，招生录取上海市本科生1 701名，外省本科生342名，22个本科专业招生；上海市专科生482名，三校生127名，专升本学生162人。文、理科最低录取分数线也较高分别比上海市二本文理科投档控制分数线高21分和41分，综合文理科的录取分数，在上海市二本院校中名列前茅。在北京、天津、河北、辽宁、福建、浙江、江苏、江西、安徽、山东、甘肃、广东、云南、湖北十四个省共招收了342名新生，在华北地区生源情况一般，而在华东地区的生源优良，许多省的录取分数线均超出当地重点线。

2004～2007年，学校本科各专业招生人数与上海市二本录取分数对比，本科各专业录取分数如表10-1-2、表10-1-3、表10-1-4所示。

表10-1-2　2004～2007年学校本科各专业招生人数汇总表

专业名称	2004年春		2004年		2005年		2006年		2007年	
	计划数	录取数	计划数	录取数	计划数	录取数	计划数	录取数	计划数	录取数
会计学	212	210	300	307	332	368	331	385	350	388
财务管理	272	273	100	102	200	208	200	219	150	159
工商管理			100	100	100	104	100	101	100	102
国际经济与贸易			200	203	200	205	200	209	200	202
金融学			200	206	200	204	200	194	200	210
英　语			100	102	80	84	80	81	80	80
审计学					100	111	100	112	150	158
信用管理					50	53	100	99	100	104
税　务					100	104	100	106	100	108
经济学					50	51	50	52	40	46
信息管理与信息系统					100	96	50	44	50	41
统计学					50	49	50	50	40	39
法　学					100	102	50	45	40	42
市场营销					90	71	50	51	50	50

（续表）

专业名称	2004年春		2004年		2005年		2006年		2007年	
	计划数	录取数	计划数	录取数	计划数	录取数	计划数	录取数	计划数	录取数
计算机科学与技术							50	45	50	37
房地产经营管理							40	34	40	32
日　语							40	39	40	41
社会工作							40	37	40	33
资产评估							50	54	50	53
数学与应用数学									40	33
财政学									50	46
汉语言文学									40	39
会计学（专升本）							200	201	160	162
合　计	484	483	1 000	1 020	1 752	1 810	2 081	2 158	2 160	2 205

表10-1-3　2004～2007年学校本科与上海市二本录取分数对比情况

年　份	文　科		理　科	
	上海市二本录取控制线	学校最低录取分数	上海市二本录取控制线	学校最低录取分数
2004	428	435	398	405
2005	439	446	418	433
2006	450	468	412	434
2007	424	445	394	435

表10-1-4　2004～2007年学校本科各专业录取分数情况表

科类	院校及专业	2004年		2005年		2006年		2007年	
		最高分	最低分	最高分	最低分	最高分	最低分	最高分	最低分
二本文科	**上海立信会计学院**	**477**	**435**	**489**	**446**	**505**	**468**	**496**	**445**
	国际经济与贸易	471	439	480	446	489	468	471	445

（续表）

科类	院校及专业	2004年		2005年		2006年		2007年	
		最高分	最低分	最高分	最低分	最高分	最低分	最高分	最低分
二本文科	金融学	459	435	475	446	488	468	468	445
	英语	462	435	482	447	484	468	461	445
	工商管理	450	435	475	448	483	468	464	446
	会计学	477	447	489	468	505	482	483	461
	财务管理	461	436	483	447	489	468	480	445
	审计学			484	463	492	483	496	463
	信用管理			482	452	487	469	466	445
	税务			484	450	491	468	468	445
	经济学			460	447	483	469	467	446
	法学			468	446	482	468	467	445
	市场营销			466	446	479	468	462	447
	房地产经营管理					477	468	460	445
	日语					486	468	465	445
	社会工作					487	468	456	445
	资产评估					489	470	473	460
	财政学							464	445
	汉语言文学							461	445
二本理科	**上海立信会计学院**	**487**	**405**	**502**	**433**	**500**	**434**	**504**	**435**
	国际经济与贸易	463	407	477	433	471	434	476	435
	金融学	449	405	471	433	481	434	487	435
	英语	462	405	463	433	469	434	467	435
	工商管理	450	405	467	433	468	434	469	435
	会计学	487	431	502	459	500	458	504	454
	财务管理	455	406	474	433	475	434	466	435

（续表）

科类	院校及专业	2004 年		2005 年		2006 年		2007 年	
		最高分	最低分	最高分	最低分	最高分	最低分	最高分	最低分
二本理科	审计学			490	452	491	456	479	444
	信用管理			468	433	469	436	465	435
	税务			475	433	468	434	471	435
	经济学			459	433	456	434	457	436
	信息管理与信息系统			464	435	458	434	451	435
	统计学			457	433	463	434	485	435
	法学			463	435	457	434	454	436
	市场营销			465	433	457	434	453	435
	计算机科学技术					457	434	456	435
	房地产经营管理					453	434	444	435
	日语					456	434	456	435
	社会工作					454	435	450	437
	资产评估					495	434	462	436
	财政学							453	435
	汉语言文学							456	435
	数学与应用数学							453	436

第二节　学籍管理

学籍管理包括对新生入学资格的审核和取得学籍的管理、学期注册管理、课程的考核和成绩管理、学生的学籍变动管理以及毕业资格的审核和各种证书、学位授予管理。

学校严格按照国家教育部《普通高等学校学生管理规定》等有关规定，结合学校实际情况，不断更新、完善学籍管理。2001 年前，学校实行的是学年制教学模式，具有计划性、统一性的特点。在同一教学计划、同一教学进程、同一考核标准的教学模式下实行标准化、规范化的管理，保证学生学习专业知识的系统性、完整性、逻辑性。每学期根据课程考核成绩，确定合格者升级，不合格者留级、降级甚至退学。20 世纪 90 年代中期，随着招生人数扩大，在校生人数连年增加，学籍管理规定也相应作了调整，增加了跟班学习、退学试读等管理措施。

进入21世纪，学校提出“厚基础、宽口径、重应用”的培养模式，实行弹性学分制，充分调动和发挥学生学习的积极性、主动性和创造性。学校于2001年起实行学年学分制的管理。学籍管理为适应新的学分制模式修改了相关规定，例如，不再有留级、降级、试读等，取而代之的是退学警告；学生可以在规定的年限内提前或延长毕业；学籍变动、成绩管理、毕业资格审核等均通过教务系统来完成；学生掌握课程知识的程度、能力、质量以学分绩点来评估。

第二章 学生管理工作

第一节 机构沿革

一、学校复办初期(1980年10月至1983年5月)

立信会计专科学校复办之初,没有自身的校舍,也没有专职的办学人员和教师,没有设置负责学生工作的专职机构。在相当困难的条件下,学校对学生的教育管理仍然相当重视,除由负责教务的人员兼管学生工作之外,还特向静安区教育局借用了多名中学教师分别担任各班的班主任,把教育管理的各项工作落实到班级。

二、校党委会建立后,由校党委会全面安排学生工作(1983年5月至1987年7月)

1983年5月,校党委会建立,校党委确定专人负责全校的学生工作。1984年9月,学校的职能机构正式设置,学生工作由党委办公室分管。1986年6月,中共上海市财贸党委批准学校增设宣传处,明确学生工作归宣传处负责。同时,以校党委副书记为主组成学校的学生工作委员会,协调各有关部门。各教学班仍设专职班主任,全面指导班级的各项活动。

三、建系之后,学校由一级管理向校系二级管理过渡,学生工作网络逐步完善

1986年6月,学校决定改变原教研室设置,建立5系、2部(至1996年发展为7系、3部)。该年9月新学年开始,实行校、系两级管理的体制,由此,学生工作相应形成新的网络。1987年6月,校党委会作出《关于改进和加强学生工作的决定》,提出确定和健全由校、系两级党政齐抓共管,由学校到系、到班的学生工作网络逐步得以完善起来。

学校成立学生工作领导小组,校党委一位副书记和一位副校长任正副组长,成员包括各有关部门负责人和校团委、学生会、学生代表,统一领导全校的学生工作。党委宣传处作为分管的职能部门,负责计划安排和督促检查。1988年4月,学校成立学生处,与宣传处合署办公。年底,学生处单独设置开展工作。思想政治教研室(有时简称德育教研室)也于1988年4月成立,杜秀娟任副主任。1991年杜秀娟任主任,兼任学生处副处长。德育教研室与学生处合署办公,学生处处长陈杰兼任德育教研室副主任,使行政机构与教学机构更紧密地结合,全面履行对学生教育管理的职责。

1998年3月,张乐敏任学生处处长助理,并于次年任学生处副处长。1999年,德育教研室

独立建制，杜秀娟任主任，陈杰不再兼任副主任。2002年，学校成立党委学生工作部，与学生处合署办公，郁顺华任党委学生工作部部长、学生处处长，张乐敏任党委学生工作部副部长、学生处副处长。同年，毕业生分配办公室和心理咨询室挂靠学生处。2004年，解丹阳任学生处副处长，分管大学生就业指导工作。同年，由于学生公寓管理工作的需要，学校成立学生公寓管理办公室，归属学生处管理。2007年，学校将毕业生就业指导办公室和助学帮困办公室分别升格为毕业生就业指导中心和学生资助中心，进一步丰富了相关工作职能。同年10月，学校中层领导干部岗位调整，郁顺华调离党委学工部和学生处领导岗位，刘福窑任党委学生工作部部长、学生处处长。

在系级层面，系党支部、系主任共同负责系的学生工作，并在有条件的系建立了由系主任和系党支部书记为分管负责人，教师和系团总支、系学生会学生代表参加的系学生工作小组。各系配备专职人员，处理有关学生教育管理的具体工作。

随着学校招生规模的不断扩大，学生培养层次的提升和学校进一步的发展，在各系部设置分管学生工作的党总支副书记兼副系主任，进一步理顺了学校学生工作二级管理的格局，加强了系部学生工作的力量。

第二节　学生工作队伍的建设

一、辅 导 员 工 作

1. 辅导员队伍管理制度

学校自复校后，系部的基层学生工作力量为班主任队伍。随着学校办学规模的扩大、办学层次的不断提升，为了适应新时期学生教育和管理工作的需要，1999年，学校建立了政治辅导员制度，并下发《立信会计高等专科学校学生政治辅导员工作暂行条例》。同年7月，学校聘任了首批13位政治辅导员老师（见表10－2－1）。同时，为了保证工作的延续性，原有的班主任继续留任至所带班级学生毕业。

表10－2－1　学校首批政治辅导员名单

系　别	辅 导 员	系　别	辅 导 员
会计一系	张凤仪、荣　绿	管理系	臧小莺、裘穗加
会计二系	袁亚珍、谢　佳	财金系	何佩莉、田霖霞
会计三系	钟义盛、杨　罡	经济系	白　玉
会计四系	孙亚斌、欧阳峰		

学校党委和行政高度重视和支持辅导员队伍建设。2004年，学校下发了《中共上海立信会计学院委员会关于加强学校学生辅导员队伍建设的意见（试行）》，对辅导员的选聘配备、岗位职责、管理办法、考核制度和培养发展进行明确，并于当年首次评选出5名"上海立信会计学

院优秀学生辅导员”。

2005年是学校辅导员队伍建设取得突破的一年。学校深入贯彻和落实《中共中央国务院关于进一步加强和改进大学生思想政治教育的意见》,制定了《上海立信会计学院关于进一步加强学生辅导员队伍建设的意见》,对辅导员队伍的“双重身份、双线晋升和双重管理”进一步明确:“双重身份”即辅导员是由学校党委和行政委派到系(部),并接受所在系(部)党政领导的从事学生思想政治教育工作的人员,既属于教师队伍,又属于管理干部队伍。“双重管理”即对辅导员实行校系两级管理,校级层面由党委学生工作部主要负责,党委组织部和人事处配合;系级层面由各系党总支负责日常工作上的管理,辅导员的工作由分管学生工作的总支副书记、副主任直接指导。“双线晋升”即辅导员既可晋升行政职级,也可评聘专业技术职务。

经过几年的努力,学校的辅导员队伍建设已经初具规模,逐步建立起以选拔任用机制、矩阵式配备机制、工作评价机制、评优激励机制、职务聘任和职级晋升机制以及辅导员科研能力培养机制为主要内容的辅导员队伍建设科学化模式:

选拔任用机制　进一步明确辅导员必须是中共党员、具有硕士以上学位。同时,成立了由分管校领导任组长,学工、组织、人事等部门负责人共同组成的辅导员选聘工作领导小组,并采取了笔试、面试相结合的选聘方法。

矩阵式配备机制　明确在基层系(院)学生工作人员配置上采取“矩阵式”模式。目前,在学校学生人数超过千人的4个系(院),都有专人担任不同角色的专业辅导员。

工作评价机制　建立过程管理和量化考核相结合的辅导员工作考评机制。过程管理主要通过“一看三听”的多维评价机制实现。学校制定了《上海立信会计学院学生辅导员工作考评指标体系》。近3年来,学校共有11名专职辅导员在年度考核中获得优秀等次。

评优激励机制　设立“上海立信会计学院优秀学生辅导员”、“上海立信会计学院优秀思想政治教育工作者”奖项,并设置专项奖励经费。2004年起,已有12人荣获校“优秀学生辅导员”荣誉称号(见表10-2-2),5人荣获校“优秀思想政治教育工作者”荣誉称号。同时,学校先后有四人荣获“上海市优秀学生辅导员”称号(见表10-2-3)。

表10-2-2　学校优秀学生辅导员

年　度	名　称	姓　名
2004	上海立信会计学院优秀学生辅导员	闻　雅、李　茸、张海琼、张　云、王　昕
2006	上海立信会计学院优秀学生辅导员	王亚南、牛媛媛、倪　燕、何　亮、夏　昱、孔志强、张春萍

表10-2-3　上海市高校优秀辅导员

名　单	奖项名称	时　间	名　单	奖项名称	时　间
袁亚珍	上海市高校优秀辅导员	1998	凌慧义	上海市高校优秀辅导员	2003
何佩莉	上海市高校优秀辅导员	2001	夏　昱	上海市高校优秀辅导员	2007

职务聘任和职级晋升机制　对辅导员队伍实行“双重身份,双线晋升和双重管理”的政策。与同等条件下的行政人员相比,辅导员在晋升职级时,均能提前两年左右。学校落实《上海高

校学生思想政治教育教师职务聘任办法(试行)》文件精神,成立了学生思想政治教育教师职务聘任考核工作领导小组,下设办公室,并制定了《上海立信会计学院学生思想政治教育教师职务聘任办法》。学校明确规定辅导员队伍中高级职务岗位设置不低于校内其他技术岗位的平均结构比例,共设置教授岗位 2 名,副教授岗位 6 名。

科研能力培养机制 支持辅导员积极开展大学生党建、思想政治教育和管理等方面的研究,明确规定辅导员公开发表学生工作方面论文的在评优、奖励、晋级等方面予以优先考虑。近年来,共有 19 名辅导员承担或参与了市德育咨询课题、市优青项目等各级、各类科研课题 28 项,课题经费逾 15 万元,公开发表各类论文 56 篇。

2. 辅导员队伍专业化培养

学校积极贯彻落实《中共上海市科技教育工作委员会、上海市教育委员会关于上海高校辅导员培训工作的实施意见》,逐步完善多层次、全方位的辅导员培训体系,加强辅导员队伍的专业化培养。

上岗培训 从 2006 年开始,学校所有新聘辅导员都参加了在市辅导员培训基地举办的上岗培训,并全部考察合格,获得上岗资格。同时,学校认真做好新任辅导员校内上岗培训工作。

专题培训 学校充分利用上海市辅导员培训基地的资源优势,鼓励辅导员积极参加专题培训项目,学校共有 29 人次辅导员参加了各培训基地组织的 10 场专题培训。

日常培训 党委学工部积极组织开展与辅导员日常工作相关的培训,如:邀请校外专家针对辅导员工作开展理论指导和实践培训,华东师范大学邱伟光教授、陈锡喜教授,华东理工大学心理咨询中心主任张海燕教授等都曾来学校为辅导员作报告;在坚持请进来的同时,积极组织辅导员和学生工作干部前往上海交通大学、华东理工大学、上海大学、浙江大学、南京航空航天大学等高校开展考察学习活动。

职业培训 鼓励辅导员根据个人兴趣和在系(院)学生工作中承担的职务参加职业发展咨询师、心理咨询师等相关职业能力培训,提高专业技能。2005 年至今,已有 10 位辅导员参加过职业发展咨询师培训,2 人参加过心理咨询师培训。

3. 辅导员队伍多样化发展

学校非常重视辅导员的培养工作,将辅导员队伍建设与实施"人才队伍建设工程"有机结合。

学校把辅导员的学历学位进修列入校人才培养规划。2004 年至今,学校共有 18 位辅导员在职进行学历学位进修,其中 6 人分别在北京大学、香港大学、复旦大学、华东师范大学攻读博士学位。目前,学校计划在辅导员学位学历进修方面投入的经费达 20 万元。同时鼓励辅导员承担形势政策教育、心理健康教育、就业指导等第一、第二课堂的教学任务和科研工作。近三年来,学校 38 名辅导员共承担包括《思想道德修养》、《形势政策》在内的 40 余门第一课堂的课程。

学校结合师资队伍建设、后备干部培养,对辅导员今后的发展进行统筹规划、科学管理,积极向校内外重要岗位输送人才。近三年来,学校先后选拔 5 名优秀辅导员担任系党总支副书记、校团委书记等职务,14 人进入学校各职能部门从事党务和行政管理工作,4 人转入校内教学科研岗位。目前,学校专职辅导员队伍中有 13 人被学校列入副处级干部后备人才队伍。

二、班主任工作

学校实行班主任工作制度经历了前后两个阶段。

1. 第一阶段(1980～1999年)

立信会计专科学校在复办初期就十分重视班主任工作。当时学校向静安区借用的多名中学教师,主要就是担任各班的专职班主任。以后这部分教师的人事关系正式转入立信学校,仍然续任专职班主任多年,为学校复办之初稳定教学秩序发挥了良好的作用。

班主任工作原由学校统一安排部署。为使班主任工作体现规范性,1981年,学校制定了班主任的基本职责。随着学生班级的增加,分年级设置了班主任小组,以利于按不同年级的情况,推动班级活动的开展。1987年以后,班主任由专职改为专兼结合。为了适应学校实行校、系两级管理,班主任工作确定归各系直接领导,同时接受学校有关职能部门的业务指导。1988年10月,学校因考虑到班主任工作在促进学生德智体全面发展、培养合格人才的过程中起到的重要作用,经与各系共同研究,对学校的班主任工作基本职责加以修改重新颁发。

在多数班主任改由任课教师和行政人员兼任以后,学校为调动和发挥各专、兼职班主任的工作积极性,在每一学年的全面考评之外,还定期地对班主任工作进行专项的评估和奖励。

1999年,学校辅导员工作制度的全面实施,班主任逐渐取消,原有的班主任老师部分向教学、管理岗位分流,也有部分转作辅导员。

2. 第二阶段(2005～　)

2005年,学校贯彻落实育人为本、德育为先的方针,加强对学生的学业指导和专业教育,在充分调研、广泛听取意见的基础上,制定了《上海立信会计学院关于班主任工作的试行办法》,在有条件的系(部)中施行班主任工作制度。首批班主任共27人,于当年9月配备到2005级学生当中。

新的班主任与中山西路办学期间所配备的班主任有所不同。新的班主任主要通过对学生开展专业指导和学业辅导激发学生的学习兴趣,提高学生的学习能力;通过开展各类学风建设活动,推动营造良好的学习氛围;同时,配合辅导员开展思想道德教育、法制纪律教育和班级等工作。

2006年,学校首批评选出5名"上海立信会计学院优秀班主任",2007年选出11名"上海立信会计学院优秀班主任"(见表10-2-4)。

表10-2-4　2006～2007年优秀班主任获奖情况

时　间	名　单
2006	柴庆孚、齐　源、程丽萍、贾德奎、曹　颖
2007	吕艾维、杜　莉、柴庆孚、石克来、李菁华、那丽春、胡云祥、高晓娟、李光洲、罗　琴、王爱华

第三节　学 生 奖 惩

一、争先进、创三好的评优表彰

立信复校之初，尽管学校各项工作都是创建伊始，但已在学生中开展了争先进、创三好的活动，并于 1980 年 10 月将当时所收到的有限捐款建立了专项的奖励基金，规定每年提取为数不多的利息作为评优奖励之用。该项活动自 1983 年校庆 55 周年纪念前夕进行了首次评选，以后每年组织评选一次。评选内容有个人（三好积极分子、三好学生、优秀毕业生以及优秀团员），有集体（三好班级集体、文明班级以及先进团支部）。2002 年来，评选内容有所调整，个人表彰有三好学生标兵、优秀学生干部、社会实践先进个人、文体活动积极分子、创新能力奖，集体表彰有优良学风班、先进班集体。2006 年增设勤奋奖，表彰身体有缺陷或家庭经济困难但表现突出的学生。自 1984～2007 年年底，评选表彰的情况如表 10-2-5、表 10-2-6 所示。

表 10-2-5　评选表彰情况表　　单位：人

名称 / 年份	先进个人								先进集体	
	三好学生		优秀毕业生		优秀学生干部		优秀团员			
	校级	市级	校级	市级	校级	市级	校级	市级	校级	市级
1984		2								
1985		2								
1989	40									
1991	32		25	12						
1992	18		9	14						
1993	45		18	9						
1994	43	2	11	7		1				
1995	49	1	21	10						
1996	57	1	28	14					10	
1997	53		28	14					9	
1998	75	3	34	18					11	
1999	98	5							15	
2000	96	6	46	27		9			18	1

（续表）

名称 年份	先进个人								先进集体	
	三好学生		优秀毕业生		优秀学生干部		优秀团员			
	校级	市级	校级	市级	校级	市级	校级	市级	校级	市级
2001	150	7	55	32					21	1
2002			75	48						
2003	241		92	54	340				6	1
2004	165		81	67	196				9	1
2005	163		106	64	185				10	1
2006	164		110	63	191				11	1
2007	224		44	28	251				16	1

表 10－2－6　上海市优秀毕业生名单

年　份	名　　单
1991	赵　燕、杜文凯、王　蕾、李　星、张　敏、魏　青、刘舒琦、颜　祺、钟　音、陈　斌、王琪华、刘　宇
1992	潘学军、白豫敏、尹志刚、任　红、顾叶盛、何成蕊、陈佩恩、杨　骏、陈　俭、李佳红、朱　鸥、林　英、陈敏娟、徐曹珺
1993	张伟丽、徐向颖、蒋美荣、张　琼、姚常瑜、袁如青、许丽蓉、孙　蔚、胡　兰
1994	张　健、曹　炯、辛运荣、何昕凡、朱　颖、聂汝菁、梅晓春
1995	孙　峻、施朝禺、陈　玲、董雪鸿、冯　敏、贺　波、余冬芳、郭丽燕、钱　蕴、陈　功
1996	朱新华、胡　刚、卞蔚如、杨　毅、李　健、谭　玮、李晓莹、徐佳宁、王　钰、季　怡、沈之渝、汪　瑾、王晓峰、高　琦
1998	秦　凤、黄　伟、黄燕维、黄嫣娜、梁　熠、潘　伟、闻　静、吴　琳、束晓彤、邱秀华、刘菲斐、周　颖、蔡　瑛、韩正芳、周勇峰、陈　颖、张懿君、胡　俊
1999	周凡丁、石　霞、施　翊、杨亦颖、华志勇、许　蓉、郑　晓、周　艳、盛　莹、金　晔、曹　颖、顾洁媛、陈　黎、王贤明、潘晓敏、施　乾、张　宇、王建崧、许　达、王玉珏、孙　燕、刘晓锦
2000	邱洁莉、秦嵘乔、唐蓓蕾、费　莉、叶　晔、朱　用、顾　彬、李　琼、郑　珮、谢　瑾、郁　键、李　俊、黄伊丽、胡慧琳、张剑栋、山美峰、宋　巍、张　祥、戴金燕、张　明、秦　艳、陈斌斐、府　瑛、钱雨后、张颖鸣、姚弘之、仇　姝

（续表）

年　份	名　　　单
2001	刘欣伟、衷剑青、黄佳明、赵　琦、黄海庆、姚　耀、刘晶晶、谈丽敏、彭丽芳、周　琛、朱丽君、马红群、张　莉、顾洁艺、夏　琰、姚剑君、孔令婍、岑　颐、褚季萍、张凤娣、傅　珺、俞　蓉、奚莱圆、汤凌嫣、徐凡尘、朱慧玉、周文士、顾　艳、吕　辉、威震峰、张　茵、闵　欣
2002	姚平栋、裘炯耀、邹　岚、王怡萍、乔晓静、倪一琳、胡枳婷、沈丽莉、周　彦、戴　莹、徐洁妮、孙　媛、刘少卿、李　旻、张　颖、李佳佳、陈　薇、徐苗青、温晓瑜、张　炯、徐巍霞、刘　婷、任雅琴、李　菁、尤葆强、顾佳琛、曹竹君、韦　菲、刘颖婕、倪　晔、周行健、褚青青、陆玉华、陆　怡、葛　晋、马　肖、汪　倩、谈慧星、周瑜萍、居慈芸、沈　洁、江　英、朱　敏、宓松松、王如斐、康　磊、章文姬、范　桦
2003	张　蕾、施　雯、汪澍涓、孙　勤、张丽凤、安　冰、徐婉琼、马星宇、须中远、洪冶润、沈于昔、姚　慎、罗德珏、潘　怡、张　毅、顾晶晶、曹　众、郑秋婷、包　赟、张玛兰、余兴华、吴志琼、李　婷、蒋　蕾、耿飞扬、陈　彦、张晓雄、沈晓庆、时　雁、陈建锋、虞　琳、王　珂、郭晓晴、曹　琪、张妍婷、孙慧薇、金　岚、施佳乐、郭乐薇、姚　静、陈　艳、严　寒、周　君、陈　瑜、陈冬梅、周　颖、朱晓琳、张瑜翊、顾　蓓、蔡　健、钱吉菲、龚春风、虞　静、汪湘君
2004	林　烨、廉　玲、陈孜琳、马庄伟、王　婕、陈姗姗、翁苏锡、方兆波、熊伟国、沈　蓓、盛昊飞、束天丽、徐文婷、宋文婷、陈虹霞、俞丹凤、杭　洁、冯晓春、金　妮、倪丹凤、王佳昀、林　波、戴子毅、张　珏、翁彩萍、薛瑾慧、严　青、黄　婕、杨为兵、张　琪、祝梅青、陈　翌、刑怡佳、林艳雯、钱　鑫、顾一琛、高咏梅、蔡　洁、曹　波、艾敏燕、陈　怡、顾雯婷、陈淑洁、于鹏远、闵　霞、徐　樱、王春嫣、张　昊、边惠云、吴彦栋、朱晓婷、邹　瑾、陈艳飞、郭丽娟、陆　仪、徐美妮、倪佳敏、金淑岚、陆培彦、黄黎娜、何　佳、徐　峰、陈祯嘷、陈晴晨、陆秋露、钱莉莉、薛之懿
2005	乔艳慰、颜文燕、胥宝娟、唐　芬、陈　纯、叶芸捷、许丽娜、裴万霞、沈秋梅、蒯薏苡、王燕艳、钱聚虹、虞　艳、桑晓青、王　瑶、陶　辉、陈效里、沈绮华、杜雅雯、李　静、应恩源、江彦嫣、顾　佳、朱瑛瑛、李　悦、陈蓓蓓、卢蓓蓓、肖赟孜、蔡文辉、莫　均、张羽凌、王尤佳、凌　霄、蒋　鸣、张丽洁、邹梅茜、许圣梁、陆　玲、钱　佳、刘益佳、王　洁、陈　璐、杨维佳、潘莉莉、颜　静、张琛怡、陈　堃、韩旭东、杨玉婷、李　董、王伟明、王　莺、陆　璟、杨珍珍、申蓓蓓、孔　敏、陈毓玲、毛艳峰、施慧君、钱晓怡、沈　璇、宋妍彦、周静怡、周卓睿
2006	张　琦、方亚卿、曾燕萍、李　燕、张　蕾、陈婷雯、金珺雪、施夏璎、李鸽红、王　莹、刘欢晨、江　彬、刘志觅、李颖胤、杜　静、杨晓倩、陈安琪、周　元、费文俊、林雪艳、黄　欣、朱　燕、杨　艳、孙静怡、邹美琳、王　婷、徐　莹、卞　芸、吴　婕、邵　佳、金永亮、邹　琪、周文君、刘吉逸、诸孝�、孙敏婧、陆　燕、马清心、江页颉、尧丽萍、朱晓磊、嵇　韵、戴　颖、吴　芳、周敬欧、夏　玮、王培懿、马睿婕、钱　洁、许佳妮、吴婷婷、陆　慧、张秋霞、廖倩菁、孙月莲、施　宏、陈友佳、俞舒杨、陈思文、沈俊捷、王烨珺、徐琼珠、戴筱婷
2007	张菀婧、孙晨兰、顾唯劼、方　旖、郑　凤、笪婕雯、瞿　华、倪晓俊、任佳莺、刘晓萍、徐海陵、郑　颖、林欣辉、张仁鹏、叶梦榕、王　珏、徐佳君、王晓英、丁　婧、黄晨霞、施轶帆、邓　姣、朱晓琴、刘　萍、陆凤丽、蒋丽莉、陈正明

二、设立多种奖学金

为鼓励学生勤奋学习，早日成才，学校主要设有以下几种奖学金。

1. 国家奖学金

2002年起，教育部和财政部设立国家奖学金，以资助家庭经济困难的普通高等学校学生完成学业。一等奖学金获奖学生享受6 000元/人·年；二等奖学金获奖学生享受4 000元/人·年。同时凡国家奖学金获得者，学校均减免该生当年的全部学费。

2005年起，国家助学奖学金分为国家奖学金和国家助学金两种形式。国家奖学金资助的对象为高校中家庭经济困难、品学兼优的全日制本专科学生，额度为4 000元/人·年；国家助学金的资助对象为高校中家庭经济特别困难的全日制本专科学生，标准为150元/人·月，每年按10个月发放。学校不再减免获奖学生当年学费。

2007年起，国家上调国家奖学金的额度，标准为8 000元/人·年，同时增设国家励志奖学金，奖励资助品学兼优的家庭经济困难学生，资助标准为5 000元/人·年。学校根据实际情况，将国家助学金分为一般困难和特别困难两档，一般困难为2 500元/人·年，特别困难为3 000元/人·年。学校历年来评选结果如表10－2－7。

表10－2－7　国家奖学金名单

年　份	名　　单
2002	闵晓芳、徐佩艺、周　颖、陈　祥、谢美琴、邵志龙、陈建锋、张晓雄、唐幸尔、吴　剑、周贞蓉、龚绮美、裘蓓黎、纪婷婷、王春嬿、肖　琴、张　燕
2003	高　琼、唐　芬、崔　颖、欧杰森、许丽娜、胡敏婕、徐晓雯、朱瑛瑛、潘嘉萍、顾婷婷、陈　婷、王　洁、施茵胤、毕雯斐、许赟、彭驰家、施慧君
2004	沈叶萍、何　静、董文俊、廖明敏、吴文君、雷　鸣、石慧颖、彭冬蕾、操隆耀、王智俊、阎月婷、宋文玉、曾海芸、王雯念、庄　欣、单　娟、朱　琳
2005	王桂林、顾瑛瑛、何艳雯、胡臻瑜、陈梦雨、顾国妹、陈正明、季蓉蓉、刘　佳、刘晓彦、崔苏洋、马德陆
2006	施　恩、施　卓、陈金娣、王　凯、钱　姚、潘佳燕、吴思维特、冯　雯、陈　瑜、虞静雯、叶　睿、徐晓红
2007	江晓珍、郭旻晓、纪　静、曾海珠、尤　婕、曹金峰、王军军、周蓉斐、周　璥、杨　娜、杨　洁、张佳敏、刘庆圆

2. 上海市奖学金

2005年起，上海市人民政府设立上海市政府助学奖学金，分为“上海市政府助学奖学金”、“上海市政府助学金”和“上海大学生志愿服务西部计划和去郊区镇校任教奖励金”三类。其中，上海市政府助学奖学金资助标准为3 000元/人·年，上海市政府助学金资助标准为150元/人·月，全年按10个月发放，共1 500元/人·年，上海大学生志愿服务西部计划和去郊区镇校任教奖励金分为以下两种标准资助：

(1) 到西部志愿服务签一年合同、服务期满并考核合格者，每人奖励5 000元；签两年合同、服务期满并考核合格的，每人奖励10 000元。

(2) 到郊区农村偏远地区镇校任教并签订五年以上合同者，每人奖励10 000元。

2007年起，上海市政府助学奖学金更名为上海市奖学金，资助标准提高到 1 500 元/人·年，同时取消上海市政府助学金、上海大学生志愿服务西部计划和去郊区镇校任教奖励金。学校上海市奖学金名单如表10－2－8所示。

表 10－2－8　上海市奖学金名单

年　份	名　　单
2005	罗　颖、陆颖甲、张玉芹、朱晓懿、江莉琴、范佳芸、秦学英、秦长虹、张　俊、陈佳禹、孙月莲
2006	曾丽娟、肖　绩、周艳敏、陈梦雨、丁姬敏、朱　虹、沈丽萍、陆　华、张玉芹、高予舜、曹　寅
2007	许颖星、迟琳琳、商文娟、倪诗裴、袁　乐、林　楠、洪　滢、张　婷、楼　华、张　颖、吴　琰、陈　豪、黄莉媛、秦轶婷、贾天遐、段玉卿

3. 人民奖学金

1983年，学校根据上海市教育局有关文件精神，拟订了《关于试行学生人民奖学金的办法》，并于当年9月新学年起开始实施。办法规定了获得者的对象和条件、发给的等级和名额、每一学年以评定上学年为限等事项。1984年，学校又拟订了《实行单项奖的要求》，规定对在校内外某种竞赛活动中的优胜者给予单项奖励，作为人民奖学金的补充。2006年3月，根据保持共产党员先进性教育活动的整改要求，学校提升了奖学金金额，一等奖由500元/人增至600元/人，二等奖由300元/人增至400元/人，三等奖由200元/人增至300元/人，同时增设鼓励奖，奖励学习平均成绩比前一学期进步十名者。该标准从2006年9月起发放。

4. 潘序伦奖学金

1984年6月，学校创办人潘序伦捐赠人民币、美元和校友杨国树捐赠的款项共人民币10万元。在潘序伦逝世后，学校决定将这笔捐款作为基金，并将校友会的捐赠以及学校每年在发展基金中提取的一定比例的款额陆续并入，设立“潘序伦奖学金”。1986年10月，为此拟订《关于颁发潘序伦奖学金办法》，规定对该项奖学金每年评定一次，从1986～1987学年度开始实行。历年来评选结果如表10－2－9所示。

表 10－2－9　潘序伦奖学金名单

年度	一 等 奖	二 等 奖	三 等 奖
1991	白豫敏、唐　辉、黄　佳	柳　莺、陈敏娟、何成蕊、付晓菁、袁晓州	王　静、娄　美、黄　琳、李　岚、任　红、顾叶盛、郑海燕
1992	张伟丽、杨燕蓉、彭　芸	梁　君、蒋美英、姚崇瑜、孙　蔚、陈　莉	李　蕾、张柳君、吴　际、陈　勤、黄　和、吴　敏、陈　隽
1993	郑奕彬、顾云燕、瞿　璎	隋　倩、辛运荣、盛　震、卢　莹、周　怡	秦　非、吴洵南、张　靖、朱立萌、卢　缨、曹　炯、李　萌
1994	范　敏、陈利华、黄　蓓	陶　虹、冯　敏、陈韵芳、魏以勤、贺　波	苏　岚、葛霞敏、朱　蕾、董　雄、李　颖、孙　菁、杨佩峰

（续表）

年度	一 等 奖	二 等 奖	三 等 奖
1995	顾　劲、严勤芳、任智磊	施继梅、李　恬、沈丽莉、俞　炼、吴　越	俞　蔚、刘娇杨、邵晓敏、杨　蓉、向铭岚、李　芳、秦朝蓉
1996	高　琦、李　怡、裘晓颖、谭　玮、周勇明	王　钰、汪　瑾、陈　颖、夏　俊、尤　维、徐佳宁、杨　赟、戴志敏	闵　燕、李惠华、邓　赟、叶蓓文、谢　海、杨　珺、丁　纯、黄　岚、戴震静、张宇亮、王晓锋、吴　炯
1997	黄燕维、史良华、周　颖、许玮琪、张　丽、王贤明、王　英、徐　林	王凌云、秦　风、庄　丽、施剑芳、任　丽、臧美琪、黄　薇、张　锋、陈　颖、王　钰、费　斐	蒋　华、闻　静、邓晓斌、邱秀华、张海萍、蒋　薇、秦　嫣、陈　玮、叶　枫、季宴频、徐　翰、范　斌、宋　黎、陆　云、胡怡华、毛信晖、乐　梅
1998	华志勇、曹　颖、顾洁媛、叶争艳、姜丽君	杨亦颖、王瀚峥、周　艳、杨　华、袁月红、叶文瑾、冯丽琴、汪　琰	赖贝娜、施　翊、盛　莹、马　佳、马晟隆、徐　斌、严　悦、仇煜成、周玮灵、王云珏、沈　莉、陈　琪、刘晓锦、王　瑾、沈晓琳、刘　晔、郁　桦
1999	唐羽青、姚弘之、倪莹斐、朱　能、俞　蓉、奚莱圆	徐　臻、桂婷婷、杨峥民、秦艳丽、王晨浩、方　琼、顾　洁、史　华、赵珠还、谢　瑾	颜　艳、王　晔、朱　诚、陈　薇、汤劭玮、沈　兰、李登云、费　莉、唐蓓蕾、刘　敏、赵萍乡、部颖颖、朱燕霖、宋巍峨、朱　燕、陈雅雯、卢婷婷、张健玲、陈　琦、徐　蕾、来海诚、顾婷书、朱婷婷
2000	万薇娜、张　莉、姚剑君、张凤娣、周　骥	谈丽敏、杨　晶、朱丽君、王怡婷、岑　颐、蔡　申、贺　琦、汤凌嫣、肖　晔、顾路得	周　玥、朱柳燕、夏　凉、衷剑菁、顾　洁、何　蒴、刘瑞丽、卢　燕、王耀中、陆　莹、陆立华、张春亚、褚李萍、王正红、闵　欣
2001	乔晓静、倪一琳、马忆春、毛志强、许剑华	吴依智、王晓琳、顾颉项、徐文卿、周　彦、孙　媛、冯海蓉、沈明斐、褚青青、徐颖玫	袁　懿、徐　艳、曹竹君、唐晴玲、朱丽敏、杨　颖、瞿　英、邬心敏、潘新华、葛清坤、陆怡琼、任雅琴、江　倩
2002	沈于昔、黄丹青、时　雁、郭乐薇、赵令瑜	季海华、潘　怡、郑秋婷、夏雅萍、沈妍玲、汤金云、陈冬梅、朱晓琳、梁　莉、虞　静	唐幸尔、董畠洁、卢　钧、王蓓茵、罗德珏、孙嫣雯、沈晓庆、樊丽娟、徐　文、周　君、张　燕、金　怡、马晓婕、施　雯、徐婉琼
2003	林　烨、杭　洁、张　钰、高咏梅、章　琪	蔡立妮、周　霏、单汝清、宋文婷、韩淑文、朱博闻、朱　凤、陈祯皞、周　勤、沈　娴	余奇慧、董佳芬、曹　波、陈艳飞、沈佳蔚、崔　颖、陆　盈、薛文婷、钱　鑫、丁轶琛、陆秋露、张　琪、卫蓓蕾、黄黎娜、金淑岚
2004	叶　鹏、沈　洁、林晓瑾、陈　效、徐晓旻	范文菁、马晓珏、黄旦媛、卢佳奇、金　叶、杭　婧、傅婧嘉、顾雅萍、徐　欢、施慧君	何雯娟、乔艳慰、潘佳伟、倪　婧、缪洁芸、任晶莹、蒋　婴、邹梅茜、卢支琴、冯　旭、郭　晨、陈　晔、徐　菁、曹燕燕、李　芸

（续表）

年度	一　等　奖	二　等　奖	三　等　奖
2005	陈晨敏、俞舒杨、方亚卿、方洁蕾、杨晓倩	孙　蕾、张秋霞、陈钰敏、夏　莎、曾燕萍、孙敏婧、姜　静、诸孝筠、蒋春燕、徐韵佳	汤舜尧、蒋蓉敏、李颖胤、邵马杰、杜　静、徐　怡、赵　宁、王　婧、陈智彤、郭家晟、董　裔、陈仲婷、阎月婷、陈婷雯、沈佳颖
2006	吴　吉、周　侃、沈　隽、王珺彦、冯云霞	钟婉琪、赵梓含、蒋寅晞、程思琪、沃旻璇、郑　颖、周　晨、谢明暄、刘晓萍、孙　薇	杨丽颖、毛予庭、陆风丽、周　瑶、曹　君、陈正明、冯晓楠、都　灵、林泳君、蒋丽莉、程　惺、徐银珠、杨秀兰、姚琳君、丁凤珠
2007	许　铃、严晓玲、叶　欣、刘庆圆、王　晶	刘　帆、王晏晏、钱　静、郭旻晓、周　璘、毕　静、程佳雯、李　斐、陈双霜、徐　晶	周　云、徐　攀、赵　玲、金丹婷、徐晓红、吴剑平、俞丹萍、陈　晨、田　婧、钱孝丽、许淑昕、费　旖、徐塑宇、李培勤、毛蓓丽

5. AIA—立信奖学金

AIA—立信奖学金是英国国际会计师公会与学校2003年设立的，主要奖励学校会计、金融和国际贸易专业方面品学兼优，且具有较高英语水平的学生。历年来评选结果如表10－2－10所示。

表10－2－10　AIA—立信奖学金名单

年　份	名　　单	年　份	名　　单
2003	蔡晓璐、陈　力、张晓蕴	2006	杜旖旎
2004	叶　鹏、董施文、陈　缨	2007	（未评）
2005	金珺雪、周文君、马清心		

6. 加拿大万能阁会计师公司(P. K. F.)在立信设立的奖学金

1986年6月，根据当时隶属于学校的上海会计师事务所与加拿大万能阁会计师公司(P. K. F.)签订的协议，加拿大万能阁会计师公司在立信设立了专项奖学金。该项奖学金于1987年10月首次颁发。

7. 立信会计师事务所助学奖学金

2002年，立信长江会计师事务所（立信会计师事务所前身）与学校签订协议，设立“立信长江奖学金”，每年评选15名学生，奖励金额1 000元/年。2007年1月，学校与立信会计师事务所达成协议，在原先评定奖学金的基础上，设立“立信会计师事务所助学奖学金”，分为“立信会计师事务所奖学金”和“立信会计师事务所助学金”两种形式。其中，“立信会计师事务所奖学金”标准为每人每年2 000元，名额为20人；“立信会计师事务所助学金”标准为每人每年1 000元，名额为10人。

另外还有其他企业单位和个人赞助设立的奖学金。根据现有资料，各种奖学金自1990～2007年历年评选情况如表10－2－11所示。

表10－2－11　奖学金评选情况表　　单位：人

类别 时间	人民奖学金	潘序伦奖学金	立信长江奖学金	AIA—立信奖学金	国家奖学金	大江奖学金	国家助学金	国家励志奖学金	上海市奖学金	上海市政府助学金
1990	693	/	/	/	/	/	/	/	/	/
1991	611	15	/	/	/	/	/	/	/	/
1992	715	15	/	/	/	/	/	/	/	/
1993	683	15	/	/	/	/	/	/	/	/
1994	829	15	/	/	/	4	/	/	/	/
1995	975	15	/	/	/	/	/	/	/	/
1996	848	25	/	/	/	12	/	/	/	/
1997	951	36	/	/	/	12	/	/	/	/
1998	907	30	/	/	/	12	/	/	/	/
1999	1 140	39	/	/	/	14	/	/	/	/
2000	1 173	41	/	/	/	15	/	/	/	/
2001	1 394	38	/	/	/	15	/	/	/	/
2002	1 536	30	/	/	17	20	/	/	/	/
2003	3 005	30	/	3	17	20	/	/	/	/
2004	3 180	30	15	3	17	/	/	/	/	/
2005	3 279	30	15	3	12	/	230	/	13	110
2006	3 538	30	15	1	12	/	230	/	11	110
2007	4 802	30	15	2	13	/	622	258	16	/

三、违 纪 处 分

学校的违纪处分工作，本着思想教育与纪律处分相结合的原则，维护学校正常的教学、工作和生活秩序，服务教书育人工作大局。

1. 修订学生违纪处分规定，完善管理制度

2005 年 3 月 29 日，教育部正式颁布了新修订的《普通高等学校学生管理规定》和《高等学校学生行为准则》。2005 年 10 月 26 日，学生处根据其精神结合学校实际情况，修改制定了《上海立信会计学院学生违纪处分规定》(立信学[2005]95 号)。2006 年 3 月 16 日，学校配套出台了《上海立信会计学院关于受理、处理、答复本校学生申诉暂行实施办法》(立信学[2006]20 号)，成立了学生申诉管理委员会。

2006 年 3 月 1 日起《中华人民共和国治安管理处罚法》开始施行，2006 年 7 月 10 日，学生处根据其条款再次修改制定了《上海立信会计学院学生违纪处分规定》(立信学[2007]79 号)。

2. 加强宣传教育，形成长效机制

学校形成了学生管理规定的宣传、学习长效机制，每年新生入学教育中，学生管理规定作为一项内容来学习，使学生知晓校纪校规、遵守校纪校规，确保学校各项工作平稳进行。另外，通过学校的网站等载体公布相关学生管理规定、学生违纪处分程序的流程图、学生申诉程序的流程图等。

通过宣传和学习，学生增强了遵纪守法意识，明确了自身的权利和义务。学校的违纪处分工作逐步度过调适期，步入正轨，呈现出平稳健康的态势。对比下来，违纪处分学生的各项数据均呈下降趋势(见表 10－2－12、表 10－2－13)。

表 10－2－12　违纪处分统计表　　单位：人

类别 时间	警　告	严重警告	记　过	留校察看	勒令退学	开除学籍	总　计
2003	22	3	8	24	0	0	57
2004	2	0	0	24	0	0	26
2005	4	2	0	7	1	0	14
2006	6	1	0	18	—	0	25
2007	0	0	1	2	—	0	3
总　计	34	6	9	75	1	0	125

表 10－2－13　违纪行为统计表　　单位：人

类别 时间	考试作弊	旷　课	偷　盗	打　架	违章用电	留宿异性	燃放烟花	总　计
2003	24	16	6	8	1	2	0	57
2004	20	3	2	0	0	1	0	26

（续表）

时间＼类别	考试作弊	旷　课	偷　盗	打　架	违章用电	留宿异性	燃放烟花	总　计
2005	7	5	2	0	0	0	0	14
2006	17	5	2	0	0	0	1	25
2007	2	0	1	0	0	0	0	3
总　计	70	29	13	8	1	3	1	125

第四节　帮困助学工作

1. 畅通助学贷款的“绿色通道”

学校认真部署、精心组织贫困学生申请国家助学贷款工作，畅通“绿色通道”，使每一位走进校园的贫困学子真切地感受到关爱和温暖。学校在暑期就做好了迎接家庭经济困难新生入学准备工作，加大资助政策宣传力度。一是大力宣传国家和学校资助政策，建立家庭经济困难新生档案。在新生录取通知书中随寄了本校《上海立信会计学院家庭经济困难学生认定申请表》、《上海立信会计学院个人信息表》、《申请国家助学贷款材料准备说明》等材料，使学生在入学前就对国家资助政策有了全面了解。根据收到的家庭情况调查表，建成家庭经济困难的新生档案。二是设立热线电话，接受家庭经济困难新生的咨询。三是积极筹措资助资金，为在“绿色通道”申请应急资助的家庭经济困难新生提供足额保障。学校设立了学生资助管理中心，对“绿色通道”工作作出部署，对缴费困难的新生一律先办理入学手续，制定新生入学“绿色通道”工作方案，使国家助学贷款政策顺利实施，建立起国家助学贷款银行与学校合作的良好运行机制。新生报到当天，学校还邀请银行工作人员到“绿色通道”现场办公，开展咨询服务。自 1997～2007 年，学校贷款和困难生情况如表 10－2－14 所示。

表 10－2－14　贷款和困难生情况表　　单位：人

年　　份	贷 款 生	特 困 生	困 难 生
1997	20	43	85
1998	26	55	98
1999	106	66	157
2000	198	80	212
2001	202	92	224

（续表）

年　　份	贷 款 生	特 困 生	困 难 生
2002	215	132	327
2003	182	182	398
2004	220	186	444
2005	216	169	485
2006	206	195	532
2007	226	256	651

2. 对困难生的资助

学校按照上级规定设置了帮困基金，对于来自农村、贫困边远、少数民族地区、军烈属子女、孤儿、单亲、残疾、重症病人（丧失劳动能力）以及双下岗等因家庭困难而难以承担学习期间全部或部分生活、学习费用的给予：① 困难补助 300～2 000 元；② 冬令补助：主要用于帮助困难生欢度寒假、春节及添置冬衣等，每次 200～500 元；③ 意外特困补助：学生遭受意外事故造成经济困难的，可酌情一次性补助，最高金额 2 000 元；④ 学费减免补助，根据教育部及市教委有关文件精神，结合学校的实际情况，特制定学生学费减免规定一级（2 000 元）二级（1 500 元）三级（1 000 元）；⑤ 医疗帮助补助：分别对门诊、住院、大病的最高补助金额为 500、2 000、4 000 元；⑥ 设立奖学金、荣誉称号等各项奖励措施，鼓励一批品学兼优的大学生。

另外，学校制订了《上海立信会计学院大学生医疗帮困补助管理办法（暂行）》，为学生提供医疗补助，切实保障家庭经济困难学生，尤其是特困生在发生重大疾病后能得到学院的有效帮助，减轻家庭经济负担。

3. 勤工助学工作

学校积极解决学生实际困难，开设了 30 多个勤工助学岗位，如校内的图书馆整理员、办公室值勤员、报纸收发员、统计员、治安巡逻员以及校外的"东方绿舟"等勤工助学活动。通过有组织地引导困难生参加知识型、劳务型勤工助学活动，不仅减轻了他们的经济负担，还培养了学生自食其力、吃苦耐劳的精神，发挥他们的专业优势和个人特长，培养自立自强观念，提高他们的社会责任感和社会适应能力。在努力拓展校内勤工助学岗位的同时，进一步规范勤工助学工作的规范管理，建立勤工助学岗位检查制度、日常考核制度、工资审核制度等一系列监督措施。对于勤工助学学生的管理，相关负责人进行定期检查及不定期抽查，对出现的问题及时做出处理，并通过对工作情况的翔实记录，充分保证学生的权益。学校将于 2008 年上半年设立由学生自主管理、自主经营的慈善工作站，不仅为困难生提供了勤工助学的岗位，同时也为他们提供回报社会的平台。

4. 多样化的温情活动

为了使困难生感受师生的关爱，亲临节日的氛围，学校特别下拨活动经费，开展各类节日慰问、关爱活动，譬如：送月饼、中秋晚会等。为了让外地来沪新生能够尽快了解上海，更好的融入大学生活，组织了“外地新生看上海活动”，同学们在感受着美丽上海的同时，更为今天祖国的高速发展而自豪；举行爱我中华的助学仪式、爱心轮椅车等捐赠活动、慈善慢跑活动和慈善基金会组织的助学仪式，把社会的温暖和学校的关爱传达给每一位学生。

5. 不断完善贫困学生资助体系

为了加强学校的帮困助学工作，学校完善学生资助管理中心，先后出台了一系列学生帮困条例、实施细则、相关手续和各项管理制度，如：上海立信会计学院学生困难补助实施办法、上海立信会计学院学生学费减免规定、申请困难补助流程图、申请国家助学贷款须知、申请助学贷款流程图、上海立信会计学院学生勤工助学管理办法、申请勤工助学岗位流程图、勤工助学经费实施办法、申请住院医疗理赔流程图、学生生活补贴实施办法、关于接受社会资助、赞助等管理使用办法，并通过网络形式公布相关帮困政策及受资助学生名单、勤工助学岗位招聘、国家助学贷款的信息等，增加办事透明度，自觉接受公众的监督。

第五节　学生公寓管理服务

学校2001年入驻松江大学园区，由一所走读制学校转变为寄宿制学校。学校于2004年8月设立学生公寓管理办公室，归口学生处管理。学生公寓管理办公室设有人员编制2名，主要工作职责是制定并逐步完善学生公寓管理各项规章制度，统筹全校学生的住宿安排和日常管理，利用学生公寓这一重要阵地开展大学生思想政治教育，监督并指导学生公寓物业公司的管理服务工作等。

1. 建立健全各项规章制度

学校制定了《上海立信会计学院学生公寓管理规定》，从住宿管理、安全管理和卫生管理等方面对学生的行为进行约束和引导。

学生公寓管理办公室制定了应对突发事件的《上海立信会计学院学生公寓突发公共事件应急预案》和《学生公寓安全管理规定》，还制定了详细的公寓安全设施管理和使用制度，保证学生在住宿、用水、用电、防火、防盗等方面都有章可循。到目前为止，学校学生公寓未发生重大恶性事故。

学生处组织开展了学生公寓“文明寝室”创建评比活动，制定了《上海立信会计学院学生公寓“文明寝室”评选办法》和《上海立信会计学院学生寝室文明公约》，引导学生在文明创建活动中，培养自觉，养成良好的行为习惯。

2. 学生公寓育人阵地的积极作用

为及时了解和掌握学生的思想动态和行为表现，做好学生思想教育和行为指导工作，学校50余名专职学生辅导员全部入住学生公寓，与学生“同吃、同住、同学习”。在此基础上，安排学生处领导、系部总支副书记及公寓管理办公室成员夜间在学生公寓值班，周末安排学生辅导员全天在学生公寓值班，负责应急处置学生公寓突发事件。

每年寒暑假和其他节假日，学生公寓管理办公室认真做好留校学生的统计工作，本着"学生留宿公寓一天，办公室安排人员值班一天"的服务理念，办公室成员晚放假、早报到，确保留宿学生的安全与稳定。

学生处在四期学生公寓 16 号楼设立"学生社区服务中心"，内设"办公室"、"红色驿站"、"创业创意园"、"心灵有约"工作坊、"爱心屋"、"充值处"及会议室等场所。服务中心的成立为学生搭建了自我教育、自我管理、自我服务的平台，有利于充分调动广大学生参与学生社区各项工作的积极性和主动性。

3. 学生公寓精神文明建设

学生公寓基础文明是学生公寓精神文明建设的必然要求。学校注重加强公寓基础文明建设，把学生公寓安全卫生检查和反馈工作常态化、制度化，通过狠抓脏、乱、差寝室的治理工作，批评落后，启发自觉，在一定程度上改善了公寓基础文明状况，有力地配合了学校精神文明创建的工作。

学院学生处组织一年一度的"文明寝室"创建评比活动。创评活动通过对学生寝室的安全卫生、环境布置、学习状况等方面的考察，调动了广大同学的积极性，提升了学生公寓整体形象。截至 2008 年，"文明寝室"创建评比活动已经进行了四届。2005 年共表彰"五星文明寝室"10 间，"三星文明寝室"122 间。2006 年分别是 19 间和 185 间。2007 年是 23 间和 199 间。此外，学生公寓管理办公室分别于 2004 年 11 月和 2007 年 4 月成功举办了两届学生公寓文化节。

4. 对物业管理公司的监督与指导

学生公寓由学生处负责的决定，学校授权学生处通过公开招标，招聘物业管理公司承担学校学生公寓的管理和服务工作。

物业公司的管理和服务工作主要包括日常管理、设备维修、公共区域保洁、安全卫生巡视等四部分。这些工作直接面向全体学生，其管理服务的态度和水平直接影响学生在公寓的思想和生活状态。学生公寓管理办公室利用每月一次的安全卫生巡视员工作会议，交流情况，总结工作。

一年一度的"优秀楼管员"评比活动是对楼管员工作的检验和总结。办公室通过评选活动组织"优秀楼管员"作经验交流，提高楼管员的思想认识和业务能力，也使广大学生对楼管员的工作有了更加深刻的了解；同时，同学们也对楼管员工作提出合理化的意见和建议，有利于楼管员队伍的建设和管理工作的深入开展。

5. 引导学生"自我教育、自我管理、自我服务"

2002 年 9 月，学校成立了上海立信会计学院学生公寓自律委员会，搭建了一座联系学校、物业和学生的桥梁。在学生处指导下，自律委员会制定了《上海立信会计学院学生公寓自律委员会章程》，成为自律委员会成员的行为规范。根据自律委员会委员兼任所在公寓楼楼长职务的实际情况，自律委员会还制定了《上海立信会计学院学生公寓楼长、层长、室长工作职责》，明确了他们的工作范畴，使得学生公寓“楼长—层长—室长”三级管理网络有了实际内容。

自律委员会成员兼任各公寓楼楼长。他们对公寓大厅环境布置进行了精心的设计，通过挂牌上岗使同学们了解楼长的工作职责；信息栏的开辟和楼长信箱的设置为广大同学和楼长之间搭建了交流的平台。此外，在自律委员会成员的建议下，学校为学生购买了微波炉、礼仪镜、电子钟、名人书画等，为学生提供物质保障，营造了家的温馨氛围，以人为本的人文关怀在学生公寓得到了充分的体现。

实施“大学生文明修身实践活动”，办公室组织了19号楼部分男生打扫自行车库，摆放自行车，配合物业公司保洁人员清理车库顶棚的垃圾等，让学生从自我做起，从小事做起，在实践活动中加强自我教育和自我管理。

第三章　就业指导与服务

第一节　就业指导机构

2002年，毕业生分配办公室从人事处转至学生处，更名为毕业生就业指导办公室。2003年年底，学校贯彻教育部周济部长的讲话精神，进一步明确了毕业生就业指导工作的职责、人员编制并划拨专门经费，成立了校系两级就业工作领导小组，由校长担任组长，各系部的就业工作领导小组组长由系主任担任，形成齐抓共管的局面。

2004年，就业指导工作队伍建设进一步加强，工作能力进一步提升，就业指导工作贯彻“早动员、早启动、早落实”的方针，得到了上海市副市长严隽琪的肯定。

2005年10月，就业指导办公室开通了专门的就业信息网，搭建网络就业平台，通过开展网上毕业教育、就业指导、网络招聘等方式，多渠道地开展毕业生就业工作。

2006年，学校正式将《大学生就业指导与创业》纳入教学体系，面向全校开设选修课程。2007年，毕业生就业指导办公室更名为就业指导中心，进一步丰富和完善了就业指导工作的职能，有计划、有步骤地开展职业发展教育。

学校就业指导机构设置如表10－3－1所示。

表10－3－1　学校就业指导机构设置一览表

机构名称	人数	工作职能
毕业生分配办公室	2人	毕业生工作分配
毕业生就业指导办公室	2001～2002年：2人 2003～2005年：3人 2006年：4人	1. 毕业生就业推荐　校园招聘 2. 市场开拓　信息管理 3. 毕业生就业管理
毕业生就业指导中心	4人	1. 毕业生就业推荐　校园招聘 2. 就业指导与培训　信息管理 3. 职业生涯辅导　职业发展教育 4. 毕业生就业管理

第二节　毕业生的就业

1998年以来，我国大学生就业模式经过计划经济体制下的“统包统分”模式，教育体制改革下的“供需见面”为主、“双向选择”为目标的就业模式，社会主义市场经济下以“自主择业”为主要特征的毕业生就业模式三个阶段发展。

1998～2003 年，学校共有毕业生 7 062 人，均为在徐汇校区就读的专科毕业生。其中，1998～1999 年，每年毕业生人数不超过 1 000 人，平均就业率为 99.3%，进入国有单位工作的学生有 527 人，进入股份制单位的有 414 人，进入私营、三资企业的有 612 人，出国、升学的有 14 人。

2000 年以后，随着高校的扩招，学校毕业生人数逐年递增，2000～2003 年共有 5 675 人，平均就业率为 92.4%，进入国有单位工作的学生有 1 890 人，进入股份制单位的有 1 197 人，进入私营、三资企业的有 1 577 人，出国、升学的人数有 354 人，其他就业去向的有 228 人。随着市场经济的发展，学校毕业生到非公有制单位工作的人数一路攀升，到 2003 年已达到毕业生总数的 48.3%。而从就业的行业分布来看，从教育、文化、广播等国家机关，到金融、银行、证券等金融机构，再到制造业、服务业、建筑装潢，就业趋向多元化的倾向也更加明显。

2004 年，学校迎来了松江校区大专学历的首届毕业生，毕业生中既有秋季毕业生，还有春季毕业生，人数为 2 305 人，就业率达到了 96.5%，签约率为 41.4%，比 2003 年又有了一定的提高。其中，进入国有单位工作的学生有 696 人，进入股份制单位的有 577 人，比 2003 届增加了 87 人；进入私营、三资企业的有 743 人，比 2003 届增加了 274 人；出国、升学的人数有 208。同时，随着上海建设商业金融中心步伐的加快，2004 届毕业生从事商业服务业和投资咨询业的人数也呈上升趋势，特别是商业服务业，占总体的 9.77%，比 2003 届增加了 4 个多百分点。

2005～2007 年共有毕业生 5 158 人，平均就业率为 97.2%，进入国有单位工作的学生有 1 551人，进入股份制单位的有 795 人，进入私营、三资企业的有 1 882 人，出国、升学的有 784 人。

从近十年学校毕业生的就业状况来看，毕业生的就业率基本呈逐年上升趋势，从就业单位性质来看，非公有制单位的就业人数逐年增多；从行业门类来看，金融、投资类单位是学校毕业生的主要去向。像普华永道、德勤、毕马威、立信等知名会计师事务所都录用了学校的毕业生，工、农、中、建四大国有银行，交通银行、浦东发展银行、招商银行等也一直是学校的大客户。而从就业岗位来看，由于专业设置的原因，毕业生就业基本集中在财务类岗位，占总体的 80%以上。

第三节　理念的转变和工作的具体举措

一、就业指导工作理念的转变

多年来，学校坚持在国家就业方针政策指导下，积极搭建毕业生自主择业、双向选择的交流平台，开展各项就业指导、就业推荐、就业管理等工作。随着市场经济的逐步深入，高校扩招的体制改革，学校在进入 21 世纪以后特别是进入松江大学城和升格为本科院校以来，在工作中牢固树立"以学生职业发展成才为本"的工作理念，不断完善和拓展工作职能，转变原有的"临阵磨枪"式的就业指导和简单的就业推荐模式，将"未雨绸缪"式的职业生涯规划教育纳入就业指导的工作体系，积极鼓励毕业生响应国家基层就业成才的政策，不断拓宽毕业生就业渠道，引导毕业生到各种非公有制经济性质的企业单位就业的同时，指导学生进行科学的生涯发展规划。

二、就业指导与服务的具体举措

1. 实施就业工作“一把手”工程

校领导非常重视毕业生就业工作，多次专门听取毕业生就业工作进展情况的汇报，研究部署学校的毕业生就业工作，并做出具体的批示。同时，学校形成了“就业工作一盘棋”的思想，将就业指导工作作为一项系统工程，各个部门予以积极的配合和大力的支持。

2. 完善机制，力争就业工作再上新台阶

近年来，学校先后建立了就业工作的各项制度，如就业奖励制度、就业情况月报表制度及进展通报制度等。自2003年建立了毕业生就业信息库以来，及时更新学生的签约、就业情况，并根据每月的数据以及与上年同期的对比情况撰写就业情况分析报告，实行每月通报制度，使各系部及时了解全校就业的情况，传递就业压力和提供就业相关指导信息。2006年开始，实行了面试跟踪和反馈制度，设计了学生《面试情况反馈表》及《面试失约通知书》，及时收集学生的面试情况，反馈信息。

3. 加强就业指导队伍建设

学校升本后，重视就业指导人员的队伍建设，从专业化培养、多元化引导的方向着手，制定了系部辅导员“职业咨询师”、“职业指导师”的培训计划，加强培训。同时加强了毕业班辅导员的工作学习和交流，定期召开毕业班辅导员沙龙等活动。2007年年底，已有10位教师获得了职业指导师和职业咨询师的证书。

4. 努力开拓就业工作新领域

作为松江大学园区第一批有毕业生的院校，学校于2004年11月，承办了上海市高校毕业生大型就业市场松江园区专场，得到市就业指导中心的肯定，校党委书记桑秀藩出席开幕式并致辞。此后，学校坚持每年召开一到两场大型就业市场，注重发挥就业市场招聘周期短、单位多、成功率高的优势，得到了校领导的大力支持，校长唐海燕，校党委副书记、副校长朱坚强多次亲临招聘会指导工作。2006年，学校又开设了每周常设小型招聘会，将招聘会常规化。随着就业网站的开通，引入了网上招聘的新形式。同时，面对新的就业形势与压力，坚持“走出去、请进来”的方针，积极与各类用人单位联系、沟通，建立就业需求的联系机制；整合社会资源，开展多种方式的校企联谊活动。例如，自2005年开始的以“牵手事业路，共筑美好未来”为主题的“立信伯乐汇”，2006年开展的“立信专家会”，2007年开展的“立信英才汇”等，从多个角度扩展就业市场。

5. 加强个性化的就业指导与服务

近年来，学校加大就业指导与服务的力度，扩大覆盖面，贴近学生，根据每届毕业生的具体情况，编印就业指导手册。多次通过召开未就业学生、外地学生、优秀毕业生座谈会等形式，了解学生的需求和心声；同时将心理学的团体辅导、团队训练等技术引入就业指导。组织学校的

职业指导师设立“就业咨询服务与实习支援服务”门诊，切实帮助学生解决求职道路中遇到的各种问题。

树立“一切为了学生”的服务理念，坚持定时定点的值班制度。为方便学生，就业中心工作人员放弃休息，连续多年建立寒暑假值班制度，及时为学生办理协议书的鉴证、签约手续，努力做到“就业服务全年无休”。2004 年以来，考虑到松江校区不利于学生办理手续，就业指导中心克服困难，在徐汇校区设立工作点，为同学们服务。

6. 积极拓展大学生职业发展教育功能

从 2005 年开始，连续三年在九月份推出了“规划大学生涯，描绘职业彩虹”为主题的“立信职业发展指导活动月”，集中举办就业软技巧培训、就业经验分享会、生涯规划指导讲座、职业生涯规划征文大赛等系列活动。

同年 10 月，为了给在校学生提供更多的就业实习资源、职业生涯辅导和求职帮助，加强对学生就业软技巧的培训，就业指导办公室积极联合社会力量，整合社会资源，加大工作的改革力度，坚持“以学生成长发展为本”的工作理念，成立了“大学生职业发展探索俱乐部”，俱乐部坚持“月月有活动”的工作计划，每月安排一次企业探访或英才培训活动。

2006 年，在全校学生中开设了《大学生就业与创业指导》公共选修课，通过正规的课堂教育，对全校学生进行全程化的职业发展教育。同时，通过职业咨询师、指导师“门诊坐堂”的方式，开展一对一的职业咨询，加强个性化指导。

同年 3 月，创办了就业导报——《启航》，并成立了学生记者队伍，报纸每月发行一期并有一个鲜明的主题，如职业发展篇、面试篇、实习篇、职场篇等，引导学生树立正确的职业观，提供就业信息和就业技能指导，积极引导和鼓励毕业生到基层就业、西部就业、岗位成才。

2007 年，为了充分发挥学生的主动性、积极性，在“大学生职业发展探索俱乐部”的基础上成立了“大学生职业发展协会”，并以此为平台举办了两届“暑期训练营”活动，通过英才培训、企业探访、社会调研、生涯体验辅导等多种方式，为学生提供“工作坊”式的辅导；组织“立信首届人才体验大赛”，以创业竞赛活动为切入点探索创业教育的实施；面对 2008 年首届本科毕业生，策划组织了“第一启程”首届本科人才策划推广大赛，树立立信品牌意识，培养学生自主就业、科学规划的能力。

7. 加强调研和理论研究

从 2004 年起，每年暑假以系部为单位开展“走访百家用人单位”的活动，提前让学生接触社会。同时设计有针对性的调查问卷，开展用人单位对我院毕业生质量的跟踪反馈调研，并形成文字报告，为学校教育教学工作提供信息。

第四章 大学生心理健康教育

1997年，学校心理咨询室正式成立，当时只有一名心理教师，隶属于德育教研室。2002年，心理咨询室挂靠学生处，人员编制2名。心理咨询室自成立以来，一直遵循思想政治教育和大学生心理发展规律，坚持心理健康教育与思想教育相结合、普及教育与个别咨询相结合、课堂教育与课外活动相结合、教育与自我教育相结合、解决心理问题与解决实际问题相结合，开展心理健康教育，做好心理咨询工作，提高大学生的心理调节能力，培养大学生的良好心理品质，促进大学生思想道德素质、科学文化素质和身心健康素质协调发展。

一、以心理健康教育宣传月为龙头，广泛开展普及性的心理健康教育

心理健康教育宣传月一直是心理咨询室每学期的特色项目，是工作重点之一。在心理健康教育宣传月期间，开展心理健康教育签名、心理健康教育宣传材料发放、心理健康教育讲座等活动，同时也举办校园心理剧大赛、心理漫画比赛、心理知识竞赛等大型活动。

二、加强心理健康教育师资队伍的建设，塑造学习型团队

1. 专兼职心理教师

心理健康教育专兼职教师一直参加东华大学心理咨询示范中心定期举办的免费督导培训。在参加业务督导的同时，还积极参加了市教委主办的高校心理咨询师中级资格认证等相关培训。

2. 心理辅导员

通过举行心理沙龙，加强心理辅导员老师对积极暗示与悦纳自我重要性的认识，提高广大辅导员老师的自我觉察能力，提升自我接纳程度，完善自我心理素质，对学校辅导员整体心理素质的提升起到了很好的推动作用。在举办心理沙龙、案例督导、团体心理培训的同时，还带领心理辅导员积极参加作为松江大学城心理健康教育示范中心的东华大学等其他高校提供的案例督导、团体心理培训及心理讲座等丰富活动，以更好提升心理辅导员的综合素质。

三、完善心理健康教育三级网络，提高心理健康教育覆盖率

心理健康教育不能单纯地进行理论知识的传授，一定要结合学生的实际，组织丰富多彩、形式多样的活动，这样才能增强教育的实效性。心理委员作为大学生心理健康教育三级网络中的

第三级网络，是在班级开展心理健康知识宣传教育的主力军，为了使他们在刚刚开始的时候就能够主动同别人接触交流，鼓励害羞的人更多地参与，活跃团队活动的气氛，加深沟通，达到相互熟悉增进了解的目的，从而使心理委员整个团体更加融洽，增强这个团体的凝聚力，心理咨询师多次开展户外拓展培训，让同学们走出校园，呼吸大自然的清新气息，亲自体验克服一个个困难的艰辛与快乐，让大家在游戏中学习，在娱乐中成长，让大家体会到团队合作与沟通的重要性，学会悦纳自己，关爱他人。此外，立信心理学社作为心理健康教育三级网络的一部分，作为朋辈辅导的主要力量，在心理教师的指导下组织了心理知识讲座、心理电影赏析、心理测试、心理游戏、团体心理培训等系列活动，对心理健康教育知识的宣传与普及起到了很好的促进作用。

四、以心理测试为参照，进行心理危机干预

每学年对新生进行心理健康普测，及时进行统计分析，撰写报告，建立学生的心理档案，并对普测中筛选出心理素质差的重点学生跟踪访谈和恰当的危机干预。同时，心理咨询室还为同学们提供了红黄蓝绿性格测试、人际交往综合量表测试、焦虑测试等不同主题的相关心理测试，以满足广大学生的需求。

五、深入开展常规心理咨询工作

随着学生学习压力的增大，竞争日益激烈，青春期躁动以及遇到的一系列青少年常见心理问题，他们迫切需要心理辅导以摆脱日益严重的不良情绪。校心理咨询室充分发挥其职能作用，相应开设了学生个体咨询、电话咨询、网上咨询及团体咨询等各项服务，并创建心灵导报《心晴》，定期发放。

1. 个体咨询

学生有什么心理问题、困惑需要帮助而又因为某些原因不能面谈的，都可以通过电话的形式或网络的形式，与咨询老师沟通。心理咨询室专门设立了“我爱我心”即525mood@163.com电子信箱，对来询信件回复，并从专业领域向他们解释、建议、鼓励，帮助他们走出困境。学生也可按预约的时间当面咨询。心理老师对待每一名前来寻求帮助的学生都耐心和他们一起讨论问题，分析原因，探讨解决的方法，增强他们的自信心，使每名学生都得到相应的帮助。

2. 团体咨询和团体培训

团体咨询和团体培训是更广泛解决学生的心理问题、增进学生心理健康的有效途径。心理咨询室的老师以班级或社团为单位多次开展以“团队建立”、“团队沟通”、“团队合作”和“团队发展”为主题的团体咨询和团体培训，进一步提升了班级或社团的凝聚力，对班级或社团的良好发展起了积极的促进作用。

3. 教职工咨询

作为学校的教职工，尤其是奋战在学生工作第一线的辅导员老师，在为学生解决各种纷繁复杂问题的同时，自身难免也会造成一些情绪冲突或心理危机。为此，心理咨询室的老师与他

们促膝长谈，聆听他们的心声，为他们排忧解难，做教职工的知心朋友。

4. 拓展为学生服务空间

本着方便学生、贴近学生和服务学生的宗旨，真正走进学生生活，了解学生生活，及时解决学生在发展、成长过程中的心理困惑，开展心理健康进社区活动，心灵有约工作坊于2008年3月正式启动。

六、科　　研

心理咨询室以日常个案为素材，注重心理健康教育材料的积累，开展了“大学生人际沟通”、“大学生人格研究”等相关课题研究，并积极配合市教委相关课题的施测工作。

第十一篇

教学科研辅助工作

第一章　图书馆

第一节　机构设置与沿革

一、专科教育建设时期

1. 初创阶段(1980～1987 年)

1952 年全国高校院系调整时,图书馆因学校停办而随之结束,全部藏书分送其他高校和上海图书馆。1980 年立信复校时,学校没有自己的校舍,只是将购置的图书期刊暂借中学的教室放置陈列,以供师生阅览。1981 年,学校筹设图书馆,先后在东风中学、绍兴中学借房对师生开放。1983 年,图书馆随学校迁入定西中学,图书由 3 000 余册增至 8 000 余册。学校重视图书馆建设,大量采购图书,扩大期刊增订。1983～1987 年,学校购置,加上向社会征集以及校友和各方赠送,图书馆藏书增至 10 万余册,中外文期刊也已有 300 种左右。

在 1986 年之前,图书馆的工作人员较少,由傅顺莲同志安排日常工作,归教务部门代管。1986 年 9 月,学校决定,图书馆与学校的系、处室平行,由校长直接领导,开始设馆长(主任)负责图书馆的工作。

2. 发展阶段(1987～2002 年)

1987 年 7 月,新校舍在中山西路 2230 号落成,图书馆迁入新校舍。图书馆馆舍面积4 200 平方米,其中书库面积 2 100 平方米,阅览室面积 500 平方米,阅览座位 295 个。自此,图书馆业务的展开逐步纳入正常化的轨道。1989 年年底,辟“会计专业图书样品室”,陈列古今中外各类会计书籍 1 000 余册,以后又开设了会计专业书阅览室。根据《中华人民共和国高等学校图书馆工作条例》精神,图书馆开始制定必要的规章制度,按照上级的要求不断提高了图书馆工作中教书育人服务的能力。1993 年 10 月,上海市高教局高等专科学校图书馆评估专家组来校对图书馆工作进行全面评估,在肯定成绩的同时,也指出了问题和不足,提出了改进意见,促进了学校图书馆的建设。

由于学校招生名额的扩大,将图书馆中的阅览室改建成教室。为了使学生有宽敞的阅览环境,1996 年学校另建临时新楼,设立阅览室。

2001 年 7 月,松江新校区设立临时图书馆,在松江新校区开辟几个阅览室,供师生阅览。

图书馆按采编、流通、期刊阅览、检索等部、室各司其职。最多时有 32 人,1993 年学校确定图书馆人员编制为 28 人。1996 年有工作人员 23 人。

2002 年 7 月,松江新校区图书馆楼建设落成。新馆建筑面积 6 700 平方米。设有各种借阅室、阅览室、书库等开放场所 25 个,阅览座位 1 691 座,多媒体阅览室有 120 台电脑供读者上机。同时原在中山西路徐汇校区的图书馆仍然保留着,作为高等职业技术学院和成人教育学院的文献资源中心。在中山西路徐汇校区的图书馆称为徐汇分馆。

二、本科教育建设时期(2003～2007年)

2004年8月，松江校区图书馆又新增馆舍面积3 700平方米，其中2 700平方米位于信息楼五楼东部与整个六楼，1 000平方米位于图书馆楼四楼。

学校十分重视图书馆建设，学校升本后设立学校图书馆工作委员会。委员会主任为校长唐海燕，副主任为校长助理曹惠民，委员为汪雪兴等26人。图书馆工作委员会是学校文献信息工作的咨询和协调机构，成员以教师为主，吸收学生参加，定期召开会议，听取图书馆馆长的工作报告，讨论学校文献信息工作的重大问题，反映师生的意见和要求，向学校和图书馆提出改进图书馆工作的建议。

图书馆下设办公室、采编部、信息技术部、流通阅览部、徐汇分馆，现有专业技术人员和管理人员30人。其中副高级以上专业人员6人，本科及以上人员17人(博士1人)。图书馆在全院15个系部设有资料室，系部资料室在业务上由图书馆统一管理，与图书馆一起共同组成学院的文献信息服务体系。图书馆设有书库与借阅室、图书馆特色文献资源中心、阅览室、潘序伦著作展示室和提存书库、多媒体资料室、影视演讲厅、复印室、自修室。

图书馆现由松江总馆北区(图书馆楼)、总馆南区(信息楼五楼东部、六楼)、徐汇分馆三处馆舍组成，建筑总面积13 202平方米。2007年开始建造图书馆新馆，建筑面积达18 000平方米，将于2008年秋季启用。

1986年9月后图书馆负责人情况如表11-1-1所示。

表11-1-1 1986年9月后图书馆负责人

副主任	王法尧	1986.9～1988.12	副馆长	舒菊妹	1995.2～2002
副馆长	涂克智	1988.12～1995.2	馆　长	钟陵强	1999.12～2002.7
馆　长	金家富	1993.9～1995.2	馆　长	汪雪兴	2002.7～
常务副馆长	涂克智	1995.2～1999.9	馆长助理	黄　真	2003.12～2005.1
副馆长	孙建翔	1995.2～2003	副馆长	黄　真	2005.1～

第二节　馆藏资源建设

1. 图书

图书馆从最初1983年3 000册图书到2007年年底，馆藏文献资源总量已达到1 183 297册。其中中文纸质藏书731 594册(含过刊36 933册)，外文纸质藏书11 502册(其中过刊728册)。主要收藏经济、管理、政治、法律、文学、语言文字、历史、哲学、教科文等类文献资源，其中财会、经贸等F类图书占1/3。

1996～2007年图书文献新增量情况如图11-1-1所示。

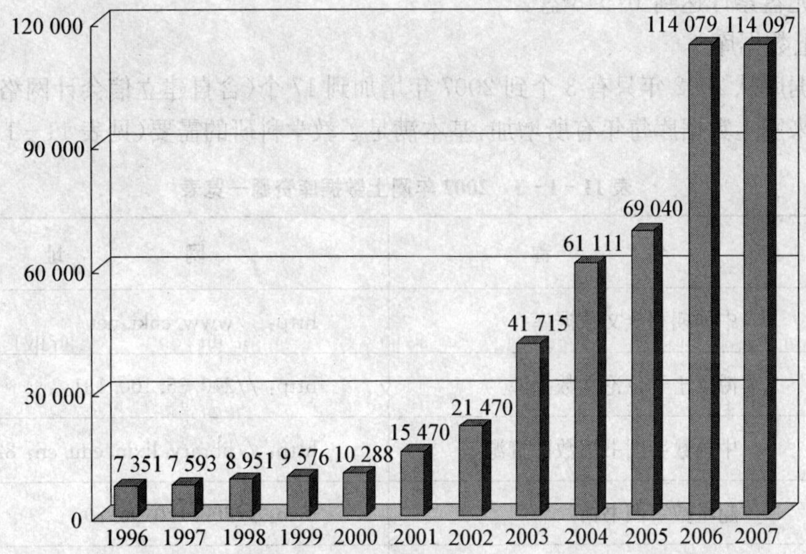

图 11-1-1　1996～2007 年历年图书文献新增量情况(单位: 册)

自 2004 年起,学校加强了图书馆文献资源建设力度，2006 年全年新增纸质藏书 114 079 册,同比增长 65.24%,当年生均增加图书文献量 15.31 册。2004～2007 年新增和生均图书情况如表 11-1-2 所示。

表 11-1-2　2004～2007 年新增和生均图书情况表　　　单位: 册

时间 类别	2004 年	2005 年	2006 年	2007 年
全日制新生(人)	2 342	2 383	2 738	2 765
全日制在校生(人)	6 641	6 910	7 450	9 326
年新增图书文献量(册)	61 111	69 040	114 079	114 097
生均增加图书文献量(册)	9.20	9.99	15.31	12.23
馆藏纸质图书、过刊(册)	399 713	476 921	599 163	731 594
生均纸质图书(册)	60.19	69.02	80.42	77.40

2. 期刊与报纸

长期订阅中外文报纸期刊 1 890 种(其中国内期刊 1 530 种),长期订阅国外期刊(含电子期刊)7 107 种(其中纸质 107 种)。

3. 电子文献和网上数据库

(1) 电子文献

为适应数字化图书馆建设发展的要求,加强了电子资源建设。到 2007 年年底电子图书

46.15万册，光盘累计达到10 945盘。

(2) 网上数据库

网上数据库从2002年只有3个到2007年增加到17个(含自建立信会计网络教学资源库1个)。5年来网上数据库每年有所增加，基本满足了教学科研的需要(见表11-1-3)。

表11-1-3 2007年网上数据库资源一览表

序号	名称	网址
1	中国期刊全文数据库	http://www.cnki.net
2	博硕士学位论文数据库	http://210.35.100.131
3	中国数字图书馆数图资源	http://library.lixin.edu.cn:82
4	超星数字图书馆	http://202.120.96.70
5	中国法律资源数据库	http://www.lawyee.net
6	万方数据资源系统	http://202.120.203.253:8089
7	维普中文期刊数据库	http://202.121.226.3
8	西文期刊目次数据库	http://202.120.203.252.8000
9	中国资讯行	http://www.bjinfobank.com
10	EBSCO数据库	http://search.ebscohost.com
11	中国经济信息网	http://ibe.cei.gov.cn
12	人大复印报刊资料	http://book.zlzx.org/
13	文汇报图文光盘	http://library.lixin.edu.cn:8383/
14	国研网	http://edu.drcnet.com.cn
15	聚源数据工作站	http://www.gildata.com.cn
16	学科导航	http://lixin.firstlight.cn
17	立信会计网络教学资源库	http://210.35.103.66/tsg/index.asp

(3) 网页

图书馆网页是信息服务的平台，既反映图书馆工作动态，又提供馆藏文献、数据库的检索入口及专业类网上资源的链接，成为集信息发布、资源集成和学科导航为一体的重要文献信息媒介。网页信息每周动态更新，网页自2002年开设以来点击量已逾43.9万人次。网上资源每天24小时对校园网用户开放。

第三节　读者服务

一、借阅服务

1. 借阅室与阅览室

采用借书、阅览合一模式，书库与借阅室连在一起。

拥有6个借阅室：经济图书借阅室、社会科学图书借阅室、文学图书借阅室、语言文字图书借阅室、自然科学图书借阅室和外文图书借阅室。

设有8个阅览室：专业期刊阅览室、综合期刊阅览室、特藏书阅览室、多媒体阅览室、报纸阅览室、过刊阅览室、过报阅览室和赠书阅览室。其中特藏书阅览室收集有各类工具书、四库全书、民国丛书、古籍线装书、画册等。赠书阅览室收集有本院教师和其他院校捐赠的著作。多媒体阅览室提供网上电子资源服务。

2. 特色文献资源中心

(1) 会计文献资源中心。建于2005年，面积为300平方米。中心运用了借阅合一的方式，将中外会计、财务管理、审计等学科的图书、期刊和电子资源等各种媒体资源集中，为师生教学科研提供一站式服务。中心已配置中文、英文和日文会计、财务管理、审计类专业图书2.5万册，中外文专业期刊154种，专业报纸6种。配备了4台液晶屏电脑供读者查询电子资源。

(2) 开放经济与贸易文献资源中心。建于2006年，面积达260平方米。中心运用了借阅合一的方式，将中外文图书、期刊和电子资源等各种媒体资源集中，为师生教学科研提供一站式服务。中心已配置中外文经济学理论、世界经济、贸易经济等专业图书3.9万册，中外文专业期刊182种，专业报纸15种。配备了4台液晶屏电脑供读者查询电子资源。

(3) 中国立信风险管理研究院文献情报中心。建于2007年，面积约120平方米。现配置了经济、社会等各方面风险控制与管理的种子本图书1 019册，中外专业期刊15种，配备了2台液晶屏电脑供读者查询电子资源。

3. 潘序伦著作展示室

展示学院创办人潘序伦及其同仁于20世纪30～50年代编写的专著。

4. 开放时间借阅人次

1987年，图书借阅人次33 813人次，借阅图书9 676册次。

至1990年年底，图书馆业务的开展逐步纳入正常轨道，陆续开辟了书库、教师阅览室、学生阅览室、期刊室、检索室，提供文献借阅服务。阅览室每周开放72小时，主要流通书库和阅览室采用开架服务方式。

1997年11月，期刊阅览室开放时间延长至21:30，增加了学生课外阅读的场所，也提高了文献资源的利用价值。在复习迎考阶段，允许学生携带课本笔记本进入阅览室。当年各开放场所接待师生26 659人次，并出借图书25 472册次。

1998 年接待师生 46 521 人次，借阅图书 42 880 册次。

1999 年接待师生 56 342 人次，借阅图书 55 691 册次。

2002 年开始，图书馆进行了自动化改造，实现了网上馆藏资源的查询、续借、预约服务，2002 年 9 月迁入松江校区图书馆后全部实施开架服务，松江校区全年接待师生 184 515 人次。2002～2003 年间逐步调整自修室与阅览室开放时段、适当延长阅览室开放时间，每周阅览服务时间 70 小时。

2003 年，接待师生高达 461 017 人次。计算机借还书范围由原来的一个校区 30%比重发展到了两个校区 99%覆盖。借阅服务全面实现了现代化。

2004 年，接待师生达 571 816 人次。图书馆书库进行第二次扩容，增加了服务场所，进行部分流程再造，全馆开放时间每周增加到 71.25 小时，图书借阅结束时间每天由 18:00 延长至 21:15。

2005 年，图书馆再次延长开放时间，每周开放时间增加到 82.25 小时。其中位于信息楼 5 楼的报刊阅览双休日开放时间由原来的每日开放半天改为全天开放。

2006 年，出借图书 106 720 册次；师生流量 885 539 人次。徐汇分馆出借图书 14 505 册次，师生流量 79 147 人次。松江总馆的开放时间延长到每周 92 小时，并增加了双休日及暑假每周三开放。

2007 年，学校师生员工借阅图书 125 312 册次；还书达 125 355 册次；续借图书 8 680 册次；同时图书借阅处共接待师生 1 103 347 人次。图书开架率达 90%以上。

为方便和吸引读者利用图书馆资源，提高资源的投资利用率，自 2007 年 3 月 5 日起，会计文献资源中心和报纸阅览室实行免寄包入室制度。

图书馆现已完全实现了借、藏、阅一体化的管理与服务模式。

二、导 读 服 务

1. 自编刊物

(1)《财经研究文摘》。创刊于 1995 年 3 月，是一本自编经济管理类文摘型双月刊，到 2007 年年底止已出版 95 期，平均每年编辑字数达到 45 万左右。它的创办宗旨是紧密围绕学校的学科建设，能让广大教师在有限的时间内阅读到最具代表性的财经热点，并从中受益。该刊注重出版内容的专业性、前瞻性和及时性。现全年共计印刷发放 300 份，向全国 50 余所财经院校互换交流。

(2)《书缘》。创刊于 2003 年 3 月，是一份信息类月报，到 2007 年年底止已出版 50 期。它是图书馆和广大师生沟通的一个桥梁，从不同角度对图书馆读者服务工作的各个环节作报道，开辟了固定的图书宣传专栏“新书报道”，向我校师生推荐新书、好书，还增加了外文原版期刊的翻译推介工作，介绍读书“热点”，介绍最新学术动态，及时刊登各种专业知识以及利用图书馆文献的检索知识，介绍读书的方法和阅读技巧等。这种导读服务方式从“书缘”创刊延续至今。随着月报需求量的增加，现每年印刷发放已达 10 000 份。

2. 图书资源介绍宣传

1989 年以后，结合学校会计等各专业的要求，图书馆收集视听资料，并开展了编印新书目录、新书通报、介绍专业期刊内容摘要、汇总有关专业文献、编辑情报信息资料的导读服务工作。

1997 年，图书馆编制新书报道 13 期、开辟了“经济热点”、“天下纵横”、“影视与体育”三个专题的宣传栏，共出版了 7 期。组织书评一期，十五大学习专栏一期。1998 年印发新书报道 17 期 357 册。充分利用宣传栏，重点介绍一些国内外大事、财经资料等。

2002 年，开展了 4 次图书书展活动。2003 年，图书馆的导读服务工作开始向多层次的方向发展。图书馆按照学校发展的要求，围绕学校的教育教学工作，采取各种不同的方式吸引读者，培养师生阅读技巧与方法，帮助师生提高阅读能力和阅读效益。积极宣传了维普、超星、万方图书资源信息库的功能及其使用方法，为教师使用这些信息库的资源开展了各种形式的宣传、推介，并布置读书信息橱窗 6 期。

2003 年，图书馆首次编印了《立信图书馆指南》，以后每年编印一份，发放给全校师生，方便师生利用图书馆资源。

2004 年，开展了新书推介群发业务，及时为师生提供最新馆藏图书信息；图书馆组织馆员定期翻译外文期刊篇名目录，向教师推介国外最新的文献资源；还开通了网上荐书活动，激发师生的读书兴趣。

2005 年起，图书馆配合学校的重大工作，利用馆藏资源，为师生开辟了“保持共产党先进性”、“大学生素质教育”、“职业指导和人才建设”、“创新意识、创造能力培养”的专题书架，并且利用宣传栏和布告栏加强馆藏资源信息和图书馆活动的宣传。

3. 读者培训

从 1997 年至今，图书馆定期举行各种读者培训。主要的培训形式为：专场讲座、课堂教育、辅导我校师生上机练习。培训的内容主要为图书馆资源与服务、计算机检索基本技能、中外文数据库使用方法、各类资源（图书、学位论文、工具书等）的查询技巧、各学科资料的查找方法、中外文权威检索工具在科研工作中的地位及其使用方法、常用软件使用方法等。

1997 年，开设经济文献检索利用课程，上半年为管理系 955331 班开课，共 34 课时。

2002 年 10 月，开始开展图书馆网上电子书刊的检索与利用的讲座。2003 年开设文献检索讲座 9 次，参加者 900 人次。

2004 年，对新生举行 2 次普及型讲座，对教师举行应用型讲座 1 次，并继续开展其他信息素质教育讲座。加强了对师生利用图书馆的指导。

2005 年，开设各类讲座 22 场，专题学术报告 9 场，新生入门教育 5 场，参加报告会、讲座培训的师生读者 3 850 人次。

2006 年，为全院新生举办 5 场图书馆利用入门教育讲座，全年为 230 位学生开设文献信息检索与利用课程。

2007 年，读者培训工作主要针对加强新生入学图书馆知识方面的教育，以及对老生加强利用图书馆信息技能方面的培训。继续开设不同内容的图书馆馆藏资源检索培训，提高了在校师生的信息检索和利用技能。

4. 读书节等活动

图书馆的读者活动主要是举办“读书节”、“世界读书日”纪念活动。通过读者活动向全校师生推介优秀的图书、网站等，丰富学生的精神文化生活，引导学生利用好图书馆的资源，营造良好的校园文化氛围。

最早的读者活动是在1994年，图书馆开展了“面向21世纪读书运动”；随后又在1998年开展了“读书文化”活动；在2001年还举办了以书展为主要内容的“立信读书文化活动周”活动，都深受读者欢迎。此类活动从2005年开始每年开展两次，每次为期一周。2001～2007年的“读书节”活动如表11-1-4所示。

表11-1-4　2001～2007年图书馆共举办的8届“读书节”活动

年　份	活动主题	主要活动内容
2001	首届立信校园读书节	举办“顾准与读书成才”、“为读者找好书”新书展销会、开展“好书推荐活动”
2003	E时代，将读书进行到底	影视讲座、优惠书展、发放借书须知、召开读者座谈会、书评、影评
2004	读书、探索、立志、成才	荐书活动、书评、优秀网站推荐、读者征文、讲座、书展、馆藏资源宣传、上海市文献资源协作网通用阅览证使用宣传与现场办理
2005	4月23日“世界读书日”活动	书展、新书推介、潘序伦著作展示、数据库使用培训、读者座谈会、大屏幕投影、宣传资料发放
2005	读书、求知、发展	大专部“铭信读书社”成立仪式、“百年巴金”纪念活动、荐书活动、书评、优秀网站推荐、读者征文、讲座、书展、馆藏资源宣传、上海市文献资源协作网通用阅览证使用宣传与现场办理
2006	“世界读书日”活动	“创新意识、创造能力培养”图书展示、学术报告录像、讲座、电子资源使用指南、文献传递、馆际互借服务指南发放
2006	读书节	“创新意识、创造能力培养”图书展示、“爱护图书”展示、书展、专题书目推荐活动、征文、书评、讲座、学生读者管理委员会会议、馆藏资源宣传
2007	读万卷书、行万里路——“世界读书日”活动	国内外经济管理名家名人简历及事迹征集、读书格言征集、书展、经典影片展、讲座、书展、“爱护图书”展示、图书漂流
2007	博览群书、增强能力、规划未来	国内外经济管理名家名人简历及事迹征集、读书格言征集、读书荐书活动、电子资源检索讲座；经典影片展、职业指导图书专架、图书漂流活动

5. 信息咨询服务

图书馆的参考咨询服务主要是负责解答读者在利用图书馆过程中产生的各种问题，内容涉及馆藏资源及其利用、文献查找途径及查找中遇到的问题、图书馆的各项服务与规则等，帮助师生更有效地利用图书馆。主要服务内容包括电子资源咨询、专题检索服务、课题咨询服务、网络学科资源导航。

图书馆于1987年后设置了检索室，1990年后又专门设置了文献检索组，开始以代查代检索的方式开展参考咨询服务。1993年为教师提供检索服务5次。1997年为读者提供专题咨询服务15次；编制中外文经济期刊专题索引6期；1999年接待咨询10人次，为2个专题查询资料合计88页。2003年，进行专题咨询20人次；文献检索服务4次。2004年后设立信息技术部，信息咨询服务全面展开。2005年课题检索8场；同时为密切馆员与师生的交流和联系，在图书馆一楼设置了图书馆参考咨询台，解答读者有关图书馆功能、馆藏分布及其利用的一般问题，发挥了“语言绿色通道”的作用，给师生带来了很大方便。

2006年，积极开展多层次的图书馆参考咨询服务。参考咨询服务实现了人工咨询与网络咨询的有效结合。主要以咨询台、电话、电邮、MSN、QQ和现场等咨询方式，接收各类读者咨询和文献(专题)检索4 630余次。

2007年，拓展了参考咨询服务业务，接收各类读者咨询和文献检索3 580余次。

三、馆际互借与文献传递服务

1. 馆际互借

2003年起，图书馆向师生正式推出了馆际互借服务。

图书馆通过上海文献资源共建共享协作网，为师生向其他馆代借我校图书馆没有的图书。2006年，馆际互借突破了图书馆历史上零的记录。

为使我校师生充分享受上海地区公共、科研、高校、情报四大系统的图书情报机构组成的文献资源共建共享协作网50家成员馆的资源，图书馆于2007年推出了办理通用阅览证的业务，全年共办理通用阅览证140张。同年，在协作网成员馆开展办理通用阅览证业务的评比中，学校图书馆荣获二等奖。

2. 文献传递

为了满足教师在教学、科研活动中对中、外文期刊文献的需求，2006年图书馆通过上海教育网络图书馆(SHELIB)向全校教师提供CALIS(中国教育文献保障体系)、NSTL(国家科技图书文献中心)的文献传递服务，并为此专门制定了文献传递服务的工作流程。

2006年6月21日，学校图书馆与南京财经大学图书馆签订了馆际互借文献传递服务协议。

四、电子读物服务

1997年，图书馆条件设施还较落后，他们利用现有条件，积极开展了电子读物的服务工作。利用午休时间为读者播放教学片、资料片、教学录像带，共接待读者2 664人次。

2003年10月，松江新馆影视演讲厅落成。

2003年下半年图书馆推出了影视放映活动。至2004年年底，影视演讲厅开放时间由最初的每周4次增加到了18次，并且增加了免费教育类和主旋律题材影视的播放，丰富了学生的课余文化生活。

2005年10月，推出了向读者提供多媒体光盘的外借服务。

2007年，图书馆充分利用影视演讲厅为读者提供更好的电子读物服务，全年为学生放映影片118场，接待读者17 076人次。为学生免费放映电影34场，接待读者568人次。影视放映厅工作人员配合学术会议、学生社团活动、音乐欣赏课工作，共21场1 260人次。

第四节 图书馆经费

学校升本以后，加大了对图书馆建设的投入，实际文献资源购置经费和设备购置费有了实质性的大幅度增加，从1998年的总计16万元增加到2007年的430.3万元，2007年投入的图书经费是1998年的27倍多。1999～2007年图书经费如表11-1-5所示。

表11-1-5　1999～2007年图书经费增长统计　　单位：万元

年份	实际文献资源购置经费	设备购置费	年份	实际文献资源购置经费	设备购置费
1998	12.5	3.49	2003	153.92	36.24
1999	36.7	5.47	2004	157.52	26.87
2000	35.89	1.01	2005	253.02	15.75
2001	51.65	25.4	2006	260.2	24.74
2002	81.96	343.44	2007	377.19	60.1

第五节 合作交流与学术研究

一、合作交流

1. 举办图书展览

1991年，学校图书馆与中国图书进出口公司上海分公司举办“1991年港台经济专业图书展览”，这次书展集中港台地区近两年中最新版的经济专业图书近千种，内容包括经济、会计、审计、营销、统计、贸易、金融、银行、股票、管理科学等方面。以后不定期开展各类图书展览活动。

2. 协作网成员馆

2002年图书馆迁入松江校区后，随着本科院校图书馆建设的需要，图书馆加入了上海市文献资源共建共享协作网，加入中国数字图书馆成为其分馆。

3. 互赠书刊

1993年3月，学校图书馆与东亚经理专门学校互相赠书20册。

图书馆的馆办刊物《财经研究文摘》与50余所全国财经院校建立了互换刊物的关系。

图书馆举办“欢迎立信校友向母校捐赠早期教材”活动以来，一些老校友关心和支持母校图书馆建设，至2004年收到捐赠书274册。

2004年，日本千叶商科大学副校长现场考察并捐赠学校的中日合作班教学参考用书。第一批日文原版书共计562册，价值695 878日元。图书馆向该校及其5名捐赠教师颁发了捐赠证书。2005年日本千叶商科大学又捐赠学校2 314册图书。2004～2007年期间，共收到日文原版捐赠书7 700余册。

2005年，澳大利亚查理斯窦学院向图书馆赠送了英文原版书；美国亚洲基金会赠送了300多种价值20万元左右的英文原版图书。同年上海高校外国教材中心向图书馆赠送一套上海“九五”重点教材(图书42册)。

2007年，图书馆接收中外赠书近500册，其中清华大学向我馆捐赠各类中文图书60册。

4. 接待来访与馆际交流

为借鉴同行经验、推进本科院校图书馆建设，不定期组织参观学习其他高校的图书馆。先后接待了国内外有关单位或人士来馆参观访问，交流经验。

(1) 2002年，学校图书馆接待了国家图书馆党委书记、常务副馆长杨炳延、上海图书馆党委副书记王世伟来馆参观。2003年，接待了国家图书馆党委副书记、副馆长张雅芳等四人来图书馆参观。2006年，上海市教育高地建设项目检查专家组一行四人在对学校会计学教育高地检查中，参观检查了图书馆会计文献资源中心，并询问了有关资源建设和读者服务等情况。

(2) 2003～2007年，学校图书馆接待了东华大学、新疆大学、宁波大学、上海政法学院、上海理工大学、贵州财经学院、浙江金融职业学院、江汉大学、上海师范大学、海关高等专科学校等高校图书馆负责人。

(3) 2003年，接待了日本千叶商科大学副校长熊冈洋一一行。2006年，加拿大MALASPINA大学学院的国际学院院长与会计学系主任在访问学校期间，参观了图书馆会计文献资源中心和开放经济与贸易文献资源中心。2007年，日本千叶商科大学学生课课长林幸惠、商经学院学生部部长北川骏等一行四人来我馆访问，听取学校图书馆建设和服务方面的介绍，并参观了潘序伦著作展示室、三个特色文献资源中心以及其他场所。

(4) 2003～2007年，图书馆组织馆内各部室负责人参观考察了上海外国语大学、上海复旦大学视觉艺术学院、上海交通大学、上海应用技术学院、第二工业大学、上海中医药大学、上海第二医科大学、南京审计学院、东南大学、华东政法学院、上海对外贸易学院、华东师范大学、上海金融学院等13所高等院校的图书馆。

(5) 2005年，上海高校图书情报工作委员会和学校图书馆主持召开了松江大学园区、松江区图书馆文献资源共享协作网会议。

二、学术研究及成果

1987～1991年，图书馆在各种学术刊物和学术会议上发表和交流论文21篇。

学校升本后，图书馆十分重视学术研究工作，在2003～2007年间学术研究水平不断提高，成果逐年增多，科研取得了新进展。

2003年，2人公开发表论文2篇，编著（教材）1部。完成1项“高等学校校内人文科学研究项目”。

从2004年起，图书馆每年召开全馆学术研讨会。

在2004年，横向科研活动中7人获奖。在松江区域图书馆工作与研究征文竞赛活动颁奖仪式上，学校图书馆有4人获奖，其中有1人获二等奖。全年有4人公开发表论文5篇，编著（教材）2部。完成3项“高等学校校内人文科学研究项目”。

2005年，2人参加上海教育技术协会国家重点课题“信息化进程中的教育技术发展研究”的子课题“会计专业网络教育资源开发与研究”；3人在“与数字革命共进与网络发展同行——社会科学信息学科建设与事业发展”征文活动中获三等奖。全年有7人公开发表论文12篇。

2006年，有8人公开发表论文11篇，编写工具书（参考书）1部。

2007年度，馆内专业技术人员中共有5人获得科研成果奖励；在2007年度松江区域图书馆工作与研究征文中，获一等奖1人、三等奖2人。当年公开发表论文12篇，编写工具书（参考书）1部。申请的1项“高等学校校内人文科学研究项目”正在进行中。

附　文献辑录

上海立信会计学院图书馆规章制度目录

1. 基本规范

图书馆工作委员会章程

图书馆工作人员职业道德规范

文明窗口创建活动实施办法

文明服务公约

文明读者公约

学生读者管理委员会简章

系部资料室建设与管理实施办法

系部资料室建设实施细则职责范围和岗位职责

2. 读者服务与管理制度

读者须知与管理规则

图书借阅规则

阅览室规则

影视演讲厅规则

复印服务规则

遗失、损坏书刊设备赔偿规则

多媒体阅览室规则

读者借阅证办理及管理操作办法

馆际互借服务管理办法

文献传递服务工作规范

志愿服务管理办法

3. 图书馆职责范围

馆长职责范围

信息网络部职责范围与岗位职责

采编部职责范围与岗位职责

流通阅览部职责范围与岗位职责

徐汇分部职责范围与岗位职责

办公室职责范围与岗位职责

咨询台岗位职责

聘用人员考核考勤管理条例

4. 业务类规章制度

图书馆文献资源财产管理办法(草稿)

图书采购复本标准

图书分编、典藏办法(暂行)

图书分类编目原则

图书著录原则

随书光盘著录方法

报刊采访工作规则

期刊分编典藏条例

图书馆集成管理系统内部管理条例

影视演讲厅管理条例

立信教师著作陈列室管理办法(草稿)

第二章 现代教育技术中心

1. 机构设置与职能

2004 年 3 月，学校成立现代教育技术中心。现代教育技术中心下设网络中心、多媒体教学管理室、影视传媒室、办公室。2007 年 12 月，共有在编工程技术人员 11 人，其中高级职称 2 人、中级职称 7 人、初级 2 人；外聘 9 人。

现代教育技术中心的主要职责是，按照学校发展规划和教学、科研、管理的需要，承担信息化校园、网络课程与多媒体教室的建设、维护、技术保障与技术支持，学校重大活动的摄录编工作等。

2. 网络中心

网络中心始建于 2002 年，挂靠学校党委、校长办公室管理。2001 年 9 月至 2007 年 12 月，学校先后在松江、徐汇两个校区，投入 2 000 余万元用于校园网基础设施及应用系统的建设。松江校区中心机房位于 2 号楼 3 楼，面积 120 平方米。校园有线网络覆盖学校办公、教学、图书馆等全部场所，松江校区无线网络部署了 160 个无线 AP，覆盖了教学楼区域，两个校区共有网络信息点 4 500 个（含学生用机房 1 800 个信息点）。校园网络有中国教育科研网络（1 000 Mbps）、电信网络（20 Mbps）、东方有线网络（5 Mbps）三个互联网出口，基本满足目前校园网用户需求。

2002 年 12 月，校园网提供基本的网络接入、网络安全、视频、DNS、FTP、邮件、防病毒体系等服务；2006 年 3 月，建成了校园门户以及基于统一身份认证的数字化校园平台，在此平台上先后搭载了网络教学平台、教务、科研、人事、资产、财务、学生体育、学工、图书借阅、办公用品发放、网上办公、校园卡、会议考勤以及短信平台等 14 个应用系统。

3. 多媒体教学管理室

2004 年 3 月，现代教育技术中心在接受教务处管理的 6 间多媒体教室的基础上，设立多媒体教学管理室。至 2006 年 9 月，共建设多媒体教室 113 间，松江校区 69 间，徐汇校区 44 间，其中小教室 58 间、中教室 45 间、大教室 9 间、特大教室 1 间；松江校区分布于 3、4、5、6、7 号教学楼，徐汇校区分布在 3、4 号教学楼。教室中共配备 DELL 电脑 20 台，LENOVO 电脑 67 台、明基投影机 57 台，爱普生投影机 49 台，日立投影机 7 台。多媒体教室共可供 10 000 名学生同时学习使用。

4. 影视传媒室

始建于 1987 年，原名电教室，2002 年迁入松江，2004 年 3 月归属现代教育技术中心，更名为影视传媒室。影视传媒室主要承担学校重大活动的摄影、摄像任务，2006 年 9 月前承担视频授课课件制作任务。1998年至2003年配置的设备有：135型幻灯机2台、其他规格投影器4台、录音机3台(含高速录音磁带复制机1台)、三管电视摄像机3台、电视接收监视器40台、磁带录放像机8台(3/4寸高带3台、3/4寸低带3台、1/2寸VHS型2台)。2004年划归现代教育技术中心之后陆续添置设备有：SONY摄像机，数码照相机，DV录像机，数字采编系统，扫描仪，打印机，DVD刻录机，台式计算机2台。

第三章　实验室建设

1990年，学校成立会计实验室，承担会计学原理、工业企业会计等实验教学，提供会计凭证、账簿、报表的操作训练；1998年后，适应我国会计核算制度的不断深化改革，进一步加强会计实验教学改革，会计实验由单项实验向综合实验发展，编写了系列会计实验教材，完善实验教材体系建设。2001年学校办学重心转入松江校区后，在原会计实验室基础上组建会计学实验教学中心，可提供420个学生同时上机实验，会计实验由手工操作为主向应用现代信息技术手段发展，同时会计实验教学中心向社会开放，提供在职人员的会计培训。2005年我校会计学专业列为上海市教委会计学教育高地，将实验室建设作为会计学高地建设的重要项目。经过几年的努力，建立了设施先进，管理规范，服务广泛，实验项目多样化的会计实验中心。

一、管理体制

根据学校的办学定位，积极开展实验教学中心建设，成立了“会计实验教学领导小组”，对实验中心的建设计划进行审核，并提出指导性意见。

(1) 学校由一名副校长主管实验教学工作，教务处是实验教学中心的管理部门，处理日常工作，行使学校对实验中心的协调、管理职能。学校设立由主管校长、有关部门行政负责人和学术、技术管理等方面专家组成的实验教学领导小组，协助主管校长工作。

(2) 学校实行校、实验中心二级管理体制。

(3) 实验中心实行主任负责制，中心主任由学校聘任。

为提高资源利用率和实施有效管理，学校将分属会计系、财务管理系、审计系合并为会计实验教学中心，按照实验教学示范中心的要求进行建设。

实验教学中心组织管理与实验教学体系如图11－3－1所示。

实验教学中心严格执行学校关于实验教学和实验室管理的各项制度，同时也根据自己的实际情况制订了诸如：学生实验守则、学生上机守则、开放实验室制度等，不断完善的实验室管理规章与制度。

1. 关于实验教学的管理规定

《上海立信会计学院课程实验教学管理规范》

《上海立信会计学院关于加强实践教学的若干意见》

《上海立信会计学院校外实习基地建设与管理办法》

《上海立信会计学院关于毕业生毕业实践环节的管理规定》

《毕业实习管理要求》

《校外实习指导教师工作制度》

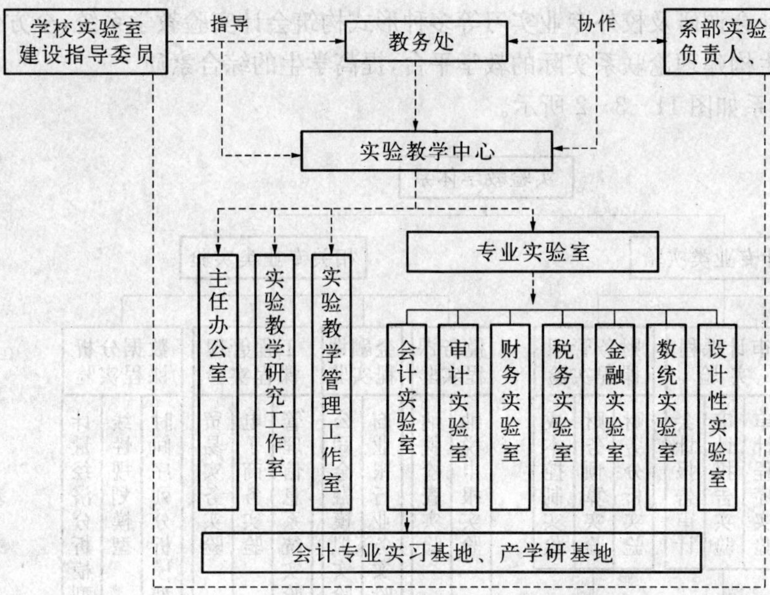

图 11－3－1　实验教学中心组织管理与实验教学体系

《青年教师参加专业实习的制度》

2. 关于实验中心财产管理的规定

《会计学实验教学中心仪器设备管理规定》

《会计学实验教学中心低值易耗品管理制度》

《仪器设备损坏(遗失)赔偿制度》

《会计学实验教学中心安全检查制度》

《会计学实验教学中心安全卫生守则》

3. 关于实验中心岗位职责管理的规定

《会计学实验教学中心管理条例(试行)》

《会计学实验教学中心主任工作职责》

《会计学实验主讲教师工作职责》

《会计学实验教学中心管理员岗位职责》

4. 关于学生实验室实习管理的规定

《学生实验守则》

《会计学实验教学中心学生上机守则》

《开放实验室管理办法》

二、实验教学体系

建立以能力培养为主线，分层次，多模块，相互衔接的实验教学体系。以课程实验、综合实验与案例分析、社会调研及校外专业实习等多种形式构筑会计实验教学系统，全方位拓展实践教学空间，为学生构建理论联系实际的教学平台，提高学生的综合素质。

实验教学体系如图 11－3－2 所示。

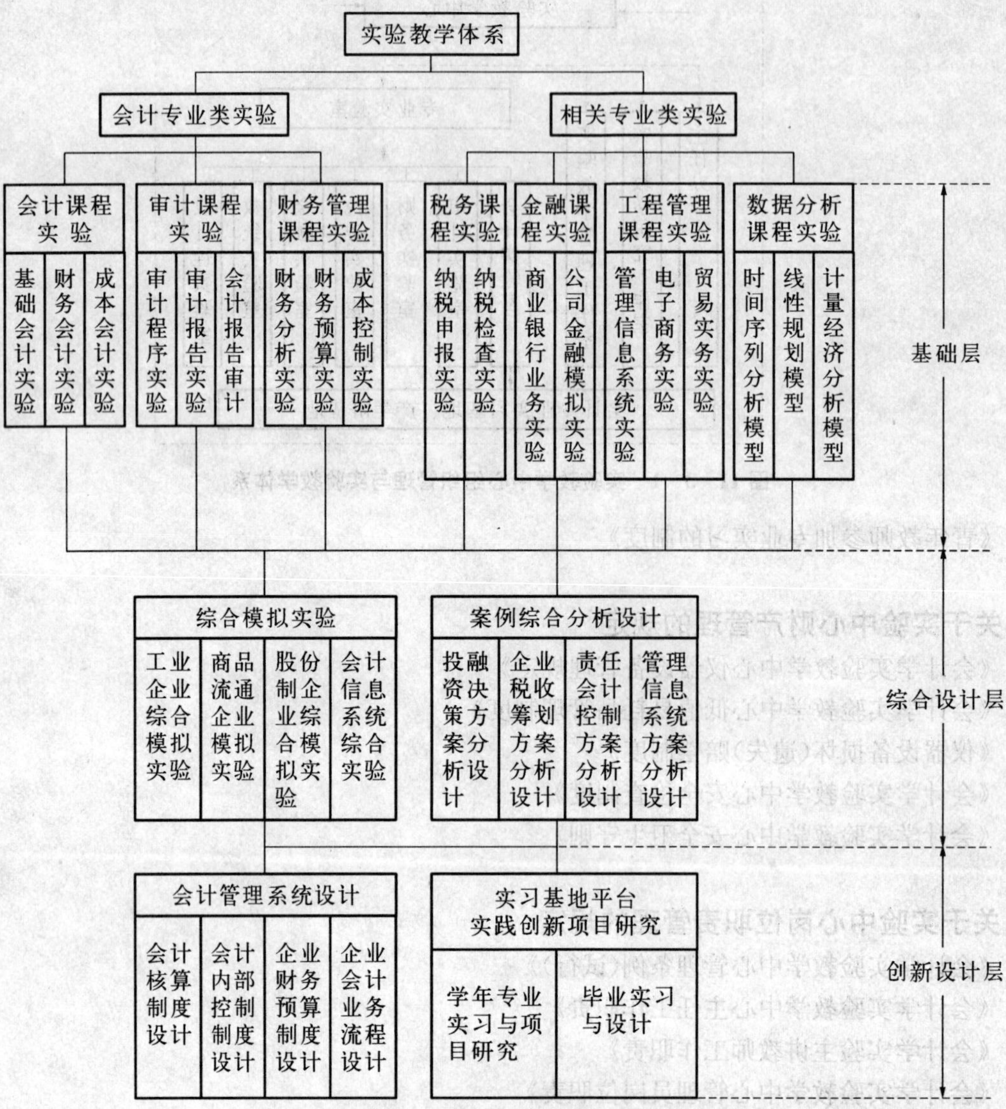

图 11－3－2　实验教学体系

三、仪器配置及维护

学校十分重视会计实验教学中心的建设，学校每年拨付一定额度的专项建设经费用于添置设备，及时对软、硬件进行更换与升级。根据中心固定资产总值以及当年中心提交的维修预算，学校每年下拨维修费用。五年来，实验中心在仪器设备购置方面经费充足，投资总值已达到 650 余万元。中心对维修费用专款专用，保证了仪器设备的正常运行。

会计实验教学中心属于文科实验室的类型，硬件设备主要由计算机、网络、多媒体设备所组成。实验中心根据实验教学的实际要求开发、购买相关软件，提升实验教学效果。中心下设的各实验室仪器设备配置合理，资源共享，按照教学计划在实验室安排的实验课周课时达25节左右，利用率高达90%以上。

中心仪器设备管理制度健全，执行到位，设备运转正常，设备完好率保持在98%以上。中心主要设备配置情况如表11-3-1所示。

表11-3-1 中心主要设备配置情况表

设备类型	名　称	数　量	购置时间	原　值
UPS	KY-LND6KL	1	2003.4	25 300
打印机	HP-LJ1200	1	2002.9	3 475
多媒体设备		4	2003.9	472 650
计算机(服务器)	DELL-2500	2	2002.9	58 500
计算机(服务器)	DELL-2600	1	2003.11	31 905
计算机(服务器)	DELL-2850	4	2006.6	115 800
计算机	DELL-D510	1	2006.4	13 400
计算机	DELL-DX240	121	2002.6	1 228 120
计算机	DELL-DX260	241	2002.9	2 157 720
计算机	DELL-DX280	2	2004.12	18 120
计算机	HP-DX7208	62	2005.6	447 450
计算机	HP-WX4300	62	2005.6	630 402
票据打印机	PRZE/K10	1	2004.4	5 997
网络设备	交换机，模块等	4	2002.12	374 123
实验软件	会计审计财务等	11	2002～2007	992 000
总　计				6 574 962

同时，实验中心全部装配现代化计算机设备、现代网络教学装备，实行计算机管理，实验教学和实验管理智能化程度高。建立了内容翔实的中心网页，实现教学资源上网。

1. 实验中心采用最新的计算机计费系统，学生刷卡上机，有力地提高了中心的管理效率和资源利用率。

2. 各实验室通风良好，水电管道、网络线路布局符合国家规范。

3. 各实验室具有防火、防盗等基本设施，并配有电子眼监控、红外线报警装置。

4. 各实验室明亮、环境卫生、整洁，确保师生身体健康。

5. 中心还进一步规划扩展教学资源的范围，增添了网上虚拟实验、网上演示实验等。同时正在完善网络化实验过程监控系统，实现实验数据的无纸化传送。

6. 信息安全方面，使用防火墙技术、防病毒技术、有效的数据备份（软件、硬件同时备份）确保中心教学实验数据的安全。

7. 实验中心建有先进的数字化智能实播转播教室，为教学一线提供了多媒体视频的支持。

8. 中心制订了完善的档案管理制度，并专门配备了资料档案室、工作会议室。

在此基础上，实验教学中心制定了一系列仪器设备的管理制度和措施：

(1)《会计学实验教学中心仪器设备管理规定》

(2)《仪器设备损坏(遗失)赔偿制度》

(3)《会计学实验教学中心低值易耗品管理制度》

(4)《会计学实验教学中心管理员岗位职责》

上述各项制度规范保证了中心对仪器设备的有效管理，使仪器设备和工具等始终处于良好的运行状态，保证了实验教学的正常进行。

第十二篇

对外交流与合作

第一章 管理体制与制度建设

一、体 制 沿 革

复校后，学校的对外交流与合作的日常工作由校长办公室承担；2002 年 7 月始，由学校党委（校长）办公室负责处理。2003 年升本后，学校十分重视对外交流与合作，11 月设立国际交流处，陈旭如任副处长（主持工作）。2005 年 12 月，学校设立港澳台事务办公室，陈旭如为副主任（兼）。国际交流处与港澳台事务办公室合署办公。2007 年 11 月，陈旭如任处长（主任）。

二、工作职责与规章制度

在校党委、校行政领导下，国际交流处的主要任务是提出学校国际合作交流的规划建议，开拓学校国际合作交流项目，制定外事工作的规章制度，检查有关部门贯彻执行外事规章的情况，协调学校各项涉外事务，负责安排或协助安排本校的外事活动。其具体职责包括：组织和统筹安排学校的外事活动，处理国际联络事务；会同教务处及相关系部，受理、申报合作办学项目；会同科研处受理、申报国际学术会议；会同科研处、教务处和人事处等，审核长短期外籍专家项目，办理有关手续，提供相关服务；会同组织部、人事处落实教师进修学习项目，落实团组出访计划，办理教师出国手续；会同学生处、教务处规划与落实学生交流项目，办理有关手续；审核和办理来华留学生、港澳台学生的入学及出入境管理手续；会同学校办公室、统战部，规划和落实与港澳台事务有关的项目，办理与港澳台事务有关的手续；负责学校师生其他涉外活动的审核与备案。

学校按照本科办学的要求，结合学校的实际，借鉴相关院校的经验，逐步出台了外事管理文件，进一步建立和健全外事工作的规章制度建设，规范外事往来活动。学校先后制定了《上海立信会计学院外事工作归口管理办法》、《上海立信会计学院外国专家聘任办法》、《上海立信会计学院中外合作办学管理办法》、《上海立信会计学院因公出国（境）管理办法》、《因公出国（境）工作细则》等，通过相关外事事务管理实施细则等一系列管理制度，外事管理不断规范化、制度化，逐步完善外事管理体制和运行机制，建立起外事交流的有效管理模式，推进学校的对外开放。

三、开放办学的重大事项

1997 年 2 月 12 日，国家外国专家局向学校颁发“聘请外国文教专家单位资格认可证书”。

1999 年 4 月，经上海市教委批准，学校可以招收港澳台学生。经批准，自 2000 年 5 月起，学校可招收外国留学生。

2003 年 1 月 3 日，上海市教育委员会批复，同意学校与日本千叶商科大学合作开设信息技术与信息管理专业(学历教育),同意学校与境外瓦努阿图美都教育公司合作申报信都商务培训学院(非学历教育)的英国师公会会计资格考试、工商会考试局资格考试、金融分析师和营销协会专业资格考试等。

2005年,学校与英国国际会计师协会(AIA)签署本科学生课程豁免协议。

2007年,实施英孚教育英语课程项目合作。

第二章　国外、境外主要来访与交流

第一节　国外主要来访与交流

1. 加拿大、美国、英国

1984 年 1 月 25 日，学校受国家审计署委托举办审计干部培训班。同年 10 月 19 日，国家审计署介绍加拿大代表团一行 3 人参加审计干部师资班教学工作。1985 年 10 月 23 日，“美国华人退休专家考察团”团长何连生夫妇来校参观，何氏作了“美国联邦政府的预算制度”的学术报告。1986 年 10 月 30 日，应校长顾树桢邀请，美国退役军人行政局统计学家、华盛顿华人协会会长邹作雄教授来学校作学术报告。

1985 年下半年和 1986 年 5 月，学校受国家审计署委托，与加拿大审计公署合作举办“基本建设全面审计培训班”、“计算机审计培训班”。加拿大审计公署选派了 5 名专家到校任教，教材、教具全部由加拿大方面运来。培训班办学顺利、成功，受到加拿大方面好评。1987 年 6 月 3 日，学校徐汇校区建成之机，加拿大审计公署特派审计长助理高达特先生来校访问。

1987 年 10 月 12 日，应校长顾树桢邀请，加拿大万能阁会计公司（加拿大 P. K. F. 会计公司）国际委员会主席休斯一行 6 人到校访问。双方商定，万能阁会计公司在学校设立专项奖学金，奖励 20 名优秀学生。从 1987～1989 年的 3 年间，万能阁会计公司在学校每年颁发了一次奖学金。

1988 年 5 月 31 日，美国林肯内布拉斯加大学会计学院系主任托马斯一行应邀来校参加学术讨论，介绍了美国的会计、审计学术。

2004 年 3 月 10 日，加拿大南阿尔伯特理工学院中国项目部经理来学校就合作举办学历教育和培训项目与学校进行商谈。2004 年 10 月 8 日，加拿大南阿尔伯特理工学院（Sait）会计学系主任、该院驻中国代表、加拿大注册会计师（CGA）项目负责人等一行 4 人来校访问，商讨拟定了合作框架。

2004 年 5 月 27 日，加拿大滑铁卢大学 Renison College 院长 John Crossley 到学校访问。

2004 年 6 月 6 日，英国伦敦 REGENTS 商学院代表专程来学校访问。2006 年 10 月 24 日、25 日，英国 South Bank 大学副校长以及美国 St. Mary's 大学的商学院院长与研究生院院长等分别来访。校长唐海燕分别会见了两所大学的代表。

2004 年 11 月 18 日，美国妇女会计师学会主席 Debbie L. Michael 任团长的“美国民间大使”交流项目——美国会计界妇女代表团专程到学校访问，与学校“女教授女干部联谊会”部分成员进行了交流。

2006 年 10 月 16 日，美国波士顿地区的 Suffolk 大学副校长以及加拿大 Malaspina 大学学院的国际学院院长与会计系主任分别到学校访问。校长唐海燕分别会见了两所大学的来访人员。副校长邵瑞庆与 Suffolk 大学副校长会谈。校长助理胡厚麟与加拿大 Malaspina 学院的来访人员就合作办学进行了探讨。

2007年10月，美国Suffolk大学和加拿大Malaspina大学学院的校长代表团分别来访学校，学校领导唐海燕、楼军江、朱坚强分别会见了两位国外合作院校的校长及其随行人员，商讨合作事宜。

2. 澳大利亚

1995年4月25日，澳大利亚政府教育评估代表团访问学校，对学校多层次、多方位办学留下深刻印象，对学校给予了高度评价。

1995年6月14日，澳大利亚第二大保险集团国卫公司行政总裁柯艾柏访问学校，与学校领导商讨该公司在校设立奖励基金事宜。6月22日，学校与澳大利亚国卫保险公司协商达成意向：该集团在立信设立师生奖励基金。8月8日，举行"国卫—立信师生奖励基金"备忘录签字仪式，澳大利亚驻沪总领事任格瑞和上海市政府财贸办主任张广生、市教委国际交流处处长姜海山等出席了签字仪式并致词。学校校长和国务院港事顾问、澳大利亚国卫保险集团亚洲有限公司董事局主任钟逸杰爵士分别在备忘录上签字。9月21日，上海市教委批复同意学校设立"国卫—立信奖励基金"。

1997年11月17日，澳大利亚教育代表团到校访问，双方进行交流。

2000年11月6日，学校与澳大利亚查理·斯窦大学合作举办"财务会计"、"电子商务"本科班举行开学典礼。胡厚麟副校长代表立信、查理·斯窦大学首席代表戴文清先生代表澳方先后致词。2002年12月4日，学校中澳合作本科课程班首届毕业典礼在徐汇校区举行，校党委书记桑秀藩和澳大利亚查理·斯窦大学商学院(CSU)院长John Hicks到会祝贺。

2003年9月4日，澳大利亚科廷科技大学商学院副教授、国际规划处处长Nowak博士与该校国际规划处亚洲地区策略顾问莫成锐博士来学校访问。11月6日，澳大利亚查理·斯窦大学商学院院长一行4人来学校交流访问。12月3日，科廷科技大学会计学院院长John Neilson等一行3人到学校松江校区访问。

2004年5月21日，澳大利亚科廷科技大学商学院院长一行来学校访问，校领导唐海燕、邵瑞庆、曹惠民等与他们进行了会谈。

3. 日本、韩国

日本鹿儿岛赤塚学园商业专科学校　1986年6月4日，日本鹿儿岛赤塚学园商业专科学校理事赤塚一郎，校长赤塚晴彦一行4人访问参观了学校，与学校领导探讨了两校交流事宜。1988年11月16日，日本赤塚学园商业专科学校校长赤塚晴彦一行3人专程来到上海，参加学校校庆活动，并与学校签订了两校交流协议书。学校将立信会计图书用品社出版的数十册新书寄赠该校。次年9月，日本赤塚商业专科学校向学校赠送一批财经类书籍。

按照两校协议，1990年7月27日，立信—赤塚两校举行珠算交流友谊赛，立信获得团体优胜。1991年8月16日，日本赤塚商业专科学校学生排球队来校访问，与我校学生男女排球队进行了友谊比赛。9月，该校向学校赠送一批会计、财经类图书。1992年7月24日，日本赤塚商业专门学校师生代表团一行17人访问立信。1993年11月20日，学校举行纪念立信会计事业创始人潘序伦诞辰100周年暨立信会计高等专科学校建校65周年大会，日本赤塚学园应邀派出代表出席大会。2002年11月25日，日本赤塚学园理事长赤塚晴彦、副校长濑户正明等一行3人到校访问。

中国立信—日本东亚联谊活动　1992年12月2日，日本神户东亚经理专门学校副校长中西义行访问学校，与学校领导就校际间交流事宜进行了会谈。1993年2月23日，由理事长兼校长小岛义世、副校长中西义行率领的日本东亚经理专门学校师生一行180多人来校访问，与我校师生开展了多种交流联谊活动。从这年起，东亚经理专门学校理事长兼校长小岛义、副校长中西义行每年率100多至200余人的师生来立信访学，举行联谊活动。至1999年12月1日，举行了第七届中国立信—日本东亚师生联谊活动。

与日本千叶商科大学合作办学　2000年2月15～17日，日本千叶商科大学副校长加藤宽、政治经济学教授高桥正率访学团来校访问交流。2001年12月4日，日本千叶商科大学校长加藤宽率团到校访问，校长李海波与加藤宽签署了两校合作办学基本原则协议书。2002年9月25日，日本千叶商科大学代表团来校作为期5天的访问，校党委书记桑秀藩等校领导出席交流。

2003年9月19日，日本千叶商科大学熊冈洋一副校长一行5人访问学校，并参加中日合作的信息技术与信息管理专业新生座谈会。2004年9月6日，校党委书记桑秀藩在松江校区会见来校访问的日本千叶商科大学副校长熊冈洋一一行10人。9月8日，熊冈洋一一行4人到学校图书馆考察，捐给学校中日合作班第一批日文原版图书共计562册。

2005年3月16日，日本千叶商科大学理事长原田嘉中率该校事务局局长高柳实、国际交流课课长桥本芳武以及合作项目主管等一行5人到学校访问。

与日本其他大学、学术团体的交流　1989年9月16日，日本名古屋学泉大学教授高桥岩、各务重则应邀来校分别作了《日本近代会计学》、《日本税制》的学术报告。

1990年11月10日，日本珠算史研究学会会长、国士馆大学教授铃木久男一行3人访问学校，并向学校赠送了日本国有关珠算资料。1993年3月29日，日本东海珠算学园学园长大矢野来校访问，与学校交流了珠算教学的经验。

1995年6月15日，日本大荣综合体系中国视察团一行21人，来校参观访问，与校领导及有关部门负责人座谈交流。

1999年5月28日，日中实业网络协会会长牧内操一行5人到学校与立信会计出版社、会计师事务所访问。

2003年12月18日，日本亚东经济国际学会访问团一行10余人在会长苗不二男的带领下到校进行学术交流。访问团4位专家分别作了《经营策略与智慧财产价值之关系研究》、《日本中小企业的经营战略》等4个专题报告，并同与会学校教师进行了交流。

2004年3月29日，日本管理会计学会会长，东京理科大学、目白大学会计学教授片冈洋一一行5人专程来学校考察。

韩国　2004年8月，韩国20多所大专院校代表组成的韩国大专教育代表团来学校访问。校领导邵瑞庆、胡厚麟及办公室、教务处、科研处、国际交流处负责人接待了到访的韩国客人。

第二节　香港、台湾等主要来访与交流

1. 香港

1988年12月4日，香港理工学院会计系两位高级讲师来校访问，与学校就开展会计学术

交流和有关问题的探讨。1991年1月16日，香港理工学院学生访问团来校参观访问。

1992年6月，学校与香港关黄陈方·柏德豪国际会计师行联合举办英国公认会计师工会ACCA会员资格培训班。经报名后初选，137人于7月3日在学校参加入学考试。9月1日，学校与香港关黄陈方·柏德豪国际会计师行联合举办会计师培训班（ACCA），学员30人正式上课。9月28日，ACCA培训班在立信会堂举行开学典礼。上海市政府财贸办主任张广生、上海市政府教委办主任王生洪及有关人士参加了开学典礼。

1993年3月31日，中国注册会计师协会、香港德勤会计师行一行3人来校访问，与学校就联合举办注册会计师培训中心一事作了商讨。

1994年3月28日，在立信召开沪港联办第二届ACCA培训班新闻发布会。第二届"国际公认会计师培训班"（简称ACCA）是由学校与世界七大会计师行之一的香港关黄陈方·柏德豪国际会计师行的合作项目。出席新闻发布会的单位有：新华社上海分社、《光明日报》、《解放日报》、《文汇报》、《新民晚报》、上海电台、上海电视台、东方电台、《上海教育报》、《青年报》、《生活周刊》、《新闻报》、教育电视台、《联合时报》、《上海侨报》、香港《文汇报》、香港《大公报》等17家。全国政协委员、国务院港事顾问、香港关黄陈方·柏德豪国院会计师行高级合伙人陈文裘先生、立信会计高等专科学校校长在会上作了主题发言。10月中旬，会计三系聘请号称国际"六大事务所"之一的毕马威会计师事务所的香港合伙人蔡廷基为该系客座教授。12月28日，毕马威会计公司香港合伙人蔡廷基来校主讲《注册会计师业务和操作》讲座。1995年11月上旬，应香港关黄陈方·柏德豪会计师行邀请，学校单独组团的8名ACCA培训班学员顺利结束为期5个月的赴港实习

1996年3月15日，来自香港的东方海外货柜航运（中国）有限公司向学校优秀学生颁发奖学金签约仪式在学校举行。该奖学金一等奖每学年5名，每名奖励人民币4 000元。1996年5月22日，安盛/国卫·立信师生奖励金1995年度颁奖仪式在学校举行。国卫保险（亚洲）有限公司行政总裁柯艾伯和公司总经理冼伟超出席颁奖仪式。

1997年4月16日，首届英国国际会计师协会（AIA）主办的国际会计培训班开学。

1998年3月13日，立信—佛氏奖励金颁发仪式在校举行。校党委副书记金家富代表学校感谢香港佛氏电脑软件公司对教育事业的支持。

2000年3月28日，香港专业教育学院（李惠利分院）谢颂坚院长一行11人到学校访问。

2003年3月4日，学校在松江校区举行"AIA—立信奖学金"签约仪式暨颁奖大会。会议由副校长胡厚麟主持，校党委书记桑秀藩致词。美都有限公司主席邓广坚先生和首席执行官Lain Young先生出席了会议。

2003年9月6日，香港职业训练局培训中心主任方光怡来学校访问。

2004年5月24日，国际会计师公会（AIA）英国总会会长谭学林、亚太区推广经理彭子坚到学校考察。学校领导唐海燕、朱坚强及会计学系主任张维宾等会见了谭会长一行。9月21日，学校领导会见英国AIA（国际会计师公会）会长谭学林，并举行聘任颁证仪式，聘香港特区政府太平绅士谭学林为学院客座教授。

2006年1月20日，应香港AIA会计师公会的邀请，副校长邵瑞庆率访学团赴香港，会计学系20名学生参加了访学活动。访学团一行为期6天，对香港几所著名大学进行了访问，对香港一些上市公司进行了考察，同时还走访和参观了香港的几家会计师事务所，参加了AIA国际会计师公会组织的研讨会。

2007年，学校人文社科系与香港城市大学社会科学系签署合作协议，共同开展社工专业的教学与科研。7月，香港城市大学学生到立信进行社会实践。

2. 台湾

1990年8月19日，亚太地区珠算研讨会、中国台湾、韩国代表一行15人访问参观学校。

1992年9月18日，台湾商业职业教育学会赴大陆考察团一行16人来校参观访问。

1993年11月20日，纪念立信会计事业创始人潘序伦诞辰100周年暨立信会计高等专科学校建校65周年大会上午在立信会堂举行。台湾会计代表团出席了大会。11月20日，学校举行海峡两岸会计事业、会计教育交流会，两岸会计界专家学者各就有关专题作了交流发言，气氛友好热烈。

1994年5月9日，捐资1万美元设立立信教师奖励基金的台湾华屋建设股份有限公司董事长陈英俊莅校访问。

1996年10月15日，台湾彰化师范大学校长陈倬民和台湾商业教育学会理事长田余秀率领，台湾商业职教界一行7人访问学校。

2004年，学校与台湾亚东经济协会、云林科技大学进行接触，协助该协会举办的年会，来自日本、我国台湾地区的专家学者20余人与立信教师进行了交流。

第三章　升本前后工作的推进

2002年，学校在申本工作中，把开放办学作为一项重要工作，多层次、多方位的办学模式在巩固中发展。学校既有高职高专、双专科、第二专科等在内的学历教育，又有岗位基础培训、技术业务培训、普通继续教育、高职继续教育、国际合作办学在内的非学历教育。

2003年，学校继续举办英国会计师学会AIA国际会计资格培训、LCCI英国伦敦工商管理公会考试和中澳合作本科课程班等国际合作办学；特许注册会计师(ACCA)、注册金融分析师(CFA)、特许市场营销师(CIM)三个与国际接轨的项目获得审核批准；与美国注册管理会计师协会洽谈引进国际职业资格培训项目。学校与日本千叶商科大学"姐妹学校"合作举办了信息管理与信息系统专业本科班，与澳大利亚查理·斯宾大学"友好学校"的合作得到进一步拓展。同时，不断加强对合作办学的管理，信都商务培训学院在双方的配合下，各项教学管理、财务管理逐步走上规范化的轨道。

2004年，学校自成立国际交流处以来，初步建立了"一方牵头，各方协调，形成合力，寻求突破"的工作体制，在合作办学、学术交流和外事等方面取得了积极进展。2004年，学院共接待来自世界10余个国家和地区的30多批访问者，建立合作项目1个，洽谈项目10余个，拟定合作项目3个。学历教育合作意向洽谈近10项。与英国AIA协会、日本千叶商大、韩国高丽大学等院校和团体建立紧密联系，接待了日本亚东经济协会、捷克布拉格大学等代表团教授来校作学术报告。与澳大利亚科廷科技大学、加拿大南阿尔伯塔省理工学院等7个国家的9个院校建立校际联系，并有选择的申报中外合作办学项目。聘任来自澳大利亚、日本、中国香港等国家和地区客座教授5人，选送教师4名赴澳大利亚进修。

2005年，学校以"巩固、调整、深化、提高"为指导，进一步拓展外事工作空间，中外合作交流稳步推进。学校加强与国外大学联系，拓展了与英国、加拿大、荷兰等同类院校的校际联系，洽谈合作项目12个，涉及师资培训、职业培训、学历合作等方面。完成申报中外合作办学项目一项。尝试国际化人才培养模式，以学校现有的大专层次的中日合作办学项目为突破，拓展合作领域，已就交换生内容达成意向。学校与AIA签署本科学生课程豁免协议。校际互访显著增加，这年应邀来访及顺访学院讲学和进行学术交流的外国专家学者共有4批，学院邀请或接待的海外院校来访达24次，人数逾百，涵盖了欧美发达地区的主要国家。邀请外籍客座教授Laurence Dickie夫妇来校讲课，选送教师2名出国进修。接受合作院校千叶商科大学的两批价值近20万日元赠书；接待美国妇女会计师协会代表团、丹麦哥本哈根商学院审计专业学生团等的访问交流。同时，学校加大了对外宣传的力度，树立学校良好的国际形象。

2006年，国际交流的工作重心放在扩大交流和拓宽合作内容方面。逐步拓展出访的内涵，从年度常规互访以及项目下的教师进修延伸至校际交流院校的访问、合作事宜商洽。深化已有项目合作，完成与日本千叶商科大学《交换学生补充协议》的签署和该项目延长合作年限的协议，8月千叶学生中国文化研修顺利实施，10月立信信息科学系两名交换学生赴日本展开为期一学期的留学。提供教师赴海外进修、合作科研的机会，联系 ACCA 为 5 人次教师进行为期一周的专业培训。实现英国 AIA 分别与财务管理系、工商管理系、审计系、金融系签署课程豁免协议，使各系有了与国际公认会计资格授予机构交流的机会。海外专家讲学呈现多样化的格局，海外专家“智库”初步建立开始运转。学校与美国赛福克大学、英国赫得福德大学、伦敦南岸大学、北安普顿大学、美国赛福克大学、加拿大马拉斯宾娜大学学院等近 10 个国家和地区的 20 多所院校等多个国家的大学以及专业协会建立了包括业务交流、教师培训和信息交换等方面的友好合作关系，开展定期的双向交流。

2007 年，学校不断完善外事工作机制，深化与国外院校的合作，国际交流实现多层次的突破。在继续申报中外合作项目的基础上，与日本千叶商科大学签署开展学术交流协议书；与加拿大马拉斯宾纳大学建立了校际关系，完成中外合作办学的申报。学校积极引进美国注册管理会计师 CMA、美国注册会计师 CPA 等国际化职业证书课程，丰富了学校多层次国际化办学的模式。学校与英国赫德福德大学签署合作备忘录、教师交流协议；与美国圣玛丽大学签署合作备忘录、师生交流协议。实施英孚教育英语课程项目合作合同。争取到每年 8 名教师分赴不同国外院校深造名额，推荐办理教师参加国际学术会议 4 件。接待美国、加拿大、日本等十多个国家和地区来访专家团组近 20 批 70 余人次；邀请美国、英国的教授专家来校作学术讲座，并首次促成信息科学系王双成教授首次在海外大学举办了个人学术报告。学校选派 3 名教师和 16 名学生赴美国 SUFFOLK 大学进行短期文化学习，赴日交换学生项目持续进行。学校第二批赴香港理工大学 AIA 暑期实践学习项目。学校努力为广大教师寻找赴海外研修的机会，2007 年确定 4 所海外合作院校，提供了 8 个为期半年的进修名额，是学校前三年教师海外进修人数的总和。学校还与台湾云林科技大学达成建立校际关系的初步意向，实现港澳台工作的新推进。

第十三篇

其他行政管理工作

第一章　后勤保障工作

第一节　资产及物资管理

学校复办时没有自己的校舍，先后商借育才、大通、定西等多所中学的教室进行教学，一些设施都是向教学点所在各校临时租借。学校当时自有的财产为数甚少，管理工作也比较简单。

徐汇校区落成后，学校新置了教学和办公所需的设施，估值约600多万元，比复校初期仅有2万元不到的资产高出300多倍。学校对财产和物资实行统一管理，并着手制定管理的规章制度。

1989年，学校制定了《财产物资管理办法》（简称《办法》）。《办法》体现分级管理精神，对物资管理范围，计划购置、审批手续和权限、使用调拨、报损、报废等方面都作了具体规定。另外对办公日常所用易耗品的领用，按不同岗位订出消耗标准，采取"超标不领，节约留用"的做法以减少浪费。总务处作为职能部门，在校长的领导下对财产物资实行一级管理；处、室、系、部等则实行两级管理，同样设有专人负责，建立各自的财产账册，形成学校财产物资管理网络。

至1996年，学校拥有财产设备金额3 029万元（根据国家规定500元/每件以上）。1997～2000年学校财产设备价值增加到4 939.8万元。至2000年，学校后勤管理工作由总务处主管负责，职责范围为：设备物资、电话、能源、食堂、招待所、物业维修、医疗保健和车队的各项管理工作。

第二节　后勤管理服务职能的转变

2000年12月14日，学校召开后勤社会化改革专题会议，成立了校后勤社会化改革领导小组。

2001年4月19日，后勤管理、服务职能开始分离。立信后勤与高校后勤转制签字仪式也同时举行。学校后勤服务中心正式挂牌成立，分离出来的后勤服务中心，与学校形成契约关系，实行有偿服务，为教学、科研和生活提供后勤服务保障。原总务处撤销，成立后勤保障处。后勤保障处实施学校对后勤服务的协调、指导、监管的职能，代表学校实施对基建、国有资产管理、对后服中心的物业、保洁、食堂等服务质量的指导、监督管理，检查、监督契约的执行、特种设备、学院通讯、能源统计、缴费及后勤各项经费的使用情况。

2001年10月，松江校区启用。2002年为会计、外贸、金融实验室配置计算机和多媒体设备430台，价值470.1万元。2003年为职业实训中心配置设备142台，价值

95.3万元，2005年为多媒体语音实验室配置设备210台，价值139.5万元，2006年为教育高地实验教学示范中心、数统实验室、多媒体语言实验室配置设备248台，价值293.7万元，一些教学设备调剂使用达300件，价值150万元，节约了教学经费的开支；对多媒体教学管理、网络教学、数字化校园系统进行了设备更新和再投入建设，完善了办学对设施的需求，

2002年12月，组建部门物资监管员(兼职)队伍。2004年修订了办公用品(低值品)费用和管理实施细则和《上海立信会计学院固定资产管理办法》，进一步完善了学校财产物资管理方式，物资出、入库、设备家具管理应用计算机管理系统，为教学、科研、办公配置设备及售后服务。2006年2月，办公用品网上领用系统进入试运行，率先实现了办公无纸化，大大提高了工作效率。对购买和更新设备，严格执行有关政府采购节能产品的规定，积极采用高效节能的新技术、新产品，率先淘汰国家明令禁止使用的高能耗设备。

2007年，全校固定资产总值4.81亿元，其中教学科研仪器设备价值6 525万元，生均教学、科研、仪器设备费5 968.34元。教学、科研、仪器设备经费呈逐年增长势头，从2004年到2007年，每年费用分别是：4 223万元、4 533万元、5 606万元、6 428.5万元。年均增长率为16.9%，其中：2004年增长21.91%，2005年增长7.34%，2006年增长23.67%，2007年增长14.67%。进一步完善了办学基础条件。

第三节 医疗卫生

一、师生医疗保健

学校复办时，教职工实行公费医疗制度，学生实行半公费医疗制度。学校只设置具有普通常用药品的医务室，有一二名医务人员。1987年，建成的新校舍有医务专用房屋面积390平方米，较正规化的医务室(改成卫生科)开始设立，医务人员(含主治医生、医师)逐步增加至9人。先后购置X光透视、心电图、理疗、化验、B超检查等仪器设备，基本具备一般疾病治疗和进行常规性体检的条件。

根据教育部、卫生部有关高等学校卫生工作规定的精神，贯彻以“预防为主”方针，医务室主要做了如下工作：

(1) 开设医疗门诊、急诊，对需要转院治疗者，主动帮助办好转院手续。

(2) 定期对师生分别进行体检，预防疾病，保障健康，对教职工中的中老教师及中级以上职称人员的体检尤为重视。对学生则根据不同年级作出安排，如对一年级新生作入校体检，对二年级学生复查视力和进行胸透，对三年级学生结合献血做毕业前的体检。

(3) 及时掌握传染病发病情况，采取措施，遏制其蔓延发展。

(4) 做好公费医疗的日常管理，自1988年7月至1996年，学校逐步推行公费医疗校内改革方案，使教职工生病既能有效地得到治疗，又能节省医药费用的开支。

(5) 开展防病知识和计划生育知识宣传，做好育龄教职工的节育技术指导工作。

松江校区门诊部面积达到430平方米，医疗条件更加完善，医务人员从2001年前的9人

增加到现有的 13 人，并陆续开设 5 个科目和 4 个辅助科室。2001 年，教职工实施上海市医疗保险制度；医改后门诊部被作为医保定点医疗机构，继续发挥着预防、监督、管理、治疗等多位一体的服务功能。2001 年，学校行政全额出资为在职职工投入补充医疗互助保障。完善学校的预防保健工作，做好新生预防接种、传染病、慢性病的预防、干预和管理工作。对学校的教学卫生、体育卫生、环境卫生及对影响学校人群健康的有毒有害因素实施卫生监督，并提供咨询和技术指导。

2003 年以来，学校加大对公共卫生的服务与管理，建立和健全学校公共卫生领导机构和组织网络，建立和完善了突发公共卫生事件的应对处理体制。抗击"非典"期间，专设发热门诊、测体温的预检处、专用通道和留观室。

每年对新生和毕业生进行全面健康检查，配合做好教职工两年一次健康体检及女教职工一年一次妇科普查工作，完成每年的无偿献血工作，多次获得市教委颁发无偿献血组织奖。对疾病进行随访监测，2007 年大学生实行了医疗保障制度。

加强了学校食品卫生管理员和从业人员的卫生知识的培训，对学校饮食及食堂卫生等设施进行医务监督，配备专人兼职负责食品卫生安全的监管工作，尤其注意防止食堂集体食物中毒。

根据国家教委的要求，配合教务处开设大学生健康教育选修课。定期运用讲座和新闻媒体、各种方式开展健康教育活动，普及卫生保健知识，增强师生员工的健康保健意识。为创建健康校园 2005 年荣获优秀奖。

医疗保健相关统计见表 13－1－1、表 13－1－2、表 13－1－3、表 13－1－4。

表 13－1－1　2003～2007 年无偿献血统计表

年　份	献血人数	献血量(毫升)	年　份	献血人数	献血量(毫升)
2003	193	38 600	2006	944	188 800
2004	190	38 000	2007	983	196 600
2005	476	95 200	合　计	2 786	557 200

表 13－1－2　学生定期健康体检统计

年　份	一年级新生		毕业生	
	应检人数	实检人数	应检人数	实检人数
2003	2 206	2 206	2 059	2 059
2004	2 342	2 342	2 302	2 302
2005	2 375	2 375	2 132	2 132
2006	2 762	2 762	2 342	2 342
2007	2 765	2 765	864	864

表 13-1-3　2003～2007 年开设健康教育课/讲座汇总表

年份	选修课					讲座	
	人数	课时	教材名称	教材	学分	次数	教材名称
2003	196	28	大学生健康教育读本	1	2	13	自编讲义
			大学生身心健康导读	1			
2004	182	28	大学生身心健康导论	1	2	14	自编讲义
2005	380	30	大学生健康教育读本	1	2	13	自编讲义
2006	320	30	大学生健康教育读本	1	2	13	自编讲义
2007	320	30	大学生健康教育读本	1	2	13	自编讲义

表 13-1-4　2003～2007 年大学生健康教育统计表

年　份	学生卫生预防新知（本）	新生健康教育手册（册）	大学生身心健康导读（本）	艾滋病健康教育处方（张）	艾滋病健康教育处方发放率（%）	健康教育宣传资料（份）	宣传栏（期）	健康教育录像（分钟）	网络健康教育（期）
2003	2 202（新生）		196	2 202	100%	4	6	30	1
2004	2 343（新生）		182	2 343	100%	3	5	45	1
2005		2 371（新生）	380	2 371	100%	3	5	45	1
2006		2 738（新生）	320	2 738	100%	5	2	60	1
2007		2 765（新生）	320	2 765	100%	4	12	60	1

二、校内环境卫生

1987 年 11 月，学校成立爱国卫生运动委员会（简称校爱卫会）。校爱卫会日常工作由医务室承担，着重抓好饮食卫生，严格执行食品卫生法，及时检查食堂食品加工过程，发现问题，责令整改，保证食品安全。同时抓好校园环境卫生，平时分区包干，定人定点定时打扫。在学期开始和结束时或遇有重大节假日，发动全校性大扫除，使学校经常保持一个整洁的教学环境。1996 年 4 月，上海市教委高校卫生检查团来校检查卫生工作，在被检查的 10 所高校中，立信成绩名列第二，获得良好的评价。

松江新校区落成后，松教公司承包了校园一期环境卫生和各建筑的卫生保洁工作。

1999 年，随着高校后勤社会化的展开，后勤管理服务职能开始分离，后服中心负责校园环境卫生及各建筑的卫生保洁工作，后保处负责校爱卫会对全校环境卫生管理和生活垃圾的清运工作。每年灭鼠除菌，定期校园环境卫生检查。2005 年 5 月 24 日，市教委高校卫生检查组一行 6 人来学校检查学生宿舍、校园环境和食堂，并查看了学校爱卫会组织机构、年度计划及开设的健康教育各种讲座、计划资料等；检查组对学校卫生管理状况感到满意，评分为 95.4 分。

第四节　膳食、交通、校园管理与节能

1. 膳食服务

学校复办时，师生员工用膳只能分散搭伙在所在中学和附近工厂食堂。对外省市学生则采取伙食补贴办法。1987 年建成的新校舍，学校开始自办食堂，供应师生员工用餐。

1988 年 1 月，学校成立食堂民主管理委员会，注意听取师生意见。对食堂的服务质量、价格标准、财务状况等方面定期检查，发现问题及时督促改进。

为了更好地办好食堂，自 1989～1996 年，对食堂曾试行过校内承包、校外承包等项改革措施。目的都在提高食堂的管理水平，调动炊事员的积极性，为师生员工提供价廉质优的膳食服务。

在学校不断扩班、师生用膳人数逐年增加的情况下，食堂克服了原有用膳场所与设施不相适应的困难，承担了近 3 000 人的午餐和 300 人一日三餐的供应任务。除食堂外，还有小餐厅提供招待用餐。

随着松江新校区一期校舍的落成，2001 年 10 月新生入校，食堂招聘松教饮食服务公司承包经营学校食堂，2003 年 11 月 15 日，松江校区伙食专业管理委员会成立，参与食堂承包方的管理协调。2003 年松教饮食服务公司退出，由学校后服中心开始经营食堂，大众菜肴由自己经营，特色餐饮采用承包方式经营，随着学生人数逐年增加，2004 年年底学生食堂落成，同年学校又租赁学生街食堂由后服中心经营为学生提供餐饮服务；学生食堂于 2005 年 1 月向学生提供餐饮服务，2005 年 9 月教工食堂整修后开始启用，接待 500 教职工一日两餐；学校食堂共承担了近 8 000 人的午餐和 4 000 人一日三餐的供应任务。

2. 交通服务

学校 1983 年迁至定西中学后，开始购置车辆，为教职工上下班提供交通服务。1987 年学校迁入中山西路新校舍之后，已拥有大客车、轿车、面包车、大小货车等各类车辆 10 多辆。总务处设立车队，负责车辆的使用调配和日常维修。

学校班车原分南北两线于每日早晨、下午定时行驶，教职员工可以各按居住点就近免费搭乘。另外对部分教工，学校还发给适量的交通补贴和公交月票补贴。1996 年，学校为配合上海市公交体制改革的推进，增加了教职工交通补贴费的数额，班车改为一条线路，实行收费制度。

2001 年，松江新校区落成，同年新生入学，教职工上下班乘坐大学园区租赁的空港巴士，2003 年 5 月学校工作重心转移，整体搬迁至松江新校区，由于学校车辆有限，根据教工居住分布情况设立站点，开始为数不多班车运行，随着教职工人数的逐年增加，租赁社会车辆，不断增加路线、交通站点和通行车辆，班车运行做到安全、准点、快捷；学校班车由原来单线变为多线，站点也由原来的 2 点一线增加到 7 条线路 20 多个站点。

3. 校园绿化

徐汇校区　学校徐汇校区绿化面积共2 999.7平方米，占学校面积的18%。除草地、花草外，还有观赏性花灌木750株，乔灌木1 220株，另有室内盆花1 100盆左右。1996年11月，上海市教委精神文明办公室检查组来校查访后，认定立信学校场地虽小，但绿化工作有特色，可以申报“花园式单位”。

松江校区　松江校区绿化面积达到150 800平方米，绿化覆盖率为45.33%，人均绿化面积20.3平方米。

校园绿化与校园建设、环境治理相结合，进行统一规划与建设。随着一期，二期，三期校舍建筑的落成，建筑周边绿化工程由园林公司施工建设。

几年来，学校投入绿化建设资金1 500万元，每年拨款100万元用于绿化管理、养护、设备、树苗、花草的添置及局部绿化改造。经过几年绿化建设，学校各种花草、树木达120个品种，观花、观叶植物占总植物品种50%，草坪55 000平方米，占绿地面积38.5%。花卉面积占绿地面积的8%。

校园绿化管理工作实行专业管理和群众管理的相结合。2005年，后服中心以契约方式负责校园绿化植物的栽种、防旱、排涝、除草、施肥、防治病虫害等养护管理工作，同时学校各部门建立了绿化养护责任区开展绿地的养护工作，每年进行义务植树活动。为创建优美的校园环境和“花园式单位”，2006年11月27日，上海市绿化管理局组织专家评审组对学院绿化养护、管理工作进行了检查、评审和指导。专家组对学院重视绿化工作给予了高度评价，学校被评为上海市花园单位。

4. 校园管理

为创建健康和谐校园，规范服务管理，为学校公共事业提供会务接待、餐饮服务、园林绿化、物业管理、公共环境保洁、学生公寓管理、日常修旧利废工作，完善巡视检查和信息反馈、监督机制；协调一致地完成各项任务。为教学、行政、科研和广大师生员工提供及时、周到、便捷的服务。同时保证了校园环境整洁，道路无杂物，无卫生死角，排水畅通，自行车集中存放、停放整齐、管理有序，环卫设施配置完备，做到生活垃圾日产日清。

5. 节能工作

2005年，学校设立节约工作办公室，负责全校各部门的节约工作的监督、协调节约工作任务、审核有关节约计划和技术改进措施的组织落实；颁布了《上海立信会计学院节能管理办法》。2006年，节约办公室制定了《上海立信会计学院节能管理办法实施细则》，落实节能具体措施，推动了节能宣传、应用活动的开展。同年3月，设立节约能源监督员，对节能工作进行巡视检查，纠正和消除长流水、长明灯等跑、冒、滴、漏浪费现象，提高节能的主动性和自觉性。在日常工作中，自觉减少设备待机消耗，用热泵热水器替代油锅炉，食堂灶具改为节能型，节能灯具、节水器具应用等，降低了能源消耗成本，提高经济效益。

第二章　财务管理

第一节　历经的几个阶段

学校的财务管理大致历经了以下阶段：从学校复校始办学经费由上海市财政局负责到1995年归口市教委管辖，从专科办学到松江校区本科办学。

1980年，上海市人民政府批准学校复办的文件中确定：立信会计专科学校为地方政府举办的财经类高等学校，办学经费由上海市财政局负责。因此，学校据以编制年度财务预算，报请市财政局核定后作教育事业费下拨，学生实行收费走读。1983年12月，国家计委、教育部、财政部、上海市人民政府同意立信会计专科学校实行新的领导体制，由上海市人民政府和财政部双重领导，以上海市为主。此时，上海市人民政府再次确定，学校归市财贸办管辖，财务经费仍由市财政局负责。1988年之前高等教育经费来源主要依靠政府拨款和少量学费，实行"上级全额核定预算，学校以支列报"的管理办法。1988～1995年，学历教育实行公费与自费相结合的方式，学校的经费来源主要依靠政府拨款，实行"收入抵支，包干结余"的管理办法。

1995年10月，学校由市财贸办改归市教委管辖。自1996年起，学校年度经费预算报请市教委核定。至于学校基本建设和重大专项设施所需经费，则另行单独列项申报。随着国家改革开放政策的全面实施与深化，各项事业得到全面发展。一方面，学校的经费来源日益多元化，经费收支规模不断扩大，财务工作的重要性日益体现。另一方面，学校各级领导和各有关部门对财务工作日益重视，财务管理在学校稳定、改革和发展过程中发挥着越来越重要的功能和作用。

1984年9月，学校设立财务处。遵照执行国家财经法规、制度，结合学校事业发展的实际，财务处负责制定学校各项财务政策和财务制度；依法多渠道筹措资金，组织各项收入；合理编制学校财务预算，对预算执行情况进行报告和分析；如实反映学校财务状况，保证会计资料真实、完整。学校办学主体迁至松江校区，2003年升为本科院校，通过几年的快速发展，学校形成了多元化的经费筹措格局。

国家财政投入及学校自筹经费不断稳步增长。学校的财务管理，以为学校整体事业发展和重大建设提供财力保障为目标，积极地从各种渠道筹措资金，优化资源配置，切实提高资金使用效益。同时，以建立完善财务管理体制及内部管理控制制度、加强管理与提高服务质量、规范财务工作流程为工作重点，不断进行管理创新。学校建立了规范严密的预算管理体系，形成了"统一领导、分级管理"的财务管理体制。在学校党委和校长的领导下，财务处的工作人员不断提高财务管理工作的质量，为学校的快速发展和办学的实际提供财力的保障。

第二节　教 育 经 费

教育经费是学校从上级有关部门、企业、社会及个人等各方面获得的，主要用于学校整体发展、维持正常运转、科学研究、培养各类人才等方面。它是学校经费的主体，包括来自政府部门的各类教育经费拨款、其他经费拨款和上级补助收入；由学校自筹的以学费和住宿费为主的教育事业收入，以及以非学历培训为主的其他收入。积极筹措、合理分配、严格管理教育经费是学校财务管理工作的中心环节。

1. 教育经费拨款

教育经费拨款，就其用途和经济内容而言，包括财政上安排直接用于教育的教育事业费拨款，以及财政上安排间接用于教育的其他经费拨款（主要有公费医疗、住房补贴和主副食品价格补贴拨款）。1980～2007年上级提供的教育经费拨款累计为5.83亿元（见表13-2-1）。

表13-2-1　1980～2007年学校的教育经费拨款情况　　金额单位：千元

年　份	拨　款	年　份	拨　款	年　份	拨　款
1980	43	1990	2 670	2000	17 923
1981	101	1991	3 050	2001	39 450
1982	200	1992	3 700	2002	52 886
1983	107	1993	4 700	2003	62 753
1984	450	1994	6 560	2004	59 680
1985	800	1995	7 180	2005	75 718
1986	1 366	1996	9 261	2006	89 256
1987	1 550	1997	11 336	2007	94 707
1988	4 185	1998	13 303		
1989	3 000	1999	16 921		

学校复校之初至1994年，年均教育经费拨款216.5万元，是维持学校开支的主要来源。从1995年开始，上海市教委的教育经费拨款逐年增加，平均增长率为45%，至2000年，教育经费拨款1 792.3万元。2001年，学校规模及教育经费拨款都有极大增长。教育经费拨款由原来按规模加增长率改为按生均拨款，七年年均拨款6 777.9万元。尽管办学资金的来源已经多元化，但来自上级部门的拨款依然是学校教育经费的主要来源。

2. 教育事业收入

学校的教育事业收入主要包括向各类学生收取的学费、住宿费等收入。

复校之初，学校收取单位委托培养费和少量的走读生培养费。1985年，根据教育部、财政部的规定制定了学生收费标准：对大专学生收取每人每年700元的培养费；1993～1999年学校实行收费试点，每人每年收取3 200～3 600元。

2000年开始，普通高校学费标准调整为每人每年5 000元，高职每人每年7 500元。2001

年学校迁至松江，学生学费标准调整为每人每年 10 000 元，学生全部住宿，住宿费每人每年 1 400元。2006 年，学费调整为：一般专业 5 000 元，中外合作专业 15 000 元，住宿费标准为每人每年 1 400 元。到 2007 年学费收入 6 532.1 万元，占学校全部收入的 28.61%。1998～2007 年学校的学费收入如表 13－2－2 所示。

表 13－2－2　1998～2007 年学校的学费收入情况　　金额单位：千元

年　份	学费收入	年　份	学费收入
1998	13 496	2003	66 228
1999	19 398	2004	66 686
2000	25 990	2005	77 673
2001	41 154	2006	56 957
2002	56 184	2007	65 321

3. 教育经费支出

教育经费支出是用于学校整体发展、维持学校正常运转、科学研究、培养各类人才过程中发生的各类费用。学校的教育经费支出主要分为人员支出、公用支出和自筹基建支出三大类。

1998 年，成人学历教育学费纳入预算内学费管理，收入支出增长比例不断加快，特别是进入松江校区后，学校规模扩大，建设新校区，结转自筹基建支出明显加大，同时按照本科院校的要求增强引进人才力度，加大科研投入，各项支出明显增长，至 2007 年教育事业支出达 1.68 亿元。1998～2007 年学校的教育经费支出如表 13－2－3 所示。

表 13－2－3　1998～2007 年学校的教育经费支出情况　　金额单位：千元

年　份	人员支出	公用支出	结转自筹基建	合　计
1998	14 886	15 225	1 500	31 611
1999	18 704	13 712	3 190	35 606
2000	23 651	10 656	844	35 151
2001	26 910	31 440	9 871	68 221
2002	30 357	35 001	26 762	92 120
2003	46 279	34 356	40 901	121 536
2004	49 787	46 936	88 401	185 124
2005	61 609	44 563	64 309	170 481
2006	71 471	63 200	9 220	143 891
2007	83 387	77 263	7 712	168 362

在2007年度中，学校总收入为2.28亿元，用于教育教学、科研及重点工作的专项经费等总支出为1.86亿元。与2000年专科学校时的总收入与总支出相比，学校目前的收支规模分别是当时的4.73倍和5.05倍。2007年年末，学校的总资产已经高达4.88亿元，是2000年的5.77倍。

第三节　管理体制与制度建设

复校之初，学校财务管理工作简单地按国家文件规定标准办理支出报销，实行"统收统支"，所需经费大部分由国家提供，财务管理状况好坏与学校经济利益并无直接关系，从而降低了财务管理工作的重要性。随着学校办学规模的扩大，以及各项事业的不断发展，学校对内、对外的经济往来与联系也日益复杂，财务管理也由原来简单的"收收付付"，逐渐成为一项以不断提高经费使用效益为核心的，包括积极筹措经费、合理分配经费、严格经费使用监控等工作在内的系统工程。

学校在财务管理体制、经费预算管理、财务制度建设、会计基础工作等方面开展了大量工作，从而为学校各项事业的健康、持续发展提供了必要的保证与支持。

1. 财务管理体制

学校的财务管理体制包括决策层、管理层。重大财务问题由校党委、校党委书记办公会、校长办公会、校财经领导小组等集体讨论决定。财务处作为行政职能部门之一，财务处长在校长领导下开展工作。

学校各项财务与会计工作职能的具体执行，由财务会计机构和专业会计人员负责。财务处除了负责日常经费使用的审核报销工作外，还负责编制预算、财务状况分析、经费筹措、校内财务规章制度制订、收费管理等工作。

1988年，学校财务根据财务执行状况，制订了《立信会计专科学校财务管理的若干规定》，对学校资金计划的使用、财务监督和财务指导、银行账户管理、创收经费管理等方面做出明确规定。

1998年，开始执行财政部、教育部制定的《高等学校财务制度》、《高等学校会计制度》，学校实行"统一领导、集中管理"的财务管理体制，财务工作实行校长负责制，各部门的财务活动由财务部门统一管理，收支全部纳入财务一级核算。

2005年，为了推进和实施学校和系(院)"二级管理"，制定了"统一领导、分级管理、财力集中、权限下沉"二级财务管理体制，在确保学校对财务工作统一领导的前提下，将系部使用的办公费、教学差旅费、学生活动费、内宾招待费、教学图书资料费、教师业绩考核津贴、教材建设费、教改建设费、学科建设费、科研费等下达到系部，由系、部各单位自主负责使用，进一步增加了各院(系)的财务管理与资金分配权限。

2007年，学校在原来经费下达的基础上，增加了系部教学经费项目，学校财务只对其教学经费进行指标控制，系部根据工作需要进行正常的教学活动和合理指导学生实验实习，充分调动与发挥各院(系)的理财积极性。

2. 预算管理

复校不久,学校就有了资金计划及预算使用说明。每年编制的"单位预算",实际上只是单纯对教育经费拨款的使用进行安排,对预算执行的结果无需承担责任。后来,上级部门对学校的预算管理实行"预算包干、超支不补、结余留用、自求平衡"的办法,学校也相应采取了"大包干"的经费预算管理方式。学校的经费预算管理主要由学校财务部门负责编制并执行。

1982年8月,上级领导部门同意立信会计专科学校的经费由原来的主管机关核定预算、年终结余收回财政的规定,改为主管机关核定年度预算、学校包干使用、年终结余全部转入下年度支配、超支不补的办法。

学校划归教委管辖之后,预算管理越来越规范、合理。随着经费来源的日益多元化,对从上级取得的教育经费拨款与学校通过各种方式获得学费等收入,根据"大收大支"的管理模式,对各项收入不分资金来源和性质全部纳入预算管理,按照"稳妥可靠、量入为出、自求平衡"的原则编制收支预算,不仅拓宽了学校的预算管理空间,而且标志着学校开始进行真正意义上的预算管理。

2007年,学校财务预算按照上海市教委2006年印发的《上海市市属高等院校预算管理办法》执行,预算编制的依据、内容、方法和程序都有较大调整。学校遵循"大收大支,综合预算;量入为出,收支平衡;突出重点,统筹兼顾"的原则,采取"零基预算法",通过"二上二下"的编报程序,保证人员经费和公用经费,积极争取专项项目经费,2007年批复的财政支出预算数增加幅度为9。

3. 财务制度建设

复校之后相继制定了多项财务制度,这些制度对防范财务舞弊,减少财务风险,加强资金管理,提高资金使用效益发挥了重要作用。

1998年以前,先后制定《关于财务管理的若干规定》、《关于加强财务监督和财务指导的规定》、《关于加强银行账户管理的规定》、《关于招待费管理的暂行规定》、《关于执行上海市高等院校学杂费专用收据的通知》、《关于财务收入报销的管理规定》等规章制度,以更好地开源节流,有效地利用财力、物力,为提高办学水平和教学质量服务。

2004年,学校根据国家制定的《事业单位财务规则》和《高等学校财务管理制度》,结合学校的实际,制定了《关于印发财务管理有关规定的通知》。该通知包括了《固定资产管理实施细则》、《收费管理暂行办法》、《票据管理暂行办法》、《内部经费结算本管理暂行办法》、《会计档案管理办法》、《会计工作交接制度》、《财务会计稽核制度》、《财务内部会计监督制度》、《财会人员职业道德要求》、《财务人员党风廉政建设和廉洁自律规定》等十个规定,就学校财务方面的有关问题提出了基本的原则要求。从制度上为全面规范学校的财务管理,为提高学校财务管理水平提供了保证与依据。

2005年,根据学校发展现状制订了《上海立信会计学院经费审批权限暂行规定》、《上海立信会计学院经费关于各项服务、折扣等收入的管理办法》、《上海立信会计学院财务两级管理实施细则》,进一步规范了财务行为,严格了财务纪律,使我校的财务管理形成了较为严格、较为全面的内部财务会计控制体系和管理机制。

4. 会计基础工作

会计基础工作是学校财务管理和会计工作的基本环节,它涉及会计机构和人员、会计核算、会计监督、内部会计管理制度等方面。学校重视会计基础工作，会计基础工作逐渐规范，会计工作水平也逐步得到提高。

财务处的工作人员从最初的2人到90年代的17人，实行会计电算化后，财务人员减少为现在的10人，其中，具有本科学历的5人；大专学历的2人；中专学历的2人；其他学历的1人；绝大部分同志具有初、中级会计职称。每年组织会计人员参加继续教育学习，不断提高会计人员的业务素质。他们负责徐汇校区、松江校区的出纳、审核、制单、复核、预算、工资、档案、收费、资产、税收、公积金、报表等十几个岗位工作。

会计核算与会计监督工作，根据财政部、教育部1998年颁布的《高等学校会计制度》和财政部制定的《会计基础规范》，根据学校财务管理规章制度和有关费用开支标准，从原始凭证入手加强审核，源头规范，通过努力2004年顺利通过了会计信用等级检查和预算信用等级检查。

1996年，财务处停止了手工记账操作，实现了从凭证制作、账本记录和报表生成的会计核算电算化并建立了财务处内部局域网，实现了财务处内部的信息共享。学校又陆续使用了会计报表系统、工资管理系统、学生收费系统、预算管理系统。从2002年开始，财务处在校园网上开通了财务信息查询系统。至2004年，财务处网上财务查询系统已经开通了工资发放情况查询、项目查询、收费查询、到款查询等多种查询项目，并在网上及时发布最新的财务信息。学校校园网的用户只要登陆到财务处二级网站，并输入有关密码后，就可根据需要查询相关信息。

在内部会计管理制度的制定方面，财务处内部制定了《财务处人员岗位职责》、《原始凭证基本要求》、《发票、收据管理流程图》、《公积金支取流程》等账务处理程序规定。

第三章 审计工作

学校审计处为学校内部的审计机构。1990年1月，学校决定设立审计室，与监察室合署办公。2002年，根据立信会计高等专科学校校部机关改革方案，审计室变更为审计处，与纪委、监察处合署办公。审计处实行内部审计监督制度，在学校党政领导的统一领导下，依照国家法律、法规和政策以及学校有关规章制度，对学校各有关部门的财务收支、任期经济责任、基建项目等经济活动及其经济效益进行内部审计监督，独立行使内部审计职权，对校领导负责并报告工作。

审计处的工作职责主要有以下七项：

1. 参与学校教育事业费、科学研究费、基建投资、银行贷款等方案的研究讨论和重大经济合同(协议)的签订。

2. 对学校所属经济实体的各项财务收支计划和执行情况及资金使用效益进行审计监督。

3. 对学校国有资产的管理使用、保值、增值进行监督、检查；对基建投资(包括自筹基建)、维修工程项目概算和预决算进行审计监督；对违反国家财经法纪和严重损失浪费的行为进行专项审计。

4. 对学校所属的经济实体及有关系、部、处室进行经济责任审计，对主要负责人离任前进行任期经济责任审计。

5. 宣传、执行国家财经法规，参与拟定有关规章制度和实施细则，健全完善内部控制制度，向学校领导提供有关的信息和建议。

6. 依据国家法律和法规政策，以及上级部门和学校内部的规章制度，独立行使内部审计监督权，对校领导负责并报告工作，同时接受国家审计机关和上级主管部门的指导和监督。

7. 承办上级或校领导交办的其他审计事项。

近年来，审计处认真履行审计监督职能，坚持"依法审计、服务大局、围绕中心、突出重点、求真务实"的工作方针。在审计工作中注重抓各项制度的贯彻落实，积极做好学校的基建(修缮)、财务收支等审计工作。

2002年，审计处颁布了《立信会计高等专科学校内部审计工作的实施意见》，建立了学校兼职审计员队伍。

2003年，审计处制定了《关于加强对学校产业单位及其领导干部管理的若干规定》和《关于基本建设、改扩建、修缮及工程项目竣工决算审计的若干规定》；共进行了16项审计，其中年报审计2项，财务收支审计2项，专项审计1项(包括立信会计出版社、申松印刷厂年报审计财务收支审计等)，基建维修、改扩建等项目审计11项，基建维修的送审金额为2 784 571元，审定金额为2 213 299.2元，核减金额为571 271.8元。

2004年，审计处共进行了15个基建(修缮)项目的审计(其中两项由学校兼职审计人员完成)，送审金额为712万余元，审定金额为604万余元，核减金额累计为108万余元，平均核减率为15.26%。进行了财务收支审计等16项，送审金额为40 707万余元。10月组织学校内部审计人员参加了由上海市教委审计处举办的2004年度上海教育系统内审人员后续教育培训班。

2005年，审计处共进行了7项财务收支和年报审计，送审资产总额8 987.4万元；1项离任审计；28项基建(修缮)审计，送审金额共计2 375.5万元，审定金额共计1 792.9万元，核减金额582.6万元，核减率24.53%。

2006年，审计处共进行了5项财务收支和年报审计，送审资产总额为9 169.97万元；32项基建(修缮)审计，送审金额共计737.1万元，审定金额共计598.3万元，核减金额138.9万元，平均核减率18.8%，其中：由校兼职审计人员参与审计的4项审计项目平均核减率达到46.8%。

2006年5月，审计处作为学校校办产业改革改制领导小组和清产核资小组成员之一，参与了学校校办企业的改革改制工作。先后拟定了《上海立信会计学院清产核资立项报告》和《上海立信会计学院清产核资工作方案》，负责对学校六家校办产业单位的清产核资审计工作。截止到2006年12月底，学校六家产业单位的清产核资工作已经基本结束，清产核资的专项审计报告全部完成。

2007年，审计处共开展学校财务预算执行情况审计1项；校办产业年报审计6项；零星基建(维修项目)审计17项，零星基建维修项目的送审金额850.637万元；审定金额737.737万元；核减金额112.97万元。

第四章　安全保卫工作

1. 机构的沿革

学校安全保卫工作的主要内容包括：政治稳定、治安综合治理、公共安全管理、突发事件应对等。

1980年复校之初，因办学场地租借外校等原因，学校没有设立专门的安全保卫工作机构，仅设置1名兼职安全保卫干部，由当时的党委副书记徐立元分管。1986年3月，学校设立保卫科，1987年3月，保卫科组建校卫队，增加了门卫和巡逻管理职能。1987年10月，中山西路校区正式启用，保卫科承担起校区的政保、治安、消防、户籍、门卫、巡逻等工作任务。1999年2月，保卫科升为保卫处，倪银锡任处长。

2000年9月，随着松江大学城立信新校区的建设，又组建松江校区校卫队。同时，因新校区技防监控中心的建设并投入使用，校卫队增加了技防监控工作岗位。

2. 队伍建设

学校安全保卫工作的基本队伍是保卫管理干部和校卫队。保卫处有8名管理人员，负责学校的治安、消防、户籍、技防等工作。松江校区校卫队员38人，徐汇校区校卫队员27人，负责承担门卫、巡逻、监控等工作。

学校注重安保队伍的学习和培训，不断提高安保队伍的政治素质和业务素质，并在工作实践中逐步健全和完善了岗位责任和各项工作制度。

2005年，保卫处在安保队伍建设中突破以往只偏重专职队伍建设的倾向，开始注重系部机关兼职安全员队伍的建设。各系部组建了安全员、义务消防员队伍，安保工作落实到基层的管理工作中。

保卫处加大对学生自我管理、自我防范的安全宣传和教育，于2001年3月组建了松江校区学生治保委员会，以后又在徐汇校区建立了学生治保委员会。学生治保委员会通过参与专题安全宣传、消防演习、承办安全月刊、组织安全专题调研等活动，增强了学生的自主管理能力，扩大了安全宣传的影响面。

3. 安全技术防范建设

自1987年徐汇校区的启用至2000年松江校区的建设，学校的安全防范工作主要以人防和物防为主，技防力量薄弱。松江校区建成投入使用后，技术防范建设有了实质性的启动。松江校区的各主要公共场所、众多建筑的主要出入口均安装了摄像监控，同时防范重点部位加装了红外线防盗报警系统和门禁管理系统。之后，中山西路校区也逐年投入资金，建设安全技术防范系统。学校经过四期建设，总计投入资金近400万元，使学校安全技术防范系统集视频安防监控系统、消防监控系统、入侵报警系统、出入口控制系统、电话通讯系统、电子巡查、实体防护为一体，基本达到上海市高校技防设置标准的要求，在校园构建了集人防、物防、技防“三合一”的立体防范系统。

4. 平安建设

1987年3月，学校社会治安综合治理领导小组成立，第一任组长由党委副书记徐立元担任。2006年3月，学校党委决定在原综合治理领导小组的基础上成立学校综合治理委员会。主任、副主任分别由党委副书记、副院长朱坚强，副院长李延臣担任，成员包括党委（校长）办公室、宣传部、学工部、人事处、教务处、保卫处、后保处、工会、团委、成教等职能部门负责人，委员会同时兼任学校稳定工作领导小组、处置突发事件领导小组、国家安全工作领导小组、反邪教领导小组等职能。学校把综合治理工作列入党政会议重要议事日程，建立领导“一岗双责”的制度，定期签订一级、二级、三级治安综合治理、安全生产责任书，签订率达到100%。建立了以共创平安、共促和谐、群防群治为依托的平安单位创建机制，形成各院系党政工团齐抓共管、群防群治的良好局面。

学校先后被评为2003～2005年度“上海市安全文明校园”、2004～2005年度市教委“综合治理先进单位”、2007年度“上海平安单位”等。

第五章　档案工作

第一节　机构沿革

立信会计专科学校建立直至1952年，学校没有设立专门的档案工作机构，档案收集、整理归档和保管等工作由校长办公室兼管。

1952年，全国院系调整时，立信会计专科学校撤并，学校档案由上级主管部门决定，移交至上海市高教局档案室。

1980年10月，立信会计专科学校复校，原移交给上海市高教局的学校档案取回，档案工作由校长办公室兼管。

1990年，为贯彻落实国家教育部六号令《普通高等学校档案管理办法》，根据《中共中央关于统一管理党、政档案工作的通知》的精神，学校于12月31日设立综合档案室，属校党委办公室内设机构，并设综合档案室主任1名，专职档案员1名。学校分管教学工作的副校长蔡建明、胡厚麟先后分管档案工作。学校实行部门立卷制度，各归档部门均配备了兼职档案员，并明确了档案工作分管领导，至此，学校正式建立了一支专(兼)职档案员队伍。

学校综合档案室既是学校档案工作的职能部门，又是学校档案文献信息中心，对学校党政管理、教学、科研、基建、设备、出版、外事、财会、声像、人物等门类实行了集中统一管理，提供有效服务。综合档案室业务上接受上级档案行政管理部门的指导、监督和检查。

2005年9月14日，学校成立档案工作领导小组，校党委书记桑秀藩任领导小组组长，校长助理胡厚麟任副组长，学校主要职能部门的负责人分别任组员。

2005年起，在全校范围内推行了纸质档案与电子文件档案的“双套制”档案归档工作。学校的档案归档工作从原来单一的纸质档案归档，拓展到电子文件的归档。

2007年11月，开通了上海立信会计学院综合档案室网页。综合档案室现有专职档案员2名，全校共有39个立卷归档部门，形成了较为完善的档案管理网络体系。

第二节　室藏档案

室藏档案分为三个全宗：立信会计专科学校历史档案全宗、立信会计高等专科学校全宗、上海立信会计学院全宗。截至2007年12月31日，上海立信会计学院综合档案室室藏档案总数为13 689卷，排架长度约300米。1991～2006年室藏档案统计如表13-5-1所示。

表13-5-1 1991～2006年室藏档案统计

年　度	室藏档案案卷数	年　度	室藏档案案卷数	年　度	室藏档案案卷数
1991	3 034	1997	4 835	2003	8 525
1992	3 283	1998	5 300	2004	9 601
1993	3 541	1999	5 776	2005	10 916
1994	3 804	2000	6 302	2006	13 689
1995	4 104	2001	6 902		
1996	4 476	2002	7 631		

1. 立信会计专科学校历史档案全宗(1937～1952年)

全宗包括上海、北碚、重庆及附设会计职业训练班所形成的档案，档案数量为381卷，主要内容有：

校董事会　校董事会关于学校立案问题与国民政府教育部、人民政府华东教育部来往文书；校董事会会议记录、章程草案及校长聘任、辞职等。

综合类　私立立信会计专科学校历史事实考证书；本校迁北碚开办的备案问题、筹改商学院与国民政府教育部来往文书及呈报教育部校董会议决在沪复校计划、招生简章；国民政府教育部颁发私立学校章程、校务委员会委员名单、章程、会议记录及高教处(教育部)的批文；校务、教务、财务、体育健康、肃反等委员会组织章程、抗美援朝行动委员会组织条例及教职工服务章程等；建国后呈报华东、中央教育部1950～1951年各项概括调查表；院系调整移交印章、校具、图书、簿册等各种移交清册；校长潘序伦与各方面的来往函件、钱素君、吴清川、李鸿寿、孙东城、王冠青等人私人函件及校董陈其采寿辰活动，1951年4月召开第一次师生员工代表会议的文件材料。

人事类　教职员名册、教职员履历表、通讯录、招聘应聘人员登记表；国民政府教育部关于教职员的退休、抚恤、奖助、出国进修条例、办法、规定等；院系调整时教职员调动名单、工资转移证明、师生员工人数统计、校舍面积统计表等；上海、北碚、重庆三校教职员、学生人数及经费概况表。

文书类　刊制校印及部门印章与伪教育部往来文书、学校印鉴式样；文书处理、归档办法及档案目录、登记簿、文书组移交清册等。

教学类　教学计划、教学大纲、各种学程讲授提纲；有关教学管理文件；学籍管理规则、规定；新生名册、入学证件；招生简章、试题；毕业生名册、成绩表、调查表、毕业生登记表、毕业证书验印等；学生休学、退学、复学、转学等学籍变更材料；学生参加国语、英语演说稿件及演讲名单等；学生奖惩处理文件；学生参加各种社团活动材料。

会计类　经费预决算、账单、支票存根；申请经费文件；学生申请贷金名册及申请书、财务账册、报表、单据目录及院系调整时的移交清册。

2. 立信会计高等专科学校全宗(1980～2003年)

该全宗是1980年复校以后形成的档案，学校复校时为立信会计专科学校，1993年更名为立信会计高等专科学校，其主要内容如下。

文书档案（1980～1992 年）

主要有学校申请复校开办的请示、批复、报告；启用新印章；校领导组成的任职命令、通知；请求调拨专用校舍等；校工作计划、总结、报告；干部任免；党代会、教代会、团代会、学代会等会议材料；组织机构人员调配等材料；各类统计报表；表彰先进材料（教工、学生）；工会工作材料；设备购置材料；校庆贺电、贺信等材料。

党政类（1993～2003 年）

党务　主要有学校党务工作计划、总结；党总支会议记录；中层干部考评、党员民主评议材料；干部任免材料；党内统计；纪委工作材料；老干部工作材料；统战工作材料；中心组学习材料；教职工精神文明建设活动及政治学习等材料；工会工作计划及工代会、教代会会议材料；表彰先进材料（教工、学生）；团支部工作及学生军训等材料。

政务　主要有学校工作计划、总结；校长会议记录；各类统计报表；大事记及文件汇编；人民代表选举材料；选拔学科带头人、优秀中青年教师的规定、决定；教职工名单；职称评定委员会及职称晋升通知；教师资格认定；调整职务津贴的批复；表彰先进材料；安全、保卫、综合治理等材料；物资管理等材料；联合办学、培训的协议书；档案及图书工作材料；申报设置本科学院的请示、报告等材料；招生计划；松江校区基本建设方面材料；学术访问材料；校友会材料；校庆贺电、贺信等材料。

科研类

主要有学校科研工作计划、总结；科研工作量考核奖励通知等；表彰奖励优秀教材、优秀论文方面材料；科研课题项目材料；学术讲座及科研工作会议材料。

基建类

主要有学校基建综合材料；基建工程项目管理文件；基建工程项目在施工中形成的文件材料等。

设备类

主要有学校固定资产及科研仪器设备增减年报；2001～2002 年学校购置设备协议、合同。

出版类

主要有学校出版工作方面所形成的请示、批复、报告等材料；《立信校报》、《立信学刊》、《立信校友通讯》等材料。

外事类

主要有学校关于出国人员考察、访问材料；外聘外籍教师讲课；ACCA 班教材、出国证明请示等材料；校际联系及国际合作交流材料等。

财会类

主要有学校财务工作（包括小财务）所形成的会计报表、会计账簿、会计凭证、工资清册等材料。

专题类

主要有学校“三讲”教育等方面的材料。

3. 上海立信会计学院全宗（2003 年至今）

本全宗是学校专升本以后形成的档案，主要包括党政档案、教学档案、科研档案、基建档案、设备档案、出版档案、外事档案、财会档案、声像档案、人物档案和专题档案，共11大门类。

1）党政档案（分为党群、行政类）

党群类：

党务综合　主要有学校党代会的会议文件；学校党委会会议记录；党委工作计划、总结、报告；党委发布的决定、办法、指示、通报和通知；以党委名义召开的工作会议材料；党委负责同志在校内的重要讲话稿，参加上级召开会议的发言稿；党史大事记及党委工作简报等。

纪检、监察　主要有纪检工作计划、总结、报告；专题调查材料；纪委、监察工作会议记录；监察工作统计年报及重要报表，党风廉政建设工作材料；纪委、监察工作方面的规章制度；群众来信来访及处理意见等。

组织　主要有学校组织工作计划、总结、决定、报告；组织机构设置、干部职务任免；中层干部名册；党总支、党支部改选材料；党组织、党员统计年报；评选先进集体、先进党员材料；发展工作材料；老干部工作材料；统计工作材料及党校工作材料。

宣传　主要有学校宣传工作计划、总结、报告、决定；宣传工作的请示及批复；精神文明建设工作文件；文明单位、先进个人表彰材料；校中心组学习记录、中心组学习制度；校教职工学习安排、总结及宣传教育、思想政治工作调研、专报；立信校报等。

学生教育　主要有学生工作部、学生处工作计划、总结；有关学生思想政治工作的决定、通知、条例；学生社会实践活动、调研材料；各教学系部辅导员名册、辅导员管理文件；简报等材料。

工会　主要有工会及妇委会工作计划、总结、决定；教工代表大会文件材料；表彰先进集体、个人材料；工会财务方面材料；出席上级单位工代会、教代会、妇代会代表材料；基层工会干部名册；工会统计年报表；参加疗休养名单等材料。

团委　主要有团委、学生会工作的计划、报告、总结、批复；团代会、学代会文件材料；团委工作表彰材料（集体、个人）；团干部名单、团员名册；发展工作材料；学生参加各类学会、社团材料；团委重大活动的有关材料；团组织、专职干部统计年报等。

行政类：

行政综合　主要有学校年度工作计划、总结、报告；全校性的规章制度；学校教育事业发展规划、计划及上级批复；高等学校基层报表及学年报表和综合统计；学校内行政部门启用印章及印模；校领导在校内、校外重要会议上的讲话、发言稿；全校性的重要会议材料；学校内各部门的请示及学校的批复；学校与有关单位签订的合同、协议书；校史大事记、简报、信息动态等；学校评估材料；学校向上级的请示、批复；信访工作材料；校际交流协作的有关材料；校庆、校友工作材料及人民代表选举工作材料等。

人事　主要有学校人事工作计划、总结、报告；关于机构编制规划、计划、报告及上级批复；师资培养计划及名单；教职工工资调整材料、名册及职工转正定级材料；退管会工作材料；表彰奖励先进集体、先进教职工及有关荣誉证书授予的材料；教职工评定、职任专业技术职务及上级批复等材料。

审计　主要有审计工作计划、总结、审计报告；调查材料；审计工作方面的规章制度；审计工作统计报表；审计工作会议记录等。

武装、保卫　主要有学校武装、保卫工作的计划、总结；学生军训材料；保卫工作简报；案件的侦查、调查、处分结论材料及上级的批复、判决书；消防工作有关材料；平安校园、综合治理工作的有关材料；征兵工作材料；防汛、防台、安全工作材料等。

后勤保障 主要有学校后勤工作计划、总结；各项规章制度；合同、协议书；房屋管理、调配使用等材料；爱国卫生、计划生育等材料；校园绿化工作材料；物业管理工作材料；食堂管理方面材料等。

档案 主要有学校档案工作计划、总结、报告；档案工作统计年报；档案工作规章制度；档案工作会议记录；档案工作表彰先进集体、个人材料等。

图书 主要有学校图书工作计划、总结、报告；图书工作规章制度；图书工作发展规划、概况、统计年报；中文图书入库流程单、统计表及校际交流等材料。

现教中心 主要有学校关于电子政务建设材料；网络建设管理规章制度；软件开发购签合同、协议；学校重大活动及精品、重点课程建设影音资料；专业实验室建设材料；多媒体教学等材料。

2）教学档案（包括本科教育、专科教育）

主要有学科建设、专业设置、重点学科、教育改革、培养目标、发展规划、学制等方面的指示、规定、办法、学校规划、实施计划；有关教学的规章制度；教学检查、评估和各级优秀教学质量评奖材料；统计报表；专业建设、精品课程等材料；招生计划、总结；新生录取名单；学生成绩大表；学生学籍变更材料；各专业教学计划、开课计划、教学大纲；毕业实习计划、总结、毕业论文等；毕（结、肄）业学生名册及证书验印名单及领取签收单；自编、参编教材（包括指导书和习题集）；教材使用目录；学生运动会材料等。

3）科研档案

4）基建档案

5）设备档案

6）出版档案

7）外事档案

8）财会档案

9）声像档案

主要反映学校在行政管理、教学、科研、外事、文娱等各方面活动的照片、录像带、录音带、DV、光盘等载体的材料。

10）人物档案

主要有潘序伦教授生平简介、潘序伦手迹、潘序伦部分著作、潘序伦各类证书、任命书、潘序伦部分讲话稿、潘序伦部分捐赠、潘序伦部分简报、潘序伦追悼会以及给潘序伦的函。

11）专题档案

主要有学校保持共产党员先进性教育方面的材料。

第三节 档案管理

一、档案规范化管理

1990年12月，综合档案室成立后，主要收集、整理、保管各门类档案，同时制订和健全档案管理制度、办法等规范化业务标准。1994 年,根据国家教委颁布的《高等学校档案实体分类》结合学校多年来的档案工作实际情况,从单一的文书档案中,分离出教学类、科研类等档案。2003 年 10 月学校申本成功,档案的管理更趋规范化,现有档案门类 11 大类,档案管理制度 23 项。

2005 年,学校下发了关于编制"十一五"规划的通知,明确提出要求,将档案工作列入学校"十一五"发展规划,为推动学校档案事业可持续发展创造了有利条件,也为学校档案部门制订档案事业发展规划提供了一个重要的工作基础。

1. 宣传档案法律法规,强化档案意识

学校以依法治档为抓手,加强对档案普法教育工作的领导和宣传。重点加强对《中华人民共和国档案法》、《中华人民共和国档案法实施办法》、《上海市档案条例》等档案法律法规的学习和宣传。

学校分别利用宣传栏、知识竞赛、业务培训、校际交流学习、专题辅导、档案检查、会议、提供利用服务等多种形式和载体开展档案法制宣传,强化档案法制意识。通过一系列的宣传教育活动,将档案法制教育贯穿于学校各层面档案管理工作的全过程,提高了各相关层面工作人员档案法律法规的学习水平和实际运用能力,促进了学校档案管理工作法治化水平的提高。

2. 建章立制,不断完善制度建设

1996 年,学校综合档案室编制了《档案工作规章制度》,之后又陆续制订了一系列相关管理文件,如:《教学档案工作实施细则》、《系部档案管理办法》、《文件材料归档范围及保管期限表》、《学校档案分类法》、《部门预立卷制度》、《文件材料立卷归档制度》、《档案工作安全保密制度》、《档案借阅制度》、《档案库房管理制度》、《会计档案管理制度》、《基建档案归档制度》、《档案鉴定销毁制度》、《档案统计制度》等有关规章制度,制订了各级档案工作人员岗位职责。

2005 年,制订了《档案工作管理办法》、《电子文件归档与管理暂行办法》,对《教学档案工作实施细则》等十二个有关规章制度进行了修订,并将文件汇编成册,下发至各部门贯彻执行。

通过修订完善相关制度,保持规章的统一性,为档案工作规范管理进一步提供了保障。

3. 精心组织工作会议,推动档案管理规范化建设

为进一步贯彻落实《中华人民共和国档案法》、《上海市档案条例》,学校针对本单位实际,提出工作目标,明确工作要求,落实工作责任,将档案执法贯穿于实际工作中。自 1991 年始,坚持每年召开兼职档案员会议。特别是学校入驻松江大学城后,每年有侧重地组织召开档案工作会议,规范管理,加强档案基础建设。

2003 年 4 月 2 日,学校召开档案工作会议,提出档案工作要与申本工作相结合,准确、及时地记录学校发展变革历史,为学校的各项工作服务。

2004 年 11 月 18 日,学校召开档案工作会议,学习有关档案法律法规。校党委书记桑秀藩亲自出席会议并作重要讲话。会议提出:学校的档案工作要与正在进行的二级管理相结合,探索学校档案二级管理的新路子。

2005 年 3 月,在学校党政干部工作会议上,分管校领导胡厚麟同志就学校档案工作提出明确的工作目标,要求各级分管领导加强对本部门档案工作的领导,落实工作责任。

2005年10月25日，为了逐步积累一套规范化、标准化的档案信息化管理办法，学校召开档案信息化建设工作会议，专门就部门预立卷的信息化工作进行了交流和研讨。

2005年11月1日，学校召开档案工作会议，主要议题是强化各单位、各部门的档案意识，推进学校档案工作法制化、规范化、现代化建设，提高档案工作整体水平。校党委书记、档案工作领导小组组长桑秀藩出席会议并作重要讲话，校长助理、档案工作领导小组副组长胡厚麟作工作报告。

通过每年的档案工作会议，将档案工作与学校党政管理、教育管理、科研活动等各项工作紧密结合起来，与年度工作重点结合起来，紧紧围绕学校发展的主线，推动了学校档案管理规范化建设。

二、档案业务指导与检查评比

学校认真贯彻落实国家的档案法规，积极开展档案业务活动，组织全体档案工作人员开展业务学习，档案室认真组织各类进行业务指导学习，开展检查评比活动，推动学校档案管理上水平。

1. 档案业务培训

1996年4月12日，学校召开兼职档案员会议，党委办公室主任姚镜明就学习和贯彻《上海市档案条例》作了专题宣讲。档案室主任于蓉同志对学校1996年度的档案工作作了布置，就如何做好部门档案工作做了业务辅导。

1999年1月15日，学校召开档案工作会议。上海师范大学档案馆石振铭馆长就公文处理和部门与预立卷工作等方面作了深入浅出的讲解。

2001年，档案室专职档案员参加了市教委对档案人员进行的业务培训。

2003年4月2日，学校召开了档案工作会议，市教委档案管理部门的领导尤抗美老师就部门预立卷工作作了专题辅导讲座。会后，学校组织各部门专兼职档案员到上海师范大学的档案馆参观学习。

2004年11月18日，学校召开档案工作会议。上海师范大学档案馆於华芬老师为档案员做档案管理的培训与指导。会后，各教学系部进行了对口交流，於老师作了现场指导。同月，组织兼职档案员到上海工程技术大学、上海师范大学、上海应用技术学院进行对口交流学习。

2005年4月，校综合档案室组织专兼职档案员赴上海海事大学进行档案学习交流活动。

2006年4月6日，学院召开档案工作会议。上海第二医科大学档案馆王雅凤老师作了《预立卷与归档工作》的业务培训讲座。

2006年11月24日下午，学校专兼职档案员一行14人前往上师大参加由市教委办公室举办的上海市高校档案业务培训。

2007年6月，校综合档案室组织档案工作分管领导及全体专兼职档案员50余人参加“剑南春杯”档案与法制知识有奖竞赛活动，并取得了较好成效。

2007年11月29日，校综合档案室组织专兼职档案员一行24人赴上海大学档案馆参观学习。

2. 档案检查工作

（1）档案校外检查评比

1994年12月28日，由市高教局组织的专科学校档案协作组对学校教学档案进行了检查。协作组通过一听、二看、三议、四评的方法，在听取汇报的基础上，查看了档案库房，考查案卷质量，并现场评分，学校得分为81.36分。

1997年12月9日，市教委档案专家组对学校档案管理工作进行检查。学校获得总分97分的高分，被评为优秀等级。

2005年11月24日上午，学校顺利通过上海市档案局、上海市教委对学校进行的档案执法检查，并获得市档案局高度评价。

（2）档案校内检查评比

1991年12月24日，学校组织档案检查活动，并召开档案表彰会，评出六个获奖部门。一等奖：远教部，二等奖：总务处、纪委，三等奖：校办、经济研究所、马列部。另外基建部基建档案归档完整成套，给予专项表扬。

1996年11月下旬，学校综合档案室组织档案检查，表彰了六个部门：校长办公室、教务处、工会、图书馆、夜大学、基建处。对归档工作做得较好的六个部门提出表扬：学生处、纪委、研究所、宣传处、组织处、校综合档案室。

1997年1月9日，学校召开各部门兼职档案人员会议。对1996年度获奖的六个部门进行表彰。

1997年12月17日，学校召开兼职档案员工作会议，对本年度评比分为：优秀、良好、合格、基本合格等。优秀：党办、校办、人事处、教务处、基建处、学生处、夜大学、工会；良好：财金系、基础部、会计四系、会计一系、会计二系、职工中专；合格：马列部、管理系、计算中心、经济系、德育教研室；基本合格：会计三系。

1998年11月，校综合档案室会同教务处共同对学校16个行政管理部门及14个教学系部的档案工作进行了检查。

1999年1月15日，召开本年度档案年会，通报1998年度档案检查情况。先进集体：校长办公室、夜大学、工会；部门表扬：人事处、财金系、基础部、会计一系、会计二系、职工中专；个人表扬：林震敞、胡儒林、邬敏懿、舒菊妹、郑国芬、张爱琴、沈卫红、熊金辉。

2003年，针对整体搬迁的实际情况，在主管书记、分管校长带队下，学校组织校办、教务处负责人及相关工作人员对各机关、各系部的档案工作进行了专项检查，强化档案意识。

2004年，学校组织开展了对成教院、中专的档案管理、公文流转的检查，并对检查情况进行了书面反馈，进一步推动了两个部门的二级档案管理，推进学校档案工作整体水平。

2006年10月，在校长助理胡厚麟同志的带领下，院综合档案室、教务处、科研处负责人及有关人员组成档案评审小组，对学校各机关职能部门、教学系部、直属单位等37个单位，进行了档案年度检查。同年12月4日，学校召开年度档案工作总结表彰会。共有25位档案员受到表彰，评出一等奖8名，二等奖7名，三等奖10名。

2007年1月30日，校长助理胡厚麟同志率综合档案室及财务处有关人员前往立信会计出版社开展档案工作检查。

通过年度例行检查，全体人员的档案意识逐步增强，学校档案管理工作逐步步入依法治档的轨道。

3. 档案保管、利用、服务

2003年是立信教育事业取得突破性发展的一年，学校档案工作抓住了这一契机，在硬件与软件方面都提升了一个档次。档案库房安装了与之相匹配的专用密集架，并配置了恒温恒湿设备、运用现代化的安全防盗门禁，与学校监控中心相连、纳入整个学校的中央监控管理系统。不但维护了学校档案的安全、改善了原有的档案保管条件，而且有效地提高了库房的容量，最大限度地防止和减少各种损坏档案的不利因素。

校综合档案室提供利用方式及服务手段主要有：档案阅览，档案外借（仅限于本校职能部门及二级学院），档案复印，出具档案证明，档案目录信息咨询。1991～2007年档案利用统计如表13-5-2所示。

表13-5-2　1991～2007年档案利用统计

年　度	利用卷	利用人数	年　度	利用卷	利用人数
1991	109	11	2000	235	194
1992	387	34	2001	305	129
1993	174	81	2002	513	197
1994	213	109	2003	722	371
1995	266	92	2004	1 000	368
1996	142	67	2005	985	379
1997	125	60	2006	1 947	288
1998	169	106	2007	1 388	304
1999	293	163			

2006年，围绕上级单位对学校的各项工作检查，校综合档案室参与了学校先进性教育活动"回头看"检查、工会先进"教工之家"评选、精神文明检查、语言文字评估，学士学位单位评估、新专业预检查等重大活动的文件材料准备、台账制作工作及重大活动中形成的文件材料及时归档指导工作。

2007年以来，校综合档案室积极参与各类评估资料的整理，共制作台账210盒。主动开展业务指导与服务，为工商管理专业、金融专业、国际贸易与经济专业、商务英语专业等四个新专业检查台账，为辅导员队伍检查台账。台账内容的充实、规范获得了专家的好评，为学校顺利通过各类评估检查尤其是学士学位的评估奠定了扎实的基础。

4. 档案设备、经费

进入松江大学城后，学校加大了档案硬、软件方面的投入力度，将档案工作经费列入每年学校的财务预算中，保证了档案工作的正常开展。

自2003年始至今，学校在档案建设方面的投入总计约110余万元，这些经费与设备的投入，为档案管理提供了有力的物质保障。

2003年，综合档案室搬迁松江大学城后，学校专辟了近200平方米的档案库房，安装大型密集架，配备了与之相匹配的恒温恒湿设备；安排了总面积约70平方米的三间档案专用办公用房，配置了电脑、打印机、复印机等设备；为所有立卷部门配置了统一的档案专用橱柜、文件夹等所需装具。

2004年，为加快档案信息化建设步伐，学校又投入经费购置了档案管理软件一套，配置了相应的服务器、扫描仪等，为学校的档案信息化建设打下基础。

2005年，对试点单位会计学系、成教院等部门配备了电脑、打印机等；下半年，学校拨专款对历年档案进行了数字化处理，并为各有关部门及教学系部配置了移动硬盘等。

2006年，为切实加强教学系部二级档案管理基础工作，对每个教学系部文件资料室安装了专用铁架子；特制试卷盒，用以统一放置试卷及财务报表；为教学系部档案人员配置专用笔记本电脑。

三、档案现代化管理

2004年，综合档案室引进了南京大学档案馆自行设计的“南大之星”档案信息管理系统，从而使原有的手工操作发展为计算机管理。

该系统实现了电子文件归档、档案编目、信息检索、档案鉴定和信息服务利用自动化。

2005年，学校将信息化建设作为档案工作的重点。同年10月25日，组织召开档案信息化建设工作会议，专门就部门预立卷的信息化工作进行交流和研讨。学校采用“南大之星档案网络管理系统”，正式启动网上远程归档。首先，要求学校各职能部门按照新出台的《电子文件归档及管理暂行办法》，实行“双套制”文件的归档工作，即纸质文件和同一版本的电子文件一并归档；其次，学校对各职能部门的文件材料预立卷工作提出了信息化管理的要求，在调研的基础上推行了部门文件材料电子检索目录，并于2005年10月中旬进行了专项交流检查。再次，又开展了库藏档案数字化建设工作，从2005年下半年起至2007年年底，学校共投入专项经费91 285元，对库藏档案中的历史档案、学籍档案、党群档案、教学档案等(短期卷除外)共计约179 386页(张)进行了数字化处理，导入了2 272卷，11 840余条，完成刻录光盘36盘。

2007年，21个立卷部门全部实行了网络远程归档，馆藏档案文件级目录机检率达到100%。

2007年5月，完成了档案网页的构建，11月上海立信会计学院档案网页正式开通，通过档案信息平台进行了档案法规宣传及业务指导，对相关档案信息进行发布，为学校的政务公开、校务公开工作提供优质服务。

现代化的档案服务手段，促进了档案资源的有效利用，充分发挥档案的现实效用，为学校党政管理、教学、科研等各项工作提供优质、高效的服务。

第六章　退管会、退管办

学校从1985年开始有退休人员，至2007年12月底，离退休教职工205人（教学人员61人，行政人员108人，工勤人员31人），其中有离休干部4人，局级干部1人，处级干部38人，副高及以上专业技术职务31人。

学校还成立了退休教职工管理委员会（简称“退管会”），委员由部分退休人员、组织部、人事处、财务处、后保处、工会等职能部门的负责人组成。学校退休教职工管理办公室（退管办）成立于1989年，人事处处长兼任退管办主任，设专职退管干部1名。

1993年，学校推行综合改革方案，对离退休教职工每人每月增发一定数额的补贴，使离退休教职工得以共享改革成果。

学校每年全额出资为老同志办理总工会“住院医疗互助保障计划”的续保，安排两年一次的健康检查。专门成立了帮困互助基金，每人每年出资30元，门急诊报销共付段的自理部分的30%，大病报销共付段的自理部分的50%，最高限额门急诊300元，门急诊加大病500元。

退管会、退管办定期开展各项活动。

1. 组织政治学习

定期邀请校领导、专家作报告及专题讲座，介绍国家的时事政治和学校的发展情况等。组织学习骨干参加上海高校退管会召开的各类报告会。

2. 做好帮困解难工作

定期对老同志家访，建立每月联系制度、患病探望制度、逢节逢假访问制度等。每年对高龄、一老养一老、患疾病生活困难的同志申请困难补助。认真做好夏送清凉、冬送温暖的活动。免费为老同志量血压、验血等。

3. 开展丰富多彩的文体活动

学校每年安排两次离退休教职工旅游。上半年二日游，个人负担50%费用；下半年一日游，费用由学校支付。

2007年，学校在徐汇校区建立了离退休教职工活动中心，设有会议室、放映厅、卡拉OK室、书报杂志阅览室等活动场所。唱歌、书法班等各类兴趣小组的活动丰富多彩。每年的敬老节和春节茶话会，校领导都要与会祝贺，并与老同志共娱同乐。

鼓励老同志参加老年大学的学习，每学期报销学费40元。

第十四篇

校办产业

第一章 立信会计出版社

第一节 发展沿革

立信会计出版社的前身是成立于1941年6月的立信会计图书用品社。1956年,国家进行了对资本主义工商业的改造,立信会计图书用品社的图书出版部分并入新知识出版社,账表及印刷部分等并入公私合营公信会计账簿印刷厂。

1980年,立信会计专科学校复办。学校于1981年2月恢复设立立信会计编译所。潘序伦任编译所主任,王澹如、管锦康任副主任,聘请了立信老同仁及有关专家组成编译委员会,负责编译《立信会计丛书》和《立信财经丛书》。编译所编译的著作,由知识出版社出版。1984年4月,中共上海市财贸工作委员会同意立信会计编译所作为学校的附设机构。

1984年12月,学校向上海市出版局递交了关于恢复立信会计图书用品社的请示。按照国家规定,高校设立出版机构需经国家出版局审批。学校随即又向国家出版局呈送请示。在申报过程中,立信老同仁如李文杰等给予了大力支持和协助。1986年9月,国家出版局发文,批准同意立信会计图书用品社正式恢复,隶属于立信会计专科学校。至此,立信会计编译所相应撤销。1993年4月,国家出版署批准,立信会计图书用品社更名为立信会计出版社。

立信会计图书用品社及立信会计出版社的社址设在中山西路2230号的学校内。它是学校的出版机构,独立经营、自负盈亏。出版社设立过编辑委员会,顾树桢任主任。1995年2月,学校设立了出版社的董事会,董事长李海波,副董事长为詹文锦、陈惠丽,聘请顾树桢、任徽典、李文杰、李鸿寿、管锦康5人为名誉董事长,聘请孙庆元等5人为名誉董事。

第二节 管理体制和机构设置

立信会计出版社由上海立信会计学院主办,上海市教育委员会主管,业务上由上海市新闻出版局监督管理,是实行企业化管理的事业单位。出版社实行社长负责制,由社长全面负责出版社的经营管理,副社长、副总编分管编辑、发行、行政等业务。

历任社长、副社长、总编辑、副总编辑如表14-1-1所示。

表14-1-1 立信会计出版社历任领导

姓 名	职 务	任 职 时 间	备 注
孙庆元	社长	1986.12～1988.11	
陈顺沐	副社长	1986.12～1988.11	

（续表）

姓 名	职 务	任 职 时 间	备 注
余锡源	副社长	1986.12～1987.11	
欧阳仲华	总编辑	1987.3～1993.2	
张立年	副总编辑	1987.3～1988.12	
马钟榆	社长	1988.12～1990.12	
詹文锦	副社长	1989.9～1991.8	
詹文锦	社长	1991.9～1996.10	
朱祖萱	总编辑	1993.2～1995.2	华东理工大学出版社退休职工(1993 年 4 月退)
王美鸿	副社长	1993.1～1996.9	
陈惠丽	副社长	1992.11～1996.9	
孙时平	副社长	1995.2～1996.9	
曹均伟	副总编辑	1995.2～1996.9	
陈惠丽	社长	1996.10～2002.4	实际在立信会计用品总公司工作(任总经理)
孙时平	常务副社长	1996.10～1998.12	
孙时平	总编辑	1999.1～2002.12	
曹均伟	常务副总编	1996.10～1998.12	
王美鸿	副社长	1996.10～2002.12	
沈敖大	副社长	1996.10～1997.8	
詹文锦	顾问	1996.10	
沈敖大	副总编辑	1997.9～2002.3	
徐雪芬	副社长	1999.9～2002.12	

（续表）

姓 名	职 务	任职时间	备 注
黄汉江	社长	2002.12～2005.12	
孙时平	常务副社长、总编辑	2002.12～2005.12	法定代表人，主持工作
王美鸿	副社长	2002.12～2005.12	
徐雪芬	副社长	2002.12～2005.12	
孙时平	社长、总编辑	2006.1～	
窦瀚修	副社长	2006.1～	
戎其玉	副社长	2006.1～	
陆盛强	副总编辑	2006.10～	

社内工作人员按照编辑、出版、发行、校对、财务、行政管理事务进行分工，2006年以后的机构设置如图14-1-1所示。

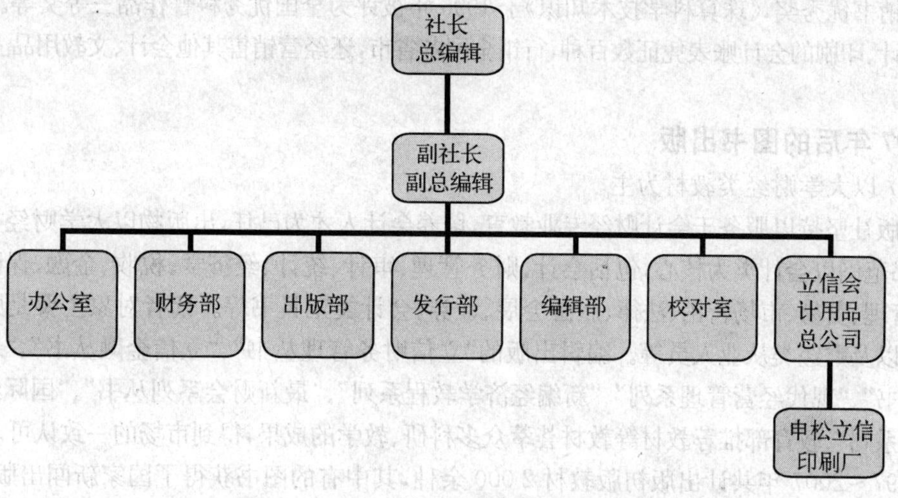

图14-1-1 立信会计出版社机构设置图

截至2007年年底，全社共有工作人员42名，其中回聘和兼职的11名，另有特约编辑多人。

第三节 出版工作

1. 1996年前的图书出版

1986年之前，立信会计编译所编辑书籍39种。潘序伦先生策划出版的"立信会计丛书"、

“立信财经丛书”70多年来一直畅销不衰，并形成立信图书严谨、朴实、求新、操作性强的品牌特色。1986～1996年，共出版初版书籍419种，初版印数为8 978 800册(见表14－1－2)。

表14－1－2　1987～1996年出版初版书籍的情况

年　份	种　数	总印数(册)	年　份	种　数	总印数(册)
1987	13	159 500	1992	16	123 000
1988	15	130 000	1993	58	672 600
1989	12	120 000	1994	64	2 877 200
1990	19	348 000	1995	103	1 720 000
1991	28	2 785 000	1996	91	2 550 000
累　计				419	8 978 800

其中，1987年出版的《三式记账法的结构和原理》获国家教委学术专著优秀奖，1987年出版的《统计发展史》、1990年出版的《中外合资经营企业会计》分别获该年度上海市优秀图书二等奖，《西方经济学说史》(作者：胡寄窗)、《管理会计研究》(作者：李天民)于1995年分别被评为全国高校优秀学术著作奖，《新编工业企业管理(新版本)》(作者：穆庆贵)于1996年评为全国高校出版社畅销书优秀奖，《珠算科学技术知识》于1996年被评为全国优秀科普作品三等奖等。

设计、印刷的会计账表凭证数百种，行销全国各省市，还经营销售其他会计、文教用品上千种。

2. 1997年后的图书出版

(1) 以大学财经类教材为主

出版社坚持以服务于会计财经专业教育，培养会计人才为己任，出版物以大学财经类教材为主，出书范围以会计类为核心，包括会计、财务管理、审计、统计、经济学、税收、金融、保险、财政、投资、管理、贸易、市场营销、法律、旅游会展、证券、会计类工具书等。读者对象主要是财经院校的学生以及财经类从业人员等。编辑出版的“立信财务管理丛书”、“立信金融丛书”、“现代企业管理丛书”、“现代经营管理系列”、“新编经济学教程系列”、“最新财会系列丛书”、“国际经济与贸易教程系列”、教育部推荐教材等教材荟萃众多科研、教学的成果，得到市场的一致认可。

1997～2007年共计出版初版教材2 000余种，其中有的图书获得了国家新闻出版总署、上海市新闻出版局、大学出版社出版者协会等颁发的各种奖项(见表14－1－3)。

表14－1－3　1997～2007年获奖的教材

序　号	年份	书　　名	作　者	奖　　项
1	1997	新编工业企业管理(修订本)	穆庆贵	华东地区优秀教材学术二等奖
2	1997	高等会计学	王文彬	华东地区优秀教材学术二等奖
3	1997	企业中级会计	王占升	华东地区优秀教材学术二等奖

（续表）

序号	年份	书名	作者	奖项
4	1997	现代管理会计学	李天民	华东地区优秀教材学术二等奖
5	1997	商品流通企业财务管理	丁元霖	华东地区优秀教材学术一等奖
6	1997	新编会计学原理——基础会计	李海波	华东地区优秀教材学术二等奖
7	1998	新编银行会计(增补本)	王允平	全国高校出版社优秀双效书奖
8	1998	新编会计学原理——基础会计(修订本)	李海波	全国高校出版社优秀双效书奖
9	1999	财政与金融	李海波	全国高校出版社优秀双效书奖
10	1999	无形资产会计	于长春	上海市书刊印制优质产品
11	2000	税法	王　瑶	上海市图书编校质量三等奖
12	2000	新编工业企业管理(新版本)	穆庆贵	全国优秀畅销书奖
13	2000	新编成本会计(修订本)	宋胜菊	全国优秀畅销书奖
14	2000	市场营销学(第三版)	朱成钢	全国优秀畅销书奖
15	2000	会计基础与记账技术	李海波	全国优秀畅销书提名奖
16	2000	新编财务会计	李海波	全国优秀畅销书提名奖
17	2001	新编高等会计学	林钟高	安徽省社会科学优秀成果三等奖
18	2000	企业并购理论与实务	干春晖	上海发展汽车工业教育基金优秀成果三等奖
19	2001	生产经济学	干春晖	上海发展汽车工业教育基金优秀成果三等奖
20	2001	新编预算会计(第三版)	李海波	全国优秀畅销书奖
21	2001	新编会计学原理——基础会计	李海波	全国优秀畅销书奖
22	2001	财政与金融(新编)	李海波	全国优秀畅销书奖
23	2001	常用经济应用文写作教程	盛明华	全国优秀畅销书奖
24	2001	新编企业管理(第三版)	穆庆贵	华东地区全国优秀畅销书奖
25	2001	会计专业英语(第三版)	常　勋	华东地区优秀教材学术专著二等奖
26	2001	国际金融学	冯文伟	华东地区优秀教材学术专著二等奖
27	2001	公司财务学	黄济生	华东地区优秀教材学术专著二等奖
28	2001	高级市场营销学	张文贤	华东地区优秀教材学术专著二等奖

（续表）

序　号	年份	书　　名	作　者	奖　　项
29	2001	常用经济应用文写作教程	盛明华	华东地区优秀教材学术专著二等奖
30	2001	管理心理学	孙时进	华东地区优秀教材学术专著二等奖
31	2001	人力资源会计制度设计	张文贤	华东地区优秀教材学术专著一等奖
32	2001	金融会计——银行会计	李海波	华东地区优秀教材学术专著一等奖
33	2001	国际贸易学	唐海燕	华东地区优秀教材学术二等奖
34	2002	新编预算会计(第三版)	李海波	全国高校出版社优秀畅销书一等奖
35	2002	会计专业英语(第三版)	常　勋	全国高校出版社优秀畅销书一等奖
36	2002	常用经济应用文写作教程	盛明华	全国高校出版社优秀畅销书二等奖
37	2002	市场营销学	朱成钢	全国优秀畅销书奖
38	2002	财务管理	李海波	全国优秀畅销书奖
39	2002	新编会计学原理——基础会计	李海波	全国优秀畅销书——排行第五名
40	2002	新编预算会计(第三版)	李海波	全国普通高校学校优秀教材二等奖
41	2003	国际服务贸易——原理·政策·产业	陈宪等	2003年图书交易会最受欢迎新书
42	2003	企业并购理论与实务	干春晖	2002年上海财经大学优秀教材一等奖
43	2004	新编管理会计	李海波	华东地区优秀教材学术一等奖
44	2004	中国对外贸易概论	唐海燕	华东地区优秀教材学术二等奖
45	2004	新编税务会计	李海波	华东地区优秀教材学术二等奖
46	2004	新编中级财务会计	涂必玉	第六届全国高校出版社优秀畅销书二等奖
47	2004	新编会计学原理——基础会计	李海波	第七届全国高校出版社优秀畅销书一等奖
48	2004	会计学	周晓苏	第七届中国大学装帧艺术封面设计银奖
49	2004	管理经济学	干春晖	优秀著作三等奖
50	2004	管理经济学	干春晖	2003年上海财经大学优秀教材一等奖

（续表）

序号	年份	书名	作者	奖项
51	2004	财务会计	张维宾	2003年度上海市优秀教材评审一等奖
52	2004	新编财务会计	李海波、刘学华	2004年度全国优秀畅销书（社科类）奖
53	2004	市场营销学	朱成钢	2004年度全国优秀畅销书（社科类）奖
54	2004	新编会计学原理——基础会计	李海波	2004年度全国优秀畅销书（社科类）奖
55	2004	保险学	施建祥	第六届全国书籍装帧艺术展览优秀奖
56	2006	外贸会计	丁元霖	2006年度全国优秀畅销书一等奖
57	2006	新编行政事业单位会计	刘学华	2006年度全国优秀畅销书二等奖
58	2006	新编税法	刘学华	华东地区优秀教材学术一等奖
59	2006	国际贸易——原理·政策·实务	陈宪	华东地区优秀教材学术一等奖
60	2006	资产评估	鲍杰	华东地区优秀教材学术二等奖
61	2006	财务会计（第六版）	丁元霖	华东地区优秀教材学术二等奖
62	2006	管理经济学（简明版）	干春晖	华东地区优秀教材学术二等奖
63	2006	保险公司会计	陶存文	华东地区优秀教材学术二等奖
64	2006	保险学	施建祥	华东地区优秀教材学术二等奖
65	2006	基础会计学教程（第二版）	薛跃	华东地区优秀教材学术二等奖
66	2006	房地产开发企业会计	徐文丽	2006年度全国行业优秀畅销品种
67	2006	新编预算会计（第三版）	李海波	2006年度全国行业优秀畅销品种
68	2006	财务管理（第六版）	李海波	2006年度全国行业优秀畅销品种
69	2006	新编财务会计（第四版）	李海波	2006年度全国行业优秀畅销品种
70	2006	商务沟通	钱炎	2006年第六届中国大学装帧艺术金奖
71	2007	新编会计学原理——基础会计（第十三版）	李海波	2007年度全行业优秀畅销品种
72	2007	基础会计实训	段文平	2007年度全行业优秀畅销品种
73	2007	会计准则理论研究	罗勇	2007上海图书奖

(2) 学术著作与普及读物的出版

立信会计出版社一直以繁荣学术园地，推动会计理论发展作为出版特色和办社宗旨。除了出版大学教材以外，出版社还出版了很多学术价值较高的学术类作品，如“经济新论文丛”、“经济学者文库”、“会计学者文库”、“财务与会计前沿文丛”、“中国社会经济制度变迁前沿研究丛书”、“立信会计论坛”、“立信论坛”等学术类著作。1997～2007年共出版学术和普及类读物300余种，获得了政府和行业颁发的各种奖项近15种(见表14-1-4)。

表14-1-4　1997～2007年获奖的学术著作与普及读物

序　号	年　份	书　　名	作　者	奖　　项
1	1997	中国近代利用外资思想	曹均伟	华东地区优秀教材学术二等奖
2	1997	现代企业制度论	石　磊	华东地区优秀教材学术二等奖
3	1997	中国过渡经济导论	张　军	华东地区优秀教材学术二等奖
4	1997	立信现代会计手册	顾树桢	华东地区优秀教材学术一等奖
5	1999	会计学导论	葛家澍	全国高校出版社优秀双效书奖
6	2000	财务会计三大难题	常　勋	全国优秀畅销书提名奖
7	2000	会计学导论(第二版)	葛家澍	上海市优秀图书评选二等奖
8	2001	国企改制与财务会计——来自国际的经验与借鉴	孙　铮	华东地区优秀教材学术专著二等奖
9	2001	企业会计信息披露与分析	尚志强	华东地区优秀教材学术专著二等奖
10	2001	会计学导论	葛家澍	华东地区优秀教材学术专著二等奖
11	2002	英汉-汉英会计审计词典(精)	程超凡	上海市优秀图书评选二等奖
12	2004	英国会计准则研究与比较	汪祥耀	华东地区优秀教材学术二等奖
13	2006	小企业会计实务	陈玉箐	2006年度全国优秀畅销书一等奖
14	2007	最新企业会计准则讲解与运用	企业会计编委会	2007年度全行业优秀畅销品种
15	2007	企业会计准则——应用指南	财政部编委会	2007年度全行业优秀畅销品种

立信会计出版社响应上级号召，多次为老区、灾区捐款捐书，积极参加扶贫工作。如1999年1月，他们向1998年遭受洪灾的5省希望小学捐赠图书112 754册，价值133 700元。同时，与国外大学开展友好往来。2007年8月，向美国圣玛丽大学捐赠图书102册，向日本千叶商科大学捐赠图书216册，计价6 700元。

第二章　立信会计师事务所

第一节　发 展 历 程

立信会计事业起步于潘序伦在1927年创办的潘序伦会计师事务所。次年，更名为立信会计师事务所。20世纪三四十年代，立信会计师事务所发展成为我国最有影响的会计师事务所之一，是立信会计教育事业“三位一体”的重要组成部分。新中国建立后，在1956年国家对资本主义工商业的改造之时，立信会计师事务所停办。三中全会后，我国进入了一个新的发展时期。1980年，立信会计专科学校复办，因当时尚处于改革开放的初期，立信会计师事务所没有同步复办。1986年3月，上海市财政局批准立信会计师事务所恢复，所址设在新华路294弄5号，与当时挂靠学校的上海会计师事务所合并办公，10月正式接受客户委托，承办有关业务。1987年，中山西路的学校新校区建成投入使用，立信会计师事务所迁入新校区综合楼的14楼，与上海会计师事务所分开单独办公。1993年，事务所迁至高安路18弄20号。

1987年，立信事务所设立第一分所，以后又陆续设立分部，先后计有17个。1992年，根据主管部门的有关文件精神，上述17个分部全部撤销，第一分部于1996年另组成独立的阳光会计师事务所。

第二节　董事会与事务所负责人

立信会计师事务所与上海会计师事务所采取两块牌子、董事会合一、主任会计师分设、业务各自承办、行政事务统管的办法。1987年两所分开办公，董事会则一直合至1990年11月，立信事务所设立了自己单独的董事会。历任董事长、副董事长，历任正副主任会计师、正副所长如表14－2－1、表14－2－2所示。

表14－2－1　历任董事长、副董事长

职　务	姓　名	任 职 时 间
董事长	顾树桢	1986.3～1990.11
名誉董事长	顾树桢	1990.11～1993.12
	余　瑾	
董事长	成守文	
副董事长	诸尚一	

（续表）

职　务	姓　名	任 职 时 间
名誉董事长	顾树桢	1993.12～1996.4
	余　瑾	
董事长	成守文	
副董事长	石吉茂	
名誉董事长	顾树桢	1996.4～1998
	余　瑾	
董事长	李海波	
常务副董事长	金家富	
副董事长	石吉茂	1996.12～1996.12
	忻佩妮	1996.12～

表 14-2-2　历任正副主任会计师、正副所长

职　务	姓　名	任 职 时 间
主任会计师	诸尚一	1986.3～1988.9
副主任会计师	夏高波	
	沈明杰	
	黄润雨	
	冯　刚	
主任会计师	关阶平	1988.9～1990.9
副主任会计师	黄绍箕	
	冯　刚	
主任会计师	潘华恭	1990.9～1993.12
副主任会计师	朱明尔	1990.9～1991.11
	卢金涛	1990.9～1993.12
主任会计师助理	陈　刚	1990.9～1993.1
副主任会计师	陈　刚	1993.1～1994.8

（续表）

职　　务	姓　　名	任 职 时 间
所　长	成守文	1994.4～1996.4
主任会计师	徐逸星	1994.4～1996.12
副主任会计师、副所长	卢金涛	1994.1～1996.1
副所长	张美灵	1994.4～1996.6
所　长	忻佩妮	1995.12～
副主任会计师、副所长	卢金涛	1995.12～1996.2
代理主任会计师、副所长	卢金涛	1996.2～
副所长	张一平	1996.3～
所长助理	周　琪	1996.1～
所长助理	朱建弟	1996.1～

立信会计师事务所1990年有注册会计师19人，业务行政人员9人；至1996年年底，有注册会计师41人。

第三节　事务所的改制

1998年财政部下发45号文件。6月8日，学校党委召开扩大会议，研究贯彻落实45号文件，上海立信会计师事务所改制及与学校脱钩问题。按照上级的要求，会计师事务所在6月10日前，人员、机构、经费、职能要做到四脱钩，即人员转到行业协会，机构是实行董事会领导下的主任会计师负责制，其职能不再是学校的一个部门，在6月30日前改组为股份有限公司，成为独立的法人。会议决定，要按照上级的要求处理好有关脱钩事宜，首任主任会计师由学校推荐产生，在会计师事务所人员是继续留下还是回校提供一次选择机会。会议认为，事务所脱钩后仍然是立信事业的一部分，事务所继续使用中文名称“立信”和英文“序伦潘”。

第十五篇

人物传

潘序伦

潘序伦(1893～1985年),江苏宜兴人。我国杰出的会计专家、教育家,被誉为“中国会计之父”,历任立信会计专科学校校长、名誉校长,立信会计师事务所主任,立信会计图书用品社社长。

潘序伦1919年进入上海圣约翰大学学习。1921年下半年,考入美国哈佛大学,师从年过七旬的会计系主任科尔教授(W. M. Cole)学习会计学。科尔教授学术上虽然比较保守,但讲课的条理清晰、透彻,课后还要布置大量的习题。这种教学方式使他受益匪浅。对此,潘序伦这样说过:“我一生会计学的基础,就是从这里奠定的。”1923年获企业管理硕士学位,同年秋转入哥伦比亚大学政治经济学院攻读博士学位。1924年获政治经济学博士学位。这年秋学成回国。

潘序伦应聘到上海商科大学担任教务主任兼会计系主任,随后又出任了上海暨南大学商学院院长。他引进西方新式会计,培养了数百名大学生,使之成为中国最早接受现代会计专业教育的人才。

一

1927年1月,潘序伦辞去大学的教职,在上海爱多亚路(今延安东路)租了一间房子,开设“潘序伦会计师事务所”。

会计师事务所业务,主要是接受客户委托,办理会计的组织、稽核、调查、清算、证明及鉴定等各项事务,并为工商企业代办登记,纳税,撰写有关会计文件。有时会计师还要充任检查员、清算人、破产管财人、遗嘱执行人以及其他信托人。潘序伦常常告诫自己,工商业者在业务经营中,首先要建立起客户对他的信任,而以财会工作为职业的会计师,则更需要在社会上建立起一种“诚实不欺”的信誉,公正地为客户服务。出于这种认识,1928年,潘序伦将事务所更名为“立信会计师事务所”。

潘序伦在业务活动中坚守信誉和公道,加上他中西学兼擅,效率高,质量好,事务所很快声名鹊起。在开办仅十余年中,就承办各类业务案件4 000余例,成为全国规模最大的一家会计师事务所。

从1939年开始,潘序伦还委派他的学生先后在桂林、重庆、南京、广州、天津等大城市设立了分所,潘序伦已成为当时中国会计界的巨擘名宿。

二

潘序伦根据自己从事会计师的体验,深感中国会计人才之匮乏和推广新式会计之紧迫。

他在设立事务所后不久，就着手进行会计职业教育。

1927年，潘序伦在事务所内办了一个簿记训练班，招收青年职员和练习生，利用所里夜晚空闲时间上课。

1928年春天，他正式创办立信会计补习学校，校址设在河南路吉祥里的一栋两层楼房内。每天夜间授课两个小时，每期单科专修半年。由于讲究实效，注重实用，适合了社会需求，招生人数逐年增加，班级与科目也随之扩大，除原设的簿记班外，还陆续添设了英文簿记、会计学、银行会计、政府会计、公司会计、成本会计、税务会计和审计等课程，任凭学生选修。学员不但有在业青年，还有不少失学失业青年，这些学生为了取得一技之长，勤奋好学，成绩大多优良，普遍受到工作单位的好评。

自1928年设立补习学校，潘序伦采用灵活多样的办学形式来普及会计知识与技能；1930年，办函授学校（解决了一部分外埠学生的学习问题，函授学员遍布全国，远至港澳及南洋一带）；1935年，办晨校（让在业青年利用夏季早晨上班以前的空隙时间上学）；1936年，办星期日校（利用星期日休息时间学习会计知识，以备日后就业的需要）；1937年，办日校（又称“速成科”，旨在帮助失学失业者在短期内修完几门会计课程）。此外，每年还开办短训班，如暑期班等。

从1927～1952年的25年间，业余的补习学校共计举办了50届，学生累计达7万2千余人。鼎盛时仅上海一地，就设有11所分校。另外，在潘序伦的支持下，北京、广州、桂林、衡阳、重庆、南京、天津、兰州等地也陆续建立了分校。他先后办起了立信会计补习学校、函授学校、专科学校和高级职业学校等不同层次和类型的会计学校，向社会输送了数以万计的会计人才。真可谓：立信，立天下之信；潘序伦全力办学，十万弟子，桃李芬芳（立信会计海外校友会：《贺潘老从事会计教育之十年》）。立信成为一所当时中国最大的从事成人会计教育的学校。

潘序伦办补习学校，在于为青年人解决就业问题，普及现代会计知识。同时提高办学层次，进一步满足社会对精通业务、具有管理水平的高级会计人才的要求，已刻不容缓。

三

1937年春，潘序伦提出创建立信会计专科学校。这个倡议迅速得到了立信同仁和社会各界的积极响应，很快筹集到建校基金17万元法币，其中包括潘序伦自己捐出的6万元。他延聘国民政府主计长陈其采为董事长，中国银行总经理宋汉章、交通银行董事长钱新之、商务印书馆总经理王云五、中华职业教育社总干事江恒源等为董事，组成立信会计专科学校董事会，潘序伦任校长。

潘序伦将该校办学方针归纳为：“管理务期严格，学生学验并重，出路必予保障。”经备案后，7月开始招生，不料招考甫毕，“八·一三”战事爆发，只好暂行停止建造校舍。

1940年7月，潘序伦只身经香港来到重庆，即刻将设在北碚的立信会计补习学校分校，加以充实改组为专科学校，另组校董事会。著名的工商业界人士卢作孚、吴蕴初、吴羹梅、查济民、刘攻芸、康心如、刘鸿生等先后出任校董。

由于北碚远离市区，他筹划在市区兴建一幢“立信大楼”。经过大家努力，总算凑足40多万元法币，这才使“立信大楼”得以开工。1943年，“立信大楼”如期在重庆市内筷子街竣工。

潘序伦聘请黄炎培、马寅初、黎照寰、章乃器、马叙伦等专家、学者来立信任教。1940年12

月，著名的经济学家、教育家马寅初因抨击国民党当局的反动政策，遭到关押。1942年8月，马寅初获释后，国民党反动派不准任何大学聘他任教。潘序伦邀请马寅初到立信上课，并让他带儿子一起住在北碚校内。国民党教育部得知后，警告潘序伦。潘序伦不顾淫威，一笑置之。

对这件事，马寅初对人说："潘序伦对开拓中国新式会计有功，不要说来教书，就是要我替他倒夜壶，我也愿意。"

办学需要教材。潘序伦开始是在事务所内设置编辑科，在他组织下，编写了一套包括簿记、会计、审计等内容的《立信会计丛书》。

潘序伦编撰的许多教材，如30年代出版的《会计学》教材，约90万字。它除阐述普通会计学原理外，还涉及公司会计、成本会计、解散清算及破产会计、遗产及信托会计等。对于预算控制、财产估计、决算报表分析、统计报表应用等内容，亦作了深入的研讨。这部教材，不仅富有许多独到的见解，而且各章附有习题，可供自学。

立信的教材早先是由商务印书馆印刷出版的。抗战开始后，商务迁往香港，内地用书就发生困难。而立信在重庆招收了大批学生，教材急需。眼看教材脱节，潘序伦不得不另谋出路。

在生活书店经理徐伯昕的支持下，从商务收回了版权和纸型，与生活书店合资，于1941年6月成立了立信会计图书用品社，潘序伦出任社长。用品社出版《立信会计丛书》及会计账簿表单等。这些书籍用品，不仅为立信的教学服务，而且被各地大学和自修会计的学生竞相采用。

至此，颇具特色"三位一体"的立信会计教育事业已经形成。潘序伦将这三者紧密结合，围绕教学这一中心，互相促进，协同办学。事务所可以为学校提供师资，并可作为进行实务训练的重要基地；出版社可以为学校提供教材和补助部分办学经费；学校培养出来的人才，又可回过来协助事务所和出版社发展业务。

八年的抗日战争胜利了。1945年秋，潘序伦返回上海，把自己在长乐路的一栋高级住宅腾出来，作为临时校舍。

为了建造新校舍，潘序伦将自己的历年积蓄全部捐出，还动员立信同仁合力在上海工商界募捐。由于"立信"在社会上已有一定影响，许多工商业者也认识到培养会计人才的重要性，因而乐于资助。如中新纺织总公司和荣氏兄弟就捐赠法币1亿8千万元，立信校友也募集8千万元法币。位于徐家汇柿子湾校区，耗资10亿2千5百多万元法币，历时近两年，于1947年2月落成。

这时候，他希望将立信会计专科学校扩建为立信商学院，只是由于形势变化而未能实现。

四

潘序伦创办的学校、事务所、出版社这"三位一体"的会计教育事业，均以"立信"命名。建立信用，被潘序伦奉为圭臬，成为办学至高无上的信条，是潘序伦教育思想的内核，贯穿于他数十年的办学实践之中。

潘序伦取孔夫子《论语》中的"民无信不立"之义，采用"立信"校名。后来，在1937年7月，他又将"立信"作为校训，并引申为：

信以立志，信以守身，信以处事，信以待人，毋忘立信，当必有成。

对"立信"这一校训，潘序伦不仅对学生经常宣讲，而且在同事之间也时常互相砥砺。他利用一切机会，如开学典礼、毕业典礼以及其他全校性的集会，总是不遗余力地弘扬“立信”精神的意蕴，不失时机地进行会计职业道德教育。

潘序伦经常提起中国的一句古话：“贤而多财，则损其志；愚而多财，则益其过。”并以此鞭策自己，他认为，多财不一定是坏事，但一个人若多了财富，首先应当考虑用财之道。潘序伦的聚财用财之道，就是“取之于社会，用之于社会；取之于会计，用之于会计”。

潘序伦治学讲究谨严，重视教育质量，十分注意教学方法和教学效果。他一切坚持“认真”两字，无论师生都高标准、严要求。对教师要求认真备课，认真批改作业；对学生要求认真听讲，做好练习题。考核也很严格，他规定成绩以70分为及格，作弊者一律开除学籍。

为了办好“立信”，潘序伦主张学验并重，讲究实效。他认为，要掌握会计这门科学，如同医师一样，必须亲自动手实践，才能真正学到手。因此，他非常重视实务训练，要求学生打好珠算、练好书法和应用文写作等基本功。并利用会计师事务所与工商企业接触较多的有利条件，组织学生到工矿企业和商店参观实习，增加感性知识。因此，立信的毕业生一到工作岗位，马上就能从事实际工作。

潘序伦是无党派人士，在力所能及的范围内做一些有益于革命的事情。顾准在事务所和学校工作期间，从事地下活动，参加“进社”、“中国民族武装自卫委员会”、“上海职业界救国会”等。对他的这些活动，潘序伦虽有所觉察，但从未干预过。期间，国民党上海市党部曾训告潘序伦，要其“注意赤色分子的活动”，潘序伦明知顾准他们的“色彩”，然而他对国民党的警告未予理睬。

五

1931年冬，潘序伦任国民政府主计处筹备委员；1932年春，任会计局副局长；在重庆时任中央设计局设计委员、经济部专门委员、国民政府主计处顾问等职。1946年5月任国民政府经济部次长，1947年秋任国民政府善后事业委员会副主任委员兼秘书长。他涉入官场时间总计不足两年，用他自己的话讲“真算是短命的了”。

上海解放前夕，有人劝潘序伦出走，但他毅然留下来。

上海解放时，潘序伦的学生顾准跟随陈毅市长和潘汉年副市长（潘序伦的远房族侄），一起回到上海。顾准担任了华东军政委员会财政部副部长，兼上海市财政局局长。他代表潘副市长去看望潘序伦。潘序伦关心着祖国会计事业的发展，鼓励和推荐了不少立信同学和同事到政府机关和企事业单位工作。

从1949年开始，潘序伦辞去了在立信会计专科学校和事务所里担任的职务，专心一意在编辑出版财会书籍上再做些事情，组建了立信会计编译社，并任社长。他虽年近花甲，却自学了俄文，翻译引进了苏联的会计文献，由他编译的《苏联会计述要》、《国营企业会计概要》两书于1952年出版。

1952年，在全国高等学校院系调整中，立信会计专科学校与其他财经院校一起合并成上海财经学院。立信校舍和大量图书、设备、现款，均悉数归公，账实相符，移交清楚，受到好评。

“三反五反”运动以后，潘序伦辞去了立信会计图书用品社社长之职，过起了“寓公”生活，潜心钻研英美和苏联等国的会计理论。1956年，他加入了中国民主同盟。翌年春天，他被推选为上海市政协委员。1958年，他被错划为“右派”，撤销了政协委员，并被民盟上海支部开除。1960年9月，摘去了“右派分子”的帽子。1961年，他任徐汇区政协委员，恢复民盟盟员。十年动乱期间，他遭受到冲击，被“监督”劳动。

六

1976年10月，粉碎“四人帮”，举国欢庆。潘序伦的精神也为之一振，立即将多年所蓄的长须，一剃而光，以示投身四化建设的决心。他对人侃侃而谈的不是哀怨，不是感慨，而是他迫切要求党和政府支持他重建“立信”。

粉碎“四人帮”的第三年，潘序伦的错案彻底平反，改正了错划的“右派”，恢复担任了市政协委员。

他重新安排了自己的学习日程，居室的案头上，高高地垒起了一叠叠国内外最新的会计文献。他戴上老花镜，手握放大镜，经常工作到深夜十一二点钟，有时腿肿得油光光的，就坐在床上写作。他参加了各种学术讨论和社会活动。当时，提高现代化企业管理水平与财会队伍青黄不接的矛盾相当突出，为此他提出复办“立信”，为现代化建设培养急需的会计人才。

中共十一届三中全会以后，随着现代化建设的开展，会计工作又被提到议事日程。1980年3月5日，潘序伦在上海《解放日报》上撰文，呼吁全社会重视会计工作。同年7月，在接受上海《文汇报》记者采访时，潘序伦算了一笔账。他指出，就数量来说，上海工业企业财会人员只占职工总数的0.9%，按规定比例推算，还缺财会人员一万名左右。而且，现有人员中将近一半没有受过专门训练，很难进行财务分析和促进企业经营管理。靠现有的几所财经学校，每年只毕业一千名学生，远远不能满足各行各业加强管理的需要。

他多次向上海市的领导部门写信，述说自己办学的心愿。他的双腿肿得不听使唤，只好把老立信的一些同仁请到家里，商谈有关办学事宜。潘序伦提出，学校开办费由他承担，并当场拿出一张5 000元的银行存折。在上海市委、市政府的关心支持下，复校有了眉目。同时，复校工作得到了上海市财政局、市高教局和社会各界的支持和鼎力相助。

10月10日，潘序伦会同顾树桢等11位教育界、经济界知名人士，联名向上海市有关部门发出关于立信复校的倡议书。

10月20日，上海市政府正式批准恢复立信会计专科学校。潘序伦任名誉校长。新生如期入学，可学校暂时还没有校舍，老教育家、育才中学校长段力佩将育才中学的部分教室借给了立信。

10月25日，立信会计专科学校复校开学典礼，假黄浦区政府大礼堂隆重举行。潘序伦出席了典礼并发表了讲话。他兴奋地说：“一生夙愿，在共产党领导下，得到发扬光大，我真万分高兴。”

此后不久，上海会计师事务所和立信会计编译所相继成立和恢复，潘序伦“三位一体”的立信会计教育事业，在新时期以新的面貌为祖国的现代化建设作贡献。

1984年，他向学校捐赠人民币10万元，设立“潘序伦奖学金”。

潘序伦一直为校舍而操心，多次恳请有关部门及早解决。组织上四次分配给他住房，他都谢绝了。他告诉人们：“专校新厦未完决，绝不为个人安适作打算。”“潘序伦四让住房风尚高”在沪上传为佳话。在人民政府的关心支持下，立信会计专科学校在上海徐家汇附近的新校舍首期工程，终于1985年10月开工，潘序伦为奠基石题了名。

潘序伦也十分关心和支持各地恢复和兴办立信会计学校，继上海之后，重庆、天津、南宁、广州、昆明、无锡、宜兴、桂林、北京、南京、洪湖等地，先后办起了“立信”，为当地培养会计人才出力。

七

潘序伦除了担任名誉校长之外，还出任了中国会计学会和上海市会计学会顾问，上海会计师事务所董事长，立信会计编译所主任，市社联顾问，以及市高级会计技术职称评定委员会副主任等职。

1979年1月，经他提议，率先在上海成立了全国第一家会计学会，他捐出4万元作为学会的发展基金。在历届年会上，他都亲自出席并讲话，提出了许多新见解。

1980年12月，潘序伦参加人才问题的讨论，提出了开展“人才会计”的研究。他说，我国对于人才的培养和使用，还是一锅煮、铁饭碗的办法，因而产生种种浪费的情况。潘序伦以他特有的“会计头脑”，指出国家培养人才也要计算成本，提高经济效益。国家教育部对他的这一建议很重视，召开会议展开专题研讨，并在一些大专院校当中，进行了教育制度改革的试点。

潘序伦关心下一代的成长。1982年5月，他代表上海市珠算协会，向中国福利会少年宫孩子们赠送了一批制作精巧的小算盘，希望小朋友继承祖国的文化遗产，学好算盘、打好算盘，将来更好地为人民服务。

1983年，潘序伦撰写了《一个会计学家的自述》，把他在青年时代的坎坷往事，误入歧途的曲折经历如实地叙述出来，刊登在《青年一代》杂志上，希冀对失足青年有所启迪、有所帮助。

潘序伦的晚年生活，依然保持着勤俭淡泊的本色。穿的是朴素的中式服装和布鞋，有的是补丁摞补丁；吃的东西都是廉价的食品；住的仍旧是小屋；外出除了因公或开会，从不使用学校专门为他配备的小轿车。老伴想买一台电视机解解寂寞，他不同意。一个学生知道后，想法买好了电视机送上门来，他才不得已收下。潘序伦对自己如此苛刻，对教育事业却乐于慷慨捐助。

1985年10月25日，立信会计专科学校和上海市会计学会等单位隆重集会，热烈祝贺潘序伦从事会计工作和教育事业60周年，国家财政部、上海市政府的领导和各界纷纷致贺。为表彰潘序伦对中国会计教育、研究和实际工作所作出的杰出贡献，财政部向他颁发了荣誉证书。荣誉证书上面写道：

“杰出的会计专家、教育家潘序伦先生，从事会计工作和教育工作60周年，对我国的会计事业作出卓越贡献，特发给荣誉证书。”

同年11月8日，潘序伦因患膀胱癌，在上海中山医院溘然长逝，终年93岁。临终前，他忍着病痛，写下了《潘序伦最后遗愿》：

恳切请求亲友、同学、同志们务必在我死后，切实按照我的遗愿执行，万分感谢！1. 不发讣告。2. 不收骨灰。3. 不开追悼会。4. 不收任何形式的奠礼，如花圈、花篮之类。我一生最喜欢节约一切物力、人力、财力，为建设新中国服务。

1987年11月，在新落成的立信校园内，竖立起了一座青铜浇铸的潘序伦塑像。

陈其采

陈其采(1880～1954),字蔼士,别号涵庐,浙江吴兴人,革命先驱陈其美(英士)之弟,曾任立信会计专科学校董事长兼代校长。

陈其采幼入学塾,光绪末年中秀才。1898 年赴日进入士官学校学习军事,留学 3 年后返国,在长沙武备学堂任总教练及监督,兼新军统带,其间秘密参与孙中山领导的革命工作。中华民国南京临时政府成立,他任大总统府咨议暨江苏都督府参谋厅长。1926 年北伐中兴,他应蒋介石之邀,担任军职,不久,被任命为浙江省财政委员会主任委员,专负筹措军饷之责。1930 年国民政府筹设主计制度,他任筹备主任。1931 年,陈其采任国民政府主计长,期间兼任中央银行常务理事、中国银行董事、交通银行常务董事暨代理董事长、中国农民银行常务董事等职。1936 年冬,陈其采任国民政府委员,后又任总统府国策顾问,1949 年去台湾,1954 年 8 月病逝于台北。

陈其采出任主计长后,出于对著名会计师潘序伦的垂慕,特邀其担任会计局副局长,两位在共事中建立了友谊。虽然潘序伦在职仅半年便卸任,但两人联系未中断。1937 年 4 月,潘序伦筹设立信会计专科学校时,以创办人名义致函陈其采,聘请他参加该校董事会。不久陈其采复函,表示愿意接受聘请。4 月 15 日,在立信校董事会举行的首次会议上,他被推选为学校董事长。7 月 15 日,陈其采签署呈文,向上海市社会局呈报学校建筑校舍计划书、专任及兼任教员名单、学校修正组织大纲以及学校概况表、收支概算表、银行存单摄影件、证明信等,请社会局转呈教育部准许学校开办。立信迁至重庆后,陈其采 1941 年 7 月致函陈立夫(时任国民政府教育部部长),要求他批准学校在渝设立分校,添加会计训练班。8 月,陈立夫复函陈其采,谓"蔼叔尊鉴:奉 7 月 16 日手示,立信会计专科学校潘序伦君,在渝开办会计短训班,即准予备案。惟令其无庸分校名义,因私立学校规程内,载明私立学校不得设立分校也。"

学校复员回沪后,陈其采董事长继续主持校董事会。1947 年 3 月,校董事会研究决定,由他兼代校长职务。3 月底,学校在大礼堂举行了陈其采兼代校长就职仪式,王云五副董事长到会讲了话。陈其采与潘序伦校长交往颇深,1948 年 1 月他在《立信会计专科学校概况·序》中这样写道:"潘君序伦远涉重洋,专攻会计,学成归国,即创办立信会计学校。时余适长中枢计政,潘君一度为同事,相知颇深。抗战军兴前,承嘱参加校董会务,益知潘君不但处理校务有条不紊,且于课程方面亦日求革新,以期适应现代社会之需要,故各届毕业学子均能以新颖精确之计术为国家为社会服务。其阐发会计学理,彰明会计技术之功,诚不可没也。"

1948 年 8 月,学校为修建体育馆募捐时,陈其采与其他校董一起捐款,他认募了 3 000 元。10 月上旬,浙江省吴兴县"陈蔼士先生寿典筹备会"致函立信,请立信共同参与发起,并请拟就学校应邀参加活动的宾客名单,学校承诺一起参加,并决定请校董王云五、钱新之、杜月笙、宋鸿元等 21 人参加。1949 年陈其采卸任去台。

马寅初

马寅初(1882～1982),我国著名的经济学家、人口学家和教育家,曾任立信会计专科学校经济学教授。

马寅初1907年赴美国留学,先后获得耶鲁大学硕士学位和哥伦比亚大学博士学位。1916年,马寅初自美返国。同年应聘到北京大学任经济系教授、系主任,1919年被选为北大第一任教务长。

为了学术上的深入研讨和促进国家财政经济方面的改进,马寅初在1928年创立了"中国经济学社"。这一团体汇集了全国财经学者和从事国家财经工作的人士,他们公推马寅初为社长,潘序伦等人出任常务理事。学社的会议多次假座潘氏在霞飞路(今淮海中路)的寓所召开,马寅初和潘序伦两人过从甚密。

抗战初期,马寅初任重庆大学商学院院长。他为了办好商学院,时常邀请著名学者来院讲学,以提高学生的专业知识水平。他聘请潘序伦为该校的兼任教授,开设《会计问题》的讲座,每周一次,讲授决算表、盈余分配等内容。有时候潘序伦课后来不及回城,马寅初就招待他住教员宿舍,亲自照料他的起居饮食,备极周到。

马寅初当时着重研究中国战时经济问题,寻求解决抗战经费的办法。他发现孔祥熙、宋子文等四大家庭利用权势,巧取豪夺,囤积居奇,大发国难财,便公开发表演讲,严正抨击当局的战时经济政策。1938年5月,他提出必须征收战时过分利得税的主张。1939年,他在立法院的会议上提出一项提议,要求向发国难财者征收"临时财产税",充作抗战经费。在1939年中国经济学社的年会上,马寅初又当面诘难孔祥熙,使他无言以对。马寅初因此受到了威逼利诱,他被迫于1940年12月离开重庆大学,先是被囚禁在贵州息烽,后又移羁上饶集中营。

1942年8月,国民党当局迫于各方压力,不得不将马寅初释放回渝,但仍被软禁在歌乐山家中,当局还命令重庆大学不得聘他为教授,更不得聘请他为商学院院长,其他大学也不准聘他任教。潘序伦置禁令于不顾,毅然邀请马寅初到立信会计专科学校上课,并让他带儿子一起住在北碚校园内。他每次上课时,学校总要把大门关起来,否则,听课的人会像潮水涌来,无法维持秩序。国民政府教育部得知后,派人警告潘校长,要他立即解聘马寅初。潘序伦置之不理,顶住了压力。

马寅初在立信还讲授"经济与哲学"课程。他讲课不用教本,只手持教学大纲,全凭口讲板书。他理论联系实际,临时发挥很灵活。马寅初的讲稿,后来被整理成经济学单行本,由立信会计图书用品社出版发行。建国初期,马寅初是中央财经委员会副主任、华东军政委员会副主任兼浙江大学校长。在沪期间,他与潘序伦过往仍密,照应不断。1951年,马寅初就任北大校长。1957年春天,他在最高国务会议上作了控制人口问题的发言。后来他将"新人口论"作为一项提案,正式提交全国人民代表大会一届四次会议。就在这个时候,全国展开"反右派"斗争。在北京大学60周年校庆纪念会上,陈伯达在讲演时突然说:马寅初要为他的"新人口论"

做检讨。从此，风云突变，北大对马寅初展开了点名批判，很快就形成全国性批判的声势。1958年，“反右派”结束，而批判马寅初却反而升级，一直延续到1960年。这时的马寅初已年近八旬，但他面对这场暴风雨，却毫不低头。他不顾自己的政治地位、个人荣誉和身家性命，坚持为真理和国家利益抗争到底，不愧为铁骨铮铮的一代学人。

1960年1月，他向教育部提出辞职，随后，被罢免全国人大常委的职务。离职家居后，他仍然继续从事资料整理和写作。在“文化大革命”中，他受到了“四人帮”的迫害。

1979年，北京大学作出了为马寅初平反的决定，9月14日召开了平反大会。接着，教育部任命马寅初为北大名誉校长，浙江省原选区1980年补选他为人大代表。同年9月，他又当选为人大常委会委员。1980年2月，他被选为中国人口学会名誉会长。

1981年6月24日是马寅初的百岁大庆，北京大学、重庆大学、浙江大学等校师生和各界人士隆重集会，庆祝马寅初任教65周年和百岁生日。

这期间，马寅初与他的老朋友潘序伦又互通鱼雁，经常联系，还互赠近影留念。两位老人庆幸新时期的到来。

1982年3月30日，马寅初突患严重肺炎，5月10日下午5时病逝。他的骨灰一部分安葬在北京八宝山，一部分葬于他的家乡浙江嵊县他母亲墓的左侧。

马寅初作古后，潘序伦不顾年迈，多次呼吁拍摄马寅初的传记影片，他的这一倡议得到了各界响应。

钱新之

钱新之(1885～1958),名永铭,以字行,晚号北监先生,浙江吴兴人,出生于上海。1937年4月起任立信会计专科学校董事会董事。

钱新之早年在上海育才学堂读书,1902年入天津北洋大学学习财经学。1903年赴日本留学,入日本神户高等商业学校,研习财政及银行学。1909年回国后,一度任教于南京高等商业学校。上海光复后,陈其美任都督。钱新之在财政部长沈漫云手下任职,1912年去北京农工商部任会计课长。1917年与蔡元培等人发起组织中华职业教育社,继任交通银行上海分行副经理,1919年任经理。1920年,任上海银行公会会长。1922年6月,任交通银行总行协理,积极整顿行务,决定军政借款一概婉拒。同时,紧缩机构,节约开支。1923年,业务好转,反亏为盈。1925年5月离职交通银行,担任四行联合准备库及四行储蓄会协理。

1926年,国民革命军誓师北伐,金融界人心浮动,钱新之以江浙财团代表身份一次捐款50万元,获得蒋介石的信任。1927年4月,蒋介石在南京成立国民政府,钱新之为财政部次长,因部长古应芬尚在广州,即由钱新之代理部长。钱新之在任期内为蒋筹措军政费用,推销"二五库券"。1931～1932年,任命为驻法国公使。1934年,任上海地方协会副会长。1936～1940年,任复旦大学代理校长。

1937年,钱新之任交通银行董事长。同年4月上旬,潘序伦等以私立立信会计专科学校创办人名义,致函陈其采、钱新之、王云五、宋汉章、江问渔等人,聘请他们参加学校董事会。钱新之复函潘序伦,表示原意参加立信会计专科学校董事会。1937年4月15日,学校董事会在上海的香港路银行俱乐部举行第一次董事会。会议讨论了学校董事会章程和学校组织大纲,抽签决定了各位校董的任期,决定聘请钱新之等人为董事,陈其采任董事长,王云五为副董事长,潘序伦为校长。1937年,"八·一三"淞沪抗战爆发后,钱新之与杜月笙、潘公展、王晓籁等人发起组织"上海市各界抗敌后援会",筹集资金,支援抗战。

交通银行总行随国民政府迁往重庆。钱新之打算以香港作为交行的业务中心,将从上海撤出的大量资金和人员集中在香港一地,不料1941年冬太平洋战事发生,交通银行和钱新之个人在香港的资产损失严重。此后,钱新之致力于在西南、西北大后方添设交行分支行处。他曾表示"开发西南,是金融界应尽的责任",并要求交通银行雇员经常注意各地工商实业发展情形和社会动态,竭力开拓业务,尤其要为发展后方工商业出力,为推动后方工业发展起了积极作用。

钱新之任国民参政会参政员。1939年,中央、中国、交通、中国农民等银行在重庆成立四行联合办事处,钱新之代表交行出任四联总处常务理事。

八年抗战胜利了。1945年秋,钱新之回到上海,忙于在交通银行内部进行调整,恢复沿江沿海及内陆各大城市的交行分支机构。同时,上海的许多工商企业,如中国盐业公司、闸北水电公司,则争先恐后地邀请钱新之出任挂名的董事长。当时陈立夫、陈果夫兄弟在上海接收了出版机构，钱新之与陈氏兄弟本是原籍浙江吴兴的小同乡，钱本人又与陈氏兄弟的叔叔陈其采交谊颇深，所以通过这层关系，钱新之当上了《新闻报》的董事长。1945 年 11 月，金城银行董事长周作民因涉嫌经济汉奸案被免去职务，钱新之任金城银行董事长。

立信会计专科学校在沪在渝办学，需要各方支持。特别是学校迁至重庆北碚后，办学条件十分艰苦。钱新之既是复旦大学的代理校长，又是立信会计专科学校董事，他动用各方面社会关系，给予立信以支援，使学校得到了新的发展。他还为学校解囊相助。1948 年，学校建体育馆需资金 11 万元，尚缺 3 万余元。9 月 26 日，学校董事会举行会议，决定为学校体育馆募款。出席会议的董事钱新之和宋汉章、陈其采、徐永祚、李文杰、刘攻芸、钱迺徵、吴羹梅、吴蕴初等均当场各认捐 3 000 元。1948 年，钱新之与杜月笙筹建复兴航业公司，任董事长。钱新之后迁居香港、台湾，将复兴航业公司迁至台湾。

新中国成立后，经整顿的交通银行董事会中，仍然保留了钱新之的董事席位。1958 年，钱新之在台湾病逝。

黎照寰

黎照寰(1888～1968),字曜生,广东南海人,是我国著名的爱国人士、教育家,曾任立信会计专科学校教授、代校长兼校务委员会主任、校董事会董事、董事长。

青年时期,黎照寰就接触新思想,1906 年参加反清运动,失败后转到香山任小学教师,后以半工半读形式求学,得清华半费的助学金修学两年。1910 年,在美国哥伦比亚大学留学期间,参加孙中山领导的同盟会。回国后,他担任孙中山的秘书,团结华侨及同乡,从事革命活动,先后创办中国科学社、中国经济问题研究会,并任中山文化教育馆总干事,著有《中山先生之革命政策》、《中国国民党政策》等书。1927 年夏,黎照寰随国民政府交通部长孙科出国,一年后回国,在上海中国公学执教,次年 6 月任铁道部次长,并兼任上海交通大学副校长。

1930 年 10 月,黎照寰被正式任命为交通大学校长后,辞去铁道部次长职务,专心办学。直到 1942 年 8 月离职,他主持交通大学达 12 年之久。他在任职期间,在发展学校、整理教务、改革教学、培育人才等方面,兢兢业业、孜孜以求,作出了显著成绩。他主张学校要加强理科建设,培养造就"具有高深学问"的人才;他提倡智德体三育并重的方针,要求学生"注重知识的获得,身体的锻炼,道德的修养",做到"才识丰、体力雄、志行高,俱此三者,始能任重致远,为国效劳"。他在办学中坚持"注重基本学科,务求实用"的教学原则,形成了一套比较完整的教育思想,办学方针。

太平洋战争爆发,黎照寰深感民族的危机严重,在孤岛上海处境困难,为保护交大不给日伪接替,曾多次密报重庆国民政府教育部,经同意把学校改为私立大学。1941 年 12 月,日军占领上海租界。次年 8 月,汪伪政府接管交大,他毅然辞职离校,与一些爱国人士在上海参加社会福利工作。

1946 年,立信会计专科学校从重庆复员回沪,位于徐家汇柿子湾的新校舍落成后,校长潘序伦特聘黎照寰为全校总导师兼教授。他在立信开设了工商管理、经济学和财政学等课程,讲课内容深入浅出,娓娓动听。学生们反映,听他的课,时间过得最快,而且获益良多。他学问博大精深,讲授经济学时,不仅列举李嘉图、亚当·斯密等各派学说,也介绍马克思的剩余价值学说,这在当时是极为难能可贵的。

1948 年 12 月 5 日,经立信董事会决定,黎照寰被聘为学校董事,同时由他任校务委员会主任委员,在潘序伦校长外出请长假之际,全权处理校务。12 月 8 日,黎照寰就任校务委员会主任委员以后首次主持了校务会议,会议决定改善教职员等待遇,提高薪金标准。

建国以后,黎照寰继续在立信主持工作,经董事会推荐,由他接替已经离沪的陈其采任立信校董会董事长,为立信向国家输送急需的财会人才,竭思殚虑,成绩显著。1952 年根据当时院系调整的要求,他主持了立信的移交与结束工作。黎照寰担任了第三、第四届全国政协委员,第一至第五届上海市人民代表,第一至第四届市政协副主席。他拥护中国共产党的领导,热爱社会主义祖国，走社会主义道路，尽心尽力地为社会主义建设服务。

在“文化大革命”中，黎照寰遭到“四人帮”的残酷迫害，身心受到严重摧残和折磨，不幸于1968年9月在上海逝世，终年80岁。党的十一届三中全会前夕，即1978年11月22日，他得到平反昭雪，恢复名誉。

王云五

王云五(1888～1979)，原名之瑞，小名日祥，字岫庐，后改字云五，笔名龙倦飞，广东中山人，中国现代著名出版家、社会活动家，曾任立信会计专科学校副董事长。

王云五17岁起担任教师，辛亥革命后，曾任临时大总统秘书。蔡元培任教育总长后，王云五转任教育部主任秘书兼国民大学教授等职。1913年，他任北京中国大学教授及《民主报》记者，1916年，任督办全国油矿事宜公署编译处长。1919年，王云五在上海开办公民书局。1921年，他任商务印书馆编译所所长，并着手改组和扩充该馆机构。他先后主持整理出版了《四部丛书》、《四库珍本》、《万有文库》、《百科全书》和《云五社会科学大辞典》，并发明中外图书统一分类法和四角号码检字法。在这期间，他对《大学丛书》和《立信会计丛书》多有照拂，潘序伦的代表作《高级商业簿记教科书》就是由商务印书馆出版发行的。此书先是列入《大学丛书》，后与其他会计簿记类著作一起并入《立信会计丛书》继续出版。1927年，王云五辞去编译所职务，应聘担任国立中央研究院社会科学研究所法制组主任兼研究员，仍兼"商务"《万有文库》总编辑和东方图书馆馆长。1930年，王云五任商务印书馆总经理，曾赴日、美、英等九国考察。

1937年，王云五应潘序伦之邀，参加立信会计专科学校董事会，参与了学校筹建工作。在4月15日的首次校董事会上，他被推举为学校董事会副董事长。"八·一三"事件后，他离沪去香港，商务总管理处后亦迁至香港。1940年秋，潘序伦路经香港去重庆时，会见了王云五。在交谈时，潘氏力劝他将该馆总管理处迁往重庆，负责供应教科用书。不久日军发动太平洋战争，侵入香港，使该馆损失惨重。潘序伦到重庆办校以后，原来由商务出版的学校教材无法解决，因而潘序伦商之于王云五，请他将该馆的《立信会计丛书》版权和纸型，转交给立信自己印行。王云五慨然允诺，将商务所存纸型，全部交由立信办理。这样，潘序伦便很快与生活书店合资经营立信会计图书用品社，解决了办学的后顾之忧。

在这以后，王云五与商务印书馆一起内迁到了重庆，出任国民参政会参政员。在从事政务活动的同时，他仍然热心教育事业，对立信的办学很关注，多次出席校董事会，及时解决办学中的问题。在学校1941年7月市区班首届毕业生毕业之际，他题词作勉："毕业只是学业的开始，不是学业的终止。"(此件现存学校校史陈列室)

1946年5月，王云五以无党派的身份被特任为国民政府经济部部长，他推荐潘序伦担任经济部常务次长。1941年4月，王云五改任行政院副院长，行政院长宋子文推荐王云五兼任"善后事业委员会"主任委员，王云五又推荐潘序伦为该会的副主任委员兼秘书长。1948年3月，王云五出任财政部部长。1948年1月，他与陈其采董事长联名发电给教育部，对改学校为商学院或会计学院"务请特予核准"。电文详陈了立信从事会计学术的经过，并从会计学术和学校设备及经费两个方面说明了改办商学院的理由。

王云五为中国文化教育事业作出了重要贡献。他主持商务印书馆期间，曾想编纂《中华百科全书》。1949 年，他离沪前夕，将多年收集的数十万张词汇卡片，交给立信会计专科学校保存。后来，潘序伦将这饱含王云五心血的卡片代交与图书馆，发挥其应有的作用。1979 年 8 月，立信复校前，潘序伦撰写《书寿王云五》的公开信，发表于香港《大公报》，向老友祝贺 90 寿辰。

徐永祚

徐永祚(1893～1961)，又名玉书，浙江海宁人。立信会计专科学校董事。

徐永祚先后毕业于浙江高等学堂、上海神州大学。曾任上海《银行周报》编辑、主编，银行公会书记长和上海证券物品交易所会计科长。徐永祚经济知识渊博，会计业务精通。1921年，开始执行会计师业务，在上海创办徐永祚会计师事务所，下设文书、训练、出版等3部，主要业务包括代办企事业单位注册、登记、查账、诉讼等，为数以千计的工商企业服务，为金星金笔厂与美商美国铅笔厂因“金星”商标专利问题引起的纠纷等诉讼；举办会计培训班，培训会计人员，普及新式簿记知识；1925年作为发起者之一，成立上海会计师公会——中国第一个会计师公会，被推举拟订《会计师法规草案》。1933年元月，徐永祚会计师事务所创办《会计杂志》月刊，徐永祚主编《会计杂志》，介绍国内外财会管理的理论和经验。徐永诈编著《改良中式簿记》一书，出版后颇受工商企业欢迎，全国各地纷纷采用。徐永祚在当时上海工商界，乃至全国都有较大影响，被公认为名会计师。

徐永祚曾任神州大学、上海商学院、复旦大学、光华大学教授，上海物品交易所会计科科长，上海华商证券交易所常务理事，上海市参议会参议员。还兼任国民政府工商部工商法规委员会、审计院设计委员会、上海市财政整理委员会要职，参与修订或起草《会计师条例》、《公司法》、《所得税法》、《交易所法》等法规。抗战期间，徐永祚会计师事务所改名为“正明会计师事务所”，直至1954年前后结束业务。正则会计师事务所(中国第一位会计师谢霖1918年年末在北京创办)、公信会计师事务所、徐永祚会计师事务所、立信会计师事务所是1949年前的中国四大会计师事务所。

20世纪，是我国政治、经济、文化等各方面发生巨变的百年，也是我国会计发生巨变的百年。会计在我国的出现已有三千年的历史，可是我国源远流长的一些会计方法(如四柱清册、龙门账、跛形账、四脚账等)，仅停留在师徒间的口传心授，从而形成“店自为法，人自为政”的局面，长期缺乏交流而难以提高，直到20世纪前夜，我国还未曾有过会计著作问世。西学东渐，中国的第一部会计著作《连环账谱》，于光绪三十一年(1905)由湖北官书局出版发行，作者是清末的一位职业外交官蔡锡勇(1850～1897)。蔡锡勇，福建龙岩人，同治六年毕业于广州同文馆，曾任驻美公使馆翻译官，回国后留广州实习馆任教员。《连环账谱》一书，既以意大利首创的借贷记账原理为蓝本，又力求“参以中土要理”。继《连环账谱》后的我国第二部会计著作，是留日学者谢霖和孟森在1907年东京出版的《银行簿记学》。该书结合银行业务，把西方借贷记账法引进中国，并且采用西式账簿和横写的方式，运用阿拉伯数字记账。《连环账谱》、《银行簿记学》开引进西方记账方法的先河。直到20世纪20年代前后，我国始有会计刊物的出版发行，为交流、研究会计问题提供了园地。从此，会计学术开始受到重视，吸引了许多会计界人士参加到写作或讨论的行列中来。

1928年，徐永祚撰文《改良中国会计问题》(载上海暨南大学《会计学报》创刊号)，认为中式簿记具有古代“四柱结算法”原理的优点，应用“改良簿记”。1933 年，徐永祚的《改良中式簿记概说》出版，《对改良中式簿记问题》在上海《会计杂志》创刊号上发表，还有《改良中式簿记实例》、《改良中国会计问题》、《改良中式簿记缘起及简章》等论著发表。他主张沿用中式簿记加以“改良”的观点，并应用传统的收付为计账符号。徐永祚的《改良簿记概说》在五洲大药房、中英药房、南洋兄弟烟草公司、中南烟草公司、中华书局、大东书局、世界书局、闸北水电公司等 50 多家较大的公司企业试行，取得了一定成效。在此基础上，上海举办改良中式簿记展览会，三天内参观者达 1 500 余人，形成一个改良中式簿记运动的热潮。

对此，潘序伦等发表了不同看法，针对改良中式簿记的内容提出质疑乃至批评。1934 年 7 月，潘序伦在《会计杂志》发表《为讨论“改良中式簿记”致徐永祚君书》，1934～1935 年，潘序伦在《会计杂志》上连续发表《批评徐永祚的改良大纲 10 条》和《改良中式簿记之讨论》等，此外，还有顾准《评徐永祚氏“改良中式簿记”》等一系列论文的发表。

以徐永祚为首的“改良派”认为，尽管中式簿记存在许多问题：如账簿无一定组织，记账无一定科目，记账简略而过账繁复，记账单位凌乱，各户层次不清，未采用多栏式记账等，但是都可以参照西方复式簿记原理加以改良，仍然保留收付为记账符号及中式账簿记账方式等传统做法。潘序伦等人则认为，西方会计原理科学先进，批评收付计账法不科学的落后性，改良中式簿记只不过是权宜之计，不能彻底解决问题，因为中式簿记是不科学的、不进步的，只有借贷复式记账法（西式簿记）才是科学的、进步的，从发展趋势看，中式簿记必然被西式簿记所取代。因此，潘序伦等被以后的会计史学者认为是“改革派”。参与这场争论的都是当时有名的专家学者，双方均采取了友好坦诚的方式，互相尊重，各自都从学术上肯定对方的优点，阐述自己的立场，但孰优孰劣未有定论。

抗日战争爆发，双方刊物停办，争论暂时停止，但立信、徐永祚两大会计师事务所仍各按其主张推行不同的记账方法。直至解放前夕，我国工商企业中采用借贷记账法者多为大型企业，采用改良中式簿记者以中型企业为主，而在一些小厂、小店，有的用改良中式簿记，有的仍沿用单式收付记账法。但是，各高等商科院校会计系从选用教材到讲授课程，则只讲借贷记账法，从无动摇。我国会计史学家郭道杨教授在《中国会计史稿》一书中对这段历史有翔实的记载。他的评价是：“20 世纪 30 年代所发生的改革或改良中国会计之争，是我国会计发展史上影响最大的一次会计学术讨论与交流，是我国老一辈会计学家、学者为振兴中国实业，改进中国会计落后状况而作的重要努力，也是我国会计学术初步取得进展的重要标志。”

1937 年“八·一三”淞沪抗战爆发，上海人民踊跃捐献，支援前线。徐永祚经手所有捐献财物的进出证件和账册。日本侵略军后来侦悉，将其逮捕监禁，再三逼问财物所在。徐永祚大义凛然，坚贞不屈，后经多方营救获释。

1945 年，徐永祚加入中国民主建国会。抗战胜利后，在中国民主建国会地下组织的直接领导下，徐永祚会计师在上海组织了一个“聚餐会”形式，开展争民主、反内战的斗争。“聚餐会”每月一次，固定日期和时间，不发通知，到时风雨无阻，进行餐叙。上海会计界同仁被邀参加的约 20 来人，其中立信的就有潘序伦、张蕙生、钱素君、钱乃澂、李文杰、李鸿寿、陈文麟等。

1948 年 4 月 18 日，经立信会计专科学校董事会决定，加聘徐永祚、奚玉书、顾咨博、叶朝钧、周仲千为董事。立信会计专科学校办学需要各方面的支持与帮助。作为学校的董事，徐永祚和学校的其他董事们利用自身的地位和影响为学校排忧解难，并解囊相助。1948 年 9 月，学校建体育馆需资金 11 万元，尚缺 3 万余元。学校董事会为学校体育馆募款，董事徐永祚和宋汉章、陈其采、钱新之、李文杰、刘攻芸、钱廼澂、吴羹梅、吴蕴初等均当即各捐3 000元。

1949年9月，中国人民政治协商会议第一届全体会议在北京召开，徐永祚为“自由职业界民主人士”的10名正式代表之一参加了会议，并应邀参加开国大典。建国后，担任华东军政委员会监察委员，并当选上海市第一、第二届人民代表大会代表，是中国民主建国会第一届中央委员会委员，中国人民政治协商会议第二、第三届全国委员会委员。

1961年在上海逝世，享年68岁。

黄逸峰

黄逸峰(1906～1988),原名黄澄镜,江苏东台人。他是中国共产党优秀党员,久经考验的忠诚的共产主义战士、著名社会科学家,曾任立信会计专科学校教授兼教务副主任,校务委员会主任等职。

1924年,黄逸峰离开家乡到上海读书,先在中国公学大学部,后转入复旦大学商学院。上海是全国工人运动的中心,黄逸峰在这里参加了震惊中外的五卅运动,并加入共青团,同年10月转入中国共产党,并担任了复旦大学团支部书记。1927年,他参加了上海工人三次武装起义,担任闸北区区委委员,并在第三次起义中,掩护起义总指挥周恩来同志脱险。

大革命以后,黄逸峰受陈延年、赵世炎、王若飞的委派,先后担任中共南京地委书记和南通特委书记,领导党的地下工作和农民暴动。后来,他被割断了组织关系。1930年底,他被迫流亡暹罗(今泰国)。应那里的中华总商会的聘请,他在曼谷担任华侨新民学校的教务主任,还曾到新加坡华侨学校担任教师。1934年,他回到上海,到处寻找党的关系,都未成功,只得在铁路局做行车司事。1935年夏天,他组织了"铁路青年社",社员多达400多人,都是京沪杭甬铁路中的青年骨干,他被推举为负责人。这时,轰轰烈烈的抗日救亡运动在全国如火如荼地开展。他领导"铁路青年社"成立读书会,组织歌咏队,同时出版一份《铁路青年》杂志,积极宣传抗日救亡。这些活动,引起了国民党当局的注意,1936年秋天,黄逸峰被捕入狱,经营救,他被放了出来,连同这次被捕,他已六次入狱。但他坚贞不屈,视死如归。

黄逸峰出狱以后,由朋友介绍,到沪江大学担任了会计学教授。1937年春天,潘序伦创建立信会计专科学校,旋即,黄逸峰被立信聘为教授兼教务副主任,担任教学组织工作,并讲授会计、簿记等课程。这时,他还在党领导的上海职业界救亡协会中担任组织部长。1939年,他由潘序伦介绍给广西省政府会计长张心徵(当时兼立信会计补习学校桂林分校名誉校长),担任广西大学会计学教授,并编写了《簿记学》一书。他在桂林工作了一段时间后,辗转去苏北参加抗日斗争,担任了苏北联合抗日部队司令员、苏北参议会议长等职。

抗日战争胜利后,黄逸峰历任北平军调处执行部中共方面交通处长、东北铁路局副局长、铁道学院院长、东北人民解放军铁道兵纵队司令员兼党委书记等。

上海解放后,陈毅市长向中央提出,希望调一位行家主持铁路局工作。中央鉴于黄逸峰熟悉业务,曾长期在上海工作,因而决定调黄逸峰任上海铁路局局长兼党委书记。他一到上海,便夜以继日地投入了繁忙的工作之中,上海急需的"二白一黑"(白米、棉花、煤炭)源源不断地从解放区运到上海,稳定了上海市场,他因此多次受到中共上海市委和陈毅市长的表扬。

1952年下半年,黄逸峰受到不应有的打击和处分以后,并没有消沉,转而发愤著书立说,先后撰写了《工厂管理基础知识》、《工业企业的经济核算制》、《如何提高工业的劳动生产率》等五本书,对企业管理作了许多有益的探索。这些书结合工厂实际,一版再版,受到欢迎。

在十年浩劫中,黄逸峰受到冲击,身心备受摧残。文革结束后,他恢复了名誉,与潘序伦先生又有了联系。他以古稀之年,担负起了恢复上海社会科学院和立信会计专科学校的历史任务。他在1980年立信会计专科学校复校以后,被推举为校务委员会主任。

1979年1月,黄逸峰与潘序伦共同发起成立了全国第一家会计学会——上海市会计学会,分别出任会长与顾问。1982年8月15日,潘序伦得知黄逸峰身有不适,由学生丁苏民陪同冒着酷暑前往探视。两老相见,十分高兴,并合影留念。事后,潘序伦在这张照片背面题写一段话:"1982年8月15日我由丁苏民学弟伴同,到黄逸峰院长府上,拜访了他。看到他精神很好,我真是万分高兴,祝他早日完全恢复健康。这张照片是苏民拍摄的,我和黄院长紧紧握手,标志着我们两人还有雄心,为国为民,作出贡献。"潘序伦把这张照片送给了黄逸峰,以作纪念。

1988年11月27日,黄逸峰在上海病逝,终年82岁。

李文杰

李文杰(1906～1998),江苏扬州人,中国著名律师和会计师。立信会计专科学校教授,董事会董事兼秘书,校务委员会委员,立信会计专科学校、立信会计出版社、立信会计师事务所常年法律顾问。

李文杰出身家境贫寒,父亲系教书先生,常年游学外地,在北京一有钱的远亲家中为其子弟授课,父母携其迁居北京。李文杰中断了中学学业去北京伴读,后考入北京通才商业学校,1924年毕业远去哈尔滨,就职于中法储蓄会,后奉调上海。在上海取得注册会计师资格,1930年开始执行会计师业务。结婚成家有了几个孩子后,他工作之余报考上海东吴大学法学院,1935年毕业获法学学士学位。历任上海中法储蓄会会计主任、经理,上海通易信托公司襄理、副经理、总稽核。

“九·一八”事变后,李文杰积极参加抗日救亡活动,任上海职业救亡协会组织部部长。1936年救国会“七君子”案发生后,李文杰作为辩护律师之一奔波于上海苏州之间。在宋庆龄等知名人士和广大人民的大力支持下,法院被迫宣布“七君子”无罪释放。上海沦陷后,与赵朴初、梅达君等爱国人士一起,在上海从事救济难民、援助新四军的工作。1938年冬,中共江苏省委组织发动上海各界进步民众推行寒衣劝募运动,劝募代金,支援新四军,李文杰受托设计一整套会计程序,与堂弟秘密进行记账、查账、征信等工作。

1936年1月,他应潘序伦的邀约加盟立信事务所,担任副主任会计师、主任律师,从此与立信结下不解之缘。抗战全面爆发后,南京沦陷,国民政府内迁重庆,立信会计专科学校迁往重庆,事务所也在重庆设立分所,潘序伦委托李文杰为代理主任会计师,与钱廼瀓、李鸿寿、叶朝钧三位副主任会计师在上海孤岛共同维持局面,坚持继续开展业务。太平洋战争爆发,日本占领上海租界,敌伪势力进入租界。开展律师、会计师业务需向汪伪政府注册登记。李文杰和事务所的律师、会计师决不向伪政权低头妥协,拒绝向伪组织登记换照,对外宣称停业。李文杰等人商请大客户永安纱厂、永安公司、南洋兄弟烟草公司、茂昌冷气公司、金城银行等集资开设“立信商行”、“立信书局”、“通达企业公司”,从事商品、证券、房地产买卖,暗中冒险接受关系较深的工商企业委托,通过邮递经由重庆的事务所向国民党政府办理公司登记。李文杰改名李问哲担任总经理,钱廼瀓、李鸿寿、叶朝钧分任副总经理。

抗战胜利了,潘先生由渝返沪。李文杰自己成立正信会计师律师事务所。正信和立信同在一座大楼里。李文杰虽然离开立信,但和潘序伦及立信的关系不断,私交仍笃。

宋庆龄先生组建的中国福利基金会,其捐款多来自国外,为了取信于人,需有一定威望的会计师出具英文的审计报告。1946年,宋庆龄委托李文杰担任中国福利基金会会计顾问、义务查账会计师。李文杰担任此项工作,并指导其秘书廖梦醒记账等会计工作,他的工作受到宋庆龄的赞许,宋庆龄为此写了英文感谢状。

解放战争后期,蒋介石下令将上海的大量黄金美钞棉纱等物资运往台湾。国民党统治分崩离析，上海聚集了来自各地的大量难民。在上海地下党的策划下，上海的进步人士成立了上海临时联合救济委员会，以此名义尽量保存财产物资以迎解放。赵朴初为义务总干事，李文杰为义务副总干事。上海解放前夕，李文杰参加民建外围组织活动，在中共上海局策动的上海临时联合救济委员会担任副总干事兼财务组长，负责筹划经费及主管财会工作，迎接上海解放。

解放后，他做了许多福利救济方面的工作。1950 年 1 月，加入中国民主建国会，1953 年，应黄炎培之邀调民建中央机关工作，任工商研究处、工商改造辅导处、秘书处副处长、调研部部长、工商研究委员会副主任委员、组织委员会委员。他是民建第二届中央委员会委员，第三、第四届中央常务委员会委员，第五、第六届中央咨议委员会副主任。

李文杰曾任上海市人民政府房地产管理处顾问、中国人民救济总会上海市分会第一副秘书长。中共十一届三中全会以后，是外经贸部特约顾问，中国国际信托投资公司、中国工商经济开发公司、中国国际经济咨询公司的董事，还兼任中华职教社理事，中国法学会、中国会计学会顾问，中华全国律师协会副会长，中信律师及注册会计师事务所顾问，厦门大学兼职教授等。

历任第五、第六、第七届全国政协委员、全国政协法制组副组长、法制委员会副主任。

为立信会计专科学校、立信会计师事务所、立信会计出版社的复办与发展，李文杰作出了贡献。1980 年，立信会计专科学校复办以后，他担任了校务委员会委员，兼职教授，1984 年应聘任立信上海校友会顾问。

1985 年是潘序伦执行会计师业务 60 周年。立信会计专科学校、上海会计学会、上海审计学会、立信校友会等团体联袂于 10 月 25 日下午，在上海举行潘序伦从事会计事业六十周年纪念活动，财政部副部长陈如龙在会上向潘序伦颁发荣誉证书。李文杰到上海参加活动。这时，潘序伦已病卧医院，他抵沪后，即前往探视，在榻前谈话甚久。李文杰 11 月 5 日返京，潘序伦于 11 月 8 日清晨辞世。他作挽联悼念潘序伦："尽瘁六十年，办学、著书、创业，时刻发扬光大，毋忘信义；缔交半世纪，切磋、提携、教导，朝夕观摩仰望，永记铭箴"。

李文杰回首与潘老合作共事半个世纪的往事，撰写了《潘序伦与立信会计事业》。

李文杰一直关心立信徐汇校区的开工和建设，1987 年，他参加了立信徐汇校区的落成典礼。1993 年，在纪念潘序伦先生诞辰一百周年和立信建校六十五周年之际，李文杰作诗祝贺："三位一体同步，立信事业兴隆。宗师全心创建，友生协力推崇；著书阐扬财会，育才储备国用。欣逢盛会纪念，高山仰止晋颂！"他专程从京抵沪，参加相关的庆祝活动，出席了在立信举行的"海峡两岸会计事业、会计教育交流会"。

1998 年适逢立信创办 70 周年，李文杰在北京为校庆奔忙。他四处宣传立信办学的历史，向党和国家领导人求墨宝勉励。

1998 年 3 月 2 日，李文杰在京逝世，终年 92 岁。立信发去了唁电，并派人专程赴京参加追悼会。

李鸿寿

李鸿寿(1909～1998),字朋三,江苏扬州人。我国著名的会计学家,我国成人财经教育的先驱者和领导人之一。曾任立信会计专科学校董事,教授,副校长、代理校长、校长。

1931年春,李鸿寿毕业于复旦大学商学院会计系,来到立信会计师事务所工作,并在潘序伦创办的会计补习夜校讲授簿记和会计课程。他还先后兼任复旦大学、沪江大学、国立上海商学院教授。

1937年,潘序伦创办立信会计专科学校,李鸿寿任学校董事会董事,教授,讲授会计学、审计学、会计制度设计等课程。他在教学中坚持从严要求,注意精讲多练,坚持理论联系实际,学以致用。例如,在教《审计学》时,他带领学生到会计师事务所或工商企业去实习查账;在教《会计制度设计》时,他又带领学生到各行各业的工商企业参观访问,回校后,学生三五人一组,设计某行业的会计制度,经李鸿寿审阅修改,选出若干篇,编成《各业会计制度》,列入《立信会计丛书》,由立信会计图书用品社出版。

在总结自己的教学经验时,李鸿寿指出:在教学中,一定要从严要求,加强对学生基本理论的探讨与基本功训练,使学生牢固掌握会计基本理论与基本技能,达到学以致用的目的。会计本身是容不得半点虚假的。在教学中,他十分重视对学生的品德教育,尤其是要教育学生说老实话,办老实事,做老实人。

早在李鸿寿大学求学期间,国内出版的会计书籍寥寥无几,多数是小册子,不适于用作教科书。那时社会上的许多会计人员希望学习、了解国外会计理论与实务,可苦于不懂外文。于是,他与一名同学合作翻译了美国的《会计学原理与实务》一书,在潘序伦的支持下,该书由黎明书局于1931年5月出版,被当时大专院校选用为会计系科的教材。

在立信会计补习夜校任教时,李鸿寿结合会计由中式簿记改变为西式簿记的客观需要,自编《会计学》讲义,1934年由生活书店出版,成为当时一般会计学校的教材。

办好学校必须有一套适应各类学校所用的教材,普及会计科学知识也必须有一套通俗读物,潘序伦、李鸿寿及其他立信同人发起编辑《立信会计丛书》。李鸿寿参加了丛书的编辑工作,积极从事丛书的编写工作。他参与编撰工作有:(1) 合编《会计数学》,该书于1935年初版,到1950年已再版了十五次,为会计工作者和攻读会计学的学生提供了应用数学知识。(2) 自编《会计学概要》,1938年初版,到1948年再版了十二次。(3) 自编《会计数学用表》,于1940年出版。(4) 在1948年出版的《初级会计学》基础上,重新编写《初级会计学教程》,1951年出版,反映了新中国成立后的新经济政策。

从1931～1952年的20多年中,李鸿寿还先后在立信、诚信会计师事务所执行会计师业务,担任上海会计师公会监事,参加编辑《立信会计季刊》,主编《诚信会计月刊》。

1952年夏,全国院系调整,上海立信会计专科学校与其他学校的商学院、系组建新的上海财政经济学院。李鸿寿校长带领立信师生来到上海财政经济学院,并被委任为副院长兼任夜校部主任。1956年定级为二级教授。1958年调任上海社会科学院教授，1960年调回上海财经学院任副院长兼夜校部主任，1973年调任复旦大学教授。

十年动乱，李鸿寿遭到迫害。在逆境中，他做好资料剪贴工作。他每天阅读二三厚本资料，选出需要的剪下后，一丝不苟地分门别类汇订成册。短短的四年中，他从三千本资料中，剪贴了有关经济资料，装订成100册，并备有目录，供师生查阅。1978年上海财经学院复校，他任副院长兼夜校部主任。

中共十一届三中全会后，他虽已七十，但为了夺回失去的时间，他精力充沛地开展会计学术研究。1979年，他在《财务与会计》杂志第二期上发表《谈谈增减记账法和借贷记账法的优缺点》，为借贷记账法恢复名誉，以扭转十年动乱中讲课、写书、记账都不敢用借贷记账法的反常现象。他连续编译了多篇文章和书籍，介绍国外会计学术进展情况和最新动态。其中有：《电子计算机与会计》、《商用电子计算机系统概述》，分别刊载于上海财经学院的《外国经济参考资料》(现改名为《外国经济与管理》)1979年第五、第七期；《电子计算机在会计方面的应用》，刊载在上述杂志1980年第七与第八期。

1982年，国务院设立审计机构，开展审计工作。李鸿寿积极搜集资料，在夜大学审计学的教学基础上，与上海财经大学两位教师主持编写了一套审计学教材，包括审计学、案例和参考资料，于1984年年初由中央广播电视大学出版社出版。中央电大在介绍该书时指出，该书"根据社会主义经济特点和我国宪法精神，阐述了如何进行审计监督的理论和实务问题"，"概念清晰，论述严谨，除供电大学员使用外，对专业人员也有查阅价值"。该书出版后，被评为上海市哲学社会科学著作奖。同时，他应聘在中央电视台讲授审计学，经卫星向全国转播，深受广大学生和会计、审计工作者的欢迎。1985年，他为全国高等教育自学考试审定了经济管理专业的教材5本，约150万字。

1983年，李鸿寿先后被聘为第一届全国高等教育自学考试指导委员会副主任、经济管理专业委员会副主任，是上海市高等教育自学考试委员会副主任委员、上海高等职工教育学会副理事长。

历任上海市人大代表，上海市政协常务委员，中国民主同盟中央委员，民盟上海市委常务委员、副秘书长，民盟中央参议委员等职。他被选为中国会计学会顾问、中国冶金财务会计学会顾问、上海会计学会名誉理事、上海审计学会顾问、上海成本研究会顾问。

党的中心工作转移，社会主义现代化建设需要大批财经类人才。李鸿寿为立信的复办献计出力，积极奔走。立信复校后，又为校舍的建设而操心，1983年3月28日，潘序伦、李鸿寿等向上海市政协五届五次会议递交提案，请求落实立信会计专科学校原校舍。他还撰写了许多回顾立信校史的文章，为后人留下了宝贵的精神财富。1987年，李鸿寿参加了徐汇校区的落成典礼，他作为立信元老在会上发表热情洋溢的讲话。

1984年8月，李鸿寿退出上海财经学院的领导岗位，继续担任教授至1991年退休。李鸿寿执教60年，是立信教育事业的开创者之一，为我国财经教育事业的创立和发展作出了积极贡献。立信上海校友会庆贺李鸿寿老校长执教60周年，于1991年11月9日举行盛大茶话会。

1998年5月24日，李鸿寿在上海逝世。

顾 准

顾准(1915～1974),江苏苏州人,思想家、经济学家、著名的会计学家。曾任立信会计专科学校教授、夜校部主任、函授部主任、立信会计师事务所会计师兼编译科主任。

顾准1915年7月1日生于上海,兄弟姐妹共10人,在兄弟辈中行五。因外婆家无子嗣,自幼从母姓。1927年夏天,顾准因为家境清寒,无力继续承担学费,在中华职校初中毕业后辍学。由小学老师殷亚华推荐,并经已在银行供职的王志莘介绍,他进入由潘序伦主持的立信会计师事务所当练习生。王、潘两人系留美同学,1921年同时得到南洋兄弟烟草公司的创办人简照南、简玉阶的资助,去美国哥伦比亚大学深造,由于这一缘故,他们两人关系十分密切。

在现代中国会计史上,潘序伦创办了富有特色的立信会计教育事业,融会计教育、事务所、出版社于一体。

立信的簿记训练班从第二期起正式定名为立信会计高级职业补习学校。时为1928年春季。顾准成为该校首届学员,晚上上课,每期单科专修半年。顾准利用业余时间念了一期簿记,为时半年,对会计有了初步了解,成为他会计生涯的启蒙。在此之后,他学以致用,当过事务所的会计员、查账助理员,并升任文书科工作(主要代办公司登记和商标注册业务)。

从1929年秋天开始,顾准被潘序伦选作助教,为学员解答疑难问题和批改作业。通过锻炼,顾准初步掌握了会计这门学问,在立信会计师事务所崭露头角。由练习生升任为会计员、查账助理员、会计夜校助教,1930年出任立信会计函授学校负责人,1932年下半年担任了立信会计夜校的教师(1931年曾经安排他担任一个班的教师,但学生看他年纪小,仅16岁,把他给轰下台),继而承担了大专班银行会计课程的教学任务,并担任立信会计夜校部主任。期间他还担任《高级商业簿记教科书》编辑助理、独立编写了一册《簿记商业习题详解》。一个只上过职业初中的青年,通过自学就这样成长起来了。

经过勤奋自学,顾准对会计学和财经学科其他的知识逐步具有较深的造诣。潘序伦唯才是举,大胆使用,委以重任,并不苟囿于学历、年龄等条件的世俗偏见。

顾准12岁至25岁,即1927～1940年,是他在立信的十三年。这十三年,他不仅在学识发展上奠定了扎实的基础,也是他投身爱国救亡运动,参加地下斗争、投身革命工作的重要时期。顾准以此为职业掩护,从事党的地下工作。

1931年,在顾准的组织下,由立信毕业生李建模、张明荣、冯尧忻、陆梓樵、袁恒通等共同发起,成立了立信同学会。该会宗旨为"敦睦友谊、切磋学术、交流经验",他还被推举为同学会主要负责人。立信同学会出版了由他主编的《会计季刊》,是我国最早的会计学术刊物之一,该刊出了第一卷四期以后,自第二卷起更名为《立信会计季刊》,由立信会计师事务所接办。后来,同学会又编纂发行了《会计学报》。上述两份刊物的大部分文章,都是由同学们根据自己的实际工作经验撰写的,包括各行各业的会计制度等。1934年,顾准还创办了会刊《友讯》,除刊登会务活动外,每期都发表时事短评,其中不少就由他本人执笔。他还陆续撰写出版了《初级商业簿记教科书》、《簿记初阶》、《股份有限公司会计》、《中华银行会计制度》、《所得税原理与务实》、《中华政府会计制度》等著作。

为了搞好同学会工作，顾准还经常举办时事讲座和学术报告，邀请马寅初、李公朴、黄炎培、马叙伦、章乃器、潘仰尧、钱俊瑞、薛暮桥、艾思奇、柳提、杨卫玉、杨荫溥、刘湛恩等社会名流、知名学者，作关于经济、哲学、时事政治方面的专题讲演，从各个方面推动大家思考，激励同学们的爱国热忱。

1934 年年初，以顾准为核心，成立了一个秘密的学习马克思主义小组——进社。不久，进社与中华民族武装自卫会(武卫会)取得了联系，许多成员转入了武卫会。顾准先是在武卫会沪东区委工作，以后调任总会宣传部副部长、上海市分会主席。1935 年 2 月，顾准加入中国共产党。1935 年 10 月，因武卫会组织被破坏，他第一次流亡去北平，经历了“一二·九”爱国运动，此时全国掀起了抗日救国高潮。1936 年 2 月，顾准夫妇自北平回到上海(顾准与汪璧于 1934 年 12 月结婚)。顾准回到上海，很快就与上海地下党组织取得联系。他担任上海职业界救国会党支部书记、职员支部书记、江苏省委群委委员兼职员支部书记、江苏省委职委书记、江苏省委文委副书记。在文委工作期间，他与孙冶方结识并共事，在轰轰烈烈的抗日救亡运动中结下深厚的战斗友谊。

潘序伦对顾准从事秘密革命活动采取比较开明、宽容的态度，使顾准和他的家人能够获得一个比较安定的生活条件。

1940 年 8 月，根据党的指示，顾准告别了妻子，离开了立信，进入苏南抗日根据地，开始了新四军的军旅生涯。先后任中共苏南路东特委宣传部长，澄锡虞工委书记，江南行政委员会秘书长，苏北监阜区行政公署财经处副处长和淮海区行政公署财经处处长。1943 年 3 月，顾准赴延安，在中共中央党校学习。1944 年 3 月，应时任中共中央西北局委员、西北财政经济办事处副主任兼政治部主任陈云之邀，顾准在其开办的会计训练班任会计教员。1945 年 12 月，顾准回到华东解放区，先后任利丰棉业公司总经理，苏中区货管处处长，山东省工商总局副局长，山东省渤海区行行公署副主任，山东省财政厅厅长。

1949 年上海解放。顾准随部队进入上海，是上海市军管会成员之一，负责了上海市直接税局、市货物货局、市财政局、市府会计处、审计处和市地政局等国民党财经部门的接受。他是华东军政委员会的财政部副部长，上海市财经委员会的副主任，上海市财政局局长兼税务局长。回到上海工作，顾准没有忘记立信会计专科学校，应邀来到学校作“会计学生今后的趋向”等演讲，看望昔日的同仁，宣传党的政策。

顾准坚持的税收方法被认定是违法乱纪。1952 年 2 月 28 日，上海《解放日报》头版头条刊出了文章，批判顾准的错误：目无组织，自以为是，违反党的政策，与党对抗，成为“三反运动”中的反面典型。

问题出在征税的不同方法上。按照有些领导同志的意见，征税应实行纳税户“自报公议”、“民主评议”的方法。顾准认为上海不同于小城市，不能纯靠纳税户民主评议；上海大部分工商业户都有账册可查，应当依法交税，其他分散的个体户可以定期定额纳税，即所谓“依率稽征，专管查账，职工协税”。

1953 年 1 月，顾准与妻子调任北京。他先后为国家建工部财务司司长，建工部“洛阳工程局”副局长。1955 年 9 月，在中共中央高级党校开始了为期一年的学习生活。1956 年 9 月，任中国科学院社会科学部经济研究所任研究员。不到两个月，即奉调任中国科学院综合资源考察委员会(简称“综考会”)副主任。

他广泛涉猎，独立思考，撰写的《试论社会主义制度下的商品经济和价值规律》(以下简称《试论》)，发表于1957年《经济研究》第3期(当时该刊为双月刊)，对社会主义条件下的商品货币关系和价值进行了研究。

1957年，顾准被错划为“右派”分子。1958年5月上旬，来到河北省赞皇县接受监督劳动。从1959年3月至1960年1月，顾准又随中科院部分“右派分子”下放到河南省信阳专区商城县劳动改造。1960年2月初，顾准结束了在河南的下放劳动返京，不久又到中科院所属的清河饲养场、宁河农场帮助工作，直到1961年11月，他被摘去“右派”分子帽子。在孙冶方等人的关心下，1962年5月重返中科院经济研究所任研究员。

1964年下半年，经济所展开“四清”运动，运动的矛头直指顾准、孙冶方、张闻天(时任特约研究员)。1965年9月，顾准又第二次被戴上“右派”帽子，下放房山周口店接受劳动改造。“文化大革命”爆发，被揪回了经济所。这时他不能回家，遭受了妻离子散、家人远离、百般打击的痛楚，但顾准仍然“九死而不悔”，保持了独立的人格和鲜明的个性。

1968年4月，不堪磨难的妻子汪璧自杀身亡。这一噩耗，过了一年多，才告诉顾准。

1974年11月初，顾准因患肺癌送进医院治疗。11月中旬，经济所正式宣布摘去顾准的“右派”帽子。1974年12月3日，顾准逝世。

改革开放不断深入推进，顾准的遗著和思想日益为人们所重视。1982年由中国社会科学出版社出版《希腊城邦制度》。以后，《顾准文集》、《顾准日记》等相继出版。顾准与其弟陈敏之秘密通信后结集为《从理想主义到经验主义》一书。1989年，知名学者王元化在为顾准的《从理想主义到经验主义》所作的序言中认为，此书是“近年来我所读到的一本最好的著作：作者才气横溢，见解深邃，知识渊博，令人为之折服。许多问题一经作者提出，你就再也无法摆脱掉。它们促使你思考，促使你去反省并检验由于习惯惰性一直扎根在你头脑深处的既定看法。这些天我正编集自己的书稿，由于作者这本书的启示，我对自己一向从未怀疑的某些观点发生了动摇，以至要考虑把这些章节删去或改写。这本书就是有这样强大的思想力量。”

粉碎“四人帮”后，顾准得到彻底平反，恢复了名誉。1980年2月，在北京为顾准和汪璧召开了追悼会，他的骨灰被安放在八宝山革命公墓。

杨纪琬

杨纪琬(1917～1999),上海松江人。中国著名会计学家。1980 年 10 月 20 日,复办后的上海立信会计专科学校校务委员会召开会议,杨纪琬被推举为学校校务委员会委员,兼职教授。

1935 年,杨纪琬考入国立上海商学院会计系,毕业后留校任教,并攻读中英庚款基金会的在职研究生。1942 年被提升为教授,年仅 26 岁。大学毕业直至新中国成立,一直从事教学工作,曾任东吴、之江、大夏、光华等大学的教授,为会计界培养了大批人才。新中国成立后,他被调到财政部工作,先后担任会计制度司副处长、处长、副司长、司长、顾问。1983 年起任第六届全国政协委员,1988 年起任第七届全国政协常委兼法制委员会委员。财政部财政科学研究所教授、博士生导师、中国会计学会常务副会长。1985～1991 年,任联合国"国际会计和报告标准政府专家工作组"中国代表。此外,还任中国人民大学、厦门大学、中央财金学院、上海财经大学等十余所大学的兼职教授,是新中国会计工作的奠基者之一。

新中国建立,翻开了中国会计史的新篇章。会计工作为经济管理的重要组成部分,亟须恢复和整顿。1949 年 12 月,财政部设立会计制度处,不久该处升格为会计制度司,杨纪琬任副处长、副司长,任职期间领导组织制定了新中国的各项会计制度。20 世纪 50 年代初创建并主编新中国第一本会计杂志《新会计》,以后兼任《工业会计》、《企业会计》、《会计》等会计专业杂志主编。

1963 年,杨纪琬与娄尔行、赵玉珉、葛家澍等教授编写了《会计原理》一书。该书在总结新中国成立以来我国会计工作实践经验的基础上,对会计的地位、职能、任务、方法等做出了理论阐述,受到了广泛的欢迎,再版发行 100 多万册。

粉碎"四人帮"后,杨纪琬任财政部会计事务管理司司长,组织和领导修订了《会计人员职权条例》,明确规定企业要建立总会计师的经济责任制。1980 年,发起成立中国会计学会,任副会长,1980 年起,主持起草新中国第一部《会计法》,历时近五年。为适应改革开放的新形势,1979 年,建议恢复注册会计师制度,得到财政部批准,并筹建中国注册会计师协会,任第一任会长,并组织领导起草了《关于成立会计顾问处(会计师事务所)的暂行规定》。在从事繁忙的行政工作的同时,杨纪琬坚持理论研究,在创建具有中国特色的会计理论方法体系方面,提出了不少具有远见卓识的见解。

杨纪琬在多年的工作和研究过程中,著述甚丰,除主编《会计研究》等学术刊物外,自己还撰写了上百篇学术论文,主编了《成本管理手册》、《成本管理大辞典》、《经济大辞典·会计卷》、《中国现代会计手册》等专著。理论与实践紧密结合,时刻把握我国的国情,是杨纪琬从事理论研究工作的一大特色。正是这一特色,使他的研究成果能尽快应用于实践,并经得起实践的考验。

担任财政部会计事务管理司司长期间,适逢我国恢复培养研究生制度,他深感培养高级会计人才对我国“四化”建设的重要性。杨纪琬自1979年起担任财政部财政科学研究所研究生导师,1982年,由财政部授予高级会计师专业技术职称,1983年,国务院学位委员会通过为博士研究生导师,先后培养毕业的博士生、硕士生近百名。20世纪80年代初,在财政部领导的支持下,杨纪琬领导和组织了我国第一个会计电算化试点单位——长春第一汽车制造厂的会计软件设计、开发工作。微机出现以后,他和许毅教授预感到会计电算化将在我国出现一个大发展和大普及的新局面。他们在财政科研所内设立专门机构,研究有关会计电算的理论和实践问题,并从1984年起招收会计电算化方向的研究生。

杨纪琬对立信会计教育事业的发展,倾注了热情与支持。1980年10月,上海市政府同意立信会计专科学校复办。在学校校务委员会召开的第一次会议上,杨纪琬应聘任学校校务委员会委员和兼职教授。他尽管工作繁忙,但多次拨冗莅校指导工作,看望名誉校长潘序伦先生。他利用在财政部影响,为了徐汇校区的开工和建设费了许多心血。他参加了立信徐汇校区的奠基和落成典礼。

在杨纪琬的帮助下,潘序伦写的回忆录连载于1984年《财务与会计》的第1至12期,引起了国内外会计界人士的重视与关注,受到了广大读者的欢迎。不久,中国财政经济出版社将《潘序伦回忆录》汇编出版单行本,杨纪琬为此作序。他在序言中写道:“立信会计事业永存中国会计发展史册,潘老先生为发展立信会计事业含辛茹苦所作的贡献,也永远铭记在同行们的心中。”他在序言中还说:“潘老先生是我们中国会计界的老前辈,是著名的会计事业家、会计教育家和做出了重大贡献的会计学者。立信会计事业的成功,浇铸了潘老先生的全部心血。”

1993年,适逢纪念潘序伦先生诞辰一百周年和立信建校六十五周年,杨纪琬题词祝贺:“作育英才,功垂后世;承前启后,一代宗师。”他专程抵沪,参加学校相关的庆祝活动,出席了在立信举行的“海峡两岸会计事业、会计教育交流会”。1998年是立信创办七十周年,他题词:“潘公创业,历经艰难;七十周年,桃李争妍;优良校风,世代相传;继续努力,青出于蓝。”

1995年11月11日,杨纪琬教授从事会计工作60年庆祝会在北京举行。朱镕基副总理致电祝贺。

1999年2月6日,杨纪琬逝世。

后记

在庆祝建校80周年之际，为弘扬立信精神，学校于2008年1月部署、组织《上海立信会计学院80周年校志》的编写工作。

《上海立信会计学院80周年校志》总体构架为十五篇，五十八章。它吸取了《立信会计高等专科学校校志》(1998年出版)的史料与特色，并有所补充和创编。《上海立信会计学院80周年校志》是集体的智慧和劳动成果。

校志的初稿，由各有关处室、学院、教学部、中心、研究院(所)、出版社、图书馆等指定专人分头采编。承担初稿采编工作的人员为(按姓氏笔划为序)：王鸣、王亭、王海兵、王养君、王婧、毛新、卞世博、田守花、江海英、吉梅、朱为华、刘庆芳、刘塑、林琳、毕天睿、毕玉芳、孙庆武、孙亚斌、沈劼、沈丽萍、沈姗姗、吴佳怡、吴明华、吴晓君、吴甜、汪利祥、李伟、李秀珍、李政、李益、李军、周立功、周杰、周铁水、陈志军、陈春华、陈科嘉、陈敏洁、张乐敏、张丕强、张冬梅、武海涛、罗银胜、姚杰、姚晓东、俞俊利、钟陵强、胡云祥、胡斌、胡鹰、胡萍、涂苏中、梁生辉、梁艳芳、黄成良、黄虹、黄慧、黄丽琴、戚颖、曹中、曹洁漪、程肖芬、高永祥、高晓颖、高瑞卿、郭慧君、傅雪莲、解丹阳、潘勇军、谭静等人。统稿由办公室承担。

各单位、各部门的主要负责人对其完成的校志初稿进行了审阅(按姓氏笔划为序)：于蓉、王淑贞、孙时平、刘福窑、汪雪兴、李立新、李颖琦、宋灵棼、何佩莉、邢传鼎、吴新亚、邬敏懿、季宝根、郑忠、郑国芬、陈志友、陈旭如、陈捍、张志谦、赵一平、闻雅、姚镜明、郁顺华、钟陵强、唐庆银、黄汉江、黄疆新。

参加对初稿修改及校对的有姚镜明、于蓉、李延绍、王亭、姚晓东、李益、王雅萍、涂苏中。

学校领导桑秀藩、唐海燕、楼军江、朱坚强、邵瑞庆、李延臣、胡厚麟、曹惠民审阅了本志。

本志的出版，得到了立信会计出版社的大力支持，在此表示感谢。

由于时间仓促，水平有限，书中难免存在疏漏与失当之处，恳请专家和广大读者给予批评指正。

上海立信会计学院80周年校志编纂委员会办公室

2008年10月